마가복음 강해:

길 위의 길(The Way on The Way)

마가복음 강해: 길 위의 길(The Way on The Way)

발행   2023년 3월 31일

지은이   심상법
발행인   윤상문
디자인   박진경, 표소영
발행처   킹덤북스
등록   제2009-29호(2009년 10월 19일)
주소   경기도 용인시 기흥구 동백동 622-2
문의   전화 031-275-0196 팩스 031-275-0296

ISBN 979-11-5886-273-2   03230

Copyright ⓒ 2023 심상법
이 책은 저작권법에 따라 보호받는 저작물이므로 무단 전재와 복제를 금지하며,
이 책의 내용의 전부 또는 일부를 이용하려면 반드시 저작권자와 킹덤북스의
서면 동의를 받아야 합니다.

※ 잘못된 책은 구입한 곳에서 교환하여 드립니다.
※ 책 가격은 표지 뒷면에 있습니다.

킹덤북스 Kingdom Books 킹덤북스(Kingdom Books)는 문서 사역을 통해 하나님의 나라를 확장하고, 한국 교회와 세계 교회를 섬기고자 설립된 출판사입니다.

마가복음 강해

길 위의 길
The Way on The Way

심상법 지음

킹덤북스

여는 말

"문학은 결사적이어야 한다."는 성찰적 태도로 시를 쓰는 한국의 대표적 서정시인인 정호승은 〈시인 예수〉라는 시에서 "그(예수)는 언제나 길 위의 길"이라고 노래한다.

그는 모든 사람을
시인이게 하는 시인
사랑하는 자의 노래를 부르는
새벽의 사람
해 뜨는 곳에서 가장 어두운
고요한 기다림의 아들

절벽 위에 길을 내어
길을 걸으면
그는 언제나 길 위의 길
절벽의 길 끝까지 불어오는
사람의 바람

들풀들이 바람에 흔들리는 것을

용서하는 들녘의 노을 끝
사람의 아름다움을 아름다워 하는
아름다움의 깊이

날마다 사랑의 바닷가를 거닐며
절망의 물고기를 잡아먹는 그는
이 세상 햇빛이 굳어지기 전에
홀로 켠 인간의 등불

아마도 시인의 이 표현은 예수는 세상 모든 길 위에 뛰어난 그 길(The Way above the way[s])이라는 의미일 것이다. 그러나 필자가 마가복음 강해의 주제로 사용하는 '길 위의 길'(The Way on The Way)이라는 의미는 예수님의 길 위에/길을 따라 나아가는 우리의 길(Our way[s] on the Jesus' Way), 곧 제자의 길인 제자도를 의미한다. 신학적으로는 기독론 위의 제자도의 의미이다.

"인자가 온 것은 섬김을 받으려 함이 아니라 도리어 섬기려 하고 자기 목숨을 많은 사람의 대속물로 주려 함이니라(10:45)." "나를 따라 오는 자는 자기를 부인하고 자기 십자가를 지고 나를 따를 것이니라(8:34)."

확실히 예수는 이 세상 모든 길 위의 길이시다. "나는 길이요 생명이다(요 14:6)."라는 요한의 고백을 빌리지 않아도 그분은 내 인생에서도 언제나 길 위의 길이시다. 이제 나는 인생의 후반기를 지나면서 주님이 가신 그 길을 따라서 그가 가신 길 위를 순례자로서 살고자 한다. 여기에 내 사랑 마가복음은 언제나 이 길의 안내자며 나침판이 되어 왔다.

부연하자면 마가복음은 나의 젊은 시절에 도전을 주었던 책으로서 성경을 연구하는 학도가 된 이후에도 그 책은 내 거친 인생의 돌밭을 옥토로 만들어 가는 쇠스랑이었다. 이로 인해 이 책의 나의 박사 학위의 논문이 되었고 거의 30년간 연구와 저술을 통해 내 신앙과 삶의 얼개가 되었다.

은퇴 후 순례자의 집을 열면서 마침내 내 사랑하는 이 책(my beloved book)을 다시 한번 내 삶 속에서 묵상하여 우려내고자 한다. 시를 "결사적으로 쓴다."는 시인처럼 나는 이곳 순례자의 동산에서 노동과 묵상 속에 이 책을 집필하지만 여전히 내 영성은 거칠고 내 필체는 무딤을 본다. 잘 든 낫처럼 내 영혼의 잡초들을 베어 나가고, 내 인격의 거친 땅을 곡괭이로 찍어 나가고 쇠스랑으로 다듬어 나간다. 한 뜸 한 뜸 수놓는 여인의 마음처럼 마가복음 강해를 집필하면서 '길 위의 길'을 탈고하였다.

38년간 거친 나와 함께 한 나의 사랑하는 아내와 내 자녀들에게 감사하고 미안하고 사랑하는 마음으로 이 책을 바친다. 그동안 나를 나 되게 하신 하나님과 나의 제자들과 동무들과 지인들에게도 감사의 말을 드린다. Soli Deo Gloria!

2023년 2월
양지 순례자의 집에서
함께 해석자의 길을 떠나는 순례자들과 함께
심상법

추천사

마가복음을 전공하고 학위를 받으신 후 평생 마가복음을 가르쳐오신 심상법 교수께서 은퇴하신 후에 저술하신 『마가복음 강해: 길 위의 길(The Way on The Way)』은 설교가 주 사역인 목회자들에게 대단히 유익한 역작입니다. 첫 부분은 설교를 위한 성경 해석학을 제시해 주심으로 설교자에게 절대적으로 필요한 기초를 놓아주시고, 둘째 부분은 마가복음을 제시한 해석학적 원리에 따라 펼쳐진 57편의 설교들인데 학문적이면서도 실제적인 설교를 어떻게 만들어 갈 것인지 모델을 보여주고 있습니다. 마가의 분명한 기독론과 예수님의 제자론, 또 두려움에서 해방된 믿음으로 이끌어주는 마가의 신학을 명확하게 제시해 고맙게도 마가복음의 목적을 명확하게 가르쳐 주고 있습니다. 신학도들과 목회자들에게는 필독서가 될 것이라 사료됩니다.

◉ **김상복 박사**(할렐루야교회 원로 목사/ 햇불트리니티신대원대학교 명예 총장/ 세계복음주의연맹(WEA) 회장 역임)

마가복음은 첫 복음입니다. 마가복음은 저자 심상법 교수님의 증언처럼 길 위의 길, 그 길, 십자가의 길로 인도하는 복음서입니다. 복음서를 원복음 그대로 이해하고자 하는 모든 이들과 이 복음서를 원복음 그대로 설교하고자 하는 모든 이들은 마가복음을 피해 갈 수 없습니다. 심상법 교수님은 마가복음의 신학적 가이드로 우리에게 이 복음서의 핵심 포스트들을 명료하게 볼 수 있도록 탁월하게 안내하고 있습니다. 성경을 성경답게 이해하려는 평신도 독자들은 물론 성경을 성경답게 설교하고자 하는 모든 설교 동역자들에게 이 보석 같은 안내서를 강추하고 싶습니다.

◉ **이동원 목사**(지구촌 목회리더십센터 대표)

　심상법 교수님의 마가복음 강해는 오래 잘 익은 과일과 같습니다. 루터의 갈라디아서처럼 그가 "내 사랑"이라 부르는 마가복음을 심 교수님은 자신의 삶의 얼개로 짙게 엮어내었을 뿐만 아니라, 순례자의 집 공동체에서의 실제적인 설교로 잘 풀어내었습니다. 그는 이 책에서 서사적 설교의 원리와 실제를 아우르고 있습니다. 서사적 설교는 본문에 대한 책임과 청중 상황에 대한 책임을 균형 있게 수행함으로써 본문이 이끄는 성경적 설교를 지향합니다. 특히 심 교수님은 전문가적 식견과 분별력이 잘 녹아든 매우 유연하고 유려하며 유익한 마가복음 해설과 설교를 제시하고 있습니다. 그의 해설이 가리키는 '길 위의 길'은 세상 속에서는 고난과 순례자의 길이지만, 광야를 낙원으로 바꾸시는 주님으로 인해 혼인 잔치의 기쁨이 넘치는 새 종교의 길이며, 아름다움과 친밀함이 있는 "미친" 공동체의 길입니다. 변함없이 소년 같은 꿈을 꾸는 그의 삶이 참 부럽습니다.

◉ **최승락 교수**(고려신학대학원 원장, 신약학 교수)

　심상법 명예 교수의 마가복음 강해는 스토리가 '길 위에서 길'을 만나 듯 자연스럽게 시를 풀어내고 때로는 신학교 강의실에서 볼 수 있는 핵심 요약으로도 정리하면서 오늘의 현장에서 새롭게 마가복음이 전하는 복음의 메시지를 들을 수 있도록 차분하게 예수님께서 갈릴리에서 예루살렘으로 향하신 여정을 잘 소개합니다.

◉ **소기천 교수**(장로회신학대학교 신약 성경과 초기 기독교 배경사 교수/ 한국개혁신학회 회장)

　본서는 심상법 교수님의 농익은 마가복음 묵상집입니다. 저자는 본문의 의미를 서사적 주해로 밝힌 후에 이야기체로 설교를 풀어냅니다. 본서의 메시지가 사변적이지 않은 이유는 성경의 거대한 구원 내러티브를 반영하고 있을 뿐 아니라, 고난 속에서도 예수님을 따라 제자의 길을 마다하지 않은 저자의 신앙고백과 삶이 녹아 있기 때문입니다. 본서의 설교 적용에는 한국 교회를 향한 저자의 뜨거운 사랑이 깊이 담겨있습니다.

⊙ **송영목 교수** (고신대학교 신학과 교수)

'길 위의 길'이라고 이름 붙여진 이 책에서, 심상법 박사님은 마가복음의 예수 이해에 대한 훌륭한 강해서를 출간했습니다. 38년간의 학문적 노력을 설교를 위한 강해라는 목표로 간결하게 녹여 내리고 있을 뿐 아니라 오랜 기간의 깊은 연구가 강해 설교를 위하여 함축적으로 잘 전달되고 있습니다. 사역에 바쁜 목회자들이 설교 준비를 위한 마가복음 강해서를 찾고 있다면, 이 책은 큰 유익이 될 것으로 사료됩니다.

⊙ **이승현 교수** (호서대학교 연합신학대학원 신약학 교수)

복음주의 성경학자의 표준 길은 어떤 것일까? 처녀 길은 학문적으로 확고한 학위 논문을 쓰는 것입니다. 학자로 입문한 이의 길은 자기 분야에서 탁월한 학술 논문을 써내는 것입니다. 중진 학자가 되어서는 자기 분야의 길을 새로 여는 전문 연구서를 출간하는 것입니다. 시니어 학자의 길은 그러한 연구를 바탕으로 학술적인 주석서를 쓰는 것입니다. 성경학을 학문으로 하는 학자의 길은 여기서 멈춥니다. 하지만 성경을 기록된 하나님의 말씀이요, 성령을 통해서 오늘날에도 말씀하시는 책으로 믿는 복음주의 성경학자는 이것을 강해로, 나아가 설교로 풀어내는 것이 마침 길이 될 것입니다. 본서는 마가복음으로 박사 학위 논문을 쓰고, 마가복음 연구에 평생을 매진해온 시니어 복음주의 성경학자인 심상법 교수가 학문의 마침표로 쓴 마가복음 강해서입니다. 위와 같은 사실은 진주와 같은 본서를 설교자가 필독서로 두어야 할 충분한 이유가 될 것입니다. ⊙ **김동수 교수** (평택대학교 신학과 교수, 한국신약학회 회장 역임)

마가복음과 신약 해석학을 전공하고 총신대학교 신학대학원에서 오랫동안 신약학으로 후학을 양성한 심상법 교수님은 제자들과 독자들이 기다려 온 마가의 서사를 강해집의 옷을 입혀 포근한 봄날에 드디어 세상에 내놓았습니다. 특히 저자는 그동안 마가복음을 서사적으로 읽는 설렘을 제자들에게 잘 전수해왔습니다. 본서는 마가복음의 근저에 흐르는 사회, 문화, 역사의 정황을 고려한 '서사적 설교'의 진수를 보여줍니다. 독자는 본서의 서론적 논의와 본문 강해를 읽으며 마가복음의 서사적 진전뿐 아니라 핵심 주제(예, 기독론, 제자도)의 서사적 진전도 목격할 수 있을 것입니다. 그래서 반드시 읽어야 할 책입니다.
　　　　　　　　　　　　ⓞ**강대훈 교수**(총신대학교 신학대학원 신약학 교수)

　이 책은 서사 읽기와 그것이 실행하는 설교적 움직임을 기초로 한 해석학적 가능성과 설교적 섬세함을 제공합니다. 책을 통해서 설교자들은 서사 읽기가 주는 해석학적 훈련이 만들어내는 성경 본문이 추진하는 강의(講義)가 아닌 강해(講解)적 설교 초안(草案)을 작성하는 견(見)을 가질 것이라 확신합니다. 따라서 모든 설교자들에게 필독을 권합니다.
　　　　　　　　　　　ⓞ**김덕현 교수**(칼빈대학교 예배설교학 교수, 신학대학원 원장)

　이 책은 평생을 마가복음 연구와 해석학 연구에 헌신한 노학자의 일평생의 연구 결과물입니다. 한 문장 한 문장에 섬세한 주해의 흔적과 교회에 대한 사랑이 역력합니다. 마가가 소개하는 예수를 우리 시대에 선포하기를 원하는 설교자, 예수를 더 알기 원하는 신학생, 그리고 교회 학교 교사라면 반드시 일독해야 할 귀중한 책입니다.
　　　　　　　　　　　　　　ⓞ**박윤만 교수**(대신대학교 신약학 교수)

　나의 고향 동네는 무화과가 특산물이다. 여러 번 무화과를 선물하는데 안타깝게도 사람들은 그 맛에 대해서 감탄하지 않습니다. 일단 무화과 특성상 보관이 어려워 멀리 보낼 때는 제대로 익지 않은 상태에서 보내니 맛이 덜할 수도 있지만 정말 중요한 것은 먹는 방법을 몰라서 그렇습니다. 진액이 나오는 꼬리 쪽만 제거하고 열매를 한 입 통째로 물어야 제 맛이 납니다. 심 교수님의 저서 『마가복음 강해: 길 위의 길(The Way on The Way)』은 우리가 어떻게 마가복음을 먹어야 할지 너무도 선명하게 가르쳐 주고 있다. 마가복음은 길 되신 예수님에 관하여 아울러 그 길을 따르는 제자도에 관하여 말하고 있지만 우린 그 길을 찾지 못했습니다. "우리가 주님과 복음을 위해서 아무것도 버리지 못하고 도리어 주님을 이용하여 더 많은 것을 쟁취하려고만 한다면 그것은 마가복음의 메시지와 정면으로 충돌하는 것이다."라는 저자의 외침이 두고두고 귓가를 때립니다. 그래서 모든 그리스도인들에게 강력히 추천하고 싶습니다.

⊙ **백윤영 목사**(광주청사교회 담임 목사, 뿌리깊은나무국제기독교육연구소 소장)

심상법 교수님의 『마가복음 강해: 길 위의 길(The Way on The Way)』은 총신대학교 신학대학원에서 신약 신학자요 성경 해석학자로서 사역했던 헌신적인 노 교수의 수고의 결실이라고 할 수 있습니다. 저자가 서문에 밝혔듯이, 그는 성경 해석의 "역사적-문학적-신학적" 이해와 그에 근거한 현대적 적용을 강조해왔는데, 본서는 저자의 성경 해석 원리에 따른 강해 혹은 설교라고 할 수 있습니다. 특히 저자는 박사 학위 논문으로 마가복음의 서사 분석을 연구했습니다. 따라서 본서에서 자신의 가장 전문 영역에 속하는 성경을 자신이 평생 가르쳐 온 내용을 통해 마가복음을 "설교"합니다. 본서에서 저자는 간결하지만 신중한 표현과 어법으로 본문을 설명하고, 강해 혹은 설교라는 저술 특성에 따라 오늘날 독자들이 마가복음을 잘 이해할 수 있는 형식으로 내용을 잘 풀어갑니다. 또한 책을 시작하면서 독자들을 위해 해석학의 중요성과 마가복음 신학의 요점을 제시하는데, 이 역시 독자들로 하여금 마가복음의 메시지를 적절히 이해할 수 있도록 도움을 줍니다. 평생을 통해 성경 연구에 매진해 온 열정적인 학자의 결실을 모든 독자들이 함께 누리기를 바라며 본서를 기꺼이 추천합니다.

⊙ **김주한 교수**(총신대학교 신학과 조교수, 신약학 교수)

심상법 교수님의 『마가복음 강해: 길 위의 길(The Way on The Way)』 출판을 진심으로 축하드립니다. 심 교수님은 제 신대원 은사로 신약 성경에 대한 문학적 해석의 눈을 뜨게 해주신 분입니다. 마가복음 강의를 들으며 '와!' 하는 탄성이 나왔던 기억이 납니다. 그동안 심 교수님은 마가복음에 관련해서 많은 논문과 글을 쓰셨지만, 이 책은 특히 "성경 해석의 꽃은 설교이다"라는 지론을 따라 본문을 설교와 강해의 측면에서 풀이하였기에 마가복음을 설교하고자 하는 설교자와 신학생은 물론 성경을 심도 있게 공부하려는 성도들이 반드시 읽어야 하는 필독서라고 생각합니다. 이 책을 통해 많은 독자들이 경험할 기쁨을 생각하여 즐거운 마음으로 추천합니다.

◉ **이풍인 교수**(총신대학교 신학대학원, 신약학 교수/ 개포동교회 담임 목사)

신학교 시절 심상법 교수님의 신약 해석학과 마가복음 강의를 다 소화하고 배웠다고 생각한 적은 한 번도 없지만, 그래도 그 시절의 배움이 지금까지도 나의 성경 해석과 설교에 기초를 제공하는 자산이 되었는데, 교수님의 신간을 읽으면서 내가 앞으로도 안주하지 않고 얼마나 더 배워야 하는가 돌아보았습니다. 이 책의 제목 "길 위의 길"처럼, 큰 틀에서는 내가 평생 예수님의 길 위에 있는 제자라는 정체성을 기억해야 할 뿐 아니라, 말씀을 가르치는 자로서는 평생 겸손히 배우는 학생의 길 위에 있어야 함을 새삼 깨닫습니다. 그런데 책을 읽다보니, 교수님이 전하고 싶으신 말씀이 훨씬 더 많았을 텐데, 그걸 줄이고 또 쥐어짜고 다듬어서 강해집을 쓰셨다는 생각이 듭니다. 그만큼 미처 다 담지 못하신 내용이 책의 행간과 여백에서 느껴집니다. 그 여백은 이 책을 읽고 도전받고 다시 마가복음의 바다 속에 뛰어드는 우리가 채워나갈 몫이라고 생각합니다. 교수님이 책 서두에 적으신 것처럼, 지금까지 연구하시고 가르치신 마가복음 말씀을 강해 설교로 정리하신 이 책이, 교수님의 후배들과 제자들은 물론 이 시대에 말씀 맡은 모든 설교자들에게 큰 도전과 도움이 되리라 믿습니다. 무엇보다 이 책을 통해서, 설교자 자신이 먼저 말씀을 받고 순종하는 설교를 하기 원하시는 교수님의 열망이 나를 비롯한 모든 설교자들에게 전달되길 바랍니다. 또한 2천년 전 고난과 박해의 두려움에 떨던 초대 교회 성도들에게 길 위에 길이신 예수님을 명확히 증거한 마가복음을, 고도로 발달한 문명의 풍요 속에서 오히려 더 큰 불확실성과 혼돈과 공허와 두려움을 느끼며 흔들리는 오늘날 우리에게 꼭 필요한 복음으로 다시 전하는, 심상법 교수님의 책 출간을 축하하며 적극 추천합니다. ◉ **김성겸 목사**(안산동산교회 담임 목사)

저자를 아는 독자라면, 책을 펼치자마자 평소 강단에서 들려주신 저자의 음성을 생생히 듣게 됩니다. 그 음성에는 성경 해석자로서의 세밀하고 정교한 음질과 더불어 따뜻하고 따끔한 목회자·설교자의 음색이 녹아 있습니다. 이 책은 저자가 가장 사랑하고 가장 깊이 연구한 마가복음에 관한 것입니다. 따라서 마가복음 책 속의 길을 제대로 보고 걸으며, 책에서 보이신 참 길이신 예수님을 따라가는데, 이만큼 신뢰감을 주는 안내자를 만나기는 힘들 것입니다. 무엇보다 이 책은 본문이 이끄는 설교를 위한 강해집입니다. 저자는 본문에 충실하여 사회-역사적, 언어-문학적, 성경-신학적 해석의 산을 오른 후에, 오늘을 함께 살아가는 믿음 공동체를 향한 목회자·설교자의 묵상을 메아리로 담아두었습니다. 따라서 건실한 해석과 설교를 추구하는 설교자에게는 좋은 도구가 되리라 믿어 의심치 않습니다. 특별히 저자(심상법 교수님)의 『마가복음 강해: 길 위의 길(The Way on The Way)』은 성령님께서 영감하신 본문의 숨결을 따르는 내러티브적 해석과 이를 반영한 설교의 맥을 짚어줍니다. 즉, 복음서 중에서 가장 간결한 특징을 살려서 명료한 진리에다 이야기의 힘을 싣고 있습니다. 하나님의 커뮤니케이션 행위(God's Communication-Action)인 본문에 담긴 내용과 효과 모두를 존중하는 설교자라면 이 책은 훌륭한 지침서가 될 것입니다. 내러티브의 특성을 고려한 설교를 위한 단락(Pericope)은 설교 준비의 많은 고민을 덜어주고, 각 단락의 이야기가 전체 이야기가 어우러져서 예수님의 제자가 세워나가야 할 삶 이야기로 이어지는 내용은 설교 작업에 큰 즐거움을 줄 것이라 확신합니다. 모든 사람은 신학자이며, 신학자와 목회자는 다른 길을 걷는 자가 아니기에, 이 책은 평신도, 신학생, 목회자 모두가 마가복음을 따라 걷는 길을 더 사랑하게 만드는 책이 되리라 생각합니다. 오랜 인내를 낳고, 오랜 연마로 빛을 낸 이 책으로 성경적 이해와 성경적 설교의 세계를 풍성하게 만들어주신 심상법 교수님에게 다시 감사드립니다.

⊙ **김대혁 교수**(총신대학교 신학대학원 설교학 교수)

『마가복음 강해: 길 위의 길(The Way on The Way)』은 마가복음을 설교하는 목회자들과 앞으로 마가복음을 공부하길 원하는 신학생들이 길을 걸어가는 동반자로 삼기에 적합한 책입니다. 이 작품은 단순한 설교집이 아닌 것은 서문만 읽어보아도 알 수 있습니다. 서문에서 마가복음에 대한 탄탄한 해석학적 기반을 먼저 세워줌으로써 마가복음을 깊이 있게 강해하기 위한 기초를 먼저 제공합니다. 강해 또한 신학적 깊이와 함께 현실에 대한 적용이 조화롭게 담겨 있어서 마가복음을 연구하고자 하는 신학도뿐 아니라 말씀의 적용을 고민하는 설교자에게도 도움이 될 수 있습니다. 설교자들의 말씀 해석의 고민과 깊이가 점점 얕아지고 있는 이때에 이 책이 깊은 우물에서 퍼 올린 시원한 물처럼 새로운 해석의 지평을 열어줄 수 있는 큰 도구가 될 것이라 확신하기에 기꺼이 추천합니다. ⊙ **김일승 목사**(하늘사랑교회 담임 목사)

수십 년 동안 '목회자 같은 학자'로 살던 심상법 교수님이 지금은 '학자 같은 목회자'로 살고 있음을 이 한 권의 책을 통해 확실하게 보여주고 있습니다. 신약을 전공한 학자이지만 언제나 신학의 꽃인 목회와 설교에 지대한 관심과 식견을 가지고 연구하고 가르쳐온 그이기 때문입니다. 늘 아닌 체하긴 해도 학자들은 대부분 학문적인 영역에 머물러 있는 작품들을 선보이기 마련입니다. 하지만 특이하고 신기하게도 심 교수님의 글은 항상 남다릅니다. 성경이 가야 할 궁극적 장소가 신학교가 아니라 강단이어야 함을 누구보다 잘 알고 의식하면서 실천해왔기 때문입니다. 그뿐 아니라 신학은 언제나 사람 냄새나는 인문학과 한데 어우러져야 가장 아름답게 꽃 피울 수 있음도 그는 잘 알고 있기 때문입니다.

심 교수는 요즘 설교학계에서 핫 이슈로 등장한 '본문이 이끄는 설교'와 '서사적 주해와 설교'(Narrative Commentary & Sermon)가 마가복음에서 어떻게 서술되고 있는지를 잘 설명하고 있습니다. 쉽게 말하면, 본문이 서사적으로 이끌어가고 있는 해석학적 틀을 통해 마가복음이 어떤 모양새로 어떤 냄새를 풍기고 어떤 맛을 내고 있는지를 제대로 보여주고 있습니다.

'마가복음 우선설'(Markan Priority)은 차치하고서라도, 공관복음 중 중요한 위치를 차지하고 있는 이 복음서에 대한 관심을 가진 이들이 추천자를 포함하여 적지 않습니다. 수없이 많은 강해집들이 쏟아져 나오지만, 정작 소중한 본문의 콘텐츠보다는 예화란 조미료가 곁들여진 적용 위주의 설교집들이 대부분입니다. 그런 점에서 이 저서는 추천자 또한 오랜 세월 고대하며 기다려온 바로 그 책이라 자신 있게 말할 수 있습니다. 이번 기회에 마가복음을 제대로 한 번 음미해보고자 하는 이가 있다면 마가복음의 전문가인 심상법 교수님의 저서 『마가복음 강해: 길 위의 길(The Way on The Way)』를 강력하게 추천하는 바입니다.

⊙ **신성욱 교수**(아신대 설교학 교수)

30년 전 강의실에서 심상법 교수님의 마가복음 수업을 들었던 시절의 충격이 아직도 생생하게 기억납니다. 수업 시간마다 "예수님의 제자는 어떻게 살아야 하는가?"라는 주제로 가르치신 강의는 마치 한 편의 설교와 같았습니다. 특히 심 교수님은 "본문이 설교다"라는 것을 늘 강조하셨습니다. 설교자들은 성경 본문을 가지고 설교를 만들지 말고 성경 본문이 설교라는 것을 항상 기억하고 본문이 말씀하고자 하는 핵심 메시지를 찾아 선포하라고 가르치셨습니다. 그래서 저는 교수님이 가르쳐주신 방법대로 설교하려고 애썼고 30년이란 세월이 흘렀습니다. 마가복음 전공자로서 그동안 총신대학교 신학대학원에서 가르친 보석 같은 본문의 정수가 책으로 출간되어 기쁘게 생각합니다. 성령의 도우심과 학문적 연구가 농축된 『마가복음 강해: 길 위의 길(The Way on The Way)』은 설교자와 성경을 가르치는 교사들과 마가복음에 담긴 예수 그리스도의 발자취를 탐험하고 진정한 제자도의 길을 가고자 앙망하는 모든 분들에게 강력 추천합니다.

⊙ **정준경 목사**(우면동교회 담임 목사)

약어들(Abbreviations)

이 책의 각주와 참고 문헌에 있는 약어들(abbreviations)의 이름은 다음과 같다.

BDAG	Bauer-Danker-Arndt-Gingrich's Greek-English Lexicon of the New Testament and Other Early Christian Literature
BTB	Biblical Theology Bulletin
CBQ	Catholic Biblical Quarterly
CTJ	Calvin Theological Journal
IVP	Intervarsity Press
JAAR	Journal of the American Academy of Religion
JBL	Journal of Biblical Literature
JETS	Journal of Evangelical Theological Society
JSNT	Journal for the Study of the New Testament
JSNTSS	Journal for the Study of the New Testament Supplement Series
JSOT	Journal for the Study of the Old Testament
NICNT	New International Commentary of New Testament
NIV	New International Version
NovT	Novum Testamentum
NTS	New Testament Studies
SBL	Society of Biblical Literature
SJT	Scottish Journal of Theology
SPCK	Society for Promoting Christian Knowledge
TNTC	Tyndale New Testament Commentaries
WBC	Word Biblical Commentary

| 목차 |

여는 말	4
추천사	7
약어들	16

강해 설교의 해석적 방향과 틀	20
서사적 주해(narrative exegesis)	27
서사적 설교(Narrative Preaching)와 마가복음	48
마가복음의 제자도: 기독론에 비추어서	82

01 복음의 시작(막 1:1)	108
02 세례 요한(막 1:2-8)	123
03 예수님의 세례와 광야 시험(막 1:9-13)	134
04 예수님의 광야 시험(막 1:12-13)	144
05 공 사역의 시작(막 1:14-15)	153
06 첫 제자를 부르심(막 1:16-20; cf. 마 4:18-22; 눅 5:1-11)	165
07 메시아로서 예수님의 사역의 모습(막 1:21-31)	175
08 일어나 기도하며 길 떠나신 예수님(막 1:32-39)	185
09 나병 환자와 예수님(막 1:40-45)	196
10 중풍병자의 치유와 죄 사함(막 2:1-12)	209
11 죄인들의 친구이신 예수님(막 2:13-17)	222
12 금식에 대한 논쟁(막 2:18-22)	233
13 안식일 논쟁(막 2:23-28)	241
14 안식일에 손 마른 자를 고치심(막 3:1-6)	249
15 예수님의 물러남과 제자 사역(막 3:7-19)	256

16 하나님 나라의 참된 백성(가족)은?(막 3:20-35)　　　　265

17 옥토의 신앙(막 4:1-20, 특히 13-20절)　　　　276

18 비유와 하나님의 나라(막 4:21-34)　　　　287

19 풍랑을 잠잠케 하신 예수님(막 4:35-41)　　　　293

20 거라사의 귀신 들린 자를 고치심(막 5:1-20)　　　　300

21 고질병과 죽음을 고치신 이적(막 5:21-43)　　　　308

22 배척과 선교(막 6:1-13)　　　　324

23 세례 요한의 수난 기사(막 6:14-29)　　　　332

24 오천 명을 먹이신 광야의 이적(막 6:30-44)　　　　338

25 물 위를 걸어오신 주님(막 6:45-56)　　　　345

26 참된 정결: 마음(내면)과 삶(윤리)(막 7:1-23)　　　　353

27 수로보니게 여인의 믿음과 지혜(막 7:24-30)　　　　361

28 귀먹고 말 더듬는 자를 고치심(막 7:31-37)　　　　369

29 사천 명을 먹이신 이적(막 8:1-10)　　　　376

30 예수님의 탄식과 제자들의 몰이해(막 8:11-21)　　　　383

31 벳새다 소경의 두 단계 개안(막 8:22-26)　　　　390

32 길에서의 물음과 제자도(막 8:27-9:1)　　　　403

33 높은 산에서의 모습(막 9:2-13)　　　　414

34 '산 아래' 믿음 없는 세대(막 9:14-29)　　　　424

35 소금의 제자도(막 9:30-50)　　　　437

36 길에서 계속되는 가르침(막 10:1-16)　　　　451

37 '길에서'의 부자 청년과 제자도(막 10:17-31)　　　　460

38 멋진 만남, 잘못된 선택(막 10:17-22)　　　　468

39 "너희 중에는 그렇지 아니하니"(막 10:32-45)　　　　481
40 길에서 예수를 따른 바디매오(막 10:46-52)　　　　494
41 예루살렘 입성(막 11:1-11)　　　　505
42 무화과나무의 저주와 성전 예배(막 11:12-25)　　　　513
43 무슨 권위로?(막 11:27-33)　　　　521
44 포도원과 악한 농부에 대한 비유(막 12:1-12)　　　　529
45 조공 논쟁(막 12:13-17)　　　　537
46 부활 논쟁(막 12:18-27)　　　　548
47 가장 첫째 되는 계명(막 12:28-34)　　　　557
48 성전에서의 마지막 가르침(막 12:35-44)　　　　564
49 감람 산 고별 강론(막 13:1-23)　　　　574
50 종말에 깨어 있으라(막 13:24-37)　　　　585
51 수난 기사 시작과 수난절 여인(막 14:1-11)　　　　597
52 최후 만찬과 제자들의 운명(막 14:12-31)　　　　609
53 겟세마네의 기도의 밤(막 14:32-42)　　　　620
54 깊은 밤의 배반과 체포와 심문(막 14:43-72)　　　　630
55 빌라도의 재판과 십자가의 언도(막 15:1-20)　　　　640
56 능욕의 행진과 십자가 등극(막 15:21-32)　　　　649
57 십자가의 절규와 백부장의 고백(막 15:33-39)　　　　658
58 매장 주변의 여인들과 아리마대 요셉(막 15:40-47)　　　　666
59 부활의 이른 아침과 여인들(막 16:1-8)　　　　672

참고 문헌　　　　681

강해 설교의 해석적 방향과 틀

성경 해석학자로서 그리고 마가복음을 사랑하는 해석자로서 『마가복음 강해: 길 위의 길』이라는 마가복음 강해집을 마침내 그것도 은퇴하여 집필하였다. 이 강해집은 나의 해석적적 틀(심층 구조)의 표층 구조이기도 하다. 이미 필자의 해석학적 방향에 대해서는 『성경 해석학 서론 (2016)』과 『해석 역사의 숲에서 해석의 길을 찾다[이하 '숲길'](2017)』라는 책에서 서술하였다. 그러므로 독자들이 나의 해석과 틀을 이해하고자 한다면 이 책들을 먼저 혹은 함께 읽는 것이 유익할 것이다.

"참된 성경 해석학의 목표는 주석이라기보다는 설교이다[true goal of hermeneutics is not the commentary but the sermon]"(저는 … 이어야 한다고 주장한다)라는 오스본Osborne 의 주장(Osborne, 339)에 전적으로 공감한다. 이것이 마가복음의 주석책commentary 을 쓰기보다는 강해집exposition 으로 쓰게 된 이유이기도 하다. 물론 거기에는 바쁘고 고달픈 현장 목회자들에 대한 배려가 포함되어 있다. 물론 이 강해집은 다른 유명한 강해집들처럼 예화가 많은 강해집은 아니다. 필자는 항상 '참된 강해는 예화가 설교를 이끄는 것이 아니라 본문이 설교를 이끌어 가야한다'는 본문 중심의 '본문이 이끄는 설교'text-driven sermon를 지향해왔다. 물론 설교자가 예화를 사용할 때도 본문의 메시지에 적합한지를 철저히 살펴보아야 하고 또한 그것을 설교 본문에 적용할 때는 설교의 플롯plot을 고려할 뿐 아니라, 설교 문맥에 어울리게 '자신의 말로 잘 풀어' 사용하여야 한다.

본문이 이끄는 강해집으로서의 이 책은 "성경 해석의 목표가 하나님께서 자신의 백성에게 말하고자 하는 바를 듣도록 하는 데 초점을 둔 고백적 분별confessional discernment로서의 성경 해석에 그 특징을 두는" 월터스Wolters의 주장(Wolters, 103) 또한 곁들이고 싶다. '본문의 원 의미'를 추구하는 해석적 분별력('주의 깊고 신중한' careful & serious 해석적 분별력)을 가지되 그것은 철저히 신앙 고백으로서의 분별력을 가져야 한다는 의미이다. 성경은 역사적-종교적 책이지만 신앙-고백적인 '하나님의 책Book of God(말씀)'이며 그 '백성(교회)의 책Book of People'(경전canon)이다. 그러므로 베드로 사도의 권면처럼 이 책Scriptures은 하나님의 감동으로 되었기 때문에 결코 사사로이 풀어서는 안 된다(벧후 1:20-21). '믿음의 도리'regula fidei와 '바른 교훈'sound doctrine(딛 2:2)과 '경건에 관한 교훈'godly teaching(딤전 6:3)을 따라 해석해야 한다.

성경은 '하나님의 감동으로 된 책'이기 때문에 단지 역사적 정보나 문학적 즐거움을 얻기 위해 읽기보다는 '온전한 하나님의 백성이 되고 온전한 하나님의 봉사자가 되기 위한 목적'으로 읽어야 한다(딤후 3:16-17).

그러므로 강해의 목적은 설교자가 자신의 설교를 통해 자신의 생각과 견해 혹은 이념을 전하려고/주입하려고 해서는 안 되며 오직 하나님께서 그 백성에게 주시고자 하는 메시지를 올바르게 듣고 이해하여 잘 전달하여야 한다. 이 점이 성경적 설교가 선지자들의 설교와 사도들의 설교를 우리의 참된 설교의 원형으로 삼는 이유이기도 하다. 설교자의 역할과 책임은 바로 여기에 있다. 참된 설교자는 하나님의 메시지 곧, 본문의 원 의미(저자의 의도)를 파악하기 위해 올바른 해석적 틀을 잘 숙지하여 활용하여야 한다. 참된 설교는 올바른 해석적 원리와 적용 속에 나온다는 말은 결코 과언이 아니다. 곧, 올바른 주해sound exegesis가 참되고 건강한 설교를 만든다.

물론 여기에는 이성의 적절한 활용을 통한 분석적이고도 비평적 사고는 반드시 필요하지만 성령의 조명하심을 간구하는 기도와 순종의 마음을 가진 영성의 필요성 또한 반드시 주지되어야 한다(심상법, 숲길, 305-317 참고). 이런 까닭에 교부들은 하나님의 말씀인 성경을 가르치고 강론할 때 '교회의 목자'로서 "교회(성도/하나님의 백성)의 필요와 관심을 가슴에 담고 신학하고 기도하고 설교하는" 목회적이고도 실천적이며 변증적인 목적하에서 성경 해석을 추구해 왔다(숲길, 61).

무엇보다도 주해 과정에서 '주의 깊고 진지한'careful & serious 해석을 위해 건전한 비평적인 사고가 요구되는데 거기에는 좋은 주석들을 참고함이 필요하고 더 나아가 올바른 하나님의 말씀을 이해하기 위해서 성령의 인도하심과 충만하심 그리고 기도와 순종의 영성은 반드시 주해과정에서 추구해야 할 것임을 강해자는 주지해야 할 것이다.

그러면 필자가 말하는 '본문이 이끄는 설교 혹은 강해'text-driven sermon는 어떤 것인가? 본 강해집은 어떤 성경 해석의 틀을 가지고 있는 강해인가? 이미 이전의 두 권의 책, 『서론과 숲길』에서 밝힌 것처럼 올바른 성경 강해는 성경 본문 자체의 본질인 역사적, 문학적, 신학적 본질에 기초하는 사회 문화-역사적/언어-문학적/성경-신학적 면을 적절히 고려하는 해석이어야 한다.

이러한 3차원적인 해석의 틀은, 그레이다누스Greidanus가 제안 (Greidanus, 324)한 것처럼, 설교자가 본문에 기록되고 본문이 언급하고 있는 세계(지시적 세계referential world)의 '역사적 정황'historical context을 이해하는 것과 함께 그 본문이 발견되어진 '문학적 정황'(literary context) 즉, 인접 문맥과 함께 책 전체(마가복음)의 문맥 속에서의 이해와 더불어 전체 성경의 '구속사적이며 정경적인 문맥'redemptive-historical and canonical contexts을 반드시 고려하여야 한다. 특히 '구속사적이고 정경적인 문맥'의 고려는 칼빈Calvin이 말하는 성경이 최종적인 권위이며 절대적인 권위라는 Sola Scriptura 오직 성경의 원리와 성경 전체의 문맥과 성경 전체의 사상 가운데 해석해야 하는 Tota Scriptura전체 성경의 원리를 고려한 것으로 역사적 정황과 문학적 정황을 고려함에도 본문의 의미가 불분명하고 논란이 많을 때는 이 원리가 올바른 해석의 최종(?) 지침이 되어야 한다. 이것이 위에서 언급한 사회-문화-역사적이고도 언어적-문학적이며 성경-신학적 및 정경적인 해석의 틀이다.

먼저 마가복음의 문학적 타입literary-type인 서사적 장르narrative로서의 인식 가운데 본문이 이적 기사인지 논쟁 기사인지 그리고 소명 기사 혹은 비유인지, 예언 혹은 묵시 본문인지를 파악한 다음 본문이 언급하고 있는 당시의 사회-문화-역사적인 의미를 찾고 그 분문에 나타난 단어들의 의미나 구문론적인 의미인 문법적-구조적-문맥적 의미를 이해할 뿐 아니라 더 나아가 그 본문이 말하고 있는 구속-역사적이면서도 정경적인 의미를 찾아가는 것이 필요하다. 특히 난해 구절의 경우에는 성경신학적(구속-역사적)인 정경적 해석이 필요하다.

가령, 막 12:25의 해석은 일종의 난해 구절로 "하늘에 있는 천사들과 같으니라will be like the angels in heavens."는 부활(후)의 삶의 모습이 '남성과 여성이 아닌 존재'(genderless beings[중성적 존재?])가 된다는 것인지 아니면 "장가도 가지 않고 시집도 가지 않는다."는 언급에서 여성 신학자들이 주장하는 것처럼 불평등한 가부장적인 철폐를 의미하는 것인지에 대한 논란은 문맥적 이해(천사들의 존재를 부인하는 사두개인들에 대한 답변)와 언어적인 이해('천사들이 된다는 것'이 아니라, '천사들과 같이 된다.'not will be angels, but will be like angels는 의미의 차이), 더 나아가 성경 전체의 문맥과 성경 전체의 사상을 고려한 해석total Scriptura인 결혼의 언약적인 관계는 오직 지상에서의 삶(죽음)으로 끝나며(롬 7:2; 고전 7:39) 특히 부부 생활을 통한 자손(생명)의 잉태는 더 이상 부활 후 천상의 영원한 생명을 가진 삶에는 존재할 필요가 없으며 부활 후 천상의 삶은 그보다 더 나은 혹은 그와는 다른 질적인 존재(관계)로서의 삶에 대한 성경적 이해(고전 15:35-53)를 통해 해석되어야 한다. 부활 후 천상의 삶에는 결혼이라는 사회적 제도는 필요하지 않다. 오직 하나님과 우리 사이의 언약적인 관계만 영원하며 실제적이다eternal reality. 하나님은 우리의 아버지이시고 신랑이시며 왕이시며 믿는 우리 모두는 하나님의 신부며 가족이며 하나님의 백성이다 결과적으로 마가복음 강해는 이러한 세 가지 정황(역사적-문학적-정경적 정황)에 기초한 3차원적인 해석적 틀 위에서 진행하되 마가복음의 문학 타입literary-type[genre]인 '내러티브'narrative의 특성을 고려하여 해석해 나갈 것이다.

'내러티브'narrative로서 마가복음 이해는 '마가가 받은 복음(예수의 생애?)을 어떻게 서술하고 있는가?'How to re-tell를 살피는 것으로 이는 마가복음의 메시지를 올바로 파악하여 오늘의 청중에게 효과적으로 전달하고자 하는 강해의 첩경이다. 여기에는 반드시 서사적 주해와 설교[1]에 대한 이해가 있어야 한다.

간단히 요약하면 마가복음의 서사적 주해는 '내러티브'narrative로서 마가복음의 문학 형태literary type인 장르genre 인식에 기초하여 마가복음 본문의 최종성finality과 전체성/일관성totality/coherence에 대한 이해를 통해 스토리story가 갖는 특성과 함께 마가복음 전체의 서사적 흐름인 플롯을 파악하여 저자가 말하고자 하는 의미를 추구하는 것을 말한다. 물론 여기에는 2천년 동안 내려온 정통 기독교의 신학적 유산의 모체womb가 되는 계시와 예배와 전통의 틀을 이해해야 하며 이것은 성경의 역사성historicity과 함께 교부 해석에서 종교 개혁의 해석에 이르기까지 '믿음의 도리'regula fidei를 따라 해석해야 하는 해석적 원리를 고수해야 한다.

---

[1] 마가복음의 서사적 주해의 실제로 다루어진 수로보니게 여인에 대한 본문(막 7:24-30[31a])에 대해서는 『숲길』의 책 201-232를 보라.

끝으로 강해자가 성경을 강해할 때 따라다니는 근본적인 질문은 "과연 어떤 성경 해석이 적법한 해석인가?"라고 하는 성경 해석의 적법성 relevancy of biblical interpretation 의 문제일 것이다. 여기에 톨벗M. A. Tolbert은 해석의 적법성을 가늠하는 주된 기준으로 '본문 자체로부터'from the text itself 와 '본문 내의 일관성'coherence in a text 으로부터 입증되어야 한다고 주장한다(Tolbert, 10-11). 즉, 이 기준은 본문 외적인extrinsic 면보다는 본문 내적인intrinsic 일관성coherence인 "본문 자체 내에서의 논리적 통일성"a logical unity within a textitself에 대한 강조이다.

본문의 역사성historicity도 중요하고 정통 기독교의 신학적 유산(전통)인 '믿음의 도리' 곧, '신앙의 규칙'rules of faith도 중요하지만 마가복음 자체의 문맥과 사상에 비추어서 해석해야 한다는 것이다. 이 점은 본 강해집의 막 16:8의 해석을 통해 제시되어졌다. 물론 이러한 본문 자체 내에서의 일관성인 논리적 통일성이나 문법적-역사적 해석을 통해서도 그 의미가 불분명할 경우 가령, 마가복음에 단 한 번만 나오는 단어들hapax legomena이나 난해 구절의 경우(막 12:25)에는 보다 더 큰 문맥인 정경적이며 성경신학적(구속사적)인 해석 안에서 해석되어야 할 것이다.

서사적 주해(narrative exegesis)[2]

본문 중심의 문학적 해석 방법인 서사적 주해는 성경 본문의 역사인 기원과 저술 과정에 대한 관심보다는 '최종 본문'과 그 본문 내에서의 의미^{as it is}와 그것의 통전적인 의미^{as a whole}에 관심을 집중함으로써 '성경 본문 자체'의 (구조와 구성의) 전체성^{totality}과 통일성과 일관성^{unity/coherence}과 그에 따른 본문(저자)의 의도성^{intentionality}을 추구한다.[3] 한 마디로 이 주해 방법은 (최종) 본문이 가진 전체성과 통일성/일관성, 의도성과 가능성^{possibility}, 그리고 그것의 역동성^{actuality/movement}을 잘 이해하도록 해주는 것으로 70년에 시작하여(구조주의적 해석) 80년 이후부터(문학적 해석) 이 분

---

2 이 부분은 필자의 책, 『성경 해석 역사의 숲에서 해석의 길을 찾다[2017]』 175-200쪽을 다소 수정한 것이다.

3 이 점에 대해서는 M. A. Powell, *What is Narrative Criticism?* (Minneapolis: Fortress, 1990), 6쪽 이하를 보라. 이것은 본문의 의미를 '현재의 최종 본문 안에서'(as it is), 그것을 '통전적으로'(as a whole) 이해하는 해석 방법이다. Powell(86)은 이것을 "the text serves as its own context; passages are read in the light of the total narrative without regard for discernment of previous source strata or stages of composition."으로 표현한다.

야에 대한 연구들이 활발히 진행되고 있다. 이러한 문학적 해석 방법은 해석자가 성경 본문의 본질인 영감성^{inspiration}과 그것의 역사성^{historicity}에 대한 올바른 인식과 전제를 기본적으로 고려하고 있는 한 '본문 자체의 의미'를 파악하는데 많은 도움을 준다.[4] 특히 그중에 장르 인식은 문학적 해석의 선결 사항으로 본문 해석에 해석적 단초와 틀을 제공해 준다.

1. 장르 인식(Generic Identification)

최근 문학적인 해석 방법 내에서 성경의 장르^{genre}에 대한 인식은 성경 각 권의 의도와 그것의 의미를 파악하는데 많은 도움을 준다.[5] 본문의 장르 인식은 본문의 최종성과 통전성과 통일성과 의도성에 기초한 본문의 의미를 파악하는 해석적 선결 작업으로 해석자가 본문의 의미를 파악하기 위해 본문에 다가갈 때 먼저 본문이 어떤 문학적 형식$^{text-type}$인지를 알아야 한다.[6] 본문의 장르 인식은 성경의 올바른 주해를 위해 시행되어야 할 중요한 해석 작업임이 분명하다. 성경을 포함한 인간의 글(본문)이란 결코 의도 없이 쓰이지 않았다. 결국 인간(성경 저자를 포함)이 의도를 가지고 특정한 글을 쓴다는 것은 그 글을 통한 의미 전달(의사소통)의 효과를 위해 특정한 종류의 문학적 형식(편지/비유/시/스토리 등등)에 따라 글을

---

4 T. Longman III, *Literary Approaches to the Biblical Interpretation*. (Grand Rapids/Leicester: Zondervan/Apollos, 1987); L. Ryken & T. Longman III, ed,. *A Complete Literary Guide to the Bible* (Grand Rapids: Zondervan, 1993); M. A. Powell, *What is Narrative Criticism?* (Minneapolis: Fortress, 1990).

5 Ezra S. B. Shim, "A Suggestion about the Genre or Text-type of Mark." *Scriptura* 50(1994):69-89.

6 문학적 해석에서의 장르 인식은 전체 본문(whole text)을 취급하는 것을 우선적으로 하지만, 이미 이전의 양식 비평에서 언급한 것처럼 독립된 개별 서사 단위(pericope)를 해석하는 일에도 필요하다.

쓰는 것을 의미한다. 이 경우 특정 본문의 장르에 대한 이해는 "그 본문을 어떻게^{how} 읽고, 그 속에서 무엇을^{what} 기대하고, 그것으로부터 무엇을^{what} 배울 것인가"를 결정하는데 근본적인 역할을 한다.[7] 가령, 우리가 '광고 전단지'를 받아볼 때, '광고 전단지'라는 장르는 그 장르가 갖는 의미가 글의 형식과 내용 속에 내포되어 있다. 즉, 이 장르는 과장, 과대 선전적 용어나 표현(5%-80% 폭탄 세일)으로 기술되어 있기 때문에 그것을 읽는 독자는 그런 형식으로 본문 내용을 해석하여 읽고 반응한다. 독자는 이것이 과대 광고 전단지이기 때문에 아예 쓰레기통에 버리든지 아니면 전단지가 제시하는 80%의 제품을 사기 위해서는 판매 날짜 초에 가야 한다. 왜냐하면 큰 글씨체로 선전하는 80%의 제품들은 한정판매로 조기 품절될 수 있기 때문이다. 그런데 80%의 큰 글씨체만 본 소비자가 매장에 와서 왜 오늘 물건이 없냐고 고함을 치며 속였다고 한다면 이것은 광고 전단지가 갖는 장르 파악을 못한 것이다. 그런데 이것이 광고 전단지가 아니라 '법정 고지서'라고 한다면, 쓰레기통에 버리거나 함부로 아무렇게 취급할 수 없다. 바쁘면 반드시 냉장고에 붙여 놓아서 다음에 꼭 읽어보거나 그 내용을 숙지하거나 면밀히 검토해야 한다. 그렇지 아니하면 과태료를 지불하거나 어려움을 당할 수가 있다.

예를 들면, 계 2-3장의 소아시아의 일곱 교회에게 보낸 편지 형식은 요한이 각 교회의 사자들에게 명령형(2인칭 명령법, 'γράψον')으로 보내졌다 (최근 한글개역개정은 "편지하노니"에서 "편지하라"의 명령법으로 수정 번역하였다).

---

[7] M. A. Tolbert, *Sowing the Gospel: Mark's World in Literary-Historical Perspective* (Minneapolis: Fortress Press, 1989), 48; R. M. Morgan with J. Barton, *Biblical Interpretation* (Oxford: Oxford University Press, 1988), 4.

이 경우 명령문으로 전달된 편지 형식("To the church at X write")은 통상적인 편지의 서간적인 권면 행태와는 구별되는 일종의 예언적 신탁(prophetic oracles)이나 왕적 외교 문서 혹은 총독이나 황제의 칙령(royal diplomatic letters or Roman magistrates and emperors' edicts)과 같은 형태(장르)로 '긴급성과 중요성을 담은 지시와 명령(경고)과 선포의 기능'을 한다(Aune과 de Silva). 이처럼 문학적 성경 해석의 선결 사항으로서 장르 인식은 저자의 의도를 보여주는 본문 해석의 단초로 본문의 각 부분들을 해석하는 해석적 틀의 역할을 한다. 결국 전체 본문whole text에 대한 장르 인식은 부분들parts을 해석하는 해석적 틀이 된다.

2. 서사적 주해(Narrative Exegesis)

이러한 장르 인식과 함께 연구된 문학적 해석인 '서사적 주해'는 인물과 배경과 사건으로 구성된 스토리 형식을 가진 성경 본문을 서사적 세계narrative world 안에서의 해설자narrator의 사건 진술narration의 의미를 해설자의 관점point of view과 플롯plot과 해설commentary에 비추어서 (원)독자narratee에 주어진 담론discourse으로서의 본문의 의미를 탐구한다. 이런 까닭에 서사적 주해를 또한 '서사-수사적 주해'narrative-rhetorical exegesis라고 부른다. 이 해석의 장점은 본문의 최종성과 전체성, 그리고 역동성과 함께 저자의 의도성에 해석적 관심을 집중한다.[8] 이 방법은 성경 본문의 해석에 있어서 서사적 세계(작품 세계)와 실제 세계와의 관계를 이해할 때 성경 본문의

---

8 이 부분에 대해서는 필자의 학위 논문 제 3 장을 참고하라. Ezra S. B. Shim, "The Transfiguration of Jesus according to Mark: A Narrative Reading," Th. D Thesis, (University of Stellenbosch, South Africa, 1994).

역사성을 왜곡(부인)한다거나 성경의 영감성을 떠나 이해해서는 결코 안 된다.

먼저 서사적 주해는 문학형식$^{\text{text-type}}$으로서의 '내러티브'$^{\text{narrative}(διήγησις)}$에 대한 이해를 요구한다. '내러티브'를 스토리^{story}와 담론^{discourse}이 결합된 '담론된 스토리'$^{\text{discoursed story(Chatman/Malbon)}}$로 이해하기 위해서는 게넷$^{\text{(Gérard Genette)}}$이 제안한 '내러티브 층위'$^{\text{narrative levels}}$를 이해할 필요가 있다.[9] 즉, 내러티브를 이해할 때, 해석자는 '스토리 층위'$^{\text{story level}}$와 '담론 층위'$^{\text{discourse level}}$로 구분하여 이해한다. 가령, 복음서를 내러티브로 이해할 때, 복음서 기자가 예수님의 생애 이야기$^{\text{Jesus life-story}}$를 어떻게 자신의 청중에게 다시 [해설하여] 들려주는가^{retelling}를 생각해보자. 이 경우 복음서 기자는 자신의 청중들이 겪고 있는 상황에 적합한 메시지$^{\text{담론-discourse}}$로 [해설하여] 들려준다.

> 내러티브(Narrative) ⇒ 스토리(Story) + 담론(Discourse)
> 사건(event)을 어떻게 내레이션(narration)하고
> 어떻게 해설(narrative-asides)하는가?
> ↓
> 저자의 의도를 파악('징비록')

얼마 전 KBS에서 방영하여 종영된 역사 드라마인 '징비록'(懲毖錄)은 유성룡의 임진왜란 전란사(7년간)다. 유성룡의 역사 기술은 이순신의 임진

---

9 Genette, G. *Narrative Discourse: An Essay in Method*. Trans. J. Lewin. (Ithaca, New York.: Cornell University Press, 1980).

왜란 역사 기술인 '난중일기(亂中日記)'와는 다른 관점으로 기술되었다. 그가 관직을 떠나 낙향하여 3년간 여러 자료들을 참고하여 기술한 징비록은 이 같은 불행한 전란이 다시는 조선에 일어나지 않도록 징비(懲毖), 즉 '징계하여 후한을 경계하는' 의미(시경)로 기술하였다고 한다. 그의 역사 기술에 대한 담론은 이순신의 역사 기술에 대한 담론과는 사뭇 다른 관점을 가지고 있다. 이와 유사하게 마가복음 역시도 마태복음이나 누가복음과는 자료의 선택과 배열과 묘사, 그리고 그 의도와는 다른 관점으로 기술한 마가의 담론이다. 비록 마가가 성령의 영감에 의해 복음서를 기술했다 할지라도 그 관점과 의도('담론')는 다른 복음서들과는 다르다(틀림이 아님). 그러므로 우리가 마가복음에 나타난 마가의 담론(메시지)을 이해하려면 스토리 층위와 담론 층위를 잘 구분해야 한다. 그러기 위해서는 원래의 예수의 생애 스토리를 복음서 기자가 '어떻게 다시 말하는 지'how to retell를 관찰해야 한다. 즉, 원래의 사건을 어떻게 내레이터(저자)가 내레이션하며 어떻게 해설(토)을 하는 지를 살펴보아야 한다. 이와 같은 관찰은 저자의 의도를 파악하는 중요한 방법이다.

가령, 거라사 광인에 대한 마가의 긴 서술narration(막 5:3-5)은 마태의 단순 언급(마 8:28)과는 매우 다르고, 혈루증 여인에 대한 마가의 긴 서술narration(막 5:25-26)은 마태의 단순 언급(마 9:20)과는 확실히 다르다. 통상적으로 짧고 간단하게 사건을 서술하는 마가가 왜 여기서는 이렇게 길게 인물들의 상태를 서술하는지 그 의도를 파악해야 한다. 또한 요한복음 2:13-22의 성전 청결(정화) 사건의 서술에서 요한은 이 사건에 대한 자신의 특별한 해설narrative-asides(21-22절)을 달고 있다. 우리가 사건들을 배열하는 요한의 방식에 대한 관찰과 해석도 해야겠지만 그가 서술한 이 사건에 대한 해설에 대해서도 충분한 관심을 기울여야 한다. 요한은 예수님의 성전 청결(정화) 사건을 '자기 몸을 헐고 사흘 만에 다시 짓는'(19절) 것으로 말하면서 이것을 그의 몸으로 이루실 '성전된 자기 육체'에 대한 의미로 해석하며(21절) 이것이 그의 죽음과 부활을 통해 이루어진 것임을 설명하고 있다(22절). 그러므로 요한의 해설(21-22절)은 이 사건을 서술하려는 요한의 의도임이 분명하다. 이처럼 예수의 생애 스토리에 대한 요한의 내레이션과 해설의 이해는 그의 담론의 의미를 파악하는 지름길이다. 물론 이 부분은 편집 비평에서 말하는 구전(양식)과 편집의 구분을 하는 것과 유사하지만 해석적 명료성과 적합성에 있어서는 현격한 차이를 드러낸다.

1) 작품 세계(Narrative World)에 대한 이해: 사건과 인물의 서술 방식

특정 본문은 그 자체가 가진 고유한 '작품 세계'narrative world를 가지고 있다. 비록 특정 본문은 본문이 지시하는 세계(실제 역사적 세계)에 기초한 것이지만 그것은 저자에 의해 건설된 언어의 구조물(構造物) 혹은 직조물(織造物)로 축조되어졌고 이 언어의 구조물 혹은 직조물은 저자에 의해 사건들(구전들)이 선택(選擇)되고 배열(配列)되고 묘사(描寫)된 독자적인 고유한 세계를 형성한다. 이 같은 본문의 독자적인 고유한 세계를 우리는 저자의 의도에 의해 구성된 '작품 세계'라 부른다. 특히 스토리 형식(인물과 배경과 사건으로 구성된 형식)으로 서술된 신약의 복음서들과 사도행전은 저자(의 의도)에 의해 구성된 작품 세계에 대한 이해를 요구한다. 가령 복음서들은 비록 그 내용이 예수의 생애에 대한 스토리들이지만 저자에 의해 각각 네 복음서들로 달리(?) 묘사되었다. 마가복음은 마가가 예수의 생애의 수많은 사건들(전해진 구전들) 중에 특정한 것들을 선별하여 그것들을 자신의 의도에 따라 배열하고 묘사하는 방식이 누가나 혹은 마태, 요한의 것들과는 다르다. 때로 복음서들이 동일한 역사적 인물들을 기술하지만 마가가 서술하는 인물 묘사characterization는 누가가 서술하는 인물 묘사와는 그 인물들이 참여한 사건들에 대한 자료의 선택에서뿐 아니라 그것의 표현이나 강조점에서 또한 다르다. 비록 사도들로 이어진 신앙 공동체의 동일한 신학적 유산에 의해 전해 받은 [구전] 전승들이지만 최종적으로 저자에 의해 선별되고 서술된 사건의 진술들/내력들(눅 1:1-4 참고)은 각기 다른 상황에 처한 청중들에 대한, 청중들을 위한, 메시지(담론)이기 때문에 저자가 기술하는 관점이나 의도에 따라 그 자료의 선택에 있어서나 배열에 있어서나 묘사나 강조에 있어서도 다르게 나타난다. 이것은 사실성의 차이(틀림)가 아니라 그것을 전하는 저자 혹은 화자의 시각과 의미(해석)의 차이(다름)라고 할 수 있으며 또한 청중의 상황에 따른 메시지의 차이(다름)라고 할 수 있다.

가령 마가복음에만 있는 '벳새다의 소경을 고친 기사'(막 8:22-26)는 마가는 다른 복음서들에 없는 이 일화를 선택하여 그것을 자신의 의도에 따라 문맥(구조)적으로 적절하게 위치시켜 배열한 것으로서 해석자는 이 기사를 선택하여 배열하고 묘사한 모습을 관찰함으로써 마가가 의도한 것이 무엇인지를 잘 이해할 수 있다. 특히 본문에 언급된 '두 단계의 개안 상태'에 대한 예수님의 특이한 질문은 전후 문맥의 관찰을 통해 그 의미를 잘 이해할 수 있다. 이전 문맥의 기사(막 8:14-21)에서 제자들의 몰이해(沒理解)가 강조되었고 거기서 마가는 그들의 모습이 마치 소경의 모습("눈이 있어도 보지 못하고")과 같음을 보여주었다. 그리고 이후 문맥의 기사(8:27-38)인 가이사랴 빌립보에서 예수님께서 제자들에게 자신의 신분에 대하여 질문한 것("너희는 나를 누구라 하느냐?")은 마치 자신의 신분에 대한 그들의 개안 상태(開眼狀態)를 점검하는 모습처럼 보이며 결국 제자들에게 던진 이 질문은 마가복음을 통해 예수님의 신분에 대한 이해가 두 단계의 개안 상태로 나아가고 있음을 본문은 암시하며, 독자는 스토리를 읽어가면서 예수의 신분에 대한 의미를 자신의 삶에 비추어 이해한다.

또한 기사(사건)의 독특한 배열로서 마가는 '세례 요한의 죽음 기사'(막 6:14-29)를 열두 제자를 전도 파송(막 6:7-13)하고 그들이 돌아와 전도 보고하는 기사(막 6:30) 사이에 낀 일종의 샌드위치의 모습같이 배열하고 있지만, 마태는 천국 비유 후에 고향에서 배척을 받으신 기사(마 13:51-58) 다음에 배열하고 있다(마 14:1-12). 마가는 세례 요한의 죽음기사를 통해 전도의 증인적/순교적 의미가 무엇인지를 독자들에게 잘 제시하고 있다. 이러한 '샌드위치 기법'sandwich technique의 독특한 배열의 또 다른 모습은 '야이로의 딸을 고치신 기사'(막 5:21-43)[10]의 구조적 모습 - 야이로의 딸(21-24절)〈혈루증 여인(25-34절)〉야이로의 딸(35-43절) - 에서도 관찰할 수 있다. 여기서 회당장 야이로는 예수께 나아와 죽어 가는 자기 딸을 고쳐달라고 간청함("내 어린 딸이 죽게 되었사오니 오셔서 그 위에 손을 얹으사 그로 구원을 얻어 살게 하소서.")으로 겨우 그의 발길을 돌려 집으로 가고 있는 중에 벌어진 혈루증 여인의 돌발적인 출현과 그로 인한 지체의 치유 사건(25-34절)은 그의 신앙의 위협("가로되 당신의 딸이 죽었나이다.")이 아니라 도리어 그의 신앙을 강화시키는 역할("두려워 말고 [지속적으로] 믿기만 하라.")[지속/반

10　이 본문에 대한 내러티브적 이해로서는 필자의 글, "From Fear to faith: Two Healing Stories of Jairus's Daughter and the Hemorrhaging Woman (Mark 5:21-43)." *Chongshin Theological Journal* 18, 2010, 83-112를 보라.

서사적 주해(narrative exegesis)　35

복을 의미하는 현재 명령법])을 한다. 마가에 의해 샌드위치 기법으로 서술되는 이 두 사건의 배열 방식은 마가의 독자들로 하여금 (죽음까지도 고치시는/일으키시는) 예수님의 능력을 이해하게 할 뿐 아니라 죽음조차도 두려워 말고 지속적인 믿음을 가지도록 교훈하는 역할을 한다.

또한 본문(저자)의 독특한 사건 묘사와 서술에 대한 문학적 이해의 한 예로 마가복음 1장 10절에서 마가는 예수께서 요한으로부터 세례를 받으시고 물에서부터 올라오실 때에 "하늘이 갈라짐(σχιζομένους τοὺς οὐρανοὺς)"으로 묘사하고 있다면 마태와 누가는 동일한 사건(현상)을 묘사하면서 "하늘이 열렸다"(마 3:16[ἠνεῴχθησαν [αὐτῷ] οἱ οὐρανοι]; 눅 3:21[ἀνεῳχθῆναι τὸν οὐρανὸν])라고 표현한다. 동일한 사건이지만 그 묘사함이 서로 다르다. 예수께서 세례를 받으시고 물로부터 올라오신 후에 나타난 '하늘의 갈라짐'(σχιζομένους τοὺς οὐρανοὺς)의 이러한 표현(1:10)은 그의 죽음으로 인하여 성전 휘장이 찢어짐(τὸ καταπέτασμα τοῦ ναοῦ ἐσχίσθη)의 표현(막 15:38)과 유사하다. 마가는 '갈라짐' 혹은 '찢어짐'의 표현을 '수미상관의 문학적 기법'inclusio을 통해 이들 두 사건이 가지는 의미의 연관성을 보여주고 있는데 이것은 당시의 유대적 우주관에 있어서 하나님의 현존과 피조 세계를 구분하는 '휘장'curtain으로서의 하늘의 의미(사 40:22; 겔 1:1)와 하늘을 상징하는 별들로 수놓아져 있는 거대한 성전의 외부 휘장outer curtain으로서의 의미의 연관성을 보여주는 저자의 의도로 여겨진다.[11] 최근 이 부분에 대해 비일G. K. Beale은 유대 문헌들과 제2성전

---

[11] David Ulansey, "The Heavenly Veil Torn: Mark's *Cosmic Inclusion*," *Journal of Biblical Literature* 110.1 (Spring 1991), 123-125; S. Motyer, "The Rending of the Veil: A Markan Pentecost," *NTS* 33 (1987), 155-57; Howard M. Jackson, "The Death of Jesus in Mark

문헌들을 인용하면서 성전 휘장에 대한 언급(막 15:38)은 성전 바깥의 휘장outer curtain과 성전 내부의 휘장inner curtain 모두가 다 하늘의 모습으로 채색(상징)되었다는 주장하면서 하늘의 찢어짐과 성전 휘장의 찢어짐의 연관성을 통해 성전개념을 설명하고 있다.[12]

또한 마가는 예수님의 광야 시험의 기사를 단 두 구절(1:12-13)로 시험의 결과에 초점을 맞추어 서술하는데 비해 마태와 누가는 시험의 내용을 중심으로 길게 서술한다(마 4:1-11; 눅 4:1-13). 여기서 우리는 시험의 결과에 초점이 맞추어진 마가의 진술이 성령과 관련된 종말론적인 광야회복(복락원적[?] 모티브)에 있음을 본다. 더욱이 다른 복음서들보다는 예수의 생애를 간결하게 묘사한 마가는 앞에서도 언급한 것처럼 마가복음 5장의 거라사 지방의 더러운 귀신 들린 사람의 모습(막 5:3-5)이나 열두 해를 혈루증으로 고생하는 여인의 병력(막 5:26)을 다른 복음서들의 간결한 언급(마 9:20; 눅 8:40)과는 달리 길게 강조함으로써 본문에 대한 자신의 의도를 강화하고 있다.[13] 이처럼 해석자는 각각의 복음서가 기술하는 사건의 묘사(描寫) 방법을 주의 깊게 관찰함으로써 복음서의 플롯plot과 관련하여 사건들을 소개하는 저자의 의도를 읽어보게 된다.

이 경우 각각의 복음서는 저자의 의도에 따라 본문이 가지는 줄거리 혹은 구성plot이 서로 다르다. 그러므로 이들 복음서를 바로 이해하기 위

---

and the Miracle from the Cross," *NTS* 33 (1987), 16-37, 특히 23, 27, 31을 보라.
12 G. K. Beale, *The Temple and the Church's Mission: A Biblical theology of the Dwelling Place of God* (Leicester: Apolos, 2004), 190-191.
13 이러한 복음서 기자 혹은 저자의 인물 묘사(characterization)의 차이는 자료의 차이일 수 있지만 저자의 강조점이나 관점 혹은 의도의 차이일 수 있다.

해서는 그것들이 가지는 각각의 플롯 혹은 중심 주제가 무엇인지를 먼저 알아야 하고 이 플롯 혹은 중심 주제에 따라 우리는 각각의 복음서에 나오는 인물들과 배경들, 그리고 사건들의 의미를 파악하게 된다. 이와 함께 각각의 복음서가 가지고 있는 고유한 '작품 세계'를 바로 이해하기 위해서 해설자의 사건 기술narration과 해설commentary을 이해함이 요구된다. 복음서를 자세히 관찰해보면 저자의 해설을 만나게 되는데 이것을 문학적인 용어로는 'narrative asides'(저자의 토)라고 한다. 마가복음에서 주로 '이는'(γὰρ)이라는 표현으로 언급(막 7:34; 9:6; 5:41 참고)되기도 하며 때론 사건 서술에서도 그러한 '저자의 토'(요 2:21-22)를 발견할 수 있다. 더 나아가 저자의 의도와 강조점을 서사 구조 분석과 갈등 구조 분석을 통해 이해하기도 한다.

2) 갈등 서사 구조 분석

가령, 마가복음 7장 24-30절의 수로보니게 여인의 기사를 서사 구조 분석[14]을 통해 중심 주제를 파악하려고 한다면 먼저 그 기사의 구조적 이해와 갈등 및 장면 분석을 통하여 중심 주제를 파악하여야 한다. 갈등 구조에 기초한 장면 분석을 통해 본문의 사건의 흐름을 다음과 같이 이해할 수 있다.

---

14 이 부분에 대해서는 필자의 글, "수로보니게 여인의 믿음과 지혜(막 7:24-30[31]): 하나님 나라의 외인에서 내인으로." *성경과 신학* 64(2012): 33-63을 보라.

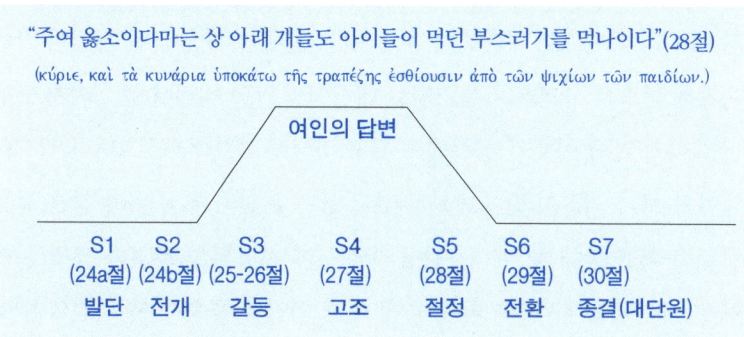

24절a의 지리적인 전환에 대한 해설자narrator의 진술("예수께서 일어나사 거기를 떠나 두로 지방으로 가서.")은 이제 두로 지방에서 새로운 사건이 일어날 것(발단)이라는 사실을 독자들에게 암시한다(S1). 이어 24절b의 해설자의 진술("한 집에 들어가 아무도 모르게 하시려 하나 숨길 수 없더라.")은 예수께서 두로 지방에 들어선 후에 한 곳에 머물러 독거(獨居)하려는 상태가 깨어짐으로 어떤 사건이 전개됨을 알려준다(S2). 여기에 25-26절은 귀신 들린 어린 딸을 가진 한 여인이 소문을 듣고 즉시 예수께 나타나 발 앞에 꿇어 딸의 온전함(축귀)을 간청함으로써 사건은 급히 갈등 국면으로 나아간다(S3). 이에 예수는 거절의 말(비유)로 그녀의 간청에 응답함(27절)으로써 갈등은 고조된다(S4). "자녀로 먼저 배불리 먹게 할지니 [이는] 자녀의 떡을 취하여 개들에게 던짐이 마땅치 아니하니라." 그러나 28절의 여인의 응수(應手)는 갈등을 더욱 고조시켜 마침내 갈등은 절정에 이른다(S5). "주여 옳소이다마는 상 아래 개들도 아이들이 먹던 부스러기를 먹나이다." 드디어 29절에서 사건은 갈등의 절정에서 해결 국면으로 나아간다(S6). "이 말을 하였으니 돌아가라 귀신이 네 딸에게서 나갔느니라." 여인의 간구에 응답하는 예수님의 말씀(29절)으로 갈등은 해결되고 사건

은 마무리 국면으로 나아간다. 마침내 30절에서 귀신 들린 여인의 딸이 온전해 짐으로 사건은 마무리되고 대단원의 막을 내린다(S7). "여자가 집에 돌아가 본즉 아이가 침상에 누웠고 귀신이 나갔더라." 그녀가 집으로 돌아와 보니 귀신이 딸에게서 떠났고 딸은 온전해졌다. 이와 같은 갈등 구조 분석을 통해 해석자는 갈등의 절정에 해당되는 28절의 장면(S5)인 예수님의 모멸적 거절(?)의 반응에 대한 여인의 응수가 본 사건의 핵심 메시지임을 이해하게 된다.

위의 갈등 구조에 따른 장면 분석을 지리적이고 지형적 혹은 공간적인 언급과 인물의 그룹화를 통한 '역교차 병렬 구조'inverted chiastic structure로 관찰하면 다음과 같은 형태로 서술된다.

> 예수, 두로 지방으로(24절)
> 귀신 들린 딸과 그녀(25-26절)
>   (그녀)집에서 (예수)집으로: 여인이 찾아옴
>   간구(갈등)
>   예수 → 그녀(27절): "자녀로 먼저 배불리 먹게 할지니 자녀
>   의 떡을…개들에게 던짐이 마땅치 아니하니라."
>   그녀 → 예수(28절): "주여 옳소이다마는 상 아래 개들도 아
>   이들이 먹던 부스러기를 먹나이다."
>   예수 → 그녀(29절): "이 말을 하였으니 돌아가라 귀신이 네
>   딸에게서 나갔느니라."
>   응답(해결)
>   (예수)집에서 (그녀)집으로: 여인이 돌아감
> 온전해진 딸과 그녀(30절)
> 예수, 두로 지방을 떠나서(31절a)

위의 구조 분석을 볼 때 본 사건은 갈릴리 북쪽 이방 지역인 두로 지방에서 일어난 사건임을 쉽게 알 수 있는데 그 이유는 24절의 언급(εἰς τὰ ὅρια Τύρου)과 31절a의 언급(ἐκ τῶν ὁρίων Τύρου)이 일종의 수미상관(首尾相觀)의 형태inclusio를 띠고 있기 때문이다. 특히 위의 구조는 예수님과 여인과의 문답 부분(27-29절)이 사건의 갈등(귀신 들린 딸)과 해결(온전해진 딸)의 사이에 위치함으로써 일종의 경첩hinge의 구조적인 역할을 하고 있으며, 28절의 여인의 응수(應手)는 전체 사건의 중심에 위치한다.

장면 분석에서 보는 대로, 마가의 주 관심은 이적 자체라기보다는 예수님과 여인과의 문답에 있음을 짐작할 수 있다. 통상적으로 사건에 대한 드라마적 분석에 따르면, 문답 혹은 대담dialogue이 독자를 향한 저자의 중심 메시지이다. 이 경우 문답 혹은 대담은 유대인(자녀)과 이방인(개들) 사이의 관계를 잘 드러낸다. 즉, 마가복음의 이 기사는 이 여인('개'로 표현됨)이 비록 문화적/인종적/성적/종교적으로 불결한 대상(인물)이었고, 하나님 나라의 외인(外人)이었지만 그녀가 보인 담대한 믿음과 그에 대한 주님의 반응을 통해 참된 신앙의 길과 이방 선교적인 의미를 잘 보여주고 있다.

이같이 해석자는 성경의 특정 본문의 의미를 바로 이해하기 위해서는 '언어의 구조물 혹은 직조물'로서 본문이 지닌 문학적이고 구조적이며 수사적인 표현 방법들에 대한 이해를 할 필요가 있다. 그리고 본문이 가진 독특하고 고유한 자충적(自充的) 세계인 '서사적 세계'narrative world인 '작품 세계'에 대한 이해가 요구된다. 그리고 작품 세계에 대한 이해는 또한 인물과 배경에 대한 이해를 수반한다.

3) 인물characters과 배경settings에 대한 이해

서사적 해석에서 인물 분석(연구)은 매우 중요하다. 왜냐하면 서사적 본문에서 작중 인물persona이란 단순히 인물 자체를 부각시키고 소개하는 데에 그치지 않고 인물 묘사characterization를 통해 저자가 드러내고자 하는 작품 의도(중심 메시지)를 반영하는 일에 주된 역할 -일종의 수사적 기능- 을 한다. 그러므로 작품의 인물 묘사characterization는 저자가 구성한 작품 세계와 밀접하게 관련되어 있다. 다시 말하면, 작중 인물들persona이란 저자의 작품 세계의 구성/줄거리plot에서의 인물들을 의미하는 것으로 저자의 작품 의도와 밀접하게 관련되어 있다.[15] 특히 작중 인물characters과 플롯plot과의 관계를 마르구에랫Marguerat과 부르퀸Bourquin은 이렇게 설명한다.

플롯과 인물들은 분리할 수 없다. 이 둘은 매우 밀접하게 연관되어서 만약 우리가 플롯을 발전시킨다면 인물들을 바꾸어야 한다. 인물들이란 플롯의 가시적인 면으로 인물들이 플롯을 움직이게 하고 느끼게 하며 거기에 옷을 입힌다. 인물들이 없으면 플롯은 해골로 전락하며 반대로, 소수의 인물들은 플롯이 그들을 서로 연관시키지 않는 한 내러티브를 구성하지 못한다. (1999:58)

결국 작품 세계 내에서의 인물들에 대한 이해는 플롯 안에서의 그들의 역할을 이해하는 것을 의미한다. 이 경우, 작품 내에서의 인물들이란 스토리의 흐름 안에서 역할을 하는 행위자들agents이다. 물론 성경의 인물들은 저자 자신의 작품 의도의 대리인들만은 아니다. 그들은 하나님의

---

15 '문학상의 인물 묘사'(characterization in literature[persona])에 대한 이해를 위해서는 Chatman, *Story and Discourse*, 107-38; Scholes & Kellogg(1966), *The Nature of Narrative*, 106-206; Foster, 54-84; Rimmon-Kenan, 29-42, 59-70; W. Booth를 보라.

구원 계획과는 무관한 저자 자신의 독창적인 문학적 고안考案, literary device 이기보다는 하나님의 구원(구속) 역사에 관여한 실제적인 인물들로서 하나님께서 이들을 통해 어떻게 구원 역사를 이루셨는지를 저자가 현 청중들의 상황에 비추어 '알려주고'telling, '보여주는'showing 존재들이다. 그러므로 성경 인물들이란 '저자 자신의 작품 세계와 구성에 소속된 대리자들'agents/actants만도 아니며, 그렇다고 '자율적인 존재들'autonomous beings만도 아니다.[16] 이들은 철저히 하나님의 구원 역사와 관련되고 그러한 역사에 실제적으로 가담한 인물들이다. 이런 까닭에 독자는 성경 인물들의 역사성에 대한 이해와 함께 성경 인물들의 행동과 모습을 본문 속에서 관찰하여 성경 저자가 보여주려는 하나님의 의도 즉 성경의 의미를 파악하도록 해야 한다. 이 경우 성경 인물들은 독자로 하여금 하나님의 구원 계획 혹은 저자의 의도를 파악하도록 도와주는 안내자의 역할을 한다.

인물과 함께 배경settings에 대한 이해 역시도 특정 스토리를 이해하는 데 매우 중요하다. 스토리상의 인물들이란 배경(장면) 혹은 사건 속의 인물이다. 이 경우에 "배경은 사건이 발생하고 인물이 행동하는 세계를 스토리에 제공해 줌"(2012:63)으로써 스토리의 정황과 의미를 강화하고 스토리를 이해하는데 다양한 해석적인 기능을 한다. 스토리에서 배경이 갖는 의미의 중요성에 대한 로즈Rhodes와 듀이Dewey와 미치Michie의 설명(2012:63)은 이 점을 잘 지적하고 있다.

---

16 앞의 이해는 러시아 형식주의자들(V. Propp)과 프랑스 구조주의자들과 기호학자들(A. J. Greimas)의 이해이며 뒤의 이해는 미국 서사학자들(S. Chatman)의 이해이다. 무엇보다도 성경은 성경의 인물들을 "성경의 중심 행위자(central agent)이신 하나님 혹은 예수님에 의해서 (내러티브적 관점으로부터[from a narrative point of view]) 철저히 좌우되는 시스템 안에서" 서술하고 있기 때문에 '자율적인 존재들'로 이해하기란 불가능하다(Marguerat & Bourquin 1999:64).

전개되는 스토리 세계에서 배경settings이란 사건에 부수적으로 달린 요소가 아니다. 오히려 배경은 많은 기능을 지니고 있다. 즉, 배경은 사건의 분위기를 창출하기도 하고, 갈등에 대한 정황을 제공하기도 하며, 인물들이 배경[정황]에 반응할 때에 그들이 가진 특성traits을 보여주는 기능을 하며, 또한 청중의 문화에 현존하는 의미의 연관성을 일깨워준다. 배경은 중요한 주제themes를 전달할 뿐 아니라 스토리에 총괄적인 구조를 제공하기도 한다. 특정한 스토리의 배경은 갈등과 인물들의 행동에 대한 상황을 설정해 준다. 동시에, 배경은 인물들이 자신들의 운명을 설정하게 해 주는 주변 상황 -가능성과 한계- 을 제공한다.

이처럼 배경은 주제 설정과 플롯에 없어서는 안 될 많은 기능을 제공하기 때문에 스토리에 결정적으로 필요하며 스토리(의 사건)의 의미를 이해하기 위해서는 배경을 이해하는 일은 매우 중요하다. 배경을 고려치 않으면 스토리를 이해하는데 많은 부분을 놓치게 된다. 이 점은 마가복음의 스토리를 이해하는 데에도 마찬가지이다. 가령, 안식일(시간적 배경)에 제자들이 음식을 먹는 일이나 예수께서 치유나 축귀의 행동을 하시는 모습은 갈등의 정황을 제공하며, 회당이나 성전(장소적 배경)은 기도와 가르침의 장소만으로 제시되기보다는 갈등의 장소로 부각되며, 광야(장소적 배경)에서 먹을 음식이 없음은 예수께서 급식 이적을 베푸시는 행동의 원인이 되며, 바다(장소적 배경)에서 풍랑이 일어남은 사건을 갈등으로 몰아가서 그로 인해 이적을 일으키게 하는 동인(動因)이 된다. 특히 밤의 시간은 시험과 위기와 배교의 종말론적인 시간을 의미하기도 한다. 그 외에도 마가복음에서 지리적이고도 지형적인 많은 언급들(예루살렘; 갈릴리; 두로와 시돈; 수로보니게; 바닷가; 집; 길; 산; 무덤; 등등)은 그것이 가지는 사회-문화적socio-cultural, 사회-정치적socio-political 혹은 지리-사회적geo-social, 지리-문화적geo-cultural, 지리-정치적geo-political이면서도 종교적religious이고 우주적인cosmic 의미를 함의하고 있다.

스토리 내의 인물들의 행동 즉, 사건은 어떤 배경하에서 일어나는데 통상적으로 배경은 시간time과 장소place, 그리고 그와 관련된 사회적 환경social environment의 세 요소를 가진다. 이들 세 요소들은 스토리의 시작(발단 부분)에 언급되면서 사건에 의미를 부여하는 배경을 형성한다. 예를 들면, 마가복음에서 어떤 스토리(막 3:1-2; 6:1-2)는 이들 세 요소인 장소(회당)와 시간(안식일), 그리고 사회적 환경(손 마른 사람이 그곳이 있음)이 다 나타나는 곳이 있는가 하면, 어떤 스토리(막 4:35-36; 6:47)에서는 시간(저물 때)과 장소(바다[배])만 언급된 곳이 있는가 하면, 또 다른 스토리(막 7:24)는 그중에 하나인 장소(두로[집])만 언급되는 곳도 있다.

그러므로 배경은 독립된 것이라기보다는 항상 특정 스토리의 사건과 관련하여 언급되는데 이 경우 배경은 사건의 줄거리plot와 주제theme/motif와 총괄적인 구조overall structure와 밀접하게 관련되어 있다(Rhoads, Dewey & Michie 2012:63). 가령 우리가 TV 드라마나 영화에서 어떤 여인이 가정의 비극이나 실연을 당해 슬픈 상황에 처했을 때 창 밖에 비가 내리고 있음을 보여주는 것은 사건이 갖는 슬픈 정황과 의미를 강화해 주는 역할을 한다. 즉, 슬픈 상황인데 그 슬픔을 강화하기 위해 비까지 내린다. 그리고 사업의 실패나 실연의 장면에 밤의 시간과 함께 한강 고수부지나 파도가 출렁이는 바닷가 해변이 자주 등장하는 일도 이 같은 역할이다.

이처럼 배경은 그 자체 독립된 존재라기보다는 언제나 배경이 둘러싸고 있는 인물과 사건과 함께 플롯과 주제와 밀접한 관련성을 가지고 있다. 포웰M. Powell의 지적(1990:69)처럼, 사건은 주로 그 안에 스토리의 행동으로 표현되기 때문에 동사로 묘사된다면, 인물은 이러한 행동을 수행하기 때문에 명사로 표현되며 인물의 특성은 행동에 가담한 인물들의 모습을 묘사하기 때문에 형용사로 표현되고 여기에 배경은 그러한 행동이 언제, 어디서, 어떻게 발생하는 지를 지칭하기 때문에 문학적 구조의 부사로 묘사된다.

비록 성경 이야기처럼 스토리가 실제 스토리라 하여도 시간과 공간으로 형성된 배경(장면)이 갖는 의미는 역사성 혹은 사실성 이상의 의미를 지닌다. 배경은 그것이 가지는 사회-문화적 의미나 사건과 관련된 의미를 결코 간과할 수 없다. 인간의 삶이란 모든 것이 공간과 시간 안에 한정(限定)되거나 직조(織造)되어 있기 때문에 해석자는 배경이 갖는 사회-문화적이고도 사회-정치적인 의미나 우주적 의미를 결코 간과해서는 안 된다. 가령 마가복음에 나오는 밤의 시간이나 안식일의 시간과 유월절과 같은 시간적 의미와 예루살렘과 갈릴리와 두로와 시돈, 그리고 수로보니게 지역과 같은 지리적 의미, 그리고 [갈릴리]바다와 [요단]강과 광야와 산과 길과 같은 지형적 의미와 집과 회당과 성전과 같은 장소적 의미는 단지 그것이 가지는 시간적-공간적 의미 이상의 것을 암시한다. 이들 시간과 공간은 우주적이고 종교적이고 사회적인 경계를 나타내는 것으로 하나님과 세상의 구분, 빛과 어두움의 구분, 정결과 불결의 구분, 사적이고 공적인 구분, 그리고 유대와 이방의 구분 등이 그러하다.

이처럼 배경은 사건이 발생하는 시간과 장소와 방법을 알려주는 역할을 하지만 단지 역사적 사실들(지리적이고 시간적 사실들)을 알려주는 것에 그치기보다는 일어날 사건의 의미를 알려주는 상징적symbolic/은유적poetic 기능을 한다. 어떤 학자들은 이것을 배경이 가진 신학적 의미로 제시한다(Smith). 그러나 이 경우 지역이나 장소나 공간이 가지는 구약적인 의미를 간과해서는 안 된다.

끝으로 신약의 작품 세계에 대한 문학적 이해로서 주로 '스토리 형식story-type의 복음서를 중심으로 시행된 연구로는 마가복음에 있어서는 『이야기 마가』로 번역된 로즈David M. Rhoads와 듀이Joanna Dewey 그리고 미치Donald Michie의 책, *Mark as Story: An Introduction to the narrative of a Gospel*. 3rd Ed. (Minneapolis: Fortress, 2012)와 스미스Stephen H. Smith가 저술한 *A Lion with Wings: A Narrative-Critical Approach to Mark's Gospel* (Sheffield: Sheffield Academic Press, 1996), 마태복음에 있어서는 킹스베리Jack D. Kingsbury가 저술한 *Matthew as Story*, 2nd Ed. (Philadelphia: Fortress, 1988) 그리고 요한복음에 있어서는 『요한복음의 해부』로 번역된 컬페퍼R. Alan Culpepper의 책, *Anatomy of the Fourth Gospel: A Study in Literary Design*(Philadelphia: Fortress, 1983)이 있다. 서사 비평에 대한 개론서로서는 마르구에랏Daniel Marguerat과 부르퀸Yvan Bourquin이 공동 저술하고 보우덴John Bowden이 번역한 *How to Read Bible Stories*(Hymns Ancient & Modern Ltd, 1999)와 『서사 비평이란 무엇인가』로 번역된 포웰Mark A. Powell의 책인 *What is Narrative Criricism?*(Minneapolis: Fortress, 1990)과 레스귀James L. Resseguie가 저술한 *Narrative Criticism of the New Testament: An Introduction*(Grand Rapids: Eerdmans, 2005)을 보라.

서사적 설교(Narrative Preaching)와 마가복음[17]

들어가는 말

70년대 말(末)에서 시작하여 80년대에 이르러 설교에서의 스토리 화법 storytelling method에 대한 관심이 여러 학자들(Jensen 1980; Bass 1982; Craddock 1978, 1979, 1985; Lowry 1980, 1985; Rice 1980; 등등)에 의해 고조되어 왔다. 이것은 현대의 설교가 지나치게 딱딱하거나 단조롭고 생동감이 없는 (교리적/사변적) 모습 때문에 그러하다고 하겠다. 이런 까닭에 최근 설교의 갱신에 대한 방법으로서 스토리 설교 혹은 스토리 화법이 소개되었다 (Eslinger 1987:17). 특히 복음서에 대한 문학적 해석의 시도들(수사적 해석을 포함)이 1980년대에 이르러 활발하게 진행되면서 복음서 설교에 있어 서사적 설교 narrative preaching의 필요성과 중요성은 다양한 이유로부터 등장하

---

17 본 글은 「성경과 신학」 64(2012), 33-64에 실린 필자의 글이다.

게 된다. 그중에서 복음서의 장르 인식은 복음서의 서사적 설교에 대한 틀을 제공해 주었고, 여기에 그 당시 구전 사회^{oral society}에서의 서사 기법 혹은 스토리 화법의 사용에 대한 이해는 복음서의 서사적 설교를 이해하고 형성하는데 매우 중요한 배경들을 제공하여 주었다. 이러한 관점에 비추어서 본 글은 해석학^{hermeneutics}과 설교학^{homiletics}에 있어서의 서사적 설교 혹은 내러티브 설교가 갖는 의미를 살펴볼 뿐 아니라 이러한 설교 기법이 복음서 설교 - 특히 마가복음을 예로 들어서 - 에 어떤 공헌을 하는 지를 보다 구체적으로 살피게 될 것이다. 그러나 이러한 고찰 전에 필자는 무엇보다도 스토리 혹은 스토리 화법이 우리의 일상에서의 의미 전달^{communication}에서 갖는 역할과 효과를 살펴봄으로써 이 기법이 설교에 또한 얼마나 효과적인 것인지를 보다 강조하게 될 것이다.

1. '스토리' 혹은 '내러티브'에 대한 이해

'스토리^{story}' 혹은 '내러티브^{narrative}'란 인간의 삶 곧 문화(文化)를 반영하는 표현 양식으로서 인간의 보편적 경험(과 역사)을 서술한 것[18]이라고 할 수 있다. 그러므로 삶 혹은 역사(歷史)를 다루는 스토리는 추상적이고 사색적이며 분석적이며 논리성을 띤 개념^{idea}보다는 훨씬 실제적이고^{reality} 경험적이고^{experience} 총체적인^{totality} 모습을 띤다.

원래 '스토리^{story}'라는 단어는 '역사^{history}'라는 단어와 동일한 어원

---

18 이 점에 있어서 Crites(1971:294ff)는 '내러티브'(narrative)를 시간을 통해서 연속성 가운데 통일성을 가지고 표현된 문화적 형태로 논의하고 있는데 이 내러티브에는 행동과 경험이 상호 관통하고 있다고 보았다.

(estoire→histoire)에서 나왔고, 한때는 정확히 같은 것을 의미하였다(cf. Robinson 1990:4). Oxford English Dictionary에 따르면 이 단어는 주로 역사(歷史)와 밀접하게 관련되어 다음과 같이 정의되었다: 1). "사실 혹은 사실로 추정된 것으로서 중요한 사건들과 관련되거나 다소 먼 과거의 사람을 칭송하는 설화(說話)"; 2). "역사적 작품 혹은 역사책"; 3). "일반적인 의미에서 역사적 작품이나 기록들; 지식의 한 부류로서나 픽션과 반대된 것으로서의 역사; 역사가에 의해서 기록된 사건들"; 4). "일어난 사건들에 대한 설명." 물론 이 단어는 부가적인 의미로서 5). "실제적 사건들 혹은 대개 청중의 즐거움을 위해 고안된 가상적 사건들에 대한 설화(說話)"로 이해되기도 한다. 웹스터 사전(제8판)은 이 단어를 1). "사건들의 기록 an account of incidents or events; 2). "의문의 상황과 관련된 사실들에 대한 진술 a statement regarding the facts pertinent to a situation in question로 정의하는 것을 볼 때 흔히 사람들이 "스토리"라고 할 때 그것을 단순히 "허구"나 "거짓"으로만 이해하는 것은 매우 좁고 한정된 정의임을 알 수 있다. 우리가 흔히 교회에서 행하는 교사 강습회나 여름 어린이 성경 학교에서 성경의 스토리 시간이라고 할 때 그것은 곧 성경의 역사성을 전제로 한 의미이다.

이처럼 '스토리'란 인간의 경험과 삶을 반영하는 사건들의 기록인 역사(歷史)와 밀접하게 관련되어 있다. 그러므로 스토리 혹은 내러티브로 전달된 메시지는 삶의 한 부분(사건 혹은 일화: event or episode)으로서 우리에게 매우 자연스럽게 다가온다.

1) 스토리 혹은 스토리 전달 기법의 중요성: 인간의 보편적 경험의 전달과 기억의 용이성

인쇄 매체의 문자 시대가 아닌 고대의 구전 시대에서는 스토리가 사회-문화 전반(특히 종교와 교육)에서 갖는 의미 전달 혹은 의사소통 communication에서의 중요성이란 이루 말할 수 없이 컸다. 우리가 성경을 통해 만나는 고대 유대 사회나 초대 교회는 그들의 사고와 행동 양식이 전형적으로 스토리를 통해서 형성되는 사회였다. 커뮤니케이션에서 스토리가 갖는 중요성은 오늘날에도 마찬가지이다. 다중 매체multi-media 가운데 살아가는 현대인에게 '스토리적 사고'thinking in story란 문화를 수용하는 근본적인 통로로서 이러한 사고 체계가 주는 의사소통의 효과는 매우 크다(Jensen 1995:45-66). TV, 영화, 컴퓨터, 심지어는 광고에 이르기까지... 그리고 최근의 듣는 음악에서 스토리를 가미한 보고 듣는 '뮤직 비디오'MTV는 이러한 사실을 가장 극명하게 보여주는 한 예라고 할 수 있다.

이처럼 스토리는 구전 사회에서뿐만 아니라 오늘날의 다중 문화 매체가 주도하는 전자 영상 사회에서도 인간의 보편적 경험을 자연스럽게 전달해주고 기억을 용이하게 해 주는 의사소통의 주요한 매개체임이 확실하다.

커뮤니케이션에서 '스토리' 혹은 '스토리 화법'의 중요성은 특히 광고 분야에서 가장 극명하게 드러나고 있다. 광고의 생명은 고객(구매자)으로 하여금 전하고자 하는 메시지(내용)를 저항 없이 가장 자연스럽게 수용하고 또한 잘(오래) 기억하게 해 주는데 있다. 이 점에 있어서 스토리와 그 전달 기법의 역할은 매우 크다.

TV 광고 분야에 가장 격렬한 전쟁터가 있다면 그것은 이동 통신 광고라고 할 수 있다. 그 이유는 급속히 늘어나는 PCS 이동 통신에 대한 소비자들의 구매 욕구와 함께 여기에는 엄청난 수익이 따르기 때문일 것이다. 이런 까닭에 자사 제품의 선전을 위한 이동 통신 광고는 마치 전쟁을 방불케 한다. 그런데 이들 광고들을 관찰해 보면 대체적으로 하나의 에피소드episode 혹은 일련의 연속된 에피소드들로 구성되어 있음을 본다. 즉 최근의 커뮤니케이션 이론이 이 분야에 굉장한 영향을 발휘하고 있는데 그중에 TV 광고 효과에 있어서 스토리 화법은 그 효과와 중요성이 잘 입증되고 있다. 물론 최근에는 스토리에 강한 이미지를 덧입혀서 전달하고 있다. 특히 PCS 017의 TV선전은 '전파[017]의 힘이 강하다'는 주제를 중심으로 매우 코믹한 스토리로 구성되었는데 이러한 일련의 스토리는 청중들(소비자들)로 하여금 017이 얼마나 강한 이동 통신인지를 보다 쉽게 그리고 오래 기억하도록 해 준다. 이 점은 016의 '소리가 보여요'의 광고 시리즈나 '때와 장소를 가리지 않습니다'라는 011의 광고 시리즈에도 마찬가지다. 그중에 017의 TV선전을 한 예를 살펴본다면:

배경 #1: 울릉도 앞 바다…

이창명: (이동 전화기를 들고 조그마한 배에서 물을 퍼내며 외침) 짜장면 시키신 분!!!

장면이 바뀌면서, 배경 #2: 마라도 앞 바다…

김국진: (역시 이동 전화기로) 미안한데 말이야. 내가 마라도로 옮겼어.

이창명: 네. (충격을 받고) 못 살아. (외치며 물에 풍덩 빠짐)

(얼마 후, 마라도 근처에 한 상어가 지나가며 철가방이 표류하는 것을 본) 김국진은 매우 놀라며 "창명아"라고 안타깝게 외침. (최근 광고에 이 부분은 삭

제되고 상어에 쫓기는 이창명을 김국진이 구해주면서 "017이 과연 세지"로 바꾸어졌다.)

이어서 광고의 주제인 '전파의 힘이 강하다. 파워 디지털 017'이 나온다.

위의 TV 광고에서 보는 대로 이러한 스토리^{story}를 통한 의미 전달은 인간의 보편적인 혹은 일상적인 삶의 모습으로 투영하여 전하기 때문에 설득하고자 하는 메시지를 자연스럽게 전달해줄 뿐만 아니라, 또한 듣는 사람들의 마음속에 전달하려는 주제가 일련의 영상(映像)으로 남기 때문에 기억하기에도 매우 쉽고 또한 오래가는 장점을 가지고 있다. 이 점은 TV 드라마나 영화 혹은 비디오에서도 마찬가지다.

이러한 의사 전달의 기법은 예수님의 가르침 속에서도 잘 나타난다. 복음서의 중심된 주제들 중에 하나인 '하나님의 나라'에 대한 예수님의 가르침이 주로 비유^{parable}로 주어진 것도 이러한 맥락에서 이해될 수 있다. (즉 비유는 전하고자 하는 주제와 일상의 스토리와의 관련성을 통해 기억과 전달을 쉽게 할 수 있다.) 이러한 예수의 가르침에 대해 막 12:37에 보면 "백성이 즐겁게 듣더라"고 언급하고 있는데 이것이 스토리 기법이 갖는 의미 전달의 탁월한 예가 된다. 사실 이러한 전달 기법은 초대 교회의 메시지 전달의 주된 표현 양식이었다(Wilder 1964:64).

2) 성경 장르의 주요 유형으로서의 스토리와 스토리 전달 기법

성경의 상당한 부분이 "스토리^{story}"라고 부르는 설화[說話] 문학$^{narrative\ literature}$으로 되어 있다. 그러나 많은 설교자들이 본문에 있는 그와 같은 형태대로 이 부분을 설교하지 않기 때문에 이런 타입의 설교의 이점(利點)을 충분히 안식하지 못하고 있다. '스토리'란 내재된 일정한 틀과 예증하고 있는 영원한 진리를 포함하고 있으며, 또한 이야기 자체 내에 적용이 들어 있다... 그러므로 강해 설교자는 성경의 스토리 부분을 자신의 설교에 유익한 자료로 사용할 수 있다 (Duel 1992:383[한국 번역판]).

위의 언급은 성경적 설교의 한 부분으로서 '서사적 설교'narrative preaching의 필요성과 중요성을 잘 피력하고 있다. 어떤 사람도 성경의 주요 표현 양식이 이야기 형태story-type로 되어 있다는 사실을 결코 부인할 수 없다.[19]

성경에서 이야기 형태로 기술된 것은 주로 역사적 기사들historical narratives을 묘사되고 있는 부분들(구약에서는 모세 오경의 대부분과 역사서들[창세기에서 열왕기하와 에스더서를 포함한 그 외의 역사서들]과 선지서의 여러 부분이며[Berlin 1983:13]; 신약에서는 사복음서와 사도행전이 크게 이에 속한다)로 이것들은 단순히 추론과 관념적 세계(개념의 집합체)의 영역을 벗어나서 역사적 삶의 세계를 다루고 있는 것들이다. 무엇보다도 이것들은 계시와 현실(또는 더 넓게 역사라고 부를 수 있음)이 결합된 구원사적 스토리이기 때문에 우리는 여기서 신앙적 삶의 깊이를 배울 수 있다.

---

19   이 점에 있어 하바드 대학교의 신약학 교수였던 아모스 와일더(Amos Wilder)는 "유대교와 기독교에서 말하는 하나님의 본질은 스토리로 표현되어졌다"(1964:63)고 하였고; 프린스톤 신학교의 설교학자인 토마스 롱(T. Long)은 우리가 성경을 "스토리 책"(a story book)이라고 까지 불러도 별 과장이 아니다라고 하였다(1989:66).

그러므로 이러한 서사적인 성경의 이야기를 딱딱한 관념적인 언어로 표현하여 설교한다면 그것은 성경 자체의 독특한 표현 양식을 바꾸어 버리는 일종의 부적절한 설교 형태로 간주될 수 있다. 이 점은 이미 오래 전에 예일대학교 신학대학원에서 신약학을 가르치며 또한 그곳의 원장을 지냈던 린더 켁Leander Keck 교수가 주장한 대로 '성경적 설교란 성경이 설교의 내용을 결정하고 설교의 기능이 성경 본문의 기능과 유사할 때를 말하는 것'으로서 이것은 한 마디로 "설교가 성경적인 방법 가운데서 성경적인 말씀을 전할 때"It[preaching] imparts a Bible-shaped word in Bible-like way를 말한다(Keck 1978:106; cf. Long 1987). 만약 설교자가 성경의 이러한 표현 양식을 무시한 채 그것의 의미만을 단순히 개념적으로 전달한다면 청중은 성경의 그러한 부분에 의도된 역동적인 의미 효과를 상실하게 된다(Wilder 1964:127-128; Holbert 1992:25).

이처럼 스토리 전달 기법은 과거의 신앙적 세계(받은 전통)를 현재의 청중들에게 친근하고 생동감 있게 전달해 주기 때문에 청중은 보다 자연스럽게 스토리의 세계 속으로 들어가(참여) 거기서 신앙적 가치를 큰 저항 없이 쉽게 주고받게 된다. 특히 고대 구전 사회oral society에서 스토리 형식의 전달 방법storytelling technique은 오늘날의 의미 전달 혹은 의사소통communication으로 말하자면 TV나 컴퓨터나 영화와 같은 주된 영상 매체 혹은 멀티미디어에 해당한다고 할 수 있다. 우리가 아는 대로 그 당시 사회는 대부분의 사람들이 문자로 책을 읽는 사회가 아니라 소리내어 읽혀지고 듣는 사회oral-aural society이기 때문에 그들의 귀에 잘 남고 마음의 영상에 잘 새겨지고 오래 기억될 수 있는 여러 가지 구전 기법들oral techniques, - 특히 시적 표현과 스토리 형식 - 은 그들의 의사소통(의미 전달)

에 매우 중요한 방법이었다(Wilder 1964:63-64). 여기에 스토리 형태의 의미 전달 기법은 공동체의 주요 역사(歷史) 혹은 전통(傳統)을 보다 잘 전수해 주었다. 그러므로 이러한 전달 기법은 우리가 논의할 '서사적 설교'narrative preaching를 이해하는데 적절한 통찰을 준다.

2. 복음서 연구와 서사 비평(narrative criticism)

최근 복음서 연구에 서사 비평narrative criticism이 남긴 공헌은 지대하다 (마가복음의 Rhoads; 마태복음의 Kingsbury; 누가-행전의 Tannehill; 요한복음의 Culpepper; 그 외 Stibbe와 Powell 등). 특히 '내러티브'narrative로서 복음서의 장르 인식은 복음서 연구에 하나의 새로운 장을 열었다고 해도 과언이 아니다(Shim 1994, 1995). 우리의 복음서 설교는 복음서가 쓰여진 이러한 형식type을 결코 간과해서는 안 될 것이다. 복음서의 장르 인식과 더불어 복음서 연구에 또 다른 주요한 공헌이 있다면 그것은 구전 사회oral society에 대한 이해라고 할 수 있다(Ong; Kelber; Dewey; Shim). 이 둘은 필자가 이미 앞에서 언급한 것처럼 복음서의 서사적 설교를 이해하고 형성하는데 주요한 시발점이 된다. 그러므로 마가복음의 서사적 설교의 이해를 위해서 먼저 이 둘을 적절히 논의하여야 할 것이다.

1) 복음서의 장르 이해와 서사적 설교

복음서 자체는 거의 대부분이 인물(人物), 배경(背景), 사건(事件), 그리고 대담(對談)으로 구성된 일종의 스토리 형식을 지닌 내러티브narrative로 기술되어 있다. 그러므로 복음서에 대한 내러티브적(인 특징들에 대한) 이해는 복음서의 의미 산출meaning construction과 의미 효과meaning effect에 있어서 과히 필수적이라고 할 수 있다. 그 이유는 '내러티브'는 내용content과 형식form 둘 다에 깊이 연루되어 있는 장르이기 때문이다. 이러한 이유로 최근 복음서 연구에 있어서 내러티브에 대한 장르 인식이 갖는 주석적 또는 더 나아가 설교적 의미와 역할이 많은 학자들에 의해 논의되었다 (Shim 1994, 1996).

그것의 정의를 살펴본다면:

흔히 '내러티브narrative가 무엇이냐?'고 질문하면 그것은 곧 스토리를 의미한다고 대답하는데 그 대답은 옳지만 충분하지는 않다. 내러티브가 곧 스토리라는 이해는 매우 단순한 이해라고 할 수 있다. 내러티브는 확실히 스토리의 내용과 형식을 지닌다. 그러나 내러티브는 스토리 이상의 것 곧 스토리story에 해설자narrator가 포함(현존)된 것 즉, 스토리story + 담론discourse을 의미한다(Scholes & Kellogg 1966:4; Fackre 1983:341). 이 점은 최근 서사학narratology을 통해서 잘 논의되어 왔다(Scholes & Kellogg 1966; Bal 1985, 1991; etc). 특히 고대 내러티브에 대한 Scholes와 Kellogg의 정의(1966:12)를 참고하여 복음서의 내러티브를 이해한다면 '내러티브narrative란 '전통적 이야기(그것이 '역사'든 '케리그마'든 간에)를 다시(새롭게) 말한 것'the retelling of a traditional story-whether history or kerygma 으로 본문의 내용What과 형식How을 모두 고려한 "역사든/와or/and 케리그마와 내레이션의 혼합체"로 이해된 장르 인식을 말한다(Shim 1994:67).

이것을 간략하게 도표로 이해하자면 다음과 같다:

```
        STORY        +       DISCOURSE
'내러티브'로서의 복음서 ⇒ '전통적 스토리'를 다시[새롭게] 말함
              ↓                      ↓
        역사적 사건들/사도적 전승      수사학적 기법
              (내용)                  (형식)
```

복음서의 경우 역사성에 기초한 복음서의 내용content으로서 '전통적 스토리traditional story란 '예수의 생애에 대한 역사적 사건들' 혹은 더 엄밀하게 말한다면 '예수의 생애에 대한 사도적 전통들'을 말하는 것[20]이고, 그것을 '다시 말함'retelling이란 과거의 역사적 사실을 단순히 녹음기처럼 반복하여 말하는 것이 아니라(repetition의 의미가 아님), 청중의 상황을 적절하게 고려한 복음서의 저자가 그 상황에 맞게 자신의 특별한 관점과 의도[21]를 가지고 '말함'telling, 즉 '새롭게 말함'을 의미한다. 여기서 '다시 말함'retelling에 대한 인식은 우리의 서사적 설교narrative preaching를 이해하고 체계화하는데 매우 중요한 역할을 한다. 이 점은 다음 단락에서 보다 자세하게 논의할 것이다.

이러한 장르 인식은 역사성에 기초한 복음서의 내용what에 대한 강조와 함께 그것의 전달 방식인 형식how을 고려한 것으로서 여기에는 저자

---

20 복음서의 내러티브적 장르 인식과 역사성에 대한 자세한 논의는 「신학지남」에 실린 필자의 글(1996:190-220)을 참고하라.
21 마가복음에서는 저자(엄밀하게 '해설자'[narrator]라고 부름)의 의도(意圖)가 하나님의 의도 또는 예수님의 의도와 일치하는 것으로 제시된다. 이 경우 우리는 이러한 저자(著者)를 '영감된 저자'(inspired author)라고 부른다.

의 의도^{intention}와 청중에 대한 수사학적 효과^{effect}의 중요성에 대한 강조가 동시에 나타난다. 즉 '내러티브^{harrative}'로서의 이러한 장르 인식은 우리의 복음서 설교에 다음과 같은 두 가지 강조점을 갖도록 해 준다.

1) 복음서의 (작품) 세계에 대한 적절한 이해로 나아가게 해 주는데 복음서의 세계 즉 인물, 배경, 사건과 담화로 구성된 스토리 세계$^{story\ world}$에 대한 이해는 서사적 설교의 골격(骨格)을 형성해 준다.

2) 복음서의 저자가 예수의 생애에 대한 [역사적/전통적] 스토리^{story}를 자신의 청중들의 상황(문제)에 비추어서 적절하게 '다시(새롭게) 말함^{retelling}'으로써 예수님의 생애에 대한 의미를 보다 역동적이며 효과적으로 전달하고 있음을 깨닫게 해 준다.

결과적으로 '내러티브^{harrative}'로서 복음서에 대한 장르 인식은 복음서의 주해와 설교에 새로운 지평을 열어준다. 특히 이러한 장르 인식은 서사적 주해와 설교에 있어서 복음서의 스토리 세계(복음서의 내용)에 대한 이해(인물; 배경; 사건과 그에 따른 줄거리/구성 이해)와 함께 그것의 전달기법과 효과(복음서의 형식)에 대한 강조를 가진 수사학적인 이해로 나아가게 해 준다(cf. Shim 1994:79-80). 다시 말하면 이러한 내러티브적 장르 인식에 기초한 서사적 설교는 특정한 본문 혹은 사건의 의미를 복음서의 세계, 즉 복음서 전체의 스토리 세계$^{narrative\ world}$ 안에서 이해하도록 해 줄 뿐만 아니라, 그것이 가지는 수사학적 이해를 통해서 복음서 저자의 의도(개개의 사건들이 가지는 원 의미)를 파악하여 이것을 다시 현재의 청중의 상황에 어울리는 스토리의 형식(이것을 유진 로우리는 'homiletic plot'이라고 부름)으로 전환하여 본문의 메시지를 재조정^{redirection}하고 재진술^{restatement}하여 전달함으로써 청중의 적극적 참여와 반응을 자연스럽게 유도하여 설교의 효과를 극대화시켜준다.

이러한 장르 인식은 또한 구전$^{口傳:orality}$과 구전 사회$^{oral\ society}$를 이해할 때 복음서의 서사적 설교의 효과를 보다 잘 감지할 수 있다.

2) 구전 사회에서의 서사 기법과 서사적 설교

흔히 문자 시대 혹은 인쇄 시대 전의 사회를 구전 사회$^{oral\ society}$라고 부르며 그러한 사회의 문화를 구전 문화$^{oral\ culture}$라고 부른다. 구전 문화의 커뮤니케이션은 현대의 인쇄 문화의 것과는 달리 모든 의사소통을 귀^{ear}에다 호소한다. 이 경우 기억^{memory}은 지식 획득의 근본적인 통로이다. 구전 사회는 그 나름대로의 전달 기법을 가지는데 우리는 이것을 구전 기법이라고 부른다. 지금의 (신약) 성경은 구전 문화의 산물[22]로서 우리가 성경의 메시지를 이해하기 위해서는 구전 문화와 그에 따른 의사소통 혹은 의미 전달^{communication}의 특징들에 대한 이해가 반드시 선행되어야 한다. 특히 신약의 복음서를 이해하는데 있어서 우리가 주지해야 할 구전-문화적 의사소통의 특징들로는(Jensen 1995:17-29):

1) 문자를 조용히 읽는 눈보다는 전해진 말로 듣는 귀에다 호소하는 의

---

[22] 외관상으로는 신약의 책들(복음서를 포함)이 문자로 기록되었다 할지라도, 이들 신약의 책들은 다수의 '듣는 청중'의 필요에 의해 기록된 것이다. 이 점은 성경 안에서도 그 증거를 찾을 수 있다. 엄밀한 의미에서 신약의 사회는 구전 문화와 사본 문화가 섞여 있지만 그러나 대다수의 청중은 '듣는 청중'(listening audience)으로 구전 문화가 중심을 이룬다(Shim 1994:55ff).

사소통이었기 때문에 반복법과 같은 구전 기법들을 중시한다(어거스틴과 암브로스의 예).
2) (추상적) 개념의 서술이나 나열보다는 사건을 알리는 일화적 스토리로 그 메시지가 전달되었다.
3) 짧은 일화들(사건 중심으로 전래된 구전들)이 함께 꿰어져서 구성되었다.
4) 꿰어진 일화들이 반드시 선적인 정확한 시간 구성으로 되지는 않았다(사건으로 받아드려진 스토리 전개): 회상 혹은 예견 형식.
5) 시간적이고 논리적인 개념 이해에 중점을 두기보다는 청중을 스토리 세계 안으로 자연스럽게 참여시켜 그 세계를 경험하게 하고 거기서 실제적 교훈과 삶의 변화를 촉구한다(미쉬나 혹은 미드라쉬의 예).
6) 그 당시 복음서의 기자(설교자)는 일종의 (성령의 능력에 의한) 역동적 storyteller였다.

이러한 특징들에 비추어서 복음서를 이해하기 위해서는 무엇보다도 고대의 세계에서의 역사 기술에 대한 적절한 이해가 있어야 한다. 고대 사회에서의 역사 기술은 현대 사회에서의 역사 기술과는 다르다. 물론 고대 사회라고 해서 역사의 기술記述이 사실fact에 기초하지 않는 것은 아니지만, 그러나 그들의 역사 기술은 인쇄 매체가 발달된 오늘날처럼 정확한 사실들을 문자로 다 남길 수 없기 때문에 구전 형태에 적합하게 전달되어야 하였다. 이러한 구전 형태로서의 역사 전달은 글자를 모르는 대다수의 문맹의 청중들에게 그것의 오랜 기억과 효과적인 설득을 위하여 사실 규명에만 그치는 역사 기술이라기보다는 오히려 교훈적이며 교육적인 내용에 강조를 둔 '극적 역사'dramatic history로 전달되어졌다(Shim 1994:66). 한 마디로 '극적 역사'로서의 이러한 역사 전달은 듣는 청중들로 하여금 전해진 역사를 현재적인 사건으로 받아들여 그러한 역사에 참여케 하는 스토리 형식으로서의 역동적인 역사 기술과 역사 전달을 의미한다.

'극적 역사'로서의 이러한 모습은 성경의 복음서와 같은 소위 '거룩한 역사'sacred history를 전달(기술)함에 있어서 더 잘 드러났다. 하나님의 아들 예수 그리스도의 생애의 '거룩한 역사'를 기술하고 전달함에 있어서 저자는 무엇보다도 글자를 알지 못하는 청중(구전[口傳]의 청중)을 고려해야 하였고, 특히 이 '거룩한 역사'가 이들 청중들 가운데 소리내어 읽혀져 전달되어야 하는 초대 교회의 상황을 고려한다면 여기에는 이들 청중들의 귀ear에 쉽게 잘 전달되어지고, 일화적인 사건으로 마음heart속에 잘 각인(刻印)될 수 있는 다양한 구전 기법들과 표현 방법들이 고용되어야 하는데 여기에 탁월한 형태가 스토리형식이고 이에 따른 의미 전달communication의 기법을 우리는 '스토리 화법'story-telling method이라고 부른다.

의사소통의 이러한 전달 방법은 (인쇄 매체에 적절한) 눈보다는 (구전 매체에 적절한) 귀에다 호소하기 때문에 그 당시의 사람들은 이러한 성경의 '거룩한 역사'를 단순히 '개념적으로 생각하기'thinking in ideas보다는 '스토리를 통해 생각하는데'thinking in story 익숙하였다. 글자를 읽는 눈이 아니라 전해진 말을 듣는 귀에다 호소하는 구전의 스토리 화법은 무엇보다도 '지식은 기억memory에 한정된다'는 것을 염두에 둔 것으로서 여기에는 수미상관법inclusio, 반복법repetition, 두운법alliteration, 병행법parallelism, 원형 구성ring composition, 상투어들이나 관행구들stock words or phrases과 같은 구전 기법들이 사용되어졌다. 이러한 구전 기법들과 함께 스토리를 통해 전달된 역사는 단순히 선적인 시간 플롯linear time-plot으로 서술(표현)되지 않고 때론 과거의 사건을 '회상하는'^{flashback} 형태나 또는 미래의 사건을 '예시하는'^{foreshadowing} 형태에 의해서 사건 중심의 스토리 형식으로 전달되기 때문에 청중은 들려진 스토리의 세계 안으로 자연스럽게 초대되어져서 그 세계 안에서 일어나는 사건들이 마치 지금 자신들의 세계 속에서 일어나는 것으로 경험할 뿐 아니라 자신들도 그 세계 속에 참여하여 거기서 자신들의 현실적 삶이 이러한 신앙적(스토리의) 세계에 의해 도전 받거나 격려 받는다. 여기에 복음 전파자로서의 재담가$^{\text{才談家: storyteller}}$의 강력한 스토리 화법이 주어져서 그것의 효과가 강화된다. (이것은 마치 드라마를 청취하는 것과 같은 효과이다.)

결론적으로 구전 사회에 대한 이러한 이해는 우리의 복음서 주해와 설교에 많은 통찰을 던져주는데 그중에 스토리 화법$^{\text{storytelling method}}$과 재담가^{storyteller}에 대한 이해는 매우 중요한 고려 사항이 된다.

- 스토리 화법(storytelling method)

고대의 구전 사회가 자신들의 주요한 역사(전통)의 효과적 전달(오래 기억될 수 있게)과 생생한 교훈(단순히 추상적 개념에 의한 교훈이 아니라 삶이 담긴 교훈)에 강조를 두며 사용한 스토리 전달 기법에 대한 이해는 우리의 서사적 주해와 설교에 많은 통찰을 던져준다. 특히 스토리 화법 내의 '다시 말함'^{retelling}의 문제는 우리의 설교가 역동적인 모습을 취하는데 큰 통찰을 준다. 스토리 화법의 역동적인 모습은 유대-크리스천들의 성경적 전통(Berlin 1983:11; Light [1978]1986)뿐만 아니라 초대 교회의 정황(Wilder 1968:64f)에서도 잘 나타난다. 이 중에 성경의 인용과 함께 여러 가지 구전 기법들을 사용한 스토리 화법에 대한 이해는 서사적 설교가 어떻게 형성되어야 할 것인가에 대하여 적절한 윤곽을 제공해 준다. 특히 여기서 '다시 말함'retelling이란 유대 사회의 제의적(祭儀的) 상황 즉 종교적 페스티발의 상황에서는 일종의 '(극적) 현실화'actualization라고 불려지는 것von Rad과 유사하다고 할 수 있다.

구전 문화oral culture에서의 이러한 스토리 중심의 의사소통의 형태는 제한된 공간에서 눈으로 글자를 읽는 인쇄 매체에서 귀로 듣고 영상(映像)으로 보는 - 즉 메시지를 보다 경험적이고 통전적인 모습(사건)으로 받아들이기 때문에 우리의 감각 기관 전체가 참여함 - 전자 매체electronic media 또는 다중 매체multi-media로 전환된 오늘날의 설교의 상황에서도 동일하게 강조될 수 있다(Jensen 1995:45-66). 이 점은 이미 앞에서 필자가 TV 광고에 나타난 모습을 통해서 적절히 제시하였다. 이처럼 구전 문화에서의 사고 양식인 '스토리적 사고'thinking in story는 전자 문화 또는 영상 문화 속에서 살아가는 청중들에게 설교해야 하는 오늘의 설교자들에게도 동일하게 역동적 설교의 형태로 나타날 가능성을 제공하여 준다.

- storyteller(재담가)에 대한 이해

고대 구전 사회에서 역사가(특히 헬라의 역사가들)란 수사학으로 훈련된 일종의 '극적(劇的)인 역사가'dramatic historian로 나타나는데(Aune 1990:18) 이들은 일종의 storyteller(만담가 혹은 재담가)에 가깝다고 할 수 있다. 구전 사회, 특히 그중에서도 거룩한 종교적 공동체에 있어서 자신들의 '거룩한 역사'를 전달하는 사도 혹은 전도자는 신적 권위exousia와 능력dynamis을 가진 일종의 강력한 storyteller(만담가 혹은 재담가[?])나 웅변가orator의 모습이었다. 특히 구약의 선지자들과 유대교의 랍비들의 모습이나 초대 기독교 교부들의 모습 속에서 이러한 storyteller의 모습을 우리는 어느 정도 추론해 볼 수 있다. 이들의 스토리 화법들(storytelling techniques)에 대한 탐구는 우리의 서사적 설교에 많은 도움을 줄 것이다.

지금까지 우리는 복음서에 대한 서사적 설교의 내용과 골격을 형성하는데 많은 도움을 주는 복음서의 장르 인식과 그 당시의 구전 사회의 모습에 대하여 살펴보았다. 위의 이러한 이해에 비추어서 이제 필자는 서사적 설교가 무엇이며 또한 서사적 설교가 어떠한 형태와 과정을 통해 만들어 가는지를 편의상 마가복음 한 본문(막 3:1-6)의 예를 가지고 서사적 주해와 함께 구체적으로 살펴볼 것이다.

3. 서사적 설교(Narrative Preaching)란 무엇인가?

1) 서사적 설교란?

'서사적 설교(narrative preaching)란 의사소통(communication)의 효과에 중점을 둔 설교의 형태로 설교의 내용(전하고자 하는 메시지)을 인간 경험의 보편성과 유사성에 근거를 두는 이야기 형태(일종의 간접 화법에 해당)로 전달함으로써 청중으로 하여금 저항 없이 자연스럽게 이야기의 세계 속으로 참여하게 하여 그들로 하여금 그 안에서 자신들의 신앙과 삶의 역동적 변화를 촉구하는 설교를 말한다(Craddock). 이러한 설교는 청중으로 하여금 자신의 삶과 유사한 삶의 모습으로 전해진 스토리 안에서 자신들의 모습을 자연스럽게 인식(발견)하게 해 줄 뿐만 아니라, 또한 스토리를 통해서 자신을 쉽게 변혁시키도록 도와준다(탁월한 성경적인 예로서는 다윗에 대한 나단 선지자의 비유나 예수님의 비유에 의한 가르침을 들 수 있다). 이것은 간접 수사학$^{\text{indirect rhetoric/speech}}$의 탁월한 예다. 우리가 흔히 남의 이야기에 쉽게 '어깨너머로 청취'^{overhearing}하는 성향(어린아이들은 이 부분에 천재다)과 또한 많은 사람들이 그 흔한 줄거리를 가진 드라마에도 쉽게 빠져 눈물을 흘리고 감동을 받는 이유가 바로 그러하다.

물론 여기서 필자가 말하는 '서사적 설교'란 - 특히 복음서의 서사적 설교란 - 이미 앞에서 자세히 논의한 것처럼 그것을 전하는 내용^{content}과 형식^{form}이 다 서사적(敍事的)이어야 하는 설교를 의미한다. 그러므로 필자가 여기서 제안하는 '서사적 설교'$^{\text{narrative preaching}}$란 설교자가 내러티브의 본문을 설교할 때 먼저 본문의 주해가 내러티브적 장르의 특징을 살린 주해로 나아가야 하며, 그리고 그것의 설교 또한 이러한 내러티브의 장르적인 특징을 살린 설교를 의미한다.

2) 서사적 설교의 형태

서사적 설교의 형태에 대해서는 여러 가지로 논의되겠지만 대개 두 가지로 제시될 수 있다. 하나는 유진 로우리$^{\text{E. Lowry}}$가 제안한 대로 설교가 주어진 본문의 주제를 살려서 그 자체로 하나의 줄거리^{plot}를 가진 스토리 형태로 구성된 것(이미 앞에서 언급한 것처럼 로우리(1982)는 이러한 설교 형태를 '이야기식 설교 구성$^{\text{homiletic plot}}$이라고 불렀다)을 말하고, 또 다른 하나는 성경 본문의 스토리가 서사적 설교의 기초와 골격이 되어 전달되되 서론(序論)이나 중간의 예화(例話) 혹은 결론(結論)을 또 다른 스토리들(즉 개인의 신앙적 스토리나 역사적 신앙 공동체의 신앙적 스토리들[신앙 인물들의 전기들이 이에 속함])로 구성하여 이것들을 성경의 스토리에 잘 가미하여 전달하는 것을 말한다(Thulin 1990).

결론적으로 이러한 서사적 설교가 어떠한 형태로 서술되어야 할 것인가 하는 점은 설교자의 취향에 따라 결정되지만 그것의 요소들인 성경의 스토리$^{THE\ STORY}$와 설교자 개인의 신앙 스토리$^{personal\ story}$와 공동체의 스토리$^{community's\ story}$가 잘 병합된 형태(Fackre 1983)로 되어져야 한다는 사실만은 명백하다.

3) 서사적 설교의 특징들에 대한 이해

위의 정의와 형태에 비추어서 필자가 제안하는 서사적 주해와 설교의 모습들은 다음과 같이 이해될 수 있다:

서사적 설교란 먼저 전하고자 하는 내러티브 본문의 장르에 대한 인식에 근거하여 본문의 스토리 세계를 이해하여 이것이 설교의 내용과 형식에 적절히 반영된 설교를 말한다. 스토리의 세계는 언제나 스토리의 구성 요소인 사건^{event}, 배경^{settings}, 인물^{characters}, 줄거리/구성^{plot}을 가지고 있는데 이에 대한 이해가 내러티브 주해와 설교에 반영되어야 한다.

스토리의 세계가 관찰되어지면 해석자는 두 번째로 내러티브에 현존하고 있는 해설자^{narrator}에 대한 인식과 함께 사건의 진술^{narration}과 해설^{commentary}로서의 '다시 말함'^{retelling}의 기법들(서사-수사적 기법들)을 파악해야 하는데 이 점에 있어서 우리의 서사적 설교는 이러한 스토리 전달 기법이 보다 역동적으로 설교 작성과 전달에 반영된 설교를 말한다. 특히 '다시 말함'^{retelling}의 인식은 본문의 (역사적/수사적) 정황과 의미를 적절히 발견하게 해 줄 뿐만 아니라 우리의 설교가 어떻게 오늘의 상황에 성육화되고 또한 역동적으로 전달되어야 될 것인가에 대해 많은 통찰을 던져준다.

복음서의 상황에서 이러한 '다시 말함'의 기법은 쓰여진 복음서가 storyteller들에 의해 '또 다시 구전으로 전달'될 때는 보다 생생하고 역동적인 효과를 가지고 전달되는데 이 경우 '다시 말함'의 효과란 이루 말할 수 없이 크다고 하겠다. 이러한 '다시 말함'의 중요성은 어린이 만화영화의 예를 통해 보다 잘 이해될 수 있다. 이 점은 특히 월트 디즈니사가 만든 만화 영화들(이미 잘 알려진 과거의 흥미로운 스토리들을 오늘의 상황에 어울리게 애니메이션으로 각색하여 만듦)이 이러한 기법의 중요성을 가장 잘 보여주는 예가 된다. 그중에 가장 탁월한 한 예를 든다면 그것은 '알라딘'Aladdin 일 것이다. 이 영화의 스토리 가운데 나오는 램프 속의 요술쟁이 '지니'Genie의 모습은 현대 어린이들에게 익숙한 음악(비트)과 용어들과 영상들 가운데 매우 극적이고 흥미롭게 재현되는데 특히 지니가 나오는 장면에서 어린아이들(어른들까지도)은 마치 영화의 스토리 세계가 지금 자신들의 현실 세계인양 착각할 정도로 스토리에 나오는 사건들과 자신의 삶이 동일시가 되어지고 또한 자연스럽게 감정 이입empathy이 되어 마치 그 세계 속에서 살고 있는 듯한 착각 속에 빠지는 것을 본다.

이처럼 '다시 말함'retelling의 이러한 스토리 화법은 고대 사회에서뿐만 아니라 오늘날의 영상 문화 속에 사는 우리들에게도 의미 전달의 탁월한 기법으로 이해된다. 이러한 스토리 화법의 '다시 말함'retelling의 기법은 storyteller로서의 설교자의 자질(역량) - 특히 상상력이 잘 동원된 설교자의 자질 - 과 밀접하게 관련되어 있다.

4) 상상력imagination 동원의 중요성

설교에 있어서 상상력의 동원은 설교를 보다 생동감 있고 지루하지 않게 해 주는 역할을 한다. 이 상상력의 동원은 본문의 의미를 보다 청중들의 상황에 적절하고 역동적으로 이어주는 가교 역할(선지자들의 외침 속에서)을 할 뿐 아니라 하나님에 대한 우리의 마음을 보다 감성적 또는 시적으로 표현하게 해 줌으로써(시인들의 모습 속에서) 하나님과의 관계를 보다 친밀하게 해 준다. 이러한 상상력의 동원은 설교자 자신의 하나님에 대한 불붙는 사랑과 청중에 대한 깊은 이해를 바탕으로 나타날 뿐 만 아니라 또한 이것은 그것을 적절하게 전달하기 위한 노력의 일환으로 추구된 현실 감각과 그에 따른 감성과 표현력으로부터 나온다. 효과적인 전달을 위한 탁월한 현실 감각과 감성과 표현력의 중요성에 대해서는 이미 앞에서 디즈니 만화 영화인 '알라딘'의 예를 통해서 잘 보았다. 이러한 상상력이 동원된 설교, 청중을 사로잡는 설교를 위해서 설교자는 시(詩)를 읽거나 소설이나 TV 드라마 혹은 광고(특히 최근 광고 카피를 보면 이 점에 있어 탁월한 모습을 본다) 혹은 최근의 음악에까지 귀 기울이는 노력이 필요하다.

4. 서사적 설교를 어떻게 할 것인가?: 마가복음에 비추어서

먼저 서사적 설교narrative preaching를 위해서 서사적 주해narrative exegesis가 선행하여야 한다. 복음서의 서사적 주해는 다음과 같은 순서에 따라 진행될 수 있다. 이 단락에서 편의상/지면상 필자는 막 3:1-6을 하나의 예로 사용할 것이다.

1) 먼저 설교자는 설교할 내러티브 본문의 단원narrative unit or segment이 무엇인지를 결정해야 한다. 이것은 설교할 본문의 범위를 결정하는 문제

이다. 이 일을 위해서는 소위 '드라마적 기준'dramatic criteria을 사용하는데 여기서 드라마적 기준이란 주로 시간과 장소를 알리는 배경과 인물들로 구성된 장면의 전환(즉 인물과 장소의 전환)에 대한 관찰과 함께 주제의 전환을 관찰하는 것을 말한다(Shim 1994:80-89). 이 기준에 의해서 설교자는 어느 정도 분량의 본문이 설교를 위한 내러티브의 단원(narrative unit: 일화[episode]나 장면[scene]²³으로 간주됨)을 이루는 지를 조사한다. 위의 기준에 따르면 막 3:1-6은 설교 본문으로서 적절한 단위다.

2) 설교할 내러티브 본문의 범위가 결정되면 그 본문의 사건 혹은 장면의 구조 분석을 통해 본문에 대한 갈등 구조를 이해하고 그것에 대한 고조점high point을 찾는다. 이 경우 인물들 - 특히 사건의 중심인물 - 이 발설하는 대담(對談)이 사건의 주요 의미를 반영할 때가 많다. 가령 예수님 혹은 사건의 중심인물의 입을 통해 선언되어지는 말씀이 이에 해당될 때가 많다. 특히 이적 기사나 논쟁 기사에서 예수님의 선언이 그러하다. 갈등 구조에 의한 본문의 장면 분석은 아래의 도표로 제시된다(Longman 1989:102):

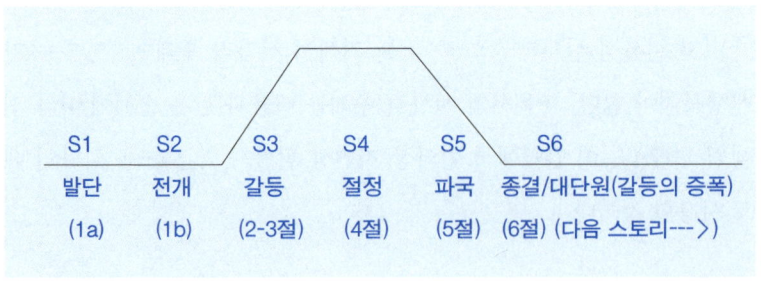

---

23 여기서 '장면'이란 "동일한 장소와 시간 안에서 동일한 인물들이 가담되어 벌어지는 행동의 한 부분"(Mlakuzhyil 1987:112, n 10)을 의미하는 것으로 설교할 내러티브의 기본 단원이 되기도 한다.

위의 분석에 따라 사건을 이해하자면 안식일에 예수님이 들어가신 회당에 '손 마른 사람'(불결한 병자)이 있다는 해설자^{narrator}의 언급(1절)은 사건의 발단과 함께 독자(청중)로 하여금 이 스토리가 어떻게 전개될 것인지를 잘 예견하게 해 준다. 그리고 바리새인들의 송사하려는 의도에 대한 언급과 그들의 엿봄에 대한 서술(2절)은 갈등이 시작됨을 알려주는 신호로 제시되며 결국 예수님은 이 '손 마른 사람'을 일으켜 그들 앞으로 나오게 하심(3절)으로 갈등은 고조된다(아니 어떻게 하시려고). 특히 '손 마른 사람'을 그들 앞에 세우신 예수님이 저희(바리새인들)에게 던진 말씀은 갈등의 절정에 이르는 장면으로 나타나며 이어진 예수님의 치유는 일종의 파국에 해당된다. 그리고 바리새인들이 나가는 장면과 예수의 살해 모의에 대한 언급(3:6)은 이 사건의 종결 혹은 대단원에 해당되지만 또한 전체 논쟁 기사(2:1-3:6)의 결론에 해당된다. 그러나 이 부분은 또한 계속되는 마가복음의 스토리에서는 일종의 갈등의 고조로 보여진다.

3) 위의 장면 분석을 통해 플롯의 갈등 구조를 살펴봄으로써 본문의 사건흐름이 어느 정도 결정(이해)되어지면 해석자는 아래와 같은 스토리(세계)의 요소들(사건; 배경; 그리고 인물)의 의미를 고려해 본다.

(1) **사건 이해**: 먼저 설교할 본문의 사건^{event}이 어떤 사건인지를 이해하기 위해서는 이 사건의 어떤 양식^{Gattung}에 속한 본문인지를 관찰해 보라. 즉 이 사건이 이적 기사(miracle story: 자연 이적; 급식 이적; 치유 이적; 축귀 이적)에 속한 사건인지 아니면 논쟁 기사$^{controversy\ story}$나 부름 기사$^{call\ story}$에 속한 사건인지? 그렇지 않으면 비유 기사^{parable}나 종말론 강화$^{apocalyptic\ discourse}$ 혹은 '길' 단락$^{way\ section}$이나 수난 기사$^{passion\ narrative}$에 속

한 사건인지를 관찰하여 사건의 의미를 그 양식의 특징에 비추어서 살펴보아야 한다. 이처럼 본문의 사건과 관련된 본문의 양식 - 일종의 하위 장르sub-genre에 해당 - 에 대한 인식은 설교할 본문의 사건이 어떤 특징과 의미를 가지고 있는지를 잘 보여준다(cf. Bartlett 1996:159; Tannehill 1995; Holladay 1994).

막 3:1-6의 본문은 이적 기사miracle story에도 해당되지만 엄밀한 의미에서 이 사건은 논쟁 기사controversy story에 속한다(Dewey 1977). 이 경우 본문의 사건에 대한 이해는 믿음에 대한 강조(이적 기사)가 이 사건의 주제가 아니라 종교 지도자들과 예수님 사이의 논쟁점이 사건 이해의 '뜨거운 감자'가 되며 특히 4절에서 바리새인들에게 던진 예수님의 도전적 질문은 독자들에게 커다란 반향이 되어 전달되어진다. 이 경우 예수님이 던진 이 수사적 질문은 우리의 설교적 상황에서도 청중들에게 도전으로 나타나야 할 것이다. 막 3:6에서의 종교 지도자들의 살해 모의에 대한 언급(예수의 수난에 대한 언급)은 이 사건(어쩌면 논쟁 기사 전체)을 듣는 독자들에게 특별한 의미를 지닌다.

(2) **배경 이해**: 사건의 의미가 본문의 양식에 대한 이해를 통해서 어느 정도 윤곽이 잡히면 해석자는 설교할 단원의 배경settings이 무엇이며, 이 배경(시간과 장소)이 본문의 사건에 어떤 해석적 의미를 제공하는지를 관찰해 본다. 즉 배경이 갖는 사회-문화적(-역사적)이고 상징적인(문학적이고 신학적인) 의미가 무엇인지를 이해한다. 대부분의 경우 배경은 사건을 이해하는데 적절한 해석적 배경이 된다. 마가복음에 언급된 배경으로는 바다(배) 혹은 바닷가; 산; 광야(한적한 곳); 회당; 예루살렘;

성전; 공회(산헤드린); 갈릴리; 거라사 지방; 가버나움; 밤; 새벽; 유월절; 등등이 있다.

막 3:1-6의 경우 안식일(시간)과 회당(장소)이 바로 그러하다. 이미 안식일에 일어난 앞의 사건(2:23-27)으로 인하여 예수님과 종교 지도자들 사이의 갈등은 시작되었고 연이어 이 갈등의 시간("안식일")에 예수는 또한 회당(안식일에 기적을 베풂으로 놀람이 일어난 놀람의 장소[1:21-28])에 다시 들어가셨다. 독자는 여기서 심상치 않는 갈등의 조짐을 예상한다. 이처럼 배경은 앞으로 사건이 어떻게 전개될 것인지를 알려주는 단서가 된다.

(3) **인물 이해**: 이렇게 배경(의 의미)을 관찰한 후에 해석자는 본문에 나타나는 등장인물들을 파악하고 그들의 행동과 발설(의 의미들)을 관찰한다. 등장인물은 스토리 세계의 중심 요소이다. 해설자는 스토리를 통해 나타난 인물들의 말과 행동 그리고 그에 대한 다른 사람들의 반응들을 잘 서술해 보임"showing"으로써 독자들에게 자신이 전하고자 하는 메시지를 매우 자연스럽게 말할"telling" 수 있다. 등장인물들에 대한 이해는 먼저 본문에 등장한 인물들을 나열해 보고 그 인물들에 대한 저자의 인물 묘사를 관찰하여 그것이 전체 줄거리plot 안에서 어떤 역할을 하고 또한 어떤 의미를 가지는지를 파악한다. 여기서 해석자는 인물과 사건과의 관계, 줄거리와 인물과의 관계, 인물과 인물과의 관계(특히 대조적 관계)를 관찰한다.

마가복음에 나오는 등장인물들은 두 가지로 분류되는데 문학적 용어를 빌려 말하자면 주역과 조역으로 나누어진다. 주역main characters은 전체 본문의 스토리 세계에서 반복적으로 나오는 인물들로서 중심인물인 예수님과 제자들, 그리고 종교 지도자들을 들 수 있고, 조역^{minor characters}은 무명의 사람 혹은 이름을 가진 사람이라 할지라도 출현하는 빈도가 한 번 정도 되는 인물들을 가리키는데 마가복음에서 이들 조역들을 문둥병자, 거지 소경 바디매오, 길에서의 한 부자, 수로보니게 여인, 혈루증 여인, 거라사 광인, 예수의 친속들, 향유 부은 여인, 백부장 등을 들 수 있다. 많은 경우에 마가복음에서 조역들은 단순히 하나의 배경정도로 나타나기보다는 마가복음의 전체 주제(主題)나 주된 플롯을 잘 보여주는 역할을 한다(Williams 1992; Marbon 1992). 특히 이러한 인물이해와 분석과 설명은 우리의 서사적 설교에 근간이 되는 것으로 이것은 일종의 '보여주는'^{showing} 설교로 잘 제시될 수 있다.

막 3:1-6에 나오는 등장인물로는 예수와 손 마른 사람과 "저희"^{they/their}로 표현된 바리새인들(과 헤롯당)과 암묵적이지만 제자들이 있다. 특히 이 사건의 주요 인물이 예수와 '손 마른 사람'이 아닌 것은 이 기사가 이적 기사가 아닌 것임을 잘 입증해 주며 결과적으로 예수와 바리새인들(한글개역성경에는 "저희"로 번역됨)이 본 사건의 주요 인물들임을 알 수 있다(논쟁 기사임을 입증). 물론 여기서 해석자는 두 인물의 모습(대조적 모습)에 대한 해석을 역사적이면서 또한 철저히 본문에 입각하여 시도되어야 하며, 이렇게 하여 얻어진 해석들은 그 지평을 설교로 확대되어 설교의 청중의 상황에 잘 병행하여 적용되어야 한다. 이들 두 중심인물들의 행동을 각각 분석해 보면:

- 바리새인들

바리새인의 인물에 대한 이해는 앞에서 언급한 대로 역사적/사회적으로 뿐만 아니라 마가복음 자체 안에서의 의미와 역할을 고려해야 한다: 이들에 대한 역사적 의미는 예수님 혹은 초대 교회 당시의 바리새인들의 율법(특히 정결법과 안식일)에 대한 태도를 살피는 것이며(그 당시의 문헌들이나 공관복음의 도움을 빌어서); 마가복음 내에서의 이들의 의미는 지금의 본문과 더 나아가 마가복음에서 지적된 이들의 태도를 살피는 것을 말한다. 특히 본문 2절(송사하기 위해 "안식일에 그 사람[즉 손 마른 사람]을 고치는가" 엿봄)과 4-5절(잠잠함과 마음의 완악함), 그리고 6절(살해 모의)의 언급들은 이들의 율법에 대한 태도와 완악한 마음(말라비틀어진 마음)과 미움(살인)의 행동을 이해하는데 주요한 단서가 된다. 그리고 앞의 사건들에서뿐 아니라 또한 앞으로 지속적으로 보여질 이들 바리새인들의 모습은 이들 인물들의 이해와 사건 이해에 큰 도움을 준다.

- 예수님

이러한 바리새인들의 모습에 비해 예수님의 태도와 행동은 앞의 갈등(논쟁)의 사건과 관련하여서뿐만 아니라 그 당시의 정황에 비추어 볼 때도 정말 놀라운 모습이 아닐 수 없다. 이미 예수께서 종교 지도자들과 안식일에 대한 적의의 논쟁이 시작된 후에(예수께서 이들의 적의에 찬 의도를 알았음에도 불구하고) 되어진 '손 마른 사람'(정결법에 의하면 불결한 사람)에 대한 이 치유는 예수님의 두려움 없는 행동 곧 '두려움 없는 사랑'(요일 4:18)의 행동을 잘 보여주는 것으로서 이러한 예수의 행동은 이 본문(의 설교)을 듣는 청중들에게 무한한 격려(죄인을 찾아오신 예수님)가 되고 도전(주님의 제자로서 이와 같은 두려움 없는 사랑의 실천이 요청됨)이 된다. 우리가 그 당시의 정결법 purity law을 잘 이해한다면(심상법 1998: 223-248) 예수님의 이러한 행동은 정말 두려움 없는 놀라운 사랑(긍휼)의 행동이었다. 사랑(긍휼)의 행동 바로 이것이 구약에서 말하는 율법의 참된 정신과 그 실천(미 6:8; 마 23:23)이 아닌가?

특히 4절에 발설된 예수님의 도전적인 질문인 "안식일에 선을 행하는 것과 악을 행하는 것, 생명을 구하는 것과 죽이는 것 어느 것이 옳으냐"의 말씀은 이것을 듣는 독자들(청중)에게 참된 율법 준수와 사랑의 실천에 대한 커다란 도전이 될 것이다.

결과적으로 이 두 인물들에 대한 이해는 마가복음의 논쟁 기사의 한 사건에 대한 우리의 설교의 주요 골격이 되고 이것이 다양한 삶의 스토리들[예화들]을 통해서 탁월하게 대조(對照)하여 설명되고 또한 청중들의 삶에 도전되었을 때 설교의 효과는 크게 증폭된다. 이처럼 적절한 설명(예화들)을 통해서 바리새인들과 예수님이 보여준 안식일(율법) 준수에 대한 대조적 모습을 설교자가 보다 생생하게 '말하고 보여주는' telling & showing 일은 설교를 듣는 청중의 마음에 깊이 각인되는 영상(映像)으로 남게 된다. 대조적 두 행동을 간략하게 도표(심상법 1998:185)로 이해하자면:

```
선을 행함/생명을 구함  ←  [안식일에 할 일]  →  악을 행함/죽이는 것
          ↓                                          ↓
      예수 그리스도                               바리새인들
      (회복/선/생명)                              (멸망/악/살해)
  '선을 행하는 것'과 '생명을 구하는 것'          '악을 행하는 것'과 '죽이는 것'
                            ↓
                  안식일에 무엇을 하는 것이 옳으냐?
                  우리는 누구의/어떤 행동 양식을 따라야 할까?
```

(4) 이러한 본문의 스토리의 요소들에 대한 이해와 더불어 해석자는 본문에 반복되고 강조된 단어들$^{key\ words}$이나 선언된 주요 경구^{charia}가 있다면 그것이 무엇인지를 찾아보고 그것의 의미를 전체 복음서 안에서 이해하도록 한다.

(5) 끝으로 본문의 사건^{event}의 의미와 함께 본문에 묘사된 배경^{setting}의 의미, 그리고 등장인물들^{characters}의 모습(인물 묘사)과 행동과 말에 대한 분석(인물 분석)과 그에 대한 예수님의 반응들의 의미는 그 당시의 사회-문화적 상황에서 그리고 이 사건이 원 청중에게 가지는 수사학적 상황에서 살펴보아야 한다. 아마도 핍박의 상황 가운데 무서움에 떨며 신앙으로 나아가지 못하고 있는 마가의 청중에게 예수님의 이러한 두려움 없는 사랑의 행동은 큰 도전이 될 수 있다. 이러한 도전은 오늘 우리들의 청중의 상황에서도 마찬가지이다.

3) **문맥적 이해**: 이렇게 해서 파악된 사건^{event}의 의미는 또한 전후의 문맥(일화)과 이 사건을 담고 있는 단락^{section} 혹은 복음서 전체의 (작품) 세계의 줄거리에 대한 이해를 통해서 그 주제가 어떻게 흘러가는지를 이해해야 한다. 이 경우 복음서의 줄거리^{plot}에 대한 이해는 인물과 배경과 사건의 의미를 이해(해석)하는데 결정적 단서와 배경을 제공해 준다.

이 사건(3:1-6)은 논쟁 기사(2:1-3:6)의 마지막 장면에 해당되는 부분으로서 전체 논쟁 기사 내에서 이 사건이 갖는 의미를 찾는 일은 매우 중요하다. 결론적으로 예수께서 안식일에 '손 마른 자'를 치유하심으로써 일어난 이 사건은 논쟁의 결론이 되는 예수의 수난(죽음)에 대한 암시로 끝나고 있다. 특히 막 3:6의 결론적인 언급은 공 사역의 시작에서부터 예수는 우리의 구원(치유)을 위해서 배척과 수난(죽음)의 길을 가야하는 하나님의 아들임을 보여준다. 예수님의 배척받으심과 수난 받으심의 모습은 마가의 스토리가 진행될수록 그 심도가 깊어져 간다(3:20-25; 6:1-6; 8:32; 14-15장). 그럼에도 불구하고 수난(죽음)에 대한 예수님의 결의와 헌신은 더 굳어지고 있다(8:31; 9:31; 10:32-34; 10:45).

이렇게 하여 분석된 서사적 주해는 설교해야 할 현 청중에게 '재조정'되고 '재진술'되어야 하는 과정을 거쳐야 하는데 이것을 우리는 'retelling의 준비 과정'(주해에서 설교로 나아가는 과정)이라고 부른다. 이러한 retelling의 준비 과정은 설교 작성에 있어서 청중의 현 상황을 적절히 고려한 가운데 설교자 자신의 풍성한 상상력이 동원된 '설교적 구성'으로 나아간다. 가령, 외관상으로 '손 마른' 사람의 모습(2절)과 마음과 행동이 '말라비틀어진' 바리새인들의 모습('송사하기 위하여 엿봄'[2절]; '대답치 않고 잠잠한 이들의 완악함'[4-5절]; '손 마른 사람이 회복되었는데 나가서 헤롯당과 결탁하여 예수를 죽이고자 의논함'[6절])을 설교에 대조시킬 경우 이것은 상상력이 동원된 설교의 한 예로 볼 수 있다(심상법 1998:186). 그리고 안식일에 대한 이러한 두 종류의 대조적 행동 양식을 현대의 그리스도인들이 가질 수 있는 두 종류의 대조적 행동 양식으로 그 지평을 넓혀 병행하여 설명한다면 이것은 상상력이 잘 동원된 설교라고 할 수 있다. 여기에 적절한 영상들과 예화들이 잘 가미된다면 보다 생생하며 역동적이고 상상력이 풍부한 설교가 된다.

끝으로 이러한 서사적 설교 구성은 전체가 본문의 스토리에 어울리는 하나의 스토리로 전개하여 설교(Lowry의 설교 방법)할 수 있고 아니면 본문의 사건에 대한 설명과 함께 이 본문의 사건의 의미에 어울리는 설교자 자신의 개인적인 신앙의 스토리나 역사적 신앙 공동체의 수많은 스토리들을 함께 잘 엮어서 구성할 수 있다(Thulin; Fackre). 이들 개인적인 스토리들과 공동체의 스토리들은 때론 서론에서 본문의 의미를 청중들이 잘 이해할 수 있는 혹은 어떤 것을 강조하기 위한 예화로 때론 설교의 결론으로 사용되는데 그러한 것의 선택과 배열은 설교자 자신의 몫이기도 하다. 특히 여기에 묘사된 바리새인의 모습은 예수님과 초대 교회 당시의 역사적인 바리새인들의 긍휼 없는 완악한('말라비틀어진') 이야기들이나 또한 교회 역사 가운데 재현된 수많은 이와 유사한 이야기들, 그리고 오늘날의 우리 사회에 만연한 이야기들('죽이기 이야기'들) 가운데 적절한 것들을 선별하여 그것들을 예화로 사용할 수 있다. 예화들의 사용은 이들 종교 지도자들의 모습을 보여주는 것에서만 국한되지 아니하고 또한 예수님의 두려움 없는 사랑의 아름다운 모습에 대한 설명에 있어서도 마찬가지이다. 2000년을 내려온 교회 역사와 우리 주변의 '아름다운 사람들'의 신앙 이야기들 중에서 이러한 예화를 가질 수 있다(가령 '마음을 열어주는 101가지 이야기' 중에서도).

스토리 전달 기법에 있어서 또 다른 탁월한 기법은 신약 성경(특히 복음서)에서도 나타난 것처럼 성경 구절의 인용이다. '서사적 설교'에서도 성경 구절의 적절한 인용은 설교의 권위를 높일 뿐만 아니라 논증을 보다 힘 있게 강화시켜주는 역할을 한다. 예수님 역시도 적절한 구약 인용을 통해 자신이 전하고자 하는 메시지의 의미와 효과를 극대화하였다. 본문에서 예수님의 두려움 없는 사랑의 행동으로서의 치유를 강조할 때 두려움 없는 사랑에 대한 요일 4:18(혹은 그 전후의 사랑의 실행에 대한 구절들)의 인용("사랑 안에 두려움이 없고 온전한 사랑이 두려움을 내어쫓나니")이나 혹은 미 6:8의 인용을 그 예로 들 수 있다.

나가는 말

지금까지 살펴본 서사적 설교는 커뮤니케이션의 새로운 시대(복합 문화 매체 시대 혹은 전자 영상 시대)에 살고 있는 오늘의 청중들에게 보다 자연스럽고 친숙하게 접근할 수 있는 '새로운 [복음] 청취'$^{New\ Hearing}$의 한 방편임에 분명하다. 분석적이고 추상적이고 논리적인 개념의 설명과 이해가 아니라 우리의 감각 기관의 모든 형태를 다 동원하여 의미를 받아들이는 멀티미디어의 전자 영상 시대에 이러한 스토리 전달 기법은 인쇄된 단어를 중심으로 '개념적으로 생각하는'$^{thinking\ in\ ideas}$ 인쇄 시대보다는 사건 중심의 보다 총체적인 의사소통의 수용('스토리적 사고'[thinking in story])을 요구하는 오늘날에 적합한 설교의 형태라고 할 수 있다. 특히 청중의 삶의 현장을 자연스럽게 건드리는 간접 화법 indirect speech의 형태를 띤 서사적 설교는 기독교가 보편화된 상태에서 지나치게 교조적인 설교에 식상한 교인들에게 신선한 충격을 줄 수 있다(Craddock). 그리고 무엇보다도 성경의 주요 형식 특히 복음서 자체의 형식(장르)을 잘 고려하여 설교의 내용이 구성되었고 또한 전달 과정에서도 스토리 화법을 통해 설교되었기 때문에 복음서 자체의 내용뿐 아니라 그 형식에 있어서도 충실한 '성경적 설교'(?)라 할 수 있다. 아무쪼록 필자는 이러한 설교 형태의 도입이 한국 교회의 강단에 신선한 충격으로 찾아와 성도들로 하여금 하나님의 말씀의 세계 속에 자신의 인격과 삶이 함몰되어 세계관 자체가 변화되는 계기가 되기를 바란다. 그러나 무엇보다도 이 모든 것은 설교자인 우리의 영성이 성령과 기도로 달구어져서 하나님에 대한 사랑과 헌신이 불타올라 하나님의 말씀을 전하고자 하는 열정과 함께 변혁에 대한 갈망이 마음속에 솟구칠 때에 그 효과는 지대하리라고 생각한다.

마가복음의 제자도: 기독론에 비추어서

복음서는 각각의 복음서 기자가 자신이 속한 교회의 특별한 문제에 대하여 목회적인 목적(의도)을 가지고 예수님의 생애에 대한 수많은 사건들을 선택·배열·묘사하여 스토리 형식으로 기술한 것(narrative: διήγησις[눅 1:1])으로서 나사렛 예수가 하나님의 아들로서 메시아의 대속적인 십자가의 길을 걸어갔던 사실들을 그 중심으로 삼고 있다. 이런 점에서 복음서의 내용인 예수의 생애가 십자가와 부활을 향해 나아간다. 복음서는 한마디로 예수의 생애에 대한 초대 교회의 기억과 선포(cf 행 10:34-43)를 의미한다. 여기에 각각의 복음서는 동일한 역사적 예수에 대한 일화들(사건들)을 서술하고 있지만 그들이 묘사하고 있는 예수의 모습(신학적인 예수상)에는 그 신학적 뉘앙스 혹은 강조점이 각기 다르다. 마태복음서는 '의(義)의 교사'로서, 마가복음서는 '고난받는 종'으로서, 누가복음서는 '우주적인 구원자'로서, 그리고 요한복음서는 '하나님의 계시자'로서 예수를 묘사하고 있다.

특히 초대 교회의 정체성과 예수의 생애에 대한 그들의 기억은 불가분의 관계를 지닌다. 초대 교회는 여러 가지 이유로 자신의 정체성에 위기가 찾아 왔을 때 다시 한번 예수의 생애를 회상함으로써 그 답변을 찾고자 이것들을 기록으로 남겼다. 이것들이 바로 복음서이다. 이 가운데 마가복음서는 엄청난 외부의 시련(환난)으로 인해 두려워서 복음을 전하지 못하는 초대 교회 청중들(막 16:8)에게 복음서의 기자인 마가가 예수 그리스도의 수난의 모습을 부각하여 예수의 생애를 전함으로써 참된 복음 전파자 즉 예수의 제자가 되도록 하기 위해(막 1:17, "나를 따라 오너라 내가 너희로 사람을 낚는 어부가 되게 하리라.") 쓰여졌다.

무엇보다도 마가복음서는 이것을 읽는 교회(독자)로 하여금 예수의 공사역(특히 이적 사역과 수난 사역)을 통해 '예수 그리스도가 누구신가'(신분)에 대한 올바른 깨달음을 가지게 함과 동시에 그러한 깨달음을 통해 참된 제자의 삶(제자도)을 살도록(막 1:17; 8:34 이하) 촉구한다. 결국 마가복음서는 독자들을 향해 두 가지 신앙적인 반응을 촉구하는데 그것은 복음서를 통해 반복하여 묻고 있는 예수의 신분에 대한 질문인 "너희는 나를 누구라 하느냐?"라는 질문(막 8:29)에 올바른 대답을 하도록 촉구할 뿐 아니라, "나를 따르라"라는 명령(막 1:17; 8:34)에 올바른 순종을 하도록 요구한다. 그런데 '예수의 신분'에 대한 질문과 '따르라'는 제자도의 명령은 모두 수난의 주제와 깊이 연관되어 있다. 이 점에 있어 수난은 마가의 기독론과 제자도의 중심에 놓여 있다. 특히 막 8:31; [9:12;] 9:31; 10:33-34; 10:45의 예수님의 수난에 대한 구절들은 기독론과 깊이 관련되고, 막 8:34-38의 제자들의 수난에 대한 구절들은 제자도와 관련된다. 이것을 마가복음에서 제시되는 두 주된 인물들(예수님[중심인물]과 제자들)에 대하여 부여된 사명과 관련하여 이해한다면 다음과 같이 요약될 수 있다.

> "나를 누구라 하느냐?"(막 1:1; 1:11; 8:27-33; 9:7; 12:6; 15:39)
> ⇧
> / 예수: 메시아의 길(하나님의 아들이며 그리스도)
> 표제(1:1): "주의 길"-섬김/수난/죽음(8:31; 9:31; 10:33-34, 45과 8:34-38) → 깨달음과 순종
> \ 제자들: 제자의 길(주님을 따르는 자의 삶)
> ⇩
> "나를 따르라"(막 1:17; 8:34-38; 10:52)

지금까지 마가복음서는 주로 기독론과 관련한 구원론에 대한 설교로 활용되어 왔다. 그러나 최근의 연구는 기독론(예수가 누구신가)과 관련하여 제자도(제자의 길)에 대한 연구가 활발하게 진행되어 왔다. 즉 올바른 신앙 고백은 올바른 제자의 삶을 이끄는 근본으로서 예수의 신분에 대한 질문은 마가복음의 스토리를 통해 제자들과 독자들에게 지속적으로 도전해 왔다. 먼저 예수님의 신분(정체성)에 대한 마가복음서의 강조를 마가복음서 전체의 메시지와 연관시켜 이해하면 다음과 같이 요약된다.

> 〈천둥 같은 서곡〉
> "하나님의 아들 예수 그리스도의 복음"(막 1:1)
> ╱   │   ╲
> 막 1-8 장 (막 8:22-26) 막 8-16 장
> (이적들)   │   (수난)
> "사람들이 나를 누구라 하느냐?"
> │
> "주는 그리스도시니이다"(베드로)
> │
> 수난(과 부활) 예언
> │
> 책망/부인/저주

> |
> 예수님의 수난
> |
> "이는 진실로 하나님의 아들이었도다"(백부장)
> |
> "[여자들은] 무서워하여 아무에게 아무 말도 하지 못하더라"(막 16:8)
> 〈 무서움에 떨고 있는 여자들의 모습으로 종결 〉

우리가 아는 대로 마가복음서의 중심인물은 예수님이시다. 마가복음서에서 예수님은 '그의 신분'에 대한 의문과 논란을 중심으로 많은 사건들과 함께 갈등과 서스펜스를 야기하며 마가의 스토리는 극적으로 진행되어 간다. 마가복음 1장 1-13절에서 예수님이 독자들에게 소개되고, 마가복음 1장 14절-8장 26절은 예수님의 공 사역을 보여주며 마가복음 8장 27절-16장 8(20)절은 예루살렘을 향하는 길과 그에 따르는 고난과 죽음과 부활을 말해 준다. 신분에 대한 문제와 관련하여 그의 사역은 크게 이적 사역(막 1-8장)과 수난 사역(막 8-16장)의 두 부분으로 구분되어 이해된다. 먼저 마가복음서의 중심 주제인 예수의 신분에 대하여 살펴보자.

1. 예수의 신분에 대한 질문: "너희는 나를 누구라 하느냐?"

마가복음서의 표제구인 마가복음 1장 1절("하나님의 아들 예수 그리스도의 복음의 시작[이라]")이 제시하는 대로, 마가복음서는 작중(作中)의 중심인물인 예수 그리스도가 누구신가?(그의 신분)에 대한 이야기이다. 예수의 신분에 대한 올바른 이해는 마가의 청중의 특별한 상황(문제)에 대한 신학적 답변으로 주어졌다. 즉 마가가 묘사(제시)하고 있는 '하나님의 아들 예수 그리스도의 복음'("하나님의 아들이신 예수가 그리스도[메시아]이시다")이 어떠한 복음인가를 올바로 깨달은 사람은 예수를 어떻게 따라가야 하는가에 대하여 올바른 반응을 해야 한다.

특히 이것은 복음서의 중반부인 8:27-29에서 예수께서 제자들에게 던진 '사람들이 나를 누구라 하느냐?'와 '그리고 너희는 나를 누구라 하느냐?'고 하는 질문에 독자가 마가의 스토리를 통해서 - 스토리에 나오는 사건과 작중 인물들의 반응에 비추어서 - 어떻게 답변할 것인가에 대해 요구한다. 예수님의 신분에 대한 마가복음서에 나타난 의문들과 논의들을 요점적으로 살펴보면 다음과 같다.

- 막 1:1(저자의 결론: 표제): "하나님의 아들 예수 그리스도의 복음의 시작이라."
- 막 1:11(하늘로부터 선언: 세례 후): "너는 내 사랑하는 아들" → 예수께 대한 신적 계시.
- 1:24, 34(귀신의 외침): "나는 당신이 누구인줄 아오니 하나님의 거룩한 자니이다"(24절).
- 1:27; 2:7(예수의 신분에 대한 의문): "이는 어찜이뇨?"/"이 사람이 어찌...?"
- 3:11; 5:7(귀신들의 고백과 인정: 이적[축귀] 기사 중): "당신은 하나님의 아들이니이다."
- 3:30(종교 지도자들의 오해/대적): "더러운 귀신이 들렸다."
- 4:41(제자들의 의문): "저가 뉘기에 바람과 바다라도 순종하는고?"
- 6:3(고향에서 신분에 대한 의문): "이 사람이 마리아의 아들 목수가 아니냐?"
- 6:14-16(헤롯의 의문): 세례 요한; 엘리야; 옛 선지자 중의 하나?
- 6:49(제자들의 생각): "유령인가?"

- 8:27-28(예수의 질문): "사람들이 나를 누구라 하느냐?" → 세례 요한; 엘리야; 선지자 중 하나.
- 8:29a(예수의 질문): "너희는 나를 누구라 하느냐?"
- 8:29b(베드로의 고백): "주는 그리스도시니이다." → 어떤 그리스도냐? 고난의 그리스도(8:31). 그러나 베드로는 이해하지 못함.
- 9:7(변화산에서 제자들에게 처음으로 주어진 신적 계시): "이는 내 사랑하는 아들이니…" 예수는 세례 요한/엘리야/모세가 아니라 하나님의 아들. 그러나 제자들은 여전히 시각 장애 가운데 있음.
- 12:6(비유에서): "그의 사랑하는 아들."
- 14:61(대제사장의 질문): "네가 찬송 받을 자의 아들 그리스도냐?"
- 14:62(예수님의 답변): "내가 그니라." 대답은 묵살되고 신성 모독죄로 사형 언도(62-63).
- 15:2(빌라도의 질문): "네가 유대인의 왕이냐?"
- 15:2(예수님의 답변): "네 말이 옳도다."
- 15:3-5(대제사장들의 고소와 빌라도의 반복된 질문과 예수님의 침묵)
- 15:18, 31(군병들과 종교 지도자들의 조롱): "유대인의 왕/이스라엘의 왕 그리스도."
- 15:39(백부장의 고백: 예수의 죽음 후): "이는 진실로 하나님의 아들이었도다."

마가복음의 표제어(title)로서의 의미를 지닌 마가복음 1장 1절은 마가복음의 중심 주제가 무엇인지를 함축적으로 제시해 준다. 다른 공관복음서와는 달리 마가복음은 예수님에 대한 족보나 그의 탄생 기사에 대한 언급이 없고 오히려 천둥 같은 선언조의 말씀으로 시작한다. "하나님의 아들 예수 그리스도의 복음의 시작[이라]"(막 1:1). 한 마디로 이 구절은 마가복음의 중심인물인 예수가 누구신가에 대한 이야기가 마가복음의 중심 주제임을 알려준다. 즉, 마가가 선별하여 제시하고 있는 예수님의 생애의 스토리(사역들)를 통한 그의 신분(기독론)에 대한 바른 이해는 주님을 따르는 제자로서 마가의 청중이 가져야 할 바른 삶(제자도)의 골격이 된다. 이 점에 있어 마가복음의 전반부(1-8장)는 특히 예수님의 이적 사역을 통해 제자들이 바른 깨달음을 가지게 되는지에 대한 여부가 자주 논란이 되었고(막 4:12, 23; 7:14, 18; 8:17-21) 결국 그들은 눈이 있어도 보지 못하고 귀가 있어도 듣지 못하는 소경과 귀머거리와 같은 상태에 있음이 드러나게 된다(막 8:17-21. 특히 18절을 유의하라).

여기서 우리는 '눈'과 '귀' 그리고 이와 관련된 '본다', '듣는다' 그리고 '깨닫는다'와 같은 단어들의 잦은 반복들과 함께 눈이 먼 자와 귀먹은 자를 고치신 이적 사역의 이중 기록들(막 7:31-37; 8:22-26; 9:14-29; 10:46-52)이 이러한 의미(교훈)를 가중시키고 있음을 발견한다.

마침내 중반부에서 복음서의 클라이맥스가 되는 예수님의 신분에 대한 질문("사람들이 나를 누구라 하느냐?"/"너희는 나를 누구라 하느냐?")이 가이사랴 빌립보의 '노중에서' 예수님을 통해 제자들에게 주어지고 여기에 베드로의 답변("주는 그리스도시니이다")이 있은 후 비로소 예수님의 수난 예언이 소개된다(막 8:27-31). 그러나 이 점에서 제자들의 대변자인 베드로는 그리스도의 수난의 의미를 깨닫지 못하고 그것을 거부(책망)함으로써 예수님으로부터 격렬한 책망을 받는다(32-33절). 이어서 예수님은 무리와 제자들을 불러 자신을 따르는 제자의 삶이 어떠해야 함을 교훈하신다(막 8:34-38). 결과적으로 예수님의 신분에 대한 이해는 그의 이적 사역과 수난 사역을 바로 깨달음으로써 되어져야 하며 이것은 단순히 외관상으로 들음(귀)과 봄(눈)으로 끝나는 것이 아니라, (옥토처럼) 순종과 따름으로 이어져야 함을 마가는 반복하여 강조하고 있다. 곧 '듣고 따름/순종'(부자 청년의 부정적 예[막 10:17-22])과 '보고 따름'(소경 바디매오의 긍정적 예[10:46-52])이 동시에 이루어져야 한다. 하나님의 아들로서 예수는 능력적인 사역을 함과 동시에 그는 수난의 길을 가야 하는 하나님의 아들이심을 독자는 깨달아야 한다. 하나님의 아들에 대한 이러한 계시는 예수님의 공 사역의 시작에서 하늘로부터 예수님에게 (직접적으로) 주어졌고(막 1:11), 이 하나님의 아들은 성령의 능력에 의해 메시아(그리스도)의 이적(異蹟) 사역을 행하는 그리스도로서 입증되었고(막 8:29), 그리고 이 하나님의 아들로서의 신적 계시는 고난의 사역에 대한 예언이 있은 지 얼마 후 비로소 처음으로 제자들에게 산에서 주어졌다(막 9:7). 그러나 예수님이 '하나님의 아들이시다'라는 이 계시(비밀)는 수난과 부활의 때까지는 여전히 베일에 감추어진 채 진행되다가(막 9:9), 마침내 예수님이 수난을 당하신 후 백부장(최초의 이방인)에 의해 비로소 공개적으로 고백되어졌다: "이는 진실로 하나님의 아들이었도다"(15:39).

결론적으로 우리는 마가복음을 통해 예수님의 이적 사역과 수난 사역을 통해 드러난 하나님의 아들로서의 예수님에 대한 바른 이해는 마가복음의 중심된 주제이고 이를 올바로 깨닫는 자는 자기를 부인하고 자기 십자가를 지는 삶, 즉 주님과 복음을 위해 고난(부끄러움)을 감수하고, 희생의 삶을 살아야 함을 깨닫게 된다. 이런 까닭에 이 예수님의 신분에 대한 논란은 마가복음을 통해 반복하여 나타나면서(막 1:1; 1:11; 3:11, 30; 4:41; 5:7; 6:3; 6:14-16; 6:49; 8:27-29; 9:7; 14:61-62; 15:2-5; 15:18, 31; 15:39) 스토리 내에서 수많은 인물들과 사건들을 통하여 갈등과 서스펜스를 일으키며 흘러가면서 예수가 하나님의 아들, 그리스도이심을 극적으로 제시하고 있다. 결국 복음서를 통해 수난 받은 그 예수가 '하나님의 아들, 그리스도이시다'라는 복음(막 1:1)을 깨달은 독자는 결코 주님과 복음을 위해서 두려움 가운데 있을 수가 없고 믿음과 순종 그리고 봉사(섬김)와 희생의 제자도로 나아가야 함을 마가는 여러 등장인물들(제자들 특히 베드로; 수로보니게 여인; 부자 청년; 거지 소경 바디매오; 성전의 과부; 향유 부은 여인; 부활의 메시지를 받은 여인들)을 통해 극적으로 교훈해 간다. 여기에 마가복음의 중심 주제인 예수 그리스도의 신분에 대한 논란의 의도가 있다. 그리고 독자는 마가복음의 스토리를 읽으면서/들으면서 마가복음 8장 29절에서 제자들에게 던져진 '너희는 나를 누구라 하느냐?'고 하는 동일한 질문에 자신들의 삶을 통해서 어떻게 답변해야 할지를 요청 받게 된다.

결과적으로 이와 같은 예수님의 신분을 중심으로 한 중심 주제를 가지고 마가복음을 통전적으로 읽게 될 경우 우리는 마가복음에 나오는 수많은 인물들과 함께 참된 기독론과 그에 대한 우리들의 반응인 제자도의 다양한 삶(믿음; 순종; 섬김과 봉사; 소유에 대한 문제; 연합; 기도; 자기 성찰; 참된 정결; 등등)에 도전 받게 된다. 이러한 읽기는 비록 기독론을 중심으로 한 주제를 가지고 있지만(구심적 접근) 주님의 제자로서 다양한 삶의 문제들을 여러 등장인물들의 모습들을 통하여 함께 나눌 수 있는 장점(원심적 접근)을 가지고 있다.

그런데 슬프게도 마가복음서는 독자들에게 예수가 누구신가를 명확하게 소개하고 있지만(1:1), 작중의 인물들(특히 제자들)은 그것의 진정한 의미를 깨닫지 못하고 그의 수난을 이해하지 못한 채 예수를 따르는데 요구되는 수난의 길을 걷지 못하고 배반과 도망침과 부인의 길을 가고 있다. 수제자인 베드로 역시도 능력의 그리스도는 이해하지만(8:29) 수난의 그리스도는 이해하지 못하고(8:31이하) 정작 주님에게 수난이 찾아왔을 때 그는 예수를 부인한다. 놀랍게도 마가복음서에서는 십자가상에서 예수의 [비극적인] 운명하심을 본 이방인 백부장의 고백(15:39)만이 예수가 하나님의 아들이시고 그리스도이심을 잘 보여주고 있다. 이처럼 마가복음서의 예수의 신분에 대한 스토리는 환난과 시련 가운데 있는 마가의 독자들에게 매우 강한 신앙적 도전으로 남아 있다. 과연 너희가 믿는 예수는 누구신가? 그분이 진실로 수난을 받으신 하나님의 아들 그리스도이시라고 한다면 그분을 너희는 어떻게 따라야 하는가? 복음(예수)을 믿고 따르는데 환난이 온다고 두려워하여 아무에게 아무 말도 전하지 못하는 모습 - 16:8의 여인들의 모습처럼 - 을 보일 수가 있는가? "아무든지 나를 따라오려거든 자기를 부인하고 자기 십자가를 지고 나를 좇을 것이니라"(막 8:34). 특히 환란과 수난 가운데 무서워서 아무 말도 전하지 못하는 마가복음의 독자들에게 던져진 주된 질문은 과연 수난(특히 예수의 수난과 성도의 수난)의 의미는 무엇인가? 라는 것이다.

2. 예수의 수난: 기독론의 기초이며 제자도의 모델

마가복음서에서 하나님의 아들, 그리스도로서 예수의 신분에 대한 이해는 수난의 주제를 떠나서 바르게 이해 될 수 없다. '하나님의 아들' 예수는 수난과 죽음의 길을 걸어가야 할 그리스도시다. '너희는 나를 누구라 하느냐?'란 질문에 '주는 그리스도시니이다'라고 대답한 베드로에게 예수님은 비로소 공개적으로 자신의 수난과 죽음의 운명 길을 예언하셨다(8:29-31). 그러나 그것을 거부(책망)하는 베드로에게 가장 혹독한 책망을 하셨다. "사탄아 물러가라." 특히 변모 기사를 통해 하나님은 제자들에게 그들이 따르는 예수는 수난의 길을 가야 하는 하나님의 아들이심을 입증하시고(9:7a; 9:12) 그들이 '그의 말'(8:31의 수난 예언)을 들을 것을 명하셨다(9:7b). 앞으로 우리가 살펴볼 '길'^{way}에 대한 중심단락(8:27-10:52)은 그 구조가 세 단계의 점진적 수난의 예언들(8:31; 9:31; 10:33-34)의 언급들을 중심으로 건설되어 있는 점이 이 사실을 잘 입증해 준다. 이어 막 10:45는 이 단락의 신학(기독론과 제자도)을 잘 요약해 주는 극적 진술로 이해된다. "인자의 온 것은 섬김을 받으려 함이 아니라 도리어 섬기려 하고 자기 목숨을 많은 사람의 대속물로 주려 함이니라." 예수는 어떤 사람들의 기소처럼 '[자신의 몸인] 성전을 헐고 사흘에 짓는 자'(14:58; 15:29)로서 소개된다. 마지막으로 예수의 죽음(운명하심)을 보았던 백부장의 고백(15:39)은 이 점에 있어 특별한 의미를 지닌다.

결론적으로 마가복음에서 수난은 마가의 스토리와 그에 따른 메시지를 이해하는 중심 되는 주제임이 분명하다. 수난을 이해함이 없이는 예수가 누구신지(예수의 신분)를 바르게 이해할 수 없고, 또한 참된 제자(제자도)가 될 수 없다(막 8:34-38). 그러므로 수난은 마가복음을 이해하는 맞쇠^{master key}로 마가의 기독론과 제자도를 이해하는 핵이며 측정계이다. 마가복음서의 영성(제자도)의 측정계는 수난이다.

1) 전능하신 하나님이 어떻게 수난을?

"모든 것을 하실 수 있는" 하나님(10:27; 14:36)이 어떻게 수난을 당할 수 있나? 왜 하나님이 수난을 받아야 하나?라는 의문(신정[神政]에 대한 의문)에 대한 답변이 마가복음서가 강조하는 '복음'으로서 이것은 (외인들에게는) 하나님의 비밀(秘密)이지만 (믿는 자들에게는) 하나님의 계시(啓示)이다 (참고. 막 4:11-12.). 이 점에 있어서 예수의 생애(특히 십자가)는 마가복음서의 '비유'(수수께끼)가 된다. 예수의 이적들을 본 베드로의 신앙 고백(8:29b)과 수난 예언에 대한 그의 오해(8:32)가 바로 이러한 계시적 긴장과 역설을 잘 지적해 주고 있다. 즉 예수님의 놀라운 이적의 사역들을 통해 하나님의 능력과 권세를 보았던 베드로가 '너희는 나를 누구라 하느냐?'라는 예수님의 질문에 대답하기를 '주는 그리스도'라고 하였지만(8:29) 그러나 곧 이어 주어진 예수님 자신의 수난(과 죽음)에 대한 예언(8:31)은 베드로를 매우 당혹케 하였다. 어떻게 이와 같은 이적의 능력과 권세를 가지신 하나님의 아들 그리스도(메시아)가 무능하게 종교 지도자들에게 잡혀서 수난과 죽음을 당할 수 있나? 이것은 베드로(인간)의 생각으로는 이해할 수 없는 점이었다. "하나님의 일"보다 "사람의 일을 생각하는" 베드로(8:33). 메시아(그리스도)의 수난에 대한 이해는 독자들에게 주어진 마가복음서의 비밀(秘密)이고 역설(逆說)이며 긴장(緊張)이다. 그러나 이것은 천둥 같은 서두(1:1)에서 이미 마가가 선포한 메시지이다. 그런데 마가복음을 통하여 제자들은 수난을 바로 이해하지 못하고 배반하고 부인하고 도주하며 흩어진다. 복음서는 결국 여인들의 무서움에 대한 언급으로 끝(16:8)을 맺는다. 결국 마가복음에서 '수난'은 예수의 길과 제자도의 길을 이해하는데 철저히 '걸림돌'로 나타난다. 이 점은 오늘날도 마찬가지가 아닌가? 우리의 생애에 밤(어둠)의 시간이 오고 (유혹과 환난과 시련의) 광풍이 몰아치면 우리 역시도 이러한 밤의 시간과 광풍의 시간을 믿음으로 이겨내지 못하고 하나님에 대한 신뢰를 상실한 채 제자들처럼 불신앙과 무지의 외마디(막 4:38)를 지르지 아니할까? 과연 하나님은 우리의 시련(환난, 수난 그리고 죽음)을 돌아보시는 분이신가?

2) "선생님 우리의 죽게 된 것을 돌아보지 아니하시나이까?"(4:38).

밤의 광풍 중에 바다에서 제자들이 외친 이 절규는 마가복음서의 메시지를 독자들의 가슴속을 울려주는 메아리처럼 반향되어 복음서의 종결까지 나아가는 역할을 한다. 과연 하나님(의 아들)은 수난과 죽음을 돌아보지 못하시는 분이신가? 그렇다면 예수는 하나님의 아들이 아니다. 그러나 복음서는 예수의 수난(죽음)의 마지막에 이방인 백부장이 이 모든 된 일(수난)을 보고 고백하기를 "이는 진실로 하나님의 아들이었도다"라고 선언한다(15:39). 결국 마가의 메시지는 '예수 그리스도를 통한 하나님의 통치 즉 다스림^{theodicy}은 우리의 수난(죽음)에도 미치지 못하는가?'라는 의문에 이방인 백부장을 통하여 "아니요(No)"라는 대답을 던져준다. 결과적으로 복음서를 통해 마가는 하나님께서 그 아들의 죽음을 돌아보심을 강하게 입증한다. 마침내 밤(수난)의 긴 시간이 지나고 부활의 아침이 힘차게 소개되고(16:2), 예수님이 부활하셨다는 소식이 전해졌다. 진실로 하나님은 그의 아들의 수난과 죽음을 돌아보셨다. 마치 풍랑을 잠잠케 하신 모습처럼 주님은 잠시 동안의 잠(죽음)을 자시고 이제 깨어서 부활의 주님으로 어두움의 세력을 잠잠케 하신다. 복음서를 통해 독자는 하나님께서 그 아들을 그리스도로 고백하고 받아들인 사람들이 비록 복음으로 인해 무서운 환난과 수난을 당한다 할지라도 하나님은 그들을 능히 돌보신다는 사실을 확신하게 된다. 그러므로 복음(주님)을 위해 당하는 수난을 우리는 두려워할 필요가 없다. 오히려 복음을 위해, 주님을 위해 당하는 수난은 하나님의 현존과 다스림을 볼 수 있는 놀라운 기회가 된다.

3) "엘리 엘리 라마 사박다니"(15:34).

십자가상에서 버림받은 하나님의 아들의 절규. 이 절규(탄원) 속에서 하나님의 현존도 없고 응답도 없다. 십자가 위에서 오직 버림받은 아들의 절규만 메아리친다. 그리고 십자가 아래에서는 사람들의 조롱과 모멸의 말들만 가득하다. 왜 하나님은 그 아들의 절규(탄원)에 응답하지 않는가? 그토록 순종하는 아들이었는데 그토록 사랑스러운 아들, 기뻐하는 아들(막 1:11; 9:7)이었는데, 그러나 그것은 산 아래의 배역한 세대('음란하고 죄 많은 세대')인 우리 - 귀신에 의해 손상당한 한 아들의 모습처럼 - 를 위한 배려였다고 마가는 말한다.

하나님의 나라(통치)는 수난(죽음)의 길을 통해서 온다. 수난은 메시아(그리스도)가 걸어가야 할 길이며, 그를 따르는 제자들이 걸어가야 할 길이다(막 8:31; 9:31; 10:33-34; 10:45과 8:34-38; 13:9-13). "말씀을 인하여 환난이 왔을 때에도" 옥토의 사람들은 그 말씀을 지속적으로 듣고 받아 아름다운 결실을 하는 사람들이다. 이 점은 오늘 주님을 따르는, 복음을 위해 살아가는 제자들에게도 똑같은 도전으로 나타난다. 주님을 따르는 제자의 삶에 고난(수난)은 무엇을 의미하는가? 실패인가 승리의 과정인가? "아무든지 나를 따라오는 자는..."(막 8:34); "누구든지 이 음란하고 죄 많은 세대에서 나와 내 말[복음]을 부끄러워하지 아니하면..."(막 8:38). 주님(복음) 때문에 오는 수난은 하나님의 돌봄이 없는, 하나님이 무능하셔서 오는 수난이 아니다. 비록 수난은 세상이 악하기 때문에 오는 것이지만 이러한 악한 세대에서 수난을 참고 복음을 부끄러워하지 아니하면 승리는 우리의 것이 된다(막 8:38). 확실히 수난은 이 세상에서 복음을 위해 사는 모든 제자들이 걸어가야(지불하여야) 할 길(몫)이다.

3. 제자도(Discipleship): 예수 중심의 제자도

예수의 사역에 대한 올바른 이해와 그의 신분에 대한 올바른 고백은 올바른 제자도를 위한 초석이다. 마가복음서에서 예수의 신분에 대한 올바른 이해(올바른 들음과 올바른 봄)는 곧 순종과 따름으로 나아가야 한다. 이 제자도는 철저히 예수 중심의 제자도를 말한다: "너희는 저의 말을 들으라"(막 9:7).

마가에 따르면 '하나님의 복음'(1:14)은 곧 '하나님의 아들 예수 그리스도의 복음'(1:1; 참고. 8:35, 38)이다. 곧 복음을 믿는다는 것은 '예수 그리스도의 복음'을 믿는 것이다(참고. 8:35, 38의 "나와 복음"/"나와 내 말"을 유의하라). 그러므로 하나님에 대한 신앙은 곧 하나님의 대리자이신 하나님의 아들 예수 그리스도에 대한 신앙을 의미한다. 이러한 이유로 변화산상에서 하나님은 제자들에게 "저의 말을 들으라."고 명령하셨다(9:7). 그의 말을 듣지 않는 것은 하나님을 거절하는 사탄적인 행동이다(8:32-33). 예수는 "오직 참으로서 하나님의 도를 가르치시는 분"(12:14)이시다. 오직 그분을 통해서, 그분의 가르치심을 순종하고 따름으로써만이 우리는 하나님의 뜻을 알고 전할 수 있고 하나님께 대한 우리의 닫힌 것들(눈/입/귀)이 열려("에바다"[7:34]), 올바로 '주(主)의 길'(1:3)을 깨닫고 따를 수 있다. 예수는 우리의 제자도의 기원/원천이시고 또한 모범이시다.

마가복음서가 제시하는 제자도의 모습은 무엇보다도 회개와 믿음으로 시작한다. 예수님은 갈릴리에서 그의 공 사역을 시작하시면서 종말을 선언하시고 하나님의 복음(도래)을 전하며 회개와 믿음을 촉구하였다. 예수 그리스도를 통해 도래한 하나님의 나라(다스림)는 더 이상 외형적인 장소(성전)나 외형적 조건들(제사 제도나 율법 준수)을 통해 들어가지 아니하고 오직 예수 그리스도의 사역을 통해 나타나고 '회개'와 '믿음'을 통해서 들어간다: "때가 찾고 하나님의 나라가 가까왔으니 회개하고 복음을 믿으라"(1:15).

1) 회개와 믿음

'회개'와 '믿음'은 하나님 나라에 들어가기 위한 필요 불가결한 조건으로서 마가복음서의 핵심된 메시지이다. 이 회개와 믿음을 통해서 죄 용서와 구원이 선언된다. 성전을 통해서나 속죄 제도 없이도 회개와 믿음을 통해서 죄 용서와 구원(치유)이 선언되어지고 이렇게 회개와 믿음으로 나아온 자들이 거룩한 하나님의 백성이 된다. 즉 회개와 믿음은 하나님 나라의 백성이 되고 주님의 제자가 되는 시발점이다.

우리는 마가복음서를 통해 예수님의 이적의 사역이 어떻게 사람들 가운데 '회개와 믿음'의 반응으로 나타날 뿐 아니라 예수님과 종교 지도자들 간의 논쟁의 시발점이 됨을 본다. 마가복음에서 이러한 '회개'와 '믿음'의 반응은 종교 지도자들에게는 잘 볼 수 없고 오히려 불결한 병자들(특히 문둥병자와 중풍병자 그리고 소경과 귀머거리나 어눌한 자)이나 여인들과 이방인들에 의해 지속적으로 나타난다. 결국 예수님의 사역을 통해서 나타난 하나님의 나라는 더 이상 타락한 성전이나 성전 제도나 기관이 없이도 오직 '회개'와 '믿음'을 통해서 들어갈 수 있음을 마가는 강조하고 있다.

그러므로 이제 거룩함은 외관상의 장소나 제도나 율법을 지킴으로써 이루어지는 것이 아니라 내면의 변화와 도덕적 삶을 통해서 이루어짐을 마가는 강조한다. 더 이상 거룩함과 더러움(불결)의 구별은 '밖'의 문제가 아니라 '안'의 문제 곧 내면의 문제이다(막 7장을 보라).

마가복음을 통해서 관찰된 무명의 사람들의 '회개'와 '믿음'의 용기 있는 모습들은 우리의 목회 사역이 외적인 장소나 제도(기득권의 원천인 '강도의 굴혈')에만 의존하여 하나님의 나라를 잘못 수종들었던 타락한 종교 지도자들과 같은 잘못을 범하고 있지는 않는 지를 지속적으로 성찰하게 해 줄 뿐 아니라, 더 나아가 예수님이 강조하셨던 '회개'와 '믿음'의 자리로 나아가도록 해 준다. 죄로부터 돌이킴이 있는 내면의 변화인 '회개'와 예수 중심의 복음의 본질을 이해한 '믿음'으로 나아가도록 우리 스스로 조심하고 또한 우리들이 섬기는 성도들을 그와 같이 바르게 교도하여야 한다. 점점 제도화되어 가는 한국 교회 어쩌면 중세의 길을 걷고 있는 한국 교회에게 지금 예수께서 외치시는 '회개하고 복음을 믿으라'는 말씀은 보다 경각심을 가지고 받아들여야 할 메시지이다. 왜냐하면 우리는 자주 근본적인 것을 놓치고 주변적이고 부차적인 일들에 너무나도 많은 시간들을 보낼 때가 허다하기 때문이다. 이 점에 있어 예수님의 '바리새인의 누룩과 헤롯[사두개인]의 누룩을 조심하라'(막 8:15. cf. 마 16:5-12)는 말씀은 우리 모두가 경각심을 가지고 있어야 할 선지자적 경고이다.

2) 제자도의 부름과 약속: "나를 따라오너라 내가 너희로 사람을 낚는 어부가 되게 하리라"

막 1:16-20의 단락은 '부르다'(καλέω)는 단어의 출현(1:20)으로 인해 '부름 기사'call story라고 부른다. 그 외의 다른 '부름 기사'로는 막 2:13-17(레위를 부르심)과 3:13-19(열둘을 부르심), 그리고 막 6:7-13(열둘을 전도로 부르심)과 막 10:17-22(한 부자를 부르심)을 들 수 있다.

이 단락은 천국 복음의 선언과 요구와 함께 예수께서 제자들을 부르신 첫 번째 사건으로서 제자도의 규범적 모습을 보여준다. 앞의 '회개'와 '믿음'의 부름은 이 단락의 '따르라'는 부름과 밀접하게 관련되어 있다. '회개'와 '믿음'과 '따름'의 세 가지 명령들은 주님의 제자가 되는 3 단계의 점진적 요구와 반응이다. 이 경우 '따름'은 회개와 믿음을 전제하고 표현한 것으로서 회개와 믿음은 제자도의 시작이다. 특히 여기에 언급된 부름 받은 네 명의 제자들(시몬; 안드레; 야고보; 그리고 요한)은 예수님의 제자들 중의 핵심적 인물들이다.

특히 17절의 "나를 따라 오너라 내가 너희로 사람을 낚는 어부가 되게 하리라"의 말씀은 제자도의 골격이 되는 말씀이다. 여기 "따라 오라"라는 의미로 사용된 "[Δεῦτε] ὀπίσω"come after의 헬라어 단어(cf. 1:20)는 18절에서 "ἀκολουθέω"follow라는 단어와 호환적으로 사용(cf. 8:34)되고 있는데 이것은 마가복음에서 '제자가 됨'being a disciple을 의미한다. 이 단락에서 자주 반복하여 언급된 '버리다'[ἀφίημι](1:18, 20)와 '따르다'[(Δεῦτε) ὀπίσω ἀκολουθέω](1:17, 18, 20)의 단어는 마가복음의 제자도를 이해하는 중요한 어휘들이다.

이 제자도의 부름에는 '버림'의 '신속하고 철저한 순종의 삶'이 요구되는데 이것은 '나 중심'에서 '그리스도[십자가] 중심'의 삶으로 전환된 삶을 말한다(cf. 갈 2:20). 특히 이들의 망설임 없이 신속하고("곧") 철저한("[모든 것을] 버려두고") 따름의 모습(cf. 막 10:28)은 제자도의 좋은 귀감이 된다: 시몬과 안드레[어부들](1:16-18): 바다에 그물을 던지고 있을 때 "곧 그물을 버려두고 좋음"; 야고보와 요한[어부들](1:19-20): 배에서 그물을 깁고 있을 때 "아버지를 그 삯군과 함께 배에 버려두고 예수를 따라감." 여기 '버림'과 '따름'의 모습은 앞의 '회개'와 '믿음'의 모습과 병행하여 강조되는 것으로서 마가복음의 제자도의 요구와 반응의 핵심적 내용이다. 마가복음은 이러한 '버림'과 '따름'의 내용이 무엇인지 그리고 그것이 어떻게 이루어지는지를 여러 인물들의 모습을 통해서 잘 제시하고 있다. 그중에 우리가 앞으로 다룰 제자도의 부름에 대한 또 다른 예들인 부자 청년(10:17-31: "재물이 많은 고로 이 말씀을 인하여 근심하여 감")과 소경 바디매오의 사건(10:46-52: "곧 보게 되어 길에서 좇음")에서 제자도의 참된 모습을 잘 반추해 볼 수 있다. 마가복음에서의 제자도의 '따르라'는 부름은 '고난의 길'(막 8:34-39)을 동반한다.

> / 즉시 순종
> "나를 따라오너라"(막 1:17) → 자기를 부인하고[버리고] 자기 십자가를 짐(8:34)
> \ 철저한 순종

'따름'에 대한 예수님의 약속은 '사람 낚는 어부'가 되게 하는 일이다. 구약에서 '사람 낚는 어부'는 심판하시는 하나님으로 자주 묘사(겔 12:13; 합 1:15)되는데 이 어부가 되는 약속은 구약의 언급들(렘 16:16; 겔 29:4; 38:4; 암 4:2; 합 1:14-17)을 고려할 때 '하나님의 임박한 심판에 비추어 사람들을 모으는 종말론적인 사역'을 의미하는 것으로 추정된다. 주님의 이와 같은 약속의 성취는 마가복음에서는 구체적으로 실현되지는 않지만(막 14:28과 16:7에서 회복의 약속은 나타남), 요한복음(21장)에서 부활 후 주님께서 제자들에게 나타나 보여주신 이적과 권면에서 잘 나타난다. 특히 이것은 성령 강림 후 그들이 권능을 받고 주님의 증인(눅 24:46-49; 행 1:8)이 되는 것을 의미한다. 그러므로 제자도란 모든 신자에 대한 그리스도의 부르심으로 '사람 낚는 어부' 곧 '증인'의 삶을 사는 것을 말한다. '사람 낚는 어부'가 되기 위한 '따르는 삶'은 유대인들이 랍비를 통해 '토라'^{Torah}를 배우는 정도의 삶이 아니라 말 그대로 주님과 복음을 위하여(8:35과 10:29) 모든 것을 상대화하고 '그리스도를 따르는 삶'을 말한다.

'사람 낚는 어부'가 되는 이 사역은 복음 전파와 함께 '회개'와 '믿음'의 선포(막 1:15)가 요청된다. 결국 이방 갈릴리의 사역은 사람 낚는 선교의 사역에 그 중심이 있음을 본다. 특히 수난의 밤이 깊어져 갈 때(막 14:17) 베드로의 넘어짐(부인과 도주)을 보면서 예수님은 자신이 수난을 받고 부활하신 후 끝까지 따르지 못한 제자들을 '사람 낚는 어부'로 회복하시기 위해 갈릴리로 먼저 가시겠다(막 14:28; 16:7)는 약속의 말씀은 주님을 따르는 제자들(우리들까지)에게 한없는 위로가 된다. 우리를 '사람 낚는 어부'가 되게 하시는 분은 예수 그리스도시지 연약한 우리가 아니다. 예수 그리스도는 앞서서 이 길을 가셨다.

'따르라'는 제자도의 부름에는 항상 '버림'(부인/잃음)이 있어야 한다. 길에서 한 부자는 제물이 많은 고로 이것을 가난한 사람에게 나누어주지 못하고 슬퍼하며 돌아갔다(10:22). 그러나 바디매오는 부름도 없었는데도 자기의 겉옷을 버려 둔 채 예수를 길에서 좇았다(10:52). 이 버림은 세상(의 영광)에 대한 버림이고, 재물에 대한 버림이고, 욕심에 대한 버림이고(막 4:19), 심지어는 집이나 형제나 자매나 어머니 아비나 자식이나 전토에 대한 버림이고(10:29), 또한 자기에 대한 버림 곧 제 목숨까지도 버리는 것(막 8:34-35)을 말한다. 우리를 위해 자기 목숨을 대속물로 주신 주님을 따르는 우리가 주님과 복음을 위해 아무 것도 버리지 못하고 도리어 주님을 이용하여 더 많은 것들을 쟁취하려고만 한다면 그것은 마가복음의 메시지와 정면으로 충돌하는 것이다. 나를 포함하여 오늘의 한국 교회는 풍요 속에서 주님과 복음을 위해서 버리지 못하고 오히려 더 가지려고만 하고 있다. 이 점이 오늘의 한국 교회와 사역자의 비극이다.

3) 제자의 길: 중심 단락

마가복음의 제자도를 올바로 이해하기 위해서는 마가복음의 중심 단락인 막 8:27-10:52을 살펴볼 필요가 있다. 이 단락은 '예루살렘을 향해 올라가는 길'에 주어진 예수님의 메시아의 길에 대한 계시와 그를 따르는 제자들의 길에 대한 교훈들로 구성되어 있다. 여기서 반복되는 단어와 표현은 "길에"/"노중에서"라는 단어(막 8:27, 9:33, 34; 10:17; 10:32; 10:46, 52)와 수난에 대한 예언(막8:31; [9:12;] 9:31; 10:33-34; [10:45]), 그리고 "따른다"/"좇다"라는 단어(막 8:34; 9:38; 10:21; 10:28; 10:32; [10:38;] 10:52)이다. 이 가운데 수난의 언급(8:31; 9:31; 10:33-34과 8:34-38)과 함께 "[보게 되어] 길에서 좇으니라"(막 10:52)가 이 단락의 요약된 표현이다.

여기서 '길'은 예수님에게 있어서는 예루살렘을 향해 올라가는 대속적 수난의 길(메시아의 길)을 의미하며(10:32-34; 막 10:45), 그를 따르는 제자들에게는 주님을 따르는 제자도의 길을 의미한다. 특히 이 단락에서 보여주는 제자의 길은 수난(8:31; 9:7, 12; 9:31; 10:32-34; 10:45과 8:34-38[cf 13:9-13])

과 함께 섬김(9:33-37; 10:35-45)과 연합(9:38-42)과 자기 성찰(9:43-48)의 모습으로 제시된다. 이 단락에서 길에서 예수께 달려 나와 놀라운 간청을 하였지만 많은 재물로 인해 주님의 제자도의 부름에 응답하지 못한 한 사람(익명으로)의 모습(10:17-22)과 비록 거지이고 소경이지만 따르라는 부름이 없음에도 불구하고 겉옷을 벗어둔 채 주님을 그 (수난의) 길로 곧장 따른 바디매오의(유명으로) 모습(10:46-52)이 상호 대조적으로 제시됨으로써 참된 제자도가 무엇인지를 극적으로 교훈해 준다.

4) 종말에 처한 근신의 제자도

막 13장은 부활 후 제자들의 상황에 대해 말씀하신 종말("끝")에 대한 준비를 위한 강론으로 근신의 제자도를 보여준다. 막 13장은 "본다"/"주의하다"/"조심하다"(1, 2, 5, 9, 14, 21[2x], 23, 26, 29, 33절)라는 동사와 "깨어 있다"라는 동사(33, 34, 35, 37절)가 반복하여 나타나는데 이 점은 종말에 처한 독자들에게 근신의 삶을 촉구하는 역할을 한다. 특히 막 13:33-37은 종말론 강론의 결어로 중심 되는 메시지는 "깨어 있어라"는 경고로 주어졌다. 주인(인자)이 다시 돌아 올 때까지 지속되는 이 종말론적인 (시험의) '밤'("저물 때"/"밤중"/"닭 울 때"/"새벽"의 표현에 유의)은 '깨어 있으라'는 권면에 실패했던 겟세마네의 그 (시험의) 밤과 비교될 수 있다. 13장에서의 3번 "깨어 있으라"는 권면(33, 35, 37절)과 겟세마네에서 제자들의 3번이나 언급된 깨어 있으라는 기도의 권면(34, 37, & 38절)과 비교될 수 있다. 여기서 우리는 예수님[깨어 기도함]과 제자들[잠]의 대조적 모습을 본다. 무서운 시험(수난)의 시간이 임박하게 됨을 주님으로부터 미리 경고 받은 (14:26-31) 베드로는 "깨어 있으라"는 3번의 반복된 권면(기회)에도 잠을 잤다. 결국 그는 주님을 세 번이나 부인하였다(14:66-71). 철저한 자만 - 예수님의 경고(14:27-31)에도 불구하고 - 에 대한 철저한 실패였다. 그러나 이와는 달리 주님은 겟세마네에서 자신의 시험(수난)의 시간을 기도로 준비한다. 그리고 기도 후 예수님은 이 시험을 당당하게 대면한다: "때가 왔도다. 보라 인자가 죄인의 손에 팔리우느니라. 일어나라 함께 가자"(14:41-42).

이 일 후에 이어지는 법정에서의 두 사람의 모습은 너무도 대조적이다. 베드로는 아래 뜰의 비자의 법정에서 예수를 저주하며 부인하기까지 하지만 예수님은 산헤드린에서 "내가 그니라" 라고 담대히 선언하며 수난(죽음)의 길로 간다. 근신(기도)의 삶을 사는 제자는 결코 수난의 시험에도 승리하며 이 길을 걷는다. 과연 누가 자신을 부인하고 자기 십자가를 지고 주님을 따를 수 있는 사람인가라는 질문에 마가복음은 깨어 기도하는 사람이라고 말한다. '근신의 제자도', 이것은 종말(시험)을 만난 모든 주님의 제자들에게 주어진 명령이다. "깨어 있으라 내가 너희에게 하는 이 말이 모든 사람에게 하는 말이니라"(13:37). 옥토와 같은 제자는 누구인가? 그것은 깨어있는 제자일 것이다. 그는 말씀으로 인해 환난이나 핍박이 와도, 세상의 염려와 재리의 유혹과 기타 욕심이 찾아와도 흔들리지 아니하고 말씀을 지속적으로 듣고 받아 결실하는 사람이다(막 4:20). 과연 마가복음서에서 보여주는 참된 제자는 누구일까? 예수의 제자들인가? 아무리 복음서를 다 뒤져보아도 예수 같은 사람은 없다. 예수님은 하나님의 아들로서 친히 자신의 삶으로서 '주의 길'(1:3)을 보여주신/가신 우리의 제자도의 원천(구원자)이시며 모델이시다. 우리가 그분을 믿고 순종하며 따를 때 우리는 참된 그의 제자, '사람 낚는 어부'가 될 수 있다.

결론적으로 필자의 마가복음 강해집, 『길 위의 길』이 추구하는 주제는 그 제목처럼 '예수의 길'인 기독론과 그 길(The Way) 위에 길을 따르는 '제자의 길'인 제자도를 중심으로 추구할 것이다. 예수님의 길은 참된 능력과 권세의 '하나님의 아들'Son of God이신 예수께서 '고난받는 종'Suffering Servant으로 예루살렘으로 올라가시는 십자가의 길을 의미한다. 이 길은 우리의 구원의 원천the Source인 유일한 길로서 마가가 언급하는 복음(εὐαγγελίον)을 의미하며 이 길(복음)에 기초하고 이 길을 모델the Model로 삼아 우리는 복음 전파자로서 제자의 길(막 1:17, "나를 따라오라 내가 너희로 사람 낚는 어부가 되게 하리라.")인 수난과 섬김과 희생과 사랑의 길을 걸어간다. 십자가의 길이 마가복음 메시지의 구심성(중심)을 이룬다면 제자의 길은 마가복음 메시지의 원심성을 이룬다. 본 강해집 '길 위의 길'은 이 두 축을 중심으로 서술될 것이다.

마가복음 강해

길 위의 길
The Way on The Way

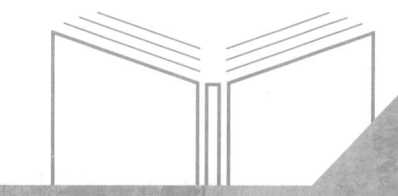

01 길 위의 길
마가복음 강해
The Way on The Way

복음의 시작 (막 1:1)
예수는 하나님의 아들이시며 그리스도시다

막 1:1 "하나님의 아들 예수 그리스도의 복음의 시작이라."
막 16:8 "[부활의 메시지를 받은] 여자들이 심히 놀라 떨며 나와 무덤에서 도망하고 무서워하여 아무에게 아무 말도 하지 못하더라."

다소간의 논란이 있다 할지라도, 막 1:1-13은 많은 학자들에 의해 마가복음의 서론prologue으로 간주된다. 그 중 막 1:1은 마가복음 전체 주제를 반영하는 '표제어'title이다. 특히 서론은 독자가 마가복음의 메시지를 이해하는데 필요한 해석적 안내서(Matera 1988)가 되기 때문에 서론에 대한 바른 이해는 반드시 주지되어야 한다. 이 점은 마치 음악에서 서곡이 전체 교향곡을 이해하는 요약판이나 안내서의 역할을 하는 것과 같다. 이 경우 막 1:1의 '표제어'와 막 1:2-13의 서론은 예수님을 제외한 마가복음 내의 작중 인물들에게는 감추어진 저자의 특별한 계시적 견해와 관점을 보여줌으로써 독자들에게 마가복음의 의미를 이해하는데 꼭 필요한 해석적 배경(특히 구약 세계와의 관계)과 단서를 제공해 준다(Hooker 1983:6-7). 먼저 서론의 구조를 간략히 살펴보면:

표제어(막 1:1)

세례 요한의 사역과 예수님과의 관계(막 1:2-8)

예수님의 세례(막 1:9-11)

예수님의 광야 시험(막 1:12-13)

1. 막 1:1의 선언: "하나님의 아들 예수 그리스도의 복음의 시작이라"

저자의 결론(주제)과 같은 막 1:1의 표제어("하나님의 아들 예수 그리스도의 복음의 시작이라")는 독자들에게 마가복음이 무엇에 대해 말하려는지를 확증해 준다. 그것은 이 복음서의 거의 중간부에서 예수님께서 '노중에서 on the way' 제자들에게 물으신 "사람들이 나를 누구라고 하느냐"(막 8:27)와 "너희는 나를 누구라 하느냐"는 질문(막 8:29)에 대한 답변으로 앞으로 있을 예수님의 신분에 대한 많은 의문과 논란들에 대하여 독자들에게 저자의 근본 입장과 견해를 미리 확증해 준다. 특히 이 구절의 확정적 선언은 당혹스러운 역설적 묘사로 끝나는 막 16:8의 "[부활의 메시지를 받은] 여자들이 심히 놀라 떨며 나와 무덤에서 도망하고 무서워하여 아무에게 아무 말도 하지 못하더라."는 해설자 narrator의 논평과 함께 핍박과 수난의 상황에서 마가복음을 듣고 있는 현 독자들(16:8의 여인들의 모습과 유사)에게 극적 메시지로 다가오고 있다. 즉, 마가는 독자들에게 예수가 하나님의 아들이시며 그리스도라는 사실을 너희가 지금 이 여인들의 모습처럼 부활의 메시지를 듣고도 수난과 핍박(환란)이 '무서워서 아무에게 아무 말도 하지 못하는' 그러한 모습이 아닌지를 간접적으로 지적하고 있다. (여기에 '아이러니'의 간접 수사학은 보다 강력한 메시지로 독자들에게 전달된다.) 과연 너희가 믿고 따르는 예수를 누구라고 생각하기에 이렇게 부활의 메시지를 받고도 "아무에게도 아무 말도 못하며" 무서워 떨고 있는가? 사실 이 질문은 21C 코비드19 상황의 오늘 독자에게도 똑같이 던져진 질문이기도 하다.

예수가 '하나님의 아들'(1:1; 1:11; 9:7; 12:6; 14:61; 15:39)이시고 너희를 구원(구속)하시려고 수난 받으신 '그리스도'(8:31; 9:12; 9:31; 10:33-34; 10:45)라고 믿는다면, 그 주님을 따르는 제자로서 너희는 이 놀라운 '복음을 부끄러워하지 아니하고' 복음을 위해 '자기를 부인하고 자기 십자가를 지고 주님을 따라야 할 것'(8:34-38)이 아니냐고 촉구하고 있다. 여기에 바다 가운데 배 안에서 풍랑을 만나 무서워하는 불신앙의 제자들의 모습들(막 4:40의 "어찌하여 이렇게 무서워하느냐 너희가 어찌 믿음이 없느냐"라는 예수님의 책망)이나 수난 기사에서 베드로의 처절한 실패의 모습(막 14:71의 비자 앞에서 "나는 너희가 말하는 이 사람을 알지 못하노라"고 부인한 베드로)은 현재의 수난과 핍박(환란)에 처한 그들의 연약한 모습을 거울처럼 비추어 주는 역할을 할 뿐 아니라 이와 함께 여러 조역들(혈류증 여인; 수로보니게 여인; 거지 소경 바디매오; 가난한 과부; 향유 부은 여인)의 신앙과 헌신의 담대한 모습들 - 어려운 환경들에도 불구하고- 은 그들이 어떻게 주님을 따라가야 할 것인가에 대한 도전이 된다. 특히 변화산 아래에서 무능력으로 인해 처절한 실패 가운데 빠져 구설수에 오른 제자들 앞에서 귀신 들린 아들의 고침을 위해 주님께 나아 온 아버지의 "나의 믿음 없는 것을 도와주옵소서."(9:24)라는 절규와 예수님의 제자들에게 주신 "기도 외에는…."(9:29)의 권면은 이들 독자의 간절한 외침과 몸부림이 되어야 함을 시사해 준다.

결과적으로 독자는 막 1:1의 저자의 이 선언과 함께 마가복음의 스토리를 읽(듣)게 될 때, 저자의 특별한 해석적 견해와 결론을 미리 가지고 시작한다. 이 경우 마가복음의 스토리가 진행됨에 따라 스토리 내의 많은 인물들(무리; 귀신들; 고향 사람들; 헤롯 왕; 제자들; 대제사장; 빌라도; 등등)이 야기하는 예수의 신분에 대한 의문과 논란에 대해 독자는 자신이 처한 상황에서 이것을 어떻게 이해하고 고백해야 하는지를 도전받게 된다. 특히 예수께서 가이사랴 빌립보의 "노중(路中)에서"on the way 제자들에게 던진 "너희는 나를 누구라 하느냐?"(8:29)는 질문은 막 1:1의 견해에 비추어서 저자가 독자들에게 의미심장하게 묻는 질문(그들의 신앙/제자도에 비수를 들이대는 질문)으로 나타난다.

마가복음이 독자들에게 던지는 '예수가 누구신가?'라는 질문은 기독교의 핵심된 질문이다. 인생과 우주의 운명과 축복이 달려 있는 기독교의 가장 복된 소식은 '예수가 누구시냐?'에 대한 소식이다. 이 소식(질문)에 대한 반응(답변)을 통해 인간의 운명(내세)이 결정되고 현재의 보람된 삶(행복)이 결정된다. 예수님은 단순히 위대한 교사나 순교자나 도덕가나 혁명가, 그리고 성자나 선지자 정도가 아니다. 그분은 하나님 자신 곧 하나님의 아들(요 1:2; 10:30; 빌 2:6 참고)로서 이 땅에 우리를 구원하러 오신 메시아(그리스도)이신 구세주이시다. 이 하나님의 아들 예수 그리스도가 불순종한 우리를 대속하기 위해 죽기까지 섬기려 오셨다는 사실("인자의 온 것은 섬김을 받으려 함이 아니라 도리어 섬기려 하고 자기 목숨을 많은 사람의 대속물로 주려 함이니라."[막 10:45; cf. 빌 2:6 이하])은 인류 전체에게 충격적인 메시지(하나님의 아들이 수난을 받으셨다: 왜?)로 전해지는데 이것이 기독교 윤리의 근본 동기 혹은 동인이다. 어떻게 거룩하시고 전능하신 하나님이 죄인인 우리들을 위해 대속적인 죽음으로 우리를 섬기러 오실 수 있는가? 확실히 기독교의 복음(내용)은 예수 그리스도 그 한 분에 달려 있다. 즉, 예수 그리스도의 사역과 신분에 달려 있다.

2022년 새해와 함께, 마가복음을 시작하며 우리 순례자의 집은 마가가 선포한 이 선언, 아니 마가복음을 통해 묻고 있는 이 질문의 의미를 다시 한번 마음에 깊이 새겨 보아야 할 것이다. 과연 내가 믿고 따르는 이 예수는 누구신가? 사실 이 질문은 마가복음의 현 독자만을 위한 질문이 아니고, 오고 가는 모든 세대의 신자들에게 던져진 질문이다. 특히 후기-기독교를 살고 있는 우리에게 던져진 질문이기도 하다.

1) 예수가 누구신가?

역사를 통해 인간은 언제나 "내가 누구냐?"를 자신의 가문(혈통), 지식, 소유나 지위를 통하여 확인 혹은 과시함으로써 행복을 추구하려 한다. 그러나 인간의 참된 행복은 '예수가 누구신가?'를 바로 알게 될 때 참된 나 - 즉 그리스도 안에 있는 나 - 를 알게 되고 또한 참된 행복의 길을 걷게 된다. 세상 종교란 궁극적으로는 '나(의 행복[해탈])를 위한 종교'이지만 기독교는 '하나님을 위한 종교'이다. 기독교는 결코 자기 존재 과시, 자기 존재 확인을 위한 종교가 아니다. '하나님 안에 있는 나'(피조물), '하나님을 위한 나'를 위한 종교이다. 웨스터민스트 신앙고백서의 제1문은 '인간의 제일 되는 목적이 무엇이냐'고 묻는다. 거기에 대한 대답은 "하나님을 영화롭게 하고 그를 영원토록 즐거워하는 것"이라고 답한다.

사도 바울은 고전 10:31에서 "그런즉 너희가 먹든지 마시든지 무엇을 하든지 하나님의 영광을 위하여 하라"라고 권면한다. 종교개혁자들이 인본주의, 물량주의로 흘러가는 중세의 어두움 속에서 목숨 걸고 발견한/외친 진리는 5개의 솔라5 Solas로 표현되고 있는데 그중 마지막은 '오직 하나님께만 영광'Soli Deo Gloria이다. 우리가 잘 아는 사도 바울의 삶에서도 이 사실은 명백하다. 사도 바울은 로마서의 교리 부분을 끝내면서 이렇게 고백한다(11:36). "이는 만물이 주에게서 나오고 주로 말미암고 주에게로 돌아감이라. 그에게 영광이 세세에 있을지어다. 아멘." From God,(시작) through God(과정), towards God(종결/목적). 만물도 인생도 그리고 그 역사도, 그 시작도, 과정도, 목적도, 오직 하나님을 위한 것이다.

이것이 새해를 맞이하는 우리 순례자의 집의 관심이며 삶(존재)의 이유이다. 언제가 우리도 우리의 인생(신앙)의 순례를 끝내고 그분 앞에 설 때 우리의 한결같은 고백 역시도 이 고백(롬 11:36)이 될 것이다. 그리고 그 앞에서 노래하기를 "후일에 생명 그칠 때 여전히 찬송 못하나 성부의 집에 깰 때에 내 기쁨 한량없겠네. 내 주 예수 뵈올 때에 그 은혜 찬송하겠네. 내 주 예수 뵈올 때에 그 은혜 찬송하겠네. 아멘(찬 608[295]장)"

뿌연 먼지(안개) 같은 세상이 걷히고 그분 앞에 설 때 우리는 F. J. Crosby(1892[72세]) 여사가 이렇게 찬양한 것처럼 우리 역시도 그렇게 찬양할 것이다. 이 모든 찬양이 가능하려면 바로 막 1:1에서 마가가 선언하는 '예수가 누구신가'에 대한 질문에 바른 대답을 해야 할 것이다. 확실히 예수는 우리 인생의 백문일답이다. 예수 안에 인생의 모든 답이 있다. "예수 안에 생명 있네. 주님이 빛이 되시네." 그렇다. 예수가 우리의 존재 이유이고 목적이다(갈 2:20). "그런즉 이제는 내가 산 것이 아니요 오직 내

안에 그리스도께서 사신 것이라 이제 내가 육체 가운데 사는 것은 나를 사랑하사 나를 위하여 자기 몸을 버리신 하나님의 아들을 믿는 믿음 안에 사는 것이라."

사도 바울은 빌 3:8-9에서 자신의 삶의 지고한 목적이 "그리스도를 얻고 그 안에서 발견되려 함"이라고 고백하였다. 바울은 다메섹 도상에서 예수가 누구신가를 바로 깨닫고 그 안에서 자신의 존재 가치와 의미를 발견한 후에 - 즉 그리스도를 영접한 후에 - 그는 보람과 행복으로 가득한 향내 나는 삶을 살았다. 심지어 그는 이 놀라운 복음을 증거 하기 위하여 많은 고초를 받으며 죄인이 되는 것도 마다하지 않았다. 그러기에 특히 아그립바 왕 앞에서 그는 죄인의 몸으로 증거 하기를 "오늘 내 말을 듣는 모든 사람도 다 이렇게 결박한 것 외에는 나와 같이 [그리스도인] 되기를 하나님께 원하나이다."(행 26:29)라고 담대하게 외쳤다.

'예수가 누구신가'를 바로 깨닫고 자신의 존재 의미와 가치를 그리스도 안에서 발견한 자는 이처럼 삶의 행복을 노래한다. 우리는 어떠한가? 내 삶 가운데서(갈 2:20; 고전 6:19-20), 교회 안에서(골 1:18; 엡 1:22-23), 일 가운데서(골 3:24), 부부 사이에서(엡 5:22-30), 가족 가운데서(엡 6:1-4) '예수가 누구신가?'에 대한 바른 인식(즉 '구세주'[Saviour]며 '주님'[Lord]으로서의 인식)은 개인과 공동체의 삶의 의미와 행복을 결정하는 관건이 된다. 우리는 예수님을 누구라고 생각하는가? 특히 마가복음을 읽으면서 우리는 끊임없이 스스로 이 질문에 답해 보아야 한다. 그리고 이 답에 이어 그렇다면 우리는 어떤 삶을 살아야 하는가를 또한 물어야 한다.

사실 이 고백과 외침이 순례자의 집의 외침이며 부를 노래며 고백이다. 새해에는 이 선포와 고백과 찬양이 이곳에 가득하기를 빈다. 우리 자녀들의 마음과 인생에도 가득하기를 빈다. 코비의 블루와 레드의 억눌림/짓눌림 가운데 있는 모든 인생들에게도 이 복음이 전해지기를 진심으로 빈다. 마가가 언급한 것처럼 복음의 시작은 바로 여기서부터 출발된다. "하나님의 아들 예수 그리스도의 복음의 시작이라.(1절)" 새해에는 성령이 오셔서 우리 가운데 이 은혜로 부어주시기를 간절히 기원한다. 그리고 우리가 함께 부를 찬양처럼 "내 주의 보내신 성령이 오셨네. 우리 인생 가운데 친히 찾아 오셔서 그 나라 꿈꾸게 하시네(성령이 오셨네)."

결국 마가는 두려워서 아무에게도 아무 말도 전하지 못하는 여인들(16:8)처럼 수난과 환란과 핍박의 상황에서 복음을 전하지 못하는 지금의 마가의 청중들에게 과연 너희가 믿고 따르는 그 예수가 누구신지를 마가가 전하는 예수의 생애의 이야기^{Markan Jesus' Story}와 그를 따르는 제자들의 이야기^{Markan Disciples' Story}를 통하여 다시 묻고 있다. 초기 갈릴리에서 "나를 따라 오라 내가 너희를 사람을 낚는 어부가 되게 하리라"(1:17)는 부름에 그물을 버려두고 배를 버려두고 아비를 버려두고 따랐던("보소서 우리가 모든 것을 버리고 따랐나이다."고 고백한 그들[10:28]) 그들이 환란과 핍박과 수난의 상황이 다가 왔을 때에 멀찍이 따르고 도망치고 부인하고 배반하는 길을 가는 제자들(마가의 청중들)에게 '노중에서' 예수님께서 "사람들은 나를 누구라 하느냐?" 그리고 "너희는 나를 누구라 하느냐"라는 질문을 통해 제자들의 삶에 비추어 묻고 있다. 예수는 과연 누구신가? 사람들은 더러는 '엘리야'라고 하고 더러는 '선지자'(그 선지자)라고 하지만(6:14-15) '너희는 나를 누구라 하느냐'고 묻는다. '예수의 신분'에 대한 이 질문에 대하여 마가는 마가복음에 나오는 여러 작중 인물들(귀신들; 세상 사람들; 제자들; 종교 지도자들)을 통하여 그 답변을 찾으려고 하지만 마지막에 이방인 백부장의 고백을 통해 그 답변을 제시한다. 15:39에서 이방인 백부장이 "그렇게 [고난 가운데 비참하게] 숨지심을 보고 이르되 이 사람은 진실로 하나님의 아들이었도다."라고 고백했다. 진실로 예수는 하나님의 아들이시며 그리스도이시다. 그분은 섬김을 받으려 오신 것이 아니라 섬기려 하고 많은 사람의 대속물로 주시기 위해서 오셨다(10:45). 우리를 위해 대속물로 자기 목숨을 주신 분 예수는 진실로 하나님의 아들이시고 그리스도이시다. 하나님의 아들이신 예수가 수난 받은 종으로 오셔서 우리를 위해 십자가를 지신 우리의 대속주이시다. 이것이 마가가 전하는 복음이다. 기독교 복음의 근원(시작)은 바로 이 예수를 기억하고 믿고 따르고 배우고 닮아가는 것으로부터 출발한다. 이것이 마가가 전하고자 하는 복음이라면 우리는 어떻게 주님을 따라야 하는가? "나를 따라오려거든 자기를 부인하고 자기 십자가를 지고 나를 따를 것이라 (8:34)."

막 1:1("하나님의 아들 예수 그리스도의 복음의 시작[이라]")이 제시하는 대로 마가복음은 작중의 중심인물인 '예수 그리스도가 누구신가'에 대한 이야기이다. 예수님의 신분identity에 대한 이해는 마가의 공동체(원독자들)의 특별한 상황에 대한 답변(메시지)으로 주어진 것이다. 즉 마가는 복음서를 통해 '하나님의 아들 예수 그리스도의 복음'은 과연 어떤 복음인지("나와 복음"[8:35])를 이들 독자들에게 다시 한번 생생하게 그의 이적 사역과 수난 사역을 중심으로 제시한다. 이것은 복음서의 중반부인 8:29에서 제자들에게 던져진 '너희는 나를 누구라 하느냐' 하는 동일한 질문에 마가의 독자가 이 스토리를 통해 어떻게 답변(반응)할 것인가를 요구한다.

- 막 1:1(저자의 결론: 표제)
- 막 1:7-8(세례 요한의 소개): "나보다 능력 많으신, 성령으로 세례를 주실 분."
- 막 1:11(하늘로부터 선언: 세례 후): "너는 내 사랑하는 아들이니 내가 너를 기뻐하노라."
- 막 1:27(사람들의 놀람): "이는 어쩜이뇨."
- 1:24; 3:11; 5:7(마귀들의 고백과 인정: 이적[축귀] 기사 중)
- 3:30(종교 지도자들의 오해/대적): "더러운 귀신이 들렸다."
- 4:41(제자들의 의문): "저가 뉘기에 바람과 바다라도 순종하는고?"
- 6:3(고향에서 신분에 대한 의문): "이 사람이 마리아의 아들 목수가 아니냐?"
- 6:14-16(헤롯의 의문): 세례 요한; 엘리야; 옛 선지자 중의 하나
- 6:49(제자들의 생각): "유령인가?"
- 8:27-28(예수님의 질문): "사람들이 나를 누구라고 하느냐?"
  ⇒ 세례 요한; 엘리야; 선지자 중 하나
- 8:29(예수님의 질문): "너희는 나를 누구라 하느냐?"
- 8:29(베드로의 고백): "주는 그리스도시니이다."
  ⇒ 어떤 그리스도냐? 고난의 길을 가는 메시아?
- 9:7(하늘의 선언: 변화산에서): "이는 내 사랑하는 아들이니…"
- 10:17(길에서의 한 사람): "선한 선생님이여."
- 10:47-48(바디매오의 외침): "다윗의 자손 예수여."
- 12:6(비유를 통해 제시): "그의 사랑하는 아들."
- 14:61(대제사장의 질문): "네가 찬송 받을 자의 아들 그리스도냐?"
- 14:62(예수님의 답변): "내가 그니라."

⇒ 이 대답은 묵살되고 신성 모독죄로 사형에 해당한 자로 정죄(62-63).

- 15:2(빌라도의 질문): "네가 유대인의 왕이냐?"
- 15:2(예수님의 답변): "네 말이 옳도다."
- 15:3-5(대제사장들의 고소와 빌라도의 반복된 질문과 예수님의 침묵)
- 15:18, 31(군병들과 종교 지도자들의 조롱):

   ⇒ "유대인의 왕"; "이스라엘의 왕 그리스도."
- 15:39(백부장의 고백: 예수의 죽음 후): "이는 진실로 하나님의 아들이었도다."

막 1:1의 독자를 향한 저자의 결론에 이어 마가는 예수의 생애의 스토리를 통해 '그가 누구신가' 즉, 예수님의 신분에 대한 주제를 전개해 간다. 이미 언급한 대로 예수님의 신분에 대한 주제를 반영하는 가장 중심되는 어구는 막 8:29이다: "너희는 나를 누구라 하느냐?" 이 질문은 그의 공 사역에 대한 중간 평가와 같다. 지금까지 예수님은 이적을 많이 베풀었고 거기에 대하여 사람들의 반응은 놀람과 의문으로 나타났는데 예수의 친속들은 예수를 미친 사람(3:21)으로, 종교 지도자들은 예수를 '귀신 들린 사람'(3:22)으로, 고향 사람들은 예수를 '마리아의 아들 목수'(6:3)로, 그리고 세간의 소문에 의한 예수는 세례 요한, 엘리야, 모세, 선지자라는 반응이 나왔다. 이러한 반응에 대하여 예수님은 제자들에게 그러면 "너희는 나를 누구라 하느냐?"라고 물었다.

마가복음에 있어서 독자들에게 던지는 가장 중요한 질문이 있다면 그것은 바로 자신의 제자들에게 던진 "너희는 나를 누구라 하느냐?"라는 질문일 것이다. 거기에 대한 대답이 바로 1:1에 언급된 말씀이고 또한 백부장의 고백(15:39)이기도 하다. 이것을 마가복음을 통해 살펴보자.

막 1:1은 표제어title에 해당되는 구절로 예수가 하나님의 아들이며 그리스도라는 말씀이다. 예수의 신분에 대한 저자의 이러한 견해를 마가복음의 스토리에서는 하늘로부터의 음성이 확정해 주고 있는데 막 1:11("너는 내 사랑하는 아들이니…")과 9:7("이는 내 사랑하는 아들이니…")이 그러하다. 전자는 예수님에 대한 신적 확증(계시)이고 후자는 제자들에 대한 신적 확증(계시)이다. 그리고 예수님은 비유를 통하여 자신의 대적자들인 종교 지도자들에게 자신이 하나님의 아들 되심을 알리셨다(막 12:6, "그의 사랑하는 아들").

귀신을 제외하고는 작중 인물 중에서 처음으로 예수님께서 하나님의 아들이 되신다는 사실을 고백한 사람은 백부장뿐이다. "이 사람은 진실로 하나님의 아들이었도다"(15:39). 예수님의 신분에 대한 베드로의 고백은 뭔가 불충분한 듯한 느낌을 준다. 그것은 8:27의 질문에 대해 베드로가 "주는 그리스도시니이다"라고 고백하자 예수께서 곧장 자신의 고난(과 부활)에 관하여 말씀하셨다. 여기에 대한 베드로의 반응은 의외였다. 그것은 예수님의 고난 예언(8:31)에 대하여 책망한 것이었다(8:32). 결국 주님은 베드로를 꾸짖으시며 말하기를 "사탄아 내 뒤로 물러가라 네가 하나님의 일을 생각지 아니하고 사람의 일을 생각한다"(8:33)고 하였다. 비록 그가 예수님을 그리스도라고 고백하고 있지만 그 고백은 이적적 그리스도에 대한 고백이었지 고난의 그리스도에 대한 이해는 아니었다(Kingsbury). 이 사건 이후 베드로는 여전히 예수님의 신분(수난 받는 그리스도의 모습)에 대하여 시각 장애 가운데 있는 것을 본다.

그러나 백부장의 고백은 예수의 죽음을 보고 한 고백임을 볼 때 그의 고백은 올바른 고백이다. 15:39, "예수를 향하여 섰던 백부장이 그렇게 운명하심을 보고 '이 사람은 진실로 하나님의 아들이었도다'". 이방인 백부장의 이 고백은 마가의 기독론의 중심 되는 선언으로서 마가의 독자들이 고백해야 할 선언이다. 예수는 우리를 위해 수난 받으신 하나님의 아들 그리스도이시다(1:1[1:11; 9:7; 12:6]; 8:29; 10:45; 15:39). 물론 독자는 그것을 이미 어느 정도 알고 있지만 마가의 스토리를 통해 이것을 더욱 깊이 깨닫게 된다. 그러나 마가복음 내의 다른 인물들은 이것을 알지 못하고 예수의 사역은 그의 신분에 대한 의혹(논란)과 함께 갈등과 서스펜스를 야기하며 십자가를 향해 나아간다. 결국 예수는 자신을 하나님(의 아들)으로 주장하심으로 참람죄에 의해 십자가에 달려 죽게 된다. 과연 예수는 누구신가? 너희는 나를 누구라 하는가? 이 질문은 마가복음을 통해 독자의 가슴속에 메아리치게 된다. 갈릴리로부터 시작된 그의 사역은 꼬리를 물고 그의 신본에 대한 논란으로 나아갔다.

세례 요한에 의해 소개된 "내 뒤에 오실 이", "나보다 능력이 많으신 분," "성령으로 세례를 주실 분"이 갈릴리에 등장하면서 그의 놀라운 가르침과 행하심이 사람들을 놀라게 하였다(1:27). 막 1:25; 3:11; 5:7에는 귀신들의 고백과 인정이 나타난다. 그리고 3:20에는 종교 지도자들의 대적과 오해가 나타난다. 그들은 예수님께 더러운 귀신이 들렸다고 말하는데 예수님은 그들에게 어떻게 귀신이 귀신을 쫓아내는 일이 있을 수 있느냐고 반문하셨다. 그리고 광풍 이적 사건에서 제자들은 놀라, "저가 뉘기에 바람과 바다라도 순종하는고." 하는 말씀에서 제자들의 의문을 볼 수 있고, 예수님의 신분에 대해 고향에서도 의문이 생기기 시작한다. "이 사람이 마리아의 아들 목수가 아닌가." 그리고 헤롯 역시도 세상 사람들처럼 예수의 신분에 대하여 의문을 가진다. 세례 요한이 죽은 다음에 예수님이 나타나 많은 이적을 베푸는 것을 보고 세례 요한이 살아난 것이냐? 그가 엘리야냐? 선지자 중에 한 사람이냐?(6:14-16) 이러한 세간의 소문이 가이사랴 빌립보에서 예수님의 질문과 제자들의 답변을 통하여 확증되고 있다(8:27-28). 마침내 예수님은 제자들에게 질문하기를 "너희는 나를 누구라 하느냐?"(8:29)고 하셨는데 이 질문은 반 이어젤 van iersel의 주장처럼 마가복음의 구조 전체를 꿰뚫는 의미론적인 semantic 질문이 된다. 결국 변화산에서 하늘의 음성이 구름 속에서 나타나 제자들에게 예수가 하나님의 아들이심을 확증해 준다: "이는 내 사랑하는 아들이니…"(막 9:7). 그러나 안타깝게도 제자들은 여전히 시각 장애 가운데 있다.

마침내 주님은 자신을 하나님의 아들로 주장한다는 이유로 체포되고 산헤드린 앞에서 심문을 받는다. "네가 찬송 받을 자의 아들 그리스도냐?"라는 대제사장의 질문(14:61)에 예수님은 답변하시기를, "내가 그니라"고 하였다. 예수님의 이 답변은 참람죄로 사형에 해당한다고 정죄를 받는다. 그리고 그는 다시 빌라도 앞에 서서 "네가 유대인의 왕이냐?"(15:2)라고 묻는 빌라도의 질문에 예수님은 "네 말이 옳도다."라고 대답하셨고 재차 묻자 예수님은 잠잠하셨다. 이에 빌라도는 군중들에게 너희가 유대인의 왕을 놓아주기를 원하는지를 물었지만 군중들은 대제사장의 충동질에 의해 그를 십자가에 못 박게 하기를 요구한다(15:9-14). 결국 예수는 십자가의 형에 언도되었고 브라이도리온에서 군병들이 예수를 "유대인의 왕"으로 거짓 예(禮)하며 조롱한다. 예수님이 달리신 십자가 위의 죄 패에는 "유대인의 왕"이란 팻말이 있고 그 아래에는 대제사장과 서기관들이 예수를 "이스라엘의 왕"이라고 부르며 그의 거짓됨과 무능함을 조롱한다. 마침내 예수는 하나님을 부르시며 운명하신다. 그런데 예수의 운명과 함께 놀라운 고백이 선언되고 있다. 이 고백은 예수를 향해 섰던 백부장의 고백이었다. "이 사람은 진실로 하나님의 아들이었도다." 과연 예수는 누구신가? 왜 예수는 이와 같은 비참한 죽음을 죽으셔야 하였는가? 그가 진정으로 하나님의 아들이었다면 왜 예수는 그와 같이 죽으셔야 하였는가? 이것이 마가가 독자들에게 던지는 질문이다. "너희는 나를 누구라 하느냐?"

02 길 위의 길
The Way on The Way
마가복음 강해

세례 요한 (막 1:2-8)

"2 선지자 이사야의 글에 보라 내가 내 사자를 네 앞에 보내노니 그가 네 길을 준비하리라 3 광야에 외치는 자의 소리가 있어 이르되 너희는 주의 길을 준비하라 그의 오실 길을 곧게 하라 기록된 것과 같이 4 세례 요한이 광야에 이르러 죄 사함을 받게 하는 회개의 세례를 전파하니 5 온 유대 지방과 예루살렘 사람이 다 나아가 자기 죄를 자복하고 요단강에서 그에게 세례를 받더라 6 요한은 낙타 털 옷을 입고 허리에 가죽 띠를 띠고 메뚜기와 석청을 먹더라 7 그가 전파하여 이르되 나보다 능력 많으신 이가 내 뒤에 오시나니 나는 굽혀 그의 신발끈을 풀기도 감당하지 못하겠노라 8 나는 너희에게 물로 세례를 베풀었거니와 그는 너희에게 성령으로 세례를 베푸시리라."

1절의 표제어와 함께 구약의 인용(막 1:2-3)으로 시작되는 서두(1-13절)는 독자들에게 앞으로 소개될 예수님의 생애(그의 사역과 신분)와 그에 따른 복음을 이해하는데 특별한 의미를 던져준다. 이 구절의 언급대로 광야에서의 세례 요한의 사역이 하나님께서 구약을 통하여 말씀하셨던 예언의 성취로 보인다면("기록된 것과 같이"), 세례 요한이 증거 하는 '자기 뒤에 오실 [능력 많으신] 이'인 예수는 특별한 분(하나님의 아들[주]이며 그리스도)이시며 또한 성령으로 세례를 주실 그의 사역(이적과 수난의 사역)은 특별한 사역(메시아의 사역)임을 암시해 준다. 즉 이 구절을 통해 마가가 다룰 '하나님의 아들 예수 그리스도의 복음'은 구약 성경에 언급된 하나님의 예언(약속)의 성취로 이것은 하나님의 구원 역사의 연속임과 동시에 완성(성취)임을 강조하고 있다.

특히 '선지자 이사야의 글'로 표현된 막 1:2-3은 출 23:20과 말 3:1, 그리고 사 40:3의 병합(Marcus 1992:12 이하)으로 나타나는데 마가는 이러한 구약 성경들(오경[출애굽기]과 대선지서[이사야]와 소선지서[말라기]에서 각각)의 인용을 통해 자신이 말하고자 하는 예수의 복음을 '주의 길'(막 1:3)로 소개한다. 여기서 세례 요한은 '주의 길'을 예비하는 자이며 그가 언급하는 '자기 뒤에 오실 [능력 많으신] 이'인 예수는 자신의 삶(이적과 수난)으로 '주의 길'을 보여준 구약에서 기다리던 메시아인 하나님의 아들임이 입증된다.

이 점은 세례 요한이 '자기 뒤에 오실 이'에 대한 언급(1:7-8) 후 곧장 소개되는(9절의 "그때에 예수께서") 예수님이 "요단강에서 요한에게 세례를 받으시고 곧 물에서 올라오실 새 하늘이 갈라짐[찢어짐]과 성령이 비둘기 같이 예수님에게 내려오심을 보았다"는 언급과 이어 나타난 하늘(하나님)로부터 '너는 내 사랑하는 아들이라 내가 너를 기뻐하노라'는 신적 선언은 예수가 하나님의 아들이심을 독자들에게 확정해 준 생생한 '계시적 사건'으로 이해된다. 결국 성령의 기름 부음을 받은 예수님은 그의 공 사역이 시작되기 전에 성령에게 이끌리어 광야로 사탄에게 시험을 받기 위해 나아가고 거기서 40일 동안 시험을 받으신 후 천사들의 수종을 받으며 그 시험에서 승리하심을 보여준다. 이 광야의 시험은 하나님의 아들로서 예수님의 지상 생활(공 사역)에서 사탄과 만나는 모든 시험과 그에 대한 승리의 축소판^{microcosm}으로 제시된다.

1. 요한의 세례와 사역(막 1:4-8)

이제 마가는 복음('주의 길')에 대한 구약 예언의 성취로 곧장 세례 요한을 언급함으로써 복음의 시작과 세례 요한의 사역 사이에 깊은 관계가 있음을 보여준다. 특히 여기에 묘사된 세례 요한의 모습은 그 자체의 사역과 역할의 의미보다는 예수님과 관계의 의미에 더 강조를 두고 있다. 구약의 예언(사 40:3; 말 3:1; 4:5)을 따라 세례 요한은 그토록 갈망하는 새 시대인 메시아 시대의 도래를 알리는 전령자(사자)로 등장한다(2-3절). "내가 내 사자를 네 앞에 보내노니 그가 네 길을 준비하리라 광야에 외치는 자의 소리가 있어 이르되 너희는 주의 길을 준비하라 그의 오실 길을 곧게 하라." 특히 말 3:1의 '주의 사자'로 언급된 세례 요한은 말 4:5의 구약의 엘리야와 동일시되는데 그는 여호와의 날(주의 날) 전에 이스라엘을 성결하기 위해 다시 오신 엘리야로 묘사된다(막 9:11-13). 이 점은 새 시대의 복음은 엘리야와 같이 옷 입고(왕하 1:8 참고), 광야의 음식을 먹는(6절) 광야의 선지자 세례 요한의 사역으로 시작됨을 말한다. 과연 새 시대를 알리는 사자로서 세례 요한의 사역과 삶의 모습은 어떠하며 그 의미는 무엇인가?

1) 세례 요한의 사역: '죄 사함을 받게 하는 회개의 세례'를 선포(4절)

4절은 세례 요한의 사역을 이렇게 묘사한다. "기록된 것과 같이 세례 요한이 광야에 이르러 죄 사함을 받게 하는 회개의 세례를 전파하니." 세례 요한의 핵심 사역은 '죄 사함을 받게 하는 회개의 세례'였다. 회개의 세례'는 광야에서 하나님께서 이스라엘과 언약을 갱신하는 표로서 제시되는데 그 이유는 구약에서도 언약 갱신은 '회개'로부터 시작함을 볼 수 있다. 특히 '광야'는 이스라엘 백성이 애굽의 종살이로부터 떠나 하나님을 만나는 장소로서 새로운 삶을 시작하는 장소며 소명과 소망과 회복의 장소였다(호 2:14-15; 겔 20:35-38). "그러므로 내가 저를 개유하여 거친 들로 데리고 가서 말로 위로하고 … 저가 거기서 응대하기를 어렸을 때와 애굽 땅에서 올라오던 날과 같이 하리라(호 2:14-15)." 그들은 다시 이곳 광야에서 하나님을 만나 죄 사함을 받는 회개를 통해 새 출애굽의 희망을 갖는다. 특히 5절의 "온 유대 지방의 사람과 예루살렘 사람이 다 [광야에 있는] 세례 요한에게 나아와 자기 죄를 자복하고 요단강에서 세례를 받았다"는 언급은 '온 이스라엘이 더럽혀진 상태'임을 의미하는 것으로 결국 현재의 이스라엘의 영적 상태가 매우 어두운 상태임이 본문에서 인용되고 암시된 구약 시대와 연관되어 있다: 아합의 시대(엘리야); 포로 시대(이사야); 포로 후의 암흑기(말라기). 이처럼 광야는 새로운 출발을 기대하는 소망과 소명의 장소로 거기서 하나님은 자기 백성을 찾아와 회개와 갱신을 통해 새 시대로 나아가게 한다. 오늘 교회는 애굽의 종살이를 떠나, 바벨론의 포로 생활을 떠나 다시 광야로 나아가 거기서 하나님을 뵙고 회개와 갱신을 통해 새로운 출애굽을 소망하며 새 나라를 꿈꾼다.

광야와 요단강에서 세례 요한의 사역을 통해 일어난 이러한 회개의 세례는 이미 구약에서 보인 대로 '거룩한 땅'(예수[여호수아]를 통해서 들어갈 하나님의 나라)에 들어가기 전에 가져야 할 정결과 갱신의 예비적 단계로 이해한다. 결국 예수의 도래와 함께 임한 하나님 나라는 회개의 세례(옛 시대와의 단절)를 통해서 준비된 자들이 예수 그리스도에 의해 주어지는 성령의 세례(새 시대와의 연합)를 통해 하나님의 백성으로 그 안으로 들어가게 된다. 특히 여기에 언급된 광야와 요단강은 언약 갱신의 준비의 장소를 의미한다. 출애굽하여 광야로 나아간 이스라엘 백성이 광야에서 여호와 하나님을 경배하고 언약을 체결한 후 약속의 거룩한 땅을 앞에 두고 요단강에서 스스로를 성결케함(수 3:5)으로써 거룩한 땅에 들어갈 준비를 하였다. 이와 같이 종말론적인 메시아의 새 시대("하나님의 나라")가 도래하기 바로 전에 나타난 세례 요한의 사역은 '주의 길'을 예비하는 '광야의 소리', '왕의 전령자', 그리고 '새로운 엘리야'로 새 시대의 기점임과 동시에 구시대의 종점을 나타낸다.

결과적으로 세례 요한의 사역은 '주의 길'로 언급된 새 시대(메시아의 시대)를 위한 준비로 회개와 갱신을 촉구한 사역이었다. 이러한 모습을 고려할 때 오늘 우리의 한국 교회와 사회는 새 시대를 맞이하여 회개와 갱신과 개혁에 기초한 과거와 현재의 어두운/부패한 역사 청산과 역사 바로 세우기를 통해 21세기의 새 시대를 맞을 준비를 해야 한다. 22년의 벽두부터 창궐하는 코비드19를 마주하고 있는 한국 교회는 내적 부패(도덕적-영적 타락)로 인해 사회로부터 공신력을 잃고 또한 적그리스도적인 사상과 이단의 창궐 그리고 이슬람의 공격적 선교에 이르기까지 심각한 위기에 처해 있다. 지금 한국 사회 역시도 정치, 사회적으로 가장 큰 위기에 봉착해 있다. 정치-사회적-도덕적 위기이며, 경제적 위기이며, 안보적 위기이다. 역대 가장 비호감이며 비-도덕적인 정치 지도자를 뽑아야 하는 선거가 코앞에 있다. 공정과 정의가 상실하고 상식이 무너지고 있으며 적폐가 또 다른 적폐를 낳고 있다. 권위가 상실한 시대며, 성 윤리가 무너지고, 가정이 파괴되고 있는 시대이다. 북핵의 위기뿐 아니라 우크라이나 사태로 세계 전쟁의 위기 또한 고조되고 있다.

교회 역시도 사회와 별 차이가 없다. 속이 성을 꾸짖는 시대이다. 교단마다 교회마다 기득권 싸움으로 내적 분쟁과 분열이 가속화 되고 있으며 교회는 부패와 타락으로 성장 동력을 잃고 신학교는 미달 상태에 이른다. 자기 성찰과 회개를 통해 지금의 어두운 역사와 단절하지 않는다면 우리가 소망하는 새 시대는 결코 도래하지 않는다. 종말론적인 새 시대를 앞두고 세례 요한이 외친 '죄 사함을 얻게 하는 회개의 세례'는 새 시대를 대망하는 우리 모두가 추구해야 할 하나님의 절대적 요구이다. 5절을 다시 한번 보자. "[이에] 온 유대 지방의 사람과 예루살렘 사람이 다 세례 요한에게 나아와 자기 죄를 자복하고 요단강에서 세례를 받았다." 이러한 "다 나와서 자기 죄를 자복하는" 역사가 우리 모두에게도 임하기를 소원한다. 우리 사회, 특히 한국 교회에 임하기를 기원한다. 사도행전의 부흥도 여기서 출발하였고(행 2장), 한국 초대 교회의 부흥도 이렇게 시작하였다. 성령님이 우리 가운데 오셔서 이와 같은 회개와 부흥의 역사를 이루어 주시기를 간절히 바란다. 이 시대를 향한 거룩하신 성령님의 말할 수 없는 탄식에 귀 기울이는 우리 모두가 되었으면 한다. 복음송 가사처럼,

1. 허무한 시절 지날 때 깊은 한 숨 내쉴 때 그런 풍경 보시며 탄식하는 분 있네 고아같이 너희를 버려두지 않으리 내가 너희와 영원히 함께 하리라
2. 억눌린 자 갇힌 자 자유함이 없는 자 피난처가 되시는 성령님 계시네 주의 영이 계신 곳에 참 자유가 있다네 진리의 영이신 성령이 오셨네

(후렴3x) 성령이 오셨네 성령이 오셨네 내 주의 보내신 성령이 오셨네 우리 인생 가운데 친히 찾아 오셔서 그 나라 꿈꾸게 하시네

2. 개혁적 삶의 스타일(6절): 복장과 음식

교회가 참으로 새 시대의 도래를 꿈꾼다면 세례 요한처럼 '회개의 세례'를 전하고 '갱신의 사역'을 시도해야 한다. 그러기 위해서 교회는 세상 사람들이 쉽게 간파할 수 있는 회개와 갱신과 개혁에 맞는 삶의 스타일을 유지해야 한다. 확실히 세례 요한은 자신이 어떤 일을 해야 할지를 잘 알고 있었기 때문에 거기에 걸 맞는 복장과 삶의 스타일을 취하고 있었다(6절). "요한은 낙타털 옷을 입고 허리에 가죽 띠를 띠고 메뚜기와 석청을 먹더라." 이 복장과 삶의 스타일은 당시 사회의 불경건과 이기적 물질주의에 대한 저항의 표시이며 개혁의 상징이었다. 마치 어두운 아합의 시대에 엘리야 선지자가 보여준 삶의 모습처럼 세례 요한은 개혁과 갱신의 삶의 스타일을 잘 유지하고 있었다. 왕하 1:7-8을 보면 하나님의 신탁을 준 선지자의 모습이 어떠한지를 왕이 사자들에게 물어 그들이 그의 모습과 복장을 말하니 왕이 단번에 알아차렸다. "왕이 그들에게 이르되 올라와서 너희를 만나 이 말을 너희에게 한 그 사람은 어떤 사람이더냐 그들이 그에게 대답하되 그는 털이 많은 사람인데 허리에 가죽 띠를 띠었더이다 하니 왕이 이르되 그는 디셉 사람 엘리야로다." 사역과 삶은 함께 가야 한다. 참 사역은 참된 삶으로 뒷받침 되어야 한다.

참 선지자는 '말^{word}과 일^{deed}에 능한' 사람이다(눅 24:19). "그[나사렛 예수]는 하나님과 모든 백성 앞에서 말과 일에 능하신 선지자[참 선지자]이거늘." '두려움 없는 개혁의 선포'도 중요하지만, 그가 선포한 개혁이 성공하려면 '개혁적 삶'이 수반되어야 한다.

복장(약대 털옷과 가죽 띠[왕하 1:8; 슥 13:4])과 음식(메뚜기와 석청)을 통해 세례 요한은 '광야의 사람'으로서의 삶을 통해 광야에서 외치는 자의 소리로서 그의 오실 길을 곧게 하였다. 즉, 예루살렘(정치-종교-사회의 중심)의 부패한 제도와 문화와 결별하여 광야에서 회개의 전파자로서 삶을 통해 다가오는 메시아의 시대를 준비하였다. 우리들 역시도 마찬가지다. 요한계시록에서 언급한 대로 오늘의 교회는 '광야 교회'다(계 12:14). '광야 교회'로서 오늘의 한국 교회는 세례 요한의 삶의 스타일인 광야의 복장으로 옷 입고, 광야의 음식을 먹음으로써 도래할 (종말론적) 새 시대를 예비하여야 한다. 사치와 방탕과 타락과 죄악의 애굽(바벨론)을 떠나 우리는 '광야 백성'으로서의 삶의 스타일을 유지하며 살아야 한다. '광야의 백성'으로서 신자는 광야에서 왕궁(애굽)의 좋은 옷과 음식을 기대하며 살아서는 안 된다(눅 7:24-26 참고). "너희가 무엇을 보려고 광야로 나갔느냐? 바람에 흔들리는 갈대냐 그러면 너희가 무엇을 보려고 나갔더냐 부드러운 옷입은 사람이냐 보라 화려한 옷을 입고 사치하게 지내는 자들은 왕궁에 있느니라 그러면 너희가 무엇을 보려고 나갔더냐 선지자냐 옳다 내가 너희에게 이르노니 선지자보다도 훌륭한 자니라." 천국에 소망을 두고 광야의 길을 걷는 나그네(순례자)로서의 삶의 스타일은 이 땅에만 소망을 둔 사람들의 삶의 스타일과는 완전히 다르다.

마가복음에서 세례 요한의 모습은 이미 1:2-3에서 묘사된 대로 '광야에 외치는 자의 소리'로, '주의 사자'로, '주의 길'을 예비하고 평탄케 하며, '자기 뒤에 오실 분'(메시아)을 소개하는 자로서의 자신의 사명의 길을 이탈하지 않았다. 결코 그는 자신을 주님처럼 소개하지 않았다. 오히려 자신을 오실 주(主)의 신들을 풀고 들고 다니는 천한 종으로 언급하였다(7절). 예수님과 관련된 요한의 이 모습은 주님을 따르는 우리가 걸어가야 할 길인 예수 그리스도를 올바로 알려야 하는 제자도의 참된 모습을 보여준다. 신자의 행복이란 하나님께서 자신에게 부여한 그 길을 과욕으로 이탈함이 없이 곧장 끝까지 겸손하게 걸어가는데 있다. 가시떨기의 땅처럼 재리의 유혹과 세속적 영광과 기타 욕심으로 인하여(4:19) 이 '길'을 이탈함은 인생의 불행과 비극의 전조다(정치인과 공직자의 비리; 목회자의 이탈). 결과적으로 세례 요한은 자신의 헌신된 삶(복음을 위해 수난을 당한 삶)을 통해 "뒤에 오실" 그리스도가 가야 할 삶(길)을 예시(막 1:14; 9:12-13)할 뿐 아니라 (승천과 재림 사이의) 중간기의 교회가 복음을 전하며 주님을 따라야 할 제자의 삶(길)을 또한 예시하고 있다(막 6:14-29; 13:9-13). 이제 다시 오실 주님을 고대하며 우리 순례자의 집은 세례 요한처럼 그 주님을 예비하며 그 길을 준비하는 광야의 백성들로서 복음을 선포하고 그에 맞는 삶의 스타일로 살아야 한다.

콕
콕콕
콕콕콕

새 한 마리
꼭두새벽까지 자지 않고
깨어나 일어나
어둠의 한 모서리를 쫀다

콕 콕콕 콕콕콕 …
이윽고 먼데서

닭 울음소리 개 울음소리 들리고
불그레 동편 하늘이 열리고
해 하나 불쑥 산 너머에서
개선장군처럼 솟아오른다.

이렇게 오는 것일까 세상은
하늘이 열리고 땅이 열리고
새 세상은 정말 새 세상은 정말
어둠을 쪼는 새의 부리에서 밝아오는 것일까

김남주의 〈적막강산〉

　오늘 우리는 이 짧은 서론의 몇 구절들(1:1-8)을 통해서 마가복음의 중심된 메시지를 살펴보았다. 특히 예수님(또한 마가)이 노중에서 던지는 "너희는 나(예수)를 누구라 하느냐?"는 질문은 생각 없이 '주의 길'을 가고 있는 우리들의 심장에 비수를 대는 질문이다. 우리가 믿고 따르는 예수가 과연 하나님의 아들인가? 그렇다면 우리의 삶은 어떠해야 하는가? 여기에 우리의 무능력한 삶이 도전을 받아야 한다. 그리고 연이어 우리는 하나님의 아들이신 이 예수는 어떤 삶을 살았는가를 생각해 보아야 한다. 하나님의 아들의 수난의 길이 메시아로서 우리를 대속(구원)하기 위한 길이라고 한다면 그 길을 따르는 우리는 어떤 삶을 살아야 하는가? 여기에 주님을 위한 수난이 우리의 삶에 던지는 교훈이 무엇인가? 이러한 주님을 따르는 자는 복음(주님)을 위해 자기를 부인하고 자기 십자가를 지는 삶을 살아야 하지 않는가?(막 8:34). 주님을 따라 함께 광야의 길을 가는 우리는 이 점을 곰곰이 생각해 보아야 한다. 의미 없이 맹목적으로 무작정 이 길을 걷지 말고 광야의 세대의 행보와 결말을 기억하고 이 길을 기도 가운데 씨름하며 순종의 길을 걸어가자. 주님은 이미 우리 앞서 이 길을 걸어가셨다.

03 길 위의 길
The Way on The Way
마가복음 강해

예수님의 세례와 광야 시험 (막 1:9-13)

"9 그 때에 예수께서 갈릴리 나사렛으로부터 와서 요단강에서 요한에게 세례를 받으시고 10 곧 물에서 올라오실새 하늘이 갈라짐과 성령이 비둘기 같이 자기에게 내려오심을 보시더니 11 하늘로부터 소리가 나기를 너는 내 사랑하는 아들이라 내가 너를 기뻐하노라 하시니라 12 성령이 곧 예수를 광야로 몰아내신지라 13 광야에서 사십 일을 계시면서 사탄에게 시험을 받으시며 들짐승과 함께 계시니 천사들이 수종들더라."

오늘 우리가 읽은 본문은 예수님의 세례 받으심(1:9-11)과 광야의 시험 (1:12-13)에 대한 기사이다. 물론 이 두 사건은 우리의 설교 강단에서는 두 편의 설교로 다루어 질 수 있다. 이번 주는 '예수님의 세례 받으심'을 중심으로 설교한다면, 다음 주는 '예수님의 광야 시험'을 다룰 것이다. 사실 이 두 사건들(세례와 시험) 사이에는 신학적인 깊은 관련성이 있다. 이 점은 어느 정도 우리의 설교를 통해 논의 될 것이다.

이미 앞에서 보았던 대로 마가는 예수가 하나님의 아들이고 그리스도라는 복음의 선언(막 1:1)과 함께 곧이어 하나님 나라의 새 시대를 알리는 종소리와 같은 전령자로서 세례 요한의 출현을 극적으로 소개하였다 (1:2-8). 그리고 9절에서 요한이 소개한 "나보다 능력 많으신 이가 내 뒤에 오신다."는 그분이 마침내 무대에 등장한다. 요한의 사역과 관련해 이제 마가는 메시아로서 예수님의 공 사역(세례→승천)의 시작인 세례 받으심과 광야 시험을 소개한다. 특히 메시아로서 임직식과 같은 예수님의 '세례 받으심'과 공 사역의 축소판인 '광야 시험'의 두 사건은 예수님의 사역의 본질과 모습과 결말이 무엇인지 미리 일목요연하게 제시한다. 그러므로 이 두 사건들을 통해 독자(우리)는 마가가 앞으로 소개할 예수님의 사역의 본질과 모습과 결말을 미리 이해함으로써 마가복음 이해에 대한 기초적 안목을 갖게 된다.

특히 이 두 사건들(세례와 광야 시험)은 구약의 하나님의 백성인 이스라엘의 출애굽의 사건들을 상기시켜 주는 사건들로 곧 '홍해 바다를 건넌 사건'(세례)과 '시내 광야를 통과한 사건'(광야 시험)과 견줄 수 있다(Stock 1989:51). 이러한 해석은 고전 10:1-13의 바울의 권면(세례와 시험) 속에서도 잘 나타난다. '하나님의 아들'이신 예수님은 이 두 사건들(세례와 시험)을 통해 자신의 백성(하나님의 아들[자녀들])을 홍해 바다를 건너 출애굽하여 약속의 땅으로 인도하시기 위해 친히 광야와 같은 이 세상에 오셔서 순종의 시험을 이기시고(히 5:8 이하 참고) 수난(세례) 받으심(막 10:38에서 세례는 수난을 의미함)으로써 '출애굽'(구원)의 일을 완성하신다. 신학적으로 이것을 예수(와 그 백성)의 '새로운 출애굽'New Exodus이라고 부른다.

1. 예수님의 세례 받으심과 하늘의 임직식(1:9-11)

막 1:9의 언급("그때에 예수께서 갈릴리 나사렛으로부터 와서 요단강에서 요한에게 세례를 받으시고")은 예수께서 갈릴리 나사렛에서 평범한 목수의 아들로서 개인적인 삶(막 6:3[마 13:55] 참고)을 청산하고 나사렛을 떠나 요단강으로 나아가 세례 요한에게 세례를 받으심으로써 그의 공 사역을 시작함을 의미한다. 우리가 아는 대로 갈릴리 나사렛에서 예수님은 평범한 목수 아들로 성인이 되기까지 거기서 사셨다. 이제 예수님은 이런 개인적인 삶을 뒤로하고 30세에 나사렛을 떠나 요단강으로 나아가 세례 요한에게 세례를 받으심으로 자신의 공 사역을 시작하셨다(눅 3:23; 행 1:22-23). 새 시대의 시작을 알리는 요단강에서 요한으로부터 받으신 예수님의 세례는 다른 사람들이 받은 세례와는 특별하게 구별된다. 이 점은 특히 마 3:13-15에서 잘 지적되어졌다. "내가 당신에게 세례를 받아야 할 터인데 당신이 내게로 오시나이까? … 이제 허락하라. 우리가 이와 같이 하여 모든 의를 이루는 것이 합당하니라(14-15절)."

1) 대속적 세례로서의 의미

이처럼 예수님의 세례 받으심은 '자신의 죄를 씻기 위한 세례'(죄 사함을 받기 위한 회개의 세례)라기보다 오히려 '그 백성을 대신하여' instead of his people, '그 백성과 함께' with his people, '그 백성을 위하여' for his people 받는 대속적인 세례를 의미한다. 즉 예수님이 받은 세례란 죄인인 우리가 서야 할 그 자리에 예수님께서 우리를 대신해 서셨다는 것이다. 이 얼마나 놀라운 사랑과 봉사와 희생의 순종적 출발인가? 이 점은 세례 요한이 예수를 '성령으로 세례를 주실 분'(1:8)으로 언급한 것을 통해 어느 정도 추론할 수 있다. 즉 어떻게 '성령으로 세례를 주실 분'이 요한으로부터 물로 세례를 받을 수 있느냐는 의문에 대한 대답은 마가복음을 통해서도 얻어질 수 있다. 마가복음에서 언급하는 세례는 '수난'(죽음)을 의미하는 것(막 10:38-

39, "나의 받는 세례를 받을 수 있느냐?")으로 이 수난(죽음)은 마가복음의 문맥상 대속적 수난(죽음)을 의미한다(10:45). "인자의 온 것은 섬김을 받으려 함이 아니라 도리어 섬기려 하고 자기 목숨을 많은 사람의 대속물로 주려 하심이라." 그러므로 예수님의 세례 받으심은 이전의 평범한 목수의 삶에서부터 "자기 목숨을 많은 사람을 위한 대속물로 주려는"(δοῦναι τὴν ψυχὴν αὐτοῦ λύτρον ἀντὶ πολλῶν) 메시아(10:45)로서의 공적 삶의 시작을 알리는 사건이라고 볼 수 있다.

많은 사람의 대속물로 자신을 주시기 위해 오신 예수님은 성부 하나님의 뜻을 따라 지금 '순종의 행위'이신 세례를 받으시기 위해 나사렛을 떠나 요단강으로 나아왔다. 이처럼 공 사역의 시작을 알리는 세례에서부터 우리는 예수님께서 순종의 결심과 각오로 그 길(대속적 죽음의 길)을 가시려는 놀라운 헌신을 볼 수 있다. 공 사역의 시작부터 대속적 희생(죽음)을 각오한 순종의 헌신(세례 받음)을 의미한다. 이러한 순종의 헌신은 예수님의 사역을 통하여 독자인 우리가 지속적으로 관찰하고, 기억해야 할 모습이다.

2) '순종의 헌신'으로서 주님의 세례

오늘 주의 길 the way of the Lord 을 따르는 주님의 제자들인 우리, 특히 주의 종들은 이러한 주님의 모습을 통해 무엇을 배워야 하는가?(제자도의 의미). 확실히 '예수의 세례 받으심'은 그의 공 사역(메시아의 사역)의 시작을 앞둔 순종적 헌신을 의미한다. 먼저 우리는 우리의 사역(개척 사역)의 시작에서 예수님처럼 이러한 '순종의 헌신의 시간'(세례 받음)이 있었는가를 생각해 보아야 한다. 로마 가톨릭에서는 사제가 되기 위해 서품을 받을 때 그들이 바닥에 두 손을 벌리고 완전히 엎드려 있는데, 이 모습은 주님의 십자가를 지고 수난의 삶을 살고자 하는 헌신(결심)의 모습을 예식화한 것이라고 생각한다. 사제(주의 종)로서 삶을 시작하는 시간에 이러한 헌신의 예식(순명 서약의 서품식)은 우리에게 큰 도전이 된다. 이처럼 그의 공 사역에 앞서 진행된 예수님의 세례 받으심은 새로운 시작을 위한 순명 서약과 같은 의미이며 이어지는 성령의 부어주심은 사역을 위한 능력 부어주심의 의미이다. 이 모습은 공적 사역을 시작하는 모든 사람들에게 특별한 의미를 지닌다.

물론 예수님의 이러한 대속적 세례는 구원론적으로 볼 때에는 아무도 흉내 낼 수 없는 유독한 면을 지닌다. 그럼에도 불구하고 우리는 주님을 따르는 제자로서 복음(주)을 위해, 교회를 위해, '주의 세례'(그의 수난과 죽음을 따름)를 기꺼이 받고자 해야 한다. 이 점은 이미 앞서 살펴본 대로 막 10:38에서 예수님께서 제자들에게 던진 의미 있는 질문을 고려할 때 그 의미가 명확하다: "너희가 나의 받는 세례를 받을 수 있느냐?" 우리를 위한 대속적 죽음을 지시기 위해 수난의 길을 가시려는 예수님께서 그 길에서("노중에서") 자신을 따르는 제자들에게 이와 같은 질문을 하셨다면, 오늘 주님을 따르는 우리에게도 동일한 질문으로 다가오지 않을까? 너희가 나의 받는 세례(수난)를 받을 수 있느냐? 물론 이와 같은 세례의 의미가 어찌 주의 종들에게만 국한되겠는가? 주의 길을 따르는 모든 주의 제자들에게도 적용되는 교훈이다.

저를 포함하여 순례자의 집을 시작하며 함께 하나님의 집을 세우려는 우리 모두에게도 똑같이 적용되어야 할 하나님의 물음이면서도 권면이다. "너희가 나의 받는 세례(수난)를 받을 수 있느냐?" 22년 새해에는 부흥을 꿈꾸는 우리 모두에게 이와 같은 주님의 물음에 순종과 헌신의 화답이 있었으면 좋겠다.

이어지는 모습은 이 같은 수난의 대속적 길을 가려는 예수님의 결심과 순종의 행위인 세례로부터 하늘이 '갈라지고'(|σχιζομένους|σχίζω]. 마 3:16과 눅 3:21은 하늘이 '열리고'[ἠνεῴχθησαν|ἀνοίγω]라고 표현됨), 위로부터 성령의 강림(부어주심)이 예수 위에 있게 되는 거룩한 하늘의 임직식이 거행되면서 아들에 대한 하나님 아버지의 지극한 사랑과 거룩하신 기쁨이 선언된다(11절). "너는 내 사랑하는 아들이라 내가 너를 기뻐하노라."

특히 예수의 세례 받으심(9절) 후에 곧 하늘로부터 성령이 비둘기같이 예수님 위에 강림함(10절)은 마치 구약에서 제사장으로 기름 부음을 받는 장면(헌신과 기름 부음)을 연상케 한다. 대속적 수난의 길을 가기 위한 순종의 헌신 세례식이 끝나자 곧 하늘이 갈라(찢어)지며 위로부터 비둘기 같이 예수님께 내린 성령 강림은 그를 '고난받는 종'(메시아[그리스도])으로서 능력을 부어주는 모습이라고 할 수 있다(행 10:38 참고). "하나님이 나사렛 예수에게 성령과 능력을 기름 붓듯 하셨으매 저가 두루 다니시며 착한 일을 행하시고 마귀에게 눌린 모든 자를 고치셨으니 이는 하나님이 함께 하심이라."

흔히 개신교 교회의 내부 인테리어를 보면 비둘기 모양의 성령이 교회 내부 돔의 기둥을 타고 교회 안으로 충만히 강림하는 모습을 가진다. 이것은 매우 흥미로운 교회 내부 건축 구조로서 교회의 사역과 사명은 성령의 강림과 부어주심 없이는 성취될 수 없음을 잘 보여준다. 순종과 헌신의 행동 뒤에 이어지는 '성령의 강림과 부어주심'은 '하나님과 함께'

하시는 그의 메시아 사역을 성취하게 하는 원동력이다. 이 성령의 놀라우신 강림하심과 부어주심의 은혜가 우리에게도 임하기를 기원한다. 그러기 위해서는 예수님처럼 순종과 헌신의 결단이 우선되어야 한다.

3) 하늘의 갈라짐(찢어짐): 모든 장벽이 해체됨

여기 예수님의 세례 시(時) 나타난 '하늘의 갈라짐[찢어짐]'^{the tearing of the heavens}의 표현(모습)은 하나님의 현존과 피조 세계를 나누는 휘장^{curtain}으로서의 개념(사 40:22; 겔 1:1)을 가진 하늘에 대한 유대적 우주관을 고려할 때 대단히 의미심장하다(Ulansey 1991:34; Rhoads 1992:140; Juel 1994:34ff). 즉 예수님의 세례 받으심의 사건에서 보인 하늘의 갈라짐(찢어짐)은 하나님의 거주하심이 더 이상 하늘 위에만 머무르는 것이 아니라 피조된 이 세상 속에 영구적으로 나타나는 것(사 64:1 참고, "주는 하늘을 가르고 강림하시고")으로서 이것은 예수(의 수난 사역)를 통한 하나님 나라의 영구적 강림을 의미한다. 특히 여기 "찢어짐"[σχίζω]의 표현은 다시 회복될 수 없는 면을 강조한다. 마가복음에서 이 찢어짐은 막 1:10과 막 15:38에서 두 번 수미상관의 형태^{inclusio}로 나타나는데, 하나는 예수님의 죽으심을 상징하고 예시하는 예수님의 세례 받으심(9절)에서 나타나고 또 다른 하나는 예수님의 죽으심(37절)에서 나타난다. 이 둘은 모두 예수님의 수난과 죽으심과 깊은 연관이 있다. 결국 예수님의 수난과 죽으심은 하나님과 인간 사이의 장벽을 완벽하게 허무는/찢어놓는 의미를 가진다. 이제 예수님의 죽으심을 통해 하나님은 하늘에만 머무시지 않으시고 이 세상 속에 장막을 치고 영구히 거하신다. 보내신 그 아들을 통하여 우리 가운데 거하실 뿐 아니라 아들의 죽음을 통해 보내신 성령으로 우리와 영구적으로 거하시고 함께 하신다. 무엇보다도 그 아들의 죽으심을 통해 하나님은 우리와 영원히 함께 하시는 길을 여셨고 이제 우리는 언제든지 하나님의 보좌(성소) 앞에 나아가는 담력(확신)을 가진다.

히브리서 기자는 히 10:19-20에서 "그러므로 형제들아 우리가 예수의 피를 힘입어 지성소에 들어갈 담력(확신)을 얻었으니(가졌으니) 그 길은 우리를 위하여 휘장 가운데로 열어놓으신 새로운 살 길이요 휘장은 곧 그의 육체니라." 오늘 본문은 이러한 새로운 살 길을 예수님의 세례 받으심의 장면을 통해 예시적으로 보여준다. 그리고 예수님의 죽으심은 예루살렘 성전 앞에 걸려 있는 80피트나 되는 그 큰 하늘 휘장이 위에서부터 아래로 찢어짐으로 누구든지 성전에 들어갈 수 있는 새 길이 열렸음을 보여준다. 그러므로 이 놀라운 죽음 뒤에 이방인 백부장이 선언한 "그렇게 숨지심을 보고 이르되 이 사람은 진실로 하나님의 아들이었도다."라는 고백(39절)은 참으로 의미심장하다. 예수님의 죽으심으로 예루살렘 성전은 더 이상 유대인만의 전유물이 아니다. 이제는 어떤 제약도 없이 누구든지 언제든지 성전에 들어갈 뿐만 아니라, 하나님이 거주하시는 지성소까지 누구든지 언제든지 나아갈 수 있는 새로운 길이 열렸다. 인간적-인종적, 지리적, 공간적, 시간적 제약(휘장)이 다 폐기되어졌다(찢어졌다). 세상의 휘장들을 넘어서 하늘 휘장이 찢어졌다. 하나님과 우리 사이를 가로막는 모든 휘장들이 다 찢어졌다. 불결의 휘장도, 질병의 휘장도, 죄의 권세의 휘장도, 죽음의 권세의 휘장도 모두 다 찢어졌다. 이제는 예수님(십자가)을 통하여 성령과 진리 안에서 '누구든지 언제든지' 하나님을 만나 예배(교제)하는 새 길이 열렸다. 하나님께 나아가는데 막힌 담들이 모두 다 허물어졌다. 이것이 마가가 전하고자 하는 복음이다.

동서의 베를린 장벽이 허물어지듯이, 하나님께 나아가는 모든 장벽이 다 허물어졌다. 어느 누구도, 어떤 교단도, 어떤 신학적 교리도, 어떤 물리적인 힘도 이 장벽을 다시 쌓을(세울) 수 없다. 자기 아들을 아낌없이 내어주심으로 보여주신 하나님의 사랑을 그 무엇(환란; 곤고; 박해; 기근; 적신; 위험; 칼; 더 나아가 사망; 생명; 천사들; 권세자들; 현재 일; 장래 일; 능력; 높음; 깊음; 다른 어떤 피조물이라)도 끊을 수 없는 것처럼, 하나님께서 그 아들의 죽음을 통해 허무신 장벽을 그 무엇도, 그 어떤 것도 다시 막을 수 없다. 하늘 휘장의 찢어짐(1:9)과 함께 하늘 휘장을 상징하는 성전 휘장(15:38)이 그 아들의 죽으심을 통해 회생불가능하게 완전히(완벽하게) 찢어졌다고 마가는 서술한다. "하늘이 갈라짐(찢어짐)과." 이것이 마가가 보여주는 예수님의 세례 사건의 의미이다. 그대(여러분)는 아는가? 이 위대한 진리를 …. 이 진리를 우리가 누릴 뿐 아니라 더 나아가 이 세상에 전하는 우리 모두가 되었으면 한다.

이어 예수 위에 내린 성령 강림은 하나님 나라 도래의 종말론적인 입증을 의미한다(Edwards 1991:43 이하). 또한 세례 후 성령 강림과 더불어 시작되는 예수의 광야 사역(축귀; 치유; 먹이심; 가르치심)은 구약에서 강조하는 하나님의 은혜로우신 종말론적 사역을 의미한다. 오늘 하나님의 종들인 우리도 하나님의 은혜로우신 성령의 사역을 통해 광야 사역(능력과 수난의 사역)을 수행하여야 한다. 여기서 우리는 성령과 광야와의 깊은 관계를 본다. (이 점은 다음 주에 다루게 될 것이다.)

이제 예수님께서 자신의 공 사역을 그 백성과 함께 with his people, 그 백성을 위한 for his people 대속적 세례 받으심으로 시작하실 때 하늘로부터 비둘기 같은 성령 강림(기름 부음)과 함께 예수는 성령에 이끌리어 광야에서 권능power의 사역(행 10:38 참고)과 수난suffering의 사역(순종의 사역)을 하게 된다. 특히 예수님께서 세례 받으신 후 '곧 물에서 올라오실 새'(9절) 하늘이 갈라지고("찢어지고") 성령이 비둘기같이 강림하면서 나타난 "너는 내 사랑하는 아들이라 내가 너를 기뻐하노라"(cf. 창 22:2; 사 42:1과 시 2:7)는 하늘로부터의 선언은 '수난 받는 종'으로서 순종의 길을 가고자 하는 그 아들에 대한 성부 하나님의 지극한 사랑과 거룩하신 기쁨의 선언이었다. 불순종한 인류를 향한 성부 하나님의 간절한 사랑의 마음과 계획이 이제 그 외아들 예수 그리스도의 순종의 헌신인 세례를 통해서 시작되는 이 시점에서 자신의 아들에 대한 성부 하나님의 사랑과 거룩하신 기쁨의 선언과 함께 아들의 사역을 위한 성령의 기름 부음이 있었다(Tannehill 1979:61; Gibson 1994:24ff). 이 모습은 마치 구약 창세기에서 기쁨의 아들인 이삭이 그 아버지의 뜻을 따라 모리아 산에 번제로 드릴 때 순종의 헌신을 하였던 그 모습처럼, 이제 그 사랑 받는 아들 예수가 공 사역을 시작하면서 하나님 아버지의 뜻을 따라 대속물로 자신을 드리는 순종의 헌신으로서 세례를 받을 때 하늘로부터 "이는 내 사랑하는 아들이요 내가 너를 기뻐하노라."라는 하나님의 기쁨과 사랑이 선언된다. 놀랍게도 하늘이 갈라(찢어)지며 하늘로부터 성령의 부어주심과 함께 성령은 곧 예수를 '광야'(ἔρημος)로 내쫓는다(ἐκβάλλω). 여기서 우리는 '왜' 하나님께서 자신의 사랑의 아들, 기쁨의 아들을 낙원이 아니라 광야로 내쫓는지에 대한 의문을 갖게 될 것이다. 여기 "왜"why?라는 의문은 우리가 다음 주일에 다룰 예수님의 광야 시험에서 깊이 생각해 볼 점이다.

04

마가복음 강해
길 위의 길
The Way on The Way

예수님의 광야 시험 (막 1:12-13)

"12 성령이 곧 예수를 광야로 몰아내신지라 13 광야에서 사십 일을 계셔서 사탄에게 시험을 받으시며 들짐승과 함께 계시니 천사들이 수종들더라."

마가복음은 다른 복음서와는 달리 예수님의 광야 시험을 단지 두 절로만 간략히 묘사한다. 마태(4:1-11)와 누가(4:1-13)는 광야의 시험 받음의 내용(시험이 무엇이냐)에 대해 길게 서술하는데 비해 마가는 시험 받음의 결과(승리와 낙원, "거기서 들짐승과 함께 계심")에 대해 간결하게 진술함으로써 자신의 신학과 메시지를 강화한다. 지난 주 언급처럼, 마가복음에서 예수님의 세례와 광야 시험의 두 사건은 밀접한 연관성을 가지고 있다. 특히 12절의 "그리고[이어서] 곧"(Καὶ εὐθὺς)의 표현은 이 두 사건이 밀접하게 관련되었음을 시사해 준다. 구약의 출애굽 사건에서 보는 대로 광야 시험은 홍해를 건넘[세례]의 필연적 결과이다. 대속적 죽음(세례)을 받기 위한 그의 자발적 헌신과 순종의 표인 세례 후 예수님은 성령의 기름 부음을 받고 성령에 의해 곧 광야로 몰아내져(내쫓아져) 거기서 40일 동안 사탄[Satan]에게 시험을 받음으로써 그의 생애가 광야의 삶(수난과 죽음으로 점철된 삶)인 것을 보여준다. 그러나 이러한 광야 시험에서 예수님은 승리하심으로 우리를 생명과 구원의 '낙원'으로 인도하신다('낙원' 모티브[Lane 1974:61]). 결과적으로 예수님의 광야 시험은 앞으로 있을 그의 사역의 모습을 요약적으로 보여주는 '예시적 사건'으로서 전쟁으로 말하면 일종의 '모의 전쟁'war-game과 같다고 할 수 있다.

1. 성령과 광야

12절의 "성령이 곧 예수를 광야로 몰아내신지라"(Καὶ εὐθὺς τὸ πνεῦμα αὐτὸν ἐκβάλλει εἰς τὴν ἔρημον)라는 표현은 다른 복음서들에 비해 매우 강하고 생생한 능동적 묘사이다. 이 표현은 성령께서 예수를 의도적으로 광야로 '몰아갔음'/'쫓아냄'(ἐκβάλλει)을 강하게 암시하고 있다. 즉, 마가는 예수님을 광야로 몰아간/쫓아낸 것이 성령임을 말함으로써 성령의 사역과 광야의 시험 받음 사이에는 밀접한 관계가 있음을 잘 보여준다. 세례 요한에 의해 '광야의 사람'으로서 소개된 예수님은 그의 생애를 그 백성과 함께 광야에서 사역하신다. 예수님의 광야 사역은 자기 백성을 '생명과 구원'(낙원)으로 이끄는 '새로운 출애굽'New Exodus 사역이다. 그러므로 이 광야의 사역은 특별한 능력(이적을 베풂과 수난을 이김)이 요구되는데 그것은 성령에 이끌리어 사는 삶이다.

구약에서 보는 대로 하나님은 이스라엘 백성을 광야에서 구름 기둥과 불 기둥으로 인도하시고 그들을 특별하신 능력으로 먹이시고 치유하시고 보호하셨다. 광야에서 그 백성을 인도하신 하나님은 '여호와 이레'의 하나님, '여호와 라파'의 하나님, '여호와 닛시'의 하나님이시다. 특히 이

사야 선지자는 광야에서 그 백성을 출애굽하여 인도하신 여호와 하나님을 회상하며 종말론적인 메시아 시대에 나타날 새로운 출애굽의 사역(홍해 바다 건넘과 광야 사역)은 하나님의 성령(성신)의 사역을 통해 이루어지는 것으로 서술한다(사 63:10-14). 즉, 광야와 성령을 미래의 새로운 출애굽new exodus의 모습으로 제시한다(사 32:15). "필경은 위에서부터 우리에게 성신(聖神)을 부어 주리니 광야가 아름다운 밭이 되며 아름다운 밭을 삼림으로 여기리라."

이런 까닭에 세례 시에 예수님 위에 강림한 성령은 예수를 곧 광야로 몰아내었다. 여기 "광야로 몰아내었다"는 의미는 결과적으로 예수가 성령에 이끌리어 광야의 길을 통과했다는 의미로 볼 수 있다(cf. Lane 1974:59). 광야 길의 통과, 광야 사역의 완성(승리)은 성령으로 이루어짐을 의미한다. 결국 앞으로 관찰할 예수님은 자신의 광야 사역(지상 사역)에서 특별한 권위(가르침)와 능력(이적)을 보이고 있음을 본다. 그러므로 예수의 공 사역 -출발부터(세례의 임직식에서) 끝까지(죽음까지)- 은 성령과 함께 하는 사역임을 이 구절이 잘 암시해 준다. 특히 '고난받는 종'으로서의 예수의 삶은 성령의 능력과 인도하심 가운데 이루어져야 한다. 그렇기 때문에 그는 늘 기도에 힘썼다. 이와 같이 광야(의 시험)와 성령은 예수의 사역에서 서로 매우 밀접하게 관련되어 있다.

마가복음에서 성령에 이끌려 사탄에게 시험 받은 예수는 광야 같은 이 세상에서 많은 시험들을 받았고, 많은 시험들 속에서도 그는 기도로 그러한 시험을 이기고 순종의 길을 걸어감을 본다. 우리 역시도 이 광야 같은 세상을 이길 힘은 성령의 능력으로만 가능한데 그것은 기도하는 삶이다. 우리 순례자의 집은 복음 사역을 감당하기 위해서는 성령의 은혜를 사모하고 성령의 능력에 힘입는 하나님의 집이 되었으면 한다. 이것이 제가 오늘 찬 183장을 다시 부른 이유이다. 가을을 지나 겨울 동안 메마른 나뭇가지들이 봄비를 간절히 기다리며 새싹을 내듯이, 코비드19와 함께 메마른 우리 영혼과 우리의 복음 사역은 성령의 은혜의 단비를 사모한다. 지금 우리에게 필요한 것은 성령의 은혜의 단비이다.

2. 사탄과 광야의 시험

구약에서 '광야'(ἔρημος)는 저주의 장소, 악한 영들이 방황하는 곳, 그리고 불순종으로 인한 죽음의 장소며 무엇보다도 여러 가지 시험의 장소(신 8:2)로 자주 언급되었다. "네 하나님 여호와께서 이 사십 년 동안에 네게 광야 길을 걷게 하신 것을 기억하라 이는 너를 낮추시며 너를 시험하사 네 마음이 어떠한지 그 명령을 지키는지 지키지 않는지 알려 하심이라." 출애굽한 하나님의 아들들인 이스라엘 백성은 광야에서 여러 가지 시험(신뢰와 순종의 시험)을 만나 견디지 못함으로 약속의 땅 가나안에 들어가지 못하였다. 이제 마지막 날, 성령은 하나님의 아들 예수를 이곳 광야로 의도적으로 몰고 감으로써 예수님을 광야 시험 가운데로 몰아간다. 한 마디로 예수님은 광야의 삶을 살아야 할 '광야의 사람'이다. 13절의 사탄에 의한 예수님의 광야 시험은 메시아의 길에 대해 '하나님의 일을 생각지 않고 사람(사탄)의 일을 생각하는'(8:33) 수많은 시험들을 말한다. 마가복음에서 이런 사탄의 시험들은 여러 방면에서 찾아오는데 예루살렘 종교 지도자들로부터(2:1-3:6), 친족들로부터(3:20-35), 고향에서(6:1-6), 수제자 베드로부터(8:31-33; 9:5), 제자들로부터(9:38; 10:35-41), 자신으로부터(14:32-36)와 그리고 친구(가롯 유다)의 배반과 버림받음, 그리고 마지막 공회와 빌라도 앞에서와 십자가상에서의 혹독한 시험(14:43-15:32)이 찾아온다. 특히 막 8:31-33에서 예수님의 수난 예언에 대한 베드로의 반응(책망)은 사탄의 시험이 내부로부터 발생할 수 있음을 잘 보여준다. 이러한 시험은 주님을 따르는 우리에게도 나타나는데 그것은 제자도의 길을 가는데 따르는 시험이다(막 8:34 이하). 주님을 따르는 제자의 길(제자도)에 닥치는 많은 시험들(환난과 핍박[4:17], 그리고 세상의 염려와 재리의 유혹[속임]과 기타 욕심으로 인한 시험[4:19])은 하나님의 일(뜻)을 생각하고 성령 안에서 기도(의 씨름)를 통해 극복되어야 한다.

특히 이러한 여러 가지 시험을 이기는 비결은 막 14:38에서 구체적으로 제시되는데 그것은 기도하는 삶이다. "시험에 들지 않게 깨어 기도하라." 확실히 기도는 마가복음에서 시험(수난)을 이기는 원동력임을 알 수 있다. 특히 9:28에서 "어찌하여 우리는 … 할 수 없느냐"고 제자들이 자신들의 무능한 이유를 예수님께 물었을 때 예수님은 대답하시기를 "기도 외에 다른 것으로는 이런 종류가 나갈 수 없느니라."라고 답변하고 있다. 이런 까닭에 예수님은 자신의 사역의 고비마다 아니 항상 '한적한 곳에서' 기도하는 습관을 가지고 계심을 본다. 이와는 달리, 종교 지도자들은 성전을 '만민이 기도하는 집'이 되도록 애쓰기보다는 오히려 자신들의 기득권(헤게모니)의 굴혈로 바꿈으로써 그들의 영성은 구멍이 나고 예수로부터 혹독한 책망과 심판을 선고받는다. 이뿐 아니라 예수님의 수제자인 베드로에게 닥친 시험(14:27-30)에서의 그의 실패는 곧 기도의 실패임을 본다. 과연 교회는 '강도의 굴혈'이냐? '만민이 기도하는 집'이냐? 우리의 순례자의 집도 기도하는 집으로서의 역할을 다해야 한다.

3. 낙원 모티브

13절의 "들짐승과 함께 계시니 천사들이 수종들더라."의 표현은 광야가 낙원으로 바뀐 모습(사 11:6-8; 35장; 겔 34:23-28 참고)을 암시하는데(Lane 1974:61) 이것은 광야 시험에서 예수님이 하나님의 뜻과 계획에 철저히 순종하심으로써 실낙원인 '광야'를 복낙원인 '낙원'으로 만들었음을 보여준다. 첫 사람 아담은 아름답고 풍성한 동산(낙원)에서 불순종함으로 쫓겨남을 당하여 황량한 광야^{wildness}의 유리하는 생을 그 후손인 우리에게 물려주었는데 비해, 둘째 사람(아담) 예수는 살기 좋은 낙원이 아니라 거칠고 황폐한 광야^{wilderness}에서 순종함으로 광야를 낙원^{Paradise}으로 만들었다. 다시 말하면, 첫 사람 아담은 아름답고 풍성한 낙원에서 불순종함으로 낙원으로부터 쫓겨남을 당하였고, 하나님의 아들[자녀]들인 이스라엘의 세대는 광야에서 불순종함으로 낙원인 약속의 땅 가나안에 들어가지 못하고 광야에서 죽었지만 '하나님의 아들'인 예수는 '광야'에서 '하나님의 일'만 생각하고 그것을 철저히 순종함으로 '광야'를 '낙원'으로 바꾸었다. 오늘날도 마찬가지다. 주어진 낙원을 욕심과 죄로 인해 불순종함으로 광야로 바꾸는 인생이 있는가 하면, 거친 광야조차도 성령 안에서 믿음을 따라 순종함으로 낙원으로 바꾸는 인생이 있다. 우리는 과연 어떠한 삶을 살고 있는가? 불순종함으로 낙원을 광야로 바꾸는 사람들인가 아니면 순종함으로 거친 광야조차도 낙원으로 바꾸는 신앙의 사람들인가? 여기에 성령의 능력과 인도하심 가운데 '광야의 사람' 예수의 죽기까지 순종은 우리에게 정말 귀한 귀감(모범)이 된다.

4. 나가면서

여기 세례 요한이 소개하는 "성령Holy Spirit으로 세례를 주시는 분"이 있다. 이분은 죄 씻음을 받을 필요가 없는 '하나님의 거룩한 분'이시지만 물세례(죄 사함을 받는 회개의 세례)를 받기 위해 요한에게로 나아왔다. 하나님의 거룩하신 분(하나님의 아들)이 죄 씻음을 받아야 할 죄인의 자리로 나아왔다. 우리를 대신하기 위해 '거룩하신 하나님'이 스스로 우리를 구원하시기 위해 세상 속으로 오셨고 씻음을 받아야 할 '더러움'의 자리에 나아왔다. 마가의 증거(1:10)에 따르면 하늘의 휘장이 찢어져 그 거룩하신 하나님이 지상으로 강림하셨다(사 64:1). "원하건대 주는 하늘을 가르고 강림하시고." 그리고 400년의 암흑기 동안 그토록 기다렸던 성령의 강림이 예수님에게 부어졌다. 이사야가 말하는 거룩한 종, 기름 부음 받은 종은 우리의 허물과 죄악(더러움)을 짊어질 하나님의 아들 예수다.

이어 성부 하나님의 거룩한 기쁨이 선언된다. "너는 내 사랑하는 아들이다 내가 너를 기뻐한다." 사실 이것은 단지 하나님 아버지만의 기쁨이 아니다. 우리 모두에게 기쁜 소식이다. 우리를 위해 기꺼이 세례(죽음)를 받으신 하나님의 아들 예수, 그가 우리의 구원자이시다. 그를 통하여 하나님의 거주하심을 가려주는 하늘의 휘장이 찢겨져 하나님이 지상에 강림하셨다. 하늘 성소가 열렸다. 이제 불결한 우리 모두는 거룩하신 하나님(예수)을 만난다. 사죄가 선언된다. 우리가 잘나서가 아니다. 그가 먼저 우리의 더러움을 짊어지셨기에 이것이 가능하다. 성전은 더 이상 필요 없다. 속죄 제도도 필요 없다. 그가 우리의 더러움의 자리에 서서 우리를 위해 세례(죽음)를 받았기에 우리는 사죄(용서)를 받는다. 하늘이 열렸다. 성령이 부어졌다. 기쁨이 하나님으로부터 선언되었다. 복음의 시작이다.

그런데 이 하나님의 기쁨의 아들이 성령에 의해 광야로 쫓겨 갔다. 왜? 하늘에 있어야 할 그분이 왜 광야로 쫓겨 갔나? 낙원(하늘 보좌)에 있어야 할 '하나님의 거룩한 자' 예수 그는 하나님의 사랑하는 아들이었고 그의 기쁨의 대상이었다. 그런데 그가 지금 악한 영들이 방황하는 거친 광야로 쫓겨났다. 죄 때문에 광야 추방인가? No! 비록 성령께서 그를 광야로 의도적으로 추방했지만 예수님 편에서는 자발적 순종이다. 그가 광야로 쫓겨난 것은 하나님의 특별한 의도였다. 아담이 실패하고 이스라엘 백성이 실패한 '순종의 시험'을 받기 위해서 예수님은 광야로 몰아 내어졌다. 범죄(불순종)한 아담이 쫓겨 간 그 광야에, 불순종한 이스라엘 백성이 유리하며 죽었던 그 광야 즉 물 없는 광야, 거친 광야, 악한 영들이 방황하는 광야에 던져졌다. 그러나 확실히 예수님은 죄를 범하여 광야로 쫓겨난 아담과는 달랐다. 그리고 사람을 죽였기 때문에 광야로 도망간 모세와도 달랐다. 그리고 그 광야에 끌려 왔다고 불평하는 이스라엘 백성과도 달랐다. 그는 성령에 이끌리어 이곳에 왔지만, 아니 성령이 그를 광야로 몰아내었지만 이곳에서의 사탄의 시험에서 불평이 없었다. 단 마음으로 광야의 삶을 살았다. 순종함으로써 이 시험을 이겼다. 순종함을 배워 약속의 새 땅에 들어가야 하는 하나님의 아들들(자녀들)인 이스라엘 백성들이 불순종하여 광야에서 죽고 매장되었던 그 광야에 이제 하나님의 아들이신 예수가 오셔서 철저한 순종, 죽기까지 순종함을 통하여 광야를 낙원으로 만들었다. 거친 광야를 살기 좋은 낙원으로 만들기 위해 친히 이 광야에 와서 광야의 사람이 되셨다. 광야에서 유리방황하는 우리들을 낙원으로 인도하기 위해 그는 광야의 삶(수난과 죽음의 삶=십자가의 삶)을 온몸으로 받아들였다.

이제 이 광야의 삶은 그를 따르는 제자들, 곧 우리들의 몫이다. 예수님처럼 우리도 성령에 이끌리어 광야의 삶을 살아야 한다. 이 광야에서 성령에 이끌리어 보호를 받고 먹이심을 받으면서 우리는 하나님의 현존과 영광을 경험한다. 순종을 통해서 사막이 샘이 되는 경험을 하며 광야의 풍성한 식탁을 경험하는 삶. 이것이 광야의 백성에게 주어진 축복의 삶이다. 이 삶을 누리시는 여러분이 되시기를 축원한다. 우리 모두가 되기를 진심으로 기원한다.

05

마가복음 강해
길 위의 길
The Way on The Way

공 사역의 시작 (막 1:14-15)

"14 요한이 잡힌 후 예수께서 갈릴리에 오셔서 하나님의 복음을 전파하여 15 이르시되 때가 찼고 하나님의 나라가 가까이 왔으니 회개하고 복음을 믿으라 하시더라."

마가복음의 서곡(1:1-13)이 끝나고 제1막이 시작된다. 본론의 제1막은 빛의 증거자며, 왕(메시아)의 전령자로서 그토록 기다리던 메시아의 새 시대를 준비하고 알렸던 세례 요한이 무대에서 비극적 사라짐을 알림("요한이 잡힌 후에")으로 시작된다. 그리고 기다리고 기다리던 하나님의 아들 그리스도 예수가 극적으로 등장한다.

앞 단락에서 본대로 예수님은 '대속적 수난(죽음)의 삶'(이하. 막 10:38, 45)을 살기 위한 결심과 순종의 행위로서의 세례를 세례 요한으로부터 받으셨다. 예수님의 세례는 하나님 아버지의 사랑과 기쁨의 선포("너는 내 사랑하는 아들이라 내가 너를 기뻐하노라")를 통해 '수난 받는 종'으로서의 길을 걸어가야 하는 거룩한 임직식과 같았다. 이 점은 예수가 세례를 받고 물 위로 올라오자마자 나타난 사건으로 보아 짐작이 간다. 하늘(의 휘장)이 갈라(찢어)지고 위로부터 비둘기같이 성령이 예수 위에 강림(기름 부음)한다.

하늘의 거룩한 임직식 후 예수님은 곧 성령에 이끌리어 광야로 시험 받기 위하여 내쫓김을 당한다. '광야의 시험'은 앞으로 전개될 그의 지상 생애의 모습을 요약한 것으로 그는 사탄에 의해 40일간 시험(영적 전투)을 받은 후 승리자의 모습(또는 낙원으로 변한 광야의 모습)으로 나타난다. 광야 시험이 끝난 후 마가는 '고난받는 종'(그리스도)으로서의 예수님의 사역(수난의 사역)을 세례 요한의 수난 속에 사라짐("세례 요한이 잡힌 후")에 연이어 극적으로 소개한다(14절). 막 1:14-20은 장소나 시간에 따른 장면 분석으로 볼 때 하나의 단락으로 취급할 수 있다. 장소에 따른 단락 결정은 12절 이하에는 '광야'로 언급이 되고 21절에서는 '가버나움'으로 장소가 전환되는데 14절과 16절은 '갈릴리'로 언급하고 있는 점으로 미루어 알 수 있고(Marshall 1989:135), 시간에 따른 단락 결정은 14절에서 "세례 요한이 잡힌 후"에 대한 언급과 21절의 "안식일에"의 언급 사이에 이 단락이 놓여 있는 것으로 제시될 수 있다(Robbins 1982:220). 그런데 이번 주일은 이 단락의 앞 부분인 1:14-15절만 설교할 것이다.

1. 새 시대를 알리는 예수님의 공 사역의 시작(막 1:14-15): 사역과 수난

왕(메시아)의 전령자, 빛의 증거자, 그리고 '주의 길'을 예비하였던 세례 요한이 고난 속으로 퇴장하면서 곧 예수가 극적으로 등장한다. 등장하는 이 예수는 세례 요한이 말한 '내 뒤에 오실 능력 많으신 이' 곧 '성령으로 세례를 주실 이'(막 1:7-8)인 메시아 곧 그리스도시다. 수난 속으로 사라지는 요한의 모습에 이어 극적으로 소개되는 예수의 모습(14절, "요한이 잡힌 후 예수께서 갈릴리에 오셔서")에는 그의 수난의 운명에 대한 암묵적 의미가 있다. 즉, 예수는 하나님 나라의 복음을 능력 가운데 전하지만 자신도 수난의 길을 가야 할 메시아이심이 공 사역의 출발에서부터 그림자처럼 드리워진다. 이러한 언급은 앞으로 닥칠 예수의 비극적 수난과 죽음의 묵계적인 모습이다. 이 점은 아래의 주해를 통해 잘 제시된다.

1) "요한이 잡힌[넘겨진] 후에"(1:14)

여기에 나오는 "잡힌"(παραδίδωμι)이란 헬라어 단어는 마가복음의 중심 신학인 기독론christology과 제자도discipleship를 잘 요약해 주는 단어[24]로 마가복음에 여러 번(Bible Works에 따르면 19구절들[1:14; 3:19; 4:29; 7:13; 9:31; 10:33; 13:9, 11, 12; 14:10, 11, 18, 21, 41, 42, 44; 15:1, 10, 15]에 20번[10:33에서 두 번 사용됨] 나타남) 언급되고 있다. 그 중 특이한 것은 이 단어가 주로 '배반당했다', '수난(죽음) 가운데 넘겨졌다' 등으로 쓰였다는 점이다. 특히 세례 요한의 수난을 언급한 이 구절(단어)은 막 9:31과 10:33(예수의 수난)과 13:9, 11(제자들의 수난)의 구절들과 함께 마가의 신학을 잘 반영하고 있다(Perrin 1994:306, 322-23).

14절에서 마가는 세례 요한의 수난의 결말(운명)과 예수님의 삶(공 사역)의 시작을 병행시켜 언급함으로써 '주의 길을 예비하는 자'로서 요한

---

24 특히 신약에서의 이 단어([παρα]δίδοναι)와 예수의 수난과의 관계에 대한 논의에 대해서는 Perrin 1974:94-103을 보라.

의 비극적 운명이 곧 예수가 가야 할 길, 곧 '주의 길'임을 미리 예시해 준다. 이 점은 마가복음 내에서 이 두 사람 사이의 관계에 대한 언급들(막 6:20; 9:12-13)을 이해할 때 더욱 명백하다. 즉, 의롭고 거룩한 사람 세례 요한이 복음을 전하다가 배척과 고난과 비통한 죽음을 당한 것처럼(막 6:14-29), 무죄한 하나님의 아들인 예수님도 천국 복음을 전하면서 그와 같은 비통한 운명을 당하게 될 것이라는 사실을 미리 보여준다(예표론[기독론]적인 의미). 두 사람 사이의 공유된 이러한 수난의 관계는 막 9:11-13에서도 또한 잘 제시되고 있다: "이에 예수께 묻자와 이르되 어찌하여 서기관들이 엘리야가 먼저 와야 하리라 하나이까 이르시되 엘리야가 과연 먼저 와서 모든 것을 회복하거니와 어찌 인자에 대하여 기록하기를 많은 고난을 받고 멸시를 당하리라 하였느냐 그러나 내가 너희에게 이르노니 엘리야가 왔으되 기록된 바와 같이 사람들이 함부로 대우하였느니라 하시니라." 여기에 나온 엘리야의 언급은 세례 요한을 말하는 것으로 그가 사람들에게 '함부로'(ὅσα ἤθελον[whatever they wished]) 대우를 받은 대로 예수님도 수난을 받고 멸시를 받아야 됨을 강조하고 있다. 마가복음에서 엘리야로 언급된 광야의 사람 세례 요한은 주로 '수난의 사람'man of suffering으로 그려졌다.

결론적으로 마가는 이 구절을 통해 요한이 당한 이러한 비극적 운명(막 6:14-29)이 단순히 부패하고 사악한 제도권의 희생물로 이해되거나 또는 그의 사역의 처절한 실패가 아니라 오히려 '주의 길을 예비하는 자'로서 마땅히 걸어가야 할 사명의 완성(행 13:25, "요한이 그 달려갈 길을 마칠 때에")으로 소개하고 있다. 복음을 위해, 의를 위해 세례 요한이 걸어간 이러한 수난의 운명은 예수님께서 그의 공 사역을 통해 걸어가야 할 길임을 독자들에게 미리 암시(예표)해 주고 있다. 앞으로 살펴 볼 마가복음은 그의 사역의 시작에서부터 예수님에 대한 배척과 배반과 수난의 이러한 모습을 미리 독자들에게 언급함(3:6, 19)으로써 하나님의 아들이신 예수가 수난의 길을 가야 할 분이심을 제시한다.

뿐만 아니라 세례 요한의 수난의 운명(길)은 예수를 따르는 제자들이 걸어가야 할 길(운명)이기도 하다. 사실 마가복음에서 수난suffering은 믿음이 없는 악하고 음란한 세대 가운데서 '주의 길'을 따르는 자(의로운 자/복음 전파자/제자)가 피하지 않고 걸어가야 할 길[운명](막 8:34-38)이다(Tolbert 1989:202-203). 이 수난의 길은 세상이 악하기 때문에 필연적으로 발생하는 것(막 8:38 참고)이기도 하지만 또한 이것은 신자(의로운 자)에게 주어진 '하나님의 뜻'must이기도 하다(contra Tolbert).

하나님은 수난을 통하여 구원(의)을 이루시고 자기 나라를 확장해 가신다(행 14:22 참고). 수난(십자가)의 복음을 받아들인 신자는 이 세상에 살면서 수난(십자가)을 우회하며 살아갈 수 없다. 그러므로 기독교 복음의 중심 사상은 '수난(십자가) 없이는 생명이 없고; 수난(십자가)없이는 면류관도 없다'No cross, no life; no cross, no crown는 내용으로 요약된다. 결국 마가복음에서 수난의 삶은 세례 요한의 삶([기독론적] 예표와 [제자도의] 모델)에서 뿐 아니라, 예수님의 삶([구원론적] 원천과 [제자도의] 모델)과 예수님을 따르는 제자들(우리들)의 삶에서 동일하게 나타난다. 이 점을 마가복음 안에서 간결하게 정리한다면:

- 세례 요한이 '복음을 전파'하고(1:7) 수난을 받은 것처럼(1:14; 6:15-29; 9:12)

- 예수님도 공생애 동안 '천국 복음을 전파'하고(1:14) 수난을 받았고 (9:31; 10:33; 14-15장)
- 제자들(우리) 역시도 '복음을 전파'하며 수난을 받게 된다(8:34-39; 13:9-13).

```
                    / 기독론(대속적 수난)의 예표
세례 요한 ⟹ 예수 ⟹ 제자들(우리)
                    \ 제자도(복음 전파의 수난)의 모델
```

위의 모습은 주님을 따르는 제자로서 우리가 어떻게 살아야 할지를 잘 보여준다. 생명(하나님 나라)의 복음을 전할 때 과연 우리는 예수의 수난(십자가)의 복음을 바로 명확하게 전하고 있는가? 아니면 십자가 없는 말의 유희나 번영과 성공과 치유만 외치는가? 사도 바울은 말의 유희와 번영과 성공을 좋아하고, 이적과 황홀한 영적 체험을 좋아하는 고린도인들을 향해 "그리스도께서 나를 보내심은… 오직 복음을 전케 하려 하심이니 말의 지혜로 하지 아니함은 그리스도의 십자가가 헛되지 않게 하려 함이라. 십자가의 도가 멸망하는 자들에게는 미련한 것이요. 구원을 얻는 우리에게는 하나님의 능력이라. 유대인은 표적을 구하고 헬라인은 지혜를 찾으나, 우리는 십자가에 못 박힌 그리스도를 전하니 유대인에게는 거리끼는 것이요 이방인에게는 미련한 것이로되 오직 부르심을 입은 자들에게는 유대인이나 헬라인이나 그리스도는 하나님의 능력이요 하나님의 지혜니라. … 형제들아 내가 너희에게 나아가 하나님의 증거를 전할 때에 말과 지혜의 아름다운 것으로 아니하였나니 내가 너희 중에서 예수 그리스도와 그의 십자가에 못 박히신 것 외에는 아무 것도 알지 아니하기로 작정하였음이라"(고전 1:17-2:2)이라고 외쳤다. 바울의 이 외침은 세속에 처한 오늘 우리들(교회)의 상황에 도전이 되고 부담이 되는 말씀이 아닐 수 없다. 이러한 복음 전파와 함께 이 악하고 음란하고 패역한 세대에서 복음(주님)을 위해, 의를 위해 사는 삶이 '수난 가운데 사는 삶'이라면 우리(오늘의 한국 교회)는 이 길을 기꺼이 걸어가고 있는가? 과거 일제 치하에 신앙의 선조들은 이 수난(십자가)의 복음을 받고 환난과 핍박 속에서도 이 길을 피하지 않고 용감하게 걸어갔는데 그들의 자손들로 자청하는 오늘 우리는 세상의 풍부와 쾌락에 취해 이 길을 우회하며 살고 있다. 수난(예수의 십자가와 선진들의 순교)을 통해 전해진 복음을 받아들인 우리는 이 세상에 살면서 '돌밭'의 땅이 되어 말씀으로 인해 환난이나 핍박이 오면 수난을 피하여 비겁하게 복음을 부인하며 산다. '가시떨기의 땅'처럼 세상의 염려와 재리(물질)의 유혹(속임)과 기타 욕심으로 이 길을 이탈한 채 진정한 생명(영생)의 풍성한 삶을 잃어버리며 살고 있다.

군사 독재 정권하에 한국 교회(특히 순교자의 후예라고 자청하는 보수 교회)는 의의 복음을 위한 수난의 길을 우회하면서 (하나님의 보호가 아니라) 권력자들의 비호(?)를 받으며 오랫동안 안락하게 살아왔다. 그런 동안 사회에는 공의가 메말랐고, 부패와 사치와 방탕이 개발(성장) 기치와 함께 하수처럼, 시하호의 부패한 물처럼 고여서 이것이 범람하여 사회를 온통 부패케 하였다. 정치도, 경제도, 교육도, 총체적 부패고 범람이다. 이러한 상황에 의(회개의 외침)를 위한 세례 요한의 수난의 길은 우리로 하여금 깊은 자성(自省)을 갖게 한다. 척 콜슨의 전도로 개종한 아키노가 조국 필리핀으로 돌아가려 했을 때 주위의 많은 사람들이 말렸지만 아키노는 죽음이 기다리는 줄 알고도 조국의 민주주의(의)를 위해 가서 살해 되었다. 우리가 아는 대로 아키노의 수난을 각오한 그의 조국(공의)에 대한 봉사와 희생은 필리핀의 민주주의(공의와 재건)의 씨앗이 되었다. 미국의 루터 킹 목사의 삶도 이와 마찬가지였다. 자신이 살해되기 얼마 전에 루터 킹 목사의 설교("나는 그 산 정상에 있었네[I have been on the top of the mountain.")는 갈보리 산에서의 예수님의 수난의 영광으로 가득하였다. 결국 그의 수난은 자신의 사역의 미완성이나 실패가 아니라 오히려 그의 사역의 완성이었다. 사악한 제도권의 희생물이 아니라 자신에게 주어진 사명의 완성이었고 승리며 영광이었다. 우리가 복음서를 통해 듣는 예수님의 수난의 운명전의 "다 이루었다"(요 19:30)는 외침은 이 점을 잘 대변해 준다. 이 악하고 음란한 세대에 의를 위한, 복음을 위한 수난의 길은 영광스러운 완성의 종착지며 승리의 깃발이다. 이로부터 새 생명이 시작되고 사역이 시작된다. 이런 까닭에 교회는 예수님의 대속적 수난으로 생명이 탄생하고 순교자의 피가 교회의 씨가 된다고 외친다. 그러므로 세례 요한의 수난의 퇴장에 이어 예수의 사역이 시작됨에 대한 마가의 언급은 의미심장하다. 비참하고 불행한 수난으로 끝난 세례 요한의 삶이 실패가 아니라 오히려 주의 길을 준비한 모습이었다고 한다면, 오늘 십자가의 주님을 따르는 우리는 어떻게 다시 오실 주의 길을 예비하며 살아야 할까?

2) 하나님 나라의 도래: "때가 찾고 하나님의 나라가 가까왔으니 회개하고 복음을 믿으라."

이러한 수난의 그늘(암시) 아래 예수님의 공 사역은 '갈릴리'에서 그 자리를 튼다. 요한복음에 따르면 예수님의 갈릴리 사역은 초기 유대 사역(

요 2-4장 참고) 후의 일이다. 세례 요한이 잡힌 후 예수님은 유대를 떠나 갈릴리로 오셨다(14절). "요한이 잡힌 후 예수께서 갈릴리에 오셔서." 이 갈릴리 사역은 이방 사역(선교)의 요람(사 9:1-2 참고)으로서 흑암에 행하던 백성, 사망의 그늘진 땅에 거하는 자들에게 복음이 전해진 메시아 시대의 서곡이다. 그리고 이 갈릴리 사역은 제자들(우리들)에게는 이방 선교에 대한 영속적 부름이기도 하다(막 14:28; 16:7). "그러나 내가 살아난 후에 너희보다 먼저 갈릴리로 가리라." 갈릴리에서의 예수님의 이 외침은 그동안 로마의 속국에서와 이스라엘 정치-종교 지도자들의 폭정으로부터 시달린 이스라엘 백성들에게 신선한 충격으로 찾아왔다. 그토록 구약에서 기다리고 기다렸던 그 '때' 곧 '약속된 그 시간'(ὁ καιρὸς)이 이루어졌다. "때가 찼고"[Πεπλήρωται ὁ καιρὸς]. 그것은 대망의 하나님의 나라인 새 시대의 도래였다. "하나님의 나라가 가까이 왔다."[ἤγγικεν ἡ βασιλεία τοῦ θεοῦ].

이 하나님의 나라의 도래는 곧 하나님의 아들 예수 그리스도의 오심을 통해 나타났다. 이미 예수의 세례식에서 하늘(의 휘장)이 갈라짐(찢어짐)으로 하나님의 현존이 더 이상 하늘에만 머물지 아니하시고 예수님의 사역을 통해 지상에 나타났음을 언급하였던 마가는 이 나라가 이제 하나님의 아들 예수 그리스도의 출현을 통해 도래하였음을 선언하고 있다(갈 4:4 참고). 이것은 마가가 말한 대로 새 시대를 향한 하나님의 복음이다. 이렇게 예수님을 통해 선언된 '하나님의 복음'은 이전의 많은 갱신의 선포들과는 질적으로 다르다. 이것은 선지자들의 외침 가운데 기다리고 기다렸던 종말론적인 새 시대(=하나님의 나라)의 도래에 대한 선언으로 예수의 사역을 통해 나타났다.

하늘에서가 아니라 이 땅에 지금 예수 그리스도를 통해 도래한/강림한 하나님의 나라(다스림)는 더 이상 외형적인 장소(성전)를 의미하거나 외형적 조건들(제사 제도나 율법 준수)에 의해 들어가지 않고 오직 예수 그리스도의 사역을 통해 '회개'repentance와 '믿음'faith으로 들어간다. "때가 찼고 하나님의 나라가 가까왔으니 회개하고 복음을 믿으라."[Πεπλήρωται ὁ καιρὸς καὶ ἤγγικεν ἡ βασιλεία τοῦ θεοῦ· μετανοεῖτε καὶ πιστεύετε ἐν τῷ εὐαγγελίῳ].

3) 회개와 믿음(15절)

본문에서 말하는 '회개'와 '믿음'의 요구는 하나님 나라에 들어가기 위한 필요불가결한 조건으로서 마가복음의 핵심 메시지이다. 이 회개와 믿음을 통해 죄 용서와 구원이 선언된다. 성전을 통해서나 속죄 제도 없이도 회개와 믿음을 통해 죄 용서와 구원(치유)이 선언되어지고 '회개와 믿음'으로 나아온 자들이 거룩한 하나님의 백성이 된다(하나님의 나라에 들어간다)는 것은 예수님 당시로서는 혁명적인 메시지였다. 결국 이러한 선언과 사역을 통해 예수는 성전을 멸시한 자(더럽힌 자)로서 오해(혐의)와 배척을 받을 뿐 아니라(3:6) 더러운 귀신 들린 자로 규정되어(3:22, 30) 마침내 종교 지도자들에 의해 죽음을 당하게 된다.

우리는 마가복음을 통해 예수님의 이적 사역이 어떻게 사람들 가운데 '회개와 믿음'의 반응으로 나타나는지를 관찰할 뿐 아니라 이것이 예수님과 종교 지도자들 간의 논쟁의 시발점이 됨을 보게 된다. 마가복음에서 이러한 '회개와 믿음'의 반응은 종교 지도자들에게는 잘 볼 수 없고 오히려 불결한 병자들(특히 문둥병자와 중풍병자 그리고 소경과 귀머거리나 어높한 자)이나 여인들과 이방인들에 의해 지속적으로 나타난다. 결국 예수님의 사역을 통해 나타난 하나님 나라는 더 이상 타락한 성전이나 성전 제도나 기관이 없이도 오직 '회개와 믿음'을 통해 들어갈 수 있음을 마가는 강조하고 있다. 그러므로 이제 거룩함은 외관상의 장소나 제도나 율법을 지킴으로 이루어지는 것이 아니라 내면의 변화와 도덕적 삶을 통해 이루어짐을 마가는 강조한다. 더 이상 거룩함holiness과 더러움 곧 불결uncleanness의 구별은 '밖'(외관)의 문제가 아니라 '안과 '속' 곧, 내면의 문제임을 마가는 강조하고 있다.

마가복음을 통해 관찰된 무명의 사람들의 '회개와 믿음'의 모습들은 우리로 하여금 우리의 사역이 외관적 장소나 제도(기득권의 원천인 '강도의 굴혈')에만 의존하여 하나님의 나라를 잘못 수종들었던 타락한 종교 지도자들과 같은 잘못을 저지르고 있지는 않는지 지속적으로 성찰하게 해 줄 뿐 아니라, 예수님이 강조하셨던 '회개와 믿음'의 자리로 나아가도록 해 줄 것이다. 죄로부터 돌이킴이 있는 내면의 변화인 '회개'와 예수 중심의 복음의 본질을 이해한 '믿음'으로 나아가도록 우리 스스로 조심하고 또한 우리들이 섬기는 성도들을 그와 같이 바르게 교도하여야 한다. 점점 제도화되어 가는 한국 교회, 어쩌면 중세의 길을 걷고 있는 한국 교회에게 지금 예수님께서 외치시는 '회개하고 복음을 믿으라.'는 말씀은 보다 경각심을 가지고 받아들여야 할 메시지이다. 왜냐하면 우리는 자주 근본적인 것을 놓치고 주변적이고 부차적인 일들(비본질적인 일들)에 너무도 많은 시간들을 보낼 때가 허다하기 때문이다. 이 점에 있어 예수님의 '바리새인의 누룩과 헤롯[사두개인]의 누룩을 조심하라'(막 8:15. cf. 마 16:5-12)는 말씀은 오는 시대에 우리 모두가 경각심을 가지고 있어야 할 선지자적 경고이다. 이러한 점을 가슴에 새기며 우리 순례자의 집은 이 사역에 매진하는 교회가 되었으면 한다.

06 길 위의 길
The Way on The Way
마가복음 강해

첫 제자를 부르심 (막 1:16-20)

"16 갈릴리 해변으로 지나가시다가 시몬과 그 형제 안드레가 바다에 그물 던지는 것을 보시니 그들은 어부라 17 예수께서 이르시되 나를 따라오라 내가 너희로 사람을 낚는 어부가 되게 하리라 하시니 18 곧 그물을 버려두고 따르니라 19 조금 더 가시다가 세베대의 아들 야고보와 그 형제 요한을 보시니 그들도 배에 있어 그물을 깁는데 20 곧 [그들을] 부르시니 그 아버지 세베대를 품꾼들과 함께 배에 버려두고 예수를 따라가니라."

하나님의 아들 그리스도의 복음의 시작은 '회개와 믿음'을 촉구하는 하나님 나라 복음 전파의 사역으로부터 출발되었다(1:14-15). 예수님의 공 사역 시작의 이 모습은 '고난받는 종'으로서 메시아의 수난 사역(십자가 사역)과 함께 모든 사역의 근저를 이룬다. 결국 예수님의 수난 사역을 통해 우리는 "수난(십자가) 없이 생명도 없고 수난(십자가) 없이 영광도 없다."는 기독교의 위대한 사역의 진리를 발견한다. '십자가를 통하여 보여준 수난의 희생적/대속적 사랑'이 생명을 낳고 영광에 이르게 되는 것이다. 우리의 '순례자의 집' 교회도 주님이 가신 이 길을 따라 갈 것이다. 우리의 사역은 무엇보다도 성전(건물) 중심이나 제도 중심의 사역이 아니라 '회개와 믿음'으로 나아가는 사역이 될 것이다. 돈이나, 외형적 건물이

나 제도로 나아가는 하나님의 나라가 아니라 오직 '회개와 믿음으로 나아가는 하나님의 나라'를 선포할 뿐 아니라 십자가를 통해 회개와 믿음으로 나아가는 하나님 나라를 추구할 것이다. 다시 한번 요약하면 지난 주 우리는 막 1:14-15을 통해 그의 사역의 본질이 무엇(십자가)인지 그리고 무엇(하나님 나라)을 세워야 하고, 무엇(회개와 믿음)을 추구해야 하는지를 살펴보았다. 3가지로 요약된다. 십자가(본질), 하나님 나라(목표), 복음 전파와 회개와 믿음(방법).

이제 예수님은 갈릴리에서 제자들을 부르심으로 하나님 나라 구현을 구체화하신다(막 1:16-20). 이 단락은 '부르다'(καλέω)는 단어의 출현(1:20)으로 인해 '부름 기사'call story[25]라고 부른다. 그 외의 다른 '부름 기사'로는 막 2:13-17(레위를 부르심)과 3:13-19(열둘을 부르심), 그리고 막 6:7-13(열둘을 전도로 부르심)과 막 10:17-22(한 부자를 부르심)을 들 수 있다(Sweetland 1987:13 이하). 예수님의 갈릴리 사역은 천국 복음의 선언과 요구와 함께 예수님께서 제자들을 부르신 첫 번째 사건으로 제자도discipleship의 규범적 모습을 보여준다. 여기서 우리는 앞의 '회개'와 '믿음'의 부름이 이 단락의 '따르라'는 부름과 밀접하게 관련되어 있음을 간과해서는 안 된다(Marshall 1989:135). 로빈스(Robbins 1984:27-31)는 '회개'와 '믿음'과 '따름'의 세 가지 명령을 하나님 나라에 대한 3단계의 점진적 요구와 반응으로 이해한다. 이 경우, '따름'이 회개와 믿음을 전제하고 표현한 것으로 이해

---

25 '부름 기사'(call story)가 가진 구조적 형태와 특징에 대해서는 Shiner(1995:172ff)는 1) 부름의 장소로 예수님이 나아감에 대한 언급; 2) '본다'라는 동사의 언급; 3) 제자들의 직업에 대한 언급; 그리고 4) "부르다"라는 동사의 언급이나 이에 유사한 "예수께서 가라사대" 혹은 "저에게 이르시되"와 함께 "나를 좇아라/따라오라"는 명령이 연합된 형태로 나타날 때와 5) 그에 대한 반응으로 그들이 "버리고 따르다"라는 진술이 나타날 때로 제시하고 있다.

할 때 '회개와 믿음'이 제자도의 시작이며 사역의 시작임을 알 수 있다 (Marshall 136). 특히 여기 언급된 부름 받은 4명의 제자들(시몬과 안드레; 야고보와 요한)은 예수님의 제자들 중 핵심 인물들(핵심 제자들)이다. 과연 하나님 나라를 받들 순례자의 집 핵심 제자들은 누구인가?

1) 제자도의 부름과 약속:
"나를 따라오너라. 내가 너희로 사람을 낚는 어부가 되게 하리라."

제자들을 부르실 때 예수님은 먼저 그들(의 형편)을 '보시고'(1:16, 19) 부르셨다. 마가복음에서 '본다'(βλέπω)는 언급[26]은 대단히 중요한 의미를 지닌다. 마가복음에서 예수님이 보시는 것에 대한 언급(εἶδεν)이 막 1:10, 1:16, 19과 2:14과 6:34에 나타나는데 그것은 '의도적인 주목'을 의미하는 것으로 나타난다. 우리 주님은 하나님 나라를 건설하기 위해, 복의 통로가 되기 위해 우리를 부르실 때 우리의 형편과 상황을 보시고 부르신다. 16절에서는 시몬과 그 형제 안드레가 "바다에서 그물 던지는 것을 보시고" 부르셨고, 19절에서는 세배대의 아들, 요한과 그 형제 야고보가 "배에서 그물 깁는 것을 보시고" 부르셨다. 2:14에서는 알패오의 아들 레위를 부르실 때 그가 "세관에 앉아 있는 것을 보시고" 부르셨다.

그렇다. 하나님은 우리를 주의 제자로, 천국 일꾼으로 부르실 때 우리의 현재의 형편과 상황을 보시고 아시고 부르신다. 무엇보다도 주님의

---

26   제자들의 '봄'(seeing)은 주로 이해가 동반되지 않는 깨달음이 없는 '봄'(4:11-12; 8:17-21)을 의미한다. 특히 막 8:22-26에서의 소경의 두 단계(희미하게 봄 → 밝게 봄)의 開眼의 사건은 제자들의 봄(깨달음)의 모습을 잘 시사해 준다. 그러나 백부장의 '봄'(15:39)은 그와는 다르다. 그러므로 여기 예수님의 봄은 특별한 의미를 지닌다.

부르심은 보다 더 나은 삶을 위해 부르신다. 단순히 '어부'인 그들을 '사람 낚는 어부'로 부르셨다(17절). 하나님은 우리를 하나님 나라의 일꾼으로 부르실 때, 내 지금의 형편을 '보시고/아시고' 거기서 더 나은 삶을 위해 우리를 부르신다. 은퇴한 이 나이에 이 사역에 저를 부르심은 더 큰 목적과 보람을 위해 부르시는 것이다. 확실히 그들에게 이 부르심은 '새로운 사역(사명)'에로의 부르심이었다. 그냥 세대를 이어 밥 먹고 사는 정도의 그런 사람(생계를 위한 '어부')에서 '사람 낚는 어부'로 부르셨다. 단순한 '간판쟁이'나 '화가' 정도가 아니라 '사람 낚는' 간판쟁이와 화가로 부르신다. 단순한 철거인이 아니라 '사람 낚는' 철거인으로 부르신다. 척 콜슨의 예(닉슨의 2인자 → 워트게이트 → 감옥에서 부르심(교도소 재소자들에게 복음을 전하고 이들을 예수 제자로 만드는 것).

특히 17절의 "나를 따라오라 내가 너희로 사람을 낚는 어부가 되게 하리라"의 말씀은 제자도의 골격이 되는 말씀이다. 여기 "따라오라"라는 의미로 사용된 "Δεῦτε ὀπίσω"의 헬라어 단어(1:20 참고)는 18절에서 "ἀκολουθέω"라는 단어와 호환적으로 사용(8:34)되고 있는데 이것은 마가복음에서 '제자가 됨'being a disciple을 의미한다(Louw-Nida 1989[vol 1]:470). 여기 제자가 됨은 그분 즉, 하나님의 아들 그리스도의 제자 됨을 의미하며 하나님 나라(복락원)의 제자 됨, 즉 하나님이 다스리는 그 나라의 제자 됨을 의미한다. 남은 생애 동안 우리는 어떤 삶을 살길 원하는가? 주님은 여전히 바다에서 그물을 던지고 마치면 배에서 그물을 다시 깁는 반복된 삶에서 '사람 낚는 어부'로서의 삶으로 그들을 부르셨다. 2022년에는 이 주님의 부르심(소명과 사명)에 응답하시는 여러분이 되시기를 축원한다. 단순히 '어부'로 살 것인가? 아니면 '사람 낚는 어부'로 살 것인가?

'사람 낚는 어부'로 부르신 예수님의 부르심에 대한 유일한 요구는 '따름'이다. 예수님을 잘 따르면 '사람 낚는 어부'가 되게 하시는 분은 예수님이시다. 새 창조의 사역으로 이는 예수님의 길과 운명을 따르는 것을 의미한다. 이 따름은 '버림'으로 나타난다. 특히 단락에서 자주 반복하여 함께 언급된 '버리다'[ἀφίημι](1:18, 20)와 '따르다'[Δεῦτε ὀπίσω ἀκολουθέω](1:17, 18, 20)의 단어가 갖는 복음서 내의 의미를 간과해서는 안 된다(Marshall 1989:136).

참된 따름에는 항상 버림(헌신)이 요구된다. 이 제자도('따름')의 부름에는 '버림'leaving의 '신속하고 철저한 순종의 삶'이 요구되는데 이것은 '나 중심'에서 '그리스도[십자가] 중심'의 삶으로 전환된 삶을 말한다(갈 2:20 참고). 특히 이들의 '망설임 없이 신속하고 철저한'("곧 [모든 것을] 버려두고") 따름의 모습(막 10:28 참고)은 제자도의 좋은 귀감이 된다. 시몬과 안드레[어부들](1:16-18): 바다에 그물을 던지고 있을 때 "곧 그물을 버려두고 좇음"; 야고보와 요한[어부들](1:19-20): 배에서 그물을 깁고 있을 때 "아버지를 그 삯군과 함께 배에 버려두고 예수를 따라감." 우리가 진정으로 '사람 낚는 어부'가 되기를 원한다면, 예수님을 따라야 하며 이 따름은 '버림'으로 나타나야 한다.

여기 '버림'leaving과 '따름'following의 모습은 앞의 '회개'와 '믿음'의 모습과 병행하여 강조되는 것으로 마가복음의 제자도의 요구와 반응의 핵심적 내용이다. 마가복음은 이러한 '버림'과 '따름'의 내용이 무엇인지 그리고 그것이 어떻게 이루어지는지를 여러 인물들의 모습을 통해 잘 제시하고 있다. 그중에 우리가 앞으로 다룰 제자도의 부름에 대한 또 다른 예들인 부자 청년(10:17-31: "재물이 많은 고로 이 말씀을 인하여 근심하여 감")과 소경 바디매오의 사건(10:46-52): "곧 보게 되어 [버리고] 길에서 좇음")에서 제자도의 참된 모습을 잘 반추해 볼 수 있다. 마가복음에서의 제자도의 '따르라'는 부름은 '고난의 길'(막 8:34-39)을 동반한다. "누구든지 나를 따라오려거든 자기를 부인하고 자기 십자가를 지고 나를 따를 것이니라(34절)."

> / 즉시 순종
> "나를 따라오라"(막 1:17) → 자기를 부인하고[버리고] 자기 십자가를 짐(8:34)
> \ 철저한 순종

다시 한번 언급하면 이러한 '따름'following에 대한 예수님의 약속은 '사람 낚는 어부'fishers of men가 되게 하는 것이다. 구약에서 '사람 낚는 어부'는 심판하시는 하나님 혹은 그 도구로 자주 묘사(겔 12:13; 합 1:15)되는데 이 어부가 되는 약속은 구약의 언급들(렘 16:16; 겔 29:4; 38:4; 암 4:2; 합 1:14-17)을 고려할 때 '하나님의 임박한 심판에 비추어 사람들을 모으는 종말론적인 사역'을 의미하는 것으로 추정된다(Stock 1989:68). 주님의 이 같은 약속의 성취는 마가복음에서는 임박한 하나님 나라의 도래와 함께 그 일을 수행할 도구로 제시되지만 구체적인 실현은 보다 미래적으로 서술된다(막 14:28과 16:7에서 회복의 약속은 나타남). 요한복음(21장)에서 부활 후 주님께서 제자들에게 나타나 보여주신 이적과 권면에서 잘 나타난다. 특히 이것은 성령이 강림한 후에 그들이 권능을 받고 주님의 증인(눅 24:46-49; 행 1:8)이 되는 것을 의미한다. 그러므로 제자도discipleship란 모든 신자에 대한 그리스도의 부르심으로 '사람 낚는 어부' 곧 '증인'witness의 삶을 사는 것을 말한다. '사람 낚는 어부'가 되기 위한 '따르는 삶'은 유대인들이 랍비를 통해 '토라'^{Torah}를 배우는 정도의 삶이 아니라 말 그대로 주님과 복음을 위하여("나와 복음을 위하여"라는 반복된 언급[8:35과 10:29]을 유의하라) 모든 것을 상대화하고 '그리스도를 따르는 삶'을 말한다.

'사람 낚는 어부'가 되는 이 사역은 복음 전파와 함께 '회개'와 '믿음'의 선포(막 1:15)가 요청된다. 결국 이방 갈릴리의 사역은 '사람 낚는 선교의 사역'에 그 중심이 있음을 보게 된다. 특히 수난의 밤이 깊어져 갈 때(막 14:17) 베드로의 넘어짐(부인과 도주)을 보면서 예수님은 자신이 수난을 받고 부활하신 후 끝까지 따르지 못한 제자들을 '사람 낚는 어부'로 회복하시기 위해 갈릴리로 먼저 가시겠다(막 14:28; 16:7)는 약속의 말씀은 주님을 따르는 제자들(우리들까지)에게 한없는 위로가 된다. 우리를 '사람 낚는 어부'가 되게 하시는 분은 예수 그리스도시지 연약한 우리가 아니다. 그가 앞서서 이 길을 가셨다.

'따르라'는 제자도의 부름에는 항상 '버림'(부인/잃음)이 있어야 한다. 길에서 한 부자는 제물이 많은 고로 이것을 가난한 사람에게 나누어주지 못하고 슬퍼하며 돌아갔다(10:22). 그러나 바디매오는 부름도 없었는데도 자기의 겉옷을 버려둔 채 예수를 길에서 좇았다(10:52). 이 버림은 세상(의 영광)에 대한 버림이고, 재물에 대한 버림이고, 욕심에 대한 버림이고(막 4:19), 심지어는 집이나 형제나 자매나 어미나 아비나 자식이나 전토에 대한 버림이고(10:29), 또한 자기에 대한 버림 곧 제 목숨까지도 버리는 것(막 8:34-35)을 말한다. 우리를 위해 자기 목숨을 대속물로 주신 주님을 따르는 우리들이 주님과 복음을 위해서 아무 것도 버리지 못하고 도리어 주님을 이용하여 더 많은 것들을 쟁취하려고만 한다면 그것은 마가복음의 메시지와 정면으로 충돌하는 것이다. 나를 포함하여 오늘의 한국 교회는 풍요 속에서 주님과 복음을 위해서 버리지 못하고 오히려 더 가지려고만 하고 있다. 이 점이 오늘의 한국 교회와 사역자의 비극이다.

척 콜슨의 부르심의 예

2012년 4월 21일 향년 80세로 세상을 떠난 척 콜슨Chuck Colson의 이야기를 나누고자 한다. 콜슨은 공화당의 리처드 닉슨 대통령 특별 고문으로 백악관에서 권력과 명예를 누렸던 사람이다. 좋은 대학을 나오고 변호사로서 닉슨을 대통령으로 만들고, 그의 재선을 성공시키고, 백악관의 대통령 집무실The Oval Office에서 대통령과 독대하며 세계를 주무르던 그 역시 성공 이후에 자기를 기다리는 것이 무엇인지 전혀 알지 못했다. 그는 닉슨 대통령을 위해서는 수단과 방법을 가리지 않았던 '야비한 냉혈인간'이라는 악평을 받아왔다. 워터게이트 사건을 통하여 그는 모든 것을 잃게 된다. 화려한 경력도 명예도, 심지어는 그가 대통령으로 재선시켰던 닉슨마저 자기가 살아남기 위해서 그를 저버린다. 언론은 마치 하이에나처럼 그의 약점을 찾아내 폭로하려고 혈안이 되어 있었다.

마침내 콜슨은 성공의 자리에서 일순간 감옥이란 나락으로 떨어지는 비참함을 경험한다. 성공에는 많은 시간과 노력이 필요했지만 감옥까지 가는 데는 한 순간이면 충분했다. 세계 권력의 최정점에까지 서봤던 그가 교도소라는 밑바닥까지 추락해버린 것이다.

그런 그에게 있어서 소망이란 아무 것도 없었다.

그를 인정하거나 보호해주는 이도 한 명 없었다.

조소와 비난과 정죄밖에 그가 얻을 것은 아무 것도 없었다. 얼마나 괴롭고 비참했을까? 스스로 헤어날 방도가 없었다. 아니 헤어나고 싶은 마음도 의지도 방법도 알지 못했다고 하는 게 정확한 말일 것이다.

찰스 콜슨의 뒷얘기가 궁금하지 않는가? 권력의 핵심부에서 차디찬 교도소에 수감됐던 그는 감옥에서 완전히 변화된 삶으로 거듭나게 된다. 콜슨은 교도소 죄수들에게 복음을 전하고 이들을 예수의 제자로 만드는 것이 자신의 부르심이라고 믿게 되었다. 그는 '교도소 선교회'를 설립했고 처음에는 죄수 일부를 교도소 밖으로 데리고 가 성경 공부를 한 후 돌려보내 이들을 통해 다른 죄수들이 예수를 믿고 제자가 되도록 했다. 나중에는 직접 교도소로 찾아가 관심 있는 죄수들에게 성경 공부와 직업 교육을 통한 재활 훈련을 시켰다.

그는 "70년대 중반 미국 정치인들은 교도소 내 죄수들을 감방에 넣고 문을 걸어 잠근 뒤 잊어버리고 있었다"며 "이들의 갱생을 위해 좀 더 적극적인 접근이 필요했다"고 강조했다.

그는 사회에서 잊혀진 죄수들에게 직접 찾아가 성경 공부, 직업 교육 등의 재활 훈련을 실시했고, 많은 죄수들이 이를 통해 예수를 믿고 기독교인이 되며 재활에서 성공할 수 있게 했다. 놀랍지 않는가? 참으로 믿기 어려운 변화 중의 변화요 기적 중의 기적이다.

빌리 그래함 목사가 콜슨을 가리켜 '현대판 삭개오'라고 말한 것도 다 이런 이유 때문이지 않을까?

07

마가복음 강해
길 위의 길
The Way on The Way

메시아로서 예수님의 사역의 모습 (막 1:21-31)

"21 그들이 가버나움에 들어가니라 예수께서 곧 안식일에 회당에 들어가 가르치시매 22 뭇 사람이 그의 교훈에 놀라니 이는 그가 가르치시는 것이 권위 있는 자와 같고 서기관들과 같지 아니함일러라 23 마침 그들의 회당에 더러운 귀신 들린 사람이 있어 소리 질러 이르되 24 나사렛 예수여 우리가 당신과 무슨 상관이 있나이까 우리를 멸하러 왔나이까 나는 당신이 누구인 줄 아노니 하나님의 거룩한 자니이다 25 예수께서 꾸짖어 이르시되 잠잠하고 그 사람에게서 나오라 하시니 26 더러운 귀신이 그 사람에게 경련을 일으키고 큰 소리를 지르며 나오는지라 27 다 놀라 서로 물어 이르되 이는 어찜이냐 권위 있는 새 교훈이로다 더러운 귀신들에게 명한즉 순종하는도다 하더라 28 예수의 소문이 곧 온 갈릴리 사방에 퍼지더라 29 회당에서 나와 곧 야고보와 요한과 함께 시몬과 안드레의 집에 들어가시니 30 시몬의 장모가 열병으로 누워 있는지라 사람들이 곧 그 여자에 대하여 예수께 여짜온데 31 나아가사 그 손을 잡아 일으키시니 열병이 떠나고 여자가 그들에게 수종드니라."

생애 마지막까지 '주의 길'을 예비하며 수난 속으로 사라진 세례 요한에 이어 극적으로 등장한 하나님의 아들 예수 그리스도의 출현은 그토록 기다리고 기다리던 메시아의 '때'(ὁ καιρὸς)의 성취이며 하나님 나라의 도래였다. 이와 같이 극적으로 출현하여 하나님의 나라를 선포한 예수님은 그 나라에 들어가기 위한 조건이 오직 죄 사함을 얻는 '회개'와 주의 복음을 믿는 '믿음'임을 촉구하셨다(1:15). 확실히 예수님의 사역은 회개와 믿음의 복음 사역이었다. 이러한 촉구와 더불어 예수님은 자신의 사역을 먼저 비천한 어부들을 천국 복음의 중심 일꾼들로 부르심으로써 시작하셨다.

천국 일꾼의 모집과 함께 이제 우리는 21절에서 하나님의 아들이신 예수 그리스도의 공 사역의 모습을 구체적으로 보게 된다. 갈릴리의 가버나움에서 시작된 메시아로서 예수님의 공 사역은 안식일 아침에 회당에서 '가르침'teaching 으로부터 시작하여 치유 사역인 '축귀'exorcism 와 '병 고침'healing 으로 나타났다(1:21-34). 그리고 이러한 사역들과 함께 그의 사역에 새로운 전환점이 다음날 아침 일찍 '한적한 곳'에서의 기도 후에 제시되어졌는데("새벽 오히려 미명에 예수께서 일어나 나가") 그것은 '복음 전파'preaching 의 사역이었다(1:35-39). "내가 이[복음 전파]를 위하여 왔노라"(38절). 하루 동안 일어난 메시아로서 예수님의 사역의 모습을 장면 분석을 통해 살펴보면 다음과 같다:

- 안식일에 가버나움 회당에서의 가르침과 축귀(21-28절)
- 안식일에 시몬과 안드레의 집에서 시몬의 장모의 열병을 고침(29-31절)
- 안식일이 끝난 시간에 집에서 병 고침과 축귀 사역(32-34절)
- 새벽 한적한 곳에서의 기도와 갈릴리 전도(35-39절)

1. 안식일에 가버나움 회당에서의 사역(막 1:21-28)

마가에 의하면 예수님의 공 사역은 갈릴리 가버나움에서 그 자리를 튼다. 그리고 이 사역은 놀랍게도 안식일(거룩한 시간)에 회당(거룩한 장소)에서 시작된다. 예수님은 안식일에 규례를 따라 회당에 들어가셔서(1:21; cf. 1:39; 3:1; 6:2) 거기서 가르치시며, 귀신을 쫓아내셨다. 예수님의 이러한 능력과 권세의 사역은 회당에 있는 많은 사람들을 놀라게 하였고, 이것은 자연스럽게 마가복음의 중심 메시지인 예수의 신분(1:1)에 대한 의문으로 나아갔다(22, 24, 27절). 특히 이것들이 안식일에 진행되고 있음을 서술하는 마가의 의도는 의미심장하다. 이 장면을 분석하면,

> 서론: 안식일에 회당에 들어가 가르치심(21절)
>   A. 권세 있는 가르침에 놀람(22절): '권세 있는 자'
>   B. 더러운 귀신 들린 사람의 현존(23절)
>   C. 귀신 들린 자의 외침(23c-24절): "나사렛 예수여 당신은 하나님의 거룩한 자니이다"
>   C´. 예수님의 책망(25절): "잠잠하고 그 사람에게서 나오라"
>   B´. 더러운 귀신이 소리 지르며 쫓겨 나옴(26절)
>   A´. 권세 있는 새 교훈에 놀람(27절): "이는 어쩜 이뇨 권세 있는 새 교훈이로다."
> 결론: 온 갈릴리에 예수의 소문이 퍼짐(28절)

1) 안식일

금요일 일몰과 함께 회당 지붕으로부터 나팔이 3번 울려 퍼지면서 모든 가정에는 안식일의 등이 켜지고 이 등은 안식일 동안 내내 켜 둔다. 안식일의 회당 모임은 아침 9시에 기도로 시작하여 찬양, 성경 봉독, 강해, 쉐마 암송, 그리고 신앙 고백으로 이어진다. 이같이 안식일에 예수님은 회당에서 가르치시며, 더러운 귀신을 쫓아내시며, 그리고 회당을 나와 또한 시몬의 장모의 열병을 고쳐주심으로써 참다운 '안식일의 주인'(

막 2:28)으로 메시아의 안식(회복을 통한 안식)[27]을 선포하시고 실행하신다. 우리의 '주일'Lord's Day의 주인도 예수님이시다. 순례자의 집의 사역을 통해 예수님이 우리를 참된 회복과 안식으로 인도하신다. 엿새 동안의 세상에서의 고단한 날들을 멈추고/쉬고 '주의 날'인 주일에 우리는 그를 찬양하고 그를 묵상하고 그를 강해하고 그를 고백한다. 왜냐하면 그분이 우리의 구세주Savior이시며 주님Lord이시기 때문이다. 기독교는 그분의 종교이다. 그러므로 우리는 예수 미드미, 예수 배우미, 예수 따르미, 예수 달므미로서 산다.

우리는 여기서 마가가 메시아로서 그의 사역이 안식일에 회당에서 시작됨을 주지시킴으로써 메시아 사역의 핵심이 무엇인지를 알게 된다. 그것은 '회복의 사역'을 의미한다. 곧, 당시의 종교의 "무거운 짐을 묶어 사람의 어깨에 지우는"(마 23:4) 서기관들과 다른 권세 있는 가르침을 통해 사람들을 하나님의 말씀으로 회복케 하고, 더러운 귀신을 쫓아내고, 시몬의 장모의 열병을 떠나게 함으로써 그들로 하여금 온전한 사람들로 회복되어 살게 하는 사역(치유 사역)이 메시아의 사역의 핵심이었다. 확실히 주님은 율법의 무거운 짐이 아니라 죄로부터의 용서의 복음을 전하였고, 병마로부터의 회복(치유)의 사역을 행하셨다. 우리 역시도 마찬가지이다. 순례자의 집 역시도 예수님의 사역의 전례를 따라 복음 전파와 가르침과 치유 사역을 중심으로 한 회복 사역에 전념해야 한다. 그러나 슬프게도 안식일에 베푸신 예수님의 이러한 회복 사역들은 곧 앞으

---

27 마가복음을 통해 나타난 '안식'이란 단순히 일의 그침이나, 중지를 의미하는 것이 아니고 '회복'을 의미한다.

로 있을 종교 지도자들과의 논쟁의 촉발점(막 3:2)이 된다.

2) 메시아로서 예수님의 사역의 모습

갈릴리 가버나움에서의 메시아로서 예수님의 사역은 '가르침'^{teaching}과 '치유,'^{healing}와 '축귀'^{exorcism}와 '복음 전파'^{preaching}로 묘사되는데 이런 사역들을 통해 예수님은 '하나님의 아들 그리스도'(1:1)로서의 권세^{authority}와 능력^{power}[28]을 나타내셨다. 여기서 소개되는 일련의 사건들은 예수님의 사역의 본질을 잘 입증해 준다. 이미 세례 요한이 언급한 대로 예수님은 '성령으로 세례를 주실 능력 많으신 분'(1:7-8)이시다. 우리는 여기서 예수님이 선포하셨던 하나님의 나라가 그의 이러한 사역들을 통해 강력한 능력과 권세로 도래하였음을 보게 된다. 가버나움에서 시작된 메시아로서의 예수님의 이러한 사역은 놀라운 능력과 권세하에 온 갈릴리로 퍼져 나갔다(1:28). 그러나 예수님의 이러한 사역에 대한 사람들의 반응은 단순한 놀람에 그칠 것이 아니라 '예수님의 신분'(하나님의 아들 그리스도)에 대한 바른 이해와 함께 '회개'와 '믿음'으로 나아가야 했다(cf. 6:1-6).

예수님의 사역으로 말미암은 신분^{identity}과 권세^{authority}에 대한 이슈는 이처럼 그의 공 사역의 시작부터 논쟁의 화두가 되어 복음서의 중심된 논란으로 나아간다(11:27-33; 15장['네가 유대인의 왕이냐']). 이 점은 오늘날의 목회 사역에 있어서도 마찬가지다. 우리의 목회 사역이 '예수가 누구신

---

28 성경에서 하나님은 곧 '능력'(power)을 의미하며(막 14:62) 여기서 '권세'(authority)란 '능력'(power)과 동일한 의미로 사용되었다. 이런 점에서 예수님의 이적 사역은 하나님의 권세와 능력의 입증이라고 할 수 있다(Stock 1989:78). 그러나 이러한 권세와 능력의 예수는 과연 누구시며 어떤 길을 걸어가셨는가? 이것이 마가가 복음서를 통해 독자들에게 던지는 질문이다.

가'에 대한 귀결로 나아가지 않는다면 그것은 단순한 교육의 일환이나 치유로 그치던가 아니면 사회봉사로 그치지 기독교의 참된 본질인 구원과 영생의 길로 나아가는 것이 아니다. 이러한 점을 염두에 두면서 예수님의 공 사역의 모습과 특징을 살펴보자.

- 가르침(21-22절): 회당에서의 그의 가르침은 정말 '권세 있고', '놀라운', '새로운' 가르치심이셨다(cf. 6:2). 여기에 대한 반응을 마가는 다음과 같이 기술한다. "뭇 사람이 그의 교훈에 놀라니 이는 그 가르치는 것이 권세 있는 자와 같고 서기관들과 같지 아니함일러라."(22절); "다 놀라 서로 물어 가로되 이는 어쩜이뇨 권세 있는 새 교훈이로다. 더러운 귀신들을 명한즉 순종하는도다 하더라."(27절). 여기서 강조는 '가르침'teaching과 '권세'authority로 이것들이 여러 번 반복하여 언급된다.

예수의 가르침은 하나님으로부터 직접 위임을 받은 선지자들의 가르침, 아니 그 이상의 권세 있는 가르침이었다. 사실 서기관들이란 일종의 임용된 랍비들로서 그들에게 전해진 전통의 설명자 혹은 해석자들이기 때문에 하나님의 말씀을 받아 전하는 선지자들의 가르침과 구별된다. 예수님의 가르침은 이미 400년 동안 이스라엘에 선지자들의 목소리가 부재한 가운데 나타난 강력한 권세 있는 가르침으로 당시의 무미건조하고 형식적이며 위선적인 서기관들의 가르침과는 정말 판이하게 달랐다. 그 당시 서기관들은 하나님의 말씀(계명/뜻)보다는 장로들의 유전과 인간의 계명(주로 의식법인 정결 규례)을 지키는데만 집중함으로써 외식과 헛된 경배에 빠져 오히려 하나님의 계명을 저버리게 되었다(7:1-13; 12:38-40). 그러나 예수의 가르침은 속빈 강정과 같이 삶과 능력이 없이 말만 번드

레한 형식적이고 위선적인 가르침이 아니라 권세와 능력을 지닌 자비와 사랑에 기초한 회복의 가르침이었다.

이 점은 오늘 우리의 목회 사역에 큰 도전이 된다. 오늘 우리의 가르침은 어떠한 가르침인가? 예수님 당시의 서기관들과 같은 모습인가? 아니면 예수님처럼 성령에 이끌린 '지혜와 능력과 권세 있는 자'의 모습인가? 진실하고 거룩한 가르침이 부재한 작금의 교육 현장과 사회의 모습 속에서 우리의 목회는 진리와 능력의 권위 있는 가르침이 더 없이 절실히 요구되고 있다. 그러기 위해서는 '하나님의 뜻에 순종하여 성령에 이끌리는 사역'을 하여야 한다.

- **귀신을 쫓아냄**(23-28절): 회당에서의 권세 있는 가르침과 함께 예수님은 더러운 귀신 들린 사람을 그곳에서 쫓아내셨다. 이것은 마가복음에 나타난 첫 번째 이적 기사이다. 마가복음에서 보는 대로 예수님의 이적 사역 중에 축귀 사역은 논란이 될 정도로 큰 비중을 차지한다(막 1:23-28; 1:34; 3:20-30; 5:1-20; 7:24-31; 9:14-29). 마가복음에서 축귀의 사역은 복음 전파의 사역과 함께 자주 병행하여 언급되는데(1:39; 6:12-13) 이 둘은 하나님 나라의 내용과 능력을 나타내며 예수님의 신분과 밀접하게 관련되어 있다. 예수님의 축귀 사역 중에 귀신들은 자주 예수님의 신분을 알아보았다(1:24; 5:7).

예수님은 복음 전파를 통해 잃은 자를 찾아 구원하러 오셨지만 또한 사탄을 멸하려 오셨다(24절; cf. 1:13; 3:27; 5:13). 사실 이 둘은 밀접하게 관련되어 있다. 이미 우리는 광야 시험에서 예수님의 사역이 사탄과의 전투임을 보았다. 이 점은 본문에 나타난 대로 공 사역의 시작에서 예수님이 더러운 귀신과 대면함을 통해 잘 입증되고 있다. 더러운 귀신은 예수를 알아보고 두려워하며 말하기를: "나사렛 예수여 우리가 당신과 무슨 상관이 있나이까? 우리를 멸하러 왔나이까? 나는 당신이 누구인줄 아노니 하나님의 거룩한 자니이다"(24절)라고 외친다. 여기서 더러운 귀신은 예수님의 인간적 뿌리(나사렛 예수)와 신적 근원('하나님의 거룩한 자')을 알고 있을 뿐 아니라 그의 사명('우리를 멸하러 왔나이까')까지도 안다. 여기서 우리는 '더러운' 귀신과 '거룩한' 하나님의 아들의 극적 대조를 봄과 동시에 더러운 귀신에 의해 지배당하는 사람과 성령에 의해 지배당하는 사람(예수)의 모습 사이의 극적 대조를 본다. 그리고 예수님의 이러한 사역은 성령에 의해서 된 사역임을 알 수 있다(cf. 3:29).

마가복음에서 예수님의 사탄(귀신)과의 전투의 사역의 모습은 여러 곳에 나타난다(3:20-30; 5:1-20; 8:33; 9:14-29). 이처럼 이적(축귀)을 통한 구원 사역은 사탄(귀신)과의 전투를 통해서 즉 그들을 능력으로 쫓아내심으로써 (24절) 결박된 하나님의 백성을 회복(구원)하신다. 예수님은 성령에 의한 강력한 능력의 사역을 통해서 사탄의 권세에 결박된 하나님의 백성을 찾아오신다(3:27; cf. 사 49:25). 이러한 모습은 구약에서 모세가 에굽 왕 바로에게 가서 하나님의 백성을 구원해 내는 출애굽의 모습 속에서 잘 제시되어졌다(cf. Myers 1988:147). 특히 출 6:1의 "이제 내가 바로에게 하는 일을 네가 보리라 강한 손을 더하므로 바로가 그들을 보내리라 강한 손을 더하므로 바로가 그들을 그 땅에서 쫓아내리라"는 하나님의 말씀은 이 점을 잘 반영하고 있다. 결국 에굽 왕 바로는 하나님께서 모세를 통해서 보여 준 많은 재앙들로 인해 하나님의 백성을 풀어준다. 오늘날도 마찬가지다. 우리의 목회 사역은 사탄과의 영적 전투에서 갇힌 하나님의 백성을 풀어오는 일이다. 모세에게 부여된 사명(출 3:10)처럼 예수님은 흑암의 권세 가운데 있는 우리들을 능력으로 구원하셨고(골 1:13) 우리 또한 하나님의 백성을 죄(사탄)의 속박에서 인도하여 내는 일을 하도록 부름을 받았다. 이러한 능력의 구원 사역은 기도를 통해서 나타남을 마가는 강조한다(9:29). 마가복음에서 복음 전파의 사역과 귀신을 쫓아냄의 사역이 제자들의 사역 속에서도 병행하고 있음을 본다(Hooker 1991:74, cf. 막 3:14-15; 6:7-12). 특히 위의 장면을 통해서 우리는 사탄의 존재를 단순히 심리화시킨다든가 허구화(비신화화)시켜서는 안 된다. 사탄의 존재는 확실하다(엡 6:10-13). 예수님은 악의 근원인 사탄의 세력["더러운 귀신"]을 몰아내심으로써 이 땅에 하나님의 나라를 건설한다. 예수님은 하나님의 성령으로 무장된 '하나님의 거룩하신 자'the Holy One of God로 인식되고 그의 명령("잠잠하고 그 사람에게서 나오라")으로 더러운 귀신은 쫓겨 나간다. 정말 놀라운 권세 있는 가르침이다.

- **병을 고치심(29-31절)**: 29절에서 장면은 바뀌어 장소가 '회당'(συναγωγή)에서 '집'(οἰκία 혹은 οἶκος)으로 전환되었다. 이 장소의 전환은 복음 전파와 사역의 본거지의 전환을 의미한다(Stock 1989:80). 특히 '집'(οἰκία 혹은 οἶκος)은 마가복음에서 구령(1:29; 2:1; 5:38; 7:30)과 친교(2:15; 14:3)와 피난처(7:24)와 제자도의 교육 장소(7:17; 9:28, 33; 10:10)로 나타난다. 여기서 예수님은 시몬의 장모의 열병을 고치셨다. 이처럼 메시아로서의 예수님의 사역은 전인적이시다. 육신의 몸까지 우리를 구원하신다. 그날에 우리는 몸과 영혼이 그리고 온 우주가 구원을 받는다. 특히 우리는 부활한 몸(몸의 부활)을 갖게 되는데 이것은 메시아의 구속 사역의

한 부분이다. 예수님께서 열병에 걸린 시몬의 장모를 손으로 붙잡고 "일으키시니" 열병이 떠나게 된다. 곧 회복된 여인은 식사를 준비하며 시중든다. 병으로부터 회복(구원) 후의 그녀의 이러한 봉사(섬김)의 모습(31절)은 마가복음의 제자도의 한 단면을 보여준다(9:35; 10:43-45; 15:41). 그러나 이 모든 행동들은 안식일의 규례를 어기는 일로서 다음 논쟁의 화두가 되었다(3:1-6).

예수님의 권세 있는 놀라운 가르침과 이적 사역에 대한 소문이 퍼지게 되자 안식일을 범하지 않기 위해 저녁까지 기다렸다가 안식일이 지난 저녁 해질 때에 각색 병든 많은 사람과 귀신 들린 사람들이 예수께로 나아왔고 예수님은 '자비의 사랑'compassion으로 이들을 모두 고쳐 주셨다. 그러나 예수님의 이러한 사역들(이적과 축귀의 사역)은 곧 논쟁거리가 되어 그가 가야 할 '메시아의 길'(주의 길)과 그의 사명(복음 전파)에 깊이 연관되어 있는데 이 점은 다음 장면이 잘 보여준다.

08

마가복음 강해
길 위의 길
The Way on The Way

일어나 기도하며 길 떠나신 예수님 (막 1:32-39)

"32 저물어 해 질 때에 모든 병자와 귀신 들린 자를 예수께 데려오니 33 온 동네가 그 문 앞에 모였더라 34 예수께서 각종 병이 든 많은 사람을 고치시며 많은 귀신을 내쫓으시되 귀신이 자기를 알므로 그 말하는 것을 허락하지 아니하시니라 35 새벽 아직도 밝기 전에 예수께서 일어나 나가 한적한 곳으로 가사 거기서 기도하시더니 36 시몬과 및 그와 함께 있는 자들이 예수의 뒤를 따라가 37 만나서 가로되 모든 사람이 주를 찾나이다 38 이르시되 우리가 다른 가까운 마을들로 가자 거기서도 전도하리니 내가 이를 위하여 왔노라 하시고 39 이에 온 갈릴리에 다니시며 그들의 여러 회당에서 전도하시고 또 귀신들을 내쫓으시더라."

신(하나님)이 준 선물 중 가장 아름다운 것이 있다면 그것은 시간이라고 한다. '시간'이란 헬라어는 '크로노스'(χρόνος)이다. 이 단어의 의미는 헬라의 비극적 신화에서 유래하였다.

> 천공의 신인 우라노스의 아들인 크로노스는 아버지인 우라노스를 죽이고 신이 된 비극적 피의 본성을 지닌 신이다. 그러나 그에겐 불행하게도 운명적인 신탁이 주어졌다. 그것은 자식에게 왕위를 빼앗기게 된다는 것이다. 여기에 크로노스의 아내 레아는 매우 생산적인 건강

한 여신이었다. 그녀는 크로노스와 하루 밤을 자고 나면 아이가 생기는데, 불행스럽게도 그 아이는 비극적 신탁 가운데 있는 아이이기 때문에 크로노스는 그 아기를 죽인다. 크로노스가 그 아이를 죽이고 나면 그 다음 날 레아는 또 다시 새 아기를 낳고, 그리고 그는 그 아기를 죽이고 다시 그 다음 날 레아가 아기를 낳으면 그는 아기를 죽인다. 이것이 크로노스의 삶(운명)이다.

신화에서의 크로노스처럼 인간은 하루를 탕진하고 나면, 새로운 하루가 그 다음 날 아침에 도래하고 다시 탕진하면 이튿날 인간 앞에 또 하나의 아름다운 생명인 새로운 하루(아이)가 당도한다. 비록 인간이 한 해를 탕자처럼 살았다 할지라도, 하나님은 여전히 아름다운 새해를 우리에게 선물로 주셨다. 22년 새해를 맞이한 지도 벌써 석 달이 지나가고 있다. 세월이 살같이 흐른다. 지금 우리는 수난절(Lent기간[3.2-4.16]) 가운데 있다. 주님의 수난을 돌아보며 우리는 어떤 삶을 지향해야 하는가?

오늘 본문은 다시 한번 새로운 삶을 시작하는 사람들(공동체)에게 '길 떠남'의 의미를 던져준다. 본문 32-34절은 그 바쁜 하루 일과 중에서도 주님은 어두움을 깨고 일어나 나가 한적한 곳에서 기도하시며 사명의 길로 떠나시는 모습을 보여준다. 저는 이 본문을 통해 우리가 어떤 모습으로 다시 새 일을 시작해야 할지를, 더 나아가 사업이든 가정이든 사역이든 새롭게 시작하는 모든 분들이 가져야 할 자세에 대하여 몇 가지로 교훈 받고자 한다.

역사도 어두움(과거)에 안주하지 아니하고 깨어 일어나 사명의 길로 나아가는 자들을 통해 새로운 역사가 건설된다. 이러한 점은 개인의 역사에 있어서뿐만 아니라 공동체의 역사에 있어서도 마찬가지다. 우리 순례자의 집도 예외가 아니라고 생각한다. 우리 모두는 하나님께서 아름다운 선물로 주신 시간의 시험대 앞에 서 있다. 어두움에서 일어나 새로운 카이로스의 여명의 시간을 맞이한 우리는 타성에서부터, 어두움에서부터, 패배에서부터, 좌절에서부터 일어나 한적한 곳에서 주님과 더불어 씨름하며 사명의 길로 나아가야 한다. 크리스천의 영적인 삶도 이와 마찬가지다. 타성과 어두움으로부터 깨어 일어나 나아가는 삶이 크리스천의 영적 삶이다. 오늘 마가가 소개하는 예수님의 모습은 바로 이러한 영적인 삶의 모습을 잘 보여준다.

주님은 가버나움(장소)에 안주하지 아니하시고, 어두움의 시간(과거)에 함몰되지 아니하시고, 세상 사람들의 요구(세상적인 가치)에 따르지 않으시고, 깨어 일어나 기도하며 주의 길을 떠나고 있다. 어두움을 깨고 일어나 '한적한 곳[광야]'(ἔρημος)으로 나가시는 주님의 모습은 '사람(세상)의 길'이 아니라 '주(구원)의 길'을 떠나시는 모습이다. 하늘 보좌를 떠나 이 땅으로 우리를 구원하시기 위해 나아오셨던 주님께서 오늘도 자신이 가야 할 주의 길을 향해 일어나 떠나심을 본다. 다시 본문을 살펴보자.

막 1:21로부터 우리는 주님께서 안식일 동안 얼마나 바쁜 하루(24시간) 일과를 보내셨는지를 본다. 안식일이 끝나가는 마지막 시간까지 수많은 사람들이 예수님께로 나아왔고, 주님은 각색 병든 자들을 고쳐 주셨고, 많은 귀신들을 쫓아 내셨다(32-34절). 그러나 이러한 바쁜 일정에도 불구하고 예수님은 새벽 미명에 일어나 그곳을 떠나 '한적한 곳'wilderness에 가셔서 거기서 기도하시며 자신이 가야 할 길('주의 길')을 준비하셨다(35-37절). 기도하신 후에 주님은 사람들의 계속되는 (세속적) 요구에도 불구하고 예수님은 그의 사역의 핵심인 '복음 전파'(1:14-15)의 길로 나아갔다(38-39절). 세상적인 요구에, 어두움에, 타성과 안일에 머물지 아니하시고 '길 떠나시는 주님'의 모습이 우리가 살펴볼 주님의 모습이다.

이제 장면은 바뀌고 아직도 어두움이 남아 있는 이른 아침 새벽이 되었다. 어제의 봉사의 피곤함에도 불구하고, 어제의 무리의 환호에도 불구하고, 주님은 아직도 어두움이 남아 있는 이른 새벽에 일어나 한적한 곳으로 나아갔다. 본문에 의하면 이 날은 '안식일이 지난 첫 날 아침 이른 새벽'이다. (오늘로 말하면 주일 새벽이다.) 이 '이른 아침 새벽 미명에'(πρωῒ ἔννυχα λίαν) 예수님은 '일어나 나가', '한적한 곳'으로 가서 기도하셨다.

여기 '일어나 나가'(ἀναστὰς ἐξῆλθεν καὶ ἀπῆλθεν)라는 표현은 주로 사역의 새로운 전환을 의미할 때 사용된다. 특히 이 표현('일어나 나가')은 마가복음에서 3번 언급되고 있는데 모두가 예수님의 사역에 있어 어떤 전환의 상황을 가리키고 있다(참고. 7:24["일어나 떠나"]; 10:1["일어나 나가"]; cf. 2:14["일어나 따르나라."]). 예수님의 사역이 이방 지역으로 전환되는 것과 예루살렘을 향한 수난 사역으로의 전환을 의미한다. 이 전환은 세속적인 대중적 추구와 인기로부터 하나님의 뜻('주의 길')을 따르는 '고독한 사역'에로의 전환을 의미한다. 일어나 나가 떠나시는 주님. 이것이 사역자 주님의 모습이다. 새벽에 홀로 한적한 곳에서 자기 성찰의 시간을 통해 영적 결단을 하시는 주님의 이러한 모습이 새롭게 시작하며 사명의 길을 떠나야 할 우리 모두가 배워야 할 주님의 모습이다.

1. 일어나 나가 떠나시는 주님

아직도 어두움이 남아 있는 시간, 다른 사람들은 다 어두움 속에서 잠을 자고 있지만 예수님은 그 어두움을 박차고 일어나 밖으로 나갔다. 그리고 그곳을 떠나 한적한 곳으로 가셨다. 아직도 어두움이 깔려있는 시간, 새벽 미명에 그는 자리를 박차고 일어나 나갔다. 소명의 사람, 사명의 사람은 자기의 삶에 안주하지 아니하고 주님처럼 일어나 길을 떠난다. 비록 아직도 어두운 시간이지만 그는 새벽을 깨고 새 날을 바라보며 산다. 이들은 어제(의 역사)에 안주하지 않고 내일(의 희망)을 바라보며 오늘 일어나 나아가는 사람들이다. 하나님은 이런 사람들을 찾으신다. 이런 일꾼들을 찾으신다. 어두움에 안주하지 않고, 과거에 안주하지 않고, 타성에 안주하지 않고, 변화를 위하여, 성화를 위하여, 성숙을 향하여, (교회) 발전을 위하여 일어나 나가 떠난다. 졸속/피상, 조급/안일 → 성숙/숙성, 익힘/묵힘.

2022년을 새롭게 보내는 우리는 이 수난절에 다시 한번 옛 시대(방법)를 청산하고 새 시대(방법)를 맞이할 준비를 해야 한다. 이제는 정말, 어두움과 게으름과 불공평의 관행과 타성을 벗고, 공의와 평등과 자비로운 사회를 이루는 일에 앞장서야 한다. 우리의 정치도, 교육계도 사회도 새 시대를 맞아 새롭게 태어나야 한다. 지금까지 우리는 타성과 관행에 사로잡혀서 참된 개혁과 변화를 이루지 못하여 왔다. 이것은 우리의 정치의 현장과 더불어 검찰, 그리고 교육의 분야가 특히 그러하였다. 국민의 공기(公器)가 되기보다는 권력(정당)의 시녀 노릇을 한 것이 사실이다. 교회 역시도 마찬가지이다. 가장 변하여야 할 교회가 변하지 않는다. 종교개혁의 기치가 무엇인가? "[개혁된] 교회는 항상 개혁되어져야 한다."는 것이 아닌가? 그런데 오늘의 교회는? 기득권의 노리개가 되지 않았는지 우리 스스로 자문해 보아야 한다.

이스라엘의 구원도 바로 이러한 모습 속에 그 특징을 찾을 수 있다. 그들은 애굽에 안주하지 않고 모세의 인도를 받아 일어나 나가 그곳(애굽)을 떠났다(출애굽[Exodos]). 그리고 한적한 곳, 광야로 나아갔다. 모세를 통한 주님의 부름에 "안 돼, 여기가 좋아" 하면서 일어나 나가 그곳을 떠나지 않았다면 결코 그들에게 가나안의 축복은 없었을 것이다. 축복의 삶은, 성숙의 삶은, "여기가 좋사오니"가 아니라 어두움(과거)을 털고, 타성을 벗고 일어나 떠나는 삶이다. 여기에 진정한 희망이 있다. 어느 시인의 권고처럼,

    우리 시대에
    가장 암울한 말이 있다면

    "남하는 대로"
    "나 하나쯤이야"
    "세상이 그런데"

    우리 시대에
    남은 희망의 말이 있다면

"나 하나만이라도"

"내가 있음으로"

"내가 먼저"

이런 사람이 하나 둘씩 늘어날 때 희망이 있다.

우리의 남은 희망('희망 세우기')은 역사 속에서 쌓인 타성과 어두움, 반목과 질시, 좌절과 실패를 벗고 '주의 길'로 일어나 나가는 것이다. 하나님은 오늘도 주의 음성을 듣고 일어나 나가 주의 길로 떠나가는 사람을 축복의 자리로 인도할 것이다. 어두움을 깨우고, 타성을 벗어 던지고. 이것이 부활을 통해 보여주셨던 우리 주님의 모습이시다.

주님은 결코 어두움(과거)에 발목이 잡힌 삶을 살지 않으셨다. 어두움(과거)을 박차고, 죽음을 박차고 일어나신 분이시다. "예수께서 안식 후 첫 날 이른 아침에 살아나신 후"(16:9).

2. 자기 성찰의 길: 길 떠남의 힘은 한적한 곳에서의 기도로부터

'안식일이 지난 첫날(부활)의 새벽'을 바라보면서(16:2[λίαν πρωῒ τῇ μιᾷ τῶν σαββάτων]) 아직도 어둠이 깔려있는 시간 예수님은 자신이 걸어가야 할 길(수난의 길)을 위해 하나님께 나아가 '기도의 씨름'을 하는 모습은 우리의 영성에 커다란 도전이 된다. 비록 예수님이 오해와 수난의 어두운 길을 걸어가고 있어도 '부활의 새벽의 여명'을 바라보는 이 시간에 '한적한 곳'에서의 기도의 씨름은 이 모든 어두움을 이기는 능력의 지성소가 된다. 이 장면은 마치 광야의 길을 걸어가는 예수가 광야의 피난처인 하나님께로 나아가 힘을 얻는 모습을 연상시켜 준다. 마치 이스라엘 백성을 광야의 길을 통해 가나안으로 인도하는 구원자 모세의 그 모습처럼 말이다. 사역자의 힘은 바로 여기(자기 성찰)에서 나온다.

특히 아침에 개인적으로 기도하는 모습은 유대인의 경건의 한 모습이다(시 5:3; 88:13 참고). 시편 기자의 고백처럼 "지존자의 은밀한 곳[피난처]인 하나님 자신에 거하는 자가 전능하신 자의 그늘 가운데 거하리로다."(시 91:1; 91:9)는 말씀은 여기에 적합한 의미를 제공해 준다. 결국 우리의 삶 속에서 이 같은 '안식'과 '기도'의 재충전의 시간은 '사람의 일을 생각'하지 않고 '하나님의 일을 생각'(8:33)하게 해주는 전환점(καιρός)의 시간이다. 그렇기 때문에 예수님은 그 바쁜 사역의 일과에도 불구하고 하나님과 동행하며 재충전의 시간인 기도를 쉬지 않았다. 왜냐하면 그의 사역은 하나님의 뜻을 따르는 사역이기 때문에 그러하다. 예수님께서 일생 동안 '주의 길'을 이탈하지 않고 올 곱게 그 길을 간 비결이 무엇인가? 바로 이 한적한 곳을 사랑하는 기도의 사람이었기 때문이다. 이것이 마가가 보여주는 예수님의 승리(능력)의 비결이다: "기도 외에 다른 것으로는 이런 유가 나갈 수 없느니라."(막 9:29). 이것이 그의 영성의 현주소이다. 마가는 문득문득 이 점을 독자들에게 보여준다.

예수님의 삶 전체가 '메시아의 길'(광야의 길)에 집중되어 있기 때문에 자신의 사역에 오해와 위기가 있을 때마다 예수님은 '한적한 곳'(ἔρημος)에서 하나님의 뜻을 순종하기 위한 기도의 씨름을 하였다(1:35; 1:45; 6:31-32; 6:46[산 기도]; 14:32-42[겟세마네]). 하나님의 아들 예수는 광야에서 이스라엘 자손들이 걸어갔던 불순종한 길을 걷지 않고 하나님의 뜻을 따라 순종의 길을 걷기 위해 새벽 미명에 하나님께 나아갔다. 예수는 지금 광야의 새 백성을 대표하여 '주의 길'을 기도의 능력 가운데 순종하며 걸어가고 있다. 기도는 수난을 이기고 하나님의 뜻을 따라 능력 있는 삶을 사는 원동력이다. 확실히 기도는 마가복음 영성의 원동력이다. 사역자의 능력의 원동력이다. 예수님의 권세와 힘과 능력은 바로 이것(하나님 자신)으로부터 온다.

기도를 마친 후에 예수님은 사람들의 세상적인 요구를 따라서 곁길로 나아감이 없이 자신이 걸어가야 할 사명의 길로 담대히 결단하며 나아간다(38절; cf. 14:42). 이 기도의 자리에 그의 제자들('시몬과 및 그와 함께 있는 자들')이 찾아왔고 그들의 보고에 따르면 '수많은 사람들이 자신을 찾는다.'고 하였다: "모든 사람이 주를 찾나이다."(37절). 그러나 위의 보고를 들은 예수님은 이적만을 추구하는 그들의 인간적 필요에 응답하지 않으시고 의외의 말씀으로 응답한다. "이르시되 '우리가 다른 가까운 마을들로 가자 거기서도 전도하리니 내가 이를 위하여 왔노라'"(38절). 흥미로운 점은 마가복음에서 예수를 '찾는'(ζητέω) 자들은 항상 잘못된 동기('사람의 일을 생각함'[8:33])에서 예수를 찾았다(1:37; 3:32; 8:11, 12; 11:18; 12:12; 14:1; 14:11; 14:55; 16:6). 이 말씀을 하시고 예수님은 '온 갈릴리로 다니시며 저희 여러 회당에서 전도하시고 귀신들을 내어 쫓으셨다'(39절). 우리는 여기서 예수님의 사역의 핵심이 이적 자체에 있기보다는 하나님 나라의 복음 전파에 있음을 본다(1:14-15 참고).

3. 사명의 길: 복음 전파의 길(38-39절)

교회 일꾼의 한 가지 주된 사명을 들라면 그것은 하나님 나라의 복음 전파이다. 이것이 우리 주님께서 이 땅에 오신 목적이며, 우리 주님께서 이 땅에 사신 이유이다. "내가 이를 위하여 왔노라."(38절). 교회의 주된 사명도 여기(영혼 구원)에 있다. 교회 일을 하다보면 사람들의 요구에만 바삐 반응하느라 주님의 요구를 쉽게 저버릴 때가 많다. 오늘 본문의 제자들이 그러하다. "모든 사람이 주를 찾나이다."(37절). 그런데 주님은 그들의 세상적인 관심과 흥미보다는 하나님의 일에 집중하셨다. 사명에 집중하셨다. "내가 이를 위하여 왔노라."(38절). 그래서 이른 아침, 어두움이 채 가시지 않는 시간에 일어나 한적한 곳에서 사명의 길을 재확인하셨고, 그 사명의 길을 힘 있게 걸어가기 위해 영적 재충전의 시간(기도의 시간)을 가지셨다. 사역에 적극적인 사람들(전임이든 파트타임 혹은 자원자든)이 갖는 가장 큰 압박이 있다면 그것은 교회 내 소위 '관심을 요구하는 그룹들'interest groups에 대한 사역이다. 본문에 나타난 '주님을 찾는 무리들'에 해당한다. 제자들은 이들 무리의 압박으로부터 벗어나 자신들의 사명의 길을 재확인하고 재충전하지 못하였지만, 주님은 그들과는 달랐다. 이것이 마가가 보여주는 우리 주님의 능력이시다.

말씀을 맺고자 한다.

오늘 주님은 어두움 가운데 있는 우리에게 일어나 나와 함께 '주의 길'을 떠나자고 부르고 있다. 일어나라고 부르고 있다. 그리고 주의 길로, 축복의 길로 함께 떠나자고 부르고 있다. 어두움을 벗고, 타성을 벗어 던지고, 미움과 반목과 질시를 벗어 던지고, 의심을 벗어 던지고, 좌절과 패배를 벗어 던지고 나와 함께 일어나 '주의 길'로 떠나자고 부르고 있다. 비록 우리 주위가 아직은 어두워도, 새벽의 여명을 바라보며, 부활의 주님의 능력을 바라보면서, 우리 모두 깨어 일어나 주의 길을 떠나자. 그리고 이 세상이 우리를 유혹하여도, 미움과 시기와 분쟁이 우리를 유혹해도, 우리는 주의 길로 나아가자. "내가 이를 위하여 왔노라" 하시면서 군중들의 세속적인 요구를 뿌리치며 흔연히 주의 길을 떠난 것처럼 말이다. 하나님께서 우리 모두에게 선물로 주신 2022년, 순례자의 집(교회)은 다시 처음처럼 시작하자. 어느 시인의 고백(다짐)처럼, 초심을 잃지 않고 사명의 길로 나아가자.

다시 처음이다
오늘 또 시작하겠습니다.
오늘은 다르게 하겠습니다.

어제 함께 했던 사람들을 오늘은 새롭게 대하고
어제 했던 그 일을 오늘은 다르게 하겠습니다.

다시 새벽에 길을 떠납니다.

09

마가복음 강해
길 위의 길
The Way on The Way

나병 환자와 예수님 (막 1:40-45)

"40 한 나병 환자가 예수께 와서 꿇어 엎드려 간구하여 이르되 원하시면 저를 깨끗하게 하실 수 있나이다 41 예수께서 불쌍히 여기사 손을 내밀어 그에게 대시며 이르시되 내가 원하노니 깨끗함을 받으라 하시니 42 곧 나병이 그 사람에게서 떠나가고 깨끗하여진지라 43 곧 보내시며 엄히 경고하사 44 이르시되 삼가 아무에게 아무 말도 하지 말고 가서 네 몸을 제사장에게 보이고 네가 깨끗하게 되었으니 모세가 명한 것을 드려 그들에게 입증하라 하셨더라 45 그러나 그 사람이 나가서 이 일을 많이 전파하여 널리 퍼지게 하니 그러므로 예수께서 다시는 드러나게 동네에 들어가지 못하시고 오직 바깥 한적한 곳에 계셨으나 사방에서 사람들이 그에게로 나아오더라."

우리가 다룰 본문(1:40-45)은 내러티브적 주해와 설교에 적절한 기본 서사 단위 narrative unit 라 할 수 있다. 그 이유는 이 본문이 내러티브 주해와 설교의 기본 단위가 되는 '독립된 일화' episode 가 되기 때문이다. 독립된 일화란 극(劇)으로 말하면 하나의 독립된 장면에 해당하는 것으로 장면 혹은 일화를 결정하는 기준으로는 장면의 요소인 인물, 배경, 그리고 사건의 변화와 그와 관련된 주제의 변화를 말할 수 있다(Shim 1994:83-85). 그러므로 우리가 다룰 본문은 이러한 독립된 장면 혹은 일화로 취급할 요소를 적절히 갖추고 있다. 등장하는 인물들로는 나병 환자와 예수님, 장소는 갈릴리의 한 지역, 그리고 사건은 나병을 고치심이고 관련된 주제는 은닉의 명령과 복음 전파이다. 여기에 비해 2:1부터 새로운 장면이 소개되고 있다. 즉 새로운 시간에 대한 언급("수일 후에")과 함께 새로운 장소가 소개되고("가버나움에 [있는 한 집]") 등장인물들(많은 사람, 예수, 중풍병자를 메워온 네 사람과 중풍병자)과 사건의 내용(중풍병의 고침)이 바뀌고 주제(죄사함의 논쟁)도 바뀌었다. 그러므로 막 1:40-45은 내러티브 주해와 설교의 기본 서사 단위로 간주하기에 별 무리가 없다. 이제 본문으로 돌아가자.

예수님은 '인간의 생각'(막 8:33)만을 따라 자신을 찾는 무리들을 떠나 본연의 길인 하나님 나라 복음 전파의 길을 가셨다(1:38; 1:14-15 참고). 특히 놀람만 있지 참된 '회개'와 '믿음'이 없는 가버나움을 떠나 갈릴리 다른 여러 곳을 다니시며 복음을 전하셨던 동안(1:37-39) 일어난 본문의 사건(나병 환자를 고치신 사건)은 갈릴리 사역 중 대표적인 치유 이적 사건으로서 메시아로서 예수님 사역의 참된 본질과 모습을 소개해 줄 뿐 아니라 주님께 나아오는 믿음의 모습이 어떠해야 하는지를 잘 보여주고 있다. 이 사건은 병 고침의 절정에 이른 사건으로 예수님 사역의 본질을 잘 묘사해 주고 있다.

사건의 의미를 보다 적절히 이해하기 위해서 먼저 문둥병(나병)에 대한 구약의 규례와 그것이 가지는 사회적 의미를 알아야 할 것이다. 이 경우 본문에 대한 사회-과학적 - 특히 문화-인류학적 - 접근은 본문의 주해를 위해 반드시 선행되어야 한다. 특히 이 사건은 앞으로 있을 예수님의 모세법(특히 안식일 법)을 어김에 대한 논쟁 기사(2:1-3:6)에 대해 예수님이 구약의 법을 어느 정도 존중하고 있음(44절)을 미리 보여주기도 한다(Stock 1989:87).

1. 나병(문둥병)에 대한 구약 규례(레 13-14장; 민 12:1-16; 왕하 5:3-14)

유대 사회에서 나병(문둥병)은 단순히 피부병으로만 취급되지 않고 종교적이고 사회적인 문제로 다루어진 '부정한'[unclean] 병이다. 이 병에 걸리게 되면 다른 사람들에게 전염되지 못하도록 이들을 '진 바깥으로' 쫓아내고 홀로 있게 한다(레 13:45-46). 구약에서 '진 밖으로 쫓겨남을 당함'은 이스라엘 공동체 밖으로 쫓겨남을 당하는 것으로 곧 하나님의 언약에서 끊겨짐을 의미하였다. 특히 제사장의 판별에 의해 이 병에 걸린 사람이 '부정한 자'로 낙인이 찍히게 되면 이것은 일종의 신분 박탈의 사회적 의식을 치른 것으로 간주되어 공동체 내에서의 자신의 신분과 위치가 완전히 박탈당하여 버림 받게 되어 진(공동체) 바깥에 쫓겨나서 혼자 살게 되고 공적 예배에는 결코 참여하지 못한다(cf. Kazmierski 1992:42). 이처럼 나병은 유대 사회에서 단순히 육체적 병으로만 취급되지 않고 그것이 갖는 심리적이면서도 사회-문화적 의미가 더 강하였다. 그러므로 우리가 성경에서 몸과 그에 따른 병을 이해할 때 그것이 그 당시에 가지는 사회-문화적인 의미를 결코 간과해서는 안 된다(Pilch 1981, 1988). 대부분의 경우, 특히 고대 사회에서는 특정 문화나 종교가 병을 정의하고 행동 양식을 결정한다. 우리가 구약 성경에서 나병(문둥병)은 죄에 대한 하나님의 심판(저주 받음)으로 자주 묘사되었는데 미리암(민 12:10)과 웃시야 왕(대하 26:16-21)의 예들이 바로 이에 속한다. 그러므로 이 병에 걸린 사람은 마치 죽은 자와 같이 취급된다.

1) 나병(문둥병)은

- 육체적 질병의 고통(개인)
- 종교적 불결(하나님에 대해) ⇒ 죄의 파멸적 모습을 상징적으로 잘 보여준 병
- 사회적 단절(진 바깥에)

나병(문둥병)은 모든 것 특히 공동체로부터의 단절을 의미하는 병(죽은 자(산송장)로 취급)으로 간주된다(레 13:45-46; 민 5:1; 왕하 7:3; 15:15). 그러므로 모세 율법도 나병 환자를 도울 수 없다. 오직 진 밖으로 축출하는 것 외에는 다른 방도가 없다. 제사장들은 이 병에 대해 진단(정하다/부정하다)만 하며 오직 하나님의 은혜와 자비 외에 이 병을 고칠 방도가 없다. 그러기에 나병의 고침은 메시아 사역의 특징(cf. 마 11:5; 눅 7:22)을 의미한다(Kuthirakkattel 1990:168). 특히 나병 - 한센병의 경우 - 은 모르는 사이에 시작되어, 천천히 악화되는 병이다. 이 병은 신체의 끝 부분(귀, 눈, 코)에서 고통의 마비를 일으켜, 그것들이 뭉그러져 없어지는 무서운 파멸적 결과를 나타내는 병으로서 죄의 파멸적 모습을 잘 묘사해 준다. 이처럼 나병은 인간이 당하는 질병 중 최악의 고통스러운 질병으로서 저주받은 병으로 취급되었다. 그렇기 때문에 이 병에 걸린 자는 철저히 사람들(공동체)로부터 격리되어 산다. 혹 이들이 사람들이 있는 곳을 지나가게 되면 자신이 문둥병자인 것을 알리기 위해 "부정하다, 부정하다"고 거듭 소리질러 그들로 하여금 접촉하지 못하게끔 경고를 해야 하는데 이 경우 옷을 찢고 머리를 풀며 윗입술을 가리고 외쳐야 한다(레 13:45-46).

2) 나았으면...(레 14:2-32)

나병(문둥병)이 낫게 되면 회복의 절차로는 제사장에게 보이고 진단('진 밖에서')을 받고, 정결을 위한 예식을 시행(레 14:4-8)한 후에 진에 들어와 자기 장막에서 7일을 거하고 7일째 모든 털을 밀고, 옷을 빨고, 몸을 물로 씻은 다음 8일째 성막에 가서 제사를 드린 후에야 완전하게 정결케 된다. 위의 절차에서 보는 대로 우리는 문둥병이 지닌 병의 중대성과 그것의 불결의 정도를 과히 짐작할 수 있다.

2. 구조적-장면적 이해

> A. 문둥병자의 예수님께 나아옴과 탄원(40절)
>   B. 문둥병자에 대한 예수님의 반응(41절)
>   C. 깨끗케 된 문둥병(42절): 곧 문둥병이 그 사람에게서 떠나가고 깨끗하여 진지라
>   B′. 고침 받은 문둥병자에 대한 예수님의 경고와 명령(43-44절)
> A′. 고침 받은 문둥병자의 반응과 그 결과(45절)

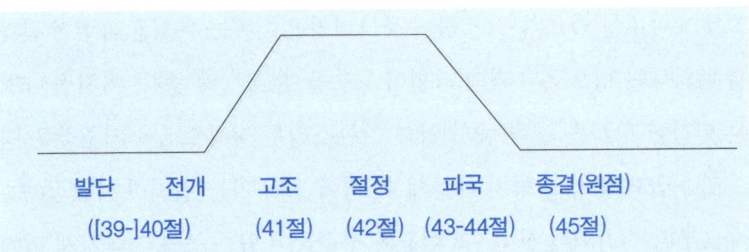

발단　　전개　　고조　　절정　　파국　　종결(원점)
([39-]40절)　　　(41절)　(42절)　(43-44절)　(45절)

고침 받은 문둥병자의 모습인 42절(C)을 중심으로 문둥병자와 예수님의 행동들이 서로 대비적인 병행(AA′와 BB′)을 이루며 나뉘진다. 문둥병자가 [경고 없이] 예수님께 나아와 꿇어 엎드리어 치유를 탄원한 것은

스토리 내에서 갈등이 전개됨을 시사해 주며 그리고 문둥병자의 이러한 행동에 별 저지 없이 그를 민망히 여기시고 만지시며 깨끗함을 선언한 모습은 스토리 내에서 갈등의 고조를 일으킨다. 그러나 이 갈등은 문둥병자의 병이 치유됨으로써 절정에 이르러 되고 결국 예수님의 경계가 있었지만 그러나 이 사람은 나가서 병이 치유됨을 많이 전파하여 널리 퍼지게 함으로써 (마가가 의도하는[?]) 예수의 소문(복음)은 증거 된다. 물론 이 모습은 마가복음에서 또 다른 갈등의 모습(메시아의 은닉의 주제에서)으로 소개된다.

3. 예수님께 나아온 나병 환자(막 1:40, 45): 접근, 꿇어 엎드림, 탄원, 전파

예수께 나아 온 나병 환자의 신앙의 모습을 몇 가지로 살펴보면 다음과 같다:

1) 경고 없이 그는 예수께 왔다(41절). 즉 나병 환자는 사람들에게 나아올 때 해야 할 규례들을 어기고 필사적으로 나아왔다. 그의 절박함을 볼 수 있다; 2) 진지한 탄원과 존경의 자세로 나왔다: "꿇어 엎드리어 간구하여"(겸손과 경배와 간구); 3) 예수님은 깨끗케 하실 수 있다는 기대감(나병 환자의 신앙)으로 나왔다: "가로되 원하시면 저를 깨끗케 하실 수 있나이다"; 끝으로 4) 예수님의 침묵에 대한 경고(43-44절)에도 불구하고 그는 자신이 낫게 된 사실을 전하지 않을 수 없었다. 그것도 많이 그리고 널리 전파하였다(45절 전반부). 우리는 여기서 신앙의 모습과 함께 금할 수 없는 복음 (cf. 막 7:24)의 모습과 담대한 제자도의 모습을 본다. 특히 본문이 말하는 신앙은 '절박한 상황에서 우리가 예수님께 나아오는 것과 함께 예수님께서 우리의 절박한 필요를 말씀으로 만나주시는 것'을 의미한다.

사실 이러한 도발적(?)이고 적극적인 나병 환자의 신앙적 모습은 예수님의 가르침과 이적에 단지 충격을 받고 놀란 가버나움의 사람들의 모습이나 자신들이 만든 사회적 제약에 갇혀 하나님의 놀라운 자비와 사랑의 사역을 보지 못하고 그것을 배척하는 종교 지도자들의 모습과는 정말 판이하게 구별되는 모습이다. 마가복음에서 보여주는 참된 신앙이란 육체적-사회적 제약에도 불구하고 하나님의 은혜를 사모하고 그것을 구하기 위해 나아오는 모습으로 이것은 중풍병자를 데리고 온 사람들(2:1-12)이나 회당장 야이로와 혈류증 여인의 모습(5:21-43)에서 그리고 수로보니게 여인(7:24-30)과 귀먹고 어눌한 자를 데리고 나온 사람들(7:31-37)과 소경을 데리고 온 벳새다의 사람들(8:22-26)과 귀신 들린 아들의 치유를 구하는 아버지(9:14-29)와 소경 바디매오의 모습(10:46-52) 속에서 잘 제시되고 있다. 특히 문둥병자가 예수님의 은닉의 경고에도 불구하고 나가 많이 그리고 널리 그 사실을 전한 모습은 마가의 청중에게는(오늘의 우리까지도) 충격적 모습이 아닐 수 없다.

4. 예수님의 모습과 치유(막 1:41-42)

문둥병자의 이와 같은 도발적인 모습에 대하여 예수님은 외면하거나 배척하시지 않으시고 메시아로서의 자비와 사랑의 모습을 보이신다. 그 당시 종교에 의하여 규정된 정결(淨潔)의 비정(非情)한(?) 사회적 경계와 제약을 넘어 버려진 이 부정(不淨)한 사람을 대하시는 예수님의 모습은 오늘의 우리(교회)의 종교적이고도 신앙적인 모습을 돌아보기에 충분한 가치를 지닌다. 예수님은 당시의 '정결 규례'purity system를 어김/넘어섬(찢음)으로 인해 자신이 앞으로 받을 많은 비난과 핍박에도 불구하고 이 사람을 불쌍히 여기시고 그의 고통과 함께 하시며 그를 치유하여 주셨다. 이 점은 당시 종교에 종사하는 사람들의 교조적 모습과는 얼마나 대조적인가? 아니 우리의 모습과도 얼마나 대조적인가? 과연 오늘의 교회는 예수님을 따르는 '예수의 제자들'이라고 자처할 수 있는가? 이러한 주님의 제자로서의 모습은 오래전 타계한 테레사 수녀의 헌신적 봉사의 삶을 통해서 우리에게 다시 한번 깊은 교훈을 준다.

- **"불쌍히 여기사"**($\dot{\epsilon}\sigma\pi\lambda\alpha\gamma\chi\nu\dot{\iota}\sigma\theta\eta$)[29]

더러움보다는 불쌍히 여기심이 앞서시는 예수님을 본다. 여기 '불쌍히 여긴다'는 헬라어 단어는 신약에서 동사($\sigma\pi\lambda\alpha\gamma\chi\nu\dot{\iota}\zeta o\mu\alpha\iota$)로 쓰일 때는 '자비를 베푼다', '불쌍히 여긴다'는 의미로 사용되지만 이것이 명사로 쓰일 때는 언제나 복수($\sigma\pi\lambda\dot{\alpha}\gamma\chi\nu\alpha$)로 사용되면서 '자비', '심장', '창자(간장)', '심정(속마음)', '[사랑의] 마음', '심복'의 의미로 사용(눅 1:78; 행 1:18; 고후 6:12; 7:15; 빌 1:8; 2:1; 몬 1:12; 1:20; 요일 3:17)되는데 주로 이 단어는 한국적으로 표현하자면 '애간장을 태우는 자비와 사랑의 마음'을 의미한다. 복음서에서 이 단어는 자주 예수님의 사역과 선교의 중심된 마음을 표현하고 있는데 그 예로는 예수님께서 자기에게 나아온 사람들을 보시고 그들을 먹이시고 치유하실 때 이 마음으로부터 당신의 사역을 하셨다(막 1:41; 6:34; 8:22; cf. 마 9:36; 14:14; 15:32; 18:27; 20:34; 눅 7:13). 특히 누가복음서에서 이 단어는 하나님의 긍휼을 표현(눅 1:78)할 뿐 아니라 비유에 나

---

29 어떤 학자는 이 구절의 본문 비평에 비추어서 원래의 사건(혹은 구전)에서 예수님은 민망히 여기지($\sigma\pi\lambda\alpha\gamma\chi\nu\iota\sigma\theta\epsilon\dot{\iota}\varsigma$) 아니하였고 화를 내셨는데($\dot{o}\rho\gamma\iota\sigma\theta\epsilon\dot{\iota}\varsigma$) 마가(혹은 후대 서기관)가 그것을 바꾸었을 가능성이 많다고 생각한다(Wojciechowski 1989:114). 여기에 대해 Stock(1989:88; cf. Lane 1974:86)은 이 견해를 받아들이면서 예수님의 분노는 악(죄와 죽음)의 세력에 직면케 한 이러한 더럽고 무서운 질병에 대한 분노라고 설명한다.

오는 사마리아인에 대한 사랑의 마음(눅 10:33, "그를 보고 불쌍히 여겨")과 탕자의 아버지의 마음(눅 15:20, "아버지가 그를 보고 측은히 여겨 달려가 목을 안고 입을 맞추니")을 표현하고 있다. 그리고 이 단어는 바울이 그가 사역하고 섬겼던 빌립보 교회를 향해 "내가 예수 그리스도의 심장(心腸)으로 너희 무리를 어떻게 사모하는지 하나님이 내 증인이시니라."(빌 1:8)고 말했을 때 '심장'(σπλάγχνα)이라는 단어가 바로 '불쌍히 여김'의 단어의 어원(σπλαγχνίζομαι)과 일치한다. 그러므로 바울의 사역은 바로 예수님이 그의 사역에서 가졌던 이 마음에서 우러나온 것이었다. 오늘 우리는 어떠한가? 이 마음을 가지고 하나님의 백성들을 섬기고 있는가? 그렇지 않다면 우리는 단지 삯꾼에 불과하다. 이 '불쌍히 여김'의 마음이 우리의 구제와 선교(전도) 사역의 중심에 있어야 한다. 바울처럼 아니 우리의 믿음의 주이신 예수님처럼 그의 길을 따르는 종(목회자)이나 일꾼으로서 우리는 이 마음을 가지고 사역해야 한다. 더러운 문둥병자를 향해 보이신 주님의 '불쌍히 여기는 마음'이 사순절을 보내는 우리의 마음에 아려온다.

- "손을 내밀어 저에게 대시며(41절)"

꼭 그렇게 할 필요가 없었는데도, 말씀만으로도 고칠 수 있는 예수님은 그에게 손을 내밀어 그를 만지셨다. 예수님의 이 행동을 그 당시의 사회적 정황 속에서 이해한다면 대단히 급진적이고 용감한 행동이 아닐 수 없다. 특히 '정결법' purity law 은 유대 사회의 사회적 행동의 근간이었는데 예수님은 이러한 규례를 깨트리고 행동하셨다. 이것은 접촉해서는 안 되는 부정한 사람을 예수님 편에서 먼저 접촉하셨다. 구약의 규례에 따르면 부정한 자를 만지면 만지는 자가 부정케 되는데 예수는 문둥병자를 만지심으로써 스스로 부정한 사람이 되셨다. 예수님의 이 치유는 접촉할 수 없는(부정한) 사람을 접촉하심(스스로 부정하게 됨)으로 이루어진 사회적 연대감을 가진 치유(구원)이다. 당시의 사회적 관례인 '정결 규례'를 어기면서까지 그를 사랑하시어 치유하셨다. 이것은 그의 간절하고도 절박한 믿음의 간구(40절)에 대한 응답임과 동시에 그의 형편에 대해 '불쌍히 여기시는 마음'이 있었기 때문에 가능한 행동이었다.

우리는 여기서 잠시 멈추고 이 놀라우신 예수님의 사랑의 무모한 행동("손을 내밀어 저에게 대시며")을 묵상해 보자. 그리고 그 당시의 사회적 관례와 모습을 생각해 보자. 결국 예수님의 이 불쌍히 여기시는 사랑은 이 모든 비정한(?) 제도적 규례를 어김에 대한 두려움을 내어 쫓고 용감한 행동으로 나아간다. "사랑 안에 두려움이 없고 온전한 사랑이 두려움을 내어 쫓나니 두려움에는 형벌이 있음이라 두려워하는 자는 사랑 안에서 온전히 이루지 못하였느니라. 우리가 [두려움 없이 용감하게] 사랑함은 그가 먼저 우리를 사랑하셨음이라"(요일 4:18-19). 인간의 부정한 죄를 자발적이고 용감하게 지신 예수님은 자신을 주시기까지 섬기시는 대속자로서 아름다운 사랑과 희생의 예수님(막 10:45)이시다. "인자의 온 것은 섬김을 받으려 함이 아니라 도리어 섬기려 하고 자기 목숨을 많은 사람의 대속물로 주려함이니라." 바로 이분이 우리의 구세주시며 믿음의 주시다. 사순절은 바로 이러한 주님의 은혜를 묵상하는 절기이다.

- "내가 원하노니 깨끗함을 받으라(41절)"

이 표현에서 우리는 이 병자를 향한 예수님의 진솔한 마음을 볼 수가 있다. 예수님이 세상에 오신 이유가 바로 여기에 있다. 그 당시 제사장들은 단순히 진단 외에는 할 수 없는데, 모세의 율법은 이런 자들을 진 밖으로 축출할 수밖에 없었는데, 그러나 예수님은(cf. 롬 8:3) 우리 같은 부정한 자들을 위해 죄 가운데 오셔서 자신을 기꺼이 주심으로 우리를 깨끗케 하신 분이시다. 물론 여기서 나병 환자가 간구한 '깨끗함'이나 예수님이 베푸신 '깨끗함'의 의미는 단순히 육체적 불결(병)에서의 깨끗함만을 의미하는 것이 아니고 이것이 갖는 사회적-종교적 의미를 감안할 때 의미의 폭은 훨씬 넓다. 이 '깨끗함'은 육체적 회복뿐만 아니고 사회적 회복까지를 포함하는 의미이다.

결국 나병 환자를 깨끗케 하신 예수님은 이 사람에게 이르기를 "제사장에게 가서 자신의 모습을 보이고 깨끗케 됨을 인하여 모세의 명한 것(예물)을 드려 저희에게 증거가 되라"(44절)고 하셨다. 예수님의 이러한 지시(指示)는 자신의 신분에 대한 간접적 증거(Lane 1974:88)와 함께 공동체 내에서의 문둥병자의 공적 신분의 회복을 촉구함을 의미한다. 왜냐하면 이 사람은 깨끗하게 되어 공동체의 공적 예배에서 예물을 드림으로써 일반 사람들에게 자신이 회복되었음('깨끗케 됨')의 표징을 보여야 함을 강조하였다. 그러므로 예수님이 베푸신 치유(회복)는 단순히 개인적이고 육체적인 치유(깨끗함)만을 의미하지 않고 이 회복은 더 나아가 공동체 내에서의 회복(깨끗함)인 사회적 회복을 포함하고 있다. 이러한 모습은 오늘 우리(교회)가 복음과 구원을 말할 때 단순히 개인적 복음과 구원에서 그쳐서는 안 되고 이것이 사회적인 의미와 행동으로 나아가야 함을 잘 주지해 준다.

가장 혐오적인(저주받은) 질병을 고치신 예수님은 우리의 죄의 결과인 죽음을 대신 담당하시는 속죄양으로 오셨다(막 10:45; 14:24). 주님은 우리를 위해 (저주의) 십자가를 지심으로써 우리의 죄(더러움)를 용서(깨끗케)하시고 하나님과 우리 사이의 관계를 회복하실 뿐만 아니라 단절된 인간관계까지도 회복하신다. 특히 예수께서 이 사람에게 보이신 모습은 그의 사역의 본질이 무엇인지를 잘 보여준다. 결과적으로 나병 환자를 깨끗케 하신 예수님은 정말 '하나님의 거룩한 자'임에 분명하다. 예수가 우리의 정결^{purity}의 원천이시다(Neyrey 1986:115).

5. 오직 '한적한 곳'(광야)에 계신 '광야의 사람' 예수(45절)

사람들의 질고를 대신 지시는 속죄양으로 살아야 할 광야의 사람 예수. 그는 부정한 자들의 죄를 대신 지고 광야로 나가는 속죄제의 염소와 같다(cf. 레 16:20-22). 이적을 베푸는 자로서 잘못 인식되기를 거절하고 오히려 사랑으로 그들의 더러움을 대신 지시는 '자비의 사람' 메시아 예수 그는 광야의 사람이셨다. 이 자비의 사랑, 두려움 없는 사랑의 행동으로 인하여 예수님은 유대 종교의 제도적 희생물이 되셨다. 율법(특히 정결법)을 더럽히고 성전을 더럽히고 백성을 더럽혔다는 이유로 그는 미움의 대상, 배척의 대상, 살해의 대상이 된다. 그러나 이러한 운명의 그림자가 자신에게 엄습해 와도 그는 사랑과 희생과 섬김의 이 '길'을 자신의 운명으로 받아들이며 '한적한 곳'에서의 보다 깊은 성찰을 통해 순종하며 이 길을 간다. 자기 성찰을 위한 '한적한 곳'에서의 머묾이 없이 두려움 없는 사랑의 행동이란 불가능하다. 그리고 이러한 사랑의 행동은 어떤 제도나 물리적 힘보다도 사람들의 마음을 보다 강력하게 사로잡아서 고난 속에서도 복음을 전하게 한다. 결국 이 놀라운 사랑에 의해 증거된 복음은 수난과 핍박을 직면하더라도 금할 수 없이 널리 그리고 많이 증거될 수밖에 없다. 사도행전은 바로 이 놀라운 사랑의 복음이 하나님의 자비에 의해 구원을 얻은 사람들을 통하여 - 비록 물리적인 핍박과 탄압이 그 앞에 있었어도 - 금할 수 없이 널리 그리고 많이 증거되었음을 잘 보여주고 있다(cf. 행 4장). 사랑은 모든 세상의 제약과 두려움을 뛰어넘는 무서운 능력을 가졌다. 이 교훈은 테레사 수녀의 삶과 죽음을 통해 잘 입증되었다. 결과적으로 예수를 따르는 제자로서 우리는 자비와 사랑의 실행자가 되어야 한다.

10

마가복음 강해

길 위의 길
The Way on The Way

중풍병자의 치유와 죄 사함(막 2:1-12)

"1 수일 후에 예수께서 다시 가버나움에 들어가시니 집에 계시다는 소문이 들린지라 2 많은 사람이 모여서 문 앞까지도 들어설 자리가 없게 되었는데 예수께서 그들에게 도를 말씀하시더니 3 사람들이 한 중풍병자를 네 사람에게 메워 가지고 예수께로 올새 4 무리들 때문에 예수께 데려갈 수 없으므로 그 계신 곳의 지붕을 뜯어 구멍을 내고 중풍병자가 누운 상을 달아 내리니 5 예수께서 그들의 믿음을 보시고 중풍병자에게 이르시되 작은 자야 네 죄 사함을 받았느니라 하시니 6 어떤 서기관들이 거기 앉아서 마음에 생각하기를 7 이 사람이 어찌 이렇게 말하는가 신성 모독이로다 오직 하나님 한 분 외에는 누가 능히 죄를 사하겠느냐 8 그들이 속으로 이렇게 생각하는 줄을 예수께서 곧 중심에 아시고 이르시되 어찌하여 이것을 마음에 생각하느냐 9 중풍병자에게 네 죄 사함을 받았느니라 하는 말과 일어나 네 상을 가지고 걸어가라 하는 말 중에서 어느 것이 쉽겠느냐 10 그러나 인자가 땅에서 죄를 사하는 권세가 있는 줄을 너희로 알게 하려 하노라 하시고 중풍병자에게 말씀하시되 11 내가 네게 이르노니 일어나 네 상을 가지고 집으로 가라 하시니 12 그가 일어나 곧 상을 가지고 모든 사람 앞에서 나가거늘 그들이 다 놀라 하나님께 영광을 돌리며 이르되 우리가 이런 일을 도무지 보지 못하였다 하더라."

본문에 의하면 며칠 후 예수님은 가버나움으로 돌아오셔서 (시몬과 안드레의?) 집(막 1:32-33 참고)에 계실 때 수많은 사람들이 몰려왔고 예수님은 그들에게 복음을 전파하셨다(1절). 여기서부터 '이적 기사'miracle story는 '논쟁/갈등 기사'controversy/conflict stories의 단락(2:1-3:6)으로 병합된다. '논쟁 기사'의 단락(2:1-3:6)에서 우리가 눈여겨보아야 할 인물은 종교 지도자들로 그들은 예수의 사역에 대해 강한 불만을 품고 논쟁을 촉발하는데 여기에 대해 예수님은 '인자'Son of Man의 사역에 대한 선언(2:10, 17, 28)을 반복하며 메시아의 사역을 설명하지만 그들은 그것을 이해하지 못하고 마침내 예수를 죽일 모의를 하게 된다: "바리새인들이 나가서 곧 헤롯당과 함께 어떻게 하여 예수를 죽일꼬 의논하니라"(3:6). 결국 수난의 그림자가 예수님의 초기 갈릴리 사역에서부터 나타난다. 특히 '믿음과 치유'에 관한 이적 기사는 '죄 사함'에 관한 논쟁 기사로 전환되면서 예수님의 신분("나를 누구라 하느냐?")에 대한 논란이 본격적인 갈등의 상황으로 전개된다. 그리고 이 단락에서 '죄 사함'에 대한 선언('죄 사함'이라는 언급이 2:5-10에서 4번 나옴)은 논쟁을 촉발하는 중심 주제로 등장한다.

1. 장면 이해

많은 이적들을 행함에도 불구하고 '믿음이 없는' 도시로 낙인찍힌 가버나움(cf. 마 11:23-24)에서 마가는 예수님께서 인정하시는 믿음의 사람들을 소개함으로 스토리를 시작한다. 스토리에 따르면 예수님께서 다시 가버나움에 오셨다는 소문에 수많은 사람들이 예수님께 나아왔다. 집(아마도 시몬 장모의 집[1:32-33]) 문 앞까지 사람들로 가득 차 용신(容身)할 자리조차 없는 상황이었으므로 중풍병자는 혼자 예수님께 나아 올 수가 없었다. 그러므로 사람들이 중풍병자를 들 것에 메고 지붕을 뜯어 중풍 병자를 집안으로 내려 예수님께 데려왔다. 예수님께서 '그(를 데려 온 사람)들의 믿음'을 보시고 중풍병자에게 죄 사함을 선언하셨다.

"예수께서 그들의 믿음을 보시고 중풍병자에게 이르시되 '작은 자야 네 죄 사함을 받았느니라'"(5절).

중풍병자에 대한 예수님의 죄 사함의 선언은 그곳에 참석한 몇몇 종교 지도자들(서기관들)의 마음에 거슬리는 가시가 되고 이것은 결국 논쟁의 화두가 된다. "어떤 서기관들이 거기 앉아서 마음에 생각하기를 '이 사람이 어찌 이렇게 말하는가 신성 모독이로다 오직 하나님 한 분 외에는 누가 능히 죄를 사하겠느냐"(6-7절). 우리는 여기서 마가복음 스토리 내에 처음으로 서기관들이 등장하고 있음을 본다. 이 점은 갈등의 시작을 암시한다. 결국 이 사건이 발단이 되어 '갈등 기사'(2:1-3:6)가 전개된다. 이 갈등 기사는 결국 '마음의 생각'(2:6-7)에서 '공적 논쟁'(2:13-28) - 먼저는 제자들과 나중은 예수님과 논쟁 - 을 거쳐 '죽일 모의'(3:6)로 갈등이 고조됨을 본다. 아이러니컬하게도 이 이적기사를 중심으로 방대한 인기(놀람)와 심각한 적대감이 교차하고 있음을 본다. 세상에는 항상 인기와 적대감이 공존한다. 결국 두 반응은 믿음이냐? 참람죄냐? 하는 것이다. 결과적으로 가버나움의 한 집에서 벌어진 이 치유 이적 기사는 '죄 사함'에 대한 논쟁이 그 중심에 놓여 있음을 본다. 이적 기사-논쟁-이적 기사(Marshall 1989:78 이하).

이 점은 아래의 구조 분석에서 잘 드러난다. 즉 죄 사함의 논쟁(D)이 구심성 교차 병렬 구조의 중심에 놓여 있다(cf. Dewey 1980:66; Marshall 1989:83-84).

> **〈구조 분석적 이해〉**
>
> A. 서론(1-2절): 가버나움 집에서 많은 사람들이 예수께 모임
>   B. 중풍병자가 상(床)에 실려 들어옴(3-4절): 집에 들어옴(예수님/중풍병자/무리)
>   C. 예수님의 죄 사함의 선언(5절): "소자야 네 죄 사함을 받았느니라."
>   D. 죄 사함의 논쟁(6-10a절): 참람죄("인자가 땅에서 죄를 사하는 권세가 있다.")
>   C′. 예수님의 고치심의 선언(120b-11절): "일어나 네 상을 가지고 집으로 가라."
>   B′. 중풍병자가 상에서 일어나 나감(12a절): 집에서 나감(예수님/중풍병자/무리)
> A′. 결론(12b절): 모든 사람이 "다 놀라 하나님께 영광을 돌림."

2. 등장인물들의 반응(신앙/불신앙) : 무리와 중풍병자와 서기관들

우리는 이 이적 기사에 나오는 인물들의 행동과 반응을 통해 신앙적 교훈을 받는다. 이것이 통상적으로 이적 기사를 통해 독자가 배우는 점이다. 특히 중풍병자를 데리고 예수님께 나아온 네 사람들의 믿음에 대한 칭찬은 예수님의 행동과 함께 독자의 시선을 끌기에 충분하다.

1) 무리들

권세 있는 가르침과 이적적 능력에 대한 소문들을 듣고 예수님께 나아와 그를 둘러싸고 가르침을 듣고 있다(2절). 이들은 중풍병자의 고침을 보고 놀라 하나님께 영광을 돌린다(12절).

2) 중풍병자를 데리고 나온 네 사람들: 친척, 친구들, 이웃들?

많은 사람들이 치유를 경험하고 말씀을 듣기 위해 예수님을 에워싸고

있었고 무리는 더 많아져 문 바깥까지 사람들로 가득했다. 이제는 감히 어느 누구도 예수님께 가까이 나아올 수 없는 상황이었는데 이들은 지붕을 뜯어서라도 중풍병자를 예수님께 데리고 나왔다. 자기들의 문제가 아닌데도 이들은 중풍병자를 고쳐 주기 위해 말씀을 듣고 있는 그곳의 사람들의 시선들을 아랑곳하지 않고 지붕을 뜯는 '저돌적이고도 무모한(?) 행동'을 취하였다. 이 행동은 이미 가버나움(과 갈릴리)에서 일어난 예수님의 병 고침에 대한 소문들로 인해 예수님만은 고칠 수 있다는 분명한 믿음과 병자에 대한 사랑의 섬김의 행동이었다. 아니 이와 같은 믿음 없이 이런 행동을 취할 수 있겠는가? 병자에 대한 사랑 없이 이런 믿음을 가질 수 있는가? 때론 믿음과 사랑은 한 몸을 이룬다. 참된 사랑과 믿음은 사람들(세상)의 시선(체면?)에 대한 두려움을 내어 쫓는다(요일 4:18). "사랑 안에 두려움이 없나니 온전한 사랑이 두려움을 내어 쫓는다." 결과적으로 그들의 이러한 행동은 예수님도 인정하시는 신앙이었다. 이들의 무모한 행동을 예수님은 그들의 믿음으로 규정한다. "저희의 믿음을 보시고"(5절). 하나님은 오늘도 이런 믿음의 사람, 사랑의 사람들을 찾고 계신다. 이런 사람들의 간구를 들으신다.

3) 중풍병자

예수님의 도발적인 '죄 사함'의 선언에 대한 중풍병자의 말없는 순종은 죄 사함의 선언을 의심한 서기관들의 태도와는 전혀 다르다. 아마도 중풍병자는 거동할 수 없는 중풍병으로 인해 누구보다도 죄 의식에 민감하였을 것이다. 그리고 그 또한 그들과 동행하면서 그들과 같은 치유(자비)에 대한 믿음('저희의 믿음')을 수반하였을 것이다. 이 병이 죄로 인한 결과라는 의미는 분명하지는 않지만 확실히 죄는 인간을 가장 황폐케 하는 동인(근원)으로 인간이 누릴 가장 큰 행복은 죄의 용서이다. "허물의 사함을 받고 자신의 죄가 가려진 자는 복이 있도다(시 32:1)." 예수님은 병의 치유보다도 죄의 용서를 먼저 선언하셨다. 그리고 그는 곧 모든 사람들이 보는 앞에 일어나 자리를 들고 걸어갔다(12절).

4) 서기관들: 이들을 외면하고 앉아만 있는 이들이 중풍병자가 아닌가?

예수님께서 하신 '죄 사함'의 선언은 거기 참석한 서기관들에게는 하나님을 모독하는 말로 여겨져 마음속으로 분노를 발한다. 어떤 이유로 여기에 참석하였는지는 모르지만 서기관들이 가진 기존의 신학(?) 혹은 전통이 성경에서 언급하는 하나님의 은혜로우신 사역으로서 이적 기사를 받아들이지 못하는 잘못을 범하고 있음을 본다. 하나님(의 뜻)을 더 잘 섬기기 위해 만든 인간의 전통이 오히려 하나님의 역사와 진리를 이해하는데 방해가 될 때가 있다. 전통과 해석이때론 하나님의 말씀을 무시하고 거부할 때가 있다. 이들은 가버나움(회당)에서 행하신 일(1:21-28)을 알고 있음에도, 지금 예수 그리스도께서 행하신 일을 보고도 의심과 불신의 마음을 품고 있다. 결국 그들에게 예수님은 단지 "이 사람"(7절)에 불과하였다. 그리고 이들은 단지 그곳에 앉아 사랑 대신에 무관심, 믿음 대신에 비평만 하는 자들이다.

이 사건을 통해 인정된 '그들(중풍병자를 예수께 데리고 나온 네 사람들)의 믿음'(5절)은 마가복음에서 제자들이 가져야 할 신앙이다. 지붕을 뜯어 구멍을 내고서라도 예수님 앞에 나와 구원(치유)을 받으려고 하는, 그것도 자신의 구원이 아니라 타인의 구원을 위하여 애쓰는, 이들의 신앙은 어떠한 환난과 핍박도 각오한 신앙이었다. 이 신앙은 마가의 독자들(우리들을 포함)이 가져야 할 신앙이기도 하다. 그리고 이것은 하나님은 모든 것을 하실 수 있다는 신앙(11:22-24)으로 곧 예수에 대한 신뢰와 신앙을 의미한다.

3. '죄 사함'을 선언하신 예수님. "소자야 네 죄 사함을 받았느니라"(5절)

성경에서 죄와 병 그리고 치유와 죄 사함은 밀접하게 관련(시 41:4; 103:2-3; 렘 3:22) 되어 있는데 특히 치유에 앞서 더 중요한 것은 '죄 사함'이다. 초대 교회의 크리스천들(사도들을 포함)이 전해야 할 메시지의 핵심은 '회개하고 예수의 이름으로 죄 사함을 받는 것'이었다(cf. 눅 24:47; 행 2:38; 3:19; 5:31; 8:22; 10:43). 이 메시지는 오늘날에도 동일하게 중요하다. '한 번 죽는 것은 사람에게 정한 것이요 그 후에는 심판이 있다'(히 9:27). 그러므로 죄 사함이 없는 복음은 참된 복음이 아니다. 예수님은 무엇보다도 이 사실을 알게 하시려고 이 땅에 오셨고 또 이와 같은 이적을 행하시는 것이다. 치유나 번영보다도 더 중요한 것은 죄 용서와 구원이다.

- "하나님 한 분 외에는(εἷς ὁ θεός) 누가 능히 죄를 사하겠느냐?"(7절)

구약에서 '죄 사함'은 오직 하늘에서 발휘되는 하나님의 권한(출 34:6-7; 삼하 12:13; 사 43:25; 44:2; 시 51편; 103:3)으로 묘사되는데 이제 예수님은 지금, 여기, 이 땅에서 '죄 사함'을 선언하심으로써 자신이 종말론적으로 도래한 하나님의 대리자(메시아)이심을 밝힌다(cf. 사 33:24; 렘 31:34). '하나님 한 분 외에' 죄 사함을 선언할 수 있는 유일하신 분이 있다면 그것은 바로 하나님의 아들 예수 그리스도시다. 이제는 그(의 신분과 사역)를 통해 이 땅에서 죄 사함이 주어진다. 이것이 초대 교회의 메시지이다. 그러나 유대 종교 지도자들은 예수님의 이와 같은 선언을 이해하지 못하고 하나님을 모독하는 말로 생각하였다(7절).

결국 이 치유 이적 사건은 무리(독자)로 하여금 예수가 땅에서 죄를 사해 주는 권세가 있는 줄 알게 하는 사건이다: "그러나 인자가 땅에서 죄를 사하여 주시는 권세가 있는 줄을 너희로 알게 하려 하노라[필자의 강조]"(10절). Marcus(1994)는 이 구절을 막 2:7과 관련하여 독자들이 알아야(들어야) 할 '마가복음에서의 쉐마Shema'라고 불렀다(cf. 신 6:4).

우리는 여기서 왜 서기관들이 예수님의 그 같은 선언에 분노하게 되었는지 알 필요가 있다. 초대 교회를 지나 종교 개혁의 유산(遺産) 속에 살고 있는 우리에게 예수님의 이 선언은 정말 아름다운 복음의 선언으로 쉽게 여겨지지만 예수님 시대의 사람들(특히 유대 종교 지도자들)에게는 그들 사회의 지각 변동을 촉구하는 도발적인 선언이 아닐 수 없다. 아니 어떻게 성전(聖殿)을 통하지 않고, 제사(祭祀)를 드림 없이, 회개와 믿음만으로 죄 사함이 가능하단 말인가? 그것도 인간이 되어서 이러한 선언을 한다는 것은 말도 되지 않는 참람한 일이었다. 그렇기 때문에 그들은 마음속으로, "이 사람이 어찌 이렇게 말하는가 참람하도다 오직 하나님 한 분 외에는 누가 능히 죄를 사하겠느냐"(7절)라고 생각한 것이다. 흔히 우리는 우리의 현재 상황에서 본문을 보기 때문에(시대착오적 이해) 이 갈등이 갖는 중대성을 인식하지 못한 채 본문을 대할 때가 많다. 확실히 예수님의 죄 사함에 대한 선언은 마가복음의 중심 논의임이 분명하다. 이 선언은 결국 그의 신분에 대한 문제(그가 누구신가?)를 야기하였다.

'죄 사함'에 대한 예수님의 선언은 혁명적인 선언이었다. 예수님은 지금 옛 시대의 사회적 경계를 넘어서서 새로운 메시아의 시대로 나아가고 있다. 성전 없이도, 제사 제도 없이도 이제는 '회개와 믿음'만으로 죄 사함을 받을 수가 있다. '염소와 송아지의 피 없이도' 속죄(죄 사함)가 가능한 길(히 9:12)이 열렸다. 부패하고 타락한 종교 지도자들에 의해 '강도의 굴혈'이 된 성전(막 11:17)과 그 제도는 부정한 사람들(중풍병자; 문둥병자; 혈류증 여인; 소경; 등등)에게나 가난한 자들에게는 엄청 그 문턱이 높았다. 이와 같은 소외 계층에게 성전과 제사 제도는 이제 더 이상 하나님께 나아가는 길이라기보다는 오히려 장애물로 전락하였다.

이런 점에서 예수님의 이러한 선언과 행동은 많은 사람들에게 신선한 충격으로 찾아왔지만 성전을 둘러싼 기득권층의 종교 지도자들에게는 정말 암적 존재였다. 그러니 예수를 살해(제거)하고자 하는 모의는 이들과 같은 기득권자들에게 지극히 당연하고 자연스러운 행동이 아닐 수 없었다. 오늘날도 마찬가지다. 우리의 행동이 하나님 앞에서는 옳지만 현재의 기득권층 - 이것이 종교적 기득권층이든 정치-경제적 기득권층이든 간에 - 에게는 큰 도전이 될 때 우리는 예수님처럼 잘못된 사회적 경계(금기)를 가로질러 가고, 잘못된 사회적 담들을 무너뜨릴 수 있는 용기와 믿음이 있는가? 타락한 기득권층의 저항에 희생물이 될 각오를 하며 복음(福音)을 위해, 의(義)를 위해 살 각오를 하는가? 아니면 돌밭에 뿌린 씨처럼 "말씀을 인하여 환난이나 핍박이 일어나는 때에"(4:17) 그냥 넘어지고 주저앉는가? 아니면 수난을 각오하고 잘못된 사회적 경계를 용감하게 넘어가는가?

마가복음은 이러한 삶 - 고난을 각오하고 잘못된 사회적 경계를 넘어감 - 에 대한 도전이다. 주님께서 자기를 따르는 자들에게 이르시기를 "나(예수님)를 따라오는 자는 자기를 부인하고 자기 십자가를 지고 좇아야 한다."(8:34)고 하셨는데 오늘의 우리는 어떠한가? 그리고 "누구든지 음란하고 죄 많은 세대에서 나와 내 말을 부끄러워하면 인자도 아버지의 영광으로 거룩한 천사들과 함께 올 때에 그 사람을 부끄러워하리라"(8:38)고 하셨는데 우리는 이 부름을 외면해야 하는가? 당시의 잘못된 사회적 경계(금기)를 과감히 넘어감으로써 제도권의 희생물이 되어 십자가에서 죽임을 당하신 예수님이 우리의 구주시다. 그러한 예수님을 구주로 고백하고 그 주님을 따른다면 우리는 어떻게 살아야 하나? 아마도 이 본문은 독자들에게 이러한 도전이 되지 않을까 생각한다.

계속되는 본문(2:13 이하)은 이러한 주님의 도전적 행동들을 소개함으로 독자들로 하여금 자신들의 삶에 "말씀을 인하여 환난이나 핍박이 일어났을 때" 어떻게 반응해야 할지를 넌지시 교훈한다. 중풍병자의 친구들처럼 때론 '지붕을 뜯어 구멍을 내고서라도' 주님과 복음을 위해 - 마태의 말을 빌리면 하나님의 나라와 의를 위해 - 나서야 하는 믿음의 행동을 취해야 하지 않을까? 이러한 믿음은 주님이 보시고 기억하시는 믿음이며 또한 칭찬하시는 믿음이다(5절).

설교의 단상

우리는 이 이적 사건을 통해서 무엇을 배워야 하는가? 그것은 무엇보다도 믿음일 것이다. 왜냐하면 예수님은 이 이적 기사에서 특히 믿음을 언급(칭찬)하셨기 때문이다(5절). "예수께서 그들의 믿음을 보시고." 누구의 믿음? 중풍병자와 그를 데리고 나온 사람들의 믿음. 어떤 믿음? 예수님만이 이 사람을 고칠 수 있다는 믿음. 지붕을 뜯어 구멍을 내어 기어코 중풍병자를 주님 앞으로 인도하여 구원(죄 사함과 치유)을 얻도록 한 믿음(4절). 이들이 보인 믿음은 무리들의 핍박과 비난과 조롱(고난)을 각오한 믿음이다. 이 믿음은 사랑 없이는 가질 수 없는 희생의 믿음이다. 분명하고도 필사적이기도 한 희생적인 사랑의 믿음. 이것이 마가복음이 강조하는 믿음이다. 이 믿음은 주님을 따르는 모든 제자들이 가져야 할 믿음이다. 우리는 과연 이런 믿음을 소유하고 있는가? 주님의 말씀과 복음을 위해 살아야 하는 우리(의 교회)는 과연 어떤 믿음을 소유하고 있는가?

이 단락은 우리에게 '회개와 믿음'만으로 죄 사함의 축복을 받을 수 있음을 말하고 있다. 외부적인 화려한 성전이나 제도가 죄 사함을 주는 것이 아니다. 오히려 이것들은 우리(성도들)에게 무거운 짐이 될 때가 많다. 특히 예수님 당시는 성전과 제도의 부패상이 심하였다. 오늘 본문은 성전과 제도를 통하여 자신들의 기득권을 획득하고 유지하고 확장하고 있는 유대 종교 지도자들에게 예수님의 이 선언은 도발적인 일이 아닐 수 없다. 어떻게 성전 없이, 속죄 제도 없이도 죄 사함을 받을 수 있나? 외관상으로 그들은 예수님의 이러한 선언과 그에 따른 행동이 거룩(정결)의 규례를 무너뜨리는(더럽히는) 일이라고 종교적으로 공격하지만 그러나 실제로 이들의 공격은 자신들의 기득권(부와 권력)을 유지하고 확장하기 위한 것에 불과하였다. 이 점은 마가복음 11-12장의 논쟁 기사에서 잘 드러난다. 그 당시 종교 지도자들은 성전과 속죄 제도를 통해서 엄청난 부와 권력을 축적하여 치부하였다. 절기 때마다 이들은 성전 돈의 환율을 조작하거나 또는 제물들을 파는 상인들과 유착(오늘날로 말하면 일종의 정경 유착과 같다)하여 엄청난 치부(致富)를 하였다. 그러므로 이들에게 예수님이 '오직 회개와 믿음으로 죄 사함을 받는다'는 선언이나 혹은 '자신이 죄 사함을 준다'라는 선언은 자기들의 기득권에 정면 도전하는 일이 아닐 수 없었다. 그렇기 때문에 이들은 예수님을 제거(살해)하기 위해 거의 발악적인 행동을 하였다.

메시아의 새 시대에 부패하고 타락한 성전과 제도는 더 이상 죄 사함의 방편이 되지 못한다. 오직 '회개와 믿음만으로' 죄 사함을 받을 수 있다. 육체적으로나 사회적으로 불결한 사람도 자신의 죄를 회개하고 예수 그리스도를 믿으면 죄 사함을 받아 정결해 질 수가 있다. 그 결과 하나님 앞에 언제나 나아 갈 수 있고 공동체 내에서도 정상적인 삶을 살아 갈 수 있다. 이것이 복음이다. 바울은 롬 3:21-24에서 다음과 같이 놀랍게 선언한다. "이제는 율법 외에 하나님의 한 의가 나타났으니 율법과 선지자들에게 증거를 받은 것이라 곧 예수 그리스도를 믿음으로 말미암아 모든 믿는 자에게 미치는 하나님의 의니 차별이 없느니라 모든 사람이 죄를 범하였으매 하나님의 영광에 이르지 못하더니 그리스도 예수 안에 있는 구속으로 말미암아 하나님의 은혜로 값없이 의롭다 하심을 얻은 자 되었느니라."

베들레헴에 나신 나사렛 예수는 병든 이 세상을 위한 하나님의 사랑스런 선물이다(요 3:16). 교회는 이 예수를 자랑하고 이 예수를 전해야 한다. 결코 다른 것들(손으로 지은 성전이나 제도)로 이것을 대처해서는 안 된다. 죄 사함(구원)을 위해 하나님은 '천하에 다른 이름을 우리에게 주신 일이 없다'(행 4:12). 이것이 사도들의 고백이고 우리의 고백이어야 한다. 만약 우리 주변에 '인자'(예수) 외에 다른 것을 가지고 '죄 사함'(구원)을 주려는 시도가 있다면 우리는 단연코 고난이 와도 이 일을 철폐(개혁)해야 한다. 교회의 제도가 성도들로 하여금 짐만 지우게 하거나 부패의 온상이 된다고 한다면 우리는 과감히 이것들을 개혁해야 한다. 예수님처럼 우리도 잘못된 사회적 경계를 넘어가야 한다. 여기에 고난이 와도 때론 이 일을 하다가 잘못된 제도의 반발을 사서 희생물이 되어도 우리는 믿음으로 용감하게 나아가야 한다(막 8:34-38). 마치 중풍병자를 데리고 나온 사람들처럼 지붕을 뜯어 구멍을 내는 행동을 하여야 할 필요가 있을 때 우리는 그들처럼 믿음의 용기 있는 행동을 보여야 한다. 그것이 다른 사람을 구원하고, 봉사하고 섬기는 일이라면 말이다.

우리는 지금 사순절을 보내고 있다. 이 절기에 우리 죄를 용서하시기 위해 자신을 대속물로 주시려고 오신 예수님의 자비로우신 섬김의 모습(막 10:45)을 깊이 생각해 보자. 그리고 예수님도 인정하신, 중풍병자를 데리고 나온 사람들의 믿음의 행동을 깊이 생각해 보자. 그들처럼 우리도 우리 주변에 육적으로뿐 아니라 영적으로 도움이 필요한 자들을 위해 헌신된 믿음의 행동을 해 보자. 우리 주님의 수난의 의미와 축복을 그들도 받게 함으로써 이 일로 인해 주변의 사람들까지도 하나님께 영광을 돌릴 수 있도록 하자.

11

마가복음 강해
길 위의 길
The Way on The Way

죄인들의 친구이신 예수님 (막 2:13-17)

"13 예수께서 다시 바닷가에 나가시매 큰 무리가 나왔거늘 예수께서 그들을 가르치시니라 14 또 지나가시다가 알패오의 아들 레위가 세관에 앉아 있는 것을 보시고 그에게 이르시되 나를 따르라 하시니 일어나 따르니라 15 그의 집에 앉아 잡수실 때에 많은 세리와 죄인들이 예수와 그의 제자들과 함께 앉았으니 이는 그러한 사람들이 많이 있어서 예수를 따름이러라 16 바리새인의 서기관들이 예수께서 죄인 및 세리들과 함께 잡수시는 것을 보고 그의 제자들에게 이르되 어찌하여 세리 및 죄인들과 함께 먹는가 17 예수께서 들으시고 그들에게 이르시되 건강한 자에게는 의사가 쓸 데 없고 병든 자에게라야 쓸 데 있느니라 나는 의인을 부르러 온 것이 아니요 죄인을 부르러 왔노라 하시니라."

다시 장면은 집안에서부터 바깥 바닷가로 바뀌면서 예수님은 치유 사역으로 인해 자신에게 나아온 무리들을 가르치신다. 우리가 보는 대로 예수님의 공 사역은 이적 사역만이 아니라 가르침 사역이 언제나 병행되어 있었다. 이어 바닷가를 지나시면서 세관에 앉아 일하고 있는 알패오의 아들 레위를 보시고 부르신다. 아마도 레위는 정식 세무원이라기보다는 헤롯 안디바를 위해 여행길의 교차로에서 통행료, 관세, 부과세, 통관세를 받는 사람이었을 것이다(Garland 1996:103).

이 기사는 막 1:16-20의 네 제자들을 부르신 기사에 이어 바닷가에서의 두 번째 '소명 기사'(call story)이다. 이 소명 기사에서 레위는 "나를 따르라"는 예수님의 부름에 "일어나 [예수를] 좇았다"(14절). 이어 레위의 집에 들어가 그[들]와 함께 식탁 교제를 하시면서 바리새인의 서기관들에 의해 식탁 교제에 대한 논쟁에 휘말린다. 연이어 단락은 금식에 대한 논쟁(18-22절)과 함께 안식일에 대한 논쟁(23-28절)으로 이어지면서 논쟁 기사의 마지막 장면(3:1-6)은 안식일에 회당에서 손 마른 사람을 고치신 이적으로 인해 예수님은 종교 지도자들의 미움(반감)을 받아 살해 대상으로 부각된다. "바리새인들이 나가서 곧 헤롯당과 함께 어떻게 하여 예수를 죽일꼬 의논하니라"(3:6). 이처럼 예수님에 대한 수난의 그림자는 초기 갈릴리 사역부터 예시(豫示)되면서 예수는 '광야에서 주(主)의 길을 가야하는 수난 받는 종'임이 독자들에게 다시 한번 주지된다.

1. 두 번째 '소명 기사'와 식탁 교제의 논쟁(막 2:13-17)

본문은 두 번째 소명 기사를 시발점으로 하여 자연스럽게 논쟁 기사로 이어진다. '부르심'에서 '식탁 교제'로 이어지는 모습은 하나님 나라의 모습(부르시고 함께 하심)을 점진적으로 잘 소개해 준다.

1) 죄인인 세리 레위(마태)를 부르심(14절)

당시 '세리(稅吏)'란 유대인으로서 로마 정부(혹은 헤롯 왕)를 위해 세금을 거두는 하수인 역할을 하는 세무원으로 유대인들에게는 종교적(사회적)으로 '부정(不淨)한 사람'으로 취급된 유대 사회의 버림받은 혹은 경멸의 계층(죄인)에 해당된다. 특히 이들은 이방인들과의 접촉뿐 아니라 조세 제도의 부당한 착취와 기득권적 위치로 인해 자주 부정직한 모습을 취함으로 종교적으로 부정(不淨)한 삶을 살았다(Malbon 1996:111). 그러므로 이들은 유대 법정에서 재판관이나 증인으로 봉사할 수 없고 때론 회당으로부터도 축출되고, 심하면 이들의 가족까지도 그러한 냉대와 멸시를 받았다.

이렇게 유대 사회로부터 '죄인(罪人)'으로 취급되어 멸시와 냉대를 받는 세리인 레위를 예수님은 지나가시다가 보시고 그를 제자로 부르셨다. 여기에 언급된 "지나가시다가"(παράγων[1:16]), "보시고"(εἶδεν[1:16, 19]), "나를 좇으라"('Ακολούθει μοι[1:17])라는 표현들은 '소명 기사'call story의 전형적인 특징이다. (위 언급들은 첫 번째 부름 기사인 막 1:16-20에 모두 나온다.)

본문을 보면 하나님 나라의 일꾼 선별 기준은 세상의 일꾼 선별 기준과 확연히 다르다. 소위 세상에서 좋은/잘나가는 기관일수록 학력과 자격시험을 통과한 사람들을 일꾼으로 뽑는다. 그러나 예수님은 당시 사람들(지도자들)에게 경멸의 대상이었던 세리를 보시고 제자로 부르셨다(14절). "또 지나가시다가 알패오의 아들 레위가 세관에 앉아 있는 것을 보시고 그에게 이르시되 나를 따르라 하시니 일어나 따르니라." 여기 "보시고"라는 단어에 주의해 보라. 예수님은 지나가시다가 '세관에 앉아 있는(일하는)' 세리 레위를 보셨다. 세관에 앉아 있는(일하는) 그는 누가 보아도 부정한 사람이고 당시 유대 사회에서 최고의 경멸의 대상(천한 자들 중에 천한 자)이었다. 때때로 세리는 길에서 사람들을 검문하여 세금을 매기든지 고리대금을 행하기도 한다. 그는 결코 사람들의 관심의 대상이라기보다는 회피와 경멸의 대상이었다. 그러나 예수님은 그를 주목하시고

("보시고") 제자로 부르셨다. 혁명적인 눈길이며 일꾼관이다. 예수님의 부르심, 하나님이 부르심은 세상의 눈과는 다르다. 하나님은 우리를 편견과 선입견으로 보시지 않으신다. 언제나 관심과 사랑의 대상이다. 예수님의 눈은 미움과 경멸의 눈이 아니라, 사랑의 눈이었으며 예수님에게 그는 배척의 대상이 아니라 섬김의 대상이셨다. 하나님 나라의 일꾼은 학벌, 지연이 아니라 '회개와 믿음과 순종의 사람'이어야 한다. 그는 예수의 부르심에 망설임 없이 신속히 따랐다. "나를 따르라 하시니 일어나 따랐다." 부르심에 대한 신속한 응답이었으며 이 응답은 새로운 삶의 시작이며 생의 전환이었다(1:35의 "일어나 나가" 참고). 이 부분에 대해 누가는 그가 "모든 것을 버리고 일어나 주님을 따랐다"(눅 5:28)고 서술한다. 결단의 행동이었다. 알패오의 아들 세리 레위는 열두 제자 중 한 사람인 마태('하나님의 선물', 마 9:9)로서 후에 마태복음을 기술하였다. (시몬 베드로와 레위 마태). 비록 사람들이 경멸하는 세리였지만 그는 '마태'라는 이름의 의미처럼 하나님의 백성들에게 '하나님의 선물'gift of God 같은 존재였다. 세상 사람들에게는 쓰레기처럼 보일지 모르지만 하나님에게는 선물 같은 존재였다. 확실히 예수님의 제자가 되는 일에는 신분이나 지위나 계급이나 학력이나 성별이 문제가 되지 않는다. 우리 '순례자의 집' 공동체도 마찬가지다. 세상에서 대단하다는 사람들이 모이는 공동체가 아니라, 하나님의 은혜를 아는 자, 회개와 믿음과 순종으로 나아온 자들로 이루어진 공동체가 되어야 한다. 그러므로 부르심(소명)은 오직 하나님의 은혜다(고전 15:10, "내가 나 된 것은 하나님의 은혜로 된 것이니.").

특히 예수님의 '나를 따르라'는 제자의 부름에 레위가 신속히 세리로서 자신의 직업을 버리고 따름(14절)은 그의 믿음의 반응을 잘 보여준 것이라 할 수 있다(16-20절 참고). 우리는 이 사건을 통해 당시 '죄인'인 세리 레위를 예수님이 제자로 부르셔서 도래한 하나님의 나라의 백성 혹은 더 나아가 하나님 나라의 일꾼이 되도록 하심은 예수님에 의해 건설될 하나님의 나라는 결코 계층적인 차별을 통해 이루어지는 나라가 아니라, '회개와 믿음과 순종을 통해 이루어지는 나라'임을 명백하게 보여준다. 교회는 잘난(?) 특정 계층의 사람들로 이루어진 그들만의 리그(상류 사회)가 아니다. 하나님 나라는 세상에서 잘난 사람들(소위 귀족 계층?)이 모인 집단이 아니라 오히려 죄인들(병자들)이 모인 집단이다(17절).

예수님은 이 땅에 섬김을 받으러 오신 것이 아니라 섬기려 오셨다(10:45). 예수님에게는 결코 블랙리스트가 없다. 예수님께서 사람을 대하고 그들과 함께 하는 방법은 분리와 차단과 배척의 모습이 아니라 용납과 사랑과 섬김의 모습이었다(15절). 예수님은 언제나 계층에 대한 편견 없이 사람들을 치유하시고 먹이시고 가르치시고 부르셨다. 자기에게 나아온 자들은 지위고하를 막론하고 모두 다 섬기셨다(1:32-34). 나병 환자도, 중풍병자도 주님은 어떤 형편에서든지 그에게로 나아온 자들을 마다하지 않으시고 만져주시고 고쳐주셨다. 그리고 인생에 가장 중요한 필요인 죄 사함을 선언하셨다. 오늘 기사의 마지막도 이런 모습을 잘 보여준다(17절). "예수께서 들으시고 그들에게 이르시되 건강한 자에게는 의사가 쓸 데 없고 병든 자에게라야 쓸 데 있느니라 나는 의인을 부르러 온 것이 아니요 죄인을 부르러 왔노라 하시니라." 특히 복음서에서 우리는 예수님이 소위 멸시받는 이러한 부정(不淨)한 자들(죄인들)의 친구와 구주(의원)가 되기 위해 이 땅에 오셨음을 본다. 단순히 친구가 아니라 이러한 자들을 위해 목숨을 버리시는 친구(cf. 요 15:13; 10:11)로 오셨다.

이제 장면은 바닷가의 부르심에서 집안에서의 식탁 교제의 장면으로 전환되고 있다. 예수님은 세리인 레위의 집에 초대되어 많은 세리와 죄인들과 함께 앉아 '식탁 교제'table fellowship를 가지신다. 파격적인 예수님의 부르심에 이어 마가가 서술하는 예수님의 식탁 교제는 파격을 넘어서 매우 도전적이며 도발적이다. 15절을 보라. "그의 집에 앉아 잡수실 때에 많은 세리와 죄인들이 예수와 그의 제자들과 함께 앉았으니 이는 그러한 사람들이 많이 있어서 예수를 따름이러라." 무엇보다 예수님이 보여주신 식탁 교제는 분리와 차단과 배척의 정신을 가진 '끼리끼리의' 모습이 아니라, 사랑으로 용납하며 '더불어 함께' 살아가는 모습이다. 이 모습이 예수님이 세우려는 공동체의 모습이다. 그렇다. 이 땅에 주님이 세우시려는 공동체는 지연과 혈연을 넘어서서 인종과 피부와 계층과 성별과 연령의 차이를 넘어서 하나님의 은혜와 사랑 가운데 모든 사람이 '더불어 함께' 살아가는 공동체이다. '차이'difference에도 불구하고 '차별'discrimination이 없는 공동체가 하나님 나라(교회)의 공동체이다. 이것이 마틴 루터 킹 목사가 꿈꾸는 공동체이다. 그는 더 이상 피부 색깔에 의해 차별받지 않는 사회를 꿈꾸었다. 목사로서 그는 아마도 오늘 본문에 빗대어 1963년 8월 28일 링컨 추모관 앞에서 이렇게 자신의 꿈을 토해낸다.

> "나에게는 꿈이 있습니다. 언젠가 조지아주의 붉은 언덕에서 노예의 후손과 노예 주인의 후손이 형제애라는 식탁 앞에서 나란히 앉아 있을 수 있는 날이 오리라는 꿈입니다." 그리고 이어 그는 "언젠가 내 아들이 자신의 피부색이 아니라 인격으로 평가받는 나라에서 살게 되리라는 꿈입니다."

우리 순례자의 집 공동체도 이런 꿈을 가지고 모이는 공동체이기를 소원한다. 세상에서 잘 나가는 사람들만의 모임이 아니라 지연과 학연과 계층을 넘어서서 모든 사람들이 함께 하는 공동체이기를 꿈꾼다. 결국 마가복음이 제시하는 신앙 공동체는 바로 이와 같은 식탁 교제가 이루어지는 공동체이다. 연이어 나타난 식탁의 먹음에 대한 장면은 이 점을 잘 시사해준다. 세리와의 식탁 교제(2:15-17); 금식과 안식일의 먹음에 대한 논쟁(2:18-28); 헤롯의 식탁(6:14-29); 광야의 유대인을 위한 급식 이적(6:31-44); 수로보니게 여인과의 식탁 논쟁과 이적(7:24-30); 또 다른 광야의 이방인을 위한 급식 이적과 떡에 대한 논쟁(8:1-10과 14-21); 베다니 문둥이 집에서의 식사(14:3 이하); 유월절 만찬(14:17-25). 이처럼 마가복음에서 떡과 식탁 교제에 대한 언급들은 그 백성을 먹이시는 하나님 나라의 모습과 그들의 식탁 교제의 모습을 보여주는 훌륭한 예증들이 된다.

2) 세리와 죄인들과의 식탁 교제(15-16절)

> "그의 집에 앉아 잡수실 때에 많은 세리와 죄인들이 예수와 그의 제자들과 함께 앉았으니 이는 그러한 사람들이 많이 있어서 예수를 따름이러라."

15절에 서술된 죄인들(부정한 사람들)과의 식탁 교제는 유대 사회의 기반과 울타리가 되는 정결법(淨潔法)을 어기는 혐오스럽고 부정한 행동으로서 이러한 일은 유대 종교 지도자들에게 커다란 충격을 주는 혐오스러운 행동이었다(16절). 그들의 눈에 이런 행동을 거침없이 행하는 예수님은 유대 사회의 기반이 되는 정결법을 무시하고 사회를 어지럽히는(무너뜨리는) 파렴치범과 다를 바 없었다. 이미 앞에서 본 대로 예수님은 거룩한 시간인 안식일에 회당에서 귀신을 쫓아내시고 또한 나아가 시몬의 장모의 열병을 고치실 뿐 아니라 그에게 나아온 사람들의 믿음을 보시고 중풍병자에게 죄 사함을 선언하심으로써 종교 지도자들에게 이 법에 대한 탈법 혹은 범법의 주목거리가 되었다. 이러한 부정한 자들(죄인들)과의 식탁 교제(특히 가장 부정한 계층으로 여겨진 이방인과의 식탁 교제)는 초대 교회에서도 논쟁의 핵폭탄이 되었다(cf. 행 11:3; 갈 2:12-15). 사실 예수님의 식탁 교제table-fellowship는 죄 사함에 근거한 메시아 시대를 특징짓는 종말론적인 의미(cf. 눅 5:29; 14:13)를 지니고 있다. 특히 본문에서 관찰할 수 있는 대로 레위가 아니라 예수님이 식탁 교제의 주인(主人) 즉, 종말론적 만찬의 주인으로 앉아 계심(16절)은 주지할 만하다(Malbon 1985:283). 이 같은 식탁 교제는 여호와께서 베푸신 구원(만찬)에 참여함을 의미한다.

3) 결론적 선언(17절) : '의원'으로서의 예수님

"예수께서 들으시고 그들에게 이르시되 건강한 자에게는 의사가 쓸데 없고 병든 자에게라야 쓸데 있느니라 내가 의인을 부르러 온 것이 아니요 죄인을 부르러 왔노라 하시니라."

여기서 '건강한 자'란 스스로 정결하다고 여기는 소위 '회개할 것이 없는 의인'(cf. 눅 15:7)을 의미하는 것으로 이 본문에서는 바리새인과 서기관들을 가리키며 그리고 '병든 자'란 스스로 죄인인 줄을 알고 회개와 믿음으로 나아오는 자들을 의미하는데 본문에서는 예수님을 따르는 죄인과 세리들(15절)을 말한다. 이 단락에서 마가는 '세리와 죄인들'을 세 번이나 반복하여 언급함(15-16절[2x])으로써 그들에 대한 예수님의 특별한 관심과 돌봄을 강조할 뿐 아니라 이것이 논쟁의 핵심이 됨을 잘 보여준다. 특히 17절의 말씀을 통해 예수님은 자신을 의원(치료자)으로 소개함으로써 '여호와 라파'Divine Healer의 하나님 즉 치유의 하나님(cf. 호 14:4; 렘 3:22; 17:4; 30:17)이 자신(의 사역)을 통해 종말론적으로 나타났음을 암시한다. 결국 의원(치료자)으로서 예수님은 이사야 선지가가 말하는 것(53:5)처럼 자신이 맞음으로, 즉 자신이 우리의 질고(인 죽음)를 지심으로써 죄인인 우리를(에게) 치유하시는(나음을 주시는) 분이시다. 결론적으로 막 2:1-17에서 예수님은 그들의 믿음(하나님의 은혜로우신 사역에 대한 믿음)에 기초하여 죄 사함(치유)을 선언하실 뿐 아니라 죄인들을 제자(하나님 나라의 일꾼)로 부르시고 죄인들과 함께 식탁 교제를 하시는 치유자(의원) 하나님이심을 보여준다. 초대 한국 교회에 일어난 한 이야기로 설교를 마치려고 한다.

"소 울음소리 모(牟)"

우리나라 백정(白丁) 해방 운동의 지도자 사무엘 무어(Moore, Samuel Forman, 한국 이름 : 모삼열) 선교사는 장티푸스에 걸려 치료받던 중 1906년 12월 22일에 마지막 숨을 거둔다. 14년 동안의 선교 사역을 마친 46세의 선교사는 양화진에 묻혔다. 그는 무디의 부흥 운동을 통하여 은혜를 받고 선교사로 헌신한다. 무어는 시카고의 매코믹신학교를 졸업한 후 북장로교 선교사가 되어 부인(Rose Ely)과 함께 내한했다.

1892년에 한국에 온 무어(Samuel F. Moore, 1846-1906)의 한국 이름은 모삼열(牟三悅)이었다. 소 울음소리 모(牟)자를 쓴 이유는 백정들의 애환과 고난을 자신의 삶 안으로 받아들이겠다는 의지를 표명한 것이었습니다. 무어는 1893년 지금의 조선호텔과 롯데호텔 중간쯤에 있었던 곤당골에다 교회를 열고 곤당골교회라 이름을 지었는데, 이는 장로교회로서는 두 번째 교회였다. [강준만, 『한국 근대사 산책 3: 아관파천에서 하와이 이민까지』(서울: 인물과사상사, 2007), 216.]

당시 우리나라에는 약 3만 여 명의 백정이 있었다고 한다. 천민 중의 천민이었던 백정들은 호적도 없이 사람대접을 받지 못하며 살고 있었다. 하루는 백정 마을에 살던 박성춘(朴成春)이 중병에 걸려 죽을 위기에 처했다. 무어가 운영하던 예수교 학당에 다니던 봉출이가 그의 아들이었다. 무어는 고종의 시의(侍醫) 에비슨 선교사를 백정 마을로 데려가 박성춘이 치료받도록 해 주었다. 봉출은 후에 우리나라 최초의 서양식 외과 의사와 대학 교수가 된다.

박성춘은 '은혜를 갚는 심정'으로 무어 선교사가 사역하던 교회에 나갔다. 그런데 그 교회는 양반 마을인 곤당골(지금의 소공동 롯데호텔 부근)에 있던 양반 교회였다. 그런 교회에 '백정'이 나왔으니 문제가 터질 것은 당연했다. 양반 교인들은 무어 목사에게 "어떻게 양반 교회에 백정이 나올 수 있느냐?"며 박성춘을 다른 교회에 보낼 것을 요구했다. 그러나 무어 목사는 "하나님 앞에 모든 인간이 평등하다"며 그들의 요구를 일축했고 결국 양반 교인들은 홍문수골(광교 조흥은행 본점이 있던 자리 부근)에 따로 교회를 세우고 나갔다. 그리고 3년 후, 교회를 합치자는 홍문수골 교인들의 제안을 받아들여 탑골(지금의 인사동)에 새 예배당을 마련하였다. 이것이 지금의 인사동 승동교회의 출발이다.[이덕주, 『한국 교회 처음 이야기』 (서울: 홍성사, 2006), 110-11.] 일부 선교사들은 무어의 가르침에 우려를 표했지만 무어는 굽히지 않았다. 박성춘은 무어의 가르침에 영향을 받아 백정 해방 운동을 벌였다. 그 결과 백정차별금지법이 공포되었고, 백정들은 갓과 망건을 쓸 수 있게 되었다. 예수님의 모습을 따른 복음의 놀라운 역사가 일어났다. 이 같은 은혜가 우리 공동체에도 일어나길 기원한다.

12

마가복음 강해

길 위의 길
The Way on The Way

금식에 대한 논쟁 (막 2:18-22)

"18 요한의 제자들과 바리새인들이 금식하고 있는지라 사람들이 예수께 와서 말하되 요한의 제자들과 바리새인의 제자들은 금식하는데 어찌하여 당신의 제자들은 금식하지 아니하나이까 19 예수께서 그들에게 이르시되 혼인 집 손님들이 신랑과 함께 있을 때에 금식할 수 있느냐 신랑과 함께 있을 동안에는 금식할 수 없느니라 20 그러나 신랑을 빼앗길 날이 이르리니 그 날에는 금식할 것이니라 21 생베 조각을 낡은 옷에 붙이는 자가 없나니 만일 그렇게 하면 기운 새 것이 낡은 그것을 당기어 해어짐이 더하게 되느니라 22 새 포도주를 낡은 가죽 부대에 넣는 자가 없나니 만일 그렇게 하면 새 포도주가 부대를 터뜨려 포도주와 부대를 버리게 되리라 오직 새 포도주는 새 부대에 넣느니라 하시니라."

금식(禁食)에 대한 논쟁 기사(2:18-22)는 전체 단락(막 2:1-3:6)의 중심에 위치한 것으로 이미 중풍병자에게 죄 사함을 선언한 일(중풍병을 고친 일)로 인한 참람죄와 손 마른 사람을 고친 일로 인한 안식일을 범한 죄에 대한 결과들로 다가올 죽음에 대한 암시와 계획(3:6)이 '신랑을 빼앗길 날'에 대한 언급(2:20)으로 보다 확실하게 되었다. 특히 이 금식에 대한 논쟁 기사(2:18-22)는 장면적인 구조 분석에 따르면 죄 사함(중풍병자의 치유)과 죄인들과의 식탁 교제(먹음)로 엮어진 앞 단락(2:1-17)과 안식일의 먹음(식탁 교제)과 치유(손 마른 사람의 치유)로 엮어진 다음 단락(2:23-3:6)의 중심에 위치하여 전체 단락의 중심된 메시지를 잘 반영하고 있다. 그것의 구조

(Dewey 1973)로는 다음과 같다.

> A. 죄 사함의 선언[병 고침의 기사](2:1-12): 중풍병자를 고치심
>   B. 죄인들을 부르심과 식탁 교제(2:13-17): "인자가 땅에서 죄 사함의 권세가 있다."
>   C. 금식에 대한 논쟁(2:18-22): "신랑이 빼앗김"; 새 술은 새 부대에
>   B´. 안식일의 주인과 먹음(2:23-28) : "인자는 안식일의 주인이니라."
> A´. 안식일에 선을 행함[병 고침의 기사](3:1-6): 손 마른 자를 고치심

1) 금식(禁食)

금식은 유대 경건의 세 가지 특징(구제/기도/금식) 중 하나로 모세법에 따르면 오직 '속죄일'(7월 10일의 성회로 죄를 씻는 날/영혼을 괴롭게 하는 날)에만 금식이 요구된다(레 16:29-31; 23:27-32; 민 29:7). 그러므로 금식은 속죄를 준비하는 회개의 모습으로 비통과 슬픔의 태도(사 58:3-5)가 요구된다. 또한 금식은 국가적 위기(전쟁; 성전 멸망; 재앙; 가뭄; 기근 등) 앞에 시행되어졌다. 특히 포로 기간 중 금식은 1년에 4번(4월/5월/7월/10월) 준수되었는데(슥 7:3-5; 8:19) 이 금식은 후에 기쁨과 즐거움과 희락의 절기로 바뀌게 될 것이라고 예언되었다. 이것은 종말론적인 하나님 나라의 도래는 장례식이 아니라 결혼 잔치와 같은 즐거운 모습으로 금식은 어울리지 않는 분위기였다. 특히 이사야 선지자는 금식 일에 마음만 괴롭게 하면서 일꾼들에게 혹독하게 하고, 싸우고, 불의를 행하는 것은 무의미하고 하나님이 기뻐하는 금식은 사랑과 자비를 베푸는 것임을 말한다(사 58:6-7).

예수님 당시 바리새인들은 일주일에 두 번(월요일과 목요일) 금식하였다. 특히 바리새인들은 금식을 행하는 일을 회개의 모습이 아니라 자기

의(종교적 의)를 과시(자랑)하는 행위로 삼았다(눅 18:12). "나는 이레에 두 번씩 금식하고."

2) 논쟁을 위한 질문(18절)

> "요한의 제자들과 바리새인들이 금식하고 있는지라 사람들이 예수께 와서 말하되 요한의 제자들과 바리새인의 제자들은 금식하는데 어찌하여 당신의 제자들은 금식하지 아니하나이까."

금식에 대한 질문은 앞 단락에서 본 것처럼 예수님께서 '죄인'인 세리 레위의 만찬에 초대되어 세리와 죄인들과 함께 먹고 마심에 대해 못마땅하게 생각한 사람들로 인해 유발된 것(눅 5:33 참고)으로서 마태에 의하면 그들은 예수님을 "먹기를 탐하고 포도주를 즐기는 사람이요 세리와 죄인의 친구"(마 11:19)라고 비난하였다. 물론 예수님은 금식 자체를 폐지하지 않으셨다. 오히려 예수님은 산상 보훈에서 금식에 대해 교훈하고 있음(마 6:16-18)을 본다. 그리고 사도행전에서 사도들과 교회도 필요시 금식을 하고 있음을 본다. 여기서 문제는 옛 시대 속에서 잘못 이해되고 잘못 준행된 금식에 대한 폐지(廢止) 혹은 중단(中斷)이지 금식 자체를 무가치하게 본 것은 아니다. 예수님을 통해 도래한 하나님의 나라는 즐거워하고 기뻐해야 할 혼인 잔치와 같은 모습이다. 죄가 용서되고 구원이 선언되어지는 시간이다. 예수님은 이 혼인 잔치의 신랑으로 오셨다. 무리의 질문에 예수님은 이렇게 답변하신다(19-20절).

> "19 예수께서 그들에게 이르시되 혼인 집 손님들이 신랑과 함께 있을 때

에 금식할 수 있느냐 신랑과 함께 있을 동안에는 금식할 수 없느니라 20 그러나 신랑을 빼앗길 날이 이르리니 그 날에는 금식할 것이니라."

유대 혼인 잔치는 혼인식이 끝난 후 신랑 신부가 곧장 허니문을 가지 않고 집에 남아 일주일간(재혼은 3일간) 주위 사람들, 특히 신랑의 친구들(손님들)과 함께 축제와 축하의 시간을 보낸다. 사실 이 시간은 그들 생애 가장 행복한 시간으로 신랑 신부는 왕과 왕비 같은 대우를 받으며 즐겁고 행복한 시간을 보낸다. 무엇보다도 신부를 위한 날이기도 하다. 19절의 예수님의 언급("혼인 집 손님들이 신랑과 함께 있을 때에 금식할 수 있느냐 신랑과 함께 있을 동안에는 금식할 수 없느니라.")처럼 이 기간 동안 특히 신랑 쪽 사람들은 즐거움을 방해하는 금식과 같은 모든 종교적 규례들로부터 해방되어 신랑과 함께 기뻐하고 즐거워한다. 사실 예수 그리스도를 구주로 믿은 우리들은 혼인 집 손님, 더 나아가 신랑의 친구 정도가 아니라 신랑 되신 예수 그리스도의 신부로서 그 친밀감과 교제의 즐거움이란 최고에 달한다.

특히 19절의 말씀을 앞의 사건에 적용하면 레위는 바로 예수 그리스도에 의해 택함 받은 그리스도의 제자 더 나아가 신부 같은 존재이며 그가 초대한 많은 세리와 죄인들은 혼인집 손님들과 같다. 길에서 예수 그리스도에 의해 택함(라카, חקל?) 받아 그의 제자가 된 레위는 이 사건이 그의 생애 최고의 택함 받은 순간(혼인식)이었고 이후 그가 베푼 잔치는 일종의 혼인 잔치와 같다. 그는 주님을 위해 큰 잔치를 베풀고 자신의 친구들을 초대하며 주님과 함께 그 시간을 즐거워하였다. 그런데 이를 비난하는 사람들은 어떤 사람들인가? 돌아온 탕자의 형과 같은 사람들이다.

돌아온 아들을 위해 큰 잔치를 베푸는 아버지의 마음(잔칫집)과는 달리 큰 형(초상집)은 불평하였다.

과연 우리에게 주님을 만난 사건은 어떤 의미인가? 내 일생 최고, 최대의 사건(혼인식)인가? 아니면 그저 그런 시간이었는가? 바울은 항상 그가 다메섹에서 예수를 만난 그 사건(행 9장)을 기억하고 증언하였다(길자연 목사). 중생 이후 우리의 예배와 삶은 어떠한가? 혼인 잔치와 같은가? 아니면 무의미한 삶의 연속인가? 우리의 신앙생활은 주님과의 첫사랑을 상실한 즐거움도 친밀함도 없는 유통 기한이 끝난 삶인가? 바리새인들과 예수님을 비난하는 사람들처럼 종교적 삶은 일주일에 두 번씩 행하는 금식처럼 고뇌와 슬픔과 자학의 시간들인가? 아니면 더 나아가 자기 의를 자랑하는 시간인가? 아니면 사도행전의 초대 교회 교인들처럼 성령에 의해 술 취한 사람들처럼 모일 때마다 찬송하고 기뻐하며 즐거워하는 삶(행 2:46-47)을 사는가? 그들의 예배는 축제였고 고난과 핍박 중에도 즐거워하였다. 아직도 우리는 구원의 즐거움에 취해 있는가? 이어 예수님은 그들에게 다음과 같은 답변을 하신다. 옛 종교(유대교)에서 새 종교(기독교)로 나아갈 것을 촉구하신다.

3) 예수님의 비유적 답변(21-22절)

"21 생베 조각을 낡은 옷에 붙이는 자가 없나니 만일 그렇게 하면 기운 새 것이 낡은 그것을 당기어 해어짐이 더하게 되느니라 22 새 포도주를 낡은 가죽 부대에 넣는 자가 없나니 만일 그렇게 하면 새 포도주가 부대를 터뜨려 포도주와 부대를 버리게 되리라 오직 새 포도주는 새 부대에 넣느니라 하시니라."

그들의 비판적 질문에 예수님은 적절한 비유들을 통해 옛 시대와 새 시대의 모습을 구분(대조)함으로써 도래한 하나님 나라에 대한 그들의 잘못된 이해를 수정하셨다. '생베 조각', '새 포도주'의 언급들을 통해 예수님을 통해 다가 온 새 시대는 옛 것의 연장이 아니라 새 것임을 설파한다. 유대주의의 낡은 옷이나 낡은 가죽 부대로 담을 수 없는 새로운 것이다. 질적으로 완전히 다른 새 것이다. 이것은 내용과 형태에 있어서도 새로운 것임을 시사한다. 죄가 용서되고(2:5), 죄인이 하나님의 백성이 되고 하나님 나라의 일꾼이 되며(2:14), 죄인들이 메시아의 잔치에 초대되어 함께 먹고 즐거워하는(2:15-16) 새 시대의 도래다. 이것이 주님을 통해 찾아 온 하나님의 나라이다. 완전히 새로운 모습으로 구약에서는 종말론적인 메시아의 시대를 남편(신랑)과 잔치 집의 모습으로 자주 묘사하였다(호 2:16, 19; 사 54:3-6; 62:5; 렘 2:2; 겔 16장). 주어진 비유에서 옛 시대는 헌 가죽 부대와 낡은 옷으로 비유된다면, 새 시대는 새 포도주와 새 부대와 그리고 생베 조각으로 비유된다. 그리고 이 둘 사이에는 긴장이 존속하는데 본문에서 예수님의 의도는 옛 제도(특히 금식의 경우)의 무가치성과 단순한 폐지가 주안점이 아니라 오히려 새 시대에 대한 사려 깊은 행동(손실의 위험 방지)을 촉구하고 있다.

그러므로 이 단락에서 말하는 핵심 메시지는 다음과 같다. 즉 예수님을 통해 나타난 새 시대(하나님의 나라)란 혼인집(잔칫집)으로 비유된 희락의 시대로 여기에는 금식(禁食)이 중심을 차지하는 분위기나 규례가 아니라 죄인들까지도 초대되어 먹고 마시는 기쁨의 모습으로 제시된다. 예수님을 통해 제시된 새 시대(하나님의 나라)는 금식 논쟁에서 드러난 것처럼, 단순히 중지(中止)가 아니라 회복(回復)이고, 단절(斷絶)이 아니라 식탁 교제(交際)임이 명확하게 드러났다. 확실히 바리새인들과 서기관들은 생베 조각을 용납하지 못하는 낡은 옷이며, 새 포도주를 담을 수 없는 낡은 가죽 부대다. 과연 오늘 우리(교회)는 어떤 부류의 사람들인가? 우리의 예배는 또한 어떠한가? 축제인가? 죽제인가?

특히 여기서 강조점은 이 같은 대조를 통해 옛 것과 새 것은 결코 혼합해서는 안 된다는 것이다. 그 이유는 이럴 경우 하나님께서는 이스라엘 백성에게 주신 옛 것(제도) 조차도 무가치하게 만들 뿐 아니라, 예수님을 통해 도래한 새 시대의 은혜로우신 놀라운 축복 또한 놓치게 되기 때문이다: "만일 그렇게 하면... 기운 새 것이 낡은 그것을 당기어 헤어짐이 더하게 되느니라"(21절); "만일 그렇게 하면... 포도주와 부대를 버리게 되느니라"(22절).

22절에서는 더 나아가 가죽 부대만이 아니라 새 포도주도 버리게 된다. 새 포도주는 새 가죽 부대에 두어야 한다(22절). 그렇지 않는다면 모두 다 잃게 된다. 여기서 새 포도주는 아마도 예수님의 피의 속죄를 의미하며 새 가죽 부대는 율법을 넘어 성령의 오심을 의미한다. 물과 (희생제물의) 피의 옛 정결 체계와는 달리 하나님의 어린 양의 피가 새 포도주이다. 염소와 송아지의 피보다 더 귀한 하나님의 어린 양의 피로 속죄함을 받았다(히 9:12). 그 피로 속죄함 받았다. 그리고 그 피(주님의 보혈)로 인한 풍성한 삶은 성령의 오심으로만 가능하다. 배에서 생수의 강이 넘친다. 질 좋은 새 포도주를 잃지 않으려면, 질 좋은 새 포도주가 더욱 풍성히 넘치려면 어떻게 해야 하나? 옛 전통, 옛 방식으로는 새 포도주를 간직할 수 없다. 새로운 방식으로만 가능하다. 예수의 오심으로 주어진 구원은 오직 성령이 오셔야만 풍성한 생명을 누릴 수 있다. 사도행전을 보라. 성령이 오시자 사도들과 초대 교회는 구원의 기쁨을 간직할 뿐 아니라 이 구원을 넘치도록 나누어주었다.

무엇보다도 이 금식 논쟁 단락의 중심은 20절에서 '신랑을 빼앗길 날'(ἡμέραι ὅταν ἀπαρθῇ ἀπ' αὐτῶν ὁ νυμφίος)에 대한 언급으로 저자는 이 논쟁에서 예수님의 수난(죽음)의 당위성에 대한 암시를 더욱 명확하게 제시한다. 이것은 마가복음에서 처음으로 예수님의 수난을 암시한 구절이다. 특히 '신랑을 빼앗김'에 대한 언급을 가진 이 구절은 금식에 관한 논쟁 기사(2:18-22)의 중심에 있을 뿐 아니라 전체 논쟁 기사(2:1-3:6)의 중심에 놓여 있음(Dewey 1973:398)으로써 예수님의 수난(죽음)의 당위성이 논쟁의 결과(3:6과 그리고 12:7-8)임을 잘 암시해 준다. 그렇다. 유대주의와의 구별은 바로 이 예수의 죽음에 있다. 예수의 죽음은 우리(세상)의 죄를 속량하는(지고 가는) 유일한 방편일 뿐 아니라 우리를 기쁘게 하는 새 포도주임이 분명하다. 확실히 유대 종교와의 논쟁의 핵심은 바로 이것이다. 이 논쟁은 이곳 갈릴리에서만이 아니라 예루살렘(막 12장)에서 더욱 가중된다. 결국 예수님은 우리를 위해 십자가에 달리심으로 우리의 구주가 되셨다. 그 피로 우리의 죄가 용서받았다. "그 피로 속죄함 얻었네(257장)." 이 예수님을 우리는 즐거워하고 경배하며 전하는 순례자의 집 권속들이 되기를 축원한다.

13

마가복음 강해
길 위의 길
The Way on The Way

안식일 논쟁 (2:23-28)

"23 안식일에 예수께서 밀밭 사이로 지나가실새 그의 제자들이 길을 열며 이삭을 자르니 24 바리새인들이 예수께 말하되 보시오 저들이 어찌하여 안식일에 하지 못할 일을 하나이까 25 예수께서 이르시되 다윗이 자기와 및 함께 한 자들이 먹을 것이 없어 시장할 때에 한 일을 읽지 못하였느냐 26 그가 아비아달 대제사장 때에 하나님의 전에 들어가서 제사장 외에는 먹어서는 안 되는 진설병을 먹고 함께한 자들에게도 주지 아니하였느냐 27 또 이르시되 안식일이 사람을 위하여 있는 것이요 사람이 안식일을 위하여 있는 것이 아니니 28 이러므로 인자는 안식일에도 주인이니라."

이제 논쟁 기사의 나머지 장면은 안식일에 대한 논쟁으로 나아간다. 특히 본문 2:23-3:6에서 안식일에 대한 언급이 7번(2:23, 24, 27[2번], 28; 3:2, 4)이나 반복하여 나타난다. 이는 마가복음에서 총 11번(16:9 제외 시) 언급된 것 중 7번이지만 안식일 사역에 대한 언급은 1:21과 6:2에서의 두 번을 제외하고는 모두 이 단락에 집중되어 있다. 특히 논쟁 기사의 네 번째 장면인 막 2:23-28은 새로운 시간("안식일에")과 장소("밀밭 사이로")를 언급함으로써 시작된다. '일터'인 밀밭의 장소는 사실 '안식일을 지켜야 되는 장소'로서는 독자들에게 이상하게 여겨질 것이다. 물론 일터인 밀밭을 안식일에 지나가는 것 자체가 바리새인들에게는 충격적일 수 있다. 논쟁의 발단은 예수님과 제자들이 밀밭 사이를 지날 때 밀밭에서 길을 내어가는 중, 제자들이 이삭을 손으로 따 비벼 먹은 것으로 보인다(마 12:1; 눅 6:1). 먼저 논쟁의 안식일 규례를 살펴보자. 서기관들(6절), 바리새인의 서기관들(16절), 바리새인의 제자들(18절), 드디어 바리새인들.

1) 안식일 규례: 제4계명(출 20:8-11; 출 31:13-17; 신 5:12-15)

'시간의 성소'라 불리는 안식일(금요일 일몰에서 토요일 일몰까지) 준수 규례는 엿새 동안은 힘써 모든 일을 행하고(출 20:9) 제 칠일에는 거룩하게 (출 20:8; 31:13, 15) 아무 일도 하지 않고 안식할 것(출 20:10)을 명한 하나님의 계명, 즉 제4계명(창 2:1-3, 특히 3절 참고)으로 이 규례의 시행은 하나님의 은혜로우신 선택과 구속에 기초(출 20:1-2)하여 시행된다. 십계명 중 제4계명은 가장 긴 계명(8-11절)으로 유일하게 창조 질서에 기초한다. 무엇보다 안식일 준수는 유대인의 유독한 신분status에 대한 표식sign이며 축복blessing으로 제정되었다(겔 20:12). 유대법(유대 사회)에서 이 규례는 금식에 대한 규례보다 더 중요하고 엄중하다. 안식일 어김은 참람죄와 함께 죽음에 해당하는 죄다. "너희는 안식일을 지킬지니 이는 너희에게 거룩한 날이 됨이니라. 그 날을 더럽히는 자는 모두 죽일지며 그 날에 일하는 자는 모두 그 백성 중에서 그 생명이 끊어지리라."(출 31:14)

이런 까닭에 바리새인들의 비판은 매우 자연스럽다. 아마도 바리새인들은 예수님과 제자들의 행동을 예의 주시하며 따라 다녔던 것 같다. 이 점은 그들이 일터인 밀밭까지 나타나 예수님과 그의 제자들의 행동을 관찰하고 논쟁한 것을 볼 때 그러하다. "안식일에 예수께서 밀밭 사이로 지나가실 새 그 제자들이 길을 열며 이삭을 자르니 바리새인들이 예수께 말하되 보시오 저희가 어찌하여 안식일에 하지 못할 일을 하나이까?"

2) "안식일에 하지 못할 일"(2:24)

예수님 당시 랍비들은 안식일에 금지된 일의 조항들을 39가지로 규정하였고, 여행하는 일도 그 중 하나였다(1 마일 내에는 예외[행 1:12]). 그리고 추수하는 일도 하지 못할 일로 규정되었다. 즉, 곡식을 따서 손으로 비비는 것도 일로 규정(눅 6:10)하였다. 그러나 구약(신 23:25)에서 남의 곡식밭에서 손(낫은 안됨)으로 이삭을 따는 것은 허락되었다. 이는 궁핍한 자들이 생계를 유지하는 의미로 후기 유대 랍비 규례에서는 이 일도 안식일에는 추수하는 행위로 엄히 금지하였다. 이 모든 것은 소위 장로들의 유전을 통해 하나님의 계명을 보호하기 위해 삶의 영역에 구체적으로 적용한 것으로 율법에 울타리("할라카[Halakah]")를 치는 것으로 이해되어졌다. 예수님의 제자들에 대한 바리새인들의 비평은 39개 조항 중 여행하는 일^{traveling}과 추수하는 일^{reaping}에 대한 어김이었다(Edwards 2002:94).

바리새인들의 이러한 비평에 대해 예수님은 이스라엘의 가장 위대한 왕인 다윗과 그와 함께한 자들의 예외적인 행동을 언급하심으로써 안식일 논쟁을 시작하신다. "예수께서 가라사대 다윗이 자기와 및 함께한 자들이 먹을 것이 없어 시장할 때에 한 일을 읽지 못하였느냐 그가 아비아달 대제사장 때에 하나님의 전에 들어가서 제사장 외에는 먹어서는 안되는 진설병을 먹고 함께한 자들에게도 주지 아니하였느냐." 예수님은 다윗과 그와 함께한 자들의 행동과 자신과, 자신과 함께한 자들의 행동을 비교하심으로 바리새인들에게 자신의 신분(다윗의 주[1:2-3; 12:35-37])이 무엇인지를 간접적으로 제시한다. 특히 '안식일의 주인'으로서의 인자에 대한 언급(28절)은 자신의 신분을 간접적으로 시사해 준다. "이러므로 인자는 안식일에도 주인이니라."

3) 다윗의 예(막 2:25-26; cf. 삼상 21:1-6)

여기서 언급된 '진설병'(陳設餠)은 하나님의 전의 거룩한 상에 진설되는 떡으로서 이 떡은 안식일이 시작되면 새로운 떡으로 교환되며 이전의 떡은 제사장들만 거룩한 곳에서 먹을 수 있다(출 25:30). 그런데 예수님의 말씀대로 삼상 21:1-6을 보면 다윗과 그의 부하들이 (아사 직전의) 굶주림과 절망 가운데 그것을 먹었지만 정죄를 받지 않았다. 특히 제사장은 다윗에게 그들이 정결한지를 물었고 다윗은 이들이 '거룩한 날'인 안식일("하물며 오늘날")에 부정하지 않았다고 답변함으로써 그 떡을 먹을 수 있게 된다(삼상 21:4-6).

이처럼 다윗과 그와 함께한 자들이 거룩한 날에 먹지 못하는 떡('진설병')을 먹은 예를 언급하심으로써 하나님의 아들인 예수는 하나님 나라의 일에 수종을 드는 거룩한 일꾼들로서 자신의 제자들이 안식일에 밀밭 사이를 지나면서 곡식을 따서 비벼 먹는 일이 무엇이 잘못된 것이냐고 논박한다. 다윗과 함께 한 자들이 필요한 경우 안식일에도 의식법을 어겼지만 성경은 이 일을 정죄하지 않았다면 소위 장로들이 만든 '할라카'(추수하는 행위로 규정)를 어긴 것이 어떻게 큰 문제가 될까?

이 점에 대해 마태복음(12:5)이 안식일에 제사장들은 거룩한 일(안식일 번제; 인간 생명의 위험한 상황; 안식일에 성을 파수하는 일[느 13:19, 22])에 참여하는 것이 허락(즉, 성전 봉사가 안식일에 우선)되었다고 한다면, 성전보다 더 크신 분으로 안식일의 주인 되신 예수님과 그의 제자들이 구원의 일을 하는 동안 필요에 처해 이삭을 따서 먹은 것이 어떻게 문제가 되겠는가?

4) 안식일의 정신과 율법의 완성자이신 그리스도(2:27-28)

"또 가라사대 안식일은 사람을 위하여 있는 것이요 사람이 안식일을 위하여 있는 것이 아니니 이러므로 인자는 안식일에도 주인이니라."

안식일Day of Rest의 정신은 사람에게 복주시기 위해 하나님이 제정하신 것으로 사람에게 짐을 지우기 위한 것이 아니라 휴식과 구원을 위한 것(영적/정신적/육체적/사회적 회복)으로 주어졌다. 이처럼 안식일의 의도는 육체와 영성을 위한 쉼과 회복의 복을 주시기 위한 것이다.

우리의 생계를 유지하기 위해 일하는 것은 6일만(창조의 완성)으로도 충분하다. 창조 신학(창 2:1-3)은 이 점을 잘 제시한다. "하나님이 그 일곱째 날을 복되게 하사 거룩하게 하셨으니 이는 하나님이 그 창조하시고 만드시던 모든 일을 마치시고 그 날에 안식하셨음이라(3절)." 더 이상 일하는 것은 탐심이며, 육체에 대한 폭정이다. 안식일 준수에 대한 우리의 무관심과 어김은 광야에서의 만나와 메추라기 사건에서 본 것처럼 탐심(욕심)에서 나온다. 결국 탐심이 죄를 낳고 죄가 사망을 낳는다. 돈은 약을 사고 좋은 치료를 받을 수 있는지는 몰라도 건강을 살 수는 없다. 열심히 일한다면 6일만으로도 충분하다. 그러므로 안식일은 "6일간의 수고로부터 해방되는 은혜로우신 하나님의 복된 선물이다." 쉼(안식)은 돈보다 더 중요하다. 쉼(안식)을 잃어버림으로 건강을 모두 잃어버린 예는 충분히 많다. "가장 좋은 치유는 몸과 마음이 함께 쉬는 것"이다. 충분한 휴식(휴가가 아니라)과 좋은 숙면은 건강의 지름길이다. 최근의 휴식은 명때리는 휴식, '격하게 아무 것도 하지 않는 휴식'을 사람들은 추구하려 애쓴다. 물론 좋은 밥상과 운동 또한 건강에 더없이 중요하지만 영적 휴식과 영적 건강은 그중 제일 중요한 일임을 기억해야 한다. 한 번 잃은 건강은 회복하기에 많은 시간이 걸린다. 어쩌면 회복 불능의 상태로 나아갈 수 있다.

'안식일을 복 주시고 거룩하게 하셨다'는 하나님 말씀의 의미를 깊이 묵상해 보라. 누구를 위한 복이고, 누구를 위한 거룩함인가? 쉼 없이 빨리빨리, 높게 높게만 추구하는 인생은 파멸의 고속 도로(분노의 질주)를 달리는 것과 같다. 유영만은 『곡선이 이긴다[2011]』라는 자신의 책에서 자신은 2007년 4월 11일 밤 12시 50분, 수서 고속 도로에서 성공의 앞만 바라보고 쉼 없이 일하기 위해 달리다 삶이 급정거하는 사건을 만난다. 그 일로 인해 삶의 속도 조절계를 가지고 곡선의 삶을 살게 되었다고 고백한다. 삶을 음미하고 누리는 법을 시인 타고르의 한 줄의 말인, "어리석은 사람은 서두르고 영리한 사람은 기다리지만 현명한 사람은 정원으로 간다."를 빌려 시인의 눈으로 세상과 삶을 사색하고 산책하는 삶을 권한다. 휴식과 명상과 치유는 인생의 한 선 상에 있다. 주님은 우리에게 안식의 축복을 명하셨다. 순례자의 집 권속들은 주님의 날 Day of Lord 인 주일(土日)을 영적이고 육적인 안식일 Day of Rest 로 쉴 줄 아는 신자가 되었으면 한다.

우리는 무엇을 위해 사는가? 삶에서 스트레스가 없을 수 없다. 아니

삶 자체가 스트레스다. 그러므로 주일 준수는 쉼과 영적 재충전이다. 순례자의 집은 이를 목표로 하여 세워진 공간이며 공동체이다. 이곳에 와서 기도하고 찬양하고 교제하고 예배드림으로 몸과 영이 재충전의 시간을 갖고 다시 사명의 길로 나아가는 장소가 되었으면 한다. 저는 이 같은 사역을 꿈꾼다. 이곳이 쉼의 공간, 치유의 공간, 그리고 이곳이 결국 종국적으로는 선교의 공간이 되기를 꿈꾼다. 그래서 저는 이곳에 '멍 때리는 공간'을 만들어보려고 노력한다. 물멍, 숲멍, 새소리 듣는 멍 때림의 공간 말이다. 저는 이곳을 그와 같은 공간을 만들기 위해 나무를 심고 연못을 가꾸기 위해 5년간(25년까지) 투자하려고 한다. 노래하고 춤추고 모두가 함께 이곳에서 즐기며 쉬는 공간을 일구려고 한다. 이것이 나의 주어진 남은 사역이다. 말씀과 기도와 찬양과 쉼과 치유가 있는 곳, 그리고 예술이 있는 곳이 순례자의 집이고 나의 '美親미친 세상 만들기' 즉, 아름답고 친밀한 세상 만들기이다. 이게 내 꿈이다.

예수님은 참다운 안식일의 완성자(주인)로 이 땅에 오셨다. 주일(主日)은 바로 안식의 완성자로서 오신 주님을 기념하는 날이다. 안식일 준수가 유대인의 정체성을 알린다면, 안식일의 완성으로서의 주일 준수(성수)는 기독교인의 정체성을 알려주는 것으로 이방 문화에 동화되는 것을 막아주는 방파제 역할을 한다. 주일은 안식일의 주인으로서, 죽음과 부활의 생명의 주인으로서 예수님을 기억하는 날이다. 특히 정결법의 일환인 안식일의 준수는 생명의 회복, 온전함과 깨끗함의 사역에 그 중심이 놓여 있음을 본다. 왜냐하면 정결법에 따르면 몸에 있어 불완전함(소경; 절름발이; 귀머거리; 손 마른 자; 등등)은 '부정한 자'로 취급되었다. 이러므로 예수님께서 거룩한 안식일에 이들을 고치심(온전케 하심)은 그들을 깨끗케 함(정결케 함)을 의미하는 것이기 때문에 이 점에 있어 우리는 예수님이 정결법을 어긴(더럽힌) 것이라기보다는 오히려 정결법을 완성(성취)하였다고 말할 수 있다. 이 주님을 기억하고 주일을 거룩하게 보내는 우리 모두가 되기를 소원한다. 오늘은 정말 기쁜 날이다. 가정의 달 5월을 맞이하여 거룩한 주일이 더욱 복된 날이 되기를 소원한다.

14

마가복음 강해
길 위의 길
The Way on The Way

안식일에 손 마른 자를 고치심 (막 3:1-6)

"1 예수께서 다시 회당에 들어가시니 한쪽 손 마른 사람이 거기 있는지라 2 사람들이 예수를 고발하려 하여 안식일에 그 사람을 고치시는가 주시하고 있거늘 3 예수께서 손 마른 사람에게 이르시되 한 가운데에 일어서라 하시고 4 그들에게 이르시되 안식일에 선을 행하는 것과 악을 행하는 것, 생명을 구하는 것과 죽이는 것, 어느 것이 옳으냐 하시니 그들이 잠잠하거늘 5 그들의 마음이 완악함을 탄식하사 노하심으로 그들을 둘러보시고 그 사람에게 이르시되 네 손을 내밀라 하시니 내밀매 그 손이 회복되었더라 6 바리새인들이 나가서 곧 헤롯당과 함께 어떻게 하여 예수를 죽일까 의논하니라."

이제 장면은 안식일에 장소가 다시 회당으로 전환되고 거기에는 '손 마른 사람'이 있음을 언급함(1절, "예수께서 다시 회당에 들어가시니 한쪽 손 마른 사람이 거기 있는지라")으로써 이 기사가 이적 사건임을 알 수 있다. 그러나 이 장면은 2절의 언급을 통해 사건이 곧 논쟁으로 전개됨을 간파할 수 있다. "사람들이 예수를 송사하려 하여 안식일에 그 사람을 고치는가 엿보거늘"(2절). 이러한 긴장과 갈등 속에 예수님의 선택은 이 사람을 오늘 안식일에 고칠 것인지 아니면 이들이 송사하기 위해 주목하고 있음을 알고 내일로 미룰 것인지 일 것이다. 이런 갈등과 긴장 속에 예수님은 꼭 안식일에 고쳐야만 할 긴급한 병(죽음의 위험이 있는 병)의 상황도 아닌데도 손 마른 사람을 '그들 가운데 일어서라' 하시고 그들에게 다음과 같이 질문한다.

1) 예수님의 질문(3:4)

"저희에게 이르시되 안식일에 선을 행하는 것과 악을 행하는 것, 생명을 구하는 것과 죽이는 것, 어느 것이 옳으냐 하시니 저희가 잠잠하거늘."

송사거리를 찾는 사람들의 주목에도 불구하고 손 마른 사람을 그들 가운데(앞에) 일어세우시고 그들에게 안식일에 행할 일에 대해 물어보신다. 예수님의 이 질문은 우리가 안식일에 어떤 삶을 살아야 하는지를 일깨워 준다. 특히 그들 가운데(앞에) 이 손 마른 사람을 일어나게 하시고 - 즉, 필요(곤경)에 처한 이 사람을 주목하게 하시고 - 그들에게 던지신 이 질문은 우리의 안식일 준수, 넓게는 율법 준수에 큰 도전이 된다. "안식일에 무엇을 하는 것이 옳으냐?" 이 질문과 함께 우리는 여기서 두 종류의 사람을 만나게 된다. 적극적으로 선을 행하고 생명을 구하는 사람(예수)과 필요에 침묵하고 악을 행하고 생명을 죽이려고 하는 사람(바리새인들). 이 두 종류의 행동은 안식일에 대조적인 행동이 아닐 수 없다.

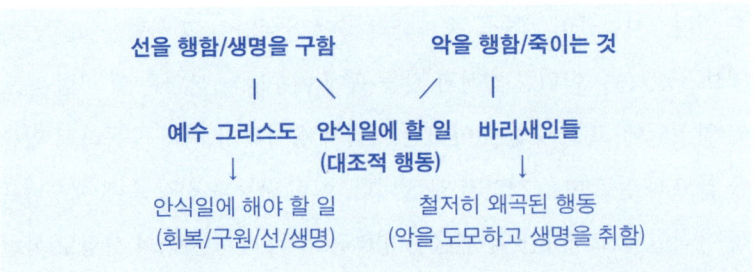

율법 준수를 하는 신자의 삶에 윤리적 중립 지대는 없다. 안식일을 외관상 지키기 위해, 선을 행하지 않고 악을 도모하는 것에 대한 정당성이란 있을 수 없다. 바리새인들은 선을 행해야 하고 생명을 구해야 하는 거룩한 안식일에 악을 도모하고("송사하려 하여"[2절]; 잠잠/완악한 마음[5절]), 생명을 취할 죽일 음모를 꾸미는 모습("어떻게 하여 예수를 죽일꼬 의논"[6절])은 정말 율법의 정신을 벗어난 어떤 경우도 해서는 안 될 행위로 종교적 아이러니가 아닐 수 없다. 오늘도 이 같은 일이 종교(법)의 이름으로 우리 주변 (기독교) 현장에서 자행되고 있지는 않는지 자문해 봐야 한다. 종교적 일에 앞장서서 일하는 종교인들은 이 같은 잘못을 범하고 있지는 않는지 항상 점검해야 한다. 안식일에 생명을 살리는 일에 앞장서지 아니하고 시빗거리만 찾고, 논쟁에만 힘쓰는 그들의 완악한 마음을 보시고 예수님은 탄식하실 뿐만 아니라 격분하셨다(5절). 그리고 곧장 손 마른 사람을 고쳐주셨다(5절 후반). 이것이 자비와 생명이 없는 기독교에 대한 예수님의 탄식이고 격분이다. 생명을 주시기 위해 이 땅에 오셔서 대속적 십자가를 지시고 고난 받으신 주님을 기억하고 그분을 찬양하고 예배하는 우리 모두는 이 점을 특별하게 상고할 필요가 있다.

아이러니컬하게도 바리새인들은 예수님의 제자들이 안식일에 밀 이삭 밭을 지나면서 시장하여 손으로 이삭을 따서 비벼 먹음에 대해 분노하고 있는데 비해, 예수님은 이들의 완악한 마음에 근심하며 노하고 있다. 바리새인들은 "어찌하여 죄인과 세리들과 함께 먹는가?"(2:16)라고 예수님을 힐책하는 반면, 예수님은 그들과 함께 즐거이 식탁 교제를 가지셨다. 예수님은 중풍병자의 죄를 용서하시는(2:5) 반면, 서기관들은 이러한 예수님을 참람죄로 정죄한다.

'하나님의 거룩하신 자'(1:24)이신 예수님께서 의인들을 부르러 오신 것이 아니라 죄인들을 부르러(찾으러) 왔다면 그리고 그들과 교제를 즐기신다면 우리는 어떤 삶을 살아야 할까? 예수님처럼, 소외된 자들과 함께 먹고 마시며 즐거워하는 것이 마땅치 않을까? 참된 경건은 마음만 슬퍼하고 선을 베풀지 않고 악을 자행하는 그런 금식이라기보다는 하나님께서 베풀어주신 구원에 감격하여 소외된 자들에게 자비와 사랑을 베푸는 하나님이 기뻐하는 금식이어야 한다(사 58:6-7). 안식일을 외관상 엄격하게 지킨다고 사람들을 정죄하고 비난하기에만 급급하여 선을 행하고, 자비를 베풀고, 생명을 구하는 일에 둔한히 하는 바리새인과 같은 완악한 마음을 가진 종교인들이 되지 말아야 한다. 이들은 정결법에는 깊은 관심을 가지면서 생명을 구하는 일에는 침묵하고 무관심하다. 인간의 필요(고통)에 침묵(외면)하고 무관심한 종교는 가치가 없고 도리어 해악일 수 있다. 참된 기독교는 어떤 종교인가(약 1:27)?

과연 이들 종교인들(종교 지도자들)의 안식일을 지킴은 무엇인가? 우리는 여기서 안식일에 선을 행하는 삶(참된 실행)이 없이 안식일을 엄격하게 지키기 위해 만든 장로들의 유전(할라카)에만 매달려 사람들을 정죄하기에 바쁜 이들의 '말라비틀어진 마음'을 본다. 결국 '말라비틀어진 마음'(완악한 마음)을 가진 이들이 치유하시는 예수님(의원)을 안식일에 만났지만 그들의 '말라비틀어진' 완악한 마음과 손이 회복되지 못한 채(펴지지 못한 채) 오히려 이들은 예수님을 정죄하고 죽이기로 결안한다(3:6). 돌 같은 마음이다.

결국 이 기사는 대적자들이 송사를 찾고 있음에도 불구하고 예수님은 안식일에 손 마른 자를 고치심으로 이제는 "[구원의] 때가 찼고 하나님의 나라가 임하였기 때문에" 망설임 없이, 더 이상 기다림 없이 구원의 복음을 전하고 시행해야 함을 잘 보여 주고 있다.

예수님께선 죄를 용서하시는 분이시며, 죄인들의 필요를 채우시기 위해 죄인들에게 나아와 그들과 함께 먹고 마시며 즐거워하시는 분이시며, 사회적 약자와 병자들을 돌보시는 분이시며 그가 주시는 새 생명은 탄력성이 없이 낡고 말라있는 옛 종교적 체계나 삶으로는 결코 담을 수 없는 것임을 오늘 기독교가 가르침과 삶으로 보여줄 수만 있다면, 세상 사람들은 이 예수님을 영접할 것이다. 우리의 종교(기독교)를 수용할 것이다. 문제는 '필요에 처한 세상 사람들'이 아니라, 말라비틀어진("완악한") 마음과 손을 가진 종교인들이 더 문제다. 세상은 이 예수를 찾고 있는데 이들(우리)은 이 예수를 율법에 가두고 있다. 주님이 이 땅에 오심으로 귀신이 쫓겨나가고 병이 고쳐지고 금기가 물러나고 문둥병이 없어진다. 무엇보다도 죄가 용서함을 받는다. 이것이 주님이 오셔서 하신 일이시며 교회가 해야 할 일이다.

이 복음이 전파되어지고 가르쳐지고 실천되어야 한다. 이슬람 땅에도 이 복음이 전해져야 한다. 미움과 증오와 분리와 배척과 착취와 전쟁의 종교(러시아 정교?)가 아니라, 자비와 사랑과 용납과 섬김과 베풂의 종교이어야 한다. 나뉨과 분리와 배척의 정신이 아니라 나눔과 용납과 섬김과 사랑의 정신이어야 한다. 이것이 하나님 말씀인 복음의 실체이며 예수님께서 오셔서 보이신 모습이다. 마가가 전하고자 하는 복음은 바로 이 복음이다. 왜곡된 복음과 잘못된 예수상이 아니라, 참된 복음, 참된 예수상을 전하여야 한다. 그리고 진정으로 '필요에 처한 사람들'을 주변으로 밀어내는 종교가 아니라 이들을 우리 가운데 세우고 그들을 돌보는 종교여야 한다. 주님은 이 일을 위하여 이 땅에 오셨고 이를 위해 십자가에 달리셨다. 기독교는 예수님 당시의 유대교처럼 결코 화석화 되어서는 안 된다. 우리의 기독교는 낡고 말라빠진 가죽 부대인가? 아니면 새 술을 가진 새 가죽 부대인가? 살아있는 새 생명의 종교, 신축성 있는 포용적 종교이어야 한다. 순례자의 집은 이런 공간, 이런 공동체가 되기를 꿈꾼다. 편견과 선입견으로 똘똘 뭉쳐진 화석화된 공동체(가족 부대)가 아니라 새 생명과 사랑이 흐르고 넘치는 공동체(가죽 부대)가 되기를 꿈꾼다.

이 일을 행함에 있어 수난이 온다 할지라도 비겁하게 망설이거나 침묵해서는 안 된다. 예수님의 이 모습과 이 교훈은 마가의 청중에게뿐 아니라 오늘 우리의 교회에게 큰 귀감이 될 것이다.

결과적으로 예수님은 종교 지도자들(바리새인들과 서기관들)의 미움을 받게 되고 예수에 대한 이들의 적대감은 점점 고조되어 이 논쟁 기사(2:1-3:6)의 종결에 가서는 예수를 죽이려는 그들의 계획이 언급됨(3:6)으로써 수난(죽음)의 그림자가 초기 갈릴리 사역에서부터 깊게 드리워진다. 세례 요한이 붙잡힌 후 예수님의 공 사역의 시작을 알림은 그의 사역이 고난과 함께 함을 암시한다. 복음 전파와 실천은 꽃길의 사역이 아니라 고난이 뒤따르는 가시밭길(십자가)의 사역이다. 열심히 가르치시고 전파하시고 고치시는 사역을 하셨지만 그는 당대의 종교 지도자들의 눈에 가시와 같은 존재였다. 당대 사람들이 생각하는 경건^{piety}과는 다른 모습

즉, 사람들에게 보이기 위한 금식보다는 죄인들과 함께 즐거이 먹고 마시며 교제하였고, 안식일에는 정지나 무노동보다는 보다 적극적으로 복음 전파의 사역을 하거나 생명을 살리는 치유와 회복의 사역을 하며 보내었다. 결과적으로 이 본문을 통해 우리는 주님과 복음으로 인해 고난이 온다 할지라도 결코 두려워하거나 부끄러워해서는 안 됨을 교훈 받게 된다.

15

마가복음 강해

길 위의 길
The Way on The Way

예수님의 물러남과 제자 사역 (막 3:7-19)

"7 예수께서 제자들과 함께 바다로 물러가시니 갈릴리에서 큰 무리가 따르며 8 유대와 예루살렘과 이두매와 요단강 건너편과 또 두로와 시돈 근처에서 많은 무리가 그가 하신 큰 일을 듣고 나아오는지라 9 예수께서 무리가 에워싸 미는 것을 피하기 위하여 작은 배를 대기하도록 제자들에게 명하셨으니 10 이는 많은 사람을 고치셨으므로 병으로 고생하는 자들이 예수를 만지고자 하여 몰려왔음이더라 11 더러운 귀신들도 어느 때든지 예수를 보면 그 앞에 엎드려 부르짖어 이르되 당신은 하나님의 아들이니이다 하니 12 예수께서 자기를 나타내지 말라고 많이 경고하시니라 13 또 산에 오르사 자기가 원하는 자들을 부르시니 나아온지라 14 이에 열둘을 세우셨으니 이는 자기와 함께 있게 하시고 또 보내사 전도도 하며 15 귀신을 내쫓는 권능도 가지게 하려 하심이러라 16 이 열둘을 세우셨으니 시몬에게는 베드로란 이름을 더하셨고 17 또 세베대의 아들 야고보와 야고보의 형제 요한이니 이 둘에게는 보아너게 곧 우레의 아들이란 이름을 더하셨으며 18 또 안드레와 빌립과 바돌로매와 마태와 도마와 알패오의 아들 야고보와 및 다대오와 가나나인 시몬이며 19 또 가룟 유다니 이는 예수를 판 자더라."

논쟁 기사(막 2:1-3:6)로부터 이어지는 새로운 단락(막 3:7-6:30)은 예수님의 갈릴리 후기 사역에 해당되는 것으로서 이 단락에서 마가는 다시 한번 예수님의 사역에 대한 요약적 진술(3:7-12)을 언급한 후 예수께서 '때가 차서 도래한' 하나님 나라의 건립과 확장을 위해 산으로 나아가 거기서 열두 제자들을 부르시고 그들을 기초로 하여 새로운 이스라엘의 기초를 형성하고 있음을 서술하고 있다. 예수님께서 부르신 이 새로운 이스라엘(의 공동체)은 혈통으로 형성된 것이 아니라 하나님의 뜻(회개와 믿음)에 따라 결속된 신앙 공동체(3:35)이다. 연이어 기술된 비유 기사와 광풍을 잠잠케 하신 이적 기사(4장)와 사탄을 멸하신 사건과 병 고침의 기사(5장)와 열두 제자들을 갈릴리 여러 곳에 전도로 파송한 기사(6장)를 통해 하나님 나라가 강력한 능력 가운데 형성되어 가는 모습을 예비적으로 제시하고 있다. 이러한 갈릴리 사역 중에서 먼저 우리는 예수께서 인기와 오해와 배척이 교차하는 길(7-12절)을 걸어가면서 예수님의 제자 사역의 원형(13-19절)을 본다.

1. 사역의 요약적 진술(막 3:7-12)

막 3:7-12(cf. 1:14-15)은 다음 단락을 소개하는 일종의 '전환적인 요약적 진술'transitional summary statement로 이해된다(Perrin; Hedrick; Stock). 이런 요약적 진술은 특정한 사건을 언급하거나 전후 문맥과 관련된 사건 기술이라기보다는 예수님의 사역의 일반적인 면을 기술하고 있다. 이 요약된 진술은 예수가 선포한 복음이 어떤 모습으로 하나님 나라가 도래하였는지를 잘 입증한다.

이제 장면은 바뀌어 긴 논쟁 끝에 바리새인들이 헤롯당과 결탁하여 계획한 살해 위협을 피해 예수님은 회당에서 다시 바닷가로 제자들을 데리고 나아갔다(7절). 민초들에게 베풀어진 권세 있는 가르침과 자비의 치유 사역들은 그 당시 황충과 같은 정치-종교 지도자들의 악정에 시달린 무리들에게 신선함으로 다가왔고 그 결과 큰 무리, 허다한 무리들이 이스라엘의 모든 방향으로부터 '예수님의 행하신 큰일을 듣고' 그에게로 나아왔다

(7-8절). 예수님은 이들 무리들을 사랑하였지만 그들의 잘못된 압력과 인기(오해)로부터 자신의 사역을 보호하고 경계할 줄 알았다. "예수께서 무리의 에워싸 미는 것을 면키 위하여"(9절); "예수께서 자기를 나타내지 말라고 많이 경계하시느니라"(12절). 그리고 이 기사를 통해 독자는 '예수가 누구신지'를 다시 한번 귀신들의 외침("당신은 하나님의 아들이니이다.")을 통해 확인할 수 있다. 그러나 귀신의 말이 어느 정도 옳다 할지라도 예수님의 수난과 죽음에 대한 이해 없는 하나님 아들에 대한 이해는 오해의 소지를 가지고 있기 때문에 예수님은 그들에게 침묵을 명령하였다.

1) 바다로 물러가신 예수님(7, 10절): 죽일 음모(3:6)와 무리의 압박(10절)으로부터

안식일에 회당에서 손 마른 자를 고치신 일로 인해 고조된 종교 지도자들의 살해 위협을 피해 바다로 '물러가신'(ἀνεχώρησεν) 예수님의 모습(7절, "예수께서 제자들과 함께 바다로 물러가시니.")은 일종의 피신(避身) 혹은 피정(避靜)과 같은 전환적 행동으로 예수님의 사역의 지혜로운 면을 보여준다. 특히 '물러가다'(πίπτει)의 헬라어 단어는 '전투나 세상으로부터 물러남'withdraw from battle or from the world, '새 타이어로 갈아 끼움, 한 장소로부터 은퇴하여 다른 장소로 감'retire or retire from a place[pit], '쉼 혹은 안식'refuge의 의미로 사용된다. 예수님의 이 모습은 종교 지도자들의 불신과 적대감을 피해 하나님의 뜻과 쉼을 찾는 의미이기도 하다. 자주 예수님께서 한적한 곳(광야/산/바다)으로 물러나심도 그런 의미이다. 우리 역시도 사역(일) 속에서 압박과 위협에 직면할 때 주님처럼 '물러나는' 태도가 필요하다. 또한 예수님은 허다한 무리의 압박("밀어 부숨"[θλίβω], press, squeeze, pinch)을 피해 작은 배를 준비하도록 하셨다(9절). "예수께서 무리가 에워싸 미는 것을 피하기 위하여 작은 배를 대기하도록 제자들에게 명하셨으니."
우리 역시도 생활과 사역 속에서 여러 가지 압박, 본문에서는 종교적 반대(적대감)와 충돌의 압박과 큰 인기(성공)와 많은 일(치유와 축귀 사역)로부터의 압박을 직면할 때에 때론 주님처럼 '작은 배'를 준비하여 잠깐 떠날 필요가 있다. 이것이 예수께서 보여주신 사역의 지혜이다. '물러남'과 '작은 배를 준비하는' 지혜를 배우자. 어쩌면 우리 순례자의 집은 이와 같은 목적으로 세워진 공간이고 공동체이다. 이곳에서 쉼과 회복(치유)을 꿈꾼다. 물 멍을 때리고 숲 멍을 때리고 새소리의 멍을 때리면서 말씀과 기도와 묵상 속에서 자신을 찾고 하나님을 찾는 공간이 되기를 진정으로 소원한다. 물러섬의 시간, 침묵의 시간을 위해 장소와 시간을 확보하라.

2) 큰 무리, 허다한 무리가 예수를 좇음(7-8절)

이스라엘 [동서남북] 모든 지역, 더 나아가 주변 이방 지역들로부터 큰 무리, 허다한 무리가 주께로 나아왔다(7-8절). "갈릴리에서 큰 무리가 좇으며 유대와 예루살렘과 이두매와 요단강 건너편과 또 두로와 시돈 근처에서 허다한 무리가 그의 하신 큰일을 듣고 나아오는지라."

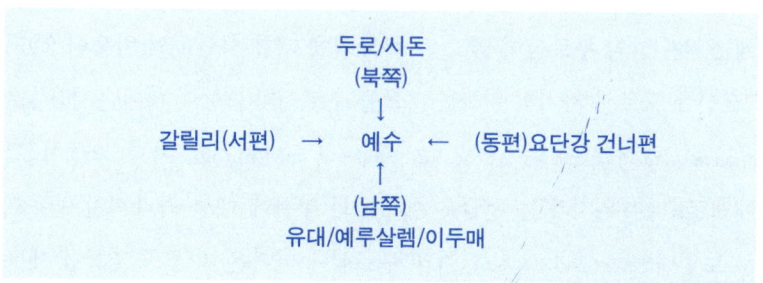

이러한 모습 특히 "허다한 무리가 그의 하신 큰일을 듣고 나아오는지라"의 언급은 교회의 선교적 사명(행 1:8 참고)을 단편적으로 예시해 준다. 이 모습은 앞 단락과 관련하여 생각할 때 고조되는 인기(이적[병 고침과 축귀])와 함께 고조되는 적대감(수난)이 교차하고 있음을 본다. 그 다음의 장면(3:13-19)은 큰 인기에도 불구하고 예수님은 이것을 경계하며 이제는 산으로 가사 제자(일꾼) 사역에 집중하고 있음을 본다. 사역의 요구와 압박을 주님은 사역에 대한 '선택(복음 전파)과 집중(제자 사역)'을 통해 효율적으로(?) 경영manage하고 있다. 제자 사역은 일종의 '사역 경영학'이라 할 수 있다. 자기 계발(leadership, 성품 계발, 시간 사용, 관계 개발), 경영marketing, communication, budget, administration, organization 등이 이에 속한다. 사역에도 경영(management)이 필요하다. 그 사역을 우리는 '복음 전파의 제자 사역'이라고 부른다. 그 사역의 모습을 살펴보자.

2. 열둘을 부르시고 세우심(막 3:13-19)

'다시 바다에서 산으로' 장면이 바뀌어 나타난 두 번째 기록된 사건은 앞에서 언급한 대로 '부름/소명 기사'call/vocation story에 속한다. 즉 이 기사에는 예수님의 부르심이 있고 그 부르심에 대한 사람들의 반응이 있다: "또 산에 오르사 자기의 원하는 자들을 부르시니 그들이 나아온지라"(καὶ προσκαλεῖται οὓς ἤθελεν αὐτός, καὶ ἀπῆλθον πρὸς αὐτόν). 여기 "그들이 [그에게로] 나아온지라"는 언급은 예수님의 부름에 대한 즉각적인 반응으로 보인다(Sweetland 1987:26). 특히 부르심에 나아온 자들 중 열둘을 세우시고 그들을 '자기와 함께 있도록 한 것'은 이 '부름 기사'의 특이한 강조로 이것은 제자도(예수를 따름)에 있어서 급진적인 순종과 헌신된 결속을 요구하는 모습이다. 그리고 연이어 서술된 "또 보내사 전도도 하며 귀신을 내어 쫓는 권세도 있게 하려 하심"이라는 언급은 막 1:17의 '사람 낚는 어부'의 모습을 구체적으로 설명한 것이라고 할 수 있다(Sweetland 1987:26).

1) 산으로 가사 열둘을 세우심: "종말론적인 하나님(의 나라)의 백성의 기초 멤버들로서"

이제 예수님은 '행하신 큰 일(이적들)'을 듣고 자신을 찾아온 허다한 무리로부터 떠나서 새 이스라엘의 창조 사역을 위해 산으로 가셨다. 특히 여기 언급된 산은 앞의 바다와 함께 구약의 출애굽을 상기시켜주는 장소로 모세가 이곳에서 받은 십계명은 이스라엘을 하나님 백성으로 만드는데 결정적 기여를 하였다. 이와 유사하게 예수님은 지금 이곳 '산'에서 새 이스라엘을 세우시고 있다(Malbon 1996:118). 즉 산에서 예수님은 자기의 원하는 사람들을 부르시고 [그중에] 열둘을 세우심으로써 새로운 이스라엘의 기초를 놓으셨다.

육적인 이스라엘은 혈통으로 이루어지지만 영적 새 이스라엘은 예수님의 부름에 반응(회개와 믿음)하는 자들로 이루어진다. 여기에는 '이스라엘(야곱)의 열두 아들들(열두 지파)'이 이스라엘 백성의 기초이듯이 지금 예수님께서 세우신[창조하신]($\epsilon\pi o i \eta \sigma \epsilon \nu$) 열둘(열두 사도들)은 새로운 이스라엘(신약의 교회)의 기초가 된다(마 19:28; 눅 22:30 참고). 사도들의 터 위에 세워진 교회(엡 2:20)다. 그러므로 산에서 열둘을 세우심(창조하심)은 이스라엘의 열두 지파의 회복을 의미하는 것으로 이들은 새로운 신앙 공동체의 대표자로 제시된다. 이 점은 구약을 통해 잘 이해될 수 있다. 특히 사 43:1(cf. 사 44:2)에 보면 하나님께서 야곱을 창조하시고(ποιήσας[Lxx]) 그를 새 이름("이스라엘")으로 부르시며 '자신의 것'으로 언급하는 것을 보게 되는데 오늘 본문의 내용도 이와 유사하다(cf. Garland 1996:128).

"야곱아 너를 창조하신 여호와께서 지금 말씀하시느니라. 이스라엘아 너를 지으신 이가 말씀하시느니라. 너는 두려워하지 말라 내가 너를 구속하였고 내가 너를 지명하여 불렀나니 너는 내 것이라." 즉 주님께서 자기가 원하는 자들을 부르셔서 열둘을 세우시고(창조하시고) 그들(그중에 세 사람)을 새 이름과 함께 부르시는 것을 본다(16-17절).

결과적으로 이들을 사도로 택함은 예루살렘에 있는 종교 지도자들의 버림을 의미하는 것으로 예수님을 통해 도래한 하나님의 나라는 이 열둘(사도들)을 통해 그 기초가 형성됨을 암시하고 있다. 그러나 그 이전에 예수님은 기도로 이 사역을 시작하셨다(눅 6:12-13). "이때에 예수께서 기도하시러 산으로 가사 밤이 새도록 하나님께 기도하시고 밝으매 그 제자들을 부르사 그중에서 열둘을 택하여 사도라 칭하셨으니." organizing 전에 agonizing이 필요하다. "기도란 하나님을 내 뜻에 맞추려는 것이 아니라 내 뜻(마음)을 하나님의 뜻(마음)에 맞추려는 것이다"(Stanley Jones 1968:383). 제자 사역은 하나님의 사역이지 나의 사역이 아니다. 내 마음에 맞는 사람이 아니라 하나님의 마음에 맞는 사람을 구하여야 한다(행 13:22). 이를 위해 하나님의 아들이신 예수님조차도 기도로 준비해야 한다면, 우리는 더 없이 기도로 준비해야 한다. 하나님의 은혜와 도움 없이는 결코 하나님 나라를 세우는 제자(일꾼) 사역을 감당할 수 없다. 성품과 행동과 창의성을 가진 일꾼을 택하여야 한다.

2) 열둘을 세우신 목적과 사명(14절)

"이는 자기와 함께 있게 하시고 보내사 전도도 하게 하며 귀신을 내어 쫓는 권세도 있게 하려 하심이라."

이 구절은 막 1:17("나를 따라오라. 내가 너희로 사람 낚는 어부가 되게 하리라.")과 함께 마가복음에 나타난 제자도의 모습을 잘 시사하고 있다. 특히 여기에 언급된 '예수님과 함께 함'being with Jesus은 제자도의 근본적인 특징을 언급한 것으로 그것의 구체적인 내용은 마가복음 전체를 통해 제시되고 있다(Sweetland 1987:27). 곧 그의 행하심을 보고 그의 가르침을 듣는 것을 의미하는 것으로 한마디로 예수를 따르는 제자의 길을 말한다(Meye 1968:103). 결과적으로 '함께 함'의 삶을 통해 증인(제자)으로서 훈련된 이들은 후에 복음 전파자(사람 낚는 어부)로서 (큰 능력 가운데) 파송된다. 제자 사역의 승패는 '함께 함'에 있다.

이처럼 '예수님과 함께 함'의 삶은 제자 사역의 핵심 사역이다. 이것은 단순히 예수님의 주변을 맴도는 것이 아니라 그를 좇아 그와 함께 하는 삶(동행하는 삶)을 의미하는 것으로 여기에는 그가 인도하는 곳은 어디든지 가야 할 뿐 아니라 그의 고난에 동참함까지도 포함한다(8:34; 10:38-39). 결국 예수 제자로서 '함께 함'의 삶은 그 자체 목적이 있기보다는 예수님이 행하신 일들을 그들도 하도록 보냄 받는 일(사람 낚는 어부가 되는 일)의 선결 사항으로 제시된다. 왜냐하면 이 제자 사역은 내 사역이 아니라 주님의 사역이기 때문이다. 이렇게 '주님과 함께 하는 삶'을 살고 있는 제자들은 막 6장에서 파송되었을 때 예수님처럼 전파하고(6:12), 가르치고

(6:30), 병자를 고치고, 그리고 귀신을 쫓아내는 일을 하였다(6:13). 이것은 부활 후 그들이 해야 할 제자의 길이라고 할 수 있다. 물론 이 제자의 길에는 세례 요한의 모습처럼(6:14-29) 고난이 따름을 간과해서는 안 된다 (8:34 이하).

사실 '주님과 함께 함'being with Jesus이 없는 제자도란 있을 수 없고 '보냄'mission이 없는 제자도란 생각할 수 없다. '예수님과 함께 함'(주를 따름)과 '보냄'(선교)은 제자도의 양면이라고 말할 수 있다. 흥미롭게도 마가는 마지막 19절에서 열둘 중 하나인 가룟 유다의 배반을 언급함("또 가룟 유다니 이는 예수를 판 자더라.")으로써 제자 사역에서도 배반과 실패와 죄의 가능성이 존재함을 보여준다. 그러나 유다의 배반은 오히려 예수님의 대속적인 죽음에 일조한다. 제자들은 배반하고 실패할지라도 주님은 이 모든 일에도 넉넉히 승리한다. 이것은 또한 제자 사역의 현실이지만 이로 인해 속죄의 사역은 깊이를 더한다.

16

마가복음 강해
길 위의 길
The Way on The Way

하나님 나라의 참된 백성(가족)은?(막 3:20-35)

"20 집에 들어가시니 무리가 다시 모이므로 식사할 겨를도 없는지라 21 예수의 친족들이 듣고 그를 붙들러 나오니 이는 그가 미쳤다 함일러라 22 예루살렘에서 내려온 서기관들은 그가 바알세불이 지폈다 하며 또 귀신의 왕을 힘입어 귀신을 쫓아낸다 하니 23 예수께서 그들을 불러다가 비유로 말씀하시되 사탄이 어찌 사탄을 쫓아낼 수 있느냐 24 또 만일 나라가 스스로 분쟁하면 그 나라가 설 수 없고 25 만일 집이 스스로 분쟁하면 그 집이 설 수 없고 26 만일 사탄이 자기를 거슬러 일어나 분쟁하면 설 수 없고 망하느니라 27 사람이 먼저 강한 자를 결박하지 않고는 그 강한 자의 집에 들어가 세간을 강탈하지 못하리니 결박한 후에야 그 집을 강탈하리라 28 내가 진실로 너희에게 이르노니 사람의 모든 죄와 모든 모독하는 일은 사하심을 얻되 29 누구든지 성령을 모독하는 자는 영원히 사하심을 얻지 못하고 영원한 죄가 되느니라 하시니 30 이는 그들이 말하기를 더러운 귀신이 들렸다 함이러라 31 그 때에 예수의 어머니와 동생들이 와서 밖에 서서 사람을 보내어 예수를 부르니 32 무리가 예수를 둘러 앉았다가 여짜오되 보소서 당신의 어머니와 동생들과 누이들이 밖에서 찾나이다 33 대답하시되 누가 내 어머니이며 동생들이냐 하시고 34 둘러 앉은 자들을 보시며 이르시되 내 어머니와 내 동생들을 보라 35 누구든지 하나님의 뜻대로 행하는 자가 내 형제요 자매요 어머니이니라."

이제 장면은 다시 '산'에서 '집'으로 바뀌었다(20절). 여기서 우리는 그렇게도 많은 인기를 얻었던 예수님(의 사역)이 자신의 가족과 종교 지도자들에 의해 철저히 오해되고 모독되어짐을 본다. "그가 미쳤다"(21절); "저가 바알세불에 지폈다 하며 또 귀신의 왕을 힘입어 귀신을 쫓아낸다."(22절); "더러운 귀신에 들렸다"(30절).

특히 이 단락은 아래에서 보는 대로 소위 '샌드위치' 기법[30]의 구조(3:20-21[A] ⟨3:22-30[B]⟩ 3:31-35[A´])로 형성되어 있다.

> A. 막 3:20-21(집의 안과 밖): 예수와 무리(안)와 예수의 친족(밖)
>   B. 막 3:22-30(집/나라: 나뉜 집): 서기관들[사탄]과 예수 ⇒ 바알세불의 논쟁
> A´. 막 3:31-35(집의 밖과 안): 예수의 모친과 동생들(밖)과 무리와 예수(안)

구조에서 보는 대로 중심 주제는 20절에서 외견상의 장소로 언급된 '집'(οἶκος)과 병행하여 사용되고 있는 '나라'[βασιλεία](24절[2번])에 대한 것(25절[2번])으로서 단락에서 '집'과 '나라'는 호환적으로 사용([24-25절, 27절])될 뿐 아니라 '안'inside과 '밖'outside의 모티브가 강조되고 있다(Shepherd 1993:111-138). 즉 '누가 하나님 나라의 참된 백성(가족)인가'를 '집안에 있는 자들'(예수와 무리[둘러앉은 자들])과 '집 바깥에 있는 자들'(예루살렘에서 내려온 서기관들과 친속들)의 장소적 구분 속에서 예수님은 "성령을 훼방하는 자"(29절)와 "하나님의 뜻대로 [행]하는 자"(35절)를 극명하게 구분하여 진술함으로써 이 주제를 잘 제시하고 있다.

여기서 하나님(의 나라)의 참된 가족(백성)은 '하나님의 뜻대로 행하는 자'(35절)이지 서기관과 같은 신분이나 가족과 같은 혈통으로 이어지는 자가 아님을 말하고 있다. 사실 33절의 질문("누가 내 어머니며 동생들이냐?")과 함께 35절의 이 선언("누구든지 하나님의 뜻대로 하는 자는 내 형제요 자매요

---

30 샌드위치 기법에 대한 설명은 97년 〈그말씀〉 6월호:230-231을 보라.

어머니이니라.")은 오랫동안 함께 살아왔던 가족들에게나 당시 문화에서는 충격적이고도 혁명적 사고였다. 당시 혈통 사회에서 가족이란 사회적이며 경제적인 삶의 기초며 신분의 원천으로서 가족을 거부한다든가, 가족으로부터 버림을 받는다는 것은 자신의 생명인 삶의 기반을 잃는 것과 같았다. 그러므로 예수님의 이 선언은 하나님을 믿는 삶이란 가계(家系)를 유지하는 근간인 혈통적 가족 안에서의 관계로 말하지 아니하고 하나님의 뜻에 대한 순종과 헌신을 말함으로써 하나님 나라의 백성 됨이 인종과 계층과 성을 넘어서서 오직 하나님의 뜻을 행하는 모든 사람들에게 열려 있음을 말하고 있다. 그러므로 우리의 순례자의 집도 마찬가지이다. 순례자의 집의 권속과 일꾼 역시도 친소(친척) 관계나 신분이 중요한 것이 아니라 '하나님의 뜻을 받들고 순종하는 사람'을 최-우선적으로 생각한다. 이는 인종과 신분과 지역과 성별과 계층을 넘어서서 오직 '예수 그리스도의 피'로 인한 결속이며 '하나님의 뜻'을 따르는 결속이어야 한다. 그러므로 순례자의 집은 모든 사람들에게 열려 있는 공간이며 공동체이다.

흥미롭게도 마가는 이 단락을 통해 예수님의 가족(모친과 동생들과 누이들)조차도 하나님의 뜻을 바로 이해하지 못하고 그것을 반대하는 외인 outsider의 모습을 취하고 있음을 묘사함으로써 이 주제를 더 분명히 전달하고 있다. 이 모습은 또한 하나님 나라의 일꾼의 삶에 따라 오는 특징인 오해와 모독 받음의 필연성을 잘 보여준다. 그러므로 선한 일, 하나님의 뜻을 따라 생활할 때 따라오는 악플은 찐 하나님 나라의 백성 혹은 가족이 갖는 지극히 자연스러운 표식이다. 우리는 무엇을 두려워하고, 무엇에 더 신경에 쓰이는가? 악플인가? 하나님의 뜻인가? 후자이어야 할 것이다. 선한 검증은 필요하지만 아니면 말고 식의 무차별적 비평은 정치적 의도의 산물이다. 종교계나 정치계나 작금의 정치 풍토는 수준 이하의 모습이다.

1) 친속들의 오해와 간섭(막 3:20-21)

아무래도 가족들이란 하나님의 뜻보다는 가족의 건강과 복지와 그에 대한 소문("미쳤다")에 더 민감하기 마련이다. 주위의 사람들 특히 종교 지도자들에 의해 유포된 '미쳤다'는 소문을 들었을 때 가족들의 결론은 "붙들어 두어야겠다."(κρατῆσαι [arrest])고 생각하였다(21절). "예수의 친족들이 듣고 그를 붙들러 나오니 이는 그가 미쳤다 함일러라." 그래서 그들은 거의 30마일이나 되는 길(나사렛 → 가버나움)을 오직 그를 안전하게 '붙들어 두기' 위해 달려왔다. 아버지 요셉이 돌아가신 후 가족을 돌보아야 할 장자인 그가 건강도 해치며(20절) 종교 지도자들의 질시와 위협 속에서 종교적 열심(메시아적 환상?)에 빠져 자신의 신분과 사명도 무엇인지 알지 못하고 돌아다니는 그를 붙잡아 나사렛에서 잘 지내도록 하고자 하였다. 요 7:5에 보면 이들은 예수님의 사역에 대한 바른 이해가 없고 오히려 불신앙으로 나아가고 있음을 볼 수 있다. 그러나 예수님은 장자로서의 혈연보다는 하나님이 원하시는 일에 몰두하신다(사 63:9).

흔히 우리의 가족(혈족이나 씨족)에 대한 관심은 하나님의 뜻보다는 세상적 견해에 근거한 이기심으로 둘러싸여 있을 수 있다. 때론 신앙의 길에 부모와 남편 그리고 아내와 자식이 오해를 하고 방해를 할 때가 있다. 이럴 때 주님을 따르는 우리는 막 10:29-30에 언급된 것처럼, "예수께서 가라사대 내가 진실로 너희에게 이르노니 나와 및 복음을 위하여 집이나 형제나 자매나 어미나 아비나 자식이나 전토를 버린 자는 금세에 있어 집과 형제와 자매와 모친과 자식과 전토를 백배나 받되 핍박을 겸하여 받고 내세에 영생을 받지 못할 자가 없느니라."의 말씀을 기억할 필요가 있다. 지금의 한국 교회는 역사의 암울한 질곡 속에서 가족적 편견과 같은 지역적 편견과 감정이 우리의 신앙의 근저를 형성하고 있다 해도 과언이 아니다. 지역적 편견과 감정에 우리의 신앙이 볼모로 잡혀 있다. 이러한 상황에 35절에 언급된 "누구든지 하나님의 뜻대로 행하는 자가 나[주님]의 형제요 자매요 어머니이니라."는 예수님의 말씀에 근거한 하나님의 가족으로서의 신앙 공동체에 대한 인식은 지금의 이러한 지역적 편 가르기의 망국적 병을 치유할 수 있지 않을까? 신앙적/영적 가족(교회)이 혈연적 가족보다 더 영구적(견고한 결속)이라는 사실을 주지할 필요가 있다.

2) 종교 지도자들의 불신과 모독(막 3:22-30): 바알세불의 논쟁

22-30절은 위의 장면 분석에서 본 것처럼 예수의 가족들이 '예수가 미쳤다'는 이유로 그의 사역을 중지하려는 기사에 자연스럽게 삽입된 것으로 예수님의 사역과 그에 따른 인기로 인해 종교 지도자들이 예수님을 '바알세불(귀신의 왕)에 지폈다', '더러운 귀신이 들렸다'는 논쟁 기사를 담고 있다. 이미 예수님의 사역과 그에 따른 많은 논쟁들로 인해 예수에 대한 혐의가 고조됨으로써 유대 종교 지도자들은 예수를 제거하려는 계획(3:6)과 함께 구체적인 방안으로서 예수를 '귀신 들린 자'로 규정하여 매도함으로써 그를 유대 사회로부터 제거하려고 한다. 여기서 우리는 이들 종교 지도자들의 완악한 마음(3:5)이 절정에 이르고 있음을 본다.

특히 '귀신들림'(바알세불)의 논쟁에 대한 사회학자들의 관찰과 해석은 매우 흥미롭다. 즉, 귀신 논쟁(deviation theory로 불림)은 일반적으로 기득권자들(내인들[insiders])이 자신들의 반대 세력들(외인들[outsiders])에게 사용하는 가장 혹독한 사회적(종교적) 공격이다.

'성령으로 세례를 주시는 이'(1:8), '하늘로부터 성령이 비둘기처럼 그 위에 내리신 분'(1:10), 그리고 하늘로부터 '하나님의 아들'로 선언되시고 '하나님의 거룩한 자'(1:24)로 불리신 예수님이 안식일의 거룩한 시간을 어기고 병자들을 고치시고 부정한 나병 환자와 접촉하여 치유하시고 중풍병자에게는 회개와 믿음만으로 그에게 죄 사함을 선언하심으로써 거룩한 성전과 거룩한 속죄 제도를 멸시할 뿐 아니라 자칭 사람이 되어 거룩하신 하나님만이 선언할 수 있는 '죄 사함'을 선언하는 불경죄(참람죄)를 범하였다는 이유로 유대 종교 지도자들은 예수를 더 이상 용납할 수 없었다. 이들은 예수를 그 사회에서 제거하고자 한다(3:6). 그래서 이들은 예수를 '더러운 귀신 들린 사람'으로 몰아간다(22절). "예루살렘에서 내려온 서기관들은 '저가 바알세불에 지폈다' 하며 또 '귀신의 왕을 힘입어 귀신을 쫓아낸다.' 하니". 한 마디로 예수는 "더러운 귀신이 들렸다"(3:30)는 것이다.

이러한 논쟁은 이미 예수를 그 사회에서 제거하고자 했던 종교 지도자들의 모의(3:6)의 일환으로 나온 것이다. 이들은 유대 사회의 기반이 되는 정결법을 함부로 어기는 예수를 더 이상 거룩한 유대 공동체의 일원이라고 보지 않았다. 결국 그들은 예수를 유대 사회를 더럽히는 염병(일종의 문둥병)과 같은 존재로 판단했기 때문에 그를 그냥 버려 둘 수 없었다. 만약 예수를 그냥 내버려둔다면 온 유대 사회가 더렵혀질 것이라 판단했던 것 같다. 이에 예루살렘에서는 사람들(서기관들)을 보내어 그를 '더러운 귀신 들린 자'로 규정하여 단언함으로써 유대 공동체로부터 축출하고자 하였다. 이는 예수에 대한 종교 재판의 시작이었다.

흔히 고대 세계에는 소위 '마녀 사냥witchcraft accusation과 같은 종교 재판이 있었다. 이것은 자신들(자신의 집단)의 적들, 원수들을 '귀신 들린 자'로 규정하여 마을에서 추방(축출)하는 관례이다. 갈등 가운데 있는 정적들이나 원수들을 제거하기 위한 일종의 '이념적 대본'과 같다. 이렇게 언도되면 그 사람은 그 집단으로부터 완전히 축출(추방)되어 제거되어 버린다(Malina & Neyrey 1988:4). 사회학에서는 이것을 '이탈(명명) 이론deviance theory라고 부른다.[31] 이같이 예수는 그 당시 기득권을 가진 종교 지도자들(지배층)을 통해 '귀신 들린 자'로 낙인이 찍히게 되고 결국 제도권의 희생물로 사라진다(cf. 눅 23:2: 백성을 미혹케 함). 스데반(행 6:11-14)과 바울(행 21:28) 역시도 이러한 언도를 받는다.

이런 정치적/이념적 명명(命名[naming])은 오늘날에도 마찬가지다. 특히 엄한 보수적 성향을 가진 사회에 이런 관례는 팽배하다. 정치판에서의 색깔 논쟁이 바로 그러한 예다. 한국에서 한 번 '용공주의자' 혹은 '공산주의자/빨갱이'(정치판)나 '자유주의자'(종교판, 특히 보수적 기독교)란 말을 듣게 되면 그 사회에서 활동할 수 없다. 끝장이다. 물론 우리의 신학은 어떤 면에서 보수적이어야 한다. 그러나 이 보수성을 정치적으로 이용

---

31 여기에 대한 자세한 논의는 Malina & Neyrey 1988:33-67을 보라.

한다면 그것은 문제다. 사람 하나 죽이기는 간단하다. 예수님이 '더러운 귀신 들린 자'로 '백성을 미혹케 하는 자'로 찍혀 그 사회 속에 제거된 것 (제도권의 희생물이 된 것)을 볼 때 우리 역시도 이러한 정치적 행각을 하지 않아야겠지만 복음을 위해, 올바른 성경적 진리를 위해 살다가 이런 부류로 낙인찍혀 고통을 당한다 해도 그렇게 서러워할 필요가 없다. (기독교 역사에 이와 같은 전례들은 수없이 많다.) 왜냐하면 패역한 불신의 세계에서 의롭게 살고자 하는 자는 언제나 고난이 있기 때문이다(마 5:10; 벧전 3:14). 이 점에 있어 예수님의 모습은 우리에게 훌륭한 도전과 위로가 된다.

특히 '예수가 누구신지'를 알고(1:1; 1:11) 이 글을 읽는 독자는 어떻게 거룩하신 하나님의 아들이신 예수님을 '미쳤다', '바알세불에 지폈다', '더러운 귀신에 들렸다'고 할 수 있을까? 귀신들도 예수님을 '하나님의 거룩하신 자'(1:24)니 '하나님의 아들'(3:11)이니 하는데 거룩하신 하나님을 믿고, 거룩한 율법을 해석하고, 거룩한 성전에서 봉사하는 사람들이 이럴 수가 있을까?라고 반문하게 된다. 결국 우리는 이 기사를 통해 잘못된 편견과 전통에 갇혀 율법(특히 정결법)과 성전이 지향하는 참된 '주의 길'을 망각하고 있는 소경 같은 종교 지도자들, 종교로 인해 기득권을 획득하여 거기에만 안주하고 있는 세속적 종교 지도자들의 죄악의 견고함과 깊이를 극명하게 접하게 된다. 이 부분에서 성경적 독자는 "아니, 정말 이래도 되는 거야"라는 절규가 절로 나오게 된다. 가장 거룩한 일에 종사하는 사람들이 가장 더러운 일dirty laundry을 자행하고 있다. '사람을 살리는 종교'가 '사람을 죽이는 종교'로 탈바꿈하고 있다. '의인'을 '범법자'로 만들고 있다. '성령(거룩한 영)으로 세례(죄 씻음=깨끗케 하심)를 주시는 분'(1:8)을 '바알세불에 지핀 자', '더러운 귀신에 들린 자'로 매도하고 있다. 어떻게 매일 성경을 연구하는 이들이 예수를 '더러운 귀신에 들린 자'로 말할 수 있는가? 성경을 영감으로 기록하게 한 성령의 증거를 지속적으로 거부할 수 있는가? 이것이 타락한 종교(나 사회)가 날개를 잃고 끝까지 추락하는 모습이다. 오늘 종교계의 형편은 어떠한가? 결국 비유로 주어진 예수님의 답변(3:23-30)은 그들의 비논리적인 모습과 불신앙을 지적하며 그들의 죄(성령을 훼방한 죄)에 대한 결과(용서받을 수 없음)를 선언한다 (28-29절).

> "28 내가 진실로 너희에게 이르노니 사람의 모든 죄와 모든 모독하는 일은 사하심을 얻되 29 누구든지 성령을 모독하는 자는 영원히 사하심을 얻지 못하고 영원한 죄가 되느니라."

여기서 용서받지 못하는 죄는 성령의 지속적 증거를 거부하는 것이다. 우리는 여기서 부패한 마음, 완악한 마음, 화인 맞은 양심의 결과가 무엇인지를 분명하게 본다.

3) 참된 예수님의 가족은(막 3:31-35)

이제 단락은 다시 예수의 친속들이 있는 장면(31절)으로 돌아간다. "그 때에 예수의 어머니와 동생들이 와서 밖에 서서 사람을 보내어 예수를 부르니." 이에 예수님은 집안에서 자신과 함께 둘러앉은 자들에게 '자신의 참된 가족이 누구인지'를 말함("누가 내 어머니이며 동생들이냐?" - "누구든지 하나님의 뜻대로 행하는 자가 내 형제요 자매요 어머니이니라.")으로써 하나님의 공동체 식구란 하나님의 뜻을 행하는 자들 곧 순종하는 자녀들을 의미하지 단순히 사회적 결속(혈통/인종)에 의해 되는 것이 아님을 보여준다.

사실 예수님은 자신의 육적인 가정보다 하나님(아버지)의 뜻이라는 더 높은 결속 가운데 묶여 있음을 보게 된다. 우리 역시도 마찬가지다. 교회의 권속이란 그리스도의 피로 결속된 공동체며 하나님의 뜻으로 결속된 공동체이다. 그러므로 우리 순례자의 집은 앞에서도 천명한 것처럼 신분과 지역과 계층과 피부와 성별에 의해 차별 받지 아니하고 오직 예수 그리스도의 피로 결속된 공동체이며 하나님의 뜻으로 결속된 공동체이다. 이것이 우리 공동체 조직의 골격이며 선교적인 사명이다. "누구든지 주의 이름을 부르는 자는 다 구원을 받는다." 신앙의 순례자들이 이곳에 모여 함께 기도하고 함께 떡을 나누고 함께 거룩한 선교적인 꿈을 나누는 그런 공동체가 '순례자의 집'이다. 혈연보다도 더 견고한 예수 그리스도의 언약적인 피와 세상의 어떤 것보다 더 영원한 하나님의 뜻(요일 2:17, "이 세상도 그 정욕도 지나가되 오직 하나님의 뜻을 행하는 자는 영원히 거하느니라.")으로 결속된 무리가 신앙 공동체이다.

예수 그리스도의 피와 하나님의 뜻에 대한 순종만이 이 결속(예수 그리스도 안의 가족됨)을 영구적으로 만든다. 이 두 가지의 근거가 없다면 우리 순례자의 집은 무의미하다. 혈연과 법적 관계로 이루어진 가족 관계는 이 땅에서만 그 결속을 유지하지만 그리스도의 피와 하나님의 뜻으로 이루어진 순례자의 집 공동체는 이 땅에서 그 누구도, 그 어떤 것으로도 나눌 수 없는 예수 가족, 하나님 가족이다. "누가 내 어머니이며 동생들이냐?"(33절)라는 질문과 "누구든지 하나님의 뜻대로 행하는 자가 내 형제요 자매요 어머니이니라."(35절)는 예수님의 말씀이 이 공간에 살아있는 공동체가 되기를 진정으로 소원한다.

그러기 위해서는 과연 '예수님이 누구신지'에 대한 확실한 믿음이 필요하다. 과연 예수님은 누구신가? 이들이 말하는 미친 사람 lunatic인가? 마귀적인 거짓말쟁이 demonic liar인가? 아니면 하나님의 아들이시고 구세주이신가? 단지 '위대한 도덕가' great moral teacher나 '선한 사람' good man이거나 '종교적 창시자나 천재' religious genius이거나 하는 중간 지대는 없다. 예수는 '왕중왕' King of kings이시며 '만유의 주' Lord of lords시다. 그는 '영원한 지성'이시며, 온 우주를 창조하신 위대한 '창조주'(건축가이시며 시공자)이시며, 우주를 섭리하시고 다스리시고 경영하시는 위대한 농부이시며 위대한 예술가이시다. 그는 최고로 온전하신 분 supremely sane man이시다. 모든 온전함이 그분 안에 거한다. 무엇보다도 예수는 저와 우리 모두를 죄에서 구원하시기 위해 이 땅에 오신 하나님의 아들이시며 우리의 구세주이시다. 그분을 알고 믿고 배우고 따를 때 우리는 '가장 온전한, 가장 정상적 인간'이 될 수 있다. 이 예수를 지속적으로 믿고 배우고 따르고 닮아가는 우리가 되기를 바란다.

17 마가복음 강해
길 위의 길
The Way on The Way

옥토의 신앙 (막 4:1-20, 특히 13-20절)

"13 또 가라사대 너희가 이 비유를 알지 못할진대 어떻게 모든 비유를 알겠느냐 14 뿌리는 자는 말씀을 뿌리는 것이라 15 말씀이 길가에 뿌려졌다는 것은 이들을 가리킴이니 곧 말씀을 들었을 때에 사탄이 즉시 와서 그들에게 뿌려진 말씀을 빼앗는 것이요 16 또 이와 같이 돌밭에 뿌려졌다는 것은 이들을 가리킴이니 곧 말씀을 들을 때에 즉시 기쁨으로 받으나 17 그 속에 뿌리가 없어 잠깐 견디다가 말씀으로 인하여 환난이나 박해가 일어나는 때에는 곧 넘어지는 자요 18 또 어떤 이는 가시떨기에 뿌려진 자니 이들은 말씀을 듣기는 하되 19 세상의 염려와 재물의 유혹과 기타 욕심이 들어와 말씀을 막아 결실하지 못하게 되는 자요 20 좋은 땅에 뿌려졌다는 것은 곧 말씀을 듣고 받아 삼십 배나 육십 배나 백배의 결실을 하는 자니라."

마가복음을 통해 저자가 강조하는 핵심된 메시지 중 하나는 '참된 들음'이다. 이 '들음'hearing은 단지 피상적인 들음이 아니라 '깨달음이 있는 들음'을 말하며 또한 '순종의 들음'을 말한다. '대비유'Grand Parable라고 불리는 마가복음 4장의 '씨 뿌리는 자의 비유'(4:1-20)는 '참된 들음'을 강조하고 있다. '씨 뿌리는 자'의 비유(막 4:3-9)의 시작(3절)과 끝(9절)에 나타난 '들음'에 대한 아래의 수미상관inclusio의 모습을 보면 이 비유의 주제가 '들음'에

있음을 간파하게 된다(Garland 1996:151).[32]

> "들으라(Ἀκούετε) 씨를 뿌리는 자가 뿌리러 나가서"(3절).
> "또 이르시되 들을(ἀκούειν) 귀 있는 자는 들으라(ἀκουέτω) 하시니라"(9절).

이처럼 마가는 '씨 뿌리는 자의 비유'를 통해 예수가 전하려는 내용이 얼마나 중요한 것인가를 미리 주지할 뿐 아니라, 하나님의 계시자로서 예수님의 말씀에 대한 들음(순종)을 미리 강조한다.

인터넷 유머 코너에 이런 예화('안득기')가 있다.

> 고딩(고등학교 학생을 가리킴) 수업 시간에 한 선생님이 주의가 산만한 한 학생을 불러내고
> "야! 네 이름이 뭐냐?"고 물었답니다. 그가 대답하기를, "안든깁니다(안득기입니다)."
> "뭐라고, 이름이 무엇이라고?" 다시 대답하기를 "듣깁니다(득기입니다)."
> "이 녀석, 안든긴다고 했다가 든긴다고 했다가 너 지금 날 놀리는 거니?"
> 화가 난 선생님이 득기를 벌세우고 반장을 불러서 "야! 너 나가서 회초리 하나 들고 오라."

---

[32] Lane(1974:153) 역시도 "씨 뿌리는 자의 비유가 주의 깊은 들음에 대한 압도적인 부르심으로 비유의 처음과 끝을 구성하면서 예수는 이 부르심으로 그가 서술하는 상황에 청중들을 참여시켜 그들이 들음에 대한 판단을 하도록 한다."라고 서술한다. 결국 이 들음은 피상적인 들음이 아니라 신중한 들음을 의미한다.

나간 반장이 들어오는데 회초리가 아니라 몽둥이를 들고 왔습니다.
선생님은 더 화가 났습니다. "야! 너 친구 죽일라 하니?"
반장에게 선생님이 다시 묻기를
"야 너 입 안에 뭐니?"(너 이 반에 뭐니?)라고 물었습니다.
그때 반장은 껌을 씹다가 들킨 줄 알고 "네 입 안에 껌입니다."
그 날 반장과 득기는 줄초상이 났답니다.

인간관계에 '듣기'가 얼마나 힘들고 중요한지를 잘 보여주는 유머다.

크리스천의 신앙에도 '듣기'란 매우 중요하다. 성경은 '믿음은 들음에서 나온다'라고 한다(롬 10:17). "그러므로 믿음은 들음에서 나며 들음은 그리스도의 말씀으로 말미암았느니라." 그러나 성경에서 말하는 듣기란 어떤 듣기를 말하는가? 저는 오늘 본문을 통해 이 점을 상고하려고 한다.

특히 비유를 말하기 전에 언급한 3절의 "들으라"(Ἀκούετε)의 표현은 경건한 유대인들이 매일 암송하는 신앙 고백인 신명기 6장 4절 이하의 쉐마Shema 의 시작에서 나타난 표현과 유사하다, "이스라엘아 들으라 (שְׁמַע יִשְׂרָאֵל)." 유대인이 말하는 '들음'이란 단순히 귀로만 듣는 들음이 아니라, '순종의 들음'을 말한다. 이와 비슷하게 유대인의 앎이란 단순히 지식적인 앎이 아니라 경험적인 앎을 말한다. 랍비들의 일화에 이런 이야기가 있다.

한 제자가 스승인 랍비에게 "선생님, 제가 토라를 일곱 번 꿰뚫어 읽었습니다. 이제 무엇을 해야 합니까"라고 물었다. 스승인 랍비는 "그러면 토라는 너를 몇 번 꿰뚫어 읽었느냐?"고 대답했다.

이 스승 랍비와 제자 간의 문답은 성경 읽기란 단순한 읽기가 아니라 삶을 관통한 읽기를 말하는 것처럼, 오늘 본문의 듣기 역시도 단순한 듣기가 아니라 삶(순종)을 수반한 듣기를 말한다. 이처럼 4장에서 '들음'에 대한 강조는 '들으라'(ἀκούω)는 단어의 반복된 언급들(13번이나 나옴)을 통해서도 충분히 이해할 수 있다. "들으라"(3절); "들을 귀 있는 자는 들으라"(9, 23절); "듣기는 들어도"(12절); "말씀을 들(었)을 때에"(15, 16, 18, 20절); "너희가 무엇을 듣는가 스스로 삼가라"(24절); "저희가 알아들을 수 있는 대로"(34절).

오늘 20절의 말씀을 중심으로 씨 뿌리는 자의 비유가 강조하는 '옥토의 신앙'을 살펴보고자 한다. 20절의 옥토에 대한 설명은 다른 토양에 대한 설명과는 달리 매우 짤막하게 한 절로 서술되어 있다. "좋은 땅에 뿌려졌다는 것은 곧 말씀을 듣고 받아 삼십 배나 육십 배나 백배의 결실을 하는 자니라.(20절)" 옥토의 신앙의 특징은 무엇인가? 결실? "예, 그래요. 결실이예요." 그러나 이 결실은 어떤 삶의 결과로 나타난 것이지 특징은 아니다. 무엇이, 어떤 삶이 옥토로 하여금 결실하게 하였는가? 겉으로 보기에는 잘 드러나지 않지만 원문을 자세히 보면 그 특징이 잘 드러난다. 결론적으로 옥토의 신앙의 본질은 '들음'에 있다고 말하고 싶다. 그런데 문제는 본문을 보니 네 토양(밭) 모두 다 말씀을 들었다고 언급하고 있다(15, 16, 18, 20절). 15절, "곧 말씀을 들었을(ἀκούσωσιν) 때에"와 16절, "곧 말씀을 들을(ἀκούσωσιν) 때에" 그리고 18절, "이들은 말씀을 듣기는(ἀκούσαντες) 하되"와 20절, "곧 말씀을 듣고(ἀκούουσιν)"로 표현되어 있다.

그런데 여기 20절의 "듣고"라는 표현은 한글 번역으로 보기에는 다른 토양(밭)들의 모습과 유사한 것처럼 보인다. 그런데 원문을 보니 그 차이가 잘 드러난다. 그렇다면 다른 토양들과 옥토의 차이는 무엇인가? 그것은 '들음'에 있다.

20절의 '들음'(ἀκούουσιν)은 그 시제가 현재형^{present}으로 표현되어 있다면, 나머지 세 토양들의 들음(15, 16, 18절)은 단순 과거^{Aorist}로 표현되어 있다. 헬라어에서 단순 과거^{Aorist}란 행동의 단순한 발생을 의미하지만, 현재형은 지속된 행동, 반복된 행동을 의미한다(Garland 1996:151). 본문에 나와 있는 대로 씨 뿌리는 자의 비유에 나오는 네 토양은 모두 다 '듣기'를 언급하고 있다. 길가도(15절), 돌밭도(16절), 가시떨기의 밭도(18절), 그리고 옥토(20절)도 다 듣는다. 자, 본문을 다시 한번 보자.

15절에 보면, '길가'도 말씀을 들었다. (15절, "말씀이 길가에 뿌려졌다는 것은 이들이니 곧 말씀을 들었을 때에 사탄이 즉시 와서 저희에게 뿌려진 말씀을 빼앗는 것이요.") 그러나 사탄이 그 말씀을 빼앗아갔다. 듣기는 듣지만 아무런 의미가 없다. 사탄의 유혹에 속수무책이다. 이것은 '피상적인 들음'에 불과하다. 소위 '소귀에 경 읽기'와 같은 모습이다. 오늘 교회 다니는 사람들 중에 이런 사람들이때로 있다. 교회에 나와 말씀을 들어도 마음에 들어오지를 않는다. 한 귀로 듣고 한 귀로 흘려버린다. 수용이 없다. 수십 년을 교회 다녀도 그냥 듣기는 들어도 피상적으로 듣는다. 마가복음에서 이들은 예수님의 사역과 교훈에 적대감을 가진 유대 종교 지도자들로 예수와 논쟁하거나 시험하고 배척하여 결국 살해 모의를 통해 예수를 죽이는 서기관들과 바리새인들, 헤롯당 그리고 대제사장들을 가리킨다.

두 번째의 '돌밭'은 16-17절에 표현된 대로, "또 이와 같이 돌밭에 뿌려졌다는 것은 이들이니 곧 말씀을 들을 때에 즉시 기쁨으로 받으나 그 속에 뿌리가 없어 잠간 견디다가 말씀을 인하여 환난이나 핍박이 일어나는 때에는 곧 넘어지는 자요." 돌밭도 말씀을 들었다. 그러나 돌밭은 말씀 때문에 환난이나 핍박(수난/어려움)이 일어나면 말씀 듣기를 포기한다. 더 이상 말씀을 들으려고 하지 않는다. 우리 가운데도 이런 사람이 있다. 말씀 때문에, 하나님 때문에, 교회 때문에, 의로움 때문에, 진리 때문에, 어려움을 당하게 될 때 그 사람의 신앙이 어떤 신앙인지를 테스트 받는다. 오늘 본문의 돌밭의 신앙의 특징이 무엇인가? 마가가 강조하고 있는 반복된 표현들을 유의해 보라. "즉시", "잠간", "곧." 이러한 부류의 사람들은 듣기는 하지만 '신속한 듣기'이다. 뿌리가 없다. 마가복음에서 이 사람은 수난의 의미를 알지 못하는 사람이다. "하나님 나라에 들어가려면 많은 환난(고난)을 겪어야 한다"(행 14:22)는 말의 의미를 알지 못한다. 신앙은 수난을 통하여 자란다. 성경에 나오는 믿음의 용장들은 다 수난을 통해 자란 사람들이다. 아브라함도, 모세도, 다윗도, 다니엘도, 욥도 그러하다. 히브리서 11장은 '믿음장'이라기보다는 저는 '수난장'이라고 부르고 싶다.

18-19절에 묘사된 세 번째 토양(밭)은 '가시떨기의 밭'으로, "또 어떤 이는 가시떨기에 뿌려진 자니 이들은 말씀을 듣되 세상의 염려와 재리의 유혹과 기타 욕심이 들어와 말씀을 막아 결실치 못하게 되는 자요." 이 밭 역시도, 성경은 '말씀을 들었다'고 말한다("말씀을 듣되"). 그런데 문제는

말씀을 듣지만 그(녀)의 삶에 세상의 염려가 찾아오고, 재리의 유혹(속임)이 찾아오고, 기타 욕심이 찾아오면 그(녀)는 말씀 듣기를 포기한다. 더 이상 말씀의 단맛과 축복을 알지 못한다. 그래서 말씀 듣기를 포기한다. 마치 시편 1편에 나오는 바람에 나는 겨와 같다. 악인의 꾀를 좇고, 죄인의 길에 서고, 오만한 자의 자리에 앉기를 더 좋아한다. 하나님 말씀보다 세상의 가치를 더 좋게 여긴다. 세상과 짝한 롯과 같은 인물이다. 마가복음에서 이런 사람들은 처음에는 말씀을 달게 받았지만 자신의 명예와 권력에 집착하여 세례 요한을 죽이게 된 헤롯 왕(6:14-29)과 재물이 많은 고로 주의 말씀에 순종치 못하고 근심하여 돌아간 부자 청년(10:17-22) 그리고 진리보다는 권력에 눈이 어두워 예수님을 넘겨 준 빌라도(15:1-15)나 재물과 세상 욕심으로 예수를 판 가룟 유다(14:10) 등이 이에 속한다. 그리고 세상의 권력과 영광에 취해 수난의 말씀을 버리고 도망치며 결실치 못한 초기의 예수의 제자들도 이 부류에 속할 수 있다.

그런데 오늘 우리가 주목할 마지막 토양인 '옥토'는 어떤 모습인가? 20절에 옥토의 신앙의 모습 역시도 '듣기'에 그의 참 모습이 있다. 여러분, 옥토의 삶이란 어떤 모습이라고 생각하는가? 흔히 옥토란 사탄의 유혹도 없고 환난과 핍박도 없고, 세상의 염려와 재리의 유혹과 기타 욕심이 없는/겪지 않는 사람이라고 생각하는가? 옥토는 무풍지대의 사람인가? 옥토는 사탄의 유혹이 없는가? 옥토는 말씀 때문에 환난이나 핍박을 겪지 않는가? 옥토는 남산 위의 저 소나무처럼 철갑을 둘렀는가? 달리 말하면 옥토에게는 세상의 염려와 재리의 유혹과 기타 욕심이 없는가? 저는 그렇지 않다고 생각한다.

비록 20절에 이러한 상황들에 대한 언급들이 없다고 하여 옥토란 이러한 유혹과 환난과 염려와 욕심들이 찾아오지 않고 결실만 하는 사람으로 여긴다면 그것은 성경을 잘못 알고 있는 것이다. 옥토 역시도 이러한 삶을 다 겪는다. 옥토 역시도 사탄의 유혹을 받고, 옥토 역시도 말씀 때문에 환난과 핍박을 경험하며, 옥토 역시도 세상의 염려와 재리의 유혹과 기타 욕심이 찾아온다. 그러나 옥토는, 옥토는, 옥토는, 사탄의 유혹에도, 환난과 핍박 중에도, 세상의 염려와 재리의 유혹(속임)과 기타 욕심이 찾아와도, 옥토는 결코 말씀 듣기를 포기하지 않는다. 지속적으로, 반복하여, 계속적으로 말씀을 듣는다(현재형의 의미). "주여, 영생의 말씀이 주께 있사오니 우리가 누구에게로 가오리까?(요 6:68)."

오히려 사탄의 유혹과 시험이 올 때 옥토는 지속적인 말씀 듣기를 함으로써 말씀으로 무장하여 말씀으로 대적한다. 광야의 시험에서 예수님이 보이신 모습처럼, "기록되었으되 사람이 떡으로만 살 것이 아니요 하나님의 입으로 나오는 모든 말씀으로 살 것이라 하였느니라."(마 4:4) 옥토는 '바람에 나는 겨'와는 달리 가뭄에도 결실하는 청정한 '시냇가에 심은 나무'와 같다. 그 이유는 시편 기자의 노래처럼, 옥토는 "오직 여호와의 율법을 즐거워하여 그 율법을 주야로 묵상하는 자"(시 1:2)이기 때문이다.

비가 내리고, 창수가 나고 바람이 불어도 옥토는 무너지지 않는다. 왜냐하면 옥토는 말씀의 반석 위에 서 있는(자신의 삶을 세운) 사람이기 때문이다. 하나님의 선하시고 온전하시고 기뻐하시는 뜻을 따라 사는 사람, 그 말씀을 즐거워하고 주야로 묵상하는 사람, 어떤 환경에도 말씀 듣기를 포기하지 않는 사람, 이 사람이 진정 옥토이다. 시편 119편이 말하는 말씀의 축복을 누리는 사람이다. 이것이 아브라함과 모세와 다윗과 다니엘과 예수님의 삶의 모습이다. 결코 무너지지 않는다. 유혹이 찾아와도, 시련이 와도, 염려와 욕심이 찾아와도, 말씀 듣기를 포기하지 않는 사람, 그 말씀을 지속적으로 순종하는 사람 이런 사람은 시절을 좇아 과실을 맺는 사람이다. 오늘 본문에 언급되어 있는 대로 삼십 배, 육십 배, 백배의 결실을 맺는 사람이다. 여러분은 어떤 사람이 되고 싶는가? 길가? 돌밭? 가시떨기? 아니면 옥토인가?

옥토의 '들음과 받음'은 사탄이 빼앗아 가지 않게 '즉시' 듣고, 환난에 시들지 않게 '깊이' 받아들이며, 다른 세상적인 관심들에 유혹 받지 않게 '절대적으로' 받아들임을 의미한다(Gundry 1993:206). 마가복음에서 이러한 사람은 세례 요한과 예수님을 가리키며 또한 많은 믿음과 헌신의 사람들이 이에 속한다. 고침 받은 문둥병자(1:45); 고침 받은 거라사 광인(5:20); 혈류증 여인(5:25-34); 회당장 야이로(5:22-24, 35-43); 수로보니게 여인(7:24-30); 거지 소경 바디매오(10:46-52); 성전의 가난한 과부(12:41-44); 향유 부은 여인(14:3-9); 등등. 마가복음에서 이들은 이적 기사에 나타난 믿음과 헌신의 사람들이며 또한 수난 기사를 전후로 한 헌신과 봉사의 사람들이다.

그러나 마가복음에서 진정한 옥토, 찐 옥토는 예수님이시다. 옥토이신 예수님은 사탄의 유혹을 받았고 말씀(하나님의 뜻) 때문에 환란이나 핍박(고난)을 당하셨고 옥토이신 예수님 역시도 인간의 몸을 입고 온지라 세상의 염려와 재리의 유혹과 기타 욕심이 그에게도 찾아왔지만 옥토이신 예수님은 지속적으로 하나님의 뜻을 묵상하고 그 뜻을 따라 살았다(

막 1:35-39; 14:32-42). 옥토이신 예수님은 공생애를 사는 동안 염려와 유혹과 욕심이 그를 찾아 와도 예수님은 자주 한적한 곳이나 산으로 물러나와(피정) 지속적으로 하나님의 말씀을 듣고 받아서 하나님의 뜻인 대속적인 죽음을 이루심으로(막 10:45) 우리를 위한 놀라운 구원을 이루셨다. 예수님은 마가복음이 가르친 진정한 옥토이셨다.

옥토에 대한 교훈은 저의 삶에도 큰 위로와 도전으로 찾아왔다. 2년 정도 신학교에서 해직(解職)이 된 어려운 상황에 서울에 있는 한 교회(동산교회)가 1년 동안 저를 설교 목사로 불러서 사역을 하게 되었는데 1년 동안의 설교 준비와 설교 말씀은 해직의 시간을 보내는 제게 정말 큰 힘이 되었다. 하나님의 말씀이 없었다면 영적 상처를 안고 실족하였을지도 모른다. 그러나 어려움 중에 일어설 수 있었던 힘은 바로 하나님의 말씀이었다. 결과적으로 "고난 당한 것이 내게 유익이라 이로 말미암아 내가 주의 율례들을 배우게 되었나이다."(시 119:71)라는 시편 기자의 고백은 진실로 나의 찐 고백이 되었다.

결국 비유에서 강조하는 근본 문제는 말씀을 '듣기는 듣지만 [그 의미를] 깨닫지 못하는데'(12, 24절) 있다. 그리고 이 들음은 '피상적인(일시적인) 들음'이 아니라 '(지속적으로) 듣고 [그것을] 받아' 결실하는 들음이다(20절). 결론적으로 오늘 본문은 우리들에게 비록 말씀을 (일시적으로) 들었지만 사탄이 즉시 와서 그 뿌린 말씀을 빼앗아 가는 상황('길가'의 경우[15절])이나, 말씀으로 인해 환난이나 핍박이 일어나는 상황('돌밭'의 경우[16-17절]), 그리고 말씀을 (일시적으로) 들은 후에 세상의 염려와 재리(財利)의 유혹과 기타 욕심이 생기는 상황('가시떨기 밭'의 경우[18-19절])에도, 끝까지 말씀을

'듣고 받음'(믿고 순종함)으로써 결실하는 '좋은 땅'(마지막 땅)이 되도록 촉구한다.

신앙인이라고 하여 우리가 철갑을 두룬 영적 철인(아이언 맨)은 아니다. 저의 신앙의 멘토이셨던 김준곤 목사님은 산이 높을수록 계곡은 깊다며 말씀과 기도로 영적으로 깨어있어야 함의 필요성을 자주 권면하셨다. 믿는 우리에게도 사탄의 유혹은 시시각각으로 우는 사자처럼 우리를 찾아와 넘어뜨리려고 한다. 그리고 때론 말씀을 듣고 순종하려고 하면 환란과 핍박이 찾아온다. 그리고 잘 믿는 우리에게도 세상의 염려와 재리의 유혹과 기타 욕심이 찾아와 우리의 신앙을 막아버리려고 할 때가 많다. 이럴 경우 우리는 예수님처럼 한적한 곳에 나아가 말씀의 묵상과 기도를 통해 하나님의 뜻을 찾고 그 뜻을 순종함으로(막 1:35-39) 결실하는 믿음의 사람이 되었으면 한다. 이것이 또한 시편의 시인이 권면하는 '복 있는 사람'의 모습이다. 사탄의 유혹에 넘어지지 말고 예수님처럼 말씀으로 대적하며, 말씀 따라 살 때 찾아오는 환란과 핍박을 두려워말고, 세상의 염려와 재물의 유혹과 기타 욕심이 내 마음을 흔들 때에도 주야로 말씀을 묵상함으로 말씀 위에 굳게 서서 시절을 좇아 결실하는 우리 모두가 되었으면 한다. 이러한 은혜가 넘쳐나기를 기원한다. 진리의 성령 안에서 말씀과 기도로 승리하며 결실하는 옥토 같은 우리 모두가 되기를 진심으로 소원한다. 찐 옥토가 되기를 진심으로 소원한다.

18

마가복음 강해

길 위의 길
The Way on The Way

비유와 하나님의 나라 (막 4:21-34)

"21 또 그들에게 이르시되 사람이 등불을 가져오는 것은 말 아래에나 평상 아래에 두려 함이냐 등경 위에 두려 함이 아니냐 22 드러내려 하지 않고는 숨긴 것이 없고 나타내려 하지 않고는 감추인 것이 없느니라 23 들을 귀 있는 자는 들으라 24 또 이르시되 너희가 무엇을 듣는가 스스로 삼가라 너희의 헤아리는 그 헤아림으로 너희가 헤아림을 받을 것이며 더 받으리라 25 있는 자는 받을 것이요 없는 자는 그 있는 것까지도 빼앗기리라 26 또 이르시되 하나님의 나라는 사람이 씨를 땅에 뿌림과 같으니 27 그가 밤낮 자고 깨고 하는 중에 씨가 나서 자라되 어떻게 그리 되는지를 알지 못하느니라 28 땅이 스스로 열매를 맺되 처음에는 싹이요 다음에는 이삭이요 그 다음에는 이삭에 충실한 곡식이라 29 열매가 익으면 곧 낫을 대나니 이는 추수 때가 이르렀음이라 30 또 이르시되 우리가 하나님의 나라를 어떻게 비교하며 또 무슨 비유로 나타낼까 31 겨자씨 한 알과 같으니 땅에 심길 때에는 땅 위의 모든 씨보다 작은 것이로되 32 심긴 후에는 자라서 모든 풀보다 커지며 큰 가지를 내나니 공중의 새들이 그 그늘에 깃들일 만큼 되느니라 33 예수께서 이러한 많은 비유로 그들이 알아들을 수 있는 대로 말씀을 가르치시되 34 비유가 아니면 말씀하지 아니하시고 다만 혼자 계실 때에 그 제자들에게 모든 것을 해석하시더라."

4장에서 예수님은 비유를 통해 하나님의 나라가 어떠한지를 말씀하신다. 이전에 설교한 씨 뿌리는 자의 비유는 비유 중 대비유$^{Grand\ Parable}$이다(13절). "너희가 이 비유를 알지 못할진대 어떻게 모든 비유를 알겠느냐?" 씨 뿌리는 자^{sower}와 씨^{seed}와 토양^{field}의 관계를 통해 하나님 나라의 모습을 설명한다. 특히 토양^{field}은 그 '들음'^{hearing}에 강조점을 가진다. 이어 예수님은 지혜의 말씀과 비유로 하나님의 나라에 대해 말씀하신다. '또 저희에게 이르시되'(21절), '또 가라사대'(24, 26, 30절) 예수님은 계속되는 지혜의 말씀과 비유를 통해 하나님 나라의 모습을 잘 설명해 가신다.

1) 지혜의 말씀들(막 4:21-25): 무엇을 듣는 가 스스로 삼가라

'등불의 비유'(막 4:21-23)에서 등불의 기능이란 숨기고 감추기 위한 것이 아니라 빛을 발하기 위해 드러나야 하는 것이라고 강조한다. 21절 개역개정의 '사람이 등불을 가져오는 것'의 번역은 원문에서 주격으로 서술되어 '그 등불이 오는 것'(ἔρχεται ὁ λύχνος)으로 묘사되는데 이때 등불(ὁ λύχνος)은 사물이 아니라 사람을 가리킨다. 이 표현은 메시아의 오심을 의미하며 메시아이신 예수님의 오심은 숨기고 감추기 위한 것이 아니라 하나님 나라의 비밀을 드러내고 알리기 위함이다. 예수님의 신분과 사역이 잘못된 이해로 말미암아 잠시 동안 비밀로 감추어졌다면 그것은 일시적인 것(막 9:9 참고)이고 결국은 환하게 드러난다. 여기서 감춤concealment은 올바로 드러나기 위함revelation이다. 하나님의 영광은 수수께끼 같은 비유들, 약함과 고난 당함과 죽음의 연약한 방법을 통해 간접적으로 드러난다. 마치 질그릇에 담긴 보화와 같다. 예수님의 말씀(복음) 또한 마찬가지며 기독교와 교회 역시도 마찬가지이다.

기독교는 결코 비밀 종교가 아니며 교회는 비밀 회합이 아니다. 올바로 드러나야 하고 알려져야 한다. 교회는 '산 위의 도시'이며 '세상의 빛과 소금'이다. 모두가 우리를 (맛)보고 안다. 제자들에게 주어진 복음은 그들에게는 특권이지만 책임이 따르는데 그것은 올바로 드러내기 위함이다. 그러므로 이 예수님의 교훈을 잘 듣고 유의해야 한다. 특히 헤아림의 비유(24-25절)는 어떻게 반응하느냐에 따라 그 결과가 초래된다. 잘 듣느냐 아니면 귀머거리처럼 듣느냐? 복음은 올바로 들려져야 하고(전하는 자의 책임) 잘 들어야 한다(청중의 책임). 특히 제자들은 이 점을 우선적으로 삼가 잘 들어야 한다. 이 점에서 복음은 언제나 결단을 촉구한다.

2) 자라는 씨의 비유(막 4:26-29): 놀라운 비유이다

26절, "또 이르시되 하나님의 나라는 사람이 씨를 땅에 뿌림과 같으니." 놀랍게도 예수님은 하나님의 나라를 크고 영광스러운 어떤 것으로 비유하지 않고 땅에 뿌린 씨로 비유하고 있다. 저 멀리서 희미하게 빛나는 산 정상이나 붉게 물든 일몰이나 부유한 권세가들이나 건장한 영광스러운 검투사의 모습이 아니라 보잘 것 없이 땅에 뿌려진 씨로 비유하고 있다(Edwards 2002:142). 복음의 파라독스paradox며 성육신의 스켄달scandal이기도 하다. 높디높은 하늘에 계신 하나님과 하나님의 나라가 아니라 땅에 뿌려진 씨처럼 우리 곁에 가까이 현존하시는 하나님이고 하나님의 나라이다. 이 비유는 '자람'growing에 강조점이 있으며 농부(단지 정관사 없이 '한 사람'으로 표현)보다는 씨에 초점을 둔다. 땅에 뿌려진/묻힌 씨는 세상적인 권력에 대한 관심(욕망/야망)이 없다. 요담의 비유(삿 9:7-15)에서 보는 대로 나무들 위해 군림하려고 우쭐되는 가시나무가 아니라 하나님과 사람들을 위해 봉사하는 감람나무나 무화과나무나 포도나무와 같다(Ibid). 흥미롭게도 분문을 보면 농부는 밤낮 자고 깨고 하지만 씨의 자람, 즉 씨가 땅 속에 들어가 싹을 내고 푸른 잎과 곡식이 되어 감에 아무런 지식이 없다. 유대 사고는 새 날new day을 일몰인 밤으로 시작한다. 새로운 하루는 인간의 일이 아니라 하나님의 일하심을 의미한다(창세기의 하나님의 창조 기사를 보라"저녁이 되고 아침이 되니 이는…날이라"].

씨의 자람은 씨가 하는 일(27절)이고 땅이 스스로 하는 일(28절)이다. 농부의 부재와 무지에도 불구하고 땅이 '스스로'(αὐτομάτη) 열매를 맺는다(28절). 하나님의 나라도 그와 같다. 농부인 우리가 하는 줄 착각해서는 안 된다. 이것은 전적으로 하나님 편에서 준비되고 확장되는 하나님의 나라이다. 조급해서도 안 되고 믿음과 인내심을 가져야 한다. 그런데 농부는 밤에 자고 아침에 일어나지만 "어떻게 그리 되는지[싹이 나고 자라는지를 알지 못한다."(27절). 원문은 "그가 알지 못하는 동안"에 일어난다고 말한다. 즉, 뿌려진 씨는 인간의 간섭 없이 스스로 자라 결실한다(27절). 밤낮으로 부지중에 지속적으로 자라 결실한다. 여기에 세상의 어떠한 간섭도 무력하다. 사탄조차도 하나님의 방법과 힘을 이길 수 없다. 비록 씨가 처음에 여러 가지 어려움을 직면하지만 뿌려진 씨는 스스로 능력 가운데 자라고 기어코 결실한다. 그래서 결국 추수는 오게 되는 것이다. 씨 → 싹 → 이삭 → 충실한 곡식(열매) → 추수. 하나님의 나라는 이처럼 땅에 뿌려진 씨와 같다(26절). 농부의 역할이란 자라게 하는 것이 아니라 씨를 심고, 물을 주고, 가꾸고 돌보는 일을 성실히 다하는 것("밤낮으로 자고 일어나")이다. 결론적으로 씨의 자람의 과정에서 농부는 조급해서도 안 되고 평안과 믿음과 인내심을 가지고 성실하게 일해야 한다. 씨의 자람과 땅의 소출을 믿고 인내해야 한다. 이러한 '자람'은 이어지는 비유(30-32절)에서 보는 것처럼 겨자씨의 자람과 같다. 뿌려질 때는 겨자씨처럼 눈에 띄지 않을 정도로 미비하지만 그 자람은 엄청나다.

3) 겨자씨의 비유 (막 4:30-32)

하나님 나라의 시작은 겨자씨처럼 눈에 띄지 않을 정도로 무의미하고 미비하다. 그러나 그 결국은 엄청남을 시사하고 있다. 눈에 띄지 않을 정도로 무의미하고 미비한 겨자씨가 1년 안에 건강한 관목이 되고 새들조차도 거기서 쉼을 얻는다. 겔 17:23과 단 4:12을 보면 각종 들짐승들과 새들이 거기에 모여들어 쉼을 얻는다. 이것이 하나님 나라의 모습이다. 하나님 나라의 일꾼들에게 이 비유는 격려와 소망과 위로가 된다. 지금은 미비하고 무의미하게 보여도, 오해도 많고 듣지도 않는 것 같고 모호하게 보여도, 또 지금은 오해되고 반대를 직면해도 결과는 창대할 것이다. 미비하고 무의미하게 보이는 상황에서도 하나님의 말씀은 결국 결실할 것이고 하나님의 나라는 명백하게 현존하는 것이다. 예수와 그의 제자들(하나님 나라의 초기 모습) → 그 이후의 교회의 확장은(사도행전)? 그리고 마지막 하나님 나라의 완성은 어떨까? 생각해 보라.

그러므로 본문은 우리로 하여금 인내심을 가지고 복음을 전파할 것을 권면한다. 씨들 가운데 매우 작은 씨가 커다란 관목으로 자라 새들의 쉼터가 되는데 이런 일이 일어나는 것은 신비에 가깝다. 과학도 아직 그 성장 비결을 밝혀내지 못하고 있다. 겨자씨는 그 안에 급진적으로 다른 어떤 것을 변화시킬 수 있는 어떤 힘을 가지고 있다. 예수님이 그러하고, 복음이 그러하다. 지극히 작은 씨를 무시해서는 안 된다. 존재하면서도 숨겨져 있고 감추어져 있다. 결코 실망해서는 안 된다. 그러므로 초기의 눈에 띄지도 않는 모습에 실망하지 말고 그 속에 숨어 있는 능력을 인지하고 인내심을 가지고 기다리면서 성실히 사역할 것을 권면한다. 작은 씨와 땅에 묻혀 있는 시간과 함께 놀랄만한 성장과 결실에 대한 믿음을 가지고 성실하게 사역할 것을 권면한다. 주변의 대수롭지 않는 잡초들을 보면서 하나님 나라의 비밀을 배운다. 기다림과 믿음과 인내심을 배운다. 그래서 "이 지식 내게 주시고, 이 믿음 내게 주소서"라고 기도한다.

인간의 몸을 입고 오시고 목수의 아들로 태어나 이 땅에서 비록 인기는 있었지만 오해와 반대와 모욕과 죽음의 생을 마쳤다. 이제는 예수 운동도 끝장이라고 생각했지만 하나님은 성령을 보내주셨고 제자들은 성령을 의지하여 복음 전파와 기도를 통해 예수 운동은, 교회는 확장되어 갔다. 이것이 하나님의 나라이다. 이 하나님의 나라를 바라보며 믿음으로 나아가는 저와 여러분이 되기를 바란다.

19

마가복음 강해
길 위의 길
The Way on The Way

풍랑을 잠잠케 하신 예수님 (막 4:35-41)

"35 그 날 저물 때에 제자들에게 이르시되 우리가 저편으로 건너가자 하시니 36 그들이 무리를 떠나 예수를 배에 계신 그대로 모시고 가매 다른 배들도 함께 하더니 37 큰 광풍이 일어나며 물결이 배에 부딪쳐 들어와 배에 가득하게 되었더라 38 예수께서는 고물에서 베개를 베고 주무시더니 제자들이 깨우며 이르되 선생님이여 우리가 죽게 된 것을 돌보지 아니하시나이까 하니 39 예수께서 깨어 바람을 꾸짖으시며 바다더러 이르시되 잠잠하라 고요하라 하시니 바람이 그치고 아주 잔잔하여지더라 40 이에 제자들에게 이르시되 어찌하여 이렇게 무서워하느냐 너희가 어찌 믿음이 없느냐 하시니 41 그들이 심히 두려워하여 서로 말하되 그가 누구이기에 바람과 바다도 순종하는가 하였더라."

예수님의 비유(막 4:12-34)의 가르침teaching에 이어(같은 날, 같은 배에서) 마가는 곧 이적miracles에 대한 기사들을 소개하고 있다. 특히 이 단락(막 4:35-5:43)은 예수님의 선교 사역 중 한 부분으로 그의 사역의 핵심 - 복음의 중심된 내용 -을 잘 표현하고 있다. 아래의 네 가지 사건의 이적들(자연 이적; 축귀; 치유 이적)은 다음과 같이 요약된다.

- 풍랑을 잠잠케 하심(막 4:35-41): 자연 이적
- 거라사의 더러운 귀신을 쫓아내심(막 5:1-20): 귀신을 쫓아냄
- 혈류병 여인을 고치심(막 5:25-34): 고질병을 고치심
- 회당장 야이로의 죽은 딸을 살리심(막 5:21-43): 죽음을 정복

결과적으로 예수님의 이적들은 예수님이 하나님의 아들, 그리스도이심을 입증(막 1:1)할 뿐만 아니라 다음 단락에 나오는 제자들의 선교적인 사도직 수행의 기초(막 6:7-13)를 제공해 주는 기능을 한다.

1. 풍랑을 잠잠케 하신 예수님(막 4:35-41; 마 8:18, 23-37; 눅 8:22-25)

구약에서 풍랑(거친 바다)은 죽음의 세력(모습)을 상징한다. 특히 바다를 통제하고 풍랑을 잠잠케 한 일은 하나님의 능력을 입증하는 것으로 제시된다(욥 7:12; 시 74:13; 89:8-9; 95:3-4; 사51:9-10). 말씀 한 마디로 난폭한 폭풍을 잠잠케 하신 것(39절)은 만물(바다)을 말씀으로 창조하신 창조주 하나님만이 하실 수 있는 권세이다. 이 사건은 곧 죽음을 정복하신 주님의 모습(잠에서 곧 깨어나신 주님)과 함께 죽음에 직면한 인생들에게 믿음을 촉구하며 오직 예수에 의해 죽음의 세력이 물러감을 묘사해 간다. 또한 이것은 우리의 인생 행보에 닥치는 어려움을 믿음으로 극복해갈 것을 보여준다.

1) 풍랑을 만남(35-37절): 인생 행보에서 수난의 현존과 신앙의 중요성

- 누가 저편으로 가자고 했는가?(35절): "우리가 저편으로 가자."
- 그런데 어떠한 일이 일어났는가?(37절): "큰 광풍이 일어나며 물결이 배에 부딪혀 들어와 배에 가득하게 되었더라."

그리스도와 함께 하여도("예수를 배에 계신 그대로 모시고 가매"[36절]) 신자의 삶에는 인생의 밤(35절)과 풍랑(광풍)과 침수(37절)가 있다. 예수 그리스도로부터 복음 전파의 위임을 받은 사도 바울의 여정에도 밤(옥중의 밤)과 풍랑(유라굴라 광풍)이 있었고 죽음의 어려움(우겨 쌈을 당함)이 있었다. 예수의 지상 생애에 있어서도 마찬가지다. 하나님과 함께 하여도 앞의 씨 뿌리는 자의 비유에서 본 것처럼 예수님에게도 사탄의 유혹과 환난과 세상의 염려와 재리의 유혹과 기타 욕심이 찾아왔다. 신앙(사명)의 여정에도 밤(어두움)과 풍랑(폭풍)과 침수(파선의 위험)를 만난다. 그러나 이러한 것들은 일시적인 것이지 영원한 것들이 될 수 없다. 오직 그리스도를 바라보고 그분과 동행함으로써 우리는 인생의 밤과 폭풍과 위험을 지난다. '저편으로 가자'고 하신 분이 우리를 안식의 항구로 인도하신다. 그러나 제자들은 환난이 왔을 때 곧 넘어졌다(막 4:16-19). 사실 '씨 뿌리는 자'가 잘 때조차도 하나님은 지속적으로 활동하신다(막 4:26-29).

2) 예수님의 모습과 제자들의 모습(38절): 너무나 대조적이다

- 예수님: 주무심(38절)은 신뢰로 인한 안식(시 3:5, 4:8)과 주 되심의 의미. 물론 예수님은 육체적으로 피곤하셨다. 누가복음을 보면 예수님은 행선할 때부터 주무셨다(눅 8:23).

-제자들: 두려움/당황/외침("선생님이여 우리가 죽게 된 것을 돌아보지 아니하시나이까?"[38절]). 다른 공관 복음서를 보면 "주여! 구원하소서 우리가 죽겠나이다."(마 8:25; 눅 8:24)라고 외친다.

풍랑이 일어날 때 예수님의 모습("예수께서는 고물에서 베개를 베시고 주무시더니")과 제자들의 모습(두려움/당황/외침["선생님이여 우리가 죽게 된 것을 돌아보지 아니하시나이까?"])은 너무도 대조적이다. 이 두 행동은 신뢰와 두려움(불신앙)의 대조적 모습이다. 40절, "이에 [예수께서] 제자들에게 이르시되 어찌하여 이렇게 무서워하느냐 너희가 어찌 믿음이 없느냐 하시니." 거친 풍랑 중에도 예수님의 평안하고 안락한 주무심은 '하나님에 대한 절대적 신뢰'를 의미(잠 3:23-24; 시3:5; 4:8; 욥 11:18-19)할 뿐 아니라 '그의 주 되심'Lordship을 의미한다. 확실히 그는 창조주Lord of creation이시다. 이 모습은 겟세마네에서 죽음을 앞두고 깨어 기도하시는 예수님과 예수님의 죽음 앞에 피곤하여 잠든 제자들의 대조적인 모습과는 판이하게 다르다. 여기서는 수난과 죽음을 앞두고 함께 '깨어 기도하라'는 예수님의 권면에 잠자는 그들의 모습은 예수님의 수난과 죽음을 이해하지 못하고 육신이 피곤하여 하나님에 대한 신뢰 없이 불신앙 가운데 있는 모습이다. 38절의 제자들의 불-신앙적 불평("선생님이여 우리가 죽게 된 것을 돌아보지 아니하시나이까?")은 자신들의 죽게 된 상황에 대한 예수님의 무관심 혹은 무능력의 의미였다. 과연 주님은 제자들의 죽게 된 상황을 돌아보지 못하는 것인가? 아니 돌아볼 수 없는 분이신가? 여기서 예수님의 주무심은 하나님에 대한 신뢰일 뿐 아니라 마가복음에서는 죽음을 의미한다(5:39, "이 아이[회당장 야이로의 어린 딸]가 죽은 것이 아니라 잔다 하시니"). 예수님의 주무심 즉, 그의 죽음은 그들을 돌아보지 못하시는 것(무관심이나 무능력)이 아니라 그들의 죽음을 돌아보시는 대속적인 죽음이다(막 10:45). 잠시 잠드신(죽으신) 주님은 곧 깨어나셔서(일어나셔서) 바람을 꾸짖으시고 바다를 잠잠케 하셨다(39절). "예수께서 깨어 바람을 꾸짖으시며 바다더러 이르시되 잠잠하라 고요하라 하시니 바람이 그치고 아주 잔잔하여지더라."

여기 '깨어'라는 헬라어 단어(διεγερθεὶς[διεγείρω])는 마가복음에서는 유일하게 언급된 단어이지만 '일어나다'(ἐγείρω)라는 단어(1:31; 5:41-42; 16:6)와 공유하며 죽음에서 일어나는 부활에 대한 의미로 상징된다. 잠시 잠드신 주님은 곧 깨어(일어)나셔서 바람을 꾸짖고 바다를 '잠잠하라Be still' 명하니 바다가 아주 잠잠해졌다(39절). 말씀의 창조에서의 주 되심이 재창조에서의 주 되심을 보여준다. 확실히 예수님은 창조주creator이실 뿐만 아니라 구세주savior이시다. 마가는 '큰 광풍'great storm이 '아주 잠잠해졌다'great calm고 묘사한다. 예수님은 확실히 죽음에서 부활하셔서 우리의 죽음을 돌아보시는 분이시다. 죽음을 정복하실 뿐만 아니라 세상을 이기신 분이 우리 주님이시다. 그러므로 인생의 밤과 광풍과 침수를 만난다 할지라도 두려워할 필요가 없다. 그가 시작하셨음으로 그가 이루신다. '저편으로 가자'고 하신 분이 주님이시다. 바울 사도는 빌립보 교회를 향해 "너희 안에서 착한 일을 시작하신 이가 그리스도 예수의 날까지 이루실 줄을 확신하노라(빌 1:6)." 인생길에서 이러한 확신을 갖는 우리 모두가 되었으면 한다.

3) 풍랑을 꾸짖으심(39절) : "잠잠하라, 고요하라"

구원 사역에 방해되는 모든 요소들(귀신; 바람; 베드로[때론 죽음])에 대해 예수님은 꾸짖으신다. "...하지 못하도록 경고하심"(cf. 눅 4:39). 결국 바다는 잠잠하고 고요해졌다. 우리는 여기서 자연계까지도 예수님께 복종하심을 본다. 특히 "잠잠하라, 고요하라"는 명령은 창세기의 창조 기사에 나오는 하나님의 절대적 명령("...있어라"[Let there be.....])을 회상케 해 준다. 이 경우 예수님은 구속주로서 교회의 머리Lordship가 되실 뿐 아니라 창조주로서 온 우주의 머리Lordship되신 분으로 제시되어진다. 역사와 자연계와 초자연계까지도 그에게 복종한다. 이분이 바로 우리의 구주이시고 목자이시다. 이분이 우리를 저편으로 가자고 하셨다. 시작하시는 분이 예수님이시니 마치시는 분도 주님이시다.

4) 예수님의 사랑의 질책과 제자들의 반응(40-41절)

  - 예수님의 사랑의 질책: "어찌하여 이렇게 무서워하느냐 너희가 어찌[아직도] 믿음이 없느냐?" 여기의 믿음이 없느냐는 '너희 믿음을 어디에다 두었느냐'로 이해할 수 있다. 곧 예수 그리스도의 임재와 사역 가운데 나타나신 하나님의 구원의 능력에 대한 불신앙을 지적하고 있다. 결국 그들의 두려움은 불신앙으로 인한 것임을 본문은 말해 준다. 우리 안에 계신 주님, 우리와 함께 하신 주님을 망각하게 될 때 우리는 생의 두려움 가운데 있게 된다(cf. 요 14:27; 16:33). 큰 광풍이 일어나니raise up 주님은 주무시고calm down, 주님께서 일어나시니raise up 풍랑은 잠들었다calm down. 이것이 신앙(인)의 모습이다. 우리의 삶에 큰 광풍이 일어나면 우리는 주님 안에서 편히 쉰다. 부활하신 주님이 우리의 삶에 찾아오시면 인생의 풍랑은 잠들게 되어 있다. 이와 같은 신앙을 갖는 순례자의 집의 권속들이 되시기를 바란다.

  - 제자들의 반응: 주님의 사랑 어린 질책에도 불구하고 그러나 그들은 여전히 잘 몰랐다. "저희가 심히 두려워하여 서로 말하되 저가 뉘기에 바람과 바다라도 순종하는고"(41절). '바람과 바다라도 예수님의 말에 순종한다면 너희는 어떠해야 하는가?'라고 본문은 반문하고 있다. 결국 그들은 그리스도의 부활과 성령 강림 후에야 비로소 예수님이 누구신지 확실히 이해하게 되었다.

결론

 이 본문을 통해 과연 우리는 예수님을 어떻게 생각하고 있는가? 바다와 바람도 순종하고 귀신도 두렵고 떠는 분이라면 예수 그리스도에 대한 우리의 신앙은, 그리고 그분을 믿는 우리의 삶은 어떠해야 하는가? 두려움인가 아니면 평안인가? 말씀으로 인해 환난과 핍박이 찾아올 때 제자들처럼 우리는 두려움 가운데 소리 지르며 행동하는가? 아니면 예수님처럼 신뢰와 믿음으로 인한 평안과 담대함으로 나아가는가? 세례 요한과 헤롯 왕의 차이가 바로 이와 같은 차이이고 베드로와 예수님의 차이가 또한 이와 같은 차이이다. 주의 주 되심Lordship을 우리의 삶의 모든 영역 가운데 인정한다면 과연 우리는 어떠한 자세로 살아가야 하는가? 인생의 광풍을 만났을 때 발악(소리 지름)과 두려움인가? 아니면 고요함과 담대함인가? "이것을 너희에게 이르는 것은 너희로 내안에서 평안을 누리게 하려 함이라 세상에서는 너희가 환난을 당하나 담대하라. 내가 세상을 이기었노라(요 16:33)." 이것이 마가가 던지는 핵심 질문이다. 예수님을 따르는 삶(제자도의 삶)은 막 1:1을 따르는 신앙인가 아니면 16:8의 두려움에 처한 모습인가?

20

마가복음 강해

길 위의 길
The Way on The Way

거라사의 귀신 들린 자를 고치심 (막 5:1-20)

"1 예수께서 바다 건너편 거라사인의 지방에 이르러 2 배에서 나오시매 곧 더러운 귀신 들린 사람이 무덤 사이에서 나와 예수를 만나니라 3 그 사람은 무덤 사이에 거처하는데 이제는 아무도 그를 쇠사슬로도 맬 수 없게 되었으니 4 이는 여러 번 고랑과 쇠사슬에 매였어도 쇠사슬을 끊고 고랑을 깨뜨렸음이러라 그리하여 아무도 그를 제어할 힘이 없는지라 5 밤낮 무덤 사이에서나 산에서나 늘 소리 지르며 돌로 자기의 몸을 해치고 있었더라 6 그가 멀리서 예수를 보고 달려와 절하며 7 큰 소리로 부르짖어 이르되 지극히 높으신 하나님의 아들 예수여 나와 당신이 무슨 상관이 있나이까 원하건대 하나님 앞에 맹세하고 나를 괴롭히지 마옵소서 하니 8 이는 예수께서 이미 그에게 이르시기를 더러운 귀신아 그 사람에게서 나오라 하셨음이라 9 이에 물으시되 네 이름이 무엇이냐 이르되 내 이름은 군대니 우리가 많음이니이다 하고 10 자기를 그 지방에서 내보내지 마시기를 간구하더니 11 마침 거기 돼지의 큰 떼가 산 곁에서 먹고 있는지라 12 이에 간구하여 이르되 우리를 돼지에게로 보내어 들어가게 하소서 하니 13 허락하신대 더러운 귀신들이 나와서 돼지에게로 들어가매 거의 이천 마리 되는 떼가 바다를 향하여 비탈로 내리달아 바다에서 몰사하거늘 14 치던 자들이 도망하여 읍내와 여러 마을에 말하니 사람들이 어떻게 되었는지를 보러 와서 15 예수께 이르러 그 귀신 들렸던 자 곧 군대 귀신 지폈던 자가 옷을 입고 정신이 온전하여 앉은 것을 보고 두려워하더라 16 이에 귀신 들렸던 자가 당한 것과 돼지의 일을 본 자들이 그들에게 알리매 17 그들이 예수께 그 지방에서 떠나시기를 간구하더라 18 예수께서 배에 오르실 때에 귀신 들렸던 사람이 함께 있기를 간구하였으나 19 허락하지 아니하시고 그에게 이르시되 집으로 돌아가 주께서 네게 어떻게 큰 일을 행하사 너를 불쌍히 여기신 것을 네 가족에게 알리라 하시니 20 그가 가서 예수께서 자기에게 어떻게 큰 일 행하셨는지를 데가볼리에 전파하니 모든 사람이 놀랍게 여기더라."

함께 읽은 본문의 이야기는 이러하다. 지난 밤 갈릴리 바다의 난폭한 풍랑을 잠잠케 하신 예수님은 이제 아침이 되어 평온한 갈릴리 바다 맞은 편 거라사인의 지방(이방인 지역)에 도착하셨다. 이곳은 예수께서 제자들에게 "우리가 저편으로 건너가자"(4:35)고 하신 곳이다. 이곳에 도착하자마자(2절, "배에서 나오시매 곧") 무덤에 사는 아무도 제어할 수 없는 더러운 귀신 들린 자학과 광란의 난폭한 광인(3-5절)이 주님을 만나러 왔다. 밤에 난폭한 풍랑을 만나 바다를 잠잠케 하신 주님은 자신을 찾아온 귀신 들린 난폭한 광인을 '온전히'(15절) 고쳐주셨다. "예수께 이르러 그 귀신 들렸던 자 곧 군대 귀신 지폈던 자가 옷을 입고 정신이 온전하여 앉은 것을 보고 두려워하더라." 마을의 두통거리인 더러운 귀신 들린 난폭한 사람을 고쳐 주었음에도 불구하고 마을 사람들은 두려움 가운데 자신들의 이해관계(돼지의 떼 죽음)만 생각함으로 예수님을 영접치 않고 떠나보낸다(16-17절). 그러나 이와 대조적으로 고침 받은 광인은 '예수님과 함께 있기'를 간청하나 예수님은 그의 청을 거절하고 오히려 그에게 복음 전파의 사명을 주어 보내셨고 그는 하나님께서 자기에게 베푸신 놀라운 자비를 전파한다(18-20절). 이 사건은 예수께서 유대 지역을 넘어 이방 지역으로 가서 이적(더러운 '군대' 귀신을 쫓아내심[축귀 이적])을 베푸신 첫 번째 사건이었을 뿐 아니라 고침 받은 이방인에게 복음 전파의 선교적 사명을 준 최초의 사건이기도 하다.

1. 거라사 광인의 모습 (막 5:2b-5)

여기 나오는 거라사 광인은 자기 정체성이 없는 '군대[군단]' 귀신 들린 사람(9절)으로 자학과 광란의 예수 없는 인생의 극단적인 병적 모습을 보여 주고 있다(3-5절). 이 사람은 인간 처방이 무효한 버려진 사람으로 하나님 형상이 완전히 상실된/파괴된 모습을 가지고 있다. 유대 정결법에 따르면 이 사람은 부정(不淨)한 자$^{unclean\ man}$로 무덤가에 기거하면서 손과 발을 쇠사슬로 묶어도 소용없는, 사납고 난폭하며 밤낮으로 소리를 지르며 돌로 몸을 자학하며 살고 있었다.

- **거처**: 무덤의 동굴에서 버려진 인생, 죽음 같은 삶을 살아간다. 살아 있지만 죽은 자다.
- **제어할 수 없는 사람**: 그 누구도 그 무엇도 통제할 수 없는 사람으로 모든 통제력과 사회성을 상실한 인간으로 살아감. "쇠고랑과 쇠사슬도… 아무도 저를 제어할 힘이 없는지라"(4절)
- **처절한 삶**: 수치와 소외와 자기 번민과 소리 지름과 광란만 있다(5절). 사람이 가까이할 수 없는 인간, 길들일 수 없는 맹수 같은 인간이다.

이 모습은 악한 영들의 영향에 의해 살아가는 인간의 극단적인 표상(인간의 악마성)으로 구원을 위해 탄식하는 모든 피조물의 축소판이다(롬 8:22). 하나님이 거하시는 전이 되어야 할 인간이 귀신들이 거하는 처소('악마의 만신전')가 되었다. 그 누구도, 그 무엇도 통제할 수 없는 인간, 광란과 자학과 소외와 자기 번민의 하나님 떠난 병적 인간이다. 이러한 병적 광란의 인간은 우리 주변에도 있고 내 안에도 있다(지킬 박사 속에 있는 하이드). 술만 먹으면 광인(개)이 되는 사람, 억압과 분노가 차면 광인(개)이 되는 사람. 자아를 상실한 인간이 광인이다. 본문에 언급된 군대 귀신 들린 자에게서 유진 로리^{Lowry}는 이런 자신을 발견한다.

"때론 저는 제 안에 6000명의 군인들이 있는 느낌을 받습니다. 가끔 그들은 모두 왼쪽으로 치우쳐 갔다가 … 때론 오른쪽으로 치우쳐 가기도 합니다. 때론 서로 전혀 다른 방향으로 가기도 합니다. 저는 한 곳으로 끌려가다가 그 다음에는 다른 곳으로 끌려갑니다. 저 안에 군대가 있고 이로 인해 삶의 전쟁에서 늘 패전하는 느낌을 받습니다."

2. 귀신들의 반응과 예수님의 사역(6-15절)

1) '군대(군단)' 귀신들

다시 본문으로 돌아가면 거라사 광인에게 거주하는 더러운 귀신은 '군대(legion, 군단)' 귀신으로서 그들은 이 지방에 계속 머물기를 원한다. 결국 그들은 예수님께 돼지 떼들(부정한 동물) 속에 들어가기를 간청하여 돼지 떼 속에 들어간 후 비탈길로 내려가 (혼돈의) 바다를 향해 달려감으로써 바다 속에 익사하게 된다. 흥미롭게도 그동안 군대(군단) 귀신과 그의 운명(파멸)에 대한 해석은 두 가지로 시도되었다: 사회-정치적 해석(팔레스타인을 지배하는 로마의 군대의 추방[몰락])과 영적-신학적 해석(사탄과 하나님의 아들과의 전투)이 있다. 이 사건을 통해 우리는 사탄의 실제와 그 목적(요 10:10a)을 볼 뿐 아니라 그들의 운명을 보게 된다. 사건의 흥미로운 모습은, 거라사인의 지방(더러운 이방 지역) → 더러운 귀신 → 더러운 무덤가 → 더러운 돼지 떼 → 바다 속으로 침몰.

(1) 사탄의 목적: 멸망/파괴(요 10:10a, "도둑이 오는 것은 도둑질하고 죽이고 멸망시키려는 것뿐이요.").
(2) 무력한 사탄의 권세: 단순한 명령에 의해 쫓겨 나간다(8절, "더러운

귀신아 그 사람에게서 나오라.").

그러나 아직 사탄의 멸망은 완전하지 않다. "때가 이르기 전에"(마 8:29). 그러므로 예수님은 귀신의 요구를 허락하고 있다(10-13절). 더러운 '군대(군단)' 귀신이 들어간 돼지 떼의 운명은 미래의 사탄의 운명(눅 8:31; 계 20:1-3, 10)과 같다. 더러운 '군대' 귀신이 들어간 돼지 떼들의 바다에 빠져 죽음은 홍해에 빠져 몰살한 애굽의 군대의 운명과 같다(출 14장; 15:4).

3. 오직 예수님 앞에서만 인간은 온전해진다(15절)

"예수께 이르러 그 귀신 들렸던 자 곧 군대 귀신 지폈던 자가 옷을 입고 정신이 온전하여 [예수의 발치에(눅 8:35)] 앉은 것을 보고 두려워하더라."

쇠사슬과 쇠고랑도 사람들도, 그 누구도 그 무엇도 그를 제어할 수 없었으나 예수님에 의해 거라사 광인은 유순하고 온전하여졌다(15절). 그의 고침은 다음과 같이 묘사되어졌다.

- 사나움/미침(insane) → 온순해짐(sane).
- 벌거벗음(naked) → 가려짐(옷을 입음[dressed]).
- 광란(roaming) → 앉음(sitting)

오직 예수 그리스도 앞에서 그가 "옷을 입고 정신이 온전하여 앉게"(15절) 되었다. 그리고 그는 가정으로 돌아갔고 사명의 사람이 되었다(19-20절). 우리의 거룩(신앙)의 힘이 여기에 있다. 오직 예수 그리스도 앞에서,

예수 그리스도를 통해서 우리는 온전한 사람이 된다. 기승전(起承轉), 예수(믿음)이다. 백문일답이 예수이다. 특히 하나님의 말씀은 우리를 온전케 한다(cf. 딤후 3:16-17). 우리는 말씀과 기도로 거룩하여진다.

4. 결론적 두 가지 반응(16-20절)

이 사건의 결론으로 보인 두 가지 종류의 반응은 사람들이 구하는 종교(적 추구)란 어떤 모습이며 그리고 기독교가 추구하는 모습은 어떤 것인가를 극명하게 보여주고 있다.

1) 마을 사람들: 예수님의 '떠나기'를 간청함

그들은 그동안 마을의 고통거리였던 더러운 귀신 들린 한 사람이 고침 받고 온전해진 축복을 보고 기뻐함보다는 그들이 손해 본 재물(이천 마리의 돼지 떼가 몰사함)만 봄으로써 오히려 두려운 가운데 예수님을 떠나도록 간구한다. 마을 사람들은 '군대'의 더러운 귀신들을 마을에서 떠나보내고 예수님을 따뜻이 영접하고 모시는 것이 그들의 진정한 축복인 줄 알지 못한다. 예수님을 모시는 것이 더 큰 골칫거리로 생각하는 이들의 모습 속에 (종교에 대한) 세상 사람들의 추구가 무엇인지를 어느 정도 엿볼 수 있다. 이들은 가시떨기 밭과 같은 자들로 그들의 관심은 '세상의 염려와 재리(財利)의 유혹과 기타 욕심으로 인해'(막 4:19) 신앙으로 나아오지 못하고 도리어 예수님을 떠나시도록 간구함으로써 옛 삶을 추구하고자 한다. 오늘날도 마찬가지다. 우리가 보는 대로 세상 사람들은 도덕적이고 사회적 더러움(부패)을 청산하는 정결과 개혁에는 별 관심이 없다.

무덤과 사나운 광인, 그리고 돼지들(더러운 군대 귀신들)의 현존이 그들에게 세상적 부를 안겨 준다면 고통당하는 한 사람의 온전함과 마을의 정결에는 별 관심이 없는 세상이 오늘의 세상이다. 이것은 죽은 고기를 먹는 까마귀의 삶과 같다.

2) 고침 받은 거라사 광인: '함께 있기'를 구함(막 3:14) → 복음 전파자로서의 삶(19-20)

고침 받은 거라사 광인은 옷을 입고 정신이 온전하게 되어 이제는 사람들이 가까이하기 어려운 사람이 아니라 사람들께로 다가갈 수 있는 사람이 되었다. 이제는 더 이상 자기 학대와 광란과 폭력으로 사람들을 무섭게 하는 그러한 사람이 아니라 사람들에게로 다가가서 사람들을 주께로 인도하는 사람이 되었다. 절제와 유순함과 온전한 삶(15절)을 살게 되었다. 예수 그리스도를 만남으로써, 예수 그리스도를 통해서 그는 옥토와 같은 밭이 되었다.

그러나 우리가 앞으로 마가복음에서 보는 대로 오히려 예수님께서는 우리를 위해 본문의 광인처럼 벌거벗겨진 채 수치를 당하시고 조롱을 당하심(막 15:16-20)으로써 우리의 속죄양(아사셀의 염소)이 되셨다. 이사야 53장 5-6절을 보면, "그가 찔림은 우리의 허물 때문이요 그가 상함은 우리의 죄악 때문이라. 그가 징계를 받음으로 우리가 평화를 누리고 그가 채찍에 맞음으로 우리가 나음을 받았도다. 우리는 다 양 같아서 그릇 행하여 각기 제 길로 갔거늘 여호와께서는 우리 모두의 죄악을 그에게 담당시키셨도다." 예수님이 우리의 구주이시다. 난폭한 풍랑을 말씀('잠잠하라')으로 잠잠케 하심으로 바다와 배를 평온케 하신 주님은 이제 광인 안에 내주하는 난폭한 귀신들을 말씀으로 쫓아내어 온전하고 평온한 인간으로 변화시킨 주님이 바로 우리의 주님이시다. 이 주님이 우리 속에 숨어 내재하고 있는 광기(자학과 분노)를 말씀으로 쫓아내고 우리를 평온케 하신다. 지난 주 불렀던 찬양처럼, "우리 주님은 거친 풍랑에도 깊은 바다처럼 나를 잠잠케 하신다." 그러므로 우리는 우리의 환경(풍랑)과 마음(악한 영)에 거친 풍랑이 일어날 때 이 주님 앞에 나아간다. 그리고 주님께 도움의 손길을 요청한다. "우리를 구원하소서. 우리가 죽게 되었나이다." 그리고 이러한 사람들을 위해 우리는 함께 기도한다.

그러므로 우리가 사람에게서나 환경적으로 마음이 깨어지고 무너졌다면 본문의 광인처럼 주님께 나아가라. 더러운 마음과 습관으로 가득하다면 주님께로 나아가라. 아직도 우리가 우리의 혀를 통제하지 못한다면 주님께 나아가라. 주님은 우리를 말씀으로 고치실 수 있다. '누군가 널 위해 기도하네.'(복음송) '주의 음성을 내가 들으니'(찬 540장).

결국 고침 받은 광인은 예수님의 제자가 되어 '사람 낚는 어부'로서 역할을 한다(20절). 이 사람은 이방인을 위한 첫 선교사가 되었다. 비록 제자가 되는 첫째 과제인 '예수님과 함께 함'은 거절되었지만 둘째 과제인 '보냄을 받음'의 명령이 주어진다(막 3:14). 오늘 본문은 단순한 '이적 베푸심'이 예수님의 사역의 목적이 아니라 '복음 전파'가 그 목적임을 보여준다(1:38, "우리가 다른 가까운 마을들로 가자 거기서도 전도하리니 내가 이를 위하여 왔노라."). "그가 가서 예수께서 자기에게 어떻게 큰 일 행하신 것을 전파하니." 이 사건을 통해 우리는 예수님이 이방의 땅에서 악(더러움)을 제거하고 새로운 환경(자비와 제자도의 환경)을 창출하심을 본다.

21

마가복음 강해
길 위의 길
The Way on The Way

고질병과 죽음을 고치신 이적 (막 5:21-43)

"21 예수께서 배를 타시고 다시 맞은편으로 건너가시니 큰 무리가 그에게로 모이거늘 이에 바닷가에 계시더니 22 회당장 중의 하나인 야이로라 하는 이가 와서 예수를 보고 발 아래 엎드리어 23 간곡히[많이 계속하여] 구하여[미완료] 이르되 내 어린 딸이 죽게 되었사오니 오셔서 그 위에 손을 얹으사 그로 구원을 받아 살게 하소서 하거늘 24 이에 그와 함께 가실새 큰 무리가 따라가며 에워싸 밀더라 [25 열두 해를 혈루증으로 앓아 온 한 여자가 있어 26 많은 의사에게 많은 괴로움을 받았고 가진 것도 다 허비하였으되 아무 효험이 없고 도리어 더 중하여졌던 차에 27 예수의 소문을 듣고 무리 가운데 끼어 뒤로 와서 그의 옷에 손을 대니 28 이는 내가 그의 옷에만 손을 대어도 구원을 받으리라 생각함일러라 29 이에 그의 혈루 근원이 곧 마르매 병이 나은 줄을 몸에 깨달으니라 30 예수께서 그 능력이 자기에게서 나간 줄을 곧 스스로 아시고 무리 가운데서 돌이켜 말씀하시되 누가 내 옷에 손을 대었느냐 하시니 31 제자들이 여짜오되 무리가 에워싸 미는 것을 보시며 누가 내게 손을 대었느냐 물으시나이까 하되 32 예수께서 이 일 행한 여자를 보려고 둘러보시니 33 여자가 자기에게 이루어진 일을 알고 두려워하여 떨며 와서 그 앞에 엎드려 모든 사실을 여쭈니 34 예수께서 이르시되 딸아 네 믿음이 너를 구원하였으니 평안히 가라 네 병에서 놓여 건강할지어다] 35 아직 예수께서 말씀하실 때에 회당장의 집에서 사람들이 와서 회당장에게 이르되 당신의 딸이 죽었나이다 어찌하여 선생을 더 괴롭게 하나이까 36 예수께서 그 하는 말을 곁에서 들으시고 회당장에게 이르시되 두려워하지 말고 믿기만 하라 하시고 37 베드로와 야고보와 야고보의 형제 요한 외에 아무도 따라옴을 허락하지 아니하시고 38 회당장의 집에 함께 가사 떠드는 것과 사람들이 울며 심히 통곡함을 보시고 39 들어가서 그들에게 이르시되 너희가 어찌하여 떠들며 우느냐 이 아이가 죽은 것이 아니라 잔다 하시니 40 그들이 비웃더라 예수께서 그들을 다 내보내신 후에 아이의 부모와 또 자기와 함께 한 자들을 데리시고 아이 있는 곳에 들어가사 41 그 아이의 손을 잡고 이르시되 달리다굼 하시니 번역하면 곧 내가 네게 말하노니 소녀야 일어나라 하심이라 42 소녀가 곧 일어나서 걸으니 나이가 열두 살이라 사람들이 곧 크게 놀라고 놀라거늘 43 예수께서 이 일을 아무도 알지 못하게 하라고 그들을 많이 경계하시고 이에 소녀에게 먹을 것을 주라 하시니라."

이 시간 우리는 회당장 야이로와 혈루증 여인의 모습을 통해 우리의 신앙을 살펴보고자 한다. 본문을 보니 야이로는 죽어 가는 딸의 상황을 통하여 '종교인에서 신앙인으로' 나아온다. 그리고 그는 더 큰 절망에서 주님의 권면을 통해 '두려움에서 믿음으로' 나아갔다. 어떻게 그가 두려움$^{defective\ faith}$의 상황에서 믿음(확신 있고 지속적인 믿음)으로 나아갔는가? 본문을 통해 우리는 이 점을 배우고자 한다.

마가복음의 이적 기사들은 독자로 하여금 믿음으로 나아가게 한다. 바닷가의 비유 이후에 예수님은 죽음을 상징하는 난폭한 풍랑을 잠잠케 하시고, 거라사의 '군대' 귀신 들린 난폭한 광인을 말씀으로 온전하게 고쳐주셨다. 그리고 이어지는 이적 기사는 고질병인 혈루증 여인을 고치시고 회당장 야이로의 딸을 죽음에서 구원하심으로써 예수님의 이적 사역은 절정에 이른다.

오늘 우리가 다룰 본문의 이적 기사(막 5:21-43)는 마가의 독특한 사건 구성의 기술인 '샌드위치 기법'$^{sandwich\ technique\ 혹은\ intercalations}$[33]으로 묘사되

---

33 하나의 스토리가 또 다른 스토리 가운데 위치한 형태로 마치 샌드위치 같다고 하여 '샌드위치 기법'이라고 부르는데 이 문학적 기법은 각 스토리가 다른 스토리의 특징들과 밀접하게 관련되어 함께 문학적 통일성을 이루는 것으로 이해되어진다. 마가복음에는 이러한 기법이 자주 사용되어졌다(Shepherd 1993; Edwards 1989; Wright 1985).

었는데 그것은 예수님께서 회당장 야이로의 죽음 직전에 있는 12살 된 딸을 고치러 가는 동안에 일어난 12년 된 혈루증 여인을 고치신 이적 사건이 그 가운데 놓여 있다. 즉 바깥의 스토리는 회당장 야이로(존경받는 청결한 남자)의 죽은 딸을 일으키신 이적 사건에 관한 기사(막 5:21-24[A] - 35-43[A′])로 되어 있고, 내부의 스토리는 혈루증 여인(버림받은 불결한 여인)을 고치신 이적 사건(막 5:25-34[B])으로 되어 있다. 이것을 아래에서 간단하게 보면,

A. 회당장 야이로의 죽어 가는 딸(막 5:21-24).
　B. 혈루증 여인을 고치심(막 5:25-34): "딸아 네 믿음이 너를 구원하였다."
A′. 회당장 야이로의 죽은 딸을 일으키심(막 5:35-43)

결국 마가복음의 이 기사는 두 사건이 함께 잘 어우러져서 전하고자 하는 메시지가 한층 강화되어 있다. 특히 중간에 있는 혈루증 여인을 고치신 이적 기사는 회당장 야이로의 딸을 고치는 사건의 중대한 의미론적 배경이 될 뿐 아니라, 이 기사의 중심 메시지("믿음이 너를 구원하였느니라.")를 잘 전달한다. 이러한 점은 아래의 우리의 주해에서 자세히 논의할 것이다.

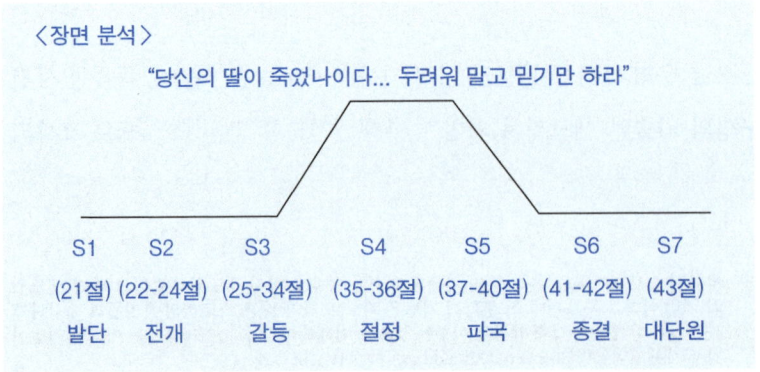

310　마가복음 강해: 길 위의 길(The Way on The Way)

〈구조 분석〉

A. 바닷가에 오신 예수님과 [제자들과] 모인 큰 무리(5:1)
　B. 예수와 회당장 야이로: 딸의 구원을 간청하는 야이로, "내 딸이 죽게 되었다."(22-23절)
　　C. 집을 향해 함께 나아가는 예수님(24절)
　　　D. 가는 도중에서의 혈루증 여인의 치유(25-34절): "딸아 네 믿음이 너를 구원하였다."
　　C´. 집을 향하여 가는 도중에서의 낭보(35절): "당신의 딸이 죽었다."
　B´. 예수님과 회당장 야이로: 권면하시는 예수님, "두려워말고 믿기만 하라."(36절)
A´. 집에 오셔서 딸을 고쳐주신 예수님과 [제자들과] 놀란 무리들(37-43절)

이제 장면은 바뀌어 예수님께서는 제자들과 함께 다시 바다 건너편으로 돌아오셨다. 수많은 사람들이 예수님께 모여들었고, 예수님은 그들과 함께 바닷가에 계셨다. "예수께서 배를 타시고 다시 저편으로 건너가시매 큰 무리가 그에게로 모이거늘 이에 바닷가에 계시더니"(21절). 이러한 장면 가운데 그 곳 회당장 중 한 사람이 예수께 나아와서 자기 딸이 거의 죽게 되었는데 와서 안수하여 고쳐줄 것을 간청한다(22-23절).

"회당장 중에 하나인 야이로라 하는 이가 와서 예수를 보고 발 아래 엎드리어 많이 간구하여 가로되 내 어린 딸이 죽게 되었사오니 오셔서 그 위에 손을 얹으사 그로 구원을 얻어 살게 하소서."

1. 회당장 야이로의 겸손하고 진지한 간청(막 5:22-23)

마가복음에 나오는 대부분의 유대 종교 지도자들의 불신앙의 행동과는 달리 회당장 야이로는 '거의 죽어 가는'(23절, "at the point of death/at death's door"[ἐσχάτως]) 자신의 딸을 위하여 직접 예수님께 와서 겸손히 구원을 요청하는 절박한 간구를 한다. "회당장 중에 하나인 야이로라 하는 이가 [직접] 와서 예수를 보고 [많은 사람들이 있음에도 불구하고] 발 아래 엎드리어[1:40; 5:6; 7:25] 많이 [지속적으로] 간구하여 가로되"(22-23절). 유대 종교 지도자인 야이로의 이러한 모습은 마가복음에서는 매우 드문 모습이다.

1) 회당장 야이로

당시 유대 사회에서 회당장synagogue ruler이란 가장 영향력이 있고 존경받는 유대 공동체의 지도자로서 회당에서 종교적인 일과 의식법을 준수하는데 특별한 책임을 가진 사회-종교적 권력층의 신분이었다(Marshall 1989:94 이하). 이러한 높은 지위를 가진 사람이 종을 보내지 아니하고 자신이 직접 선생 랍비인 예수께 나아와 그것도 많은 사람들 앞에서 예수의 발 아래 엎드리어 '많이'(πολλὰ) 간구하는 모습은 정말 겸손하고 진실한 신앙의 모습이 아닐 수 없다. 특히 그가 예수의 발 앞에 엎드린(πίπτει πρὸς τοὺς πόδας αὐτοῦ) 이 자세는 마가복음에서 더러운 문둥병자(1:40)나 더러운 귀신 들린 거라사의 광인(5:6)이나 이방의 수로보니게 여인(7:25)이 취한 자세와 유사한 것으로서 이것은 스스로 자신의 신분을 낮춘 겸손한 행동이었다(Marshall 95). 이 자세는 지위 고하를 떠나 하나님 앞에서 우리 모두가 가져야 할 참된 신앙의 자세로서 예수님은 자신의 공 사역 동안 이러한 모습을 강조하셨다(3:35; 9:35 이하; 10:23 이하; 10:42-45; 12:13, 38, 41-44[그의 가르침 중에서]; 2:15-17; 10:13-16, 17-22[그의 행동 중에서]).

회당장은 자신의 딸에게 다가온 죽음의 문제 앞에 자신의 신분이나 지위, 체면을 벗어버리고 무력하게(겸손하게?) 서 있다. 그는 비록 자신이 존경 받는 종교 지도자라 할지라도 예수님 앞에 무릎을 꿇고 간절히 구하는 문둥병자(1:40)와 다름이 없다(Garland, 278). 여기서 우리는 죽음의 세력 앞에 무력하게 서 있는 피조물의 모습을 본다. 참된 구도자의 바른 자세가 여기에 있다. "직접"; "[겸손히] 발 아래 엎드려"; "많이 [지속적으로] 간구." 이 경우 본문 전체를 보면 오직 믿음만이 우선순위이다(3:35; 9:35 이하; 10:23 이하; 10:42-45; 12:13, 38, 41-44[그의 가르침 중에서]; 2:15-17; 10:13-16, 17-22[그의 행동 중에서]).

우리는 여기서 자신의 신분이나 지위, 체면을 벗어버리고 자신의 사랑스러운 딸에게 다가온 죽음 앞에 무력하게(겸손하게) 서 있는 한 인간을 본다. 대부분의 인간은 평소에는 자연인, 혹은 종교인이다가 어려움이 닥쳐야 신앙인이 된다. 인생은 자신의 권력이나 지위보다 더 큰 힘(병이나 죽음) 앞에 직면하였을 때 무력한 자신을 인식하고 겸손하게 인생을 돌아본다. 회당장은 죽어 가는 자신의 딸로 인해 예수님 앞에 겸손한 자세를 가지고 간절하게 간청하게 되었다.

또한 우리는 죽음의 세력 앞에 무력하게 서 있는 연약한 한 피조물과 함께 능력의 하나님의 아들 예수를 동시에 본다. 결국 회당장 야이로의 신앙은 인간적인/세상적인 것에서의 절망으로부터 왔다. 이처럼 천국은 믿음으로 나아오는 자의 것이고 참된 신앙은 하나님을 찾는 자에게 상을 베푸시는 하나님을 바라보는 것이다(히 11:6). 여기에 기적의 배경과 이유가 있고 신자의 소망과 축복이 있다.

야이로의 겸허한/간절한 간청으로 인해 예수님은 그의 죽어 가는 딸을 구원하기 위해 야이로와 함께 그의 집으로 가고 있는 중이었다: "이에 그와 함께 가실새"(24절). 여기에 큰 무리가 예수를 에워싸 밀며 따라 왔다. 그런데 놀랍게도 이렇게 급히 나아가는 길에 한 여인이 출현하면서 야이로의 딸의 구원을 향한 예수님의 행보가 지체하게 되었다. 가는 도중에 발생한 혈루증 여인의 치유 사건은 절박한 회당장 야이로에게 있어서는 자신의 딸의 구원(치유)을 지연시키는 방해거리였다. 왜냐하면 죽어 가는 딸의 치유에 대한 사안은 촌각을 다투는 문제였기 때문이다. 그러나 야이로의 이러한 상황과는 달리 마가는 딸의 구원을 향해 가는 길에 출현한 혈루증 여인의 치유 사건이 오히려 회당장 야이로로 하여금 더 큰 믿음, 굳건한 믿음으로 나아가게 하는 결정적 계기가 됨을 보여준다. 특히 혈루증 여인에 대한 예수님의 선언은 회당장의 신앙을 더욱 활성화하는 계기가 되었을 것이다. "딸아 네 믿음이 너를 구원하였다"(34절). 그 이유는 예수님의 이 선언이 야이로의 간청의 중심되는 말("내 딸이 구원을 얻어 살게 하소서")을 반복하고 있기 때문이다(Marshall 1989:97). 그러므로 우리는 이 혈루증 여인의 치유 기사(5:25-34)를 쉽게 지나칠 수가 없다.

2. 열두 해를 앓은 혈루증 여인의 믿음과 치유(막 5:25-34)[34]

마가는 가는 도중 일어난 이 치유 사건을 독자에게 소개함에 있어 먼저 이 여인의 절망적인 모습(상태)을 자세히 언급하고 있다. "열두 해를 혈루증으로 앓는 한 여자가 있어 많은 의원에게 많은 괴로움을 받았고

---

[34] 물론 우리는 이 기사를 하나의 '독립된 일화'로 취급하여 설교할 수 있다.

있는 것도 다 허비하였으되 아무 효험이 없고 도리어 더 중하여졌던 차에"(25-26절). 여기에 언급된 혈루증(血漏症)은 종교적으로 불결한 병(cf. 레 15:19-33; 20:18)이기 때문에 여인은 부정한 사람으로 취급되어 사회적으로 단절되어 사람과의 접촉이 금지되었다(Selvidge 1984). 그리고 여인은 이 병을 치유하기 위해 할 수 있는 대로 많은 의사들을 통해 모든 처방과 진단을 받아 보았지만 괴로움은 많았고 돈은 다 허비하였고 병은 더 악화만 되었다.

이러한 절망적 상황에 있는 그녀가 예수의 소문을 듣고 믿음(치유의 소망)을 가지고 두려움 없이 예수께로 나아왔다(27절). 그것도 정결법을 어기면서까지 큰 무리가 예수님 주변을 에워싸 미는데도(24, 31절) 예수께로 나아와 그의 옷에 손을 대었다. 종교적, 사회적, 개인적, 정신적인 절망(불결/단절/괴로움/탈진/허무)의 장벽을 깨고, 예수님에 대한 소문만으로도 그녀는 자신의 구원(치유)에 대한 기대를 가지고 정말 두려움 없이 주님께로 나아왔다. 특히 여기에 언급된 그녀의 상태는 더 이상 소망의 기대를 가질 수 없는 상황임을 잘 암시하고 있다: 열두 해($\delta\dot{\omega}\delta\epsilon\kappa\alpha$ $\H{\epsilon}\tau\eta$)를 앓는; 많은($\pi o \lambda \lambda \alpha$) 의원에게; 많은($\pi o \lambda \lambda \hat{\omega} \nu$) 괴로움을 받았고; 가진 것도 다($\pi\acute{\alpha}\nu\tau\alpha$) 허비하였고; 아무($\mu\eta\delta\grave{\epsilon}\nu$) 효험도 없었고; [오히려] 더 중하여 졌던 차에($\mu\hat{\alpha}\lambda\lambda o\nu$ $\epsilon\grave{\iota}\varsigma$ $\tau\grave{o}$ $\chi\epsilon\hat{\iota}\rho o\nu$ $\grave{\epsilon}\lambda\theta o\hat{\upsilon}\sigma\alpha$). 이러한 절망적 상황에서 여인은 소문만 듣고 예수께 나아왔다. 아마 상태가 이쯤 되면 모든 것을 포기(절망)할 만 한데 그러나 이 여인은 믿음을 가지고 예수께 나아와 고침을 받고자 하였다.

그녀의 갈망은 어쩌면 땅의 힘과 땅의 치유와는 다른 것에 대한 마지막 갈망이었는지도 모른다. 땅의(육신의, 세상의) 것에 절망한 곳에서 하늘의 것에 대한 희망이 열림을 본다. "세상의 막다른 골목$^{dead\ end}$에서도 그리스도를 통한 하늘의 비상문^{exit} 곧 길이 있다." 우리가 아는 대로 홍해의 막다른 국면에서도 하나님을 믿었던 모세와 그를 따르는 백성들에게는 약속의 땅을 향한 길이 준비되었다. 주님 앞에서는 어떠한 절망도, 아니 우리가 앞으로 보는 대로 죽음의 절망까지도 문제가 되지 않는다.

이러한 절망의 상황에서 예수님에 대한 소문만으로 나아온 그녀의 신앙(많은 이적을 직접 본 제자들에 비해)은 절대적이었다(28절). "이는 내가 그의 옷에만 손을 대어도 구원을 받으리라 생각함일러라." 결국 이러한 신앙으로 말미암아 이 여인은 구원(치유)을 경험하게 되었고 이에 대해 예수님은 무리 가운데 이 여인을 찾아 제자들과 무리 앞에서 놀라운 선언을 하신다(34절). "딸아 네 믿음이 너를 구원하였으니 평안히 가라 네 병에서 놓여 건강할지어다." 물론 이 선언은 치유의 근원이 옷 자체의 마력에 근거한 것이 아님을 의미한다. 아마도 이 여인의 두려움 없는 신앙에 대한 예수님의 놀라운 선언은 절망(죽음)의 비보 앞에 있는 회당장 야이로에게 큰 도전이 되었을 것이다.

야이로에게는 자신의 딸의 생명이 촌음을 다투는 시점에서(23절, "죽게 되었사오니"[ἐσχάτως ἔχει]의 표현은 '죽음 직전에 있다'[be at the point of death]는 의미다.), 집으로 가는 도중에 벌어진 이 사건은 딸의 구원에 지체함을 주는 장애물, 즉 방해거리라고 여길 수 있다. 그러나 오히려 이 사건은 회당장 야이로의 신앙을 더욱 돈독하게 하는 신앙 교육 시간이었다. 예수님과 함께 집으로 가는 중에(24절의 "이에 그와 함께 가실새") 일어난 이 여인의 믿음과 놀라운 이적 그리고 예수님의 선언은 자신의 죽은 딸에 대한 예수님의 구원을 두려움 없이 절대적으로 신뢰하게 되는 계기가 되었다.

우리는 이 사건을 통해서 예수님과 함께 걸어가는 도중에 생긴 엉뚱한(?) 일들이(때로는[겉으로는] 우리 자신의 일에 지체함이나 방해거리처럼 여겨진다 할지라도 사실 이 모든 일들은 우리의 신앙을 진작하는 주님의 교육의 장이 됨을 기억할 필요가 있다. 주님과 함께 걸어가는 중에 발생하는 돌발적인 사건들 - 때론 우리를 애태우는 것들 - 은 겉으로 보기에는 그 길에 장애물(방해거리)처럼 여겨져도 그것은 '변장된 축복'으로 나타나는 경우가 신앙의 길에는 허다하다.

이러한 신앙의 놀라운 기적을 그가 목도함이 없었다고 한다면 절망의 비보("당신의 딸이 죽었나이다.") 앞에서 그도 마냥 주저앉아 버렸지 않았겠는가? 죽음 직전에 있는 딸의 죽음을 면해 보려는 그의 기대가 산산이 부서지는 순간에 그의 마음은 초처럼 그 희망이 녹아버릴 수밖에 없지 않았겠는가? 마치 딸의 죽음의 비보를 전한 그 사람들처럼 말이다.

> "회당장의 집에서 사람들이 와서 가로되 당신의 딸이 죽었나이다 어찌하여 선생을 더 괴롭게 하나이까?"(35절)

우리는 여기서 그동안 가졌던 작은 소망(믿음)이 죽음 앞에 소멸되어 버리는 자연인의 연약함(깨어진 소망, 흔들리는 믿음)을 본다. 그러나 딸의 죽음의 비보는 결코 절망의 끝이 아니었다. 오히려 더 큰 소망(믿음)의 시발점이 되었다. 과연 죽음은 인생의 모든 소망의 종국을 의미하는가? 과연 하나님은 "우리의 죽게 된 것을 돌아보지 아니하시는 분이신가?"(막

4:38). 이것은 소망이 없고, 믿음이 없는 자들의 외침이다. 신앙은 절망의 순간에도, 인생의 막장의 길에도 믿는 자에겐 언제나 소망의 창구가 열려 있음을 인식하는 것이다. 하나님께 나아가는 자는 반드시 하나님이 계시다는 것과 또한 하나님은 자기를 찾는 자들에게 상주시는 이심을 믿어야 한다(히 11:6).

3. 회당장 야이로의 죽은 딸을 살리심(막 5:35-43)

1) 절망적 비보와 예수님의 격려(35-36절)

흥미롭게도 혈루증 여인이 고침(구원)을 받고 축복이 선언되는 동안("아직 예수께서 말씀하실 때에") 비운의 전갈이 회당장에게로 왔다(35절). 그것은 '자신의 딸이 죽었다'[단순과거로서 죽음의 사실을 강조)는 소식이었다. 그리고 그 소식과 함께 회당장 집 사람들은 이제는 소망 없는 죽은 딸에 대한 구원의 기대를 그만두라고 재촉하였다: "어찌하여 선생을 더 괴롭게 하나이까?" 이 절망적 비보와 그들의 말은 딸의 구원에 대한 야이로의 기대(신앙)를 꺼버리는 소화기가 되었다(자신의 신분에 이은 두 번째의 신앙의 장애 요소). 사실 그의 신앙은 도중에 여인의 나타남으로 흔들렸을 것이다. 그의 신앙이 안달과 원망으로 변했을 것이다. "아니 급한데 저 여자가 중간에 나타나 내 딸의 구원을 망치는 것 아니야? 그래도 조금 전까지만 해도 내 딸의 목숨이 아직 붙어 있어 가능성이 있었는데." 이적적인 치유도 당시에는 생명이 붙어 있을 동안에만 가능한 것으로 여겨졌다. 아마 이와 같은 생각이 회당장 야이로로 하여금 예수께서 딸을 고치러 가는 길에 나타난 여자로 말미암아 노심초사(勞心焦思) 하였는지도 모른다. "결국 이 여자가 나타나서 시간을 끌더니." 이런 와중에 그의 신앙은 자신의 집사람들이 그에게 와서 딸의 죽음의 비보를 알려줌으로써 완전히 소멸되었다. "당신 딸이 죽었심더. 이제 그만 하이소. 끝났습니다." 회당장의 신앙도 여기까지였다. 그런데 36절부터 대반전이 일어난다. 드디어 주님은 회당장 야이로의 딸의 일에 적극적으로/능동적으로 개입하신다. "예수께서 그 하는 말을 곁에서 들으시고 회당장에게 이르시되 두려워하지 말고 믿기만 하라 하시고."

흥미로운 점은 35절이다. "아직 예수께서 말씀하실 때[동안]에[현재 능동태 분사] 회당장의 집에서 사람들이 와서 회당장에게 이르되 당신의 딸이 죽었나이다 어찌하여 선생을 더 괴롭게 하나이까." 예수께서 혈루증 여인에게 "딸아 네 믿음이 너를 구원하였느니라(34절)."라는 말씀을 하는 동안에[동시 동작] 비보가 날라 왔다. 과연 독자는 어느 것을 택할 것인가? 주님의 선언("딸아 네 믿음이 너를 구원하였느니라.")인가? 세상 사람들의 견해("당신의 딸이 죽었임더. 이제 그만 하이소.")인가? 바로 절망의 이 시점에 주님은 회당장 야이로의 신앙[이것이 주님의 근본 관심]을 격려한다(36절). "예수께서 그 하는 말을 곁에서 들으시고[무시하시고?] 회당장에게 이르시되 '두려워하지 말고 [지속적으로] 믿기만 하라'[현재 명령법] 하시고." 주님의 이 말씀은 생명이 붙어있을 때만 믿음을 가지지 말고 '죽음의 순간에도 믿음을 가지라'는 말씀이다.

사실 주님의 지체함(멈춤)은 야이로의 더 큰 믿음을 위한 '의도적 지체함'이었다. 34절의 혈루중 여인에게 주신 주님의 말씀("딸아 네 믿음이 너를 구원하였느니라.")은 이 사건을 목도하고 있는 야이로에게 주신 말씀이기도 하다. 구원은 오직 믿음에서 난다. 그렇다. 우리의 삶에도 이런 최악의 상황이 닥친다면 우리는 어떻게 해야 할까? 주님의 말씀을 믿어야 할까? 세상 사람들의 소리에 귀를 기울여야 할까? 사실 우리의 신앙 여정에 찾아오는 주님의 지체함(멈춤)은 더 큰 믿음을 향한 교육 과정이다. 확실히 여인의 나타남(방해)은 야이로의 신앙을 실족시키려는 것이 아니라 더 큰 믿음('부활의 신앙')을 갖기 위한 훈련 과정이었다. "두려움 가운데 빠져있지 말고 [지속적으로] 믿기만 하라[Μὴ φοβοῦ, μόνον πίστευε]."

주변의 모든 불신, 절망, 체념을 깨뜨리고 자신의 딸을 구원하기 위해 주님께 나아온 야이로와 함께 그의 딸에게로 가고 있는 주님은 결코 그의 딸의 구원을 포기하지 않으신다. 도리어 야이로를 격려하신다. "두려워 말고 믿기만 하라"(36절). 두려움 없는 신뢰/신앙이 참된 신앙이다. 이 점에 있어 우리는 예수님의 말씀과 딸의 죽음의 상황과 주변 사람들의 말 사이에 선택의 결단이 필요하다. 죽어 가는 딸과 죽은 딸 사이의 차이가 예수님의 구원에 대한 우리의 신앙의 차이를 만드는가? 그래도 그녀에게 생명이 붙어있기 때문에 구원이 가능한 것인가? 아니면 주님의 구원은 완전한 죽음에서의 구원인가?(cf. 엡 2:1 이하).

2) 어떤 선택을 할 것인가?

이 점에 있어서 야이로는 딸의 죽음의 상황을 놓고 예수님의 말씀과 주변 사람들의 비보(悲報) 사이에 선택의 결단이 필요하다. 야이로는 예수님의 말씀(34절, "예수께서 가라사대 딸아 네 믿음이 너를 구원하였으니 평안히 가라 네 병에서 놓여 건강할지어다(34절).")과 아직 그 말씀을 하는 중에 던져진 집에서 온 사람들의 말(35절, "아직 말씀하실 때에/말씀하시는 중에[현재 분사로 동시 동작을 나타냄] 회당장의 집에서 사람들이 와서 가로되 당신의 딸이 죽었나이다 어찌하여 선생을 더 괴롭게 하나이까.") 사이에 중요한 선택을 해야만 한다. 이 경우 우리는 예수님이 그 여인에게 한 말과 집에서 온 사람들이 회당장에게 한 말 사이에서 어느 것을 선택할 것인가? 과연 어떤 말(소식)이 진리인가? 우리는 누구에게 귀 기울여야 하는가? 주님의 말씀인가 세상 사람들의 말인가?

성경은 내 양은 내 음성을 안다(요 10:4, 16)고 하였다. "양은 그의 음성을 듣나니 그가 자기 양의 이름을 각각 불러 인도하여 내느니라. 자기 양을 다 내어놓은 후에 앞서 가면 양들이 그의 음성을 아는 고로 따라 오되 타인의 음성은 알지 못하는 고로 타인을 따르지 아니하고 도리어 도망하느니라."(요 10:3-5) 이어지는 예수님의 권면("두려워 말고 [오직] 믿기만 하라")은 갈등하는 회당장의 상황에 두려움(흔들림) 없는 신앙을 갖게 하는 원동력이 된다. 우리가 이런 상황에 처해 있다면 어떤 선택을 해야 할까?

3) 집안으로 들어가서 딸을 일으키신 예수님(37-43절)

세 제자들(베드로와 야고보와 요한)과 함께 집안으로 들어가신 예수님은 [헌화하고 우는] 그들을 다 내어 보내신 후에 딸의 부모와 세 제자들을 데리고 딸이 누운 방에 들어가셔서 딸을 일으키신다(40-42절). 여기서 딸의 죽음을 '잔다'고 하시고 그녀를 일으키신 사건은 우리의 죽음이란 잠시 전환기적인 것(이 점을 우리는 앞의 광풍 기사에서 보았다.)으로 결국 그 날에 우리는 잠에서 일어나($\dot{\epsilon}\gamma\epsilon\iota\rho\omega$) 부활의 환희 가운데 그리스도와 함께 영원히 거하게 된다. 불신자에게 죽음은 삶의 절망으로 여겨지지만 신자에게 죽음은 다음 날의 더 나은 삶의 휴식(안식)을 의미하는 잠과 같이 더 나은 생명으로 가는 관문에 불과하다. 아무도 잠자리에 들면서 죽으리라고 생각하는 사람은 없다. 우리 모두는 내일 깬다고 생각하고 잠이 든다. '잠'으로 비유된 죽음은 바로 이러한 의미를 지녔다고 할 수 있다. '바람과 함께 사라지다'의 스칼렛도 절망의 순간에 "또 다른 내일이 있다" 혹은 "내일 생각하자"Tomorrow is another day 며 잠자리에 드는 장면은 '잠'이 새로운 내일을 위한 안식(과정)임을 보여준다.

"달리다굼"Talitha kum 곧 "소녀야 내가 네게 말하노니 일어나라"는 예수님의 이 선언은 믿는 모두에게 주어진 말이다. 죽은 나사로를 살리신 예수님께서 마르다에게 이르시기를 "나는 부활이요 생명이니 나를 믿는 자는 죽어도 살겠고 무릇 살아서 나를 믿는 자는 영원히 죽지 아니하리니 이것을 네가 믿느냐 가로되 주여 그러하외다 주는 그리스도시요 세상에 오시는 하나님의 아들이신 줄 내가 믿나이다"(요 11:25-27)고 하셨다. 나사로와 야이로의 죽은 딸을 살리신 예수님은 믿는 우리에게도 생명을 주시는 예수님이시다. 이 주님이 죽음에서 살아나셨다. 죽음에서 살아나신 주님은 지금도 살아계신다. 바울은 고전 15:3-4에서 주님의 부활하심을 전하면서 "성경대로 죽으시고(단순 과거) 장사 지낸 바(단순 과거) 되었다가 성경대로 사흘 만에 다시 살아나사"(완료 시제)라고 서술하면서 주님은 그때 살아나셨고 지금도 살아계신다(완료 시제)고 주장한다. 이 주님이 우리를 "두려워하지 말고 오직 믿기만 하라"고 말씀하신다. 어떤 상황에서도 우리와 함께 하시면서 우리들에게 "두려워 말고 오직 믿기만 하라"고 권면하고 있다. 이 주님이 우리의 믿음의 주요 우리의 믿음을 온전케 하시는 분이시다.

이 사건은 예수님께서 죽으셨다가 부활하신 후에야 비로소 그것의 충만한 의미를 알게 되는 사건이다(은닉의 명령[43절]). 야이로의 죽은 딸을 살리신 예수님은 생명을 주시는 예수님이시다. 확실히 우리 주님은 죽음에서 부활하신 주님이시다. 우리의 삶에 어떤 상황이 닥친다 하여도 주님은 우리를 돌보시는 분이시다. 인생의 난폭한 풍랑을 만나 파선의 위험에 처해 있는 제자들을 돌보시는 분이 주님이시고, 우리 내면에 있는 난폭한 귀신(광기)를 잠잠케 하시는 분도 주님이시다. 마침내 죄와 사망에서 우리를 구원하실 분도 주님이시다. 이 주님을 바라보며 두려워 말고 지속적으로 믿기만 하는 저와 여러분이 되시기를 진심으로 축원한다. 다시금 이와 같은 믿음의 순례자들이 되시기를 진정으로 축원한다.

22 길 위의 길
The Way on The Way

마가복음 강해

배척과 선교 (막 6:1-13)

"1 예수께서 거기를 떠나사 고향으로 가시니 제자들도 따르니라 2 안식일이 되어 회당에서 가르치시니 많은 사람이 듣고 놀라 이르되 이 사람이 어디서 이런 것을 얻었느냐 이 사람이 받은 지혜와 그 손으로 이루어지는 이런 권능이 어찌됨이냐 3 이 사람이 마리아의 아들 목수가 아니냐 야고보와 요셉과 유다와 시몬의 형제가 아니냐 그 누이들이 우리와 함께 여기 있지 아니하냐 하고 예수를 배척한지라 4 예수께서 그들에게 이르시되 선지자가 자기 고향과 자기 친척과 자기 집 외에서는 존경을 받지 못함이 없느니라 하시며 5 거기서는 아무 권능도 행하실 수 없어 다만 소수의 병자에게 안수하여 고치실 뿐이었고 6 그들이 믿지 않음을 이상히 여기셨더라 이에 모든 촌에 두루 다니시며 가르치시더라 7 열두 제자를 부르사 둘씩 둘씩 보내시며 더러운 귀신을 제어하는 권능을 주시고 8 명하시되 여행을 위하여 지팡이 외에는 양식이나 배낭이나 전대의 돈이나 아무 것도 가지지 말며 9 신만 신고 두 벌 옷도 입지 말라 하시고 10 또 이르시되 어디서든지 누구의 집에 들어가거든 그 곳을 떠나기까지 거기 유하라 11 어느 곳에서든지 너희를 영접하지 아니하고 너희 말을 듣지도 아니하거든 거기서 나갈 때에 발아래 먼지를 떨어버려 그들에게 증거를 삼으라 하시니 12 제자들이 나가서 회개하라 전파하고 13 많은 귀신을 쫓아내며 많은 병자에게 기름을 발라 고치더라."

1. 고향에서 배척받으신 예수님 (막 6:1-6)

앞의 사건들을 이해한다면 고향에서 일어난 본문의 사건은 놀라운 반전이며 아이러니이다. 이미 4장 마지막에서 마가는 과연 "이 사람이 누구이기에 바람과 바다도 순종하는가?"(41절)라는 질문을 던진다. 결국 이 질문은 5장에서 극적으로 응답된다. 자연과 악한 영과 병과 죽음을 다스리시는 주님을 본다. 난폭한 풍랑을 잠잠케 하신 예수님은 이제 군대 귀신 들린 난폭한 광인을 온전케 하시며 12해 동안 고질병(혈루증)으로 고생하는 여인을 고치시고 마침내 회당장 야이로의 죽은 딸을 살려주셨다. 이처럼 놀라운 이적들을 행하신 주님께서 이제 자신의 고향 나사렛으로 나아간다(1절). 그런데 고향 나사렛에서는 그의 놀라운 가르침과 이적에도 불구하고 불신앙과 배척의 반응을 보였다(2절). 그때나 지금이나 놀라운 표적^{signs}과 기사^{wonders}만으로는 그의 참된 신분을 입증할 수는 없다. 기적만으로 사람들은 믿음으로 나아오지는 않는다. 우리를 위하여 십자가에 달리시고 부활하신 예수가 우리의 참 믿음의 주이시다. 슬프게도 우리는 여기서 가장 가까이 있는 사람들(가족 및 고향 사람들)이 진정 예수가 누구신지를 이해하지 못하고 믿음으로 나아오지 못함을 본다. "누가 내 어머니이며 동생들이냐?" "선지자가 자기 고향과 자기 친척과 자기 집 외에서는 존경을 받지 않음이 없느니라(4절)." 고향 사람들은 예수님의 놀라운 가르침이나 권능에 호기심은 가지지만 정작 믿음으로 나아오지 못하고 도리어 배척한다(2-3절). "이 사람이 어디서 이런 것을 얻었느냐 이 사람이 받은 지혜와 그 손으로 이루어지는 이런 권능이 어찌됨이냐." 그들이 지금까지 그에 대해 알고 있는 사실들(출생과 가족과 직업[3절])에 대한 선입견이 도리어 그들을 믿음으로 나아오게 하지 못한다. 확실히 선입견과 편견은 믿음으로 나아가는 길에 커다란 방해물이다.

1) 고향에서의 배척(3절)

놀라운 교훈(지혜)과 이적(능력)에도 그들은 육적 예수님의 신분에 의해 그를 배척한다. 예수님은 자신의 고향인 나사렛에서 배척을 받으셨다.

"이 사람이 마리아의 아들 목수가 아니냐? 야고보와 요셉과 유다와 시몬의 형제가 아니냐? 그 누이들이 우리와 함께 여기 있지 아니하냐?(3절)"

당시의 관례를 따르면 아들(남자)에게 아버지의 이름을 언급하지 않는 것("마리아의 아들 목수가 아니냐?")은 큰 모욕으로 그들은 예수님을 사생아처럼 취급하고 있다. 아마 고향 사람들이 예수님의 특별한 출생(스캔달?)을 기억하며 그렇게 하였는지도 모른다. 아니면 아버지가 없음으로 그렇게 하였을 가능성도 배제할 수 없다. 공 사역의 시작부터 예수님은 배척받고 갈릴리로 물러가셨는데(3:6-7), 이제 갈릴리 후기 사역 끝인 자신의 고향 나사렛에서도 놀라운 사역과 가르침에도 끝내 배척당하신다. 어떻게 나사렛에서 선한 것이 나올 수 있다는 말인가? 결국 예수는 국가적으로 - 산헤드린의 결정 가운데 - 배척을 당하셔서 십자가를 지시고 수난을 당하심으로 많은 사람의 대속물로 오신 하나님의 아들 메시아임을 입증한다. "거절당하고, 배척받은 그리스도가 우리의 구주가 되셨다."는 것이 사도들의 복음 선포였다(행 2:22-24; 3:13-15; 5:29-31). "너희가 죽인 예수를 하나님이 살리신지라. 우리가 다 이 일에 증인이라." 예수님의 사역에서의 이러한 배척과 수난의 모습은 복음 전파의 길에서도 배척과 거절과 불신앙이 항상 존재한다는 사실을 암시한다. 마가가 전하는 복음은 그 놀라우신 능력의 하나님의 아들이 대속적인 고난의 길을 가는 메시아 suffering servant 라는 사실이다(막 1:1).

2) 기적과 신앙의 관계(5절)

물론 이것은 우리의 믿음(적극적 사고방식)이 항상 기적을 만들어 낸다는 '신앙지상주의'를 의미하지는 않지만 그렇다고 '신앙에 의한 기적'을 배격하는 것은 아니다. 성경을 통해 보이신 하나님은 하나님 자신의 권위와 능력을 의존하는 사람을 통해 기적을 이루시기를 기뻐하신다(대하 16:9). "여호와의 눈은 온 땅을 두루 감찰하사 전심으로 자기에게 향하는 자들을 위하여 능력을 베푸시나니."

불신앙은 그리스도의 손을 묶어둔다. 기적이 있는 곳에 신앙이 결실해야 하지만 신앙 없이는 기적은 있을 수 없다. 이런 까닭에 예수님은 이곳에서 그들의 믿음이 여의치 않기 때문에 기적을 베풀 여지가 없었다. "거기서는 아무 권능도 행하실 수 없어(5절)." 참 슬픈 언급이다. 특히 이전에 놀라운 이적들을 보았던 제자들(독자들)에게 매우 중요한 교훈을 던져준다. 이전에 자기에게 나아와 간절히 간구하는 제자들과 사람들에게 풍랑을 잠잠케 하시고 귀신 들린 광인을 온전케 하시고 혈루증 여인을 고치시고 죽은 야이로의 딸을 고치신 이적들이 나타났다면, 이곳 고향에서는 믿음이 없음으로 아무 권능도 행하지 못함을 본다. 그만큼 간구와 믿음은 중요하다. 이제 주님은 고향 나사렛을 떠나 열두 제자들을 데리고 다시 복음 전파의 길을 간다(6절). 그들이 위대한 믿음의 사람들이기 때문에 예수님께서 그들을 데리고 다니시는 것은 아니다. 여전히 그들은 더디 믿는 사람들이지만 예수님과 동행함으로 그들은 점점 믿음의 사람들이 되고 마침내 그들은 위대한 '사도들'apostles이 되었다. 우리 역시도 마찬가지이다. 비록 우리가 더디 믿지만 주님과 동행한다면 우리 역시도 믿음의 사람들이 될 수 있다. 이제 우리는 이어지는 본문(7-13절)을 통해 주님께서 우리를 어떻게 사람 낚는 어부가 되게 하시는지를 보게 된다.

2. 열두 제자들을 파송(막 6:7-13)

자신이 베푼 가르침(지혜)과 이적에도 불구하고 예수님은 고향에서 배척을 받으신 후 나사렛을 떠나 여러 곳에 다니시면서 복음을 전파하시고 이제 열 두 제자들을 파송하고 있다. 이 파송은 부활 후 제자들(교회)의 복음 전파(막 9:9)의 예비 행동으로 제시된다. 특히 제자들의 파송(7-13절)과 돌아와 전도 보고(30-31절)하는 사이에 있는 '세례 요한의 수난 기사'(14-29절)는 마가 특유의 사건 구성인 샌드위치 기법으로 서술되어 있다. 이런 사건 기술은 마가의 독특한 메시지를 잘 드러내 준다. 열둘을 보내심(7-13절) '세례 요한의 수난 기사(14-29절)' 열둘이 돌아와 전도 보고(30).

1) 열둘을 보내심(막 6:7-13): 보내심의 선교의 모습

예수님께서 전도를 위해 이 열둘을 보내시는 모습 가운데서 우리는 초대 교회의 전도 방법(일종의 선교 교범과 같음)을 엿볼 수 있다. 예수님은 제자들을 '사람 낚는 어부' 되기 위해 부르셨다(막 1:17). 그러므로 제자들은 '사람 낚는 어부'가 되기 위해서는 먼저 예수님과 함께 하는 생활(막 3:14)을 해야만 하였다. 특히 본문의 전도(선교) 훈련(파송)은 예수님과 함께 하는 생활의 한 부분으로 이후 부활하시고 승천하신 후 제자들의 사역의 근간이 된다. 제자도에 있어서 '훈련 없는 동행'이란 있을 수 없다. 본문에 나타난 '사람 낚는 어부'가 되는 훈련의 모습은 다음과 같다.

> "열두 제자를 부르사 둘씩 둘씩 보내시며 더러운 귀신을 제어하는 권능을 주시고(7절)."

(1) 보내는 사람(예수)의 권세를 위임받은 자들로 파송됨(7절).

복음 전파자는 무엇보다도 예수님처럼 "말word과 일deed에 능력이 있어야" 한다. 보내심sending 혹은 위임commission은 하나님에서 예수 그리고 제자들로 이어진다(요 17:18). 여기서 우리는 선교란 무조건 가는 것만이 능사가 아니며 성령의 능력을 통해 파송된다("위로부터 능력을 입히울 때까지" 유함)는 사실을 유념해야 한다. 그렇기 때문에 증인이 되기 위해서 권세(능력)를 부여하신다(행 1:8). 그러므로 신실하고 능력 있는 증인들로 서기 위해서는 성령의 인도하심과 지배하심이 요구된다. 선교/구령은 내 권세와 내 능력이 아니다. 전적으로 하나님의 은혜이고 하나님의 권능의 부르심이다. 우리는 단지 하나님의 은혜와 능력 가운데 '보냄 받은 자'일뿐이다. 하나님은 우리를 부르시고 함께 하시고 보내신다.

(2) "둘씩 둘씩" 보내심(7절).

이는 유대주의의 법적인 관례로서 증인의 신실성(신 17:6, 민 35:30)을 의미하며 또한 전도인 상호 간의 격려와 기도와 훈련을 위해 주어진다. 이러한 모습은 초대 교회에서도 잘 나타난다(행 13:2, 3; 15:39-41; 19:22). 그리고 이어지는 주님의 명령은 전도(선교)를 위한 주님의 특별한 지침(8-11절)이기도 하다.

(1) 전도 여행을 위한 제한된 준비(8-9절).

> "8 명하시되 여행을 위하여 지팡이 외에는 양식이나 배낭이나 전대의 돈

이나 아무 것도 가지지 말며 9 신만 신고 두 벌 옷도 입지 말라 하시고."

단순한 삶의 스타일 simple life 을 유지함으로써 전도자의 삶이 전적으로 하나님을 의존하는 삶임을 시사해 준다. 지팡이(인도하심)와 신발(따름)은 선교의 스타일을 잘 보여준다. 구령은 오직 하나님의 능력에 의해 되는 일이기 때문에 전적으로 하나님을 의존하는 삶을 살도록 촉구한다. 그분이 보내셨다면 그분이 책임지신다. 종은 자신의 모든 복지가 주인에게 달려 있음을 알아야 한다. 오늘 교회는 너무 많은 여행 백들을 가지고 선교하려고 한다. "은과 금은 내게 없거니와 내게 있는 이것을 네게 주노니 나사렛 예수 그리스도의 이름으로 일어나 걸으라(행 3:6)."

(2) 위탁과 헌신(10절)

"또 이르시되 어디서든지 누구의 집에 들어가거든 그 곳을 떠나기까지 거기 유하라."

성령의 인도하심을 따라 제공된 첫 번째 거처지를 받아들이고 더 좋은 곳을 발견할지라도 옮기지 말라고 권면한다. 이러한 모습은 그들이 선교에 헌신한 모습으로, 더 좋은 곳으로 이동할 경우 선교의 의미와 본질을 훼손하여 복음 전파에 장애를 줄 수 있다. 그러나 영접치 아니할 때 논쟁하지 아니하고 발에 먼지를 떨어뜨리고 그곳을 떠나야 한다(막 5:17-18).

(3) "영접치 아니할 때" 발에 먼지를 떨어버림(11절).

이와 같은 행동은 유대인들이 팔레스타인으로 다시 돌아올 때 그동안의 이방인의 먼지를 떨어버리는 행동을 상기시켜 주는 것으로 복음(의 사역)이 거절된 곳이 바로 하나님의 축복(다스림)이 없는 이방 지역임을 암시함으로 이들에게 증거(경고)의 표식으로 주어졌다. 결국 복음 전파는 죄에 대한 회개와 그리스도에 대한 믿음을 요구한다.

(4) 마지막 전도 보고(30-31절).

> "30 사도들이 예수께 모여 자기들이 행한 것과 가르친 것을 낱낱이 고하니 31 이르시되 너희는 따로 한적한 곳에 가서 잠깐 쉬어라 하시니 이는 오고 가는 사람이 많아 음식 먹을 겨를도 없음이라..."

전도 결과를 보고함("사도들이 예수께 모여 자기들이 행한 것과 가르친 것을 낱낱이 고하니")으로 하나님께 감사와 찬양과 간구를 드리게 된다. 흥미로운 점은 예수님께서 전도 보고 후 우리(오늘의 교회)처럼 바로 결산하지 아니하시고 그들을 쉬게 하신다. "너희는 따로 한적한 곳에 가서 잠깐 쉬어라." 우리는 언제나 성급하게 결산을 원하지만 모든 결산은 주님의 오심에 미뤄진다.

23 마가복음 강해
길 위의 길
The Way on The Way

세례 요한의 수난 기사 (막 6:14-29)

"14 이에 예수의 이름이 드러난지라 헤롯 왕이 듣고 이르되 이는 세례 요한이 죽은 자 가운데서 살아났도다 그러므로 이런 능력이 그 속에서 일어나느니라 하고 15 어떤 이는 그가 엘리야라 하고 또 어떤 이는 그가 선지자니 옛 선지자 중의 하나와 같다 하되 16 헤롯은 듣고 이르되 내가 목 벤 요한 그가 살아났다 하더라 17 전에 헤롯이 자기가 동생 빌립의 아내 헤로디아에게 장가 든 고로 이 여자를 위하여 사람을 보내어 요한을 잡아 옥에 가두었으니 18 이는 요한이 헤롯에게 말하되 동생의 아내를 취한 것이 옳지 않다 하였음이라 19 헤로디아가 요한을 원수로 여겨 죽이고자 하였으되 하지 못한 것은 20 헤롯이 요한을 의롭고 거룩한 사람으로 알고 두려워하여 보호하며 또 그의 말을 들을 때에 크게 번민을 하면서도 달갑게 들음이러라 21 마침 기회가 좋은 날이 왔으니 곧 헤롯이 자기 생일에 대신들과 천부장들과 갈릴리의 귀인들로 더불어 잔치할 새 22 헤로디아의 딸이 친히 들어와 춤을 추어 헤롯과 그와 함께 앉은 자들을 기쁘게 한지라 왕이 그 소녀에게 이르되 무엇이든지 네가 원하는 것을 내게 구하라 내가 주리라 하고 23 또 맹세하기를 무엇이든지 네가 내게 구하면 내 나라의 절반까지라도 주리라 하거늘 24 그가 나가서 그 어머니에게 말하되 내가 무엇을 구하리이까 그 어머니가 이르되 세례 요한의 머리를 구하라 하니 25 그가 곧 왕에게 급히 들어가 구하여 이르되 세례 요한의 머리를 소반에 얹어 곧 내게 주기를 원하옵나이다 하니 26 왕이 심히 근심하나 자기가 맹세한 것과 그 앉은 자들로 인하여 그를 거절할 수 없는지라 27 왕이 곧 시위병 하나를 보내어 요한의 머리를 가져오라 명하니 그 사람이 나가 옥에서 요한을 목 베어 28 그 머리를 수반에 얹어다가 소녀에게 주니 소녀가 이것을 그 어머니에게 주니라 29 요한의 제자들이 듣고 와서 시체를 가져다가 장사하니라 30 사도들이 예수께 모여 자기들이 행한 것과 가르친 것을 낱낱이 고하니 31 이르시되 너희는 따로 한적한 곳에 가서 잠깐 쉬어라 하시니 이는 오고 가는 사람이 많아 음식 먹을 겨를도 없음이라."

마가는 열두 제자가 전도로 파송되어 다시 돌아올 때까지, 즉 그들이 선교하는 동안 세례 요한의 수난 기사를 삽입하여 기술함(샌드위치 기법) 으로써 전파의 중심 내용이 그 가운데 논란이 되었던 '죽음과 부활' - "세 례 요한이 죽은 자 가운데서 살아나셨다" - 임을 암시해 줄 뿐 아니라 또 한 복음 전파의 삶(증인으로서의 삶)이란 '수난의 삶'(막 8:38)인 것을 잘 시 사해 준다. 즉, 수난passion은 이 음란하고 죄 많은 세대에서 주의 길을 가 는 자(증인으로서의 삶)에게 필연적으로(δεῖ의 용법에 유의) 따라 오는 삶이 다(1:14). 세례 요한의 수난(죽음)이 이러한 점을 잘 보여주고 있다. 우리 가 아는 대로 헬라어martyrs에서 '증인'witness이란 순교자를 의미한다. 또한 세례 요한의 수난은 다가 올 예수님의 수난의 그림자로 제시되고 있다. 곧 세례 요한 → 예수 → 제자들의 삶의 수난의 운명은 구속 역사의 지평 에 나란히 서 있다(막 1:14; 막 9:31/10:33-34; 13:9). 무엇보다도 우리는 이 기 사에서 세례 요한과 헤롯 왕의 모습을 비교할 뿐 아니라, 세례 요한과 예 수님 그리고 제자들의 모습을 비교함으로써 우리가 어떻게 복음을 위해 살아야 할지를 교훈 받는다.

1. 헤롯 왕과 세례 요한의 모습(14-29절) ⇒ 예수님과 베드로 그리고 우리

사실 헤롯은 이미 예수가 누구신지에 대한 소문을 들었고 특히 예수 가 자신이 죽인 세례 요한이 부활한 것으로 이해하였다(14절과 16절, "이에 예수의 이름이 드러난지라 헤롯 왕이 듣고 이르되 이는 세례 요한이 죽은 자 가운데서 살아났도다. 그러므로 이런 능력이 그 속에서 일어나느니라 하고" … "헤롯은 듣고 이 르되 내가 목 벤 요한 그가 살아났다 하더라."). 우리가 막 1:14("요한이 잡힌 후 예 수께서 갈릴리에 오셔서 하나님의 복음을 전파하니.")에서 보는 대로 예수님의 공적인 나타남이 세례 요한의 체포로 시작됨을 볼 때 헤롯 왕의 기억에 남아 있는 세례 요한의 죽음(살해)은 매우 깊은 잔상으로 남아 있음을 본다. 무엇보다도 예수님과 세례 요한 사이의 혼동(혼란)에 대한 마가의 언급은 예수님의 미래의 운명도 세례 요한의 운명과 매우 유사한 모습을 가질 것이라는 사실을 암시한다. 앞서 세례 요한은 예수님의 전령자로 그의 길을 예비하는 사람으로 마가가 소개하는 것(2-8절)을 볼 때 아마도 이 점이 세례 요한의 살해 기사(수난과 죽음 기사)에 대한 마가의 주된 의도가 아닐까 생각한다.

그리고 이어지는 세례 요한의 죽음(살해)에 대한 회상 기사(17-29절)는 세상에서의 우리의 삶, 특히 복음 전파의 삶에 던져주는 메시지는 매우 강하다. 그리고 헤롯 왕의 모습은 이 음란하고 폐역한 세대에서 우리가 주님의 제자로서 어떻게 살아야 할지를 잘 교훈한다. 특히 마가가 보여주는 헤롯 왕의 모습은 세상 속의 그리스도인들에게 매우 도전적인 메시지를 던져준다. 무엇보다도 예수님의 사역이 놀라운 성공과 인기를 누리면서도 배척과 거절을 당하는 시점에 마가가 전하는 세례 요한의 기사는 매우 의미심장하다. 특히 이 회상 기사flashback는 마가의 독자들에게 성공과 인기, 배척과 거절이 우리의 삶에 공존할 때 우리는 어떤 자세와 행동을 취하여야 할지를 교훈한다. 정치인에게도 연예인에게도 심지어는 성공과 인기를 얻고 있는 종교인에게도 적용되는 말씀이고 더 나아가 모든 종류의 권력자들(문화 권력자와 교육 권력자, 의료 권력자, 법조 권력자 등등)에게도 적용되는 말씀이기도 하다.

다시 본문으로 돌아가자. 헤롯 왕은 세례 요한이 전한 말씀(진리)에 대해 달게 들었지만(20절) 그러나 올바른 것을 위하여 어려움(수난)이 왔을 때 그는 자신의 체면과 명성("자기의 맹세한 것과 그 앉은 자들을 인하여"[세상의 염려])에 급급하여 "심히 근심하나"(26절. cf. 막 14:34) 결국 진리를 따르지 아니한다. 세상 정치인들은 표(인기)와 권력을 의식하여 대부분 이런 모습을 보인다. 이 점이 육적 그리스도인과 영적 그리스도인의 차이이며, 세상과 짝한 사람(롯)과 하나님과 동행하는 사람(아브라함)과의 차이다.

씨 뿌리는 자의 비유에 나오는 네 가지 밭 중에 헤롯 왕은 '가시 떨기의 밭'("말씀은 듣되 세상의 염려와 재리(財利)의 유혹과 기타 욕심이 들어와 말씀을 막아 결실치 못하게 되는 자"[막 4:18-19])에 해당된다(M. A. Tolbert). 특히 20절과 26절을 보면 이러한 모습이 잘 제시되고 있다.

> "헤롯이 요한을 의롭고 거룩한 사람으로 알고 두려워하여 보호하며 또 그의 말을 들을 때에 크게 번민을 하면서도 달갑게 들음이러라(20절)."
> "왕이 심히 근심하나 자기가 맹세한 것과 그 앉은 자들로 인하여 그를 거절할 수 없는지라(26절)."

예수님께 나아와 영생을 구한 부자 청년(막 10:17-31)도 이 같은 부류('가시떨기 밭')에 속한다. 사실 헤롯 왕과 세례 요한은 애증(愛憎)의 관계이다. 세례 요한의 삶과 진리는 좋아하면서도(20절) 자신에 대한 비평(헤로디아를 아내로 취함)은 받아들이지 못한다(17-18절). 비평도 달게 받아들여야 하는데 항상 이것이 문제이다. 사람들은 자신의 귀에 울리는 달콤한 소리만 들으려고 하지 귀를 때리는 아픈 소리는 들으려고 하지 않는다. 본문 17-18절을 보라.

"17 전에 헤롯이 자기가 동생 빌립의 아내 헤로디아에게 장가 든 고로 이 여자를 위하여 사람을 보내어 요한을 잡아 옥에 가두었으니 18 이는 요한이 헤롯에게 말하되 동생의 아내를 취한 것이 옳지 않다 하였음이라."

결국 헤롯 왕은 세례 요한을 체포하고 감옥에 가두어 둔다. 헤로디아 미움은 더하였다. 헤로디아는 세례 요한을 죽이려고 하였지만 하지 못하자 결국 헤롯 왕의 생일잔치에서 그를 살해할 음모를 꾸미고 그의 생일잔치에 자기 딸을 시켜 춤추게 하여 헤롯 왕의 마음을 얻어서 세례 요한의 살해를 이끌어 낸다(21-28절). 미움은 죄를 낳고 죄는 사망을 낳는다. 인간관계에서 미움의 쓴 뿌리를 없애야 한다. 그렇지 않으면 미움(증오)은 엄청난 결과를 초래한다.(19절) 미움의 거친 밭(가시떨기 밭)을 기경하여 옥토로 만들어 가자. 가시떨기의 마음, 돌 같은 마음을 하나님의 은혜로, 대속적인 십자가의 사랑으로 부드러운 마음으로 바꾸자. 이것은 오직 은혜만이, 오직 믿음만이, 그리고 오직 예수 그리스도만이 가능하다. 믿음이 이기네, 은혜가 이기네, 오직 예수 그리스도의 사랑이 이기네. 천성을 향해 가는 기독도는, 믿음이는, 순례자들은 이런 삶을 사는 사람들이 되어야 할 것이다.

그러나 세례 요한은 헤롯 왕이나 부자 청년과는 달리 옥토와 같은 밭이다. 이 음란하고 죄 많은 세대에서 하나님과 복음(진리와 의)을 부끄러워하지 아니하는 자이다. 복음을 위해, 의를 위해, 주님을 위해 홀로 서야 할 때 우리는 무엇을 먼저 생각하는가? 그리고 어떻게 행동하는가? 세상의 염려, 재리의 유혹 기타 욕심에 타협하여 주저앉는가? 아니면 의 연하게 일어서서 수난을 맞이하는가? 복음으로 인하여 차가운 겨울(시련과 수난)이 우리에게 찾아 왔을 때 우리는 헤롯처럼 어느 정도 "심히 근심하나" 세상의 염려와 재리의 유혹(속임)과 기타 욕심으로 인해 우리의 믿음(의 심지)이 약함으로 무너져 주님/복음/의를 부인하는가? 아니면 예수님처럼 겟세마네의 자기 부인의 기도의 씨름을 통해 승리하는가? 베드로도 이 주님과 복음 때문에 자신에게 닥친 수난을 부끄러워하였다(부인/저주). 그러나 예수님은 당당히 이 차가운 수난의 겨울을 맞는다. 자신의 신분(하나님의 아들 예수 그리스도)과 사역(사명의 길)을 부인하지 아니한다. "내가 그니라." 주님은 진리를 위해, 우리의 구속을 위해 수난의 길을 자발적으로 기꺼이 걸어가셨다. 우리는 지금 헤롯의 궁중과 쾌락의 잔치와 춤 그리고 대중(세상)의 인기 속에 빠져 휘청되고 있지는 않는가? 그렇다면 돌이켜 세례 요한처럼 '광야의 사람'으로 그 백성과 더불어 살면서 의를 위해 핍박받는 감옥과 무덤의 길을 택하여야 하지 않겠는가? 수난의 십자가는 우리가 단순히 목에 걸고 다니는 장식물이 아니라 우리의 삶 자체이다. 세례 요한의 이러한 사명의 삶은 아무 결실도 못한 꺾인 실패한 무의미한 삶이 아니다. 성경은 그가 자신이 달려갈 사명의 길을 완주하였다고 하였다. 그는 주의 길을 예비하는 자로서의 삶을 마쳤다. 이것이 그의 아름다운 숙명^{destiny}이었다. 우리가 알아야 할 사실은 우리에게 주어진 길을 가는 사람이 인생의 성공자이다. 이와 같은 순례자가 되시기를 축원한다.

24

마가복음 강해

길 위의 길
The Way on The Way

오천 명을 먹이신 광야의 이적 (막 6:30-44)

"30 [사도들이 예수께 모여 자기들이 행한 것과 가르친 것을 낱낱이 고하니] 31 이르시되 너희는 따로 한적한 곳에 가서 잠깐 쉬어라 하시니 이는 오고 가는 사람이 많아 음식 먹을 겨를도 없음이라 32 이에 배를 타고 따로 한적한 곳에 갈새 33 그들이 가는 것을 보고 많은 사람이 그들인 줄 안지라 모든 고을로부터 도보로 그 곳에 달려와 그들보다 먼저 갔더라 34 예수께서 나오사 큰 무리를 보시고 그 목자 없는 양 같음으로 인하여 불쌍히 여기사 이에 여러 가지로 가르치시더라 35 때가 저물어가매 제자들이 예수께 나아와 여짜오되 이 곳은 빈 들이요 날도 저물어가니 36 무리를 보내어 두루 촌과 마을로 가서 무엇을 사 먹게 하옵소서 37 대답하여 이르시되 너희가 먹을 것을 주라 하시니 여짜오되 우리가 가서 이백 데나리온의 떡을 사다 먹이리이까 38 이르시되 너희에게 떡 몇 개나 있는지 가서 보라 하시니 알아보고 이르되 떡 다섯 개와 물고기 두 마리가 있더이다 하거늘 39 제자들에게 명하사 그 모든 사람으로 떼를 지어 푸른 잔디 위에 앉게 하시니 40 떼로 백 명씩 또는 오십 명씩 앉은지라 41 예수께서 떡 다섯 개와 물고기 두 마리를 가지사 하늘을 우러러 축사하시고 떡을 떼어 제자들에게 주어 사람들에게 나누어 주게 하시고 또 물고기 두 마리도 모든 사람에게 나누시매 42 다 배불리 먹고 43 남은 떡 조각과 물고기를 열두 바구니에 차게 거두었으며 44 떡을 먹은 남자는 오천 명이었더라."

갈릴리 전도(선교) 보고를 마친 후 예수님은 제자들을 따로 한적한 곳으로 불러서 쉬도록 하셨다(31절). 전도(선교) 파송 기사 이후에 마가는 새로운 단락을 시작한다(막 6:30-8:26). 이어지는 단락은 이적 기사들에 대한 기록들로서 주로 광야와 바다에서 일어난 사건들인데 여기서는 '떡'^{bread}과 '배'^{boat}에 대한 언급이 반복적으로 나타나는데 결국 마가는 단락의 끝에서 '배 안에 저희와 함께 있는 떡 하나'에 대한 표현(막 8:14)으로 요약하고 있다. 즉 이 단락은 '떡'^{bread}에 대한 이해가 중심 되는 주제로 제시된다. 특히 구약의 광야에서 이적을 베푸신 사건에 대한 배경이 이 단락을 이해하는데 도움을 주며 결국 이 사건들을 통해 마가는 '예수님이 누구신가'에 대한 의문으로 이어지고 있다(막 8:27 이하). 앞으로 관찰하는 대로 이 단락(특히 7장)은 참된 정결은 외적 혈통의 문제가 아니라 내면 즉, 회개와 믿음의 문제로 복음(하나님의 먹이심)은 이 기준하에서 유대인과 이방인에게 동일한 축복으로 나타남을 보여준다. (6장과 8장의 두 급식 이적)

1. 광야에서 오천 명을 먹이심(막 6:32-44 [마14:13-21/눅 9:10-17/요 6:1-50])

1) 오천 명을 먹이신 장소: 광야(wilderness)

5천 명을 먹이신 급식 이적이 일어난 한적한 곳/빈들(31-32절)의 벳새다(눅 9:10)는 구약에서 여호와 하나님께서 '광야'^{wilderness}에서 이스라엘 백성을 만나와 메추라기로 먹이시고, 반석에서 물을 내어 주시며, 쉼을 주시는 곳을 상기시켜준다. 이러한 사건들은 구원자 모세를 통해서 주셨다. 특히 선지서를 보면 이 광야가 종말에 푸른 초장으로 변하여 양들이 풍성한 꼴을 먹게 되는 것으로 자주 묘사되기도 한다.

특히 오천 명을 먹이신 광야의 급식 이적은 예수를 참된 구원자$^{the\ Second\ Moses}$로 믿게 하는 표적(cf. 요 6:30)으로 예수님은 지금 종말론적 구원자/목자로 세상에 오셔서 그 양들을 먹이고 계심을 보여주고 있다. 죄악으로 말미암아 메마른 광야의 인생을 사는 모든 사람들에게 예수 그리스도는 '하늘로부터 내려 온 떡'(요 6:32-40)으로 그를 믿는 자(그의 살과 피를 마시는 자)는 풍성한 삶을 얻는다(요 10:10). "내가 온 것은 양으로 생명을 얻게 하고 더 풍성히 얻게 하려는 것이라." '하늘로부터 내려온 떡'이신 예수님은 자신의 양들을 풍성히 먹이시는 참된 목자이시다. 무엇보다 오천 명을 먹이신 이 광야의 사건을 통해 우리는 '새로운 출애굽'New Exodus의 모습을 보게 된다.

- 모세를 따라 광야로 나온 이스라엘처럼, 예수님(복음)을 따라 빈들로 나온 무리들은 아주 적극적으로 예수님을 만나기 위해(막 6:33, "달려와") 나아왔다.
- '목자 없는 양' 같은 무리(34절): '목자 없는 양'(민 27:17)같이 애굽에서 고통당하는 이스라엘 백성을 모세와 여호수아(구원자)를 통해 하나님이 자기 백성으로 삼아 그들을 보호하고 먹이신 것(민 27:17)처럼 이제 예수님은 하나님의 약속(겔 34:23-25)대로 진실로 '왕(목자)을 잃은' 이스라엘 백성에게 종말론적인 '목자-왕-구원자'로 나타나셨다(광야에서 안식을 줌). 결국 이 목자는 그 백성을 위해 자신이 대신 맞으심(슥 13:7; 막 14:27)으로 그 백성을 죄에서 구원하신다.
- '불쌍히 여기심'(34절): '메시아[목자]의 긍휼(σπλάγχνον)하심'의 목자의 사역: 가르치심과 먹이심.

(1) 가르치심(34절): 광야에서 이스라엘을 가르치신 것처럼 예수님은 무리를 가르치심.

(2) 먹이심(35-44절): **이적적으로! 다 배불리 먹고** (열두 광주리나) **풍성히 남음.**

예수님의 광야에서 가르치심과 먹이심의 사역은 영적-육적 필요를 채우시는 사역을 의미한다. 교회의 사역은 이 두 사역을 적절히 병행해야 한다. 주의 성찬^{Lord's Supper}과 유사한 표현(막 14:22)을 본다. 가지^{took} → 축복^{blessed} → 떼어^{broke} → 나눠 줌^{gave}.

2) 예수는 모세와 엘리야/엘리사보다 더 크신 이

하나님은 구원자 모세를 통해 광야에서 그 백성을 만나와 메추라기로 먹이셨고(출 16장), 엘리야는 사렙다 과부를 먹이셨고(왕상 17:8-16), 엘리사("나의 하나님은 구원이시다.")는 기근 들린 자들을 백 명이나 이적적으로 먹이셨다(왕하 4:42-44). 이제 종말론적인 구원자로 나타나신 예수님은 광야에서 보리떡 5개와 물고기 2마리로 오천 명을 먹이셨다. 예수님은 종말론적인 참된 구원자로 그가 기근 들린 인생을 먹이신다. 오천 명을 먹이신 광야의 이 사건은 과거(출애굽 사건)를 돌아보게^{looking back} 해 줄 뿐 아니라 또한 미래(예수의 죽음과 성찬과 천국 잔치)를 바라보게^{looking forward} 해준다. 이 급식 이적 사건은 예수의 죽음과 주의 성찬 그리고 종말론적인 메시아의 잔치를 바라보게 한다.

3) 광야의 이 사건은 일종의 종말론적인 메시아의 죽음과 잔치를 미리 보여준다(41-44절)

막 6장의 헤롯과 같은 사악한 왕과 그 무리들의 방탕한 잔치/향연(사치하고 방탕한 헤롯 궁의 모습)과는 대조적으로 빈들의 이 향연(무리들[가난한 자들의 모습과 예수님이 베푸신 잔치)은 결국 겸손한 왕 예수님께서 자신을 대속물로 주심(10:45)으로 이 잔치에 우리를 초청하신다. 이 잔치는 자신의 속죄를 통해 베푸신 성만찬의 식탁을 암시해 준다(요 6장을 보라). 나아가 종말론적인 메시아의 잔치를 예시한다. 생명의 떡이신 예수님이 베푸신 잔치(제공한 음식)만이 인간의 근본 욕구를 만족시킨다. 우리는 여기서 "부족함이 없도록" 자기 백성을 푸른 초장에 누이시고 먹이시는 시편 23편의 그 목자("여호와는 나의 목자시니 내게 부족함이 없도다.")를 만난다. 여기서 목자이신 예수님의 가장 중요한 사역은 생명의 떡(말씀)으로 그들의 영혼을 소생시키시고 그들을 가르치심으로 바른 길(의의 길)로 인도하시는 일이다. 우리의 영혼을 소생시키시고 우리를 바른 길로 인도하시는 것은 말씀과 예수 그리스도이시다. 사실 이 둘은 하나이다. "말씀이 육신이 되어 우리 가운데 거하시는 하나님."

5천 명을 먹이신 오병이어의 급식 이적은 유대 관습에서 잔치에서 주인이 하는 모습과 유사하다(축사하고 떼어 나누어 줌). 그리고 사람이 많을 때는 다른 사람들이 도와서 나누어 준다(제자들의 모습).

여기서 흥미로운 점은 제자들은 '군중들이 가서 사 먹어야 한다.'(36절)고 말하지만 예수님은 '너희가 먹을 것을 주라'(37절)고 말씀하신다. 선교를 마치고 피곤한 상황에 자기들만 조용히 쉬면서 먹으리라는 바램이었지만 예수님은 제자들에게 가진 것을 나누어 먹으라고 권면한다. 선교지에 의존하여 대접을 받았던 사람들(6:10)이 이제 그들을 먹여야 할 차례이기도 하다. 당시 이 많은 사람들을 먹이려면 200 데나리온이나 필요하였고(마 20:2), 이전에 주님은 '돈을 가지지 말라' 지시했는데(6:8) 어떻게 가능한가? 이러한 불평은 모세의 불평(민 11:22)이었으며 엘리사의 불평(

왕하 4:43)이었다. 우리는 여기서 모세보다 엘리사보다 더 크신 분이신 하나님의 아들 예수 그리스도를 만나고 예수 그리스도의 복음을 만난다.

결국 기적적 사역은 항상 매우 적은 헌신(오병이어)으로 시작하여 풍성한 은혜(오천 명과 열두 광주리)로 마친다. 이러한 모습은 모세에 대한 하나님의 응답(민 11:23, "여호와의 손이 짧으냐 네가 이제 내 말이 네게 응하는 여부를 보리라.")과 엘리사의 대답(왕하 4:43, "여호와의 말씀이 그들이 먹고 남으리라 하셨느니라.")을 상기시켜준다. 결국 제자들은 하나님의 은혜와 능력 아래에서 다른 사람들을 먹이고 섬기는 일(봉사와 헌신)을 해야 한다. 교회는 '먹는 공동체'이지만 '먹이는 공동체'이다.

결론적으로 예수님은 마지막 날의 잔치의 주인으로 믿는 자들에게 자신을 주심으로 영원한 생명을 주시고 자신과 깊은 교제를 갖게 하신다. 이 경우 신자는 메시아 향연의 백성들을 의미한다.

예수님은 진실로 '하늘로서 내려오신[생명의] 떡'이시다. 그분은 풍성한 '떡 집'인 베들레헴에서 태어나셔서 결국 자신을 죄의 대속물로 주심으로 우리를 살리신 우리의 구주이시다.

2. 결론: 두 가지로 요약

1. 교회는 '먹는 공동체'eating community 임과 동시에 '먹이는 공동체'feeding community 이다. 우리는 지금 과연 무얼 먹고 사는가? 썩을 세상의 양식인가 아니면 영원한 하늘의 양식인가?(cf. 요 6:27). 일벌(일반 꿀)과 여왕벌(로얄젤리)의 차이가 그 음식에 있다고 한다면 우리는 과연 어떤 양식을 먹

고 사는 사람들인가? 지금 세상의 굶주림은 하나님의 말씀이 없음으로 인생들이 기갈이 들려있다. '풍요 속의 빈곤'이 오늘의 현실이 아닌가? 그러므로 교회는 복음의 바른 음식 곧 생명의 음식인 하나님의 말씀(성경)과 '생명의 떡'이신 예수 그리스도로부터 지속적으로 받아먹을 뿐 아니라("내 살과 피를 먹고 마셔라.") 또한 이 음식을 세상에 전하고 기갈 들린 세상 사람들을 먹여야 한다("내 양을 먹이라.").

2. '빈들의 잔치'(하나님의 긍휼과 은혜와 영광과 만족)와 '왕궁의 잔치'(사악한 사치와 방탕과 살인)의 차이를 보라. 오늘 우리(한국 교회)는 어떤 잔치 속에 사는가? 오만한 자들의 '왕궁의 잔치'인가? 심령이 가난한 자들의 '빈들의 잔치'인가? 우리 순례자의 집은 어떤가? 시편 기자의 고백(시편 1편)처럼 우리는 "주야로 말씀을 묵상하고 사악한 자의 자리에 앉지 아니하는 삶"을 사는가?

25

마가복음 강해
길 위의 길
The Way on The Way

물 위를 걸어오신 주님 (막 6:45-56)

"45 예수께서 즉시 제자들을 재촉하사 자기가 무리를 보내는 동안에 배 타고 앞서 건너편 벳새다(벳새다 건너편)로 가게 하시고 46 무리를 작별하신 후에 기도하러 산으로 가시니라 47 저물매 배는 바다 가운데 있고 예수께서는 홀로 뭍에 계시다가 48 바람이 거스르므로 제자들이 힘겹게 노 젓는 것을 보시고 밤 사경쯤에 바다 위로 걸어서 그들에게 오사 지나가려고 하시매 49 제자들이 그가 바다 위로 걸어오심을 보고 유령인가 하여 소리 지르니 50 그들이 다 예수를 보고 놀람이라 이에 예수께서 곧 그들에게 말씀하여 이르시되 안심하라 내니 두려워하지 말라 하시고 51 배에 올라 그들에게 가시니 바람이 그치는지라 제자들이 마음에 심히 놀라니 52 이는 그들이 그 떡 떼시던 일을 깨닫지 못하고 도리어 그 마음이 둔하여졌음이러라 53 건너가 게네사렛 땅에 이르러 대고 54 배에서 내리니 사람들이 곧 예수신 줄을 알고 55 그 온 지방으로 달려 돌아다니며 예수께서 어디 계시다는 말을 듣는 대로 병든 자를 침상째로 메고 나아오니 56 아무 데나 예수께서 들어가시는 지방이나 도시나 마을에서 병자를 시장에 두고 예수께 그의 옷 가에라도 손을 대게 하시기를 간구하니 손을 대는 자는 다 성함을 얻으니라."

황혼이 시작되는 들판(광야)에서 오병이어의 기적을 통해 5000명을 풍족히 먹이신(12광주리가 차게 남음) 예수님은 이제 저녁이 되어 무리를 보내심과 동시에 제자들을 배에 타게 하시고 그들을 자기보다 앞서 건너편 벳새다로 가게 하시고 자신은 기도하러 산에 가셨다. 그동안 바다에는 짙은 흑암이 찾아오고 제자들이 탄 배는 바다 가운데 풍랑을 만나 밤 사경(새벽 3-6시)까지 항해에 진전 없이 괴로움에 처하게 되었고 예수님은 지금 뭍(육지)의 산에서 기도하고 계셨다. 작은 헌신으로 경험된 놀라운 급식 이적의 사건 후 제자들이 주님 없이 바다 가운데 풍랑을 만난 시간은 흑암(黑暗)의 시간('밤 사경')이었고, 이 시간은 건너편 벳새다로 나아가는 제자들에게 어떤 진전도 없는 괴로운 시간이었다. 예수님 없이 바다 가운데 풍랑을 만난 사건에 대한 이야기는 아마도 마가의 독자들(승천하신 후 주님 없는 교회의 시간)에게는 매우 의미심장한 스토리였으며, 예수님이 그들에게 물 위로 걸어 찾아오셔서 그들을 구원하신 사건은 마가의 독자들이 지금 처한 상황에 넉넉한 위로가 되는 사건이었을 것이다.

1. 기도하러 산에 가신 예수(46절)

놀라운 이적을 통해 들판의 잔치를 베푸시고 허기진 무리들을 풍족히 먹이신 예수님은 무리와 제자들을 보내시고 저녁에 산에 기도하러 가셨다. 물론 마가는 예수님이 어떤 목적으로 기도하러 가셨는지에 대해 침묵을 지키고 있지만 요한복음의 서술(요 6:14-15)과 마가복음의 의도에 비추어서 우리는 메시아에 대한 잘못된 이해(예수를 왕 삼으려는 그들의 모습)를 가진 무리를 떠나보내며 '고난받는 하나님의 아들'(1:1, 11; 8:31; 9:31; 10:32-34, 45)로서 메시아의 길을 가기 위한 다짐과 헌신을 위해 예수님께서 산으로 가셨음을 짐작할 수 있다. 예수님은 일상의 기도(막 1:35)뿐 아니라 사역의 중요한 시기마다 특별 기도의 시간(막 6:46; 막 14:36)을 가짐을 우리는 복음서를 통해 보게 된다. 예수님의 공생애의 삶은 무리의 이기적/세상적 요구에 맞추어서 살기보다는 하나님 아버지의 뜻을 따라 순종하는 삶이었다(막 1:38, "내가 이를 위하여 왔노라.").

우리 역시도 주님의 제자들로서 정상(성공)의 시간에 깊은 침묵과 자기 성찰의 시간을 가질 필요가 있다. 예수님은 바쁜 사역, 성공적인 사역과 함께 자기 성찰의 침묵(묵상)의 시간을 잘 병행하셨다. 이 점이 예수님의 성공(승리) 비결이다. '앞으로 나아감'과 '멈추어 물러섬'은 항상 공존해야 하는 것이다. 어떤 분은 '멈추면 비로소 보이는 것들'이란 의미 있는 말을 남겼다. 우리의 사역은 지나치게 바쁜 활동으로 끝나는 사역이 아니라 묵상과 병행된 사역이어야 한다. 주님께서 산에서 기도하는 시간에 제자들은 바람을 거슬러 열심히 노를 젓지만 항해에는 별 진전이 없고 괴롭게 노만 젓고 있다. 그러나 예수님은 비록 한적한 곳에서 이적적인 능력을 베푸신 후에도 대중적 인기와 성공에 함몰되지 아니하고 십자가(사명)의 길을 걷기 위해 산으로 올라가 자기 성찰의 길을 가셨다. 한 마디로 십자가의 길(구원의 길=메시아의 길)을 똑바로 걸어가기 위해 예수님은 자신을 부인하는 길을 걸어야 하셨다. 마가에서 제자도discipleship를 이해할 때 예수님 자신이 참된 제자도의 모범을 보이고 계심을 간과해서는 안 된다. 그분의 기도의 모습이 우리의 영적 삶의 규범이 된다. 진실로 예수님은 우리의 '믿음의 주요 온전케 하시는 분'(히 12:2)이시다.

2. 예수 없는 제자들의 상황(47-48절): 분리의 삶

- 밤: "저물매"(47절)와 "밤 사경 즈음에"(48절)의 언급들.
- "거스르는 바람"(48절): 여기 '거스른다'(against)는 말은 주로 환난의 의미로 사용되기도 한다.
- "바다 가운데 있는 배"(47절): "배는 바다 가운데 있고 예수께서는 홀로 물에 계시다가."

때는 깊은 밤(밤 사경)이었고 예수님이 타지 않는 배는 깊은 바다 가운데 있었으며 바람 또한 일어나 (그중 몇은 갈릴리 어부들인) 그들을 거스리고 있었다. 무엇보다도 캄캄한 밤 동안(적어도 8시간 이상 동안) 바다 가운데 멈추어 서서 바람에 시달리는 제자들의 이러한 모습("열둘을 태운 조그만 배")은 예수님 없는 중간기 동안 이 땅에 남겨진 교회의 모습이기도 하다. 특히 당시의 마가의 청중은 이와 유사한 상황 가운데 놓여 있었다. 우리는 여기서 주님이 그들을 바다로 보내셨고, 제자들은 예수님의 말씀에 순종하여 갔음에도 거센 바람이 있었으며 항해는 한 치의 진전도 없었다. 흥미로운 점은 작은 순종으로 오병이어의 놀라운 기적을 체험한 후 다시 순종하며 떠난 항해 길에도 때론 역경(고난)의 맞바람을 맞는다는 사실이다. 그러나 결과는 하나님이 함께 하시는 놀라운 체험을 하게 된다. 순종하는 길에도 역경은 있다. 하지만 순종하지 않으면 역경도 없고 놀라움도 없다. "왜 자신의 제자들을 이런 상황에 빠트렸을까? 제자들을 돌보시기는 하는 것일까?" 이것이 우리가 주의 말씀에 순종하고 나아간 길에서 역경을 만나 한 치의 진전을 갖지 못할 때 가지는 의문이며 또한 주변 사람들의 빈정거림이다. 그러나 우리가 본문을 좀 더 집중하여 살펴보면 여기에 위로의 말씀이 있음을 보게 된다(48절). "[예수께서] 바람이 거스르므로 제자들이 힘겹게 노 젓는 것을 보시고."

3. 기도하시며 그들을 보고 계신 예수(48절): "제자들이 힘겹게 노 젓는 것을 보시고"

48절의 예수님이 그들의 괴로운 형편(실패)을 보시고 계신다는 언급은 마가의 청중에게 (또한 우리들에게) 한없는 위로가 된다. 주님은 우리를 고아와 같이 버려두시지 아니하시고 우리를 위해 기도하시고 (cf. 롬 8:34; 요일 2:1; 히 7:25) 우리의 형편을 보시고 계신 주님(행 4:29["주여 이제도 저희의 위협함을 하감하옵시고"<ἐφοράω>])이시다. 예수님은 결코 우리를 고아와 같이 내버려두지 아니하신다. 그는 자기 백성들과 세상 끝날까지 함께 하시기로 약속하신 분이시다(마 28:20 참고). 우리가 시험(어려움)을 당하고 있는 즈음에도 예수님은 우리를 위해 기도하시고 우리를 하감(下鑑)하시고 계신다. 흔히 우리는 우리의 삶의 현장에서 하나님을 소경(시각 장애자)의 눈과 귀머거리(청각 장애자)의 귀를 가진 무감(무심)하신 분으로 생각할 때가 있다. 과연 하나님은 그러한 분이신가? "눈을 지으신 분이 보지 아니하시겠느냐? 귀를 지으신 분이 듣지 아니하시겠느냐?" 결코 그렇지 않다. 하나님은 우리의 형편을 보시고, 우리의 절규에 귀를 기울이시는 분이시다. 우리의 작은 신음에도 응답하시는 분이 우리 주님이시다. 우리의 앉고 일어섬을 아시는 분이 하나님이시다.

4. 물 위로 걸어오시며 그들을 지나시는 예수(49절)

예수께서 물 위로 걸어오신 이적적인 사건은 일종의 신적 자아 계시의 사건으로 예수가 하나님이심을 보여준다. 특히 구약에서는 하나님의 현현theophany을 혼돈의 물을 다스리시며(밟으시며) 물 위로 걸어오시는 모습으로 제시(욥 9:8, 11)하기도 한다. 여기서 또한 예수님께서 그들에게 오셔서 '지나가려고 하셨다'는 언급은 하나님께서 현현하심이 모습(출 33:19)으로 그들을 구원하시기 위한 의도를 보여주는 의미(Fleddermann 1983:391)이기도 하다. 제자들이 주님을 필요로 할 때 주님은 거기(그들의 필요) 계시고 바다를 밟으시고 우리를 찾아오시지만 그렇다고 그 주님은 제자들이 자기 마음대로 할 수 있는 분은 아니다("지나가시는 주님"). 신속히 구원하시지 않으시고 자신이 하나님 되심을 보이시며 지나치시는 주님은 우리의 구원의 간구를 기다리신다. 때로는 칠흑 같은 밤에 우리가 겪는 거친 삶("괴롭게 노 젖는 삶")을 보시고 우리를 구원하시기 위해 물 위로 걸어 우리에게 찾아오시는 주님을 보고 우리는 제자들처럼 주님을 유령이라고 생각할 때가 많다(49절). "제자들이 그가 바다 위로 걸어오심을 보고 유령인가 하여 소리 지르니." 아직도 제자들은 5병어의의 기적을 보았음에도 '주님이 누구신지'를 잘 모르고 있는 것 같다(막 4:41). 놀람의 신앙 정도이지 확신과 신뢰의 신앙은 아니다. 바다를 밟고 그들에게 오신 주님은 전능하신 하나님, 구원자 하나님이시다.

5. 배 위로 오신 예수님과 그의 말씀(49-51절)

– **"안심하라 내니 두려워 말라"**: 내다(It is "I"[ἐγώ εἰμι]). 어려움에 처한 백성 가운데 현존하시며 자신을 계시하시는 주님을 본다. 이후 주께서 부활하신 후에 제자들에게 나타나셔서 자신을 계시하실 때 그들의 반응은 "주(主)시다"[It is the Lord]고 하였다(요 20-21장). 우리는 일상(日常)에서 우리를 찾아오시는 '주님'(Lord)을 만날 때마다 '주시다'라는 고백과 함께 그분께 올바른 경배를 돌려야 한다. 진정 주님은 우리의 구원자이시고 또한 왕이시며 정복자이시다. 그분은 환난과 시험 가운데 처한 우리들에게 피할 길을 주사 우리로 하여금 능히 환난을 감당케 하신다(고전 10:13 참고). 바람(역경)의 힘이 강할수록, 주 되심은 더 분명하다.

– **배에 올라 그들에게 [다가]가시니 바람이 그치니라**(51절).
밤새도록 (새벽까지) 그들을 괴롭혔던/거슬렸던 바람도 주님이 배에 타시니 그쳤다. 우리 인생의 배에 들어오신 주님은 인생의 풍랑을 잠잠케 하시고 바람을 그치게 하시는 분이시다. "배에 올라 그들에게 가시니 바람이 그치는지라." 이 말씀을 묵상해 보라.

주님, 오늘도 우리 [실패한] 인생 배에 오르셔서 우리를 괴롭히는 거친 바람(환경의 거친 바람, 감정의 거친 바람)을 멈추게 하소서. 이것이 본문을 읽으며 우리가 가지는 간절한 기도이다.

6. 그러나 제자들은 아직도 마음이 둔하여 깨닫지 못하고 놀라기만 함(52절)

권세 있는 가르침과 귀신을 쫓아내시며, 문둥병자와 중풍병자를 고치시고, 말씀으로 풍랑을 잠잠케 하시며, 거라사의 귀신을 쫓아내시며, 야이로의 딸을 살리시고, 그리고 들판에서의 오병이어의 기적을 베풂에도 불구하고, 제자들의 눈과 귀는 아직도 시각 장애/청각 장애 가운데 있다. 오늘 우리는 어떠한가? 이게 우리의 신앙 현실^{reality}이 아닌가? 제자들처럼 우리는 눈이 있어도 바로 보지 못하고, 귀가 있어도 바로 듣지 못하는 사람들이 아닌가?(막 4:12)

생각할 점

- 예수님은 자신이 걸어야 할 길을 명확히 아셨다. 그러므로 위기 때마다 기도하셨다.
- 제자들은 예수님의 명령에 따라 배를 탔는데 바람(역경)을 맞았다.

순종의 길에도!
- 우리의 역경과 무능을 위해 기도하시며 그것을 보시는 예수님
- 바다를 밟으시고 물 위를 걸어오신 예수님
- 주님이 배에 타시니 바람도 잠잠하여졌다. 주님과 분리된, 주님 없는 삶은 실패지만...
- 능력으로 우리에게 찾아오신 예수님을 우리는 어떻게 대하는가?
- 신앙으로(욥 42:5).

조금 전에는 능력을 보았지만 참된 깨달음이 없음으로 지금의 역경에는 무너지고 있다. 이게 인생이다.

26

마가복음 강해
길 위의 길
The Way on The Way

참된 정결: 마음(내면)과 삶(윤리) (막 7:1-23)

"1 바리새인들과 또 서기관 중 몇이 예루살렘에서 와서 예수께 모여들었다가 2 그의 제자 중 몇 사람이 부정한 손 곧 씻지 아니한 손으로 떡 먹는 것을 보았더라 3 (바리새인들과 모든 유대인들은 장로들의 전통을 지키어 손을 잘 씻지 않고서는 음식을 먹지 아니하며 4 또 시장에서 돌아와서도 물을 뿌리지 않고서는 먹지 아니하며 그 외에도 여러 가지를 지키어 오는 것이 있으니 잔과 주발과 놋그릇을 씻음이러라) 5 이에 바리새인들과 서기관들이 예수께 묻되 어찌하여 당신의 제자들은 장로들의 전통을 준행하지 아니하고 부정한 손으로 떡을 먹나이까 6 이르시되 이사야가 너희 외식하는 자에 대하여 잘 예언하였도다 기록하였으되 이 백성이 입술로는 나를 공경하되 마음은 내게서 멀도다 7 사람의 계명으로 교훈을 삼아 가르치니 나를 헛되이 경배하는도다 하였느니라 8 너희가 하나님의 계명은 버리고 사람의 전통을 지키느니라 9 또 이르시되 너희가 너희 전통을 지키려고 하나님의 계명을 잘 저버리는도다 10 모세는 네 부모를 공경하라 하고 또 아버지나 어머니를 모욕하는 자는 죽임을 당하리라 하였거늘 11 너희는 이르되 사람이 아버지에게나 어머니에게나 말하기를 내가 드려 유익하게 할 것이 고르반 곧 하나님께 드림이 되었다고 하기만 하면 그만이라 하고 12 자기 아버지나 어머니에게 다시 아무 것도 하여 드리기를 허락하지 아니하여 13 너희가 전한 전통으로 하나님의 말씀을 폐하며 또 이 같은 일을 많이 행하느니라 하시고 14 무리를 다시 불러 이르시되 너희는 다 내 말을 듣고 깨달으라 15 무엇이든지 밖에서 사람에게로 들어가는 것은 능히 사람을 더럽게 하지 못하되 16 사람 안에서 나오는 것이 사람을 더럽게 하는 것이니라 하시고 17 무리를 떠나 집으로 들어가시니 제자들이 그 비유를 묻자온대 18 예수께서 이르시되 너희도 이렇게 깨달음이 없느냐 무엇이든지 밖에서 들어가는 것이 능히 사람을 더럽게 하지 못함을 알지 못하느냐 19 이는 마음으로 들어가지 아니하고 배로 들어가 뒤로 나감이라 이러므로 모든 음식물을 깨끗하다 하시니라 20 또 이르시되 사람에게서 나오는 그것이 사람을 더럽게 하느니라 21 속에서 곧 사람의 마음에서 나오는 것은 악한 생각 곧 음란과 도둑질과 살인과 22 간음과 탐욕과 악독과 속임과 음탕과 질투와 비방과 교만과 우매함이니 23 이 모든 악한 것이 다 속에서 나와서 사람을 더럽게 하느니라."

우리는 이미 앞의 단락(막 2:1-3:6)에서 하나님의 말씀 특히 율법(식탁 교제; 금식; 안식일)에 대한 해석과 준행에 있어서 예수님과 종교 지도자들(서기관들과 바리새인들) 사이에 커다란 긴장과 차이가 있음을 보아왔다. 이 단락은 '참된 정결^{purity}이 무엇인가'에 대한 문제를 구-정결 체계(제의적 정결)에서 신-정결 체계(도덕적 정결)로의 구속사적인 의미의 확장과 전이를 통해 이방인들(부정한 사람들[행 10-11장과 갈라디아서])에게 주어진 하나님의 은혜로운 사역(구원)에 대한 서론(막 7:24-37의 이방인들[수로보니게 여인의 딸과 귀먹고 어눌한 자의 고치심과 사천 명을 먹이심]이 됨과 동시에 기독교의 참된 정결은 외견(밖)의 문제가 아니라 내면(안)의 변화에 기인한 도덕적/윤리적 삶임을 일깨워 준다. 무엇보다도 본 단락은 손을 씻는 문제와 음식법에 관한 문제(1-13절)에서 불결의 문제(14-23절)를 다룬다. 첫 부분은 씻지 아니한 손으로 떡을 먹는 문제(1-8절)와 고르반의 문제(9-13절)로 이어져서 마침내 '참된 정결'이 무엇인지(14-23절)를 다루고 있다. 특히 본문에서 강조하는 '밖'과 '안'에 대한 반복된 언급은 이 점을 잘 지적해 준다.

1. 씻지 아니한 손으로 떡 먹음: "부정한 손으로 [거룩한] 떡 먹기?"

문제의 발단은 제자들 중에 몇 사람이 씻지 아니한 손(부정한 손)으로 음식(떡)을 먹는데서 일어났다. 급식 이적과 연관한 흥미로운 관찰은 '백성들이 배불리 먹느냐'가 아니라 '어떻게 먹느냐'가 종교 지도자들의 관심이다. 물론 이 점은 당시 유대인의 정결 규례로 비추어 볼 때 충분히 문제거리가 될 수 있었다.

왜냐하면 유대인은 그들의 모든 (사회적) 삶이 종교적 의식법(정결법)에 의해 통제되고 유지되었기 때문이다. 그렇기 때문에 이러한 법을 보다 잘 지키기 위해 다양한 규례들(장로들의 전통)이 제정되었고, 이것들은 유대인들의 종교적-사회적 삶에 특별한 권위와 울타리가 되었다. 본문의 의미를 파악하기 위해 먼저 두 가지를 이해해야 한다. 장로들의 전통과 정결법이다.

1) 장로들의 전통

본문에서는 '장로들의 전통'(3, 5절[2x]), '너희의 전통'(9절), '너희가 전한 전통'(13절), '사람의 전통'(8절), 나아가 이것을 마가는 '사람의 계명'(9절)으로 표현하면서 하나님의 계명, 하나님의 말씀과 구별한다. 이것은 당시 장로들(율법학자들)이 율법을 보호하고 적절히 지키기 위해 만든 울타리였지만 과연 하나님의 율법(말씀)을 위한 것인지 아니면 그들의 집단적 이기심/기득권을 위한 것인지는 고려할 문제다.

2) 정결 규례(정결법)

유대인 사회 구조의 울타리(경계)로서 성속(聖俗)의 구별(장소; 사람; 시간; 음식)이 사회 내의 인종/계층/육체/성적 차별과 멸시와 정죄를 조장하고 권력의 남용이 발생되며 기득권이 형성되는 계기가 되어 소위 '불결한 사람들'(이방인들; 세리와 창녀; 소경; 문둥병; 앉은뱅이; 등등)에 대한 하나님의 자비와 사랑의 실행이 어려워진다. 이 경우 분리의 경계가 위선의 경계가 되고, 더 나아가 차별의 경계가 된다. 결국 율법에 대한 이러한 그들의 강조(너희의 전통/사람의 계명)는 위선과 차별로 나타난다.

이같이 자기들이 만든 장로들의 전통을 통해 정결 규례를 지킴으로써 바리새인들과 서기관들은 자신들이 하나님의 율법을 세우고 지키는 자들로 자처(착각)하지만 실상은 위선자들이고 하나님의 율법을 어기는/버리는 자들(8-9, 13절)이다. 사람의 계명과 하나님의 계명에 대한 마가의 강조된 구분을 보라. 과연 그들의 율법(전통?)에 대한 보수와 실행은 무엇(누구)을 위한 보수이고, 무엇(누구)을 위한 실행인가? 여기에 대해 주님은 그들의 위선을 이사야의 예언의 말씀(사 29:13)으로 지적하셨다.

2. 이사야의 예언(막 7:6-8): 외식하는 자에 대한 예언

"이 백성이 입술로는 나를 존경하되 마음은 내게서 멀도다. 사람의 계명으로 교훈을 삼아 가르치니 나를 헛되이 경배하는도다' 하였느니라"

정결 준수는 하나님께 가까이 가기 위한 것(시 24:3-4)이지만 그들의 정결 준수의 위선적 실천은 하나님을 멀리하였다. 이사야의 지적처럼, 그들의 경건은 단지 외관상의 씻음(정결)과 입술의 경배에 불과하며 마음으로는 하나님을 멀리하는 헛된 경배자들이었다. 참된 정결은 손(씻음)에만 영향을 주는 종교가 아니라 마음(씻음)을 다스리는/새롭게 하는 종교가 되어야 한다. 결국 이들은 '하나님의 계명'을 버리고 '사람의 전통(계명)'을 지키는 자들이었다. 그에 대한 가장 적절한 예로 주님은 9-13절의 말씀을 통해 그들의 부모 공경의 위선을 지적한다.

3. "고르반이 되었다고 하기만 하면"(11절): 의식적 정결 대(對) 도덕적 정결

"네 부모를 공경하라"(출 20:12과 21:17)는 계명을 무시하고 하나님께 드림이 되었다('고르반')고 하여 부모 공경을 무시한다면 이것은 하나님께 대한 헌신을 빙자한 부모 공경의 계명을 어기는 일이었다. 부모를 돌보기보다는 재산에 더 많은 관심을 두는 이들의 위선은 하나님께 드리는 서원(봉헌)을 통해 부모 공경(부모 봉양[생계 유지권])의 계명(10절)을 무시함으로써 부모를 죽게 만드는 살인죄에 해당된다. 여기에 나타난 이들의 잘못은 하나님께 대한 헌신(고르반의 전통)만 입술로 강조하고 십계명의 5계명을 무시한다면 그것은 곧 정결(경건)이 아니라 불결(위선)이며, 더 나아가 부모를 굶어죽게 만드는 일이다.

여기서 예수님은 '참된 정결'이란 의식적/외관적 정결이 아니라 도덕적/내면적 정결임을 설파하고 있다. 참된 정결은 제의적/의식적이라기보다는 오히려 도덕적인 것임을 알 수 있다. 우리는 여기서 기독교의 참된 영성이 무엇인지를 깨닫게 된다. 불결^{uncleanness}은 외부적인 것(음식)으로부터 오는 것이 아니라 내적인 것(내면/마음)으로부터 온다. 우리 역시도 바리새인들과 서기관들처럼 "이와 같은 일을 많이 행하고(13절)" 있지는 않는지 생각해 보아야 한다. 이어지는 주님의 가르침(14-23절)을 상고해 보자.

4. 주님의 비유(14-16절): "너희는 다 내 말을 듣고 깨달으라."

"무엇이든지 밖에서 사람에게로 들어가는 것[음식]은 능히 사람을 더럽게 하지 못하되 사람 안에서 나오는 것[악한 마음/더러운 생각]이 사람을 더럽게 하는 것이니라"(15-16절).

율법의 수여자(제정자)이시며 완성자이신 주님께서 말씀하신다. 주님의 말씀 속에 강조된 '안'과 '밖'의 대조를 보라. 불결(더러움)의 문제는 '밖'이 아니라 '안'의 문제임을 강조한다. 즉, 참된 정결은 인종이나 피부나 혈통이나 성별이나 계층의 문제, 여기서는 음식의 문제가 아니라 내면의 문제임을 언급하고 있다. 이어지는 17-23절의 예수님의 말씀은 '신약에서 가장 혁명적인 본문'이다(W. Barclay). 예수님 당시의 바리새인들에게는 믿을 수 없는 본문이다. 사도행전을 보면 베드로는 욥바에서 피장 시몬의 집에 거할 때 환상 중에 예수님의 이러한 입장을 받아들이지 못하고 완강히 거절하지만 결국 그는 이 경험을 통하여 '불결한' 이방인(고넬료?)에 대한 그의 사역은 놀랍게 변화되어 이방 사역의 결실을 얻게 된다(행 10:10-16).

5. 비유의 설명(17-23절)

비유에 대한 예수님의 설명은 '무리를 떠나 집(안)으로 들어간' 후에 주어진 것이다. 상황의 전환(바깥에서 안으로)에 대한 이와 같은 언급은 수사학적 의미를 지니고 있다. 즉 전통의 외부적 울타리를 어기는 것보다는 하나님의 말씀을 내적으로 깨트리는 것이 얼마나 심각한 문제인지를 암시하고 있다. 즉 의식적 정결 규례를 지키기 위하여 도덕적 규례를 어기는 것에 대한 잘못을 지적하고 있다. 물론 여기서 도덕법에 대한 강조는 그 내면인 마음(생각)과 깊이 연류되어 있음을 말한다. 과연 누가 계명 즉 하나님의 말씀 밖에 있는 자들인가? 그들의 눈(정결 규례에 따른 견해)에는 예수님이 '바깥에 있는 자들'outsiders이었다고 한다면 예수님의 눈(도덕 규례에 따른 견해)에는 그들이 '바깥에 있는 자들'outsiders이었다. 결국 그들은 예수님을 '귀신 들린 자' 혹은 '참람한 자'로 규명하고 그들의 제도권(경제) 밖으로 밀어내려고 한다(제거 작업 = 죽일 음모). 그러나 사실은 그들이 바깥에 있는 자들이다. 바깥 어두운 곳에서 슬퍼하며 이를 갈 자들이 곧 그들이다. 문자적으로도 '집 안에' 있는 자들(내인들)은 예수님과 제자들이었고, '집 바깥에' 있는 자들(외인들)은 그들이었다.

6. 결론

결론적으로 이 단락의 스토리는 '참된 정결'이 무엇이냐는 것과 하나님 나라의 내인들("너희")과 외인들("저희")은 누구냐는 질문에 대한 대답으로 종결된다.

1) 참된 정결은 '의식적'이라기보다는 '도덕적'이다: 의식법 → 도덕법

특히 21-22절에 나오는 악덕의 목록들이 십계명의 5-10계명을 언급하고 있음은 매우 흥미로운 관찰이다(Neyrey 1986:120): [부모 공경]; 살인; 간음; 도적질; 거짓 증거; 탐심.

2) 도덕적 정결의 유지는 외관이 아니라 마음으로부터 나온다. 마음의 중요성

"무릇 지킬만한 것 중에 내 마음을 지키라." 참된 경건은 우리의 마음으로부터 나온다. 그렇지 않으면 그것은 헛된 경건이고 위선적 경건이다. 신 6:4의 율법 준수는 온 마음으로 하나님을 사랑하는 것에서 출발하여 하나님 아버지의 거룩함(온전함)에 이르는 것이다. 우리의 불결(죄)은 다 속에서 나온다. "다 속에서 나와서 사람을 더럽게 하느니라."(23절)

그러므로 그리스도의 속죄와 죄 사함 그리고 성령의 도우심이 성결한 삶의 필수적인 것이며 이러한 삶을 살기 위해서는 말씀과 기도와 찬양의 삶을 살아야 하며 이것에 기초하여 거룩한 윤리적 삶의 실행이 있어야 한다. 롬 12:1-2의 산 제물로 드려진 삶 곧 마음을 새롭게 하는 삶이 수반되어야 한다.

27

마가복음 강해
길 위의 길
The Way on The Way

수로보니게 여인의 믿음과 지혜 (막 7:24-30)

"24 예수께서 일어나사 거기를 떠나 두로 지방으로 가서 한 집에 들어가 아무도 모르게 하시려 하나 숨길 수 없더라 25 이에 더러운 귀신 들린 어린 딸을 둔 한 여자가 예수의 소문을 듣고 곧 와서 그 발아래에 엎드리니 26 그 여자는 헬라인이요 수로보니게 족속이라 자기 딸에게서 귀신 쫓아내 주시기를 간구하거늘 27 예수께서 이르시되 자녀로 먼저 배불리 먹게 할지니 자녀의 떡을 취하여 개들에게 던짐이 마땅치 아니하니라 28 여자가 대답하여 이르되 주여 옳소이다마는 상아래 개들도 아이들이 먹던 부스러기를 먹나이다 29 예수께서 이르시되 이 말을 하였으니 돌아가라 귀신이 네 딸에게서 나갔느니라 하시매 30 여자가 집에 돌아가 본즉 아이가 침상에 누웠고 귀신이 나갔더라."

앞에서 우리는 '참된 정결'이란 '밖'(외관/의식법)이 아니라 '속'(내면/도덕법)의 문제임을 보았다. 겉(외관)만 깨끗하게 하는 것은 위선이다. 결국 앞 단락(7:1-23)의 논란은 예수의 제자들이 범했던 '더러운 손으로 거룩한 떡 먹는 일'이 새 시대에는 가능하다는 것을 말한다. 즉, 더러운 사람(이방인)도 회개와 믿음을 통해 속(내면)만 깨끗하다면, 구원을 받고 하나님의 은혜와 축복 아래 살 수 있다는 것을 잘 시사해준다.

이러한 결론을 통해 마가는 지금 더러운 귀신 들린 어린 딸을 둔 이방의 수로보니게 여인의 담대한 믿음과 지혜로 딸의 고침 받음을 통해 복음(구원)이 이방 지역으로 넘어가고 있음을 잘 보여주고 있다. 이 사건은 구원(복음)이 유대에서 이방으로 넘어가고 있는 전환점을 제시하고 있다. 특히 이 기사는 두 급식 이적들(6:33-44; 8:1-9) 사이에 위치하여 그것의 의미를 '떡'(ἄρτος)과 '배불리 먹음'(χορτάζω)의 단어를 반복함으로써 연결시키고 있다. 그러므로 이 사건은 (다수의) 이방인과 유대인으로 섞여있는 마가의 청중과 그들의 이방 선교에 큰 의미를 던져준다.

1. 사건의 배경(24절): "두로(와 시돈) 지경으로 가사"

예수님은 필요한 쉼을 위해 물러나 피정의 시간을 갖지만 그것은 언제나 목적 있는 쉼이었다. 예수님은 다음 목적지를 위해 부정한 이방 지역으로 나아갔다. 본문은 예수님의 사역이 이스라엘의 옛 경계를 넘어 이방 지역(페니키아)인 두로Tyre와 시돈Sidon까지 뻗혀가고 있음을 보여준다. 이미 막 5:1-20에서 예수님은 바다 건너 저편 거라사 지방(이방 지역)에서 군대 귀신 들린 사람을 고치신 사역을 통해 이방인에 대한 치유(구원)와 선교를 암시하였고 또한 예수님께서 오천 명을 먹이신 사건 이후 제자들을 벳새다로 가게 하였지만 도착한 곳은 두로와 시돈의 해변 도시들을 바라보는 게네사렛 땅이었다. 이어 막 7:24-8:21은 주로 갈릴리 주변의 북쪽과 남쪽의 이방 지역 즉 게네사렛 → 두로 → 시돈 → 데가볼리 → 갈릴리 → (데가볼리) → 달마누다에서의 예수님의 사역을 묘사하고 있다. 결국 막 8:22에서는 예수와 제자들은 여행의 목적지인 벳새다로 돌아왔음을 마가는 언급하고 있다.

2. 주님께 나아온 수로보니게 여인(25-26절)의 믿음과 지혜

주님께 나아온 여인은 불결한 사람으로 유대인이 경멸하는 헬라 이방인인 수로보니게인Syro-Phoenician으로 묘사되어 있다. 여기서 '헬라인'Hellene이란 단순히 이방인을 가리키는 것만이 아니라 헬라 시민으로 상당한 교육을 받은 여인임Stock; Corley; Guelich을 암시한다(예수님과의 수준 높은 문답을 통해). 특히 그녀가 보인 끈질긴 믿음의 행동은 앞선 유대 종교 지도자들의 강퍅한 불신앙의 모습과는 판이하게 달랐다. 더러운 귀신에 의해 고통당하는 어린 딸을 가진 헬라 시민인 이 이방 여인은 예수님에 대한 소문을 듣고 곧 주님이 은둔해 있는 집까지 찾아와 예수의 발 앞에 나와 엎드리어 딸의 구원(축귀)을 간청한다(25-26절). 본문에는 언급이 없지만 짐작컨대 더러운 귀신 들린 딸을 가진 이 여인의 아픔은 귀신 들린 아들을 가진 아버지(막 9:17 이하)처럼 말로 다할 수 없었다. 아마도 귀신을 쫓아낸 예수의 소문을 들었을 때 그녀는 딸의 치유와 자신의 고통을 덜어 줄 사람은 오직 예수님뿐이라는 희망을 가졌을 것이다. 그래서 그녀는 수소문하여 은둔해 쉬고 있는 예수님을 막무가내로 찾아왔다. 무엇보다도 이방 여인으로서 유대인 남자의 집에 찾아온 행동은 유대인에게 있어서 특별한 일이다. 그녀는 헬라인으로서 유대인에게, 여성으로서 남성에게 그것도 절박하고 간절히 주님께 나아와 그 발 아래 엎드려 간구한다(25-26절). "곧 와서 그 발 아래 엎드리어 … 간구한다."

더러운 귀신 들린 자신의 어린 딸의 고침(구원)을 위한 그녀의 행동은 즉각적인 행동("예수의 소문을 듣고 곧 와서.")이었을 뿐 아니라 필사적이고 겸손한 행동("그 발 아래 엎드리어.")이었다. 마태는 그녀의 이러한 행동을 보다 극적으로 묘사하고 있다(마 15:22). "가나안 여자 하나가 그 지경에서 나와서 소리 질러 이르되 주 다윗의 자손이여 나를 불쌍히 여기소서. 내 딸이 흉악하게(지독하게/비참하게) 귀신 들렸나이다." 여인의 간구는 체면도 필요 없는 상태의 절박함이었다. 확실히 신앙의 세계는 절박함이 간절함을 낳고, 간절함이 담대함을 낳는다. 그녀의 이러한 행동을 보면서 믿는 우리는 우리 자신의 문제를 놓고 얼마나 절박하고 신속하고 담대하고 겸허하게 주님께 나아가는지 생각해 본 적이 있는가? 그런데 이 여인에 대한 주님의 반응은 너무도 의외였다(27절).

3. 주님의 응답(27절): 비유로

"자녀로 먼저 배불리 먹게 할지니 자녀의 떡을 취하여 개들에게 던짐이 마땅치 아니하니라."

예수님의 경멸적 반응에 대해 많은 해석적 논란들을 가진다. 아니! 자비와 사랑의 예수님이 어떻게 이런 반응을 할 수가 있는가? 그것도 경멸의 인종 차별적 반응을? 그러나 이방인(이교도인)에 대한 성경의 언급과 유대 역사(두로의 이스라엘에 대한 적대 역사)와 이방 선교의 구속사적 의미를 어느 정도 이해한다면, 이 반응은 당연할지 모르지만 칼빈의 해석은 주님께서 그녀의 신앙적 "열심을 자극하고 열정에 불을 붙이기 위해" 이 같은 반응을 하였다는 것이다. 예수님 당시 해변의 두로 지역은 이방 지역으로 간주된 지역으로 갈릴리 북쪽 산지의 유대 농부들의 농작물들을 사서 쓰는 부유한 도시였다. 이런 상황에 특히 농작물이 귀한 시절(겨울)이 오면 유대 농부들은 위 비유를 말하곤 한 것 같다(Stock 1989:212). 어떻게 '자녀의 떡'을 취해 '개들'에게 줄 수 있는가? 여기 자녀는 유대인을 가리키고 개들은 이 교도(이방인)를 가리킨다. 물론 여기 '개들'로 표현된 헬라어(κυναρίοις)는 거리의 들개들이 아니라 '집 안의 개들'(애견)을 의미한다.

마가(4:11-12)에 따르면 예수님께서 이 이방 여인에게 거절의 비유^{riddle}로 응답하신 것은 이 여인을 외인^{outsider}으로 대하신 것임을 알 수 있다. 그러나 예수님의 이러한 반응에도 불구하고 이 여인은 지혜롭게 비유를 이해하고 다음과 같이 응답하고 있다.

4. 이방 여인의 응답(28절): 외인(外人)에서 내인(內人)으로

> "주여 옳소이다마는 상 아래 개들도 아이들이 먹던 부스러기를 먹나이다."

하나님 나라의 외인(이방인)으로 여기며 비유로 응답하신 예수님(막 4:11-12)에 대해 여인은 비유의 의미를 깨닫고 지혜롭게 응답한다. 자신을 상 아래 부스러기를 먹는 '개'로 인정할 뿐 아니라 떡을 먹는 우선순위도 받아드린다. 결과적으로 외인에게 주어진 비유가 이해되어짐으로 여인은 더 이상 외인으로 남아 있지 않는다. 이제 여인은 그 나라의 동등한 내인으로서 위치 가운데 있게 된다. 내인(하나님의 자녀)은 더 이상 혈통이나 의식 준수의 외관이 아니라 믿음이다. 왜냐하면 앞 단락(7:1-23)에서 내인(정결)이 되는 것은 내면의 변화와 믿음이기 때문이다.

결국 우리는 본문을 통해 영적 교훈을 받는데 그것은 '일상 속에서 이러한 경멸적 도전(야유) 앞에 우리는 어떻게 대처해야 하는가?'를 배우게 된다. 자존심이 쉽게 손상되는 사건 (일종의 장애물/어려움) 앞에 우리는 감정에 의해 이성을 잃고 그냥 무력하게 걸려 넘어져 돌아서지는 않는지. "아니 내가 이런 일(수치: 경한 일) 당하려고 이 짓(중대한 일)을 해"라고 금방 화를 내고 욕하고 돌아설 때가 많다. 그러나 여인은 이 고통스러운 경멸의 순간(비유)을 믿음의 행동으로 해체시켜 그것을 긍정적 상황의 새로운 국면으로 전환시킴(해석함)으로써 그녀의 생애에 놀라운 이적을 경험하게 되었다: "주여 옳소이다마는 상 아래 개들도 아이들이 먹던 부스러기를 먹나이다." 이것이 신앙의 지혜다. 우리는 얼마나 많은 순간을 '적은 것'["아이들이 먹던 부스러기"](감정; 자존심; 체면; 등등)에 걸려 넘어져 '큰 것'(신앙; 성숙; 축복 등등)을 잃게 되는가? 결국 이 여인은 부스러기를 구했지만(실제는 배불리 먹음) 그녀의 겸손하고 적극적 신앙의 간청으로 딸의 구원을 얻게 되었다. 그녀의 이 같은 신앙적 지혜는 간구하였던 [부스러기] '떡'(치유=구원)을 기다림 없이 동시에 같은 상(床)에서 먹게 되었다. 마태복음을 보면 그녀는 예수님의 의도적 침묵이나 외면 혹은 냉대에도 불구하고 제자들의 무관심과 무시에도 불구하고 필사적이고도 끈질기게 간구한다(마 15:23-27). 그녀의 간구는 "나를 불쌍히 여기소서, 도와주소서."이다.

5. 예수의 복스러운 선언과 이적(29-30절)

"이 말을 하였으니 돌아가라 귀신이 네 딸에게서 나갔느니라 여자가 집에 돌아가 본즉 아이가 침상에 누웠고 귀신이 나갔더라."

그녀의 대답 속에 나타난 담대하고 적극적인 믿음과 지혜와 신뢰의 행동은 놀라운 구원의 이적을 가져다주었다. 특히 예수의 이 같은 말을 단순히 듣고(믿고) 집으로 돌아간 그 여인은 자신의 어린 딸이 정상으로 돌아와 침상에 누워있음을 보게 된다. 이 여인의 신앙의 결과는 단순한 부스러기의 먹음이 아니라 배불리 먹은 넉넉한 하나님의 은혜(돌보심)였다.

우리는 여기서 하나님의 돌보심의 은혜가 이제 더 이상 외관상 차별이 없음을 보게 된다. 행 10:34-48과 15:6-11의 베드로의 말씀에서 보는 대로 하나님께서는 유대인과 이방인에게 똑같이 성령을 부어주셨다(cf. 갈 3:28). 더 나아가 분문이 우리에게 주는 영적 교훈은 스펄전의 깨달음처럼 "우리 주님은 우리의 믿음을 간파하는 매우 신속한 눈을 가지고 있다"는 것이다. 주님은 자신의 혈통이나 공로가 아니라 오직 주님의 은혜만을 간구하는 이 여인의 끈질긴 믿음을 보았다. 그녀는 낙망치 않고 지속적으로 구하고 찾고 두드렸다. 이것이 주님을 기쁘시게 하는 믿음이다. "믿음이 없이는 하나님을 기쁘시게 못하나니 하나님께 나아가는 자는 반드시 그가 계신 것과 또한 그가 자기를 찾는 자들에게 상주시는 이심을 믿어야 할지니라(히 11:6)." 하나님은 은혜로 굶주린 마음과 상한 심령을 찾으신다(시 51:17; 마 5:3, 6). 확실히 하나님의 은혜는 낮은 곳으로 흐른다. 이 은혜가 우리 모두에게 충만하길 기원한다.

결론

오늘 본문은 우리에게 '주님을 기쁘게 하는, 주님이 칭찬하시는 믿음(마 15:25)의 스토리'가 어떤 모습인지를 잘 예시해 주고 있다. 결국 참된 신앙의 모습은 어려움(장벽)을 만날 때 나타난다. 우리는 마가복음의 '이적 기사들'miracles stories을 보면서 이들이 주님께 나아와 믿음으로 간구할 때까지 그들에게 평탄한 길이 있었던 것이 아님을 보게 된다. 어려움과 장애가 있었음에도 불구하고 믿음의 사람들은 그와 같은 장벽들을 넘어서서 간절하고도 겸손하고 담대하게 그리고 끈질기게 주님께로 나아왔다. 문둥병자(1:40[사람들 가까이 접근할 수 없고 만질 수 없는 문둥병])도; 중풍병자(2:4[무리들로 인해 가까이 나아올 수 없는 상황])도; 야이로(5:35-36[딸의 죽어 가는 상황에 모든 체면을 뒤로하고 주님께 나아와 무릎 꿇고 간구하였다.])도; 혈류증 여인(5:27[접촉할 수 없는 불결한 상태에서 주님의 옷자락을 만짐])도; 귀신 들린 아들을 가진 아버지(9:18[제자들의 꾸짖음])도; 바디매오(10:48[조용히 하라는 무리의 계속된 경고])도. 우리도 이런 믿음의 소유자가 되기를 소원한다.

확실히 이 여인은 자신들의 전통에만 묶여 주님을 비난하는 앞선 종교 지도자들과의 모습과는 판이한 모습이었다. 처음부터 끝까지 그녀의 반응과 행동은 주님의 마음을 사로잡는 믿음을 가지고 있었다. 겸손하면서도 지혜롭고 끈질긴 믿음이었다. 주님은 오늘도 이런 믿음의 사람을 찾으신다. 주님의 은혜와 축복은 이런 사람에게 머문다. 삐딱하게 비난과 비평에 발 빠르고 이익에 민감한 사람이 아니라, 하나님의 은혜를 진심으로 사모하는 사람을 찾으신다.

28 길 위의 길
The Way on The Way

마가복음 강해

귀먹고 말 더듬는 자를 고치심 (막 7:31-37)

"31 예수께서 다시 두로 지방에서 나와 시돈을 지나고 데가볼리 지방을 통과하여 갈릴리 호수에 이르시매 32 사람들이 귀 먹고 말 더듬는 자를 데리고 예수께 나아와 안수하여 주시기를 간구하거늘 33 예수께서 그 사람을 따로 데리고 무리를 떠나사 손가락을 그의 양 귀에 넣고 침을 뱉어 그의 혀에 손을 대시며 34 하늘을 우러러 탄식하시며 그에게 이르시되 에바다 하시니 이는 열리라는 뜻이라 35 그의 귀가 열리고 혀가 맺힌 것이 곧 풀려 말이 분명하여졌더라 36 예수께서 그들에게 경고하사 아무에게도 이르지 말라 하시되 경고하실수록 그들이 더욱 널리 전파하니 37 사람들이 심히 놀라 이르되 그가 모든 것을 잘하였도다 못 듣는 사람도 듣게 하고 말 못하는 사람도 말하게 한다 하니라."

앞에서 우리가 보았던 수로보니게 여인의 이적 사건(막 7:24-30)은 비유로 말씀하신 예수님의 의도를 외인인 이방인이 올바로 깨닫고(듣고) 응답한(말한) 것으로 마가복음의 의도와 심중을 잘 반영해 주는 의미 있는 사건이다. 이 사건에서 보인 대로 이제 마가는 데가볼리 지역을 지나 이방의 갈릴리 호수 지역에서 귀먹고 거의 말 못하는 자를 예수님께서 고쳐주심으로써 이사야가 예언(사 35:5-6)한 메시아의 종말론적인 구원 사역이 이방 속에서도 나타남을 시사해 주고 있다. 사실 이 이적 기사는 오직 마가복음에만 기술된 사건이다.

1. 이방 지역에 대한 예수님의 사역(31절)

> "예수께서 다시 두로 지경에서 나와 시돈을 지나고 데가볼리 지경을 통과하여 갈릴리 호수에 이르시매."

갈릴리 주변의 모든 이방 지역들(두로; 시돈; 데가볼리)에 대한 언급은 예수 그리스도를 통해 복음이 이방 세계에 널리, 그리고 깊숙이 퍼져나갔음을 시사해 준다. 특히 갈릴리 호수는 페니키아와 데가볼리의 이방 지역들을 연결하는 중심된 장소인 이방 선교의 부름의 장소("이방의 갈릴리여!"[사 9:1-21])이기도 하다. 예수 그리스도는 단순히 유대에만 국한된 메시아가 아니라 온 세상의 구주이시다. 그를 통해 "흑암에 행하던[앉은] 백성이 큰 빛을 보[았]고 사망의[땅과] 그늘[진땅]에 앉은[거하던] 자들에게 빛이 비춰도다[비춰었도다]"(사 9:2; 마 4:16). 이방 지역(바다와 산과 들과 집)에 대한 예수님의 이와 같은 선교 사역은 우리(교회)의 규범이 되어야 한다.

2. 귀 먹고 말 더듬는[거의 벙어리된] 자가 사람들에 의해 주님께 나아옴(32절)

마가복음에서 귀^{ear}와 들음^{hearing} 그리고 눈^{eye}과 봄^{seeing}에 대한 언급이 반복해서 나타난다. 이 모든 것은 예수님의 가르침^{teaching}의 들음과 이적^{miracle}의 봄의 사역과 밀접하게 관련되어 있을 뿐 아니라 또한 깨달음^{understanding}과 밀접하게 관련되어 있다. 특히 '들을 수 있는 [육적] 귀'를 가짐에도 불구하고 깨닫지 못하는 사람들의 모습은 하나님의 계시에 대한 무지와 불신앙의 모습을 잘 보여주며 '말을 잘 못하는 모습'(막 16:8)은 선교적인 결함을 의미한다.

1) 귀(ear)와 들음(hearing)에 대한 마가의 언급

"들으라"(4:3); "들을 귀 있는 자들은 들으라"(4:9, 23); "듣기는 들어도 깨닫지 못하게 하여"(4:12); "말씀을 들을 때에[4x]"(4:15, 16, 18, 20); "무엇을 듣는가 스스로 삼가라"(4:24); "내 말을 듣고 깨달으라"(7:15); "아직도…귀가 있어도 듣지 못하느냐?"(8:17-18); "아직도 깨닫지 못하느냐?"(막 8:21); 수난의 예언을 들려주어도 깨닫지 못하는 베드로(8:31-32)에게 변화산에서 "이는 내 사랑하는 아들이니 너희는 저의 말을 들으라"(9:7)고 하였지만 여전히 시각 장애자들인 제자들의 모습과 함께 산 아래의 상황 역시도 그와 같았다. 벙어리 되고 귀먹은 귀신 들린 아들(9:25)의 모습은 '산 아래 세대의 모습'이었다.

마가복음에서의 '들음'hearing은 단순한 외관상의 들음이 아니라 올바른 이해(깨달음)와 순종을 포함하는 신앙적 반응이다. 우리의 모습은 어떠한가? 들어도 깨우치지 못하고 잘 말하지 못하는 모습. 여기의 귀먹고 말 더듬는 자가 우리가 아닌가? 마가복음의 제자들 역시도 성령의 강림 전까지는 여전히 귀먹고 말 더듬는 자들이었다. 사탄은 세상의 가치를 통하여 하나님의 말씀에 대한 우리의 이해를 어둡게 한다(막 4:15; 9:25).

2) 사람들이 귀먹고 어눌한 자를 주님께 데리고 옴

선교 모티브가 나타난다. 귀가 있어도 들어도 듣지 못하고 혀가 있어도 말을 더듬는 사람들이 우리 주변에 수두룩하다. 우리는 이러한 자들을 주님께 데리고 와야 한다.

3. 예수님의 이상한(?) 고침(33-34절)

　귀먹고 말 더듬는 자에 대한 예수님의 치유 방법은 특이하였다(막 8:23 참고). 예수님은 그 사람을 무리로부터 떠나 따로 데리고 가서 사람들의 요구대로 당시의 치유 사역자들이 하는 것처럼 자신의 손가락을 그의 양 귀에 넣고 침을 뱉어 그의 혀에 손을 대시며 하늘을 우러러 보시고 탄식(기도)하시며 그에게 아람어로 "에바다"(열려라)라고 명령하셨다. 듣지 못하고 말하지 못하며 오직 보고 만지는 것만 가능한 그에게 예수님은 그가 볼 수 있고 만질 수 있는 방법으로 그를 치유하셨다. 치유의 소통 방법은 늘 병자(대담자)의 관점이었다. 이어 예수님은 치유의 근원과 능력은 오직 하늘로부터 오는 줄 알고 '하늘을 우러러 보는'(look up) 기도의 모습을 취하였고 병자에 대한 애잔한 마음으로 탄식하셨다. 예수님의 탄식은 확실히 불쌍히 여기는 마음에서부터 나왔다. 우리 역시도 도움이 필요로 하는 사람들에게 이런 마음과 자세로 다가가야 한다. 최근 정치인들의 행보는 전혀 공감 능력이 없다. 확실히 "애통하며 긍휼히 여기는 자가 복이 있다"는 주의 말씀(마 5:4, 7)을 다시 한번 새겨 볼 필요가 있다. 무엇보다도 예수님은 이 사람에 대한 치유를 단순한 구경거리로 삼지 않으시려고 그를 무리로부터 따로 불러 치유하셨다. 예수님은 언제나 자신의 사역을 자랑거리(치적거리)나 구경거리(전시거리)로 삼지 않으셨다. 확실히 이 '에바다'의 이적은 마가복음이 추구하는 이적일 뿐 아니라 그의 치유 방법과 절차 또한 우리의 사역에 커다란 귀감이 된다. 눈이 열려 이적의 참 의미를 보고, 귀가 열려 가르침의 참 의미를 듣고, 입이 열려 복음(주님)을 전하는 이적이다. 이것은 주의 교훈을 듣고 주의 이적을 보는 것에 그칠 뿐만 아니라 그것을 전하는 것을 의미한다.

4. 귀가 열리고 혀의 맺힌 것이 풀려 분명히 말함(35절)

그에게 베풀어진 놀라우신/은혜로우신 이적(귀가 열리고 혀가 풀림)은 어두움의 세력 가운데 있는 죄인들이 가져야 할 종말론적인 구원임을 의미한다. 곧 이사야(35:5-6)와 에스겔(24:27 "그때에 맹인의 눈이 밝을 것이며 못 듣는 사람의 귀가 열릴 것이며 그때에 말 못하는 자의 혀는 노래하리니[At that time your mouth will be open; you will speak with him and will no longer be silent]")이 말한 종말론적인 구원(재창조)과 선교 사역이 하나님의 아들 예수 그리스도를 통해 지금 이방인들 가운데 성취되고 있음을 보여준다. 사람들은 이 이적에 크게 놀라 메시아의 구원(재창조) 사역을 다시 한번 경험하고 있다: "그가 다 잘 하였도다[창 1:31 참고]. 귀머거리도 듣게 하고 벙어리도 말하게 한다."(37절). 그에게 '에바다'라 말씀하니 귀가 열리고 혀가 풀렸다.

5. 감출 수 없는 예수님의 사역(36절): "경계하실수록 저희가 더욱 널리 전파하니"

예수님의 사역(복음)은 감출 수 없다. 우리에게 은혜로 찾아오신 복음은 모든 인류가 들어야 할 메시지이다. 놀라운 은혜로우신 이적을 경험한 그들은 열정적으로 그 사실을 전파하였다. 복음의 은혜로우신 축복은 나 혼자만이 간직할 축복이 아니다. 나눌수록 커지는 축복이다. 인간의 것들은 나눌수록 적어지고 감출수록 썩어 없어지는 것이지만 하늘나라의 것은 나눌수록/퍼줄수록 커지고 풍성해지는 것이다. 이미 오병이어의 기적에서 본 것처럼 나눌수록 풍족히 먹는 것이 기독교의 축복이다. 움켜잡아야 될 것이라면 그것은 썩어 없어지는 것들이다. 이스라엘 백성들이 보인 광야의 만나 사건을 생각해 보라. 우리에게 예수 믿는 보람이 없기 때문에 주신 축복을 움켜쥐려고만 함으로써 우리는 초라한 삶을 산다. 사랑과 은혜와 축복은 나누어줄수록 커지는 것이다. 예수님의 생애(목자가 양들을 위해 자신을 주심으로 풍성히 먹이시는 예수님)를 통해 보여 준 한 알의 밀알의 교훈이 그것이고 바울의 "주는 자가 복되도다."(행 20:35)고 한 말씀이 바로 여기에 있다. 여러분은 이와 같은 풍성한 삶을 경험하길 원하는가?

결론

1. 과연 들어도 깨닫지 못한 자가 누구인가?

마가는 제자들이 그러하다(귀머거리며 벙어리라)고 말하고 있다(막 8:18). 마가는 제자들의 이러한 모습을 복음서를 통해 부각시키면서 지금 고난과 핍박 속에 있는 마가의 청중 역시도 예수의 바른 신분과 가르침을 깨닫지 못하고 무서움 가운데서 부끄럼 없는 복음 전파를 위한 순종의 삶을 살지 못하는 그러한 모습(16:8)이 아닐까?라고 넌지시 책망하고 있다. 오늘의 우리가 바로 이러한 자들이 아닌가? 귀가 열리고(깨달음) 혀가 풀려야(복음 전파) 할 사람은 과연 누구인가? 확실히 믿음은 들음에서 난다. 들을 귀를 가진 자가 복되다. 악성 베토벤은 자신은 이곳에서는 잘 듣지 못하지만 "천국에서는 나는 들을 것이다"고 하였다. 오늘 예수님은 세상(무리)으로부터 우리를 따로 불러내어 우리의 귀를 열어 천국의 소리를 들려주시기를 소원한다. 우리 모두는 '한적한 곳'으로 물러 나가 하나님의 말씀을 새롭게 듣고 그것을 세상 사람들에게 분명히 전하는 사람들이 되어야 한다. 그러기 위해서는 먼저 우리의 막힌 귀를 열어달라고 간구해야 할 것이다.

2. 예수님의 치유 방법은 우리의 사역의 본보기이다.

예수님이 보이신 병자에 대한 접근 방법이나 소통 방법(그 사람을 따로 데리고 무리를 떠나서 손가락을 귀에 대고 손에 침을 뱉어 혀에 대시는 행동), 그리고 그가 보이신 기도의 모습(하늘을 우러러 보시고)과 공감 능력(탄식하시는 모습)은 우리 시대의 교회가 어떻게 세상에 다가가 사역을 해야 할지를 잘 교훈해 준다.

3. 경계에도 불구하고 전파되는 복음

이와는 대조적으로 예루살렘과 갈릴리로부터의 적대감과 반대로 인해 예수님께서 그들에게 전파하지 못하도록 경계하였음에도 불구하고 예수님의 구원에 대해 "더욱 널리 전파하는" 데가볼리 지역의 이름 모를 사람들. 이들이 진정한 선교사들이다.

29 길 위의 길
The Way on The Way

사천 명을 먹이신 이적 (막 8:1-10)

"1 그 무렵에 또 큰 무리가 있어 먹을 것이 없는지라 예수께서 제자들을 불러 이르시되 2 내가 무리를 불쌍히 여기노라 그들이 나와 함께 있은 지 이미 사흘이 지났으나 먹을 것이 없도다 3 만일 내가 그들을 굶겨 집으로 보내면 길에서 기진하리라 그중에는 멀리서 온 사람들도 있느니라 4 제자들이 대답하되 이 광야 어디서 떡을 얻어 이 사람들로 배부르게 할 수 있으리이까 5 예수께서 물으시되 너희에게 떡 몇 개나 있느냐 이르되 일곱이로소이다 하거늘 6 예수께서 무리를 명하여 땅에 앉게 하시고 떡 일곱 개를 가지사 축사하시고 떼어 제자들에게 주어 나누어 주게 하시니 제자들이 무리에게 나누어 주더라 7 또 작은 생선 두어 마리가 있는지라 이에 축복하시고 명하사 이것도 나누어 주게 하시니 8 배불리 먹고 남은 조각 일곱 광주리를 거두었으며 9 사람은 약 사천 명이었더라 예수께서 그들을 흩어 보내시고 10 곧 제자들과 함께 배에 오르사 달마누다 지방으로 가시니라."

예수께서 광야에서 무리들을 배불리 먹이신 급식 이적은 특히 마가복음에서는 2번 나온다. 5천 명(남자들만)을 먹이신 급식 이적(막 6:30-44)과 4천 명(전체 무리?(마 15:38))을 먹이신 급식 이적(막 8:1-10)이다. '광야의 먹이심'의 두 이적 사건들은 하나의 공통된 메시지를 전하는데 그것은 예수님을 통한 '새로운 출애굽'(모세와 엘리야보다 더 큰 예수=메시아)을 의미할 뿐 아니라, 예수님은 '하늘로부터 내려 온 떡'임을 가리킨다. 그러나 이들 두 급식 이적 사건들은 마가의 문맥 가운데 각기 다른 의미를 가지고 있다.

전자는 유대 지역에서 일어난 것이라면, 후자는 이방 지역에서 일어난 사건이다. 전자는 배불리 먹고 12바구니(이스라엘의 열두 지파)가 남았고, 후자는 배불리 먹고 7광주리(우주적인 숫자)가 남았다. 이들 두 사건 속에 묘사되었던 각각의 광주리는 용도가 다른 광주리였다. 막 6:30-44의 바구니 "cophinos, κόφινος"는 유대인들이 음식을 들고 다니는 작은 나무 가지로 만든 광주리이고, 막 8:1-10의 광주리 "spyris, σπυρίς"는 통상적으로 헬라인들이 물자를 실어 나르는데 사용하는 매트mat로 된 큰 광주리(cf. 행 9:35)를 의미하기도 한다.

우리가 이미 살펴본 대로 마가복음 6장에서 8장으로 넘어가는 전환 문맥(막 7장)의 의미가 '부정한 손으로 거룩한 떡을 먹을 수 있나?'라는 질문에 대해 7장(1-23절)은 내면의 정결만 유지한다면 외관상의 의식 준수는 의미가 없음을 주장한다. 즉, '참된 정결'은 외관상의 의식 준수가 아니라, 내면(마음)의 변화며 도덕적 삶이라는 것이다. 이어지는 사건은 이 점을 잘 입증해 준다. 특히 이방 지역에서 더러운 귀신 들린 어린 딸을 가진 이방인(외인) 수로보니게 여인이 경험한 떡 먹음(치유)은 더 이상 집안의 자녀만이 아니라 개들(반려견들?)도 상 아래 떨어지는 부스러기를 먹을 수 있다는 사실을 보여준다. 복음은 반상의 차별도 무너뜨린다(갈 3:28). 주님과의 비유 문답을 통해 자신이 보인 지혜와 믿음으로 딸의 치유(배불리 먹게 됨)를 이방 여인은 경험한다. 또한 한때 하나님께 대해 귀머거리 되어 말을 잘 못하는 이방인이 예수 그리스도로 말미암아 지금 하나님을 청종할 수 있고 고백[경배]할 수 있음을 잘 보여주고 있다. 이제 오늘 우리가 다룰 본문(8:1-10)을 살펴보자.

1. 사천 명을 먹이신 이적(막 8:1-10)

이 사건이 일어난 장소는 갈릴리 호수 남동쪽 해안에 인접한 이방 지역 중 하나인 데가볼리 지역(막 7:31)의 광야(4절)로 추정되며 사건의 상황은 놀라운 가르침과 이적을 통해 주님을 찾아 온 많은 무리가 예수님(의 가르침)과 함께 광야에서 먹을 것이 없이 사흘이나 지내게 되었다(1-2절). 아마도 사흘 동안 강론과 함께 기도와 금식의 시간을 가졌을 것이다. 이런 상황에서 예수님은 제자들을 불러 자신과 함께 한 무리에 대한 긍휼한 마음을 전하였다(1절 후반-2절). "내가 무리를 불쌍히 여기노라 그들이 나와 함께 있은 지 이미 사흘이 지났으나 먹을 것이 없도다."

1) 긍휼의 사람 예수의 관심(막 8:2-3): 양들의 먹이심

여기서 예수님의 긍휼은 '목자 없는 양과 같은 그들의 모습(막 6:34) 때문이 아니라, 광야에서 사흘 동안 함께 하면서 먹을 것 없는 상황(1-2절) 때문이었다. 이전 급식 이적에서의 긍휼은 목자 없는 양과 같은 그들의 상황에 대해 가르침으로 나타났다면 compassion and teaching, 지금의 긍휼은 그들의 육체적 필요에 의한 먹이심으로 나타났다 compassion and feeding. 한마디로 긍휼에 기초한 지금의 급식 이적은 그들의 육체적 필요를 채우려는 목적이었다.

목자의 관심은 양들에 대한 먹이심 feeding이다. "내가 온 것은 양으로 생명을 얻게 하고 더 풍성히 얻게 하려는 것이라"(요 10:10), 곧 양들의 풍성한 삶 abundant life이다. 시편 기자의 고백처럼 "여호와는 나의 목자시니 내가 부족함이 없으리로다."(시 23:1)이다. 아마도 여기의 음식은 영적이고 육적인 음식 모두를 가리키는 것이 된다. 주님을 따르는 길에 고난은 있지만 부족함은 없다. 제자들에게 말한 예수님의 심정을 들어보자(2-3절):

> "내가 무리를 불쌍히 여기노라 저희가 나와 함께 있은 지 이미 사흘이매 먹을 것이 없도다 만일 내가 저희를 굶겨 집으로 보내면 길에서 기진하리라 그중에는 멀리서 온 사람도 있느니라."

여기에 나타난 주님의 모습(마음과 태도)은 제자들의 모습과는 판이하게 다르다. 이방인들이 주로 사는 이방 지역에서 이방인들과 그곳 광야에서 사흘을 함께 하신 주님은 먹을 것이 없는 그들의 모습을 보시고 불쌍히 여기셨다. 당시의 종교 지도자들과는 달리 예수님의 긍휼은 지역과 인종을 뛰어넘고 계층을 뛰어넘으시며 그의 먹이심 또한 지역과 인종을 뛰어넘고 계층과 성별을 뛰어넘는다. 예수님은 유대인만의 메시아가 아니고 온 인류의 메시아이시다. 그의 긍휼과 돌보심(먹이심)은 한이 없다. 예수님의 말씀을 듣기 위해 먼 거리에서 주님이 계신 광야로 나아온 사람들은 사흘 동안 주님과 함께 하면서 음식이 없어 크게 굶주렸고 이제 그들을 그냥 집으로 돌려보낸다면 기진할 형편이었다. 이에 주님은 제자들을 불러 그러한 형편과 심정을 말씀하셨다.

2) 이러한 상황에 대해 제자들을 부르신 예수님(막 8:1b): "제자들을 불러 이르시되"

막 6:30-44의 이적 사건과는 달리 이 사건에서는 예수님께서 제자들을 불러 광야에 있는 무리의 형편과 그들에 대한 예수님의 심정("내가 무리를 불쌍히 여기노라.")을 그들에게 알리셨다. 이방 지역의 광야의 무리들

(이방인들)을 먹이심은 누구의 몫인가? 그를 따르는 제자들(교회)의 몫이 아닌가? 이미 예수님은 제자들에게 "너희가 먹을 것을 주라"(막 6:37)라고 하셨다. 요한복음에서도 "내 양을 먹이라"(요 21:15-17)와 "나를 따르라"(요 21:19)는 동일한 사명으로 나타난다. 그러나 제자들은 이러한 사명(선교적 [영적/육적] 먹임)에 대한 깨달음도 없고 능력도 없다. 이것이 현대 교회의 모습이다. 목자 되신 주님을 통해 풍성한 삶(먹음)을 경험한 교회는 광야의 무리를 먹이는 일을 해야 한다. 우리(교회)의 적은 헌신과 사랑을 통하여 먹이심의 축복의 삶이 나타난다. 예수님의 살과 피를 먹고 마시는 '성례전의 백성'(교회)의 삶이란 어떤 것일까? 교회는 '먹는 공동체'eating community이지만 동시에 '먹이는 공동체'feeding community이다.

무리의 형편과 그들에 대한 주님의 심정을 들은 제자들은 예수님께 이렇게 되묻는다(4절). "이 광야 어디서 떡을 얻어 이 사람들로 배부르게 할 수 있으리이까?" 제자들의 답변에는 빈정거림이 있다. 말도 안 된다. 불가능하다는 것이다. "여기 광야 어디에서 이들을 빵으로 만족하게 배불리 먹일 수 있습니까?" 마가는 이 표현을 통해 제자들이 앞의 급식 이적 사건을 깡그리 잊고 있음을 지적함(19절)과 동시에 예수님이 행할 이적의 크기를 예시한다. 이전의 급식 이적 사건에서는 그 많은 군중을 어떻게how 떡을 사서 먹일 수 있느냐고 물었던 제자들은 이제 어디서where 떡을 얻어 그들을 배부르게 먹일 수 있느냐고 묻는다. 제자들의 관심(마음)과 주님의 관심(마음)은 항상 판이하게 다르다. 경제적 문제와 상황적 문제가 제자들의 관심이었다면, 주님의 관심은 함께 한 무리 자체의 필요와 상황에 대한 관심이었다. 주님은 항상 자기 양들의 영적-육적 필요에 관심을 가지신다. 1-4절을 묵상해 보면 무리를 대하는 동기가 서로 판이하게 다르다는 것을 알 수 있다.

흥미로운 점은 얼마 전 주님의 급식 이적을 경험했던 제자들은 여전히 주님이 그들을 충분히 먹일 수 있다는 사실을 망각하고 있다. 이전에 그들이 나누어주어 풍족하게 먹이고 충분히 남았던 일을 깡그리 망각하고 있다. 제자들이 나누어 준 빵들은 그 근원이 어디인가? 주님으로부터 이적적인 먹이심이 왔지 않았는가? 어떻게(돈), 어디서(장소)가 아니라 주님(누가?)이 그들을 먹이신다는 사실을 깨닫지 못한다. 무리를 떡으로 먹일 수 있는 원천은 돈도 아니요 장소도 아니다. 그 원천은 오직 주님이시다. 놀라운 과거의 경험에도 아직도 그들은 예수님으로부터 아무런 이적을 기대하지 못하고 있다. 깨달음이 더딘 망각의 사람들이 제자들이다. 과거의 광야 그때에도 그랬고 지금도 그러하다. 신앙 길에 축복과 기적은 망각하기 쉽고, 어려움과 고난은 기억하기 쉽다. 저와 여러분은 무엇을 기억하고 무엇을 망각하며 사는가? 그동안 경험했던 축복과 기적을 기억하고 감사와 신뢰로 나아가는 신앙의 순례자들이 되었으면 한다. 이것이 신앙의 순례자들이 가져야 할 기억이고 감사의 삶이다. 살아온 기적들이 살아 갈 기적들이 되고(장영희의 고백), 경험했던 과거의 놀라운 기적들이 기대할 오늘과 내일의 기적이 되어 불평과 원망 그리고 인생의 빈정거림보다는 기쁨과 감사와 신뢰로 나아가는 하루하루의 순례자의 삶이 되기를 소원한다.

주님은 제자들에게 너희가 떡을 얼마나 가지고 있느냐 물으셨다(5절). "예수께서 물으시되 너희에게 떡 몇 개나 있느냐?" 그리고 제자들이 가지고 있는 떡 일곱 개를 축사하시고 무리들에게 나누어 주게 하셨고 또 가지고 있던 작은 물고기 몇 마리들을 축사하시고 나누어 먹게 하셨다. 예수님은 그들이 가지고 있던 떡 일곱 개로 무리들을 풍족히 먹이시고 남아 있는 것을 거두니 7광주리나 되었다(8절). "배불리 먹고 남은 조각 일곱 광주리를 거두었으며." 그들이 "어디서 떡을 얻어 이 광야에서 이들을 배부르게 먹일 수 있느냐"고 빈정거렸던(4절) 그 광야에서 예수님은 무리들을 배불리 먹이셨다. 이것이 나눔의 기적의 인생 스토리다. 마가는 빈정거린 의미로 사용한 헬라어 단어(χορτάζω)를 가지고 그대로 되받아 서술한다.

하나님의 아들이신 예수님은 제자들의 도움 없이도 그들을 풍족하게 먹일 수 있는 분이시다. 그러나 주님은 우리의 작은 헌신을 통해 이적을 행하시기를 기뻐하신다. 다시 한번 5절의 질문(6:38 참고)을 묵상해 보자. 예수께서 물으시되 너희에게 떡 몇 개나 있느냐? 그리고 주님은 이것을 통해 무리를 배불리 먹이셨다. 이것이 주님께서 세상을 먹이시는 방법이시다. 제자들의 참여와 주님의 기도(축사)로 먹이심의 이적이 나타났다.

주님의 이방인을 먹이심의 섬김은 여기서 끝나지 않으신다. 결국 주님은 자신의 몸을 우리 모두를 위해 하나님께 드림(막 10:45)으로 온 백성을 먹이시는 참된 생명의 떡이시며 참된 목자이시다. 그리고 우리의 목자 되신 주님은 우리를 향하여 너희가 먹을 것을 주라, 내 양을 먹이라고 말씀하신다. 이 부르심에 순종하는 우리 모두가 되었으면 한다. 우리 순례자의 집은 주님의 이 권면에 순종하는 공동체가 되었으면 한다. 오늘 말씀을 생각하고 찬송가 295장을 함께 부르자.

30

마가복음 강해
길 위의 길
The Way on The Way

예수님의 탄식과 제자들의 몰이해 (막 8:11-21)

"(10 곧 제자들과 함께 배에 오르사 달마누다 지방으로 가시니라) 11 바리새인들이 나와서 예수를 힐난하며 그를 시험하여 하늘로부터 오는 표적을 구하거늘 12 예수께서 마음속으로 깊이 탄식하시며 이르시되 어찌하여 이 세대가 표적을 구하느냐 내가 진실로 너희에게 이르노니 이 세대에 표적을 주지 아니하리라 하시고 13 그들을 떠나 다시 배에 올라 건너편으로 가시니라 14 제자들이 떡 가져오기를 잊었으매 배에 떡 한 개밖에 그들에게 없더라 15 예수께서 경고하여 이르시되 삼가 바리새인들의 누룩과 헤롯의 누룩을 주의하라 하시니 16 제자들이 서로 수군거리기를 이는 우리에게 떡이 없음이로다 하거늘 17 예수께서 아시고 이르시되 너희가 어찌 떡이 없음으로 수군거리느냐 아직도 알지 못하며 깨닫지 못하느냐 너희 마음이 둔하냐 18 너희가 눈이 있어도 보지 못하며 귀가 있어도 듣지 못하느냐 또 기억하지 못하느냐 19 내가 떡 다섯 개를 오천 명에게 떼어 줄 때에 조각 몇 바구니를 거두었더냐 이르되 열둘이니이다 20 또 일곱 개를 사천 명에게 떼어 줄 때에 조각 몇 광주리를 거두었더냐 이르되 일곱이니이다 21 이르시되 아직도 깨닫지 못하느냐 하시니라."

오천 명을 먹이신 급식 이적 사건(6:30-44) 후 호수를 건넌 사건(6:45-52)이 나오고 그 뒤 게네사렛에서 바리새인들과의 논쟁(7:1-23[정결 규례])이 나온 것처럼, 두 번째 사천 명을 먹이신 급식 이적 사건 후 호수를 건너는 모습이 언급되고 그 뒤 바리새인들의 시험('하늘로 오는 표적'을 구함)이

나온다. 이전의 이방인들의 담대하고도 끈질긴 신앙적 모습과는 대조적이다. 이들 바리새인들은 하나님께서 모세를 통해 많은 이적들을 행한 후에도 계속 하나님의 능력을 입증하기를 요청함으로써 불신앙 가운데 하나님을 시험하고 모세를 반역한 완악한 광야 세대(cf. 민 14:11 22; 신 1:35; 시 95:10)의 역할을 하고 있다. 앞서 보았듯이 예수께서 많은 이적을 행하였음에도 불구하고 예수를 죽이기로 결안한 자들(3:6)은 그것들을 마귀적이라고 비난한 자들(3:22)이다. 이 요구는 예수님에 대한 철저한 적대감이고 불신앙의 표시였다. 애굽에서 나온 세대('이 세대'[노아의 세대])가 구원자 모세를 거역한 것같이, 종교 지도자들인 바리새인과 서기관들은 참된 구원자이신 예수님을 거역하고 있다. 앞의 광야의 무리들을 향한 예수님의 '깊은 긍휼'과 대조적으로 여기 불신앙과 거역의 이 세대(이스라엘[종교 지도자들])에 대한 예수님의 '깊은 탄식'(12절)이 있다.

1. 표적을 구하는 바리새인들(11-13절)

급식 이적 후 바리새인들의 등장은 예수님에 대한 거절(배척)의 모티브를 강화한다. 이미 많은 이적들을 보았음에도 불구하고 예수님을 바알세불에 지폈다고 비난한(3:22) 그들이 하늘로부터의 표적을 구하는 것은 예수님의 사역의 진정성이나 그의 신분을 확인하려는 신앙적 행위(영접)가 아니라, 예수님을 시험하려는 불-신앙적 행위(배척)였다(12절). 이 같은 그들의 동기(강퍅한 마음)를 아시고 예수님은 깊은 탄식(절망) 가운데 더 이상 그들과의 관계를 단절하기로 마음먹는다(12-13절, "그들을 떠나"). 갈릴리에서 이들과의 만남은 이것이 마지막이었다.

여기 "그들을 떠나"의 표현은 지속적으로 예수님을 거절하고 배척하는 사람들에게 예수께서 보이신 종국적인 행동으로 그들에게 등을 돌려 결별하시는 모습으로 예수님은 배 타고 이들을 떠나신다. 증거에 의존하는 신앙은 참된 신앙이라기보다는 감추어진 의심의 표출이다. 신실함을 찾으려는 것이 아니라 잘못된 것을 찾으려는 의도이다(사설탐정에게 의뢰). 믿음이란 입증될 수 있는 것이라기보다는 오직 신뢰와 헌신으로 나타나야 한다(Edwards, 237). 마침내 이 세대에게 더 이상 표적을 주시지 않는 시간이 왔다. 이제는 예수께서 십자가를 지시고 돌아가실 시간이다. "그를 [지속적으로] 시험하여"(11절)와 "그들을 떠나"(13절)의 말씀을 묵상해 보자. 더 이상 소망 없는 그들의 모습을 본다. 예수님은 종교 지도자들의 위선과 악의로 인해 그들을 떠날 뿐 아니라, 성전의 외식과 불법으로 인해 성전을 떠나신다(13:1-2). 그리고 수난(십자가)를 향해 나아간다. 결국 바리새인들은 예수를 떠나 제 길로 돌아갔고, 제자들은 주님을 따라 배를 타고 갔다. 그런데 주님과 함께 한 제자들은 어떠한가?

2. "삼가 바리새인들의 누룩과 헤롯의 누룩을 조심하라"(15절)

두 번의 반복된 광야의 급식 이적에도 불구하고 '물질적 떡'에만 집착하고 있는 제자들(14절, "제자들이 떡 가져오기를 잊었으매 배에 떡 한 개밖에 그들에게 없더라.")을 향해 예수님은 그들을 경계하여 이르시기를 "삼가 바리새인들의 누룩과 헤롯의 누룩을 조심하라"(8:15)고 하였다. 배에서 제자들과 함께 항해하시며(13-14절) 제자들에게 주신 예수님의 이 경계의 말씀(영적 경고[spiritual warning])은 선교의 길을 가는 오고 가는 교회에 주어진 예수님의 선지자적 권면이시다.

바리새인들과 헤롯의 누룩은 무엇을 의미하는가? 성경에서 누룩은 '악(惡)'과 '부패함'에 대한 상징을 의미한다. 그것은 그들의 가르침과 위선과 불-신앙적 행위를 말하며 정치의 남용과 권력에 미쳐 돌아가는 행위(헤롯)를 말한다. 이러한 예수님의 경계(경고)의 말씀에 제자들은 여전히 깨우침이 없다. 슬프게도 제자들의 관심은 '누룩'이 아니라 '떡'에 있음을 본다(14-16절). 이 점이 제자들의 비극이고 교회의 비극이다. 이 단락(14-21절)의 시작인 14절의 해설자의 해설narrative-aside은 이 점을 잘 지적하고 있다. 배에 계신 참된 떡이신 그 떡('떡 한 개')을 그들은 잊고 '떡이 없다'고 불평(탄식)한다.

오늘도 마찬가지이다. 선교의 길에 우리와 함께 하신 목자 되신 예수님을 잊고("여호와는 나의 목자시니 내가 부족함이 없으리로다.") 우리는 떡이 없다고 불평하고 논란한다. 주께서 경고하신 누룩에 대한 관심은 없고 오직 떡만 관심을 가지고 있는 것이 오늘의 우리(교회)다. 신앙의 길에 우리는 무엇을 기억하고 무엇을 망각하고 있는가? 우리가 망각하고 있는 대상이 '참된 떡'이시며 '목자'이신 주님이 아닐까? 확실히 15절은 주님의 선지자적 경고임이 분명하다. 오늘 교회의 문제는 물질적 떡이 아니라 상징적 누룩(악)이다. 우리가 경계해야 할 것은 누룩이고 우리가 잊지 말아야 할 것은 배 안에 우리와 함께 하신 참된 떡이신 예수님이시다. 그분이 우리의 진정한 목자이시다(시 23:1). 여기에 대해 그들이 '떡이 없다'고 한 논의(16절)는 누룩에 대한 예수님의 경계에 대한 응답으로 나온 것으로 누룩을 조심하려면 떡이 있어야 하는데 가진 떡이 없다는 것이다. 예수님은 누룩의 상징적 의미(외식 혹은 불신앙과 불순종)를 말하는데 제자들은 문자적 의미의 물질적인 떡만 생각한다. 앞의 14절의 해설자의 해설에서 보는 것처럼 제자들의 관심은 오직 물질적인 떡에 집중되어 있다. 마치 사오정 같은 제자들의 모습이다.

결국 앞의 두 급식 이적을 통해 마가가 강조하는 떡은 어떤 떡을 말하는가? 마가가 강조하는 떡은 제자들이 염려하는 물질적인 떡이 아니라, 급식 이적을 베푸신 '배 안에 있는 떡 하나'(14절)이신 '참된 떡' 예수 그리스도를 망각하고 있는 그들의 모습을 신랄하게 지적하고 있다. "제자들이 떡 가져오기를 잊었으매 배에 떡 한 개밖에 그들에게 없더라." 너희가 망각한 것은 그 떡이 아니라 '배에 계신 떡'이시다.

- "배 안에 저희와 함께 있는 한 떡"(막 8:14)은 무엇인가?

막 8:14-21은 마가복음 내에서의 세 개의 호수의 항해 기사들$^{sea\text{-}voyage}$ ^{narratives}(막 4:35-41; 6:45-52; 8:14-21) 중의 세 번째 기사이다. 이들 항해 기사들은 내용에 있어서 구조적인 유사점이 있다: 1) 예수와 제자들이 배를 타고 호수를 건너려 함; 2) 호수 가운데 문제가 발생; 3) 제자들의 오해와 불신앙이 지적됨; 여행이 끝난 후 치유 기사가 나옴. 제자들의 오해와 불신앙에 대해 지적을 살펴보면: "어찌하여 이렇게 무서워하느냐 너희가 어찌 믿음이 없느냐"(4:40); "이는 [그들의 무서움과 놀람은] 저희가 그 떡 떼시던 일을 깨닫지 못하고 도리어 마음이 둔하여 졌음이러라"(6:52); "너희가 어찌 떡이 없음으로 의논하느냐 아직도 알지 못하며 깨닫지 못하느냐 너희 마음이 둔하냐"(8:17). 예수님은 상징적 누룩에 대한 경계를 말함으로써 상징적 떡을 잘 기억하고 유지하도록 말하고 있었다. 그러나 제자들은 지금 '문자적 누룩'을 삼가야 할 '문자적 떡'에 대해 의논하고 있다. 여기서 예수님이 지적하시는 누룩은 곧 앞의 사건들과 관련이 있다.

3. 깨달음이 없는 제자들의 모습(막 8:17-21): 벳새다의 눈먼 소경 같다

17절로부터 시작하여 21절까지 계속되는 제자들의 몰이해에 대한 예수님의 책망은 제자들이 마치 시각 장애자와 같고 청각 장애자와 같은 영적 장애자의 모습으로 소개되고 있다.

"예수께서 아시고 이르시되 너희가 어찌 떡이 없음으로 의논하느냐 아직도 알지 못하며 깨닫지 못하느냐 너희 마음이 둔하냐 너희가 눈이 있어도 보지 못하며 귀가 있어도 듣지 못하느냐 또 기억지 못하느냐 내가 떡 다섯 개를 오천 명에게 떼어 줄 때에 조각 몇 바구니를 거두었더냐 가로되 열둘이니이다 또 일곱 개를 사천 명에게 떼어 줄 때에 조각 몇 광주리를 거두었더냐 가로되 일곱이니이다 가라사대 아직도 깨닫지 못하느냐 하시니라."

예수님의 경고의 말씀(15절)에 떡이 없다고 의논하는 제자들의 모습은 정말 보기에 가관이다. 예수님께서 귀먹고 말 못하는 벙어리 같은 사람을 고치시는 장면을 보고도 그들은 자신들의 영적 모습에 대해서는 전혀 깨우침이 없다.

결론

이들 호수의 항해 기사들을 통해서 우리는 제자들이 예수님이 베푸시는 놀라운 광야의 이적들을 경험하였지만 바다(환난과 시험 [풍랑과 거센 바람 그리고 바리새인들의 대적과 시험])에서는 항상 그것의 진정한 의미를 쉽게 망각하고 있음을 볼 수 있다. 결국 그들이 앞에서의 급식 이적의 진정한 의미를 바로 깨닫지 못함으로써 환난이 왔을 때, 그들은 믿음의 자리로 나아가지 못하고 있음을 보게 된다. 이것이 마가가 환난당하는 마가의 청중을 향해 경고하는 메시지이다.

선교의 길, 사명의 길에도 환란이 찾아오면 쉽게 넘어지는 돌밭의 사람이 우리가 아닌가? 혹은 세상의 염려와 재리의 유혹과 기타 욕심이 우리를 찾아오면 말씀에 뿌리 내리지 못하고 넘어지는 기시떨기의 밭이 우리가 아닌가? 우리는 환란의 날에 무엇을 기억하고 무엇을 망각하고 있는가? 지속적으로 우리가 기억하고 불평하는 것은 우리가 빵 가져오기를 잊었다는 것, 우리에게 빵이 없다는 것은 아닌지 자문해 보아야 한다. 진정 우리가 기억해야 할 것은 배 안에 있는 그 떡이 아닌지 기억할 필요가 있다. "은과 금은 내게 없으나 내게 있는 것으로 네게 주노니 곧 나사렛 예수의 이름으로 걸으라(행 3:6)." 이것이 오순절 성령 강림을 통해 변화된 제자들의 기억이고 소유이다. 그리고 시편 기자의 고백처럼, "여호와는 나의 목자시니 내게 부족함이 없으리로다." 시편 기자의 소유 역시도 여호와이심을 본다. 이 신앙이 순례 길을 가는 우리 모두의 신앙적 고백이 되기를 진정으로 소원한다. "메마른 땅을 종일 걸어가도 나 피곤함 몰랐으며."

31

마가복음 강해
길 위의 길
The Way on The Way

벳새다 소경의 두 단계 개안(막 8:22-26)

"22 벳새다에 이르매 사람들이 맹인 한 사람을 데리고 예수께 나아와 손대시기를 구하거늘 23 예수께서 맹인의 손을 붙잡으시고 마을 밖으로 데리고 나가사 눈에 침을 뱉으시며 그에게 안수하시고 무엇이 보이느냐 물으시니 24 쳐다보며 이르되 사람들이 보이나이다 나무 같은 것들이 걸어 가는 것을 보나이다 하거늘 25 이에 그 눈에 다시 안수하시매 그가 주목하여 보더니 나아서 모든 것을 밝히 보는지라 26 예수께서 그 사람을 집으로 보내시며 이르시되 마을에는 들어가지 말라 하시니라."

들어가는 말

막 8:22-26의 소경을 고치신 예수님의 이적 기사는 공관 복음서들 중에 오직 마가복음에만 나오는 특이한 이적 사건이다. 이 기사에 묘사된 대로 예수님은 마을 사람들이 자신에게 데리고 와 안수해 주시기를 원하는 한 소경을 두 단계로 치유하셨다. 마가복음에서 소경을 고치신 사건은 여리고에서 거지 소경 바디매오를 고치신 사건(막 10:46-52)과 더불어 두 번 기술되는데 이것은 마가 특유의 '이중적 기술'의 한 모습이다. 소경을 고치신 사건 외에도 마가복음에서의 이중적 기술은 '먹이심'의 이적 기사가 두 번 나오며, 심문 기사도 베드로의 심문과 예수님의 심문이 샌드위치 기법을 통해 두 번 나온다.[35] 특히 이 이적 사건은 우리가 앞으로 관찰하는 대로 전후의 단락(혹은 마가복음 전체)과 깊은 관계를 가지고 기술된 것으로 마가의 특별한 의도가 잘 반영되어 있다. 이런 점에서 최근 마가복음을 연구하는 학자들Johnson; Best; Guelich; Van Iersel; Stock; 등등은 이 사건에 특별한 관심을 기울여 왔다. 이런 까닭에 우리는 이 이적 기사가 복음서 내에서 갖는 구조적 의미 즉 마가복음 내에서의 그것의 기능과 역할을 먼저 살펴보는 것이 필요하다.

1. 구조적-문학적 이해: 바다의 상황과 무지(불신앙)

제자들의 영적 무지misunderstanding와 따름following의 실패(8:14-21)는 마가복음 메시지를 이해하는 중심된 논의가 되어왔다. 비록 그들이 초기에 예수님의 "따르라"follow me는 명령에 어느 정도 잘 순종했다 할지라도(막 1:16-20; 2:14-15; 참고, 10:28) 계속되는 예수님의 많은 이적들 가운데 제자들은 그것들의 진정한 영적 의미를 깨닫지 못함으로써 예수님으로부터 책망을 듣는 모습을 자주 보게 된다(막 4:10, 13, 41; 6:37, 52; 7:17; 8:4, 14-21). 특히 마가복음의 바다 항해 기사들sea-voyage narratives은 제자들의 이러한 무지와 불신앙과 두려움을 잘 지적해 주고 있다(막 4:40; 6:50-52; 8:17-21). 제자들은 바다의 상황에만 들어가면 그들의 무지와 불신앙과 두려움의 모습을 지니고 있음이 지적되고 여기에 예수님의 책망은 따가웠다. 불신앙으로 인하여 무지와 두려움에 떠는 이러한 바다의 장면들은 아마도 마

---

35 마가 특유의 '이중적 기술'에 대한 자세한 예들과 그것의 논의에 대해서는 Neirynck의 『Duality in Mark』을 보라.

가 공동체(청중)가 환난과 수난에 직면한 모습을 간접적으로 시사해 주고 있는지 모른다(Malbon 1984, 1993).

그중에 마지막 바다 항해 기사(막 8:13["저희를 떠나 다시 배에 올라 건너편으로 가시니라."]과 22절["벳새다에 이르매"], 그리고 14절["배(안)에을 유의하라.)인 막 8:14-21은 제자들의 영적 무지가 극적으로 서술되고 있다. 이 서술은 지금까지의 예수님의 이적들- 특히 '먹이심'의 이적과 관련하여 - 에 대한 제자들의 몰이해를 극단적으로 표현하고 있는데 이들은 철저하게 눈먼 소경의 모습과 같았다. 막 8:17-21의 예수님의 혹독한 책망은 이 점을 잘 반영한다. "아직도 알지 못하며 깨닫지 못하느냐 너희 마음이 둔하냐 너희가 눈이 있어도 보지 못하며 귀가 있어도 듣지 못하느냐 또 기억치 못하느냐 ... 가라사대 아직도 깨닫지 못하느냐." 여기서 우리는 제자들의 무지에 대한 예수님의 반복된 책망들(보지 못함; 깨닫지 못함[2번]; 알지 못함; 둔함; 기억치 못함)을 만나게 된다. 결국 제자들은 여기까지 따라 오면서 그들이 예수님의 사역에 대해 눈먼 소경처럼 '눈이 있어도 보지 못하는' 상태에 있음을 본문은 암시해 준다.

이러한 제자들의 눈먼 모습 가운데 이제 마가는 소경을 두 단계로 고친 특이한 이적 사건을 소개함으로써 제자들의 영적 개안이 점진적으로 진행됨을 암시하고 있다(Guelich 1989:430 이하). 즉, 마가는 지금 벳새다의 소경을 고치신 이 사건(막 8:22-26)을 통해 제자들의 영적 눈(깨달음=제자도)이 점진적으로(두 단계로) 열려짐을 제시하고 있다. 특히 이 이적 사건은 앞으로 나타나는 마가복음의 중심 단락인 '길' 단락(막 8:27-10:52)의 서론적 예시(Johnson)나 혹은 앞 단락과 중심 단락을 잇는 연결 고리(Van

Iersel)의 역할을 할 뿐 아니라 마가복음 전체의 메시지에 쐐기를 박는 중심(Stock)이 되기도 한다.

마가복음에서 소경을 고치신 사건(막 8:22-26; 막 10:46-52)과 '눈'eye에 대한 언급(8:18)과 '본다'see라는 단어(4:12; 8:18; 8:23, 24[2x], 25; 9:1; 9:9; 10:51, 52; 15:39)는 마가복음에서 또한 자주 언급되는 귀ear와 들음hearing 그리고 귀머거리를 고치신 이적들과 같이 마가복음의 중심 주제인 '깨달음'understanding 혹은 '제자도'discipleship와 관련된 일종의 상징적 의미 군들로 나타난다(Shim 1994:109-110). 상징적 의미를 가진 이들 사건들과 단어들은 예수님의 전 사역 특히 전반부의 이적 사역(1-8장)과 후반부의 수난 사역(8-16장)과 깊은 관계를 가지고 있다. 특히 이 점에 대해 Johnson(1979:379)은 "막 8:22-26에 나오는 두 단계의 치유 과정에 대한 묘사는 마가에 의해 눈멂과 눈뜸의 주제를 잘 제시하기 위하여 복음서의 중앙에 위치함으로써 복음서의 전반부와 후반부를 연결해 주는 상징적 해석을 제공하고 있다"고 진술하였다(참고. Guelich 1989:431). 즉 두 단계로 소경을 고치신 이 사건은 마가복음의 전반부(주로 이적 기사들)와 후반부(주로 수난 기사)의 의미를 잘 연결(병합)해 주는 역할을 한다.

2. 설교를 위한 (문학적) 주해

1) 배경: "벳새다에 이르매"(22절)

이미 막 6:45에서 벳새다로 제자들을 가도록 하신 주님의 의도가 이제야 이루어지게 된다. 그러나 도중에 예수님과 제자들은 게네사렛(6:53)을 거쳐 두로 지경(7:24)과 시돈을 지나고 데가볼리를 통과하여 갈릴리 호수에 이르러(7:31), 거기서 달마누다 지경으로 갔고(8:10), 또한 거기서 다시 배에 올라 건너편으로 가서(8:13) 마침내 이방 지역 중 하나인 벳새다에 이른다. 공관복음에서 벳새다는 고라신과 함께 예수님의 이적적인 사역을 받아들이지 않는 불신의 장소로 언급된다(마 11:21; 눅 10:13).

2) 인물들: 사람들, 소경, 예수님, 그리고 제자들

사건에 나오는 사람들은 벳새다의 사람들과 한 소경(22절), 그리고 이곳에 도착한 예수님과 그의 제자들(27절)이다. 이 사건의 중심인물은 예수와 소경(사건은 이들 두 사람 간의 대화에 집중)이며 마을 사람들과 제자들은 이 사건의 참된 의미를 비추어 주는 일종의 배경과 같다. 물론 여기서 소경을 예수께 데리고 나온 마을 사람들의 행동은 칭찬받을 만하다. 그리고 마을 사람들이 데리고 나온 소경은 혼자 걸을 수도 없고 스스로 말할 수도 없는 상태인 것 같다(Moloney, 163). 이에 예수님은 그의 손을 잡고 마을 밖으로 나가 특이하게(?) 그를 치유해 주셨다.

3) 장면 분석

이 사건의 장면을 분석해 보면:

장면 1: <u>마을에서</u> 사람들과 소경 그리고 예수님(22절)
장면 2: <u>마을 밖에서</u> 예수님과 소경(23-26절)

예수님(과 제자들)께서 벳새다(마을)에 이르렀을 때 사람들이 한 소경을 예수님께 데리고 나와 고쳐주시기를 구한다(장면 1). 여기에 예수님은 소경을 마을 밖으로 데리고 나가 특이한 방법으로("눈에 침을 뱉으시며 그에게 안수하시고") 이 소경을 두 단계의 과정을 통해 치유하시는데(장면 2) 이 사건의 핵심은 두 단계의 치유와 함께 두 사람 간의 대화에 있다.

4) 장면 이해와 해석

예수님은 지금 당시 이적을 베푸는 사람들 miracle workers의 치유 방법("눈에 침을 뱉으시며 그에게 안수하시고")을 택하여 이 소경을 고치심으로 이 치유가 이적적인 사건임을 암시해 준다. 무엇보다도 오직 감각적인 것으로 사람과 사물을 인식하는 그에게 예수님은 그를 데리고 마을 밖으로 나가 그의 눈에 침을 뱉고 손을 댐으로 그와 개인적 친밀한 관계를 형성하여 그의 치유의 의미(믿음)를 강화시켰다. 그리고 안수 후 특이하게 소경에게 "무엇이 보이느냐?"고 물으심으로써 개안(치유) 상태를 점검하셨다. 소경의 개안 상태(단계)는 첫 번째 안수 후 소경은 사람들을 걸어 다니는 나무처럼 (불완전하게) 보았고, 두 번째 안수 후에는 만물을 밝히 보았다. 여기서 흥미로운 점은 소경을 고치신 사건을 기술한 이 짧은 기사에서 "본다"(βλέπω/ὁράω)라는 단어가 6번(23절, 24절[3번], 25절[2번])이나 언급되고, 그리고 '눈'(ὅμμα/ὀφθαλμός)이라는 단어가 2번(23절과 25절) 반복된다. 그러므로 이 기사는 소경의 이적 적인 치유 사실에 강조가 있는 것이 아니라, 개안 상태와 단계에 이적 사건의 의미를 집중하고 있다. 이 점에 있어 두 번째 안수 후에야 소경이 '만물을 밝히 보게 되었다'는 언급은 대단히 이례적이다. 즉, 은혜로운 예수님의 사역을 통해 소경이 점진적으로 (특이하게) 개안되어짐을 보여줌으로써 소경과 같은 제자들의 (영적) 이해 상태가 앞으로 점진적으로 발전됨을 암시해 준다. 23절의 "무엇이 보이느냐?"의 질문과 29절의 "너희는 나를 누구라 하느냐?"의 질문의 병행적 의미를 관찰할 수 있다. 이 점은 그 다음 단락에서의 예수님의 신분에 대한 베드로의 반응(이해)을 통해 잘 알 수 있다(Matera 1989).

3. 설교를 위한 이 단락의 의미 건설과 효과

1) 성경에서 소경을 고치신 이적의 일반적 의미

예수님의 이적 가운데 눈먼 자를 고치신 이적 사건이 복음서에 자주 언급되는데 주로 소경은 죄로 말미암아 영적 눈이 멀게 된 인간을 상징한다. 이 영적 눈멂은 인간의 힘(교양과 지식)으로 치유될 수 없다. 오직 메시아가 오심으로 치유되는 메시아의 사역을 가리킨다(사 35:5-6). 하나님을 떠난 인간은 자기 자신과 하나님과 미래를 참되게 보지 못한다. 아니 본다고 하여도 굽게, 왜곡되게 본다. 결국 성경에서 소경은 죄 아래 있는 삶, 흑암의 나라에 있는 인생을 가리킨다(참고. 골 1:13). 그러므로 눈먼 인생을 바로 인도하실 수 있는 분은 예수 그리스도이시다. 그는 세상의 빛(요 9:5)이시고, 어두움의 그늘진 세상에 사는 흑암의 백성들에게 큰 빛(사 9:1; 마 4:16)이시다. 이와 같이 예수는 자신을 화목 제물로 주심으로 우리를 인도하시는 우리의 구주이시며 목자가 되셨다. 그가 우리의 손을 붙잡고 영원한 천국으로 낙오 없이 데리고 가신다. 뿐만 아니라 우리는 우리의 길에 빛 된 성경(주의 말씀)이 있다. "주의 말씀은 내 발에 등(燈)이요 내 길에 빛이니시이다"(시 119:105). 이와 같이 빛 되신 주님의 인도를 받고(주님과의 교제를 가지고) 성경 말씀을 따라 사는 자는 '세상의 빛'이 된다(마 5:14; cf. 시 19:8; 119:9).

2) 마가복음에서의 의미: 두 단계의 점진적 개안(開眼)을 중심으로

소경 ⇒ 1 단계: 나무 같은 것들(사람들)이 걸어감을 봄(8:24)

2 단계: 만물을 밝히 봄(8:25)

두 단계의 치유는 예수님의 이적적 능력이 부족하다는 의미(한 번에 안 되고 두 번째 되었다고 해서)가 아니라 어떤 특별한 목적을 지닌 치유 절차였다. 마가복음에서 이 같은 두 단계의 시력 회복은 제자들(마가의 독자들)이 두 단계로 신앙의 눈이 밝아짐(제자도를 의미)을 보여주는 상징적 의미를 지닌 사건으로 제시된다(Best 1986:3-4; Guelich 1989:430): 막 8:17-21(소경된 상태) → 막 8:27-38(반쯤 개안) → 죽음과 부활 후에(확실히 앎). 이 같은 두 단계의 개안은 특히 마가복음에서 제자들(마가의 공동체[우리])의 영적 깨달음(제자도)의 두 단계의 모습을 미리 보여주는 것으로 이것은 베드로의 모습 가운데 잘 나타난다. 결국 두 단계의 개안은 마가의 독자들에게 예수님의 신분과 사역에 대한 참된 깨달음을 통해 주님을 따르는 제자의 길(제자도)이 무엇인지를 잘 보여준다. 이어진 막 8:27-38은 예수 그리스도의 사역과 신분에 대한 이해와 제자도가 밀접하게 관련되어 있음을 알 수 있다.

- 첫 번째 단계: 나무와 같은 것들이 걸어감

많은 이적 기사들 후 예수님은 제자들에게 "너희는 나를 누구라 하느냐?"고 물으셨다. 여기에 베드로는 놀랍게도 "주는 그리스도시니이다"고 고백하였다. 이제 베드로는 예수님의 이적 사역들을 통해 그가 그리스도(메시아)이심을 깨달았다. 그러나 이 고백 후에 곧바로 주어진 인자의 고난에 대한 예언(8:31)에 대해서는 이해할 수 없었다. 베드로는 예수님을 붙들고 책망하였다(8:32에서 "간하매/항변하매"는 원래 '책망하다'[rebuke]의 의미다.). 베드로는 그리스도가 수난의 길을 가야한다는 것을 이해할 수 없었다. 결국 반복되는 수난에 대한 예언들(8:31; 9:12, 31; 10:33-34, 45)에도 불구하고 베드로는 메시아로서 예수님의 수난의 길을 이해하지 못하고 도리어 책망과 부인과 저주의 길을 간다. 그는 능력의 그리스도는 이해하였지만 수난의 그리스도는 아직 이해할 수 없었다. 주님에 관한 수난의 삶(8:31)과 그리고 주님(복음)을 따르는/위한 수난의 삶(막 8:34-38)은 아직 베드로에게는 이해할 수 없는 교훈이었다.

베드로와 마찬가지로 아마 오늘날 우리도 이적에 대한 신앙은 어느 정도 바르게 가지고 있는지 모른다. 그러나 수난과, 수난의 주님과, 수난의 삶에 대해서는 베드로처럼 이해하지 못하고 늘 넘어진다. 사실 이것은 마가의 청중이 안고 있는 문제이기도 하였다. 능력의 신앙이 중요하다. 그러나 수난의 신앙이 없다면 그것은 기독교의 진리를 밝히 보는 것이 아니라 단지 반쪽의 진리를 안 것이라고 할 수 있다.

2) 두 번째 단계: 만물을 밝히 봄

마가복음에서 보는 대로 베드로는 메시아의 수난의 길에 대해서 "책망/부인/저주"의 반응을 취하였다. 결국 예수님께서 "부활하신 후에야"(막 9:9. 즉 베드로의 회복 후[막 14:28; 16:7]) 그는 수난의 진정한 의미를 깨달을 수 있었다. 수난 예언이 있은 후 베드로는 주님을 책망하며 주님께 수난이 찾아온 후에는 주님을 멀찍이 따르고 부인, 저주한다.

결국 마가복음에서 예수님의 신분에 대한 참 고백은 수난 기사의 끝에서 이방인 백부장을 통해 제시되었다(막 15:39). 백부장은 예수의 죽음("그의 운명하심")을 보고 "예수가 진실로 하나님의 아들이었다"고 고백하였다. 마가의 스토리 안에서 처음으로 수난이 하나님의 아들이 메시아로서 걸어가야 할 길임이 비로소 바로 고백되어졌다고 할 수 있다.

능력과 함께 수난의 이해는 기독교 복음의 핵심이다. 그중에 마가복음은 '전능하신 하나님의 아들(1-8장)이 왜 수난의 길을 가야하는가'(8-16장)가 마가 메시지의 핵심이다. '전능하신 하나님이 우리를 위해 수난(가장 비참한 저주의 십자가)을 받으셨다'는 것은 기독교의 복음이고 기독교의 능력이며 기독교의 권위로서 이것은 신자의 삶에 각인 되어져야 할 메시지다(고전 1-4장). 여기에 인생의 질문은 '아니 어떻게?'가 아니다(이 경우는 영원한 신비[mystery]다.); '왜 그렇게 하셨나?'이다(이 경우는 하나님의 구속적 사랑[love] 외에는 설명할 길이 없다.).

오늘날 많은 사람들은 이적적인 능력의 주님만 찾는다. 물론 능력의 주님을 만나야 한다. 그러나 그들이 이적적인 능력의 주님을 만난 후 수난의 주님께 가까이 가려고 하지 않는데 문제가 있다. 성숙^{maturity}은 시련과 수난^{suffering}을 통해 형성된다. 금의 제련도, 욥의 인내도, 아브라함의 신앙도, 모세의 지도력도, 다윗의 중보자로서의 언약적 왕 됨도, 시련을 통해, 수난을 통해 정금같이 나온 것이다. 히 11장(믿음장=시련장)의 신앙의 사람들의 모습은 시련[수난] 속에서 보인 모습이었다. 그러므로 예수 그리스도를 따르는 우리에게 수난의 삶이 요구될 때(막 8:34-38) 과연 우리는 어떠한 자세와 삶을 취하는가?

오늘날 많은 사람들이 넓은 길(축복과 번영의 길)로만 가려고 하지 예수님과 복음을 위해, 하나님의 나라와 의를 위해 좁은 길(수난의 길)로는 가려고 하지 않는다. 치유와 번영의 신학과 삶만 추구하지 봉사와 수난의 신학과 삶은 없다. 모두들 신비한 능력 가운데 비상/비약하려고만 하지 수난의 길로 또박또박 걸어가려고 하지 않는다(광야의 길을 걸어가는 삶[창 22장의 아브라함]). 이적과 기사를 일으키는 은사 모임, 치유 모임에는 사람들이 구름 떼처럼 모인다. 그러나 의의 길, 봉사의 길, 수난의 길, 곧 자기를 포기한 십자가의 길로 가야 한다는 설교와 삶에는 부자 청년처럼 근심하며 돌아간다(참고. 막 10:21-22). 돌밭의 사람처럼 "말씀으로 인해 환난이나 핍박이 오는 때에는 다 도망치고 없었다." 여기에는 제자들도 예외가 아니었다. 그들도 주님의 수난 앞에 뿔뿔이 흩어졌고 도망쳤다.

마가복음의 스토리는 1-8장은 주로 이적 기사이고, 8-16장은 주로 수난 기사이다. 이것을 통해 어떤 신학자들은 마가복음은 영광의 신학과 수난의 신학이 서로 상반된다고 주장하면서 마가의 공동체 내에는 영광의 신학을 추구하는 이단의 무리들과 수난의 신학을 주장하는 바른 무리들이 있었는데 제자들의 모습은 전자의 무리를 보여주는 것이고 예수님의 말(모습)은 후자의 무리를 보여주는 것이라고 복음서 내의 두 단락의 상충된 모습을 가지고 설명하려 하였다. 그러나 마가복음은 사실 두 단락이 상충된 것이 아니라 오히려 1-8장에서 놀라운 이적을 베푸신 주님(하나님의 아들)이 우리를 위해(막 10:45) 무능하게 수난/섬김의 길(잡혀 돌아가심)을 가신다(8-16장)는 복음을 일관성 있게 보여준다. 그렇다면 그를 따르는 제자들인 우리는 어떠한 삶을 살아야 할까? "나를 따르는 자는 자기를 부인하고 자기 십자가를 질 것이니라"(막 8:34).

나가는 말

결론적으로 마가복음을 통해 우리는 능력의 신앙과 더불어 수난의 신앙을 추구해야 함을 주지해야 한다. 복음 전파는 강력한 능력으로 나타나야 하지만(막 6:1-13) 섬김과 수난 속에 의의 길로 걸어가는 것을 배제할 수 없다(세례 요한의 삶을 보라[막 6:14-29]). 이것은 기도를 통한 능력 전도 power evangelism와 함께 수난과 희생이 따르는 봉사 전도 service evangelism가 수반되어야 함을 말해 준다. '밥 퍼 사역'(최일도 목사)은 여기에 하나의 큰 귀감이 될 수 있다.

우리는 우리의 삶에서 여호와 라파(치유), 여호와 닛시(승리), 그리고 여호와 이레(준비)의 하나님을 만나고 경험해야 한다. 즉 "지존자의 은밀한 곳에 거하는 자[가] 전능하신 자의 그늘 아래 거하는"(시 91:1) 능력의 삶이 필요하다. 그러나 우리는 능력의 하나님(의 아들)이 우리의 구원을 위해 섬김과 수난의 길을 가신 하나님(의 아들)이심을 깨달아야 한다. 우리가 마가복음에서 관찰할 수 있는 흥미로운 점은 예수님의 사역이 비인간적인 세력들(귀신들; 병; 자연의 파멸적 힘)에 대해서는 힘으로 제압하지만 사람들에 대해서는 힘이 아니라 용서와 사랑과 섬김의 모습으로 대하였다는 것이다. 물론 이와 같은 삶은 이 악한 세대 가운데 언제나 불리하게 취급되어지며 수난이 따른다(막 8:38). 결국 예수님을 따르는 제자는 예수님이 가셨던 그 길을 가야 한다. 크리스천의 삶에 수난을 우회하는 삶이란 있을 수 없다. 수난의 신학과 신앙과 삶은 크리스천의 제2단계의 성숙한 모습이라고 할 수 있다. 교회는 거룩한 종 예수의 이름으로 각처에 표적과 기사가 나타날 뿐 아니라 수난과 희생이 동반된 사랑과 섬김과 의의 길로 나아가야 한다. 우리는 본문을 통해 주님을 얼마나, 어떻게 알고 있는지 자문해 보아야 한다(너희는 무엇을 보느냐?'[Do you see anything?]). 밝히 보고 있는지 아니면 아직도 나무 같은 것이 걸어 다니는 정도의 봄의 상태인지? 온전한 눈뜸을 위해 주님의 지속적인 만져주심이 요구된다. "자주 말씀해 주시고 자주 만져 주시는 주님의 은혜가 우리의 삶에 넘쳐나길 기원한다."

32

마가복음 강해
길 위의 길
The Way on The Way

길에서의 물음과 제자도 (막 8:27-9:1)

"27 예수와 제자들이 빌립보 가이사랴 여러 마을로 나가실새 길에서 제자들에게 물어 이르시되 사람들이 나를 누구라고 하느냐 28 제자들이 여짜와 이르되 세례 요한이라 하고 더러는 엘리야, 더러는 선지자 중의 하나라 하나이다 29 또 물으시되 너희는 나를 누구라 하느냐 베드로가 대답하여 이르되 주는 그리스도시니이다 하매 30 이에 자기의 일을 아무에게도 말하지 말라 경고하시고 31 인자가 많은 고난을 받고 장로들과 대제사장들과 서기관들에게 버린 바 되어 죽임을 당하고 사흘 만에 살아나야 할 것을 비로소 그들에게 가르치시되 32 드러내 놓고 이 말씀을 하시니 베드로가 예수를 붙들고 항변하매 33 예수께서 돌이키사 제자들을 보시며 베드로를 꾸짖어 이르시되 사탄아 내 뒤로 물러가라 네가 하나님의 일을 생각하지 아니하고 도리어 사람의 일을 생각하는도다 하시고 34 무리와 제자들을 불러 이르시되 누구든지 나를 따라오려거든 자기를 부인하고 자기 십자가를 지고 나를 따를 것이니라 35 누구든지 자기 목숨을 구원하고자 하면 잃을 것이요 누구든지 나와 복음을 위하여 자기 목숨을 잃으면 구원하리라 36 사람이 만일 온 천하를 얻고도 자기 목숨을 잃으면 무엇이 유익하리요 37 사람이 무엇을 주고 자기 목숨과 바꾸겠느냐 38 누구든지 이 음란하고 죄 많은 세대에서 나와 내 말을 부끄러워하면 인자도 아버지의 영광으로 거룩한 천사들과 함께 올 때에 그 사람을 부끄러워하리라 9:1 또 그들에게 이르시되 내가 진실로 너희에게 이르노니 여기 서 있는 사람 중에는 죽기 전에 하나님의 나라가 권능으로 임하는 것을 볼 자들도 있느니라 하시니라."

이제 우리의 강해 본문은 마가복음의 중심부에 이르렀고, 마가의 스토리는 중심부를 지나 결말을 향하여 나아간다. 여기서부터 마가복음의 중심 단락(막 8:27-10:52)이 시작되는데 주제는 '예루살렘을 향해 가는 길'

에 주어진 예수님의 메시아의 길^{Messiahship}에 대한 계시와 그를 따르는 제자들의 길^{Discipleship}에 대한 교훈이다. 여기서 반복되는 단어들은 "길에서"/"노중에서"$^{\text{on the way}}$라는 단어(막 8:27; 9:33, 34; 10:17; 10:32; 10:46, 52)와 수난에 대한 예언(막 8:31; [9:12;] 9:31; 10:33-34; [10:45])과 "따르다"/"좇다"^{follow}라는 단어(막 8:34; 9:38; 10:21; 10:28; 10:32; [10:38]; 10:52)이다. 이 가운데 수난의 언급(수난 예언과 제자의 길)과 함께 "길에서 좇으니라"(막 10:52)가 이 단락의 주제를 반영하는 요약된 표현이다.

> "메시아의 사역" - "그 길" - "제자도" ⇒ 그 '길'에서 '제자도'(Discipleship)를 가르치시는 예수님(막 8:34-38; 10:42-45)은 자신이 친히 그 길-십자가의 길-을 가시면서 가르치셨다.
> (Messiahship)　(the way)　(Discipleship)
> ↓　　　　　↓　　　　↓
> 수난/죽음의 예언　길에 대한 언급　제자도의 요구

마가복음의 중심 단락: "길에서" (on the way)

```
8:27-30      "길에서" 베드로의 신앙 고백
8:31-9:1     첫 번째 수난 예언
 - 8:31            수난 예언
 - 8:32-33         오해
 - 8:34-9:1        제자도에 대한 교훈
9:2-13       "산 위에서": "이는 내 사랑하는 아들이니 너희는 그의 말을 들어라."
9:14-29      "산 아래에서": 믿음이 없는 세대; "기도 외에는..."
9:30-50      두 번째 수난 예언
 - 9:31            수난
 - 9:32            오해
 - 9:33-50         제자도에 대한 교훈
```

10:1-12	바리새인들의 완악한 마음(예수를 시험): 이혼 문제
10:13-16	제자들의 완악한 마음(어린아이를 꾸짖음)
10:17-22	"길에서" 한 부자(재물이 많은 고로 "그 길"을 떠남)
10:23-31	제자들(베드로)의 선언: "우리가 모든 것을 버리고 주를 따랐나이다."
10:32-45	세 번째 수난 예언
- 10:33-34	수난
- 10:35-41	오해
- 10:42-45	제자도에 대한 교훈
10:46-52	"길에서" 바디매오가 예수를 따름("곧 보게 되어 예수를 길에서 따르니라.")

'길 단락'에서 만나는 가장 중요한 도전은 두 가지로 제시되는데 그것은 "예수가 누구신가"라는 질문과 "나를 따르라"라는 명령(부름)이다. '주의 길'을 따르는 자들은 이 질문과 명령을 우회하여 갈 수 없다. 질문에 대한 대답과 함께 명령에 대한 철저한 헌신과 순종이 있어야 한다. 마가복음의 중반에 들어선 독자는 이 도전 앞에 동일하게 서서 깊은 묵상을 가져야 할 뿐 아니라 올바른 결단을 해야 한다. 주변의 사람들과는 달리 베드로처럼, 길에서의 한 부자와는 달리 거지 소경 바디매오처럼 말이다. 그리고 이러한 결단을 한 사람은 제자의 길이 무엇인지에 대한 명확한 이해가 있어야 한다.

1. 가이사랴 빌립보의 고백과 메시아직의 의미(막 8:27-33)

마침내 예수님과 제자들은 가이사랴 빌립보에 이르렀다. 사실 가이사랴 빌립보에서의 자신의 신분에 대한 예수님의 질문과 제자들의 고백은 예수님의 갈릴리 사역의 결론에 해당되는 부분이다. 흥미롭게도 헐몬산 기슭에 자리 잡고 있는 가이사랴 빌립보는 비-유대 지역으로 역사적으로 이교의 중심부 역할을 하였다. 이곳에는 바알Baal 신전이 있었고, 제우스 신전과 판Pan 신전 그리고 로마 황제를 숭배하는 신전들이 있었다. 특히 이곳은 요단강의 발원지로서 가축들과 자연의 수호신으로 숭배하는 반-인간과 반-염소의 형체를 띤 판(Pan: 춤과 음악의 신[Panic의 어원]) 신의 성소로 유명한 곳이다. 로마 황제 가이사 아우구스투스는 이곳(파네아스)을 헤롯 왕에게 하사하였고 이후 그 아들 헤롯 빌립 왕이 이곳을 자신의 이름과 함께 로마 황제를 기념하여 가이사랴 빌립보로 명하였다. 한마디로 이곳은 이교의 중심부를 의미하며, 쾌락Pan과 권력(가이사)의 중심부를 상징하기도 한다. 이곳에서 주님은 제자들에게 자신이 누구인지를 묻고 있다. 그것도 두 단계의 질문을 한다. "사람들이 나를 누구라 하느냐?" "너희는 나를 누구라 하느냐?" 그런데 이 질문들은 가이사랴 빌립보 지역에서 주어졌지만 마가는 흥미롭게도 "길에서" 주어졌다고 언급한다(27절).

1) 무엇보다도 주님은 제자들에게 "그 길에서" 위의 질문들을 한다(27절). "길에서 제자들에게 물어 이르시되." 27절의 본문을 보니 마가는 단지 가이사랴 빌립보의 어떤 마을 안에서 질문했다기보다는 '그 길에서 on the way' 질문했다는 것을 강조한다. 이 구절로 시작하여 "그 길에서"라는 표현이 12장까지 9번이나 언급된다(Edwards, 246). 예수님에게 이 길은 예루살렘으로 향하는 길로 경멸과 거절과 수난과 죽음의 길인 '십자가의 길'을 의미하며, 제자들에게 이 길은 주님을 따르는 제자도의 길을 의미한다. 막 1:2-3에서 세례 요한에 의해 소개된 이 길은 권세와 영광의 길

이 아니라 경멸과 비하와 거절과 수난과 죽음의 길로 주님은 "이 길에서" 그들에게 자신이 누구신지를 묻고 있다.

이 길에서 주님이 던진 자신의 신분에 대한 질문은 우리의 신앙의 길에 우리가 바르게 알고 고백해야 할 근본적인 문제이다. 과연 주님은 누구신가? 단순히 선지자, 교사, 왕에 불과한가? 아니면 주님은 우리 인생에게 쾌락을 주는 신^{Pan}으로 결국 우리에게 패닉^{panic}이 되는 삶을 안겨주는 신에 불과한가? 아니면 오직 다산과 번영의 신(바알)처럼 우리에게 헛된 욕망에 사로잡히게 하는가? 아니면 로마의 황제처럼 세상의 권력(군림과 압제)에 탐닉하도록 만드는 신인가? 마가복음이 제시하는 우리 주님은 이러한 세상의 신들과는 달리 우리의 죄를 속량하기 위해 모멸과 비방과 거절과 수난과 대속적인 죽음을 지신 십자가의 메시아(그리스도)이시다. 막 10:45이 강조하는 것처럼, 주님은 이 땅에 섬김을 받으려 하심이 아니라 섬기려하고 자기 목숨을 많은 사람의 대속물로 주시기 위하여 오셨다.

2) 그런데 흥미로운 점은 주님이 던진 질문은 두 단계로 주어졌는데 하나는 "사람들이 나를 누구라 하느냐?"이며 또 다른 하나는 "너희는 나를 누구라 하느냐?"이다. 결국 예수께서 제자들에게 던진 두 단계의 이 질문들은 우리의 신앙 고백이란 세상 사람들이 갖는 견해(다수의 판단?)에 준하는/따르는 것이 아니라 철저히 개인적 고백으로 나타나야 함을 의미한다. 저와 여러분은 기독교를 어떻게 생각하고 있는가? 단지 번영과 다산을 주는 종교인가? 세속적 즐거움을 주는 쾌락의 종교인가? 아니면 세상 권력을 추구하는 종교인가?

오늘날 사람들은 기독교를, 예수를 어떻게 생각하는가? 그리고 나는 어떻게 생각하는가? 이 개인적 고백은 또한 공적 고백('골방'이 아니라 '길에서')으로 나타나야 한다. 우리의 신앙 고백은 세상의 견해에 대한 대리 고백일 수가 없다. 우리의 신앙 고백은 결코 새 포도주를 낡은 가죽 부대에 담는 모습(막 2:22)이 아니다(Edwards, 248). 물론 이 고백은 공동체 신앙의 전통을 이어가야지만 그것은 어느 누구의 고백도 아닌 나 스스로의 고백(What about you? Who do you say I am?)이 되어야 하고 그것은 또한 역사 앞에서('그 길에서') 책임 있는 공적 고백이어야 한다. 이 신앙 고백은 방관자나 구경꾼으로서의 고백이 결코 아니다. 다수의 외부자들outsiders의 고백도 아니다. 이 고백은 참된 내부인insider으로서의 고백이며 하나님 나라의 비밀을 아는 자의 고백이다. 그리고 이 고백은 단지 세상과 짝한 수동적 수용자로서의 고백이 아니라 주님을 따르는 제자로서 보다 능동적이고도 적극적인 참여자로서의 고백이다(ibid).

본문을 보니 첫 번째 질문에 대해 제자들은 세상 사람들이 생각하고 있는 대답들을 한다. 더러는 '세례 요한'이라고도 하고 더러는 '엘리야'라고도 하고 더러는 '어떤 선지자'라고도 한다는 것이다. 이 모든 견해들은 당대 사람들이 가진 예수님에 대한 꽤 명망 있는 견해들이다. 그러나 예수님은 세상 사람들이 어두운 시대에 다시 나타나기를 바라는 그러한 위대한 선지자 정도가 아니다. 마가가 제시하는 예수님은 '하나님의 아들 메시아'이시다(막 1:1). 여기에 베드로는 자신의 개인적 견해를 밝히기를, "주는 그리스도시다"라고 대답한다(29절). 이 대답에 대해 예수님은 '메시아가 된다.'는 것이 무엇인지를 명백하게 설명하지만(31-32절a) 베드로는 여전히 '수난의 메시아' 되심에 대한 이해가 부족하다(32절 b). 결국 베드로는 예수님으로부터 강한 책망을 받는다(33절). 이처럼 예수님의 가르치심teaching과 이적 사역miracles은 결국 '그가 누구신가?'(1:1)라는 의문과 논란에 집중되었다. 신분에 대한 문제(이유)로 그의 사역은 항상 갈등과 오해와 대적과 놀람과 신앙의 반응을 초래하였다.

> 갈릴리 사역 → 가이사랴 빌립보 // 길에서 예언과 교훈 → 예루살렘으로 십자가를 향해
> (가르침과 이적) "나를 누구라 하느냐?" (수난 예언과 가르침)　　　수난(죽음)의 길로?
> 막 1:1-[1:11]→막 8:27-29(베드로)-[9:7]→막 15:39(백부장)→고난받는 종

(1) 사람들이... 그러나 너희는 나를 누구라 하느냐?(27-28)

예수님의 교훈과 사역은 바로 신분에 대한 의문과 논란에서 오해와 갈등이 생겼다. 결국 그의 신분에 대한 논란은 그의 사역의 분기점이고 죽음과 생명을 갈라놓는 인간 운명의 분기점이다. 거짓과 진리 → 순종과 불순종 → 영생과 영벌. 외관상으로 보기에 예수님의 능력적 사역은 선지자들의 사역과 유사했다(막 6:4-5, 14-15; 8:28). 그러나 예수님은 선지자 이상의 '종말론적인 그 선지자'로 곧, 선지자들이 말하였던 바로 '그 선지자'(메시아)이셨다. 막 8:26에서 끝난다면 예수는 위대한 선지자, 교사, 치유자로만 간주되었을 것이다.

(2) 베드로의 고백(29절): "주는 그리스도시니이다."

그동안 예수의 가르침과 사역에 대해 영적으로 눈이 멀었던 제자들(막 8:17-21)의 눈이 뜨여지는 순간이다. 그러나 이것은 아직도 여전히 불완전한 이해이며 불완전한 개안이었다. 마치 벳새다의 소경과 같이 첫 단

계로 치유된 모습(막 8:24)과 같았다. 이적을 통한 예수님의 신분(이적적인 능력의 그리스도)은 어느 정도 알았지만 고난(죽음)을 통한 메시아의 길은 아직도 깨닫지 못하였다. → 예루살렘을 향한 고난과 죽음의 길을 책망하는 베드로(32절).

(3) 참된 메시아의 모습은(31절): 고난과 죽음을 통해서

메시아의 길과 대가는 전통적 유대의 대망(정치적이고 군사적 메시아 대망)과는 다른 것으로 이것은 수난을 통해 구속주로서 가야 할 메시아의 길이었다. '십자가를 통해', "세상 죄를 지고 가는 하나님의 어린양"으로서 가야 하는 메시아의 고난과 죽음의 길은 그의 공 사역 시작부터 간접적으로 제시되다가(막 1:14; 3:6) 이제 여기서 확실히 드러난다. "드러내 놓고 이 말씀을 하시니(32절)" ⇒ 막 8:31, 9:31, 10:33-34, 10:45. 예수의 고난은 악한 세상 때문에 그리고 하나님의 뜻으로 일어난다.

(4) 베드로의 오해(32절): 고난의 메시아를 이해할 수 없었다.

'고난받는 종'으로서 메시아의 사역을 꾸짖는 베드로, "이 말씀을 하시니 베드로가 예수를 붙들고 간/항변[책망]하매." 지금 베드로는 메시아의 길에 돕는 자가 아니라, 방해자 즉, '걸림돌'stumbling block로서 역할을 한다. 여기에 예수님의 엄한 책망이 따른다. "사탄아 내 뒤로 물러가라 네가 하나님의 일을 생각하지 아니하고 도리어 사람의 일을 생각하는도다."(33절). 주님을 따르는 길에 주님 앞서 가는 이 같은 태도와 행동이 얼마나 많은가? 하나님의 일을 생각하기보다는 사람의 일을 먼저 생각하는 모습이 우리의 모습이 아닌가? 주님보다 앞서서 인간적/세상적/육적/사탄적 생각 가운데 판단하고 행동하는 우리들(오늘의 교회들)이 아닌가? 제자의 삶이란 '주의 길'을 따르는 삶이지 자신이 주님을 앞서 가는 삶이 아니다. 마치 가나안 정복(여리고 성의 정복)의 길에 여호와의 군대장관 앞에서 보인 여호수아의 모습(수 5:13-15)을 보는 것 같다.

여호수아가 "당신은 우리를 위하느냐? 우리의 적들을 위하느냐?"(Are you for us or for our enemies?)라고 질문하자 그의 대답은 "아니라neither. 나는 여호와의 군대장관으로 왔느니라." 그때 "여호수아가 얼굴을 땅에 대고 엎드려 절하고 그에게 이르되 '내 주여 종에게 무슨 말씀을 하려 하시나이까?'" 자신(인간)의 생각으로 주님보다 앞서 가는 베드로의 이 모습은 '주의 길'을 예비한(1:2-3) 세례 요한의 삶과 얼마나 대조적인가?

수난이 없는 기독교란 더 이상 기독교가 아니라 개독교이다. 이제 제자들은 주님을 따르는 제자의 길의 여정에서 "나를 따라오라고 부르신 이가 누구신지 그리고 그를 따른다는 것이 무슨 의미인지" 알아야 할 것이다(프란스, 529).

2. 제자도의 요구와 대가(34-38절): "무리와 제자들을 불러 이르시되"

"아무든지 나를 따라 오려거든 자기를 부인하고 자기 십자가를 지고 나를 따를 것이니라."

메시아의 길과 대가는 메시아를 따르는 자들의 길과 대가이다. 우리가 '크리스천'이라고 불리는 것(행 11:26)은 곧 그분이 가신 길로 대가를 지불하고 따름을 의미한다(초대 교회의 모습과 바울의 모습을 보라.). 어떤 사람이 무엇을 지고 가느냐를 보면 그가 어디를 가고 있는지 그리고 무엇을 쫓고 있는지를 알 수 있다(골프채?). 십자가를 지고 간다면 죽으러 가는지를 알 수 있다. 과연 사람들은 우리를 보면서 무엇을 지고 간다고 생각할까? 주님의 제자라고 하면서 무엇이 그리 억울하고 원통하고 원망스러운지... 과연 주님의 제자로서 자기 부인의 길(삶)이란 무엇일까? 우리의 삶에서 self-promotion/self-extension과 self-denial의 차이는 무엇일까? 특히 우리의 대인 관계에서. 로마인들은 십자가형을 선고 받은 사람으로 하여금 십자가의 들보를 처형장(골고다)까지 지고 가서 거기에다 십자가 말뚝을 박도록 하였다. 그리고 이 사람은 그 위에 달려 죽었다. 아마도 이 십자가를 지고 가는 행진이 십자가에 달리는 고통보다도 더 고통스러웠을 것이다. 자기 부인(내려놓음) 없이 가능할까? 자기를 부인하고 십자가를 지고 나를 따른다는 의미를 묵상해 보자. 문법적으로는 주님의 제자로서 삶을 살기를 원한다면 자기를 부인한 상태^{aorist}와 십자가를 진 상태^{aorist}에서 나를 지속적으로 따르라^{present}는 명령이다. "십자가를 질 수 있나? 주가 물어보실 때에"(찬 461장).

- "누구든지 나와 복음을 위하여 제 목숨을 잃으면 구원하리라."
- "누구든지 이 음란하고 죄 많은 세대에서 나와 내 말을 부끄러워하면 인자도 아버지의 영광으로 거룩한 천사들과 함께 올 때에 그 사람을 부끄러워하리라."

주님께서 우리에게 베푸신 구원을 생각한다면 어떻게 주님과 주님의 말이 부끄러움의 대상이 되는가? 십자가의 주님과 십자가의 교훈(가르침)은 부끄러움의 대상이 아니라, 도리어 자랑의 대상인 '복된 소식'(복음)

이다. 사도 바울의 고백을 보라.

> "내가 복음을 부끄러워하지 아니하노니 이 복음은 모든 믿는 자에게 구원을 주시는 하나님의 능력이 됨이라."(롬 1:16)

이 십자가의 길에 베드로는 자기 부인도 없었고 자기 십자가도 지지 않고 주님을 따라가는 모습이었다고 한다면, 주님은 아름다운 본이 되셨다. 하나님의 아들이신 그는 우리를 위해 하나님과 동등 됨을 취할 것으로 여기지 아니하시고 자기를 비워$^{kenosis[self-denial]}$ 종으로 오셔서 죽기까지 복종하심으로 우리를 죄에서 속량하셨다. 확실히 마가복음이 보여주는 제자들의 모습은 '더디 깨닫는'$^{slow\ to\ understand}$ 자들이고 고난을 싫어하는 세상(번영과 영광)에 물든 '돌 같은 마음'$^{hard\ of\ heart}$을 가진 자들이다. 이러한 모습이 우리가 아닌지 다시 한번 반추해 보는 우리가 되었으면 한다.

33

마가복음 강해
길 위의 길
The Way on The Way

높은 산에서의 모습 (막 9:2-13)

"2 엿새 후에 예수께서 베드로와 야고보와 요한을 데리시고 따로 높은 산에 올라가셨더니 그들 앞에서 변형되사 3 그 옷이 광채가 나며 세상에서 빨래하는 자가 그렇게 희게 할 수 없을 만큼 매우 희어졌더라 4 이에 엘리야가 모세와 함께 그들에게 나타나 예수와 더불어 말하거늘 5 베드로가 예수께 고하되 랍비여 우리가 여기 있는 것이 좋사오니 우리가 초막 셋을 짓되 하나는 주를 위하여, 하나는 모세를 위하여, 하나는 엘리야를 위하여 하사이다 하니 6 이는 그들이 몹시 무서워하므로 그가 무슨 말을 할지 알지 못함이더라 7 마침 구름이 와서 그들을 덮으며 구름 속에서 소리가 나되 이는 내 사랑하는 아들이니 너희는 그의 말을 들으라 하는지라 8 문득 둘러보니 아무도 보이지 아니하고 오직 예수와 자기들뿐이었더라 9 그들이 산에서 내려올 때에 예수께서 경고하시되 인자가 죽은 자 가운데서 살아날 때까지는 본 것을 아무에게도 이르지 말라 하시니 10 그들이 이 말씀을 마음에 두며 서로 문의하되 죽은 자 가운데서 살아나는 것이 무엇일까 하고 11 이에 예수께 묻자와 이르되 어찌하여 서기관들이 엘리야가 먼저 와야 하리라 하나이까 12 이르시되 엘리야가 과연 먼저 와서 모든 것을 회복하거니와 어찌 인자에 대하여 기록하기를 많은 고난을 받고 멸시를 당하리라 하였느냐 13 그러나 내가 너희에게 이르노니 엘리야가 왔으되 기록된 바와 같이 사람들이 함부로 대우하였느니라 하시니라."

앞의 장면은 가이사랴 빌립보의 신앙 고백 후 예루살렘을 향해 올라가는 길에서 예수님은 비로소 공개적으로 메시아의 길(사역/운명)을 언급함과 동시에 그를 따르는 제자의 길(사역/운명)이 어떠한지를 또한 전하셨다. 곧 제자의 길은 예수님이 가시는 십자가의 길과 유사하다. 십자가의 의미 - 메시아의 참된 모습 - 를 바로 이해하지 못하면 제자도를 이해하지 못한다. 한 마디로 제자의 길은 '길 위의 길'the Way on the Way이다. 그러나 이러한 고난의 길도 그 뒤에 영광이 수반됨을 변화산에서 또한 보여주셨다. 변화산 사건은 하나님 나라가 권능으로 임한다는 사실(9:1)을 예시해 주는 사건이다. 그러므로 변화산 기사는 예수님의 사역 가운데 뚜렷이 솟아 오른 계시의 봉우리와 같다. 그런데 마가복음 내에서 이 계시적 사건은 제자들을 위한 계시적 사건이기도 하다. 특히 3제자들이 산에서 보았던 이 광경은 그들의 신앙의 삶에 가진 놀라운 인생 경험("그들을 따로 데리고 산으로 가서, 그들 앞에서 변형되사"[2절], "그들에게 나타나"[3절], "구름이 와서 그들을 덮으며 구름 속에서 소리가 나서"[7절])이었지만 그들은 여전히 이 사건의 의미를 잘 이해하지 못하였다.

이 사건은 앞 사건(막 8:27-9:1)에서 "나를 누구라 하느냐?" 하는 예수님의 신분identity과 관련된 질문과 그의 운명destiny에 대한 말씀, 그리고 제자의 길에 대한 교훈과 관련되어 이제 예루살렘으로 대속적인 죽음을 향해가는 그 '길'way에서 제자들에게 주어진 결정적 계시의 사건으로 부각된다. 이 사건은 무엇보다도 "여기 서 있는 사람 중에 죽기 전에 하나님 나라가 권능을 임한다는 사실을 볼 자가 있다"는 예수님의 말씀(9:1)의 성취이기도 하다. 그리고 이 사건은 광야의 사건들과 함께 구약에서 광야에서의 계시의 산인 시내 산에서 일어났던 사건들(출 24:12-18; 34장)을 연상시켜줌으로써 사건의 의미를 보다 기독론적으로 생생하고 깊이 있게 전달해 준다.

지금 예수님은 세 제자들(베드로; 야고보; 요한)을 데리고 높은 산으로 기도하시러(눅 9:28) 올라갔다(2절). 산에서 예수님은 놀라운 모습으로 변형이 되었고(3절) 거기에 종말론적인 선지자들(엘리야와 모세)이 함께 출현하였다(4절). 여기서 베드로는 이 사건에 대한 자신의 해석과 반응을 발설하지만(5절) 해설자는 그의 말의 어리석음을 알림(6절)과 동시에 하늘로부터 신적 소리가 나타나면서 이 사건의 진정한 의미가 제자들에게 계시되었다(7절). 이 사건 후 모든 것이 다시 정상으로 돌아왔다(8절). 이어 산으로 내려오면서 그들이 본 것(ἃ εἶδον)은 비밀로 붙여지고, 예수님은 자신의 죽음과 부활을 말하지만 제자들은 그것의 의미를 깨닫지 못한다(9-10절). 그리고 이어지는 예수님의 말씀 가운데 엘리야의 도래는 세례 요한을 통해 종말론적으로 나타났다. 그리고 세례 요한의 수난의 삶은 곧 종말론적인 메시아의 삶을 보여주는 것으로 제시된다(11-13절). 이것을 구조적으로 보면,

<장면 분석을 통한 구조 이해>
장면1. 9:2ab: 예수와 세 제자들(서론: 산으로 올라감[종말론적 영광의 기대])
　장면2. 9:2c-3: 예수와 세 제자들(예수님의 [천상적] 변형)
　　장면3. 9:4: 엘리야와 모세와 함께(엘리야와 모세의 출현)
　　　장면4. 9:5: 베드로와 예수(베드로의 제안: "여기가 좋사오니...장막 셋을 짓고.")
　　　│ (9:6: 해설자의 해설)
　　　장면5. 9:7: 하나님과 세 제자들(하나님의 선언: "이는 내 사랑하는 아들; 그의 말을 들으라.")
　　장면6. 9:8ab: 엘리야와 모세 없이(엘리야와 모세의 사라짐)
　장면7. 9:8c: 세 제자들과 예수([지상의] 정상적인 예수)
장면8. 9:9-13: 예수와 세 제자들(결론: 산으로 내려오는 중에 대화[고난과 죽음의 임박])

1) 시간과 장소: '엿새 후'와 '높은 산'(2절)

여기에 시간적 배경으로 표현된 '엿새 후'after six days는 마가복음 내에 묘사된 일반적인 시간적 언급들(2:1; 8:1; 등)과는 다소 생소한 구체성을 가진다. 이 표현은 앞의 사건(8:27-9:1)과의 연관성을 의미하지만 또한 사건이 일곱째 날에 일어난 것으로 일종의 성취적 개념을 수반한다(Maloney, 177). 갈란트(Garland, 427)는 이 표현을 수난 주간 마지막 날을 암시하는 것으로 부활을 가리킨다고 주장한다. 이어 표현된 '높은 산'은 벧후 1:18에는 '거룩한 산'으로 전통적으로는 다볼Tabor 산으로 주장하나 헐몬Hermon 산으로 추정되기도 한다(Edwards, 263). 구약에서 산은 계시(신현)의 장소를 의미한다. 특히 시내 산은 모세와 엘리야와 관련하여 하나님께서 강림(현현)하시고 계시와 임무를 주신 장소이다. 산에서 주님은 영광스럽게 변형이 되시고 모세와 엘리야가 출현하였다. 이같이 높은 산에서 일어난 사건들은 하나님의 놀라운 계시의 의미를 강화시켜 주는 역할을 한다(구름의 출현).

2) 변형된 예수님(3절)

제자들 앞에서 주님은 종말론적인 영광스러운 모습(부활의 모습이면서 또한 재림의 모습?)으로 변형되셨다. 특히 3절의 흰옷을 입은 모습으로의 변형은 부활 영광을 미리 맛보는 것에 해당된다. 결국 이러한 영광의 모습은 그의 고난과 조화를 이루며 그가 십자가의 고난을 당하신 후 하나님은 그를 영광스러운 보좌에 이르게 하신다는 사실을 예시해준다.

3) 엘리야와 모세의 출현(4절)

그들의 출현으로 예수님이 세간에서 말하는 엘리야나 모세와 같은 선지자가 아님을 확증해 줄 뿐만 아니라 이들은 구약에서 고난의 사람, 광야의 사람들로서 이 영광스러운 장면 가운데 나타남으로써 고난을 통한 영광의 길을 다시 한번 상기시켜 준다. 물론 이들은 산에서 하나님의 출현을 경험한 사람들이었고(출 19:16-25; 왕상 19:11-18) 전통적으로는 하늘로 올라간 사람들이기도 하였다. 마침내 이들은 하나님 아들 되심의 신분과 사역("장차 예루살렘에서 별세하실 것[눅 9:31]")의 입증을 위한 사명을 다하고 다시 사라진다.

4) 베드로의 반응과 해석(5-6절)

지금 베드로는 산 위의 영광스러운 일시적 모습에 취하여 변형된 예수와 천상의 두 인물들(엘리야와 모세)과 함께 이 영광스러운 현실 가운데 영원히 살기를 원한다. 아마도 이스라엘 백성들이 기다리던 장막절의 그 영광(종말론적인 세계)이 마침내 이곳에 임한 것으로 생각하여 이곳에 장막을 짓고 그들과 함께 영구적으로 살기를 간구하였는지도 모른다.[36] 베드로의 이 반응은 인자의 수난의 운명에 대한 예수님의 말씀(8:31)과 그러한 수난의 운명을 공유해야 할 제자들의 삶(8:34-9:1)을 거부한 모습이기도 하다(Maloney, 180). 베드로의 이 모습은 그의 무지와 몰이해를 드러낸 행동이었다(6절). 그 산에서 가진 영광스러운 특권(본 것)이 무지와 몰이해로 전락한다. 그러나 그 영광의 비전은 잠깐 뿐(이것은 미래의 올 모습) 곧 사라지고 모든 것이 다시 정상으로 돌아와 그들은 산을 내려와 예루살렘을 향해 간다. 결국 베드로의 반응은 어리석은 것(6절)으로 판단된다.

---

36 장막절의 종말론적인 의미에 대해서는 호 12:9; 슥14:16-19; 계 21:1-3을 보라.

5) 구름에서의 하나님의 음성(7절): "이는 내 사랑하는 아들이니 너희는 저의 말을 들으라."

구름 속에서 주어진 하나님의 음성은 그들이 따르는 이 예수가 '하나님의 아들'임을 제자들에게 확증해 줄 뿐 아니라(막 1:1의 확증) 이 하나님의 아들은 고난의 길을 가야 할 아들로 그들은 그의 말(특히 수난의 말 [8:31])에 순종해야 하였다. 특히 "너희는 저의 말을 들으라"는 변화산 사건의 중심 되는 메시지로 신 18:15의 말씀을 회상시켜 주는데 그것은 구약의 불순종한 이스라엘 백성이 모세의 말을 들으라는 메시지다. 앞 사건에서 고난의 말을 거부함으로 책망을 받은 베드로의 모습을 생각한다면 매우 의미심장한 명령이다. 즉 고난과 죽음의 말씀까지도 순종할 것을 촉구한다. 흥미롭게도 이제 영광스러운 환상도 사라지고 영웅들도 사라지고 오직 고난 받으실 예수와 말씀만 남아 있다. 본 것(환상)은 사라지고 들은 것(말씀)만 남아 있지만 그들에게는 본 것만 남아 있고 들은 것은 기억에도 없다. 사실 그들이 산에서 본 영광스러운 장면은 그들이 제자로서 현재를 살아가는 힘이고 동기(벧후 1:12-21)가 되어야 하는데 오직 영광의 장면에만 빠져 현재적 삶의 길을 망각한다. 마치 7월 4일 독립기념일의 불꽃놀이가 사람들에게 불꽃놀이의 환희와 영광만 기억케 하고 독립의 길의 수고와 의미를 보지 못하는 것과 마찬가지의 모습이다.

오늘날 신앙을 추구한다는 사람들의 함정은 여기 베드로의 모습처럼 영광스러운 기이한 광경(환상)에만 몰두하려고 하고 어두운 고난의 길은 잊으려고 한다. 베드로의 추구는 이러한 신앙인들의 유혹을 잘 대변해 준다. 오늘날도 역시 사람들은 영광스러운 광경 혹은 승리와 성공의 광경에만 몰두하려고 하지 자기를 부인하고 자기 십자가를 지고 예수를 따르는 삶을 추구하려 하지 않는다. 정상만 오르려고 하지 하산은 하려 하지 않는다. "내려갈 때 보았네. 올라갈 때 보지 못한 그 꽃(고은)."

이 점이 오늘날의 교회의 비극이며, 일꾼들의 비극이며 신자들의 비극이다. 갈란트Garland는 본문을 주해하면서 이렇게 말한다. "오늘날 교회에 속한 많은 사람들은 성경이 말하고자 하는 주된 의미는 자주 망각한다. 그들은 부와 행복과 영광을 약속하고 있는 부분들만 기억하고 자기 희생, 고난, 자신의 십자가를 질 것을 요구하는 말씀은 잊어버리거나 귀를 귀울이려 하지 않는다. 고난은 쉽게 건너뛰고 영광만 깊게 생각한다(Garland, 438[번역본])."

'고진감래(苦盡甘來)'의 평범한 진리를 쉽게 망각하는 것이 인간이다. 마가복음의 제자들은 능력과 영광과 승리와 성공과 번영만을 추구하려고 하지, 희생과 봉사와 절제와 사랑의 수고(십자가의 삶)는 취하려 하지 않는다. 그들은 자기를 부인하고 자기 십자가를 지는 삶에는 관심이 없고 **지금 여기서** 미래의 모든 것을 갖기를 원한다.

주님은 지금 영광스러운 변형의 산(변화산)에서 내려와 십자가를 지기 위해 그 길을 가고 있는데 그를 따르는 제자들은 그 길에서 능력과 군림과 영광과 승리와 성공만을 추구한다. 주님과 함께 산을 내려온 후 이어지는 제자들의 길에서의 모습을 보면 그들은 더러운 귀신을 제어하는 능력과 권세를 갖기 원하고(9:28), 위대하게 되고(9:34), 다른 사람들을 지배하고(9:38, 10:13), 그분을 따름으로 보상을 받고(10:28), 그의 영광의 오른편과 왼편에 앉기를 원한다(10:37). 이러한 모습은 오늘날도 마찬가지이다. 정치계를 보아도 종교계를 보아도 마가의 제자들의 판박이가 오늘의 우리들의 모습이다. 제발 정치인들이 '국민들을 위한다.'는 말로 자신들의 권익을 포장하지 않기를 바란다.

6) "엘리야가 왔으되"(9-13절)

변화산 사건은 확실히 예수가 하나님의 아들임을 입증해 주었다. 그러나 제자들은 여전히 메시아의 사역(메시아가 당해야 할 고난과 그의 영광)을 이해하지 못하였다. 결국 예수님께서 죽은 자 가운데서 부활하신 후에야 비로소 그들은 올바로 이해할 수 있었다. 그리고 제자들의 마음속에는 확실히 예수가 메시아라고 한다면 구약 - 특히 말라기 - 에서 말하는 '메시아가 오기 전에 먼저 엘리야가 와야 된다.'는 말이 무엇인지를 질문했다(11절). 엘리야와 모세는 죽음을 보지 못한 사람들이기 때문에 주님 역시도 죽음을 당하지 않는다는 말인가? 모세와 엘리야는 광야의 사람, 광야의 일꾼이었다.

여기에 예수님의 답변은 다음과 같다(12-13절).

> "이르시되 엘리야가 과연 먼저 와서 모든 것을 회복하거니와 어찌 인자에 대하여 기록하기를 많은 고난을 받고 멸시를 당하리라 하였느냐 그러나 내가 너희에게 이르노니 엘리야가 왔으되 기록된 바와 같이 사람들이 함부로 대우하였느니라 하시니라."

(1) 비록 엘리야가 먼저 와도 성경에서 말하는 '인자'가 고난을 받아야 된다는 것은 배제할 수 없다(12절). "어찌 인자에 대하여 기록하기를 많은

고난을 받고 멸시를 당하리라 하였느냐?" 더 나아가 엘리야의 옴이 이 사실을 보다 더 확증해 준다(13절). (2) 사실 '엘리야'는 왔다. 세례 요한이 곧 말라기(말 3:2-3, 23; 4:5-6)가 말하는 그 엘리야다. (3) 그러나 엘리야는 고난을 당하였다(세례 요한도). "기록된 바와 같이"(왕상 19:2-10). 헤로디아/세례 요한 — 이세벨/엘리야. 엘리야가 먼저 와야 하고 이미 왔지만 그들은 자기들이 원하는 방식으로 그를 대하였다(막 6:14-29 참고, "사람들이 함부로 대우하였느니라[ἐποίησαν αὐτῷ ὅσα ἤθελον]."). 다시 온 엘리야는 고난과 죽음의 방식으로 예수 앞에 나아간다. (4) 결국 예수님도 세례 요한(엘리야)의 운명과 같이 의로운 하나님의 아들로서 고난과 죽음을 받게 됨을 시사한다. '기록된 바와 같이.' 주의 길을 예비하는 세례 요한의 운명이 그와 같이 된 것처럼(13절), 인자도 역시 기록된 대로 그 길을 간다(12절).

우리가 미래의 천상에서의 영광을 공유하려면 지상에서의 그의 고난 또한 공유하여야 한다. 무엇보다도 천사들과 함께 아버지의 영광 중에 인자가 오는 미래적 영광에 참여하려면, 그전에 반드시 인자가 십자가와 부활의 문지방을 건너야 가능하다(9:9). 주님의 죽음과 부활 없이는 참된 미래적 영광은 없다. 이 점은 우리의 신앙의 여정에도 마찬가지이다. 사도 바울은 롬 8:17에서 "자녀이면 또한 상속자 곧 하나님의 상속자요 그리스도와 함께 한 상속자니 우리가 그와 함께 영광을 받기 위하여 고난도 함께 받아야 할 것이니라." 확실히 고난 없는 부활은 없고, 고난 없는 영광은 없다.

그러나 이어지는 마가의 이야기는 슬프게도 제자들이 하늘로부터 확증해 주신 하나님의 사랑 받는 아들이신 그 주님의 말을 듣지 않고, 여전히 무지와 오해 가운데 버림과 배반과 도주의 길을 간다. 이게 마가의 제자들이고 우리들이다. 이러한 우리들을 버리지 아니하시고 우리를 구원하시기 위해 주님은 묵묵히 십자가의 길로 나아간다. 천국 길을 버리고 죄에 빠진 우리를 구원하시기 위해 이 땅에 오신 주님이 우리의 구주이시다. 그가 하나님의 아들 그리스도이시다. 하나님은 우리에게 성경과 성령을 통해, 이 하나님의 아들 예수 그리스도를 보여주셨고 이제는 "너희는 그의 말을 들으라."고 말씀하신다. 후에 베드로는 이 영광의 광경이 그가 사명자로 살아가는 확실한 동기였다고 고백한다(벧후 1:12-21).

34

마가복음 강해
길 위의 길
The Way on The Way

'산 아래' 믿음 없는 세대 (막 9:14-29)

"14 이에 그들이 제자들에게 와서 보니 큰 무리가 그들을 둘러싸고 서기관들이 그들과 더불어 변론하고 있더라 15 온 무리가 곧 예수를 보고 매우 놀라며 달려와 문안하거늘 16 예수께서 물으시되 너희가 무엇을 그들과 변론하느냐 17 무리 중의 하나가 대답하되 선생님 말 못하게 귀신 들린 내 아들을 선생님께 데려왔나이다 18 귀신이 어디서든지 그를 잡으면 거꾸러져 거품을 흘리며 이를 갈며 그리고 파리해지는지라 내가 선생님의 제자들에게 내쫓아 달라 하였으나 그들이 능히 하지 못하더이다 19 대답하여 이르시되 믿음이 없는 세대여 내가 얼마나 너희와 함께 있으며 얼마나 너희에게 참으리요 그를 내게로 데려오라 하시매 20 이에 데리고 오니 귀신이 예수를 보고 곧 그 아이로 심히 경련을 일으키게 하는지라 그가 땅에 엎드러져 구르며 거품을 흘리더라 21 예수께서 그 아버지에게 물으시되 언제부터 이렇게 되었느냐 하시니 이르되 어릴 때부터니이다 22 귀신이 그를 죽이려고 불과 물에 자주 던졌나이다 그러나 무엇을 하실 수 있거든 우리를 불쌍히 여기사 도와 주옵소서 23 예수께서 이르시되 할 수 있거든이 무슨 말이냐 믿는 자에게는 능히 하지 못할 일이 없느니라 하시니 24 곧 그 아이의 아버지가 소리를 질러 이르되 내가 믿나이다 나의 믿음 없는 것을 도와 주소서 하더라 25 예수께서 무리가 달려와 모이는 것을 보시고 그 더러운 귀신을 꾸짖어 이르시되 말 못하고 못 듣는 귀신아 내가 네게 명하노니 그 아이에게서 나오고 다시 들어가지 말라 하시매 26 귀신이 소리 지르며 아이로 심히 경련을 일으키게 하고 나가니 그 아이가 죽은 것같이 되어 많은 사람이 말하기를 죽었다 하나 27 예수께서 그 손을 잡아 일으키시니 이에 일어서니라 28 집에 들어가시매 제자들이 조용히 묻자오되 우리는 어찌하여 능히 그 귀신을 쫓아내지 못하였나이까 29 이르시되 기도 외에 다른 것으로는 이런 종류가 나갈 수 없느니라 하시니라."

막 9:14-29에서 마가가 오늘 우리에게 소개하는 장면은 앞의 '산 위의 영광스러운 모습'과는 달리 '산 아래의 비참한 모습'이다. '산 위'(천상)와 '산 아래'(지상)의 두 장면은 극적 대조를 이루고 있다. 이 두 장면은 기독교 복음의 진수를 보여줄 뿐 아니라 신앙의 양면을 보여주는 축소판과 같다. 이태리가 낳은 르네상스 미술의 3대 거장 중 한 사람인 라파엘(하나님은 치유)은 말년에 이 부분을 독특하게 해석하여 그렸다〈라파엘의 최후 걸작품인 그리스도의 변모 The Transfiguration〉. 물론 라파엘은 건강의 악화로 이 그림을 완성하지 못하고 제자인 로미노가 완성한다. 그의 장례식에서 관 앞에 이 그림이 놓여 있었다고 한다. 지금은 바티칸 비오 7세의 회화관에 소장되어 있다. 이 그림은 신앙의 길을 찾는 순례자들에게 많은 감동을 주고 있다.

1. '산 위에서'와 '산 아래에서'의 대조적 모습

이 작품은 예수께서 수난을 받기 위해 예루살렘에 입성하기 전, 3명의 핵심 제자들을 데리고 변화산에 올라가 기도하던 중 거룩한 모습으로 변화된 사건과 함께 산 아래에서 귀신 들린 아들을 고쳐준 사건을 바탕으로 그린 작품이다. 이 작품은 산 위의 모습(영광스러움)과 산 아래 모습(비통함)이 색체와 구성을 통해 극적 대조를 이루고 있다.

라파엘은 이 작품을 통해 우리의 신앙의 현주소를 보여줄 뿐 아니라 우리의 가야 할 신앙의 길을 제시한다. 작품에서 보는 대로, 예수님, 모세와 엘리야, 두 성인(유스토와 파스토르), 제자들(산 위의 세 제자들의 모습과 산 아래의 나머지 제자들의 모습[표정]), 그리고 귀신 들린 아들과 그 아버지와 어머니와 그리고 이름 모를 한 여인과 주위의 사람들(군중과 서기관들)의 모습. 구도와 색체와 표정들을 보면 라파엘이 산 위와 산 아래의 성경의 두 장면을 어떻게 해석하고 있는지를 잘 보여준다.

특히 성경을 통해 보여주고 있는 산 위의 모습과 산 아래의 모습은 독특한 대조를 이룬다.

- 산 위의 모습: 하늘의 영광, 신뢰, 그리고 경배
- 산 아래의 모습: 땅의 고통, 탄식, 그리고 불신

〈산 위에서〉	〈산 아래에서〉
영광스럽게 변형된(transfigured) 하나님의 외아들	비참하게 손상된(disfigured) 한 외아들
하늘의 사람들인 엘리야와 모세의 출현	더러운 귀신/악한 영의 출현
영광스러운 광경을 체험한 제자들	처절한 실패를 경험한 제자들
하나님 아버지의 자랑과 기쁨과 확증	아들로 인한 아버지의 슬픔과 탄식과 의심
예수님과 하늘의 사람들과의 아름다운 대화	서기관들과 제자들의 당혹스러운 논쟁

영광의 보좌를 버리시고 이 땅에 오신 주님께서는 지금 산을 내려오고 있다. 변화산에서 영광스러운 모습을 드러내시고 하나님 아버지로부터 '하나님의 아들'로서 확증을 받으신 후 예수님은 세 제자들과 함께 산 아래로 내려오셨다. 예수님이 없는 산 아래의 모습은 산 위의 모습과는 판이하게 달랐다. 하나님이 없는 이 세상의 모습과 같았다.

2. 예수님이 없는 '산 아래'의 모습(19절): 하나님이 없는 불신의 세상

예수님은 산 아래의 세대를 가리켜 '믿음이 없는 세대'(19절), '믿음이 없는 패역한 세대'(마 17:7; 눅 9:41)라고 진단하였다. 사탄이 지배하는 세상, 하나님을 대적하는 세대, 불신과 회의로 가득한 세상의 모습이었다. 마치 모세가 시내 산에서 내려왔을 때 아론을 포함한 이스라엘 백성이 의심과 불신, 배교와 방종과 방탕과 우상 숭배의 모습을 보였던 그 산 아래의 세대를 회상케 하는 모습이었다(출 32장, 특히 5, 6, 20절). 사실 예수님의 탄식(19절)은 산 아래에 남아 있었던 그 세대만에 대한 탄식이라기보다는 오히려 그가 승천하신 후에 도래할 불신의 세대, 패역한 세대를 암시한다. 19절에 보면, "(오) 믿음이 없는 세대여 내가 얼마나 너희와 함께 있으며 얼마나 너희를 참으리오!" 우리는 엡 2:2의 바울의 말처럼, 공중 권세 잡은 자들이 지배하는 세상 가운데 살고 있다. 이 땅에 남겨진 우리들의 세대는 오늘 본문에서 보는 것처럼 더러운 귀신에 의해 철저히 손상을 당해 발광하며 소리 지르며 거품을 내고 이를 가는 파리해져 가는 비참한 한 외아들의 모습처럼 사탄에 의해 지배당하는 그러한 세대이다. 곧 "파리해져 가는" 귀신 들린 아들의 모습과도 같다. 지금 세상은 마치 예수님께서 산으로 떠나신 후에 산 아래 남아 있는 제자들이 귀신 들린 한 소년을 대면한 것처럼 악한 영들과 대면하여 산다. 이 모습은 바울의 말과 같다. "우리의 씨름은 혈과 육에 대한 것이 아니요 정사와 권세와 이 어두움의 세상 주관자들과 하늘에 있는 악의 영들에게 대함이라"(엡 6:12). 요한계시록은 이러한 영적 전투를 묘사하면서 오늘 교회가 세상 풍속을 지배하고 있는 공중 권세 잡은 자와의 영적 전투에 임할 것을 권면한다. 때론 교회 내에서 조차도 이세벨과 발람과 니골라당과의 싸움이 있다. 이제는 안과 밖이 구별이 없는 싸움이다.

예수님의 생애에도 이런 싸움이 있었다. 원수는 내 집안에도 있고, 제자들의 배후에도 있고, 그리고 바깥 종교 지도자들 속에도 있다. 주변을 돌아보면 정말 이 세상의 풍속은 공중 권세 잡은 자에 속한 것임을 절감한다. 어떤 분이 말하기를 지금의 세상 풍속은 사탄 문화라고 말하는데 저는 많은 부분에 동의한다.

폭력 문화/광기 문화/발광 문화/섹스 문화 ⇒ 불경한 소리 ⇒ 더럽고 추한 모습. TV나 영화를 보아도 매춘, 마약, 폭력, 등등. 물질 만능주의/반문화 운동으로 가득하다. 사탄은 돈^{money}/권력^{power}/성^{sex}으로 세상을 노예 삼고 있다. 타락의 온상이 여기에 있다.

우리는 지금 정신사의 교착 상태에 빠져 있다. 전쟁, 지진, 경제 위기와 함께 사상사의 위기에 처해 있다. 종말의 말기적 증세에 신음하고 있다. 산 아래 귀신 들린 아들의 모습처럼 가정과 사회가 진통하고 있다. 이러한 모습(신음과 탄식) 가운데에서 세상은 교회(제자들)를 향해 구원을 요청하고 있다. 귀신 들린 아들을 가진 아버지의 간구처럼 교회를 향해, 믿는 자를 향해 구원의 손짓(도와 달라[help us], 고쳐 달라[heal us])을 하고 있지만 교회는 논쟁(싸움)만 하고 있다. 어쩌면 교회를 향한 지금 세상의 따가운 비판의 소리는 구원에 대한 기대와 외침과 같다.

3. 귀신 들린 아들의 아버지의 탄식/요청과 제자들의 무능(17-18절)

마치 아들의 고통과 탄식을 보고 제자들을 향하여 구원(치유)의 손길을 요청한 아버지처럼 세상은 지금 우리(교회)를 향해 구원의 손짓을 하고 있지만 우리(교회)는 제자들처럼 무능력에 빠져 있다. 오늘 본문의 제자들처럼("우리는 왜?") 교회는 무능 속에 빠져 비판의 대상, 구설수와 논쟁의 대상이 되고 있다. 본문의 제자들처럼 교회는 제법 종교적인 여러 가지 방편을 마련해 보지만 마치 해산을 해야 하는데 해산할 힘이 없는 산모처럼, 구로치 못하는 여인처럼 오히려 세속에 빠져 참된 경건의 능력을 상실한 채 무능하게 구설수 속에서, 비판 속에서, 논쟁 속에 지내고 있다. 첨단의 신학이 성행하여도, 언어적인 유희는 있어도, 종교적인 활동이 많아도 우리의 교회는 17-18절(특히 18절)의 모습처럼, 무능력에 사로잡혀 있다.

> "귀신이 어디서든지 저를 잡으면 거꾸러져 거품을 흘리며 이를 갈며 그리고 파리하여 가는지라 내가 선생의 제자들에게 내어 쫓아 달라 하였으나 저희가 능히 하지 못하더이다."

세속에 빠져 있는 교회, 복음의 참된 능력, 의와 사랑과 용서의 경건한 능력이 아니라 물질의 힘, 세속의 힘으로 교회는 시위를 해도 사탄은 두려워하지 않고 오히려 비웃고 있다. 논쟁과 불평과 가십은 있어도 참된 경배는 상실된 시대다. 신학교는 우후죽순처럼 생겨도 신실한 목회자들이 없다고 아우성들이다. 신학 교리는 겉으로 발전한 것처럼 수많은 책들이 쏟아져도 순종하는 그리스도인, 능력 있는 그리스도인들은 정말 적은 것 같다. 오히려 신학을 많이 하는 것이 경건을 연습치 않는 조리 있는 핑계거리나 변명거리가 될 때가 많다. 많은 신학 사조들을 비판하면서도 정작 자신의 불경건과 불의는 정당화한다. 다 입술의 예배, 입술의 신학에 불과하다.

이런 점에서 화란의 유명한 개혁주의 신학자인 바빙크(Bavinck)가 임종 시 한 말은 의미심장하다. "지금의 나의 학문도, 내가 쓴 교의학도 나를 돕지 못한다. 오직 신앙만이 나를 구원한다."

4. 이러한 세대를 향해 산을 내려오신 주님(막 9:9-13, 31)

이러한 상황 속에서도 우리는 희망을 본다. 라파엘이 자신의 그림에서 제자들이 손가락으로 가리키는 것처럼 바로 예수 그리스도가 희망이다. 주님은 이러한 탄식의 세대, 불신의 세대, 무능력의 세대를 향해 산을 내려오셨다. 비록 하나님의 아들이시라고 할지라도 예수님은 이러한 세상을 향해 산을 내려오시며 십자가의 길을 향해 걸어가고 있다. 사탄의 권세에 종노릇하는 이 세상 사람들을 구원(해방)하기 위해 아버지의 뜻을 받들어 산을 내려와 수난(십자가)의 길을 향해 가고 있다(9:31; 10:45). 막 10:45의 "인자의 온 것은 섬김을 받으려 함이 아니라 도리어 섬기려 하고 자기 목숨을 많은 사람의 대속물로 주려 함이니라."를 실천하기 위해서….

출애굽기에서 보여주는 대로 하나님의 심판이 패역한 세대에 임할 수밖에 없는 상황에서 모세가 하나님께 간구하며 자신의 구원을 상실하고서라도 백성을 구원해 줄 것을 요청한 것처럼(출 32:31-32) 이제 모세보다 더 크신 이New Moses가 이 패역한 세대를 위하여 산을 내려와 십자가를 향하여 가고 있다. 여기서 우리의 시선이 고정해야 할 분은 바로 예수 그리스도이시다. 믿음의 주요, 온전케 하시는 그 예수를 바라보아야 한다. 이 점이 바로 라파엘이 이 사건을 해석하여 던지는 메시지이다.

윗부분에는 모세(왼편), 변화된 예수님(중심), 그리고 엘리야(오른편)가 있고 중간 부분에는 세 제자들(베드로, 야고보, 요한)이 있고 밑 부분에는 귀신 들린 불쌍한 아이가 있고 그 곁에 아들로 인해 곤고해 하는 아버지와 어머니가 있고 그리고 그들 주위에 나머지 제자들이 있는데 그중에 몇몇 제자들이 그리스도의 놀라운 모습을 손가락으로 가리키고 있다.

고통하는 세상, 탄식하는 세상에 그리스도 외에는 다른 소망이 없다. 그리스도께 돌아가면 구원이 있고 그렇지 않으면 멸망과 탄식이 있을 뿐이다. 그리스도만이 산 아래 패역한 세대의 희망이다. 그분께로 나아갈 때 세상은 소망이 있다. "그를 내게로 데려오라"(19절). 아이의 아버지도 그를 제자들에게 데려온 것이 아니라 예수께 데려왔다(17절). 그리스도만이 세상을 구원하실 수 있는 유일한 분이시다. 인간은 그 앞에 나아올 때 죄 용서를 받고 구원을 받는다.

본문은 우리에게 어떤 교훈을 주는가? 사실 본문의 이적 사건은 다른 이적 사건과는 달리 제자들의 신앙을 위한 이적이었다. 특히 마가복음의 이 이적기사는 제자도의 교훈(29-30절)이 담겨 있는 기사이다. 제자들의 신앙 교육을 위한 것이라면 우리에게도 동일한 교훈으로 찾아온다. 산 아래의 패역한 세대 가운데에서 우리는 어떤 모습과 행동을 취해야 할까? 본문은 우리에게 두 가지를 권면한다. 하나는 아버지와의 대화(22-24절) 속에 강조된 믿음의 중요성(23절)이고, 또 다른 하나는 제자들과의 대화(28-29절) 속에 강조된 기도의 필요성(29절)이다.

1) "우리의 믿음 없음을 도와주소서"(24절)

우리가 주님의 능력 있는 제자들로서의 삶을 살기 위해서는 오늘 본문의 아버지의 고백(24절)이 우리의 고백이 되어야 한다. 이 아버지의 고백은 사실 제자들의 고백이 되어야 하고 또한 우리의 고백이 되어야 한다. 우리가 아는 대로 제자들은 이미 귀신 쫓아내는 권세를 받았고(막 3;15), 또한 과거에 귀신을 쫓아낸 경험이 있었지만(6:11-13) 신앙의 능력은 자동적이지 않다. 자만과 안일은 능력 있는 삶의 최대의 적(원수)이다. 가난하고 애통하는 마음, 의에 주리고 사모하는 마음을 달라고 주님께 매달리고 통곡해야 할 때가 지금이다. 하나님의 능력과 은혜는 낮은 자리로 임한다. "하나님은 겸손한 자에게 은혜를 주시느니라." 자만과 안일의 잠에 빠져 실패의 길을 걸었던 베드로의 이 고백(벧전 5:5)을 우리는 들어야 한다. 지금 이 아이의 아버지는 주님의 책망을 듣고 곧 소리 지르기를, "내가 믿나이다. 나의 믿음 없는 것을 도와주소서(24절)."라고 한다. 자기 자신의 연약을 바로 성찰하는 신자. 자기의 모습을 정직하게 노출할 수 있는 신자. 그런 사람에게 하나님은 능력 베푸시기를 기뻐하신다. 하나님 앞에서 경건의 모양만 내고 소리 지르며 사는 우리들이 가면을 벗고 나와 불쌍히 여겨 달라고 외쳐야 한다. 참된 희망은 참된 절망에서 나온다. 자신에게(자신의 무능과 부실과 부패에 대하여) 철저히 절망할 줄 아는 자만이 희망의 두레박을 내릴 수 있다(박노해의 『정직한 절망』 중에).

2) "기도 외에는(29절)"

이 일 후에 제자들이 집에 모여 주님께 종용히 물었다. 28절, "우리는 어찌하여 능히 그 귀신을 쫓아 내지 못하였나이까." 주님께서 그들에게 이르시되 "기도 외에 다른 것으로는 이런 유가 나갈 수 없느니라(29절)."

주님은 제자들의 능력의 삶의 원동력은 기도의 삶이라고 지적한다. 달리 말하면 제자들의 삶에 무능력이 있다면 그것은 기도하지 않기 때문이다. 막 14:32-42의 겟세마네의 기사가 이 점을 잘 보여준다. 제자들의 영적 삶에서 실패와 성공의 차이를 만드는 것이 있다면 그것은 기도의 삶이다. 성경은 "신자의 무능력한 삶의 이유는 기도하지 않기 때문이다"라고 말한다. 이것은 정말 사실인 것 같다. 성경의 인물 중 하나님이 사용하시는 인물들은 한결같이 기도의 사람이었다. 아브라함(믿음의 조상) → 야곱(이스라엘이 된 변화의 야곱) → 모세 → 다윗 → 예수님(겟세마네). 아브라함은 기도의 사람이었다. "여호와를 위하여 단을 쌓고 거기서 여호와의 이름을 불렀더라."(창 13:4; 18:23-32 참고) 광야 '벧엘'에서의 기도(창 28장)와 '브니엘'(얍복)에서의 기도의 씨름(32장)을 한 야곱(이스라엘). 기도의 사람 모세(출 32:31-32). 다윗의 영성은 "여호와께 묻자와 가로되." 예수님 역시도? 특히 마가복음의 예수의 영성의 원동력은 기도의 영성이었다.

흥미로운 것은 (산을 내려와서 산 아래 배교의 현장을 본 후의 사건에 이어) 출 33장(특히 출 33:7-11)을 보면 모세가 얼마나 기도의 사람인지를 잘 알 수 있다. 산 아래 무능하여 가십거리가 된 제자들(기도하지 않음으로 무능함에 빠져 사람들의 구설수에 올라있는 제자들)과는 달리, '회막을 지어 거기서 기도하는 모세'를 우리는 만난다.

사탄은 교회에 백 사람의 종교적 활동을 하는 사람들보다도 기도하는 한 사람을 더 무서워한다고 어느 신앙인은 말한다. 오늘날의 교회는 사람들을 organize를 하려고 애쓰지만 참된 교회는 하나님 앞에서 자신을

agonize하려고 한다. 교회의 부흥은 경영학의 문제가 아니라 영적 능력의 문제이다. 아무리 성경적 지식이 늘어가도 기도가 식으면 내 경건이 식고 내 인격에 균열이 생긴다. 기도가 살아 있을 때에 내 신앙의 맥박이 뛰고 세상을 이길, 욕망을 이길, 죄를 이길, 사탄을 이길 힘을 갖는다. 기도는 우리의 영성의 바로미터(시험대)이다. 기도하지 않는다는 것은 곧 시험에 빠져 있는 증거이다.

기도는 하나님께서 신자에게 주신 가장 큰 축복임과 동시에 신자의 가장 커다란 짐 중의 하나이다. 기도하지 않는 변명은 아무리 신학적으로 그럴듯해도 그것은 참된 신학이 아니다. 비록 그가 성경의 영감성과 정통성을 지키기 위하여 싸운다 해도 그는 하나님을 믿지 않는 자유주의자나 무신론자와 다를 바가 없다. 기도 제목이 허다한 대도, 많은 문제들이 있는 대도, 어떤 다른 방도가 없는 대도 사람들은 쓸데없는 지푸라기를 찾아다니고, 유명한 사람들(권력가들)을 찾아다니고, 인간적인 방법을 얻기 위해 백방으로 노력하지만 정작 하나님께로 나아가지 않는 모습이 우리들의 모습은 아닐까? 고난의 태엽이 우리를 조아올 때 우리는 무엇부터 하는가? 우리의 영성에 구멍이 나 있는데 무엇을 더 부을 수 있는가? 밑 빠진 독에 물 붓기와 같은 영적 삶을 살지는 않는지 우리는 사순절을 만나 다시 한번 진지하게 생각해 보아야 한다. 제자들이 주님께 "우리는 어찌하여 능히 그 귀신을 쫓아내지 못하였나이까?" 질문했을 때 우리 주님의 답변을 평생 동안 절대 잊어서는 안 된다. "이르시되 기도 외에 다른 것으로는 이런 유가 나갈 수 없느니라" 하시니라(막 9:29).

결론

산 아래는 사탄이 활동하는 불신과 패역의 세대이다. 이 패역한 세대가 탄식하며 우리를 부르고 있다. 마치 귀신 들린 아들을 가진 아버지가 제자들에게 가서 자기 아들을 고쳐달라고 간구한 것처럼. 그런데 제자들은 무능력에 빠져 오히려 논쟁과 구설수에 오르내리고 있다. 제자들의 모습이 오늘 교회의 모습이고 우리의 모습은 아닌지 자문해 보아야 한다. 우리가 그들을 구원하려면, 참된 복음의 능력을 보이고 참된 주님의 도구가 되려면, 우리 자신이 영적으로 깨어 있어야 한다. 지금은 자다가 깰 때이다. 시험에 들지 않게 기도할 뿐 아니라 우리의 건강한 영적 삶을 위하여 기도의 불을 다시 지펴야 할 때이다. 다른 사람들은 불평과 탄식의 소리를 발할 때 우리는 경건히 주님께 무릎을 꿇고 겸손하게 우리의 믿음 없음을 고백해야 한다. 주여, "우리를 불쌍히 여기사 도와주소서." "나의 믿음 없는 것을 도와주소서." 우리 모두 다시 한번 기도의 자리로 나아가자. 우리 주님처럼 어두움을 깨고 일어나 나가 한적한 곳으로(막 1:35), 그리고 그 밤 겟세마네로 나아가자(막 14:32-42). 기도하신 예수님은 사람들의 인기와 요구에 부응하지 아니하시고 사명의 길(1:38-39)과 수난의 길(14;41-42)로 당당히 나아가셨다. "이르시되 우리가 다른 가까운 마을들로 가자 거기서도 전도하리니 내가 이를 위하여 왔노라 하시고 이에 온 갈릴리에 다니시며 저희 여러 회당에서 전도하시고 또 귀신들을 내어 쫓으시더라." "때가 왔도다 보라 인자가 죄인의 손에 팔리우느니라 일어나라 함께 가자 보라 나를 파는 자가 가까이 왔느니라."

"여호와의 눈은 온 땅을 두루 감찰하사 전심으로 자기에게 향하는 자를 위하여 능력을 베푸시나니"(대하 16:9).

"소년이라도 피곤하며 곤비하며 장정이라도 넘어지며 자빠지되 오직 여호와를 앙망하는 자는 새 힘을 얻으리니 독수리의 날개 치며 올라감 같을 것이요 달음박질하여도 곤비치 아니하겠고 걸어가도 피곤치 아니하리로다"(사 40:30-31).

35

마가복음 강해
길 위의 길
The Way on The Way

소금의 제자도 (막 9:30-50)

"30 그 곳을 떠나 갈릴리 가운데로 지날 새 예수께서 아무에게도 알리고자 아니하시니 31 이는 제자들을 가르치시며 또 인자가 사람들의 손에 넘겨져 죽임을 당하고 죽은 지 삼 일만에 살아나리라는 것을 말씀하셨기 때문이더라 32 그러나 제자들은 이 말씀을 깨닫지 못하고 묻기도 두려워하더라 33 가버나움에 이르러 집에 계실새 제자들에게 물으시되 너희가 길에서 서로 토론한 것이 무엇이냐 하시되 34 그들이 잠잠하니 이는 길에서 서로 누가 크냐 하고 쟁론하였음이라 35 예수께서 앉으사 열두 제자를 불러서 이르시되 누구든지 첫째가 되고자 하면 뭇 사람의 끝이 되며 뭇 사람을 섬기는 자가 되어야 하리라 하시고 36 어린아이 하나를 데려다가 그들 가운데 세우시고 안으시며 제자들에게 이르시되 37 누구든지 내 이름으로 이런 어린아이 하나를 영접하면 곧 나를 영접함이요 누구든지 나를 영접하면 나를 영접함이 아니요 나를 보내신 이를 영접함이니라 38 요한이 예수께 여짜오되 선생님 우리를 따르지 않는 어떤 자가 주의 이름으로 귀신을 내쫓는 것을 우리가 보고 우리를 따르지 아니하므로 금하였나이다 39 예수께서 이르시되 금하지 말라 내 이름을 의탁하여 능한 일을 행하고 즉시로 나를 비방할 자가 없느니라 40 우리를 반대하지 않는 자는 우리를 위하는 자니라 41 누구든지 너희가 그리스도에게 속한 자라 하여 물 한 그릇이라도 주면 내가 진실로 너희에게 이르노니 그가 결코 상을 잃지 않으리라 42 또 누구든지 나를 믿는 이 작은 자들 중 하나라도 실족하게 하면 차라리 연자 맷돌이 그 목에 매여 바다에 던져지는 것이 나으리라 43 만일 네 손이 너를 범죄하게 하거든 찍어버리라 장애인으로 영생에 들어가는 것이 두 손을 가지고 지옥 곧 꺼지지 않는 불에 들어가는 것보다 나으니라 44 (없음) 45 만일 네 발이 너를 범죄하게 하거든 찍어버리라 다리 저는 자로 영생에 들어가는 것이 두 발을 가지고 지옥에 던져지는 것보다 나으니라 46 (없음) 47 만일 네 눈이 너를 범죄하게 하거든 빼버리라 한 눈으로 하나님의 나라에 들어가는 것이 두 눈을 가지고 지옥에 던져지는 것보다 나으니라 48 거기에서는 구더기도 죽지 않고 불도 꺼지지 아니하느니라 49 사람마다 불로써 소금 치듯 함을 받으리라 50 소금은 좋은 것이로되 만일 소금이 그 맛을 잃으면 무엇으로 이를 짜게 하리요 너희 속에 소금을 두고 서로 화목하라 하시니라."

한국의 세월호의 비극적 참사가 보여준 리더십의 모습은 참사 그 자체보다 더 참혹하였다. 선장이 팬티 차림으로 배를 버리고 도망치는 모습은 우리 시대의 '리더십의 부재'를 넘어서 '리더십의 실종'이며 '리더십의 타락'이었다. 어쩌면 종교계를 포함한 우리 사회의 리더십의 현주소가 아닐까? 리더십이란 무엇일까? 말 그대로 leader + ship이란 배의 리더를 가리키는 선장을 의미한다. 침몰 직전까지 잠자고 있다가 배^{ship}와 승객^{passengers}을 버리고 도망친 선장^{leader}의 모습 속에 리더십^{leadership}의 총체적 부실을 본다.

기독교의 지도자^{leader}가 된다는 것은 주님의 제자^{follower}가 되는 것을 의미한다. 이런 점에서 leadership(지도력)과 followership(제자도)은 동전의 양면과 같다. 성경에서 참된 지도자가 된다는 것은 참된 제자가 되어야 한다는 의미이다. 그런데 오늘날 교회에는 '신자는 있는데 제자는 없다'고 한다. 이 말은 '단지 믿는 것에 그치지 아니하고 주님을 따르는 삶을 사는 사람이 되어야 한다.'는 의미이다. 우리(성도)는 신자인가? 아니면 제자인가? 아니면 신자이며 제자인가? 저는 자주 강의나 설교 때 전도사님들이나 성도들에게 저와 함께 이런 슬로건을 외치게 한다. "예수 미드미, 예수 따르미, 예수 배우미, 예수 달므미가 되자"라고 말이다. 본문은 참된 제자란 어떤 모습인지를 보여준다. 특히 '길' 주제 속에 제자도의 모습을 보여준다.

조금 전 봉독한 본문은 마가복음의 중심 단락인 '길' 단락(8:27-10:52) 중에 나오는 본문으로 주님을 따르는 자의 삶이 어떠해야 할지를 잘 보여준다. 특히 막 8:27-10:52의 '길' 단락은 '길에서/노중에서$^{on\ the\ way}$라는 표현(8:27; 9:33-34; 10:17; 10:32; 10:46; 10:52)과 '따르다' 혹은 '따르다'^{follow}라는 단어(8:34; 9:38; 10:21; 10:28; 10:32; 10:52)가 반복하여 나타난다. 이 두 표현을 합쳐 놓으면 "길에서 [그를] 따르다"(막 10:52)로 이 표현은 '주님을 따르는 삶'(제자도)을 보여주는 '길' 단락의 요약적 표현이기도 하다.

여기서 반복적으로 언급된 '길'$^{way[όδός]}$은 마가복음에서 이중적 의미를 가지는데 하나는 '예수님의 길'이고 또 다른 하나는 그를 따르는 '제자의 길'이다. 예수님에게 이 길은 예루살렘으로 향해 올라가는 자기희생의 대속적 수난과 섬김의 길(막 10:45)인 '메시아의 길'이며, 제자들에게 이 길은 그러한 주님을 따르는 '제자로서의 길'이다. 이런 까닭에 이 단락은 마가의 제자도를 이해하는 중심 단락으로 이해되어 왔다. 여기에 수난^{suffering}이 그 중심 가운데에 있다(8:31; 9:7, 12; 9:30-32; 10:32-34; 10:45와 8:34-38[cf. 13:9-13]).

1. 제자의 길: 다시 '갈릴리'에서 '예루살렘'으로(막 9:30, "그곳을 떠나 갈릴리 가운데로 지날새")

두 번째 수난 예언(31절[8:31과 10:33-34 참고])으로 시작된 본문 30-50절은 예수님과 제자들이 '예루살렘을 향해 올라가는 길'(막 10:32)에 다시 갈릴리를 언급함[수난과 부활 때{14:28; 16:7}까지 마지막 언급임]으로써 ("그곳을 떠나 갈릴리 가운데로 지날 새"[30절]), 예수님께서 갈릴리에서 처음 그들을 제자로 부르신 초기의 제자도와 가르침(막 1:16-20)에 대한 새로운 이해를 촉구한다.

본문이 다시 언급하고 있는 '갈릴리'는 제자들이 처음 주님을 만나 나를 따라오라'는 예수님의 부름에 '모든 것을 버려두고' 주님을 좇았던 곳이고 사람들을 가르쳤던 곳이다(막 1:16-20; cf. 막 10:28). 그러므로 마가는 '길' 단락(막 8:27-10:52)이라고 불리는 마가복음의 중심 단락 central section에서 다시 갈릴리를 언급함으로써 과연 제자들이 어떤 동기와 목적으로 예수를 따르고 있는지를 보여주고자 한다 Deja Vu. 즉 마가는 예루살렘으로 올라가는 이 길(Via Dolorosa [고난의 길])에서 제자들이 보인 행동과 그에 대한 예수님의 교훈을 통해 참된 제자도가 무엇인지를 보여준다. 여기서 제자들의 모습과 그에 대한 주님의 교훈은 제자들에 대한 일종의 중간 평가와 같다. 특히 반복된 "길에서" on the way라는 언급은 특별한 의미를 지닌다. 제자들이 '길에서' 보인 모습과 그에 대한 주님의 교훈은 세 가지로 제시된다(33-37절; 38-42절; 43-49절; 그리고 50절).

1) "서로 누가 크냐?"고 쟁론하는 제자들(33-34절)과 주님의 교훈(35-37절)
2) "우리를 따르지 아니하므로 금하였나이다."는 요한(38절)과 주님의 교훈(39-42절)
3) "만일, 손/발/눈이 너를 범죄케 하거든 찍어(빼어)버려라"(43-49절); 그리고 50절.

결국 본문은 예루살렘을 향해 올라가는 이 길에서 주님을 따르는 제자들이 보인 모습(태도와 행동)과 그에 대한 예수님의 교훈을 통해 참된 제자도가 무엇인지를 극적으로 보여주고 있다. 여기서 제자들의 보인 모습과 그에 대한 주님의 교훈은 제자들에 대한 일종의 '중간 평가'와 같다. 특히 반복된 "길에서" on the way라는 언급은 특별한 의미를 지닌다.

1. "서로 누가 크냐?"고 쟁론하는 제자들(33-37절): "아무든지 첫째가 되고자 하면…"

이미 앞에서 관찰한 대로 예수님께서는 대속적 수난을 받으시기 위해 예루살렘을 향해 올라가는 그 길에서 그 길을 따르는 제자들은 지금 "서로 누가 크냐?"고 쟁론하고 있다(막 9:33-37; 10:13-16; 10:35-45). 특히 33-34절을 보면 제자들은 '길에서', '누가 크냐?'는 논쟁을 하고 있다("길에서"라는 말이 두 번이나 반복됨). 어떻게 이런 모습이 가능할까? 주님은 지금 십자가를 향해 섬김과 희생의 길을 가고 있는데 그를 따르는 제자들이 어떻게 이 '길에서' 이 같은 논쟁을 할 수 있을까. 십자가의 길을 가고 계시는 주님과 "서로 누가 크냐?"는 논쟁 가운데 그 길을 따르는 제자들의 모습이 극한 대조를 이룬다. 이 점이 교회(역사)의 비극이다. 우리는 여기서 "과연 그들의 초기의 따름(막 1:16-20; 10:28)은 어떤 의도와 동기(세속적인 동기?; 막 10:42 참고)에서 시작되었을까?"를 묻지 않을 수 없다. 비록 그들이 어느 정도 올바른 신앙 고백을 하였다 할지라도(막 8:29), 그들의 삶의 동기와 스타일은 여전히 세속적인 자기 확장과 자기 성취에만 급급하고 있음을 보게 된다. 아마도 그들의 이런 모습은 예수님을 따랐던 초기의 그들의 동기가 '자기 확장'과 '자기 성취'에 있었는지 모른다. 어부로서 좋지 않았던 배경을 가진 그들이 조상으로부터 운명적으로 물려받은 그 일터를 떠나 예수님을 따를 때 그들은 당시 '떠오르는 별'과 같은 이 신성 랍비를 따름으로 그들도 '랍비'가 되는 것이 꿈이었는지도 모른다. (어쩌면 우리의 모습은 아닌지?) 더 나아가 그들이 이해한 메시아(그리스도)로서의 예수님은 정치적 메시아로서 그들 역시도 서로 인기와 영광의 자리(첫째)를 차지하기 위해 나름대로의 꿈을 가졌는지도 모른다.

본문에서 보는 대로, 주님의 제자로서 주님을 따르는 길에 도사리고 있는 **첫 번째 위험은** 세속적인 야망을 성취하려는 것으로 이것은 신앙을 빙자한 자기중심적 삶(자기 영광, 자기 유익, 자기 성공에만 집착된 자기 확장, 자기 성취의 삶)의 모습이다. 예수님을 따르는 제자가 된다는 것은 그리스도 안에서 또 다른 변장된 세속적 자기 성취와 야망을 채우는 것이 아니다. 예수님을 믿음으로 주께 받은 자유는 자기 나라와 자기 의를 세우는 이기적인 자유가 아니다. 주님의 고귀한 희생을 통해 받은 자유는 하나님의 의롭고 자비로우신 다스림(의 축복)이 온 땅에 미치기 위해 이웃을 사랑하고 봉사하는 삶이다. 이 점을 바울은 이렇게 말한다.

> "형제들아 너희가 자유를 위하여 부르심을 입었으나 그러나 그 자유로 육체의 기회를 삼지 말고 오직 사랑으로 서로 종노릇하라 온 율법은 네 이웃 사랑하기를 네 자신 같이 하라 하신 한 말씀에서 이루어졌나니 만일 서로 물고 먹으면 피차 멸망할까 조심하라"(갈 5:13-15).

그런데 놀랍게도 십자가의 길을 따르는 제자들이 이 길에서 "서로 누가 크냐?"고 쟁론하고 있다. 이러한 모습이 오늘날 교회의 비극이고 사역자의 슬픔이고 일꾼의 비극이다. 자기 명예, 자기 영광, 자기 유익, 자기 성공에만 집중된 자기중심적인 이기적인 삶의 추구가 제자도의 목표라면 이것은 더 이상 제자의 삶이 아니다. 세속 그 자체이고 속물 그 자체이다.

이러한 잘못된 제자들의 모습에 대해 예수님은 지금 예루살렘을 향해 수난의 대속적인 길을 가시면서 '그를 따르는 제자들이 가야 할 올바른 길'을 교훈하고 있다. 그것은 섬김(봉사)의 삶을 말한다. 35절, "아무든지 첫째가 되고자 하면 뭇 사람의 끝이 되며 뭇 사람을 섬기는 자가 되어야 하리라." 주님의 제자로서의 삶은 세상적인 것과 전혀 다른 동기와 태도와 능력에 달려 있다. 그것은 곧 섬김(봉사)의 삶이다. 이 섬김(봉사)의 삶은 36-37절을 통해 구체적으로 제시되고 있는데 그것은 어린아이와 같은 사람들을 섬기는 삶을 의미한다. 오늘날과는 달리 당시 사회에서 어린아이들이란 무의미한 천한 존재(영향력/권리/우선권 전무)로 취급되어졌는데 여기서 어린아이들이란 절대적 도움이 필요한 유약한 자들(때론 소자들)을 지칭한다. 이처럼 주님의 제자로서 삶은 섬김과 돌봄의 필요가 있는 어린아이를 영접하듯이 공동체 가운데에서 가장 비천하고 연약한 자들을 영적으로만 아니라 육적으로도 돌보는 봉사의 삶을 말한다. 이러한 섬김과 돌봄 가운데 우리는 예수 그리스도를 만나고 하나님 아버지를 만난다(37절).

'그 사회(공동체)가 얼마나 성숙하느냐'를 가늠하는 척도는 그 사회가 유약한 사람들(노약자; 지체 부자유자; 어린이)을 얼마나 돌보고 귀히 여기느냐에 달려 있다. 똑똑하고 세력 있고 부유한 사람들이 중심이 된 사회가 아니라 도움이 필요한 소자들을 중심에 둔 사회가 성숙한 사회다. 어린아이들이나 장애자들이나 약자들(소자들)이 무시되고 돈 있고 학식 있고 권력을 가진 사람들이 중심이 된 사회는 성숙하지 못한 사회이다. 하나님의 사랑과 자비 가운데 가진 자들과 배운 자들과 세력 있는 자들이 무식하고 유약하고 연약한 자들의 울타리가 되어주는 사회가 진정 하나님의 다스림이 있는 사회이다. 오늘의 우리 사회는 어떠한가? 오늘의 한국 교회는 어떠한가? 그리고 우리의 공동체는 어떠한가? 그리고 나는? 그러므로 주님의 제자로서의 삶이란 자기 이익만 생각하고 자기 성취에만 급급한 사람이 아니라 이웃을 위해 특히 우리의 도움이 절대적으로 필요한 사람들을 위해 자신을 헌신하고 봉사하는 삶을 말한다. "배워서 남 주나, 벌어서 남 주나"고 외쳐 되는 사회가 아니라 "배워서 남 주고, 벌어서 남 주는" 사회가 되어야 한다. 그런데 놀라운 것은 우리 예수님은 단지 입술의 교훈만으로 이것을 가르치지 않았다. 주님은 지금 우리를 위해 대속물로 자신을 주시려고 이 길을 가시면서 이러한 교훈을 하고 있다. 막 10:45은 "인자의 온 것은 섬김을 받으려 함이 아니라 도리어 섬기려 하고 자기 목숨을 많은 사람의 대속물로 주려 하심이라."고 말씀하신다.

2. "우리를 따르지 않는 자를 금한" 요한과 주님의 교훈(38-42절): "금하지 말라"

예수께서 제자들에게 주님을 따르는 제자의 삶의 특징인 사랑(자비)의 섬김에 대한 교훈이 끝나기가 무섭게 요한은 지금 파당적 이기심에 빠진 독선적이고 편협한 태도를 취하고 있다(38절). "요한이 예수께 여짜오되 선생님 우리를 따르지 않는 어떤 자가 주의 이름으로 귀신을 내어 쫓는 것을 우리가 보고 우리를 따르지 아니하므로 금하였나이다." 여기서 우리는 주님을 따르는 길에 도사리고 있는 **두 번째 위험**은 독선과 거만과 아집(집단적 이기심)에 사로잡힌 파당적 모습임을 본다. 요한의 이러한 태도와 행동에 대해 예수님은 보다 넓은 관용과 연합(교제)의 정신을 갖도록 촉구하신다(9:39-40). "금하지 말라 내 이름을 의탁하여 능한 일을 행하고 즉시로 나를 비방할 자가 없느니라. 우리를 반대하지 않는 자는 우리를 위하는 자니라." 물론 이러한 권면은 '기독교 진리(복음)의 유독성을 버려라'는 의미는 아니다.

여기서 지적하는 잘못된 모습은 '자기 혼자만 제일 주님을 잘 따른다고 생각하는 독선과 아집'이다. 쉽게 말하자면 잘못된 파당적 집단 이기주의에 빠져서는 안 된다는 의미이다. 잘못된 집단 이기주의에 빠져서는 결코 안 된다. 장로교는 성경대로 믿는 지성적인 신앙을 자랑하고, 오순절은 체험적인 신앙을 자랑하고, 감리교는 실천적인 신앙을 자랑한다. 그러나 성경은 지성적, 체험적, 실천적 면이 고루 있어야 한다고 말한다.

주님을 따르는 제자의 길에 가져야 할 참된 제자도의 모습은 관용과 연합과 교제의 삶이다. 독선과 아집은 이 길을 가는 자들이 "금해야" 하는 것이다. 우리 방법과 성향에 맞지 않는다고 성급한 판단을 내리는 속좁은 종교인이 되어서는 안 된다. 사실 한국인은 단일 민족, 단일 언어, 단일 문화 속에서만 살아 왔기 때문에 배타성이 몸에 배어 있다. 다양성이 아닌 획일화가 몸에 배어 있다. 다름이 결코 틀림이 아님을 기억하자. 다르다는 것은 결코 열등하다는 것이 아니다. 장미와 채송화 중에 어느 것이 더 예쁘냐? No. 1의 시대가 아니라 Only One(독특함)의 시대이다. 지금은 조금 달라졌지만 한국에서는 튀는 사람은 다 죽는다. 그래서 그런지 '두더지 게임'이라는 것이 한때 성행하였다. 명품에 대한 병적인 집착도 이런 상황인지도 모르겠다. 똑같지 아니하면 뭔가 불안하다. 그리고 사촌이 논을 사거나 남이 잘하면 배 아픈 사회이다. 이 경우 시기의 질병은 가장 무서운 사회적 병리 현상이다.

주님이 교훈하시는 제자의 길은 독선과 아집과 시기로 물든 파당적 삶이 아니라 예수 그리스도의 관용과 연합과 교제를 실천하는 삶이다. 주의 이름으로 귀신을 쫓아낸 이 사람은 비록 제자들의 그룹에 속하지 않고 또한 요한의 주장처럼 자기들을 따르지는 않았지만 예수의 능력을 인정하고 예수의 이름으로 선한 일을 행한 사람이다. 여기에 예수님은 "우리를 반대하지 않는 자는 우리를 위하는 자니라."고 말씀하셨다.

예수님의 이 교훈은 우리가 잘못된 파당적인 독선과 아집의 태도를 버리고 보다 넓은 관용과 연합의 정신을 갖도록 촉구하신다. 우리의 머리되신 주님의 생각과 판단을 따르라고 하신다. 우리의 방법과 마음에 들지 않는다고 성급한 판단을 내리고 파당적인 태도를 취하는 속 좁은 그리스도인이 되지 않도록 애써야 한다. "평화는 전쟁보다 어렵고 화해는 혁명보다 힘들다"는 말이 있다. 논리는 극복해도 감정은 극복하지 못한다. 감정처리가 잘 안 된다. 아이들은 싸워도 금방 화해를 하는데 어른들은 한 번 싸우면 영원히 안 볼 것처럼 싸운다.

우리 주님은 자기를 멀찍이 따르고 자기를 부인한 제자들조차도 금하지 않으시고 그들을 위해 묵묵히 십자가를 지신 대속주이시다. 진실로 예수님은 소자 같은 사람들을 버리지 아니하시는 분이시다. 우리 같은 죄인들(탕자들)을 하나님의 자녀로 받아들이시기 위해 십자가를 지신 분이 우리 주님이시다(막 10:45; 롬 5:8). 교회사를 보면 때론 너무도 관용 tolerance이 부족한 부분을 본다. 한국 사회도 예외는 아니다. 야당이면 무조건 용공, 여당이면 무조건 어용으로 생각한다. 집단적, 지역적 이기심이 판을 치는 사회가 한국 사회다. 양극화가 점점 심화되고 있다, 남북의 이념적 갈등, 동서의 지역적 갈등, 가진 자와 가지지 못한 자의 계층적 갈등, 기성세대와 젊은 세대의 세대 간 갈등. 사회적 갈등 비용이 너무도 크다. 화합과 소통의 시대로 나아가야 한다. 함께 하는 공동체로 나아가야 한다. 제로섬 게임이나 위너/루즈$^{winner/loser}$의 게임이 아니라 윈·윈$^{win/win}$의 사회를 만들어야 한다. 고통을 분담하고 함께 잘사는 공동체를 만들어야 한다. 노사정이, 국회가, 신앙 공동체가, 우리 민족이 그러해야 한다.

한국에 귀국하니 '죽이기 시리즈'가 판을 치고 있었다. 마누라 죽이기, 김대중 죽이기, 이회창 죽이기, 노무현 죽이기, 이명박 죽이기, 박근혜 죽이기. 언제부터 우리나라가 이렇게 되었나? 왜 이 같은 사회가 되었나? 우리 사회에는 '라이언 일병 구하기'와 같은 슬로건은 없는가? 주님은 깨어진 세상, 나누어진 세상을 하나 되기 위하여 자기 몸을 깨뜨려주시고 피 흘려주셨다. 이것이 십자가의 의미이고 성찬의 의미이다. 우리가 성찬을 대할 때 바로 이 같은 의미를 깊이 새겨야 한다. 교회는 이 교훈을 깊이 새겨야 한다. 요한처럼 그 자가 주님의 이름으로 선한 일을 하여도 "우리를 따르지 않기 때문에 우리가 금하였나이다."라고 외칠 것이 아니라, "나를 반대하지 않는 자는 나를 위하는 자니라."라는 주님의 관용과 연합의 정신(교훈)을 배워야 한다.

결론적으로 주님을 따르는 제자로서의 두 번째 삶은 보다 넓은 관용과 연합과 교제의 정신을 실천하는 삶이다. 독선과 아집으로 물든 파당적 모습은 주님을 따르는 제자들이 "금해야 할" 모습이다.

3. 금해야 할 원수는 내 속에(43-48절): "범죄하게 하거든 찍어버려라, 뽑아버려라"

끝으로 주님을 따르는 길에 **가장 큰 원수**가 있다고 한다면 그것은 '내 속에 숨어있는 무서운 죄'라고 지적한다. 이미 막 7:18-23에서 예수님은, "무엇이든지 밖에서 들어가는 것이 능히 사람을 더럽게 하지 못[하되] … 사람에게서 나오는 그것이 사람을 더럽게 하느니라. 속에서 곧 사람의 마음에서 나오는 것은 악한 생각 곧 음란과 도적질과 살인과 간음과 탐욕과 악독과 속임과 음탕과 흘기는 눈과 훼방과 교만과 광패니 이 모든 악한 것이 다 속에서 나와서 사람을 더럽게 하느니라."고 말씀하셨다. 사실 주님을 따르는 제자의 길에서 "금해야" 할 것은 우리의 관심과 도움(돌봄)이 필요한 유약하고 귀찮은 '어린아이'(혹은 소자)나 '우리를 따르지 않는 자'가 아니라 '우리 내면에 도사리고 있는 죄'라고 말한다. "손이, 발이, 눈이 범죄하게 하거든 찍어버려라, 뽑아버려라"(43-47절). 공동체 내에서 우리의 도움이 필요한 어린아이와 같은 유약한 사람(소자)이나 우리 편이 아닌 우리와 다른 견해를 가진 그리스도인은 도리어 따뜻하게 영접하며, 정말 금해야 할 것("찍어버려라/뽑아버려라")은 '내 속에 있는 무서운 죄악'이다. 제자의 길에 문제가 되는 근원은 죄("범죄하게 하거든"[9:43, 45, 47])이며 여기에는 엄격하고 급진적인 수술이 요구된다("찍어버려라"[43, 45절]; "뽑아버려라"[47절]). 자신에 대해서는 엄격한 검사가 되고 이웃과 형제에 대해서는 변호사가 되어야 된다는 의미이다.

사랑과 자비와 관용과 연합의 정신이 참된 제자도의 모습이라고 하여서 자신의 죄악까지 포용하거나 정당화해서는 안 된다는 의미이다. 참된 원수는 내 속에 있다. 무서운 싸움은 자기와의 싸움이다. 마라톤 선수, 체조선수, 복싱 선수, 성공한 사업가, 산악인, 정치인, 종교인 모두가 한결같이 그렇게 말한다. 바울 역시도 그렇게 고백하였다. 고전 9:25-27, "이기기를 다투는 자마다 모든 일에 절제하나니 그들은 썩을 승리자의 관을 얻고자 하되 우리는 썩지 아니할 것을 얻고자 하노라 그러므로 나는 달음질하기를 향방 없는 것같이 아니하고 싸우기를 허공을 치는 것같이 아니하며 내가 내 몸을 쳐 복종하게 함은 내가 남에게 전파한 후에 자신이 도리어 버림을 당할까 두려워함이로다."

그러므로 제자의 길에 요구되는 가장 중요한 것은 자기 성찰적인 급진적인 회개와 영적 수술의 삶이다. 오늘 한국 교회(종교 지도자)의 아픔을 바라보면서 이렇게 자성해 본다. 누구나 죄를 짓지만 누구나 다 회개하지는 않는다. 회개와 변혁은 우리 시대 교회의 긴급한 화두이다. 사실 우리의 희망 찾기는 (거짓) 희망 버리기며 절망 껴안기다. 주님은 공동체에게 이 같은 제자도의 삶을 요구하신다.

결론적으로 주님은 제자들을 향해 "너희 속에 소금을 두고 서로 화목하라"(50절)고 말씀하셨다. 여기 '소금'은 제자도를 가리킨다. 곧 제자도의 특징인 사랑의 섬김과 관용과 연합, 그리고 자아 성찰의 회개를 잃어서는 안 됨을 말한다. 이런 특성이 없으면 그것은 맛 잃은 소금과 같은 제자의 삶이다.

요약하면,
제자의 길에 도사리는 첫 번째 위험은 자기 성취와 확장("서로 누가 크냐?"[2x])의 모습이다. 이러한 위험에 주님은 섬김과 봉사의 삶을 살도록 촉구하신다. "아무든지 첫째가 되고자 하면 뭇 사람의 끝이 되며 뭇 사람을 섬기는 자가 되어야 하리라."

두 번째 위험은 독선과 아집에 사로잡힌 파당적 모습("우리를 따르지 아니하므로[2x] 금하였나이다.")이다. 여기에 주님은 관용과 연합의 삶을 촉구하신다. "금하지 말라. … 우리를 반대하지 않는 자는 우리를 위하는 자니라."

끝으로 세 번째 위험은 내 속에 있는 죄악("내 손/발/눈이 범죄하게 하거든"[3x])이다. 이러한 위험에 대해서 주님은 급진적인 단호한 회개와 영적 수술을 촉구하신다. "찍어버려라, 뽑아버려라."

우리 공동체 가운데에 이와 같은 '소금의 제자도'를 두고 "서로 화목하라"는 주님의 말씀이 아름답게 구현되기를 간절히 바란다.

36 길 위의 길

마가복음 강해
The Way on The Way

길에서 계속되는 가르침 (막 10:1-16)

"1 예수께서 거기서 떠나 유대 지경과 요단강 건너편으로 가시니 무리가 다시 모여들 거늘 예수께서 다시 전례대로 가르치시더니 2 바리새인들이 예수께 나아와 그를 시험하여 묻되 사람이 아내를 버리는 것이 옳으니이까 3 대답하여 이르시되 모세가 어떻게 너희에게 명하였느냐 4 이르되 모세는 이혼 증서를 써주어 버리기를 허락하였나이다 5 예수께서 그들에게 이르시되 너희 마음이 완악함으로 말미암아 이 명령을 기록하였거니와 6 창조 때로부터 사람을 남자와 여자로 지으셨으니 7 이러므로 사람이 그 부모를 떠나서 8 그 둘이 한 몸이 될지니라 이러한즉 이제 둘이 아니요 한 몸이니 9 그러므로 하나님이 짝지어 주신 것을 사람이 나누지 못할지니라 하시더라 10 집에서 제자들이 다시 이 일을 물으니 11 이르시되 누구든지 그 아내를 버리고 다른 데에 장가 드는 자는 본처에게 간음을 행함이요 12 또 아내가 남편을 버리고 다른 데로 시집 가면 간음을 행함이니라 13 사람들이 예수께서 만져 주심을 바라고 어린아이들을 데리고 오매 제자들이 꾸짖거늘 14 예수께서 보시고 노하시어 이르시되 어린아이들이 내게 오는 것을 용납하고 금하지 말라 하나님의 나라가 이런 자의 것이니라 15 내가 진실로 너희에게 이르노니 누구든지 하나님의 나라를 어린아이와 같이 받들지 않는 자는 결단코 그 곳에 들어가지 못하리라 하시고 16 그 어린아이들을 안고 그들 위에 안수하시고 축복하시니라."

이제 예수님과 제자들은 가버나움(갈릴리)을 떠나 유대와 요단을 넘어 예루살렘을 향하여 나아가고 있다. 특히 유대를 통해 예루살렘(십자가)을 향해 나아가는 길에 주님은 가르침을 계속한다. 이 길에서 주님은 결혼

(1-12절)과 어린아이(13-16절)와 소유(17-31절)에 대한 제자도의 교훈을 할 뿐 아니라 마지막 수난 예언(32-34절)과 함께 자신이 걸어가야 할 대속적인 종의 길을 선언하고 이어지는 바디매오의 기사(46-52절)는 치유(봄)와 따름이라는 제자도의 전형으로 소개된다(45절).

"예수께서 거기서 떠나 유대 지경과 요단강 건너편으로 가시니 무리가 다시 모여 듣거늘 예수께서 다시 전례대로 가르치시더니."

1) 결혼과 이혼에 대하여(막 10:2-12)

예수님은 이 길에서 바리새인들의 시험에 부딪힌다(2절). "바리새인들이 예수께 나아와 그를 시험하여 묻되." 십자가의 길, 제자의 길에는 언제나 시험이 있기 마련이다. 주님은 공생애 출발부터 광야에서 사탄으로부터 시험을 받았고, 초기 갈릴리 사역에서도 종교 지도자들로부터 많은 시험(공격)을 받았다(2:1-3:6). 이제 그의 마지막 여행길인 예루살렘을 향해 올라가는 길에서 예수님은 또 다시 종교 지도자들에 의해 시험에 직면한다. 즉, 그들은 예수께 나아와 남편이 아내를 버리는 일(ἀπολύω)이 합당한가를 질문함으로써 예수님을 궁지/사지[37]에 몰아넣으려 한다.

지금 주님은 죄로 인해 하나님으로부터 버림받을 수밖에 없는 사람들을 위해 자신을 주심(버리심=하나님으로부터 버림받으심)으로 그들을 대속하려는(하나님의 자녀들로 결속하려는) 길을 가고 있는데 바리새인들은 남편이

---

[37] 즉 세례 요한이 헤로디아의 이혼과 재혼 문제를 경고하여 회개를 촉구함으로써 처형되었듯이(6:17-29) 이미 헤롯과 결탁한 바리새인들(막 3:6; 12:13)이 예수님의 답변을 통해 헤롯과 헤로디아의 신경을 다시 건드리려고 하였는지도 모른다(Garland, 472).

아내를 버릴 수 있음에 대하여 묻고 있다(2절). 부정한 아내를 버리지 않고 속량한 호세아를 기억한다면 그들의 모습은 하나님의 의도와는 동떨어져 있다. 세상 사람들은 우리를 버릴지라도 우리 주님은 결코 우리를 버리지 않으시는 분이시다("예수 내 친구 날버리잖네 온천지는 변해도 날 버리지 않네[찬 394장]."). 이 얼마나 역설적인 모습인가?

(1) 바리새인의 질문(2절): "사람[남편]이 아내를 버리는 것이 옳으니이까?"

특히 이 단락(1-12절)에는 '(내어)버린다'는 뜻을 가진 단어(ἀπολύω[2, 4, 11, 12절])가 반복하여 나온다. 예수님 당시에는 이혼이 헬라-로마 사회뿐 아니라 유대 사회에서도 흔한 관행이었다. 모세 시대만이 아니라 이후 선지자들도 하나님과 이스라엘의 깨어진 관계를 당시 성행하는 이혼 관례로 묘사한다. "나 여호와가 이렇게 말하노라 내가 너희의 어미를 내보낸 이혼 증서가 어디 있느냐"(사 50:1[렘 3:8]). 흥미로운 점은 말라기의 이혼 반대 구절인 "나는 이혼하는 자를 미워하노라"(말 2:16)가 요나단 탈굼의 아람어 번역에서는 "네가 만약 그녀를 싫어하면 그녀와 이혼하라"로 바꾸어졌다. 그만큼 이혼은 사회에서 합법화되고 보편화되어졌다.

특히 유대 사회에서 결혼은 남편과 아내의 상호 동등 관계의 결합이 아니라 가계를 잇는 문제로 아내가 자녀를 갖지 못함은 이혼의 가장 큰 귀책사유였고 간음 외에도 남편이 아내를 버리는 것은 남편들의 재량이며 권한이었다. 당시 여성들은 재산의 한 부분으로 간주되어 불평등한 상황 가운데 쉽게 이혼이 이루어졌다. 그러므로 남편이 아내를 버리고 재혼하는 것은 흔한 시대적 상황이었다. 이런 상황에 헤롯(안티파스)의 불법적 이혼과 재혼의 문제는 세간의 큰 관심거리며 논쟁거리로 세례 요한의 잔혹한 죽음(순교)을 야기한 사건이었다. 여기서 이혼에 대한 그들의 질문에 대해 예수께서 '옳지 않다'^{No}라고 한다면 헤롯당과 결탁한 그들은 (3:6) 예수를 사지로 몰 것이다. 이에 예수님은 직접적인 답변 대신 그들에게 다음과 같은 질문으로 되받아 하심으로써 그들의 의중을 떠본다.

(2) 예수님의 되물음과 답변(3-4절)

"모세가 어떻게 너희에게 명하였느냐?"
"모세는 이혼 증서를 써주어 버리기를 허락하였나이다."

이 문답 속에서 우리는 예수님 당시의 바리새인들이 모세의 명령(신 24:1-4)을 빌어 이혼을 정당화시키고 장려한 사실을 보게 된다. 그러나 실제로 모세는 '마음의 완악함'으로 인하여 특히 아내를 보호하기 위해 이혼 증서를 주도록 하였다(5절). "너희 마음이 완악함으로 말미암아 [모세는] 이 명령을 기록하였다." 모세가 이혼 증서를 쓰게 한 것은 이혼 장려가 아니라 이혼의 부당한 남용에 대한 방지와 함께 재혼의 가능성을 아내에게 줌으로 아내의 권리를 보호하기 위한 조치였다. 즉, 아내에게 합법적(?) 재혼의 가능성을 열어둠으로 전 남편으로 하여금 간음의 비방으로부터 보호할 뿐 아니라 재혼을 막는 일을 방지하기 위한 고육지책이었다. 결국 모세의 제안은 당시 사람(남편)들의 '완악함'으로 인해 발생하는 이혼에 대한 최소한의 법적 보호 조치였지 아내를 버리는 것이 결코 하나님의 뜻은 아니었다. 답변("모세는 이혼 증서를 써주어 버리기를 허락하였나이다.")의 뉘앙스처럼 버림을 정당화하는 이혼 증서는 결코 아니다.

오히려 결혼에 대한 하나님의 뜻은 6-9절에서 말씀하신 것으로 결혼은 하나님께서 창조 시 제정하신 나눌 수 없는 영원한 언약이라는데 그 방점이 있다.

> "창조 때부터 [하나님은] 남자와 여자로 지으셨으니 이러므로 사람이 그 부모를 떠나서 그 둘이 한 몸이 될지니라 이러한즉 이제 둘이 아니요 한 몸이니 그러므로 하나님이 짝지어주신 것을 사람이 나누지 못할지니라."

(3) 참된 결혼의 연합된 삶(6-9절)

지금 예수님은 인간의 '마음의 완악함'으로 인해 모세가 어쩔 수 없이 이혼 증서를 주어 아내를 버렸던 그 법(신 24:1)을 뛰어넘어 놀라운 교훈을 주시고 계신다. 즉 예수님은 창조 시의 규례들(창 1:27; 2:24)을 언급함으로써 이제 구속(재창조)의 새로운 시대에는 더 이상 죄(완악함)로 인한 '버림'abandonment이 아니라 '한 몸'union을 이루는 놀라운 결혼의 삶을 제시하고 있다. 분리할 수 없는 결속된/연합된 결혼의 삶은 이제 메시아의 길(구속과 연합)과 제자의 길(성결과 연합) 중앙에 우뚝 서 있다. 그 내용을 살펴보면:

- 하나님은 창조 시 남자와 여자를 만드셨다.
- 사람이 그 부모를 떠나서 그 둘이 한 몸(영혼과 육체로 결속된 전인으로서의 σάρξ)이 될지니라.
- [더 이상] 둘이 아니요 한 몸이다.
- 하나님이 짝 지어 주신 것을 사람이 나누지 못할지니라.

결혼 관계의 주인이 남자가 아니기 때문에 남자가 버릴 수 있는 권한을 가진 것도 아니며, 아내는 남편이 함부로 버릴 수 있는 부속물도 아니다. 하나님의 제정하신 언약적인 관계인 결혼이란 하나님에 의해 창조된 남자와 여자가 부모를 떠나 연합된 몸('한 몸')을 이루는 것을 의미한다. '한 몸'으로서 결혼의 연합된 삶은 부모에 대한 헌신과 공경을 넘어서는 일이지만 하나님을 공경하는 일을 넘어서지는 못한다. 그러므로 결혼 관계는 하나님 안에서 상호 연합된 헌신의 삶을 사는 것을 말한다.

이 경우 예수님(엡 5:21: "그리스도를 경외함으로 피차 복종하라.")은 성공적인 연합^{unity}과 결속^{union}을 위한 결혼 생활의 참된 원동력과 모범이 된다. "주께 하듯 하라"; "그리스도에게 하듯"; "그리스도께서…자신을 주심 같이 하라"; "그리스도께서 자신의 몸(교회)을 보양함과 같이 하나니." 예수 그리스도는 진정 우리의 결혼(교회) 생활의 중심에 놓여 있다: 아내 → 그리스도 ← 남편. 교회(아내) ↔ 그리스도(남편). 결혼은 거룩한 언약적인 결속이지 거래 관계가 아니다.

여기서 놀라운 것은 모세법은 인간의 죄성(마음의 완악함) 때문에 어쩔 수 없이 버리는데 이르지만 예수님은 언약적인 결속을 깨뜨리지 않으시고 자신의 속죄를 통해 사랑과 용서로 완성하신다. 그래서 예수님은 지금 십자가를 지시기 위해 예루살렘을 향해 나아가고 있다. 불순종한 배교의 우리들(고멜)을 위해 자신을 희생시킴으로 우리를 속량하셨다.

이어 예수님은 제자들에게 상대방을 버리는 일에 대해 말씀(11-12절)하시기를, 누구든지 상대방을 버리고 다른데 장가/시집가는 자는 간음

한 것이라고 말씀하신다. 여기서 버리는 일과 버림을 당하는 일은 매우 다르다. 신자는 누구든지 버리는 일을 먼저 해서는 안 된다(고전 7장).

물론 이 본문은 대적자들의 물음에 대한 답변이지 이혼한 사람들에 대한 목회적인 도움을 위한 지침은 결코 아니다(Garland, 477). 오늘날의 이혼의 상황은 훨씬 더 복잡하며 이에 대한 목회적인 돌봄과 지침은 매우 신중하고 조심스러워야 한다. 흥미로운 점은 '율법의 선생'이라는 사람들이 오히려 성경(모세 율법)을 잘못 사용(이해)하고, 하나님의 뜻을 왜곡하고 있음을 본다. 우리는 여기서 결혼 생활을 파괴하는 것이 하나님이 아니라 인간의 완악함이고 세상과의 타협임을 본다. 세상이 악해질수록 이혼은 급증한다. 종말이 가까워질수록 결혼은 깨어지고 이혼은 보편화된다. 이 경우 결혼의 제자도는 매우 중요하다. 이어 예수님은 어린아이들에 대한 제자도를 교훈한다.

2) "어린아이들을 영접함과 같이"(막 10:13-16)

참된 제자도는 예수님처럼 유약한 어린아이들(소자들)을 영접하는 삶이다. 예수님은 지금 이러한 자들을 하나님의 자녀로 받아들이기 위해 섬김과 희생의 길로 가고 있는데 도리어 제자들은 이들을 배척한다. 앞에서도 제자들은 예수의 이름으로 사역한 사람들이 자신들을 따르지 않는다는 이유로 그들을 금하였다(9:38). 마치 제자들은 자신들이 하나님 나라의 경비원이나 문지기(권력자)가 된 것처럼 사람들이 예수께 접근하는 것을 자신들의 뜻대로 가로막는 행동을 하였다. 하나님 나라를 섬겨야 할 일꾼들이 하나님 나라를 가로막고 있다. 하나님의 아들로서 이 땅에 오신 주님은 섬김을 받으려 함이 아니라 섬기려 하고 자기 목숨을 많은 사람들을 위한 대속물로 주려하시는데 그를 따르는 제자들은 자기 나라(유익)와 자기 의(뜻)에만 관심을 가진다. 이것이 제자들의 비극이고 일꾼들의 비극이다. 그때나 지금이나 독단성과 배타성을 보이는 이런 모습은 다를 바 없다. 즉, 예수님은 포용성^{inclusivity}을 말하는데 제자들은 배타성^{exclucivity}을 보이고 있다. 그러나 예수께서 세우시는 새로운 공동체는 권리가 없고 약하고 보잘 것 없는 이런 소자들(어린아이들)을 금하지 말고 자신들과 동일한 공동체의 일원으로 따뜻하게 받아들이고 그들을 축복하여야 한다(16절).

앞에서 관찰한 대로 예수님은 새로운 신앙 공동체 내에서 세상 밖 "변두리로" 밀려난/버려진 어린아이들(소자들)을 "그들 가운데" 세우시고 안으시면서("어린아이 하나를 데려다가 그들[제자들] 가운데 세우시고 안으시사"[9:36]) 이런 어린아이들을 영접하는 것이 자신과 하나님 아버지를 영접하는 것이라는 놀라운 교훈을 하셨다(9:37). 그러한 얼마 전의 가르침에도 불구하고 제자들은 여전히 배타적이다.

사람들이 만져주심을 바라고 어린아이들을 예수께 데리고 나아온 것에 대해 제자들이 꾸짖는 것을 본 예수님은 제자들에게 화를 내시고 다시 한번 어린아이들을 금하지 말고 용납할 것을 교훈하시면서 하나님 나라는 이런 자들의 나라이며 이런 자들을 받드는 일임을 설파하신다. 그리고 예수님은 자기에게 나아 온 어린아이들을 안으시고 안수하시고 축복하신다.

"어린아이들이 내게 오는 것을 용납하고 금하지 말라. 하나님의 나라가 이런 자들의 것이니라. 내가 진실로 너희에게 이르노니 하나님의 나라를 어린아이[를 영접함]과 같이 받들지 않는 자는 결단코 [하나님의 나라에] 들어가지 못하리라 하시고 어린아이들을 안고 저희 위에 안수하시고 축복하시니라."(막 10:14-16)

그렇다.

기독교의 참된 위대함이란 버림과 배제의 배타성이 아니라 용납과 돌봄의 포괄성이며, 지배력과 통제력이 아니라 열린 마음의 섬김의 능력과 권세이다. 섬김의 권세와 능력은 우리를 섬기려 오셔서 십자가에 죽기까지 복종하심으로 우리를 구원하신 우리 주 예수 그리스도의 은혜 가운데 자기 부정의 십자가의 길을 따르는 겸손한 봉사에 기인한다.

우리는 "성령의 능력 안에서" 이런 공동체를 꿈꾼다. 한국 교회가 이런 공동체가 되기를 진정으로 소원한다.

> "성령이 오셨네.
> 성령이 오셨네.
> 내 주의 보내신 성령이 오셨네.
> 우리 인생 가운데 친히 찾아 오셔서
> 그 나라 꿈꾸게 하시네."

> "그 나라 꿈꾸게 하소서."

37

마가복음 강해
길 위의 길
The Way on The Way

'길에서'의 부자 청년과 제자도 (막 10:17-31)

"17 예수께서 길에 나가실새 한 사람이 달려와서 꿇어 앉아 묻자오되 선한 선생님이여 내가 무엇을 하여야 영생을 얻으리이까 18 예수께서 이르시되 네가 어찌하여 나를 선하다 일컫느냐 하나님 한 분 외에는 선한 이가 없느니라 19 네가 계명을 아나니 살인하지 말라, 간음하지 말라, 도적질하지 말라, 거짓 증언 하지 말라, 속여 빼앗지 말라, 네 부모를 공경하라 하였느니라 20 그가 여짜오되 선생님이여 이것은 내가 어려서부터 다 지키었나이다 21 예수께서 그를 보시고 사랑하사 이르시되 네게 아직도 한 가지 부족한 것이 있으니 가서 네게 있는 것을 다 팔아 가난한 자들에게 주라 그리하면 하늘에서 보화가 네게 있으리라 그리고 와서 나를 따르라 하시니 22 그 사람은 재물이 많은 고로 이 말씀으로 인하여 슬픈 기색을 띠고 근심하며 가니라 23 예수께서 둘러 보시고 제자들에게 이르시되 재물이 있는 자는 하나님의 나라에 들어가기가 심히 어렵도다 하시니 24 제자들이 그 말씀에 놀라는지라 예수께서 다시 대답하여 이르시되 얘들아 하나님의 나라에 들어가기가 얼마나 어려운지 25 낙타가 바늘귀로 나가는 것이 부자가 하나님의 나라에 들어가는 것보다 쉬우니라 하시니 26 제자들이 매우 놀라 서로 말하되 그런즉 누가 구원을 얻을 수 있는가 하니 27 예수께서 그들을 보시며 이르시되 사람으로는 할 수 없으되 하나님으로는 그렇지 아니하니 하나님으로서는 다 하실 수 있느니라 28 베드로가 여짜와 이르되 보소서 우리가 모든 것을 버리고 주를 따랐나이다 29 예수께서 이르시되 내가 진실로 너희에게 이르노니 나와 복음을 위하여 집이나 형제나 자매나 어머니나 아버지나 자식이나 전토를 버린 자는 30 현세에 있어 집과 형제와 자매와 어머니와 자식과 전토를 백 배나 받되 박해를 겸하여 받고 내세에 영생을 받지 못할 자가 없느니라 31 그러나 먼저 된 자로서 나중 되고 나중 된 자로서 먼저 될 자가 많으니라."

반복하여 언급하였듯이 예수께서 지금 섬김과 사랑과 희생의 십자가를 지시기 위해 예루살렘을 향해 나아가는 메시아의 길은 그를 따르는 제자들에게는 제자도의 길로 제시되었다. 그런데 지금 이 '길'way에 이름 모를 한 사람이 예수께 달려와 꿇어 앉아 진지한 구도의 길을 찾고 있다. "선한 선생님이여 내가 무엇을 하여야 영생을 얻으리이까?" 이에 주님은 몇 가지 문답과 함께 그에게 여전히 한 가지 부족한 것을 지적하면서 그의 소유를 다 팔아 가난한 자들에게 주고 그리고 와서 '나를 따르라'고 명하셨다. 그러나 이 사람은 많은 재물로 인해 슬프게 근심하며 그 길에서 돌아섰다. 결국 이 사건은 마가복음의 중심 단락('길' 단락)을 통해 참된 영생의 길이 무엇인지, 소유와 하나님 나라의 관계는 어떠한지를 역설적으로 보여준다. 예수님을 따르는 제자들(우리)은 과연 어떤 삶을 추구해야 하는가?

1. '길에서'의 한 사람(17절)

길에서 예수께 나아온 이 사람은 마가복음에서는 단순히 '한 사람(εἰς)'으로만 언급되고 그의 신분과 나이에 대한 구체적 사실을 알 수 없지만 마태복음과 누가복음의 기록을 살펴보면 이 사람은 청년(마 19:20, 22)으로서 관원인 큰 부자(눅 18:18, 23)라고 언급하고 있다. 무엇보다도 이 사람은 어려서부터 율법을 잘 알고 그것들을 당시 기준을 따라 큰 흠 없이 잘 지켰던 것처럼 보인다.

외견상 보기에는 사회적으로(관원이며 큰 부자)나 종교적으로(율법을 알고 실행) 특상품의 사람('성공한 사람')이었다. 뿐만 아니라 이 사람은 거기에 만족하지 않고 구도자로서의 길을 진지하게 추구하고 있는 모습은 정말 금상첨화였다. 아마 이 사람은 소위 세상 보기에 멋진 종교인(선한 사람?)의 모습인지도 모른다. 즉 권력(관원[ruling class])과 부(큰 부자)를 지니고 있으면서도 비도덕적인 관원이나 졸부의 모습이 아니라 소위 모세의 율법(십계명)에 나타난 종교적/도덕적 의무들(살인; 간음; 도적질; 거짓 증거; 사기 횡령; 부모 공경)을 잘 수행하고 있는 사람이었다. 특히 그가 예수께 나아온 모습(17절)은 매우 적극적이고도 구도적이었다.

1) 그가 예수님께 나아온 구도의 자세(17절)

"달려와서 꿇어앉아 묻자오되 선한 선생이여 내가 무엇을 하여야 영생을 얻으리이까?"

매우 적극적(저돌적)이고도 진지한 자세("달려와 꿇어앉아")와 함께 이 사람의 질문은 종교적 최고의 질문인 영생을 얻기 위한 또 다른 자신의 (도덕적) 행위와 의무를 묻는 질문("내가 무엇을 하여야[What must I do?]")이었다. 그는 영생을 얻기 위해 예수님으로부터 그가 할 수 있는 최고의 행동을 하달해 주시기를 기대하였다. 그러나 주님의 질문에 대한 그의 답변 속에 나타난 그의 영생에 대한 가치와 추구는 재물+종교적/도덕적 행동+그 무엇(영생)이었다. 결국 예수님의 최종적 요구를 통해 드러난 그의 모습은 그가 생각하는 영생이란 자신의 소유보다도 못한 것이었다. 22절, "그 사람은 재물이 많은 고로 이 말씀을 인하여 슬픈 기색을 띠고 근심하며 가니라." 이제 그 과정을 한번 살펴보자.

2) 예수님의 답변(18-19절)

> "18 예수께서 이르시되 네가 어찌하여 나를 선하다 일컫느냐 하나님 한 분 외에는 선한 이가 없느니라 19 네가 계명을 아나니 살인하지 말라 간음하지 말라 도적질 하지 말라 거짓 증거하지 말라 속여 취하지 말라 네 부모를 공경하라 하였느니라."

예수님은 먼저 이 사람이 자신을 '선한 선생'으로 부른 것에 대해 언급을 하시면서 그가 가진 '선'goodness에 대한 개념을 교정하시고 그가 도덕적 계명(십계명), 그중에 특히 이웃 사랑의 계명들을 알고 있는지를 언급하셨다(18-19절). 이어 그의 답변이 주어진다.

3) 그의 답변: 이 사람의 도덕적 행동과 영생의 가치(20-21절)

> "20 여짜오되 선생님이여 이것은 내가 어려서부터 다 지키었나이다 21 예수께서 그를 보시고 사랑하사 가라사대 네게 아직도 한 가지 부족한 것이 있으니 가서 네게 있는 것을 다 팔아 가난한 자들을 주라 그리하면 하늘에서 보화가 네게 있으리라 그리고 와서 나를 좇으라 하시니."

그의 답변(20절)을 볼 때 이 사람은 이웃 사랑의 계명들인 살인, 간음, 도적질, 거짓 증거, 그리고 사기 횡령도 하지 않았고 또한 부모도 잘 공경하였다. 그는 도덕적으로 훌륭한 사람이었다. 이런 그의 도덕적 모습을 볼 때 그의 부의 축적은 정당한 방법을 통해 획득된 것으로 여겨진다.

그러나 예수께서 그에게 '아직도 한 가지 부족한 것'(율법의 모든 것인 이웃 사랑의 실천)을 지적하시고 그가 '가진 모든 것을 팔아 가난한 자들에게 주고 자기를 따르라'고 명하자 이 사람은 재물이 많은 고로 근심하며 돌아갔다(22절). 사실 이웃 사랑의 실천은 이웃을 내 몸과 같이 사랑하는 것이고 그 사랑은 자신의 온 몸$^{whole\ life}$을 다 내어주는 것을 의미한다. 누가 이런 사랑의 계명을 실천할 수 있는가? 오직 하나님 외에는(18절 참고) 없다. 예수 그리스도는 바로 이러한 사랑을 실천하시기 위해 이 땅에 오셔서 자기 몸을 주심으로 대속 제물이 되셨다. 이것이 계명이 요구하는 실천이다.

결국 그가 생각하는 영생의 가치란 그가 가진 재물보다도 못한 것이었다. 우리는 여기서 '하늘의 보화'(영생)와 '땅의 부와 안전'(자기를 위하여 쌓아 둔 부) 사이의 극적 대조를 보게 된다. 과연 영생(구원)은 무엇인가? 그것의 가치는? 주님은 한 생명이 천하보다 귀하다고 하였다. 세상 재물의 유혹과 속임 속에서 많은 사람들이 하늘의 보화(영생)의 가치를 모르고 있다. 누가복음에 나오는 부자의 비유(눅 12:16-21)처럼 '부가 자신의 영혼에 평안과 즐거움을 영원히 주리라'고 생각(착각)한다. 이 사람은 영생을 세상 것(소유)의 연장선 위에 두려고 하였다. "내가 무엇을 하여야 영생을 얻으리이까?" 그러니 그는 영생을 위해 세상 재물을 포기할 수 없었다(삭개오의 모습[눅 19:8]과는 대조적이다.). 이 사람에게 있어 영생의 가치란 자신이 모은/가진 부보다도 못하였다.

4) 이 사람은 이 말씀으로 인해 슬픈 기색을 띄고 근심하여 갔다(22절)

돈(재물) 때문에 예수님을 등진 이 사람(22절)은 실패한 제자도의 극적 예증이 되고 있다. 이것은 마치 막 4:18-19에 나오는 가시떨기의 땅과 같은 사람으로서 "세상의 염려와 재리의 유혹과 기타 욕심이 들어와 말씀을 막아 결실치 못하게 되는" 자의 모습을 잘 제시해 준다. 예수님의 제자 중 하나인 가룟 유다도 결국 돈 때문에 예수를 판다. 이것은 자신의 모든 소유 즉 생활비 전부를 성전의 연보궤에 넣는 이름 모를 가난한 과부의 행동(막 12:41-44)이나 400 데나리온이나 되는 향유를 예수님의 몸에 부은 이름 모를 여인의 행동(14:3-9)과는 너무도 대조적이다. 또한 이 단락 뒤에 나오는 길에서의 거지 소경 바디매오와는 대조적인 모습을 띠고 있다. 마가복음에는 소유와 관련하여 두 가지 부류의 사람이 있다.

- 주님과 복음, 그리고 구제를 위해 자신의 전부를 허비하는 사람들
- 돈 때문에 주님을 등진, 아니 주님을 파는 사람들

2. "누가 구원을 얻을 수 있는가?"(막 10:23-31)

이 사람이 떠난 후에 주님께서는 제자들에게 부자가 하나님의 나라에 들어가기란 얼마나 어려운지를 약대(팔레스타인에서 가장 큰 짐승)가 바늘귀(가장 작은 구멍)로 나가는 것보다 어렵다고 말함으로써 구원은 오직 하나님으로서 가능함을 제시한다. 즉 "누가 구원을 받을 수 있는가?"(26절)라는 질문에 예수님은 "사람으로서는 할 수 없으되 하나님으로서는 그렇지 아니하니 하나님으로서는 다 하실 수 있느니라"(27절)고 답변하셨다. 결국 구원이란 인간 편에서가 아니라 하나님 편에서 베푸시는 은혜로운

선물임을 알 수 있다. 결국 이 사람은 부자, 관원, 청년으로 어릴 때부터 모든(?) 율법을 지킨 아름다운 종교인이지만 마가복음에서는 한 사람 혹은 그 사람으로 밖에 언급되지 않고 있다. 유명인(有名人) 같지만 하나님 나라에서는 무명인(無名人)이다.

특히 흥미로운 점은 그가 구한 영생은 재물보다도 못한 것이었고 예수님은 이것을 '그가 가진 모든 것'과 비교하여 '아직도 한 가지 부족한 것'으로 지적하였지만 사실 영생(하늘 보화)이 그가 가져야 할 모든 것이고 그가 가진 모든 것은 영생과 비교할 때 한 가지에 불과하다. 본문이 권면하는 모습은 마치 어떤 사람이 밭에 감추인 보화를 발견하고 가서 자기의 모든 소유를 다 팔아 그 밭을 산 감추인 보화의 비유(마 13:44)와 같다. 그의 문제는 가치 착란에 있다. 그는 그의 인생에 가장 멋진 만남을 가졌지만 잘못된 가치 선택으로 그는 그를 사랑하사 제자로 부르신 그 길을 따르지 못하고 슬프게 근심하며 돌아갔다. 그의 인생에 찾아온 예수님과의 이 멋진 축복의 만남을 그는 잘못된 선택으로 근심과 슬픔으로 끝나버렸다.

3. 교훈

- 영생이란 무엇인가?

사람이 온 천하를 얻고도 자기 생명을 잃으면 무슨 소용이 있느냐고 예수님은 말씀하셨다. 생명이 천하보다 귀하기에 만물을 창조하신 하나님께서 이 땅에 오셔서 우리의 구원을 위해 자신의 생명을 내어주셨다. 이처럼 영생의 가치를 아는 자는 부와 소유에 대한 올바른 태도를 가진다.

- 부(富)란 무엇인가?

부란 사랑의 대상이 아니다. 필요의 대상이다. 부가 우리에게 안전을 주고 우리의 영혼을 편하고 즐겁게 하는 것이 아니다. 오히려 부를 사랑함이 일만 악의 뿌리가 되고 우리의 영혼을 녹슬게 하고 근심거리로 나타난다. 돈이면 무엇이든지 다 하는 세상(물질 만능주의/배금주의의 세상)이 오늘 우리가 사는 세상이다. 돈에 노예가 된 세상이다. 돈 때문에 얼마나 추하게 세상이 돌아가는지 우리는 신문과 미디어를 통해 듣는다(속성 재배를 위한 유해 식품 반출; 물 먹인 소와 병들어 죽은 소의 밀매; 중국 교포의 10만을 사기 친 사람들; 향락업/물장사; 삐끼; 매춘업/소개소; 밀수; 불법 탈세; 로비를 통한 특혜비리[버스; 유흥업소; 건축; 골프장; 둥둥]; 정경 유착; 비지니스화된 사교육). 이렇게 번 돈은 사치와 과소비와 방탕으로 다시 사용되어 사회는 도덕적 불감증을 낳고 있다. 가난한 자의 원성이 뼈를 사무치고, 정직하고 성실한 사람들이 후대 받지 못하는 사회가 되고 있다. 절제가 필요하다. 벌어서 남을 위해 쓰는 자세(선교; 교육; 구제)가 필요하다.

- 주님을 따르는 제자의 길은 무엇인가? 예수님은 지금 (가난한) 우리를 위해 (부요한) 자신의 생명을 팔아 주셨다. 우리의 대속 제물$^{\text{ransom for us}}$이 되셨다는 것이 바로 이러한 의미다. 이것이 주님이 가신 길이라면 이 길을 따르는 우리의 삶은 어떠해야 할까?

38

마가복음 강해
길 위의 길
The Way on The Way

멋진 만남, 잘못된 선택 (막 10:17-22)

"17 예수께서 길에 나가실새 한 사람이 달려와서 꿇어 앉아 묻자오되 선한 선생님이여 내가 무엇을 하여야 영생을 얻으리이까 18 예수께서 이르시되 네가 어찌하여 나를 선하다 일컫느냐 하나님 한 분 외에는 선한 이가 없느니라 19 네가 계명을 아나니 살인하지 말라, 간음하지 말라, 도적질하지 말라, 거짓 증언 하지 말라, 속여 빼앗지 말라, 네 부모를 공경하라 하였느니라 20 그가 여짜오되 선생님이여 이것은 내가 어려서부터 다 지키었나이다 21 예수께서 그를 보시고 사랑하사 이르시되 네게 아직도 한 가지 부족한 것이 있으니 가서 네게 있는 것을 다 팔아 가난한 자들에게 주라 그리하면 하늘에서 보화가 네게 있으리라 그리고 와서 나를 따르라 하시니 22 그 사람은 재물이 많은 고로 이 말씀으로 인하여 슬픈 기색을 띠고 근심하며 가니라."

자신의 삶을 아름답게 간증하는 사람들 중 대부분은 인생의 가장 중요한 3M^{Master, Mission, Mate}을 젊은 시절에 만났다고 한다. 우리는 어떠한가? 우리는 우리의 인생의 주인^{Master}이 누구인가? 우리는 인생의 목표^{Mission}가 분명한가? 그리고 우리는 우리의 인생의 훌륭한 배우자^{Mate}를 만났는가? 언젠가 많은 젊은이들이 불렀던 노래처럼 '잘못된 만남'(김건모)을 노래하지는 않는지? 그리고 '다 돌려놔'(김현정의 멍)라고 외치지는 않는지? 아니면 아직도 인생의 그 '길'을 찾고 있는지. 특히 90년대 젊은이들이 불렸던 god의 4집의 노래 '길'은 오늘의 방황하는 인생들의 모습을 잘 노래하고 있다고 본다. 벌써 이들도 50대가 되었다.

[계상] 내가 가는 이 길이 어디로 가는지 어디로 날 데려가는지 그 곳은 어딘지 알 수 없지만 알 수 없지만 알 수 없지만 오늘도 난 걸어가고 있네.

[준형] 사람들은 길이 다 정해져 있는지 아니면 자기가 자신의 길을 만들어 가는지 알 수 없지만 알 수 없지만 알 수 없지만 이렇게 또 걸어가고 있네.

[호영] 나는 왜 이 길에 서 있나, 이게 정말 나의 길인가. 이 길의 끝에서 내 꿈은 이뤄-질까.

[계상] 무엇이 내게 정말 기쁨을 주는지 돈인지 명옌지 아니면 내가 사랑하는 사람들인지 알고 싶지만 알고 싶지만 알고 싶지만 아직도 답을 내릴 수 없네.

[데니] 자신 있게 나의 길이라고 말하고 싶고 그렇게 믿고 돌아보지 않고 후회도 하지 않고 걷고 싶지만 걷고 싶지만 걷고 싶지만 아직도 나는 자신이 없네.

[호영] 나는 왜 이 길에 서 있나, 이게 정말 나의 길인가 이 길의 끝에서 내 꿈은 이뤄-질까.

[태위] 나는 무엇을 꿈꾸는가 그건 누굴 위한 꿈일까 그 꿈을 이루면 난 웃을 수 있을까~ hoo~ 지금 내가~ 어디로, 어디로 가는 걸까 나는 무엇을 위해 살아야, 살아야만 하는가.

나는 왜 이 길에 서 있나(왜 이 길을)
이게 정말 나의 길일까(이게 정말 나의 길일까)
이 길의 끝에서 내 꿈은 이뤄질까(내 꿈은 이뤄질까).

나는 무엇을 꿈꾸는가(난 무엇을)
그건 누굴 위한 꿈일까(꾼 꿈인가 hoo~oo~) 그 꿈을 이루면 난 웃을 수 있을까.

그런데 오늘 본문의 한 젊은이도 인생의 이 길을 찾고 있었다. 그러나 이 길에서 그는 그의 인생에 "이 보다 더 좋을 수 없는" 멋진 만남을 가졌지만 인생의 참된 가치에 대한 잘못된 선택으로 인해 가장 슬픈 생의 길을 걸어간 사람이 되었다. 차라리 그분을 만나지 않았더라면 덜 억울하고 덜 슬펐을 것이다. 결론적으로 마가복음은 이 젊은이를 그냥 익명('한 사람'[εἷς])으로 처리하고 있다.

저는 오늘 익명의 이 젊은이와 함께 또 다른 한 사람을 소개하려고 한다. 이분은 이 복음서가 특히 소개하는 사람이다(1:1, "하나님의 아들 예수 그리스도"). 이분을 만나, 이분을 나의 주, 나의 하나님으로 모시면 여러분의 인생은 인생의 참다운 가치와 의미를 발견하고 행복을 노래할 수 있다. 그러나 이분을 만나지 못하면 그것은 모든 것을 잃는 생을 산다. 그러나 더 슬픈 것은 오늘 본문의 젊은이처럼 이분을 만나기는 만났지만 이분과 무관한 삶을 산다면 이것은 더 슬픈 일이 아닐 수 없다. 마치 모파상의 생애처럼 말이다.

여러분은 『여자의 일생』, 『비계덩어리』를 쓴 프랑스 작가 모파상(1850-1893)을 기억할 것이다. 어린 시절을 교회에서 자란 그는 원래 신학교에 들어갔다가 마음에 맞지 않아 스스로 규율을 어겨 퇴학당한 청년이었다. 그는 신앙과 결별하고 자신이 주인이 된 인생을 살고자 하였다. 법률을 공부하여 어느 정도 성공했지만 그 후 문학에 뜻을 두고 정진하여(플루베르의 제자) 10년 만에 베스트셀러 작가가 되었고 또한 사업을 하여 돈을 많이 벌었다. 그는 지중해에 요트를 가지고 있었고 그의 고향 노르망디에 대저택을, 파리에는 호화 아파트를 갖고 여행(방랑 생활)을 즐겼고 쉴 새 없이 여자들(창녀들)과 함께 방탕한 삶을 살았다. 비평가들은 그의 작품에 대하여 찬사를 보냈고 군중들은 그를 흠모했으며 그의 은행에는 자신이 쓸 수 있는 돈이 넉넉했지만 모파상은 안질병과 불면증에 시달렸다. 1892년 1월 2일 새해가 밝았지만 인생의 의미를 잃은 그는 종이칼로 자신의 목을 찔러(동맥을 베어) 자살을 기도한다. 간신히 목숨을 구했지만 정신이 파탄 난 그는 정신 병동에서 몇 달을 알 수 없는 소리로 허공을 향해 고함을 지르다가 43세의 나이로 세상을 떠난다. 그의 무덤 묘비명에는 그가 말년에 자주 외친 삶의 독백이 기록되어 있다. "나는 모든 것(자유/돈/명예/쾌락)을 소유하고자 했지만 결국 아무 것도 갖지 못했다." 그는 유명인과 부자의 꿈을 이룬 것 같았지만 실상은 주님(하나님)을 떠난 가장 처절한 인생을 살았다.

제가 오늘 마가복음을 통해 소개하는 이 청년은 결론적으로 만남은 멋진 만남이었지만 잘못된 [가치] 선택으로 인하여 슬퍼하며 근심 가운데 인생의 참다운 '그 길'을 떠나버린 사람이다.

본문(17절)을 보니 한 사람이 주님께서 가시는 길에 달려 나왔다. 주님께 달려 나온 이 사람은 곧장 주님 앞에 꿇어 앉아 진지한 구도적 질문을 한다. "선한 선생님이여 내가 무엇을 하여야 영생을 얻으리이까?" 여기에 주님은 몇 가지 문답과 함께 그에게 '아직도 한 가지 부족한 것'을 지적하시면서 "가서 네게 있는 것을 다 팔아 가난한 자들을 주라 그리하면 하늘에서 보화가 네게 있으리라 그리고 와서 나를 좇으라."라고 명하신다. 그러나 이 사람은 많은 재물로 인하여 슬프게 근심하며 그 길에서 돌아섰다. 본문의 이야기는 슬프게도 이렇게 끝맺고 있다. "그 사람은 재물이 많은 고로 이 말씀으로 인하여 슬픈 기색을 띠고 근심하며 가니라."

1. 길에서 주님께 달려 나온 한 사람: 부자/관원/청년(마 19:20, 22; 눅 18:18, 23)

길에서 주님께 달려 나온 이 사람은 마가복음에서는 단순히 '한 사람'(εἷς) 혹은, '그 사람'으로만 언급되어 그의 신분과 나이에 대한 구체적 사실들을 알 수 없지만 마태복음과 누가복음을 대조하여 살펴보면 이 사람은 '[미혼의] 청년'(마 19:20, 22)으로서 '관원인 큰 부자'인 것을 알 수 있다. 그리고 그는 어려서부터 율법을 잘 알고 그것들을 그 당시의 기준을 따라 큰 흠 없이 잘 지켜왔던 것처럼 보인다(20절). 정말 외견상 보기에는 사회적("관원이며 큰 부자")으로나 종교적(율법을 잘 알고 실행)으로 잘 갖추어진 특상품의 젊은이다. 그리고 이 사람은 거기에 만족하지 않고 구도(영생)의 길을 진지하게 추구하고 있는 모습은 정말 금상첨화의 극상품의 젊은이다.

소위 세상에 비친 극상품의 종교인이다. 즉, 권력(관원)과 부(큰 부자)를 가지고 있으면서도 비도덕적인 관원이나 졸부의 모습이 아니라 소위 모세의 율법에 나타난 종교적/도덕적 의무들(살인/간음/도적질/거짓 증거/사기나 횡령/그리고 부모 공경)을 성실히 수행하고 있는 도덕적/종교적인 사람이었다. 겉으로 보기에는 극상품의 젊은이다. 특히 그가 주님께 나아와 구도(영생)의 길을 찾는 모습은 정말 진지하고 아름다운 모습이었다.

2. 예수님께 나아온 구도의 자세(17절)

"[예수님께] 달려와서 꿇어 앉아 묻자오되 선한 선생님이여, 내가 무엇을 하여야 영생을 얻으리이까."

아주 적극적이고 진지한 자세("[끌려 나온 것이 아니라] 달려와서 꿇어 앉아")와 함께 무엇보다도 이 사람이 예수님께 던진 질문은 놀라운 것이었다. "내가 무엇을 하여야 영생을 얻으리이까." 그러나 이 사람은 매우 중요한 질문을 던졌음에도 불구하고 그 질문에 대한 해답을 얻지 못하고 예수님에게로 등을 돌리는 비극적인 모습으로 본문의 이야기는 끝을 맺고 있다.

이 젊은이가 올바른 질문, 위대한 질문, 중요한 질문을 했음에도 불구하고 마침내 그것에 대한 해답을 얻지 못하고 예수님으로부터 등을 돌려야 했던, 그 길로부터 떠나야 했던 비극은 무엇 때문일까? 우리는 그 이유를 본문을 통해 몇 가지로 찾아 볼 수 있다.

1) 그는 '예수가 누구신지'에 대한 오해가 있었다.

그는 영생에 대한 주제를 가지고 예수님께 찾아온 것은 사실이었다. 그런데 그는 예수를 누구라고 부르고 있나? "[예수님께] 달려와서 꿇어앉아 묻자오되 선한 선생님이여 내가 무엇을 하여야 영생을 얻으리이까." 이 호칭에 대한 예수님의 반응은 자못 흥미롭다.

> 18절, "예수께서 이르시되 네가 어찌하여 나를 선하다 일컫느냐 하나님 한 분 외에는 선한 이가 없느니라."

예수님은 먼저 이 사람이 자신을 '선한 선생'으로 부른 것에 대해 언급하시면서 그가 가진 '선'goodness에 대한 개념을 교정하신 후 그가 도덕적 계명(십계명)을 알고 있음을 언급하셨다. 여기에 그는 신이 나서 자신은 이것을 어렸을 적부터 다 지켰다고 답변한다. "그가 여짜오되 선생님이여 이것은 내가 어려서부터 다 지키었나이다(20절)." 물론 여기서 예수님은 자기가 선하지 않다고 대답하신 것은 아니다(18절). "어찌하여 나를 선하다고 일컫느냐? 하나님 한 분 외에는 선한 분이 없다." 먼저 이 언급에 대한 결론적인 해석부터 드리면, "나는 하나님(의 아들)이다."라는 것이다. 그러나 이 청년이 본 예수 그는 인간이었다. 위대한 선생이었다. '선한 선생'이었다. 그는 그 이상을 생각할 수 없었다. 여기에 예수님의 답변은 "사람 가운데 선한 사람이 있겠느냐?"는 것이었다. 그렇다. 성경(롬 3:10-12)은 말하기를, "의인은 없나니 하나도 없도다. 선을 행하는 자도 없나니 하나도 없도다." 예수님이라는 분이 만약 단순히 도덕적으로 선한 교사에 불과하였다면 그는 우리의 도덕적 모델은 될 수 있는지 모르지만 우리의 구원자는 될 수 없다. 죄인이 죄인을 구원할 수는 없다. 오직 하나님만이 인간을 구원할 수 있다. 육신을 입고 오신 하나님. 그분이 바로 우리의 구주 예수 그리스도이시다.

결국 이 청년은 영생에 대한 중요한 질문을 하였음에도 불구하고 그 해답을 얻지 못한 이유는 예수가 누구신지를 잘못 알았기 때문이다. 여러분은 어떠한가? 예수를 과연 누구라고 생각하는가? 나폴레옹이 남긴 위대한 업적이 있다면 그것은 세계 정복이 아니라 그가 인생의 황혼기에 남긴 이 말이다. "소크라테스가 이 방에 들어온다면 우리 모두는 존경을 표하는 것이 마땅합니다. 그러나 예수가 이 방에 들어오신다면 우리는 모두 그분을 경배해야 합니다." 그는 인생의 황혼에서 예수가 누구신지를 알았다. 예수는 하나님이시다. 오늘 많은 사람이 교회에 와서, 심지어는 모파상처럼 신학교까지 와서 신앙의 문을 두드리면서도 이 신앙에 대한 결정적인 해답을 얻지 못하고 예수에게서 등을 돌리는 가장 중요한 이유가 있다면 그것은 예수가 누구신지를 모르기 때문이다. 그는 하나님이시다. 육신을 입고 오신 하나님. 나를 고치시고 나를 구원하시기 위하여 이 땅에 오신 하나님. 그분을 바로 알지 못하고는 인간이 직면한 최대의 이슈인 죽음(영생)에 대한 문제의 해답을 얻을 수가 없다. 나사렛 예수 그는 하나님이시다. 이 위대한 진리. 이 위대한 고백에 대하여 여러분의 믿음의 눈이 활짝 열리기를 축원한다.

2) 청년이 실패한 두 번째 이유는 영생의 가치를 몰랐기 때문이다.

우리는 여기서 그의 영생에 대한 가치와 추구가 재물 + 종교적/도덕적 행동 + 그 무엇(영생)이었음을 알 수 있다. 결국 예수님의 최종적 요구를 통해 드러난 그의 종교성, 그가 생각하는 영생이란 자신의 소유(가진 재물)보다도 못한 것임이 드러났다. 자신의 답변에 의하면, 이 청년은 '외관상'으로는 살인도 간음도 도적질도 거짓 증인도 하지 않았다. 그리고 사기 횡령도 하지 않았고 또한 부모도 잘 공경하였다. 그는 도덕적으로 훌륭한 사람이었다. 이 점을 고려해 볼 때 아마도 그의 부의 축적은 정당한 방법을 통해 얻어진 것으로 여겨진다. 그러나 예수님은 이러한 그에게 '여전히 한 가지 부족한 것'을 지적하시고는 "가진 모든 것을 팔아 가난한 자들에게 나누어주고 그리고 나서 자기를 따르라"고 명하셨다. 그러자 그는 재물이 많은 고로 근심하며 돌아갔다. 우리는 여기서 이 사람이 가진 삶의 가치와 중요성이 무엇인지를 보게 된다. 여러분은 여러분의 인생에 무엇이 가장 중요한 것이라고 생각하는가?

결국 이 사람이 생각하는 '영생의 가치'란 자신이 가진 재물(소유)보다도 못한 것임이 드러났다. 우리는 여기서 '하늘의 보화'와 '땅의 부와 안전'(자기를 위하여 쌓아 둔 부), 그리고 '재물과 예수' 사이의 극적 대조를 본다.

흥미로운 점은 주님이 지적한 '한 가지 부족한 것'과 '그가 가진 모든 것' 사이의 극한 대조를 본다. 이 청년은 주님께서 지적하신 '한 가지 부족한 것'을 위하여 '그가 가진 모든 것을 팔아 가난한 자에게 주고 나를 따르라'는 명령에 그는 재물이 많은 고로 근심하며 돌아갔다. 우리는 여기서 주님이 지적한 '여전히 부족한 한 가지'$^{\text{one thing}}$가 계명의 '전부'^{all}이며

'그가 가진 모든 것'all that he has이 영생에 비해 '한 가지'one thing라는 사실을 발견하게 된다. 영생, 하늘의 보화, 주님을 따름(제자도)이 사실은 가치의 모든 것all이고, 그가 가진 모든 소유란 한 가지에 불과하다. 그러나 이 청년은 영생, 하늘의 보화보다는 그가 가진 소유가 전부all로 알았다. 그렇기 때문에 이 청년은 주님의 "나를 따르라"라는 이 부름에 재물이 많은 고로 근심하며 돌아갔다. 여러분은 어떠한가? 여러분이 무엇이 인생에 가장 가치 있는 것, 중요한 것이라고 생각하는가? 영생, 하늘의 보화, 주님의 제자도. 아니면, 돈? 명예? 권력? 미(美)? 즐거움? 아니면, 지식? 기술? 물론 이것들은 우리의 삶에 필요한 것들이다. 그러나 이것들은 우리를 영원히 행복하게 해 주지는 못한다. 마치 모파상의 생애처럼 말이다. 돈도, 권력도, 미도, 즐거움도 지식도 인생의 참된 기초 위에 세워지지 아니하면 자신의 인생에 비가 내리고 창수가 나고 바람이 불면(마 7:27) 아무런 의미가 없다. 속수무책이다.

돈도 휴지같이 되고, 권력도 일장춘몽이 되고, 아름다움도 추하게 시들고 말며, 한때의 즐거움도 이제는 쳐다보기조차 싫은 것(역겨운 것)이 된다. 한보그룹의 아들 정원근 씨를 보라. 그가 상아제약의 사장으로 미국 증권에 100억 원 이상의 돈을 벌어도 자신의 집안에 불어 닥친 불행에 돈이 무슨 의미가 있겠는가? 그러니 도박장(라스베가스)에서 도박을 하면서 잊으려고 하지 않았겠는가? 시대의 뭇 남성을 사로잡았던 마릴린 먼로도 자신의 고독을 이기지 못한 채 수십 알의 수면제를 먹고 죽었고, 실존주의 지성의 거장인 헤밍웨이도 수많은 책을 쓰고도 결국 그는 1961년 아이다호주 케참의 산장에서 은빛 나는 엽총을 입에 물고 자살함으로써 자신이 추구했던 실존적 지성의 종착지(죽음)를 향해 나아갔다. 불합리한 역사와 인간 실존 속에서 인생의 의미를 찾는다면 인간은 탈출구가 없다. 삶의 의미는 없이 끝없는 행동만 남아 있는 인간의 고뇌는 하나님을 떠난 인간의 절규이다. 이것은 까뮈의 『시지프스의 신화』 속의 인물이며, 『이방인』 속의 인물(뫼르소)이며 헤밍웨이의 『노인과 바다』의 그 사람이다. 하나님이 없이 오직 닫힌 부조리한 역사와 인간의 실존 속에서 의미를 찾고자 하는 인간은 생의 참된 의미와 목적을 발견하지 못한 채 사람의 무의미 속에서 오직 끝없이 행동만 추구하게 된다. 결국 이들(인간 실존의 부조리)에게는 죽음 외에는 다른 탈출구가 없다. 오늘날도 마찬가지다. 부조리하고 불합리한 세상 속에서 의미를 찾지 못하는 젊은이들은 오직 행동함으로써 삶의 의미를 추구하려고 한다. 폭력, 마약, 술, 노래(고성방가) 등. 그래도 그들은 허전할 뿐이다. 허전함이 아니라 무서울 뿐이다.

결국 오늘 본문의 이야기는 우리에게 인생에 무엇이 중요한가를 생각하게 해 준다. 이 청년은 영생의 문제가 중요한 줄 알았다. 그러니까 예수님께 달려와서 이러한 질문을 하지 않았나? 그러나 그가 얻고자 하는 영생은 그가 가진 소유(재산)보다 더 중요하지는 않았다. 이런 까닭에 예수님은 이 사실을 아시고 "그를 보시고 사랑하사 가라사대 네게 오히려 한 가지 부족한 것이 있으니 가서 네 있는 것을 다 팔아 가난한 자들을 주라 그리하면 하늘에서 보화가 네게 있으리라 그리고 와서 나를 좇으라."(21절)고 하셨다. 예수님은 이 청년 속에 있는 인생의 가치 판단을 아시고 그것을 버리도록 그에게 독특한 도전(가치 폭로)을 하셨다. 그러나 이러한 주님의 도전에 대하여 이 청년은 다음과 같이 응답한다(22절). "재물이 많은 고로 이 말씀을 인하여 슬픈 기색을 띠고 근심하며 가니라."

여기서 우리는 '주님을 따르는 것'following Jesus과 '그의 소유'("네 가진 것") 사이의 차이를 본다. 물론 이 사람은 영생의 가치를 어느 정도 알았다. 그러나 그의 삶에 그것은 전부all는 아니었다. 그가 가진 소유(재물)보다도 못한 가치였다. 오늘의 많은 종교인들은 영생의 가치, 하늘 보화의 가치를 이 청년처럼 생각한다. 전부가 아니라 주님이 지적한 "부족한 한 가지" 정도 말이다. 심지어는 교회 다니는 사람들조차도 영생이란 종교에서나 의미 있지 실제의 삶에는 별 중요하지 않다고 생각한다. 그래서 이들의 목표는 보다 현실적인 것에다 더 큰 가치를 둔다. 종교는 단지 현실이 어려울 때 지팡이가 되는 정도(악세사리)에 불과하다. 아마도 이 생각이 사람들로 하여금 교회에 다녀도 영생을 받지 못하는 요인이 될지 모른다. 이 청년은 비록 영생을 원하였지만 그가 추구하는 영생이란 그가 가진 재물보다도 못한 가치의 것이었다. 아니 어쩌면 그가 가진 소유의 또 다른 연장(확장)으로 생각하였는지 모르겠다. 그렇기 때문에 그는 재물을 택하고 주님을 따르는 것을 포기하였다. 결국 이 청년에게는 재물이 영생(하늘의 보화)보다도 더 가치가 있었다. 이 경우 그의 재물(소유)은 하나님 앞에서 우상이 된다.

여러분 우상이 무엇인가? 그것은 하나님보다도 더 사랑하는 것 곧 하나님과 나 사이에 가로막아 서 있는 것을 말한다. 내게 하나님께 나아가는데, 따르는데 방해가 되고 하나님을 바라보지 못하게 하는 것을 말한다. 물질, 쾌락, 때론 공부와 재능(음악), 심지어는 야망. 사랑하는 사람(애인), 친구 아내, 자식일 경우도 있다. 물론 이것들이 하나님을 위해 쓰임 받기 위한 것이라면 하나님은 우리에게 이것들을 축복으로 허락하시고 우리는 이것들을 더 개발할 필요가 있다. 그러나 이것들이 하나님을 바라보는데 방해가 되고 하나님을 따르고 섬기는데 지장이 되는 것이라면 이것들을 우리는 '우상'이라고 부른다. 그렇기 때문에 주님은 "예수께서 이르시되 내가 진실로 너희에게 이르노니 나와 복음을 위하여 집이나 형제나 자매나 어머니나 아버지나 자식이나 전토를 버린 자는 현세에 있어 집과 형제와 자매와 어머니와 자식과 전토를 백 배나 받되 박해를 겸하여 받고 내세에 영생을 받지 못할 자가 없느니라."(막 10:29-30)고 하셨다. 우리와 하나님 사이에 이러한 것들이 가로막고 있는 한 우리의 영적 생활은 풍성한 삶을 살 수 없다. 주님을 따르는데 여러분의 우상은 무엇인가? 그 우상들을 버리시기를 바란다. 그것들을 가슴(삶)에 꼭 품고 있는 한 영적으로 풍성한 삶을 누릴 수가 없다.

결국 본문의 이 청년은 주님의 이 말씀으로 인하여 슬픈 기색을 띠고 근심하며 갔다. 돈(재물) 때문에 예수님을 등진, 예수님의 제자기 되기를 포기한 이 사람(청년)은 실패한 제자도의 극적 예증이 된다. 여러분 가운데는 이와 같은 사람이 없기를 바란다. '멋진 만남'이었지만 '잘못된 [가치] 선택'을 한 이 젊은이와는 달리 젊은 날에 주님과의 멋진 만남, 멋진 가치 선택을 하는 사람이 되시기를 바란다.

39

마가복음 강해
길 위의 길
The Way on The Way

"너희 중에는 그렇지 아니하니" (막 10:32-45)

"32 예루살렘으로 올라가는 길에 예수께서 그들 앞에 서서 가시는데 그들이 놀라고 따르는 자들은 두려워하더라 이에 다시 열두 제자를 데리시고 자기가 당할 일을 말씀하여 이르시되 33 보라 우리가 예루살렘에 올라가노니 인자가 대제사장들과 서기관들에게 넘겨지매 그들이 죽이기로 결의하고 이방인들에게 넘겨주겠고 34 그들은 능욕하며 침 뱉으며 채찍질하고 죽일 것이나 그는 삼 일 만에 살아나리라 하시니라 35 세베대의 아들 야고보와 요한이 주께 나아와 여짜오되 선생님이여 무엇이든지 우리가 구하는 바를 우리에게 하여 주시기를 원하옵나이다 36 이르시되 너희에게 무엇을 하여 주기를 원하느냐 37 여짜오되 주의 영광중에서 우리를 하나는 주의 우편에, 하나는 좌편에 앉게 하여 주옵소서 38 예수께서 이르시되 너희는 너희가 구하는 것을 알지 못하는도다 내가 마시는 잔을 너희가 마실 수 있으며 내가 받는 세례를 너희가 받을 수 있느냐 39 그들이 말하되 할 수 있나이다 예수께서 이르시되 너희는 내가 마시는 잔을 마시며 내가 받는 세례를 받으려니와 40 내 좌우편에 앉는 것은 내가 줄 것이 아니라 누구를 위하여 준비되었든지 그들이 얻을 것이니라 41 열 제자가 듣고 야고보와 요한에 대하여 화를 내거늘 42 예수께서 불러다가 이르시되 이방인의 집권자들이 그들을 임의로 주관하고 그 고관들이 그들에게 권세를 부리는 줄 너희가 알거니와 43 너희 중에는 그렇지 않을지니 너희 중에 누구든지 크고자 하는 자는 너희를 섬기는 자가 되고 44 너희 중에 누구든지 으뜸이 되고자 하는 자는 모든 사람의 종이 되어야 하리라 45 인자가 온 것은 섬김을 받으려 함이 아니라 도리어 섬기려 하고 자기 목숨을 많은 사람의 대속물로 주려 함이니라."

앞 단락을 보면 예수께서 예루살렘을 향해 나아가는 길에 한 사람이 달려와 예수님을 만나 제자로서의 부름("나를 따르라")을 받는 장면이 나온다. 마태복음과 누가복음을 참고하면 이 사람은 부자 [관원] 청년으로 예수님께 나아와 영생을 구하였다. 몇 마디 문답을 나눈 예수님은 이 청년의 근본적인 문제(가치 인식)를 간파하시고 다음과 같은 말씀으로 이 청년을 제자로 부르셨다: "가진 모든 것을 팔아 가난한 자에게 주고 그리고 와서 나를 따르라"(10:21). 이 부름에 청년은 재물이 많은 고로 슬픈 기색을 띠고 근심하여 갔다. 그는 자신의 인생의 길에 '멋진' 만남을 하였고 영생에 얻기 위해 '진지한 질문'을 하였지만 잘못된 [가치] 선택을 통해 제자가 되는 이 축복의 길을 등지고 갔다. 그는 영생을 원했지만 영생의 가치와 그 길을 알지 못하였다. 자신이 '모든 것'으로 여겼던 세상의 보화('가진 모든 것') 때문에 하늘의 보화인 영생(아직도 한 가지 부족한 것?)을 놓쳐버렸다. "그 사람은 재물이 많은 고로 슬픈 기색을 띠고 근심하며 가니라"(10:22).

재리의 유혹(속임)으로 인해 영생의 가치, 제자도의 가치를 알지 못한 이 사람은 가시떨기의 밭에 해당하는 사람이다. "또 어떤 이는 가시떨기에 뿌리우는 자니 이들은 말씀을 듣되 세상의 염려와 재리의 유혹과 기타 욕심이 들어와 말씀을 막아 결실치 못하게 되는 자요(막 4:18-19)." 멋진 만남과 진지한 질문을 하였지만 이 청년은 잘못된 가치 선택을 함으로써 영광스러운 제자의 부름에 나아가지 못하였다.

그러나 제자들은 이 사람과는 달랐다. 제자들은 제자의 부름(막 1:17, "나를 따라 오너라 내가 너희로 사람 낚는 어부가 되게 하리라.")에 "모든 것을 버리고 주님을 따른" 사람들이었다(10:28). 배를 버려두고(베드로와 안드레), 아비(세베대)를 삯꾼들과 함께 배에 버려두고(요한과 야고보) 예수를 좇았던/따랐던 자들이었다(1:16-20). 멋진 결단이었고 멋진 헌신이었다. 자랑할 만한 헌신이었다. 이제 제자들은 주님을 따른 지 꽤 세월(3년)이 지났다. 마가의 스토리는 중반을 지나 종반을 향해 가고 있는 시점에서 주님은 그들의 제자도를 평가하고 있다. 과연 제자들이 모든 것을 버리고(아비를 버려두고; 배를 버려두고; 세리의 직업을 버리고) 주님을 따른 이 길이 과연 어떤 길인지를 묻고 있다. 그리고 이 길을 따르는 그들의 모습이 어떠한지를 보여주며 어떻게 주님을 따라야 할지를 교훈한다.

우리가 상고할 본문은 소위 막 8:27-10:52의 '길way 단락'에 속한 본문이다. '길' 단락의 주제를 반영하는 중심된 두 단어는 '길'(ὁδός[way])'과 '따르다'(ἀκολουθέω[follow])라는 단어들로 이 단락 전체가 이 두 단어의 반복된 언급(길[8:27; 9:33, 34; 10:17; 10:32; 10:46, 52]; 좇다/따르다[8:34; 9:38; 10:21; 10:28; 10:32; 10:52])을 통해 엮어지는데 단락의 중심 주제는 '길에서 따름'(10:52) 즉, 제자도discipleship이다. 중심 단락에서 반복하여 언급된 이 '길'은 드디어 그 목적지destination가 분명히 드러나는데 그것은 '예루살렘을 향해 올라가는 길'(10:32)임을 마가는 밝히고 있다. 예수님이 앞서 가시는 이 길은 십자가의 길, 수난의 길로 비하(卑下)와 섬김의 길로 소개되고 있다(8:31; 9:31; 10:33-34; 10:45; 14:1-16:8에 서술됨).

이제 마가는 주님의 가야 할 길의 모습과 그 목적지를 언급한 후에(10:32-34), 문답을 통해 제자들의 우매(愚昧)한 모습(행동)을 지적하면서(35-41절) 참된 제자의 길이 무엇인지를 예수의 입을 통하여 설파한다(42-45절). 특히 45절의 인자의 어록은 그의 오심의 목적을 분명히 드러낼 뿐아니라 그를 따르는 제자가 어떤 삶을 살아야 하는지를 보여준다.

드디어 장면은 바뀌고 마가는 주님이 가시는 길의 목적지와 운명을 분명하게 소개함으로써(32-34절) 주님을 따르는 사람들이 어떠한 삶을 살아야 할 것인가를 보여주고 있다. 그리고 주님을 따르는 자들이 가야 할 길이 어떠한 길인지를 분명하게 소개하고 있다. 막 10:33-34절을 읽어 보라.

> "33 보라 우리가 예루살렘에 올라가노니 인자가 대제사장들과 서기관들에게 넘겨지매 그들이 죽이기로 결의하고 이방인들에게 넘겨주겠고 34 그들은 능욕하며 침 뱉으며 채찍질하고 죽일 것이나 그는 삼일 만에 살아나리라 하시니라."

1. 예수님의 세 번째 수난 예언(막 10:33-34)

앞의 두 수난 예언들(막 8:31; 9:31)에 이어 다시 반복하여 언급된 이 수난예언은 예수님의 수난 받음을 보다 구체적으로 길게 소개한다. 즉, 예수님은 제사장들과 서기관들에게 넘겨지고 저희가 죽이기로 결안하여 이방인들에게 넘겨줌으로써 예수님의 수난은 능욕과 침 뱉음과 채찍질과 죽음으로 이어지지만 이러한 수난 후에 예수님은 다시 살아나신다(14:1-16:8).

제자들은 이러한 수난이 주님께 임박하였다는 것을 여러 번 통보 받았음에도 불구하고 놀람과 두려움 속에서(32절) 여전히 세상적인 영광과 자기 섬김의 추구에 흠뻑 젖어 있다.

2. 제자들의 오해와 세상적인 추구(막 10:35-41)

사실 주님이 지금 올라가고 있는 이 길은 영광의 길이 아니라 십자가의 길이다(8:31; 9:31). 그리고 이 길을 따르는 제자들의 길도 영광의 길이 아니라 수난과 자기희생으로 점철된 섬김의 길이다(8:34 이하).

그러나 반복된 수난의 예언에도 불구하고 제자들 - 특히 야고보와 요한 - 은 예수님과 함께 가고 있는 '예루살렘으로 올라가는 길'이 시온(왕의 성읍)을 향한 영광의 길로 이해하였다. 특히 35-37절에 나오는 이들의 모습(구함)은 이 점을 잘 반영하고 있다:

> "세베대의 아들 야고보와 요한이 주께 나아와 여짜오되 선생님이여 무엇이든지 우리의 구하는 바를 우리에게 하여 주시기를 원하옵나이다 이르시되 너희에게 무엇을 하여주기를 원하느냐 여짜오되 주의 영광중에서 우리를 하나는 주의 우편에 하나는 좌편에 앉게 하여 주옵소서"(35-37절).

이에 예수께서 대답하시되 "너희 구하는 것을 너희가 알지 못하는 도다"(38절). 그리고는 '내가 마실 잔을 너희도 마실 수 있으며 내가 받을 세례를 너희도 받을 수 있느냐?'(38절)라고 물으셨다. 여기 언급된 잔과 세례는 고난을 상징한다(Garland, 514). 사실 제자들이 구한 '우편과 좌편의 자리'는 서기관들이 구하는 상좌(上座)와 상석(上席)[12:38] 이상의 것, 특히 우편의 자리는 주님과 동등한 자리로, 예수님과 함께 왕좌에 앉는 그러한 사람들(메시아들)이 되고 싶었다(참고. 시 110:1).

그러나 제자들이 앉아야 하는 이 우편과 좌편의 자리는 영광의 자리가 아니었다. 이어지는 마가복음의 스토리가 암시하는 것처럼 이 자리는 예수님의 십자가의 우편과 좌편에 달린 폭도들처럼 '수난을 위한 십자가의 자리'였다. 막 15:27에는 우편과 좌편에 대한 언급이 위의 언급과 유사하게 표현되었다. "강도 둘을 예수와 함께 십자가에 못 박으니 하나는 그의 우편에, 하나는 좌편에 있더라." 결국 '모든 것을 버려두고 주님을 따른' 세배대의 두 아들들은 주님과 함께 수난을 당하는 영광의 자리(십자가)를 구하지 아니하고 주님과 더불어 특권만을 추구하려는 세속적 영광의 자리(주핵관?)를 추구하려고 한다. 모든 것을 버리고 주님을 따랐던 그들의 아름다운(?) 헌신과 그동안의 고생은 더 큰 자리를 차지하려고 하는 세속적 헌신이었음이 드러났다(참고. 막 9:33-34). 이러한 모습이 주의 길을 따르는 제자들의 영적 현주소이다.

사실 이 모습은 예수님의 제자들만의 모습이 아니다. 오고 가는 세대의 소위 주님의 제자들로 자칭하는 자들의 모습이다. 오늘날도 주님의 제자라고 자칭하면서 우편과 좌편을 추구하려는 또 다른 야고보와 요한이 우리들의 모습이기도 하다. 주님을 따르며 기독교의 슈퍼스타가 되기를 꿈꾸는 사람들이 바로 오늘의 야고보와 요한이다. 주님을 따르면서 우편과 좌편을 꿈꾸는 야고보와 요한의 이 모습은 우리의 일그러진 자화상이다.

동화 작가 고(故) 정채봉 시인은 이런 글(슈퍼 모델)을 남겼다.

참새 네의 막내 참새가 갑자기 식사량을 사정없이 줄였다

엄마 참새가 걱정이 되어 물었다 "왜 밥을 굶니?"
막내 참새의 대답은 간단했다. "슈퍼 모델"이 되려고요!
얼마 후에 막내 참새는 성형 수술을 했다

딸을 몰라볼 뻔한 아빠 참새가 물었다
"마음은 안 고쳐왔니?" 막내 참새가 발끈해서 대답했다
"슈퍼 모델 선발은 마음을 보는 것이 아니라니까요! 얼굴만 예쁘면 돼요"
막내 참새는 열심히 수영장에 다녔다

할머니 참새가 물었다
"애야! 슈퍼 모델이 뭐냐?" "책은 안 읽고 몸매만 가꾸면 되는 것이니?"
막내 참새는 한심스럽다는 표정으로 대꾸했다
"할머니! 슈퍼 모델이란 멋진 옷걸이가 되는 것이지 좋은 책꽂이가 되는 건 아니라고요!"
막내 참새는 거울 앞에서 표정 연습도 하였다

할아버지 참새가 물었다
"그 버르장머리 없는 표정 말고, 겸손과 동정의 표정을 지어 보렴"
막내 참새는 웃음을 참으며 대답했다
"슈퍼 모델은 잘난 사람이지, 봉사 대원이 아니에요"
참새 네는 가족회의를 열었다
막내를 "슈퍼 모델 선발 대회"에 내보낼 것인가, 말 것인가 찬반이 분

분했다

내내 침묵 하고 있던 할아버지 참새가 입을 열었다
참 이상도 하다 알맹이가 아닌 껍데기만으로 심사를 하는 대회도 있 다니...
이건 개판이라고 밖에 말할 수가 없구나

내가 아는 슈퍼 모델은 사람의 아들 중에 그분인데...

제자들의 모습은 주님을 따른다고 자부하고 헌신한 오늘 우리 시대의 제자들의 자화상(自畵像)이다. 우리는 이런 자화상을 우리 속에서도 만나고 우리 주변에서도 자주 만난다. 우리 속에도 이러한 속물의 모습이 있다. 결국 제자들이 바라본 새 시대는 비록 그들이 모든 것을 버리고 주님을 따랐지만 - 멋진 희생, 멋진 헌신을 하였지만 - 옛 시대의 연장선에 있다. 외견상으로는 멋진 헌신과 희생을 한 것처럼 보이지만 주님을 따르는 그들의 모습은 주님의 지적처럼 이방인의 모습과 결코 다를 바가 없다. 즉, 그들이 추구해 온 제자도의 모습이란 로마가 지금까지 추구해 온 자기 섬김의 권력 추구의 모습과 별 다를 바가 없다. 또 다른 형태의 세속적 권력 계승이고 권력 이양에 불과하다. 사람만 바꾸어질 뿐이지 본질적 변화가 없다. 옛날 그대로다.

아프리카의 국가들이 서양의 백인의 압제로부터 독립하여 새로운 흑인 정부로 바뀐 새 시대도 바로 이러한 모습들이었다. 단지 백인에서 흑인으로 그 주권만 바뀌었지 권력의 형태는 동일하였다. 오히려 더 심한 독재와 압제가 흑인 정부 속에 나타나기도 하였다. 남아프리카의 어느 나라는 흑인 정부가 되면서 그 나라 대통령이 거리로 순회할 때 자신에게 절하지 않는다고 기관총을 쏘며 백성을 위협하였다는 일화도 있다. 그래서 만델라는 그가 27년간의 로빈 섬 Robin island에서의 옥살이로부터 풀려나오면서 가진 기자 회견에서 "나는 내 백성을 백인의 압제로부터 해방할 뿐만 아니라 앞으로 있을 흑인의 압제로부터 해방할 것이다."라는 선언을 한 것은 참으로 의미심장한 선지자적 발언이라고 생각한다.

제자들이 구한 새 시대의 새나라는 자신들의 뜻을 다른 사람들에게 강요하거나 압제하는 - 앞에서는 자신들을 따르지 않는 사람들을 금하는 - 이방 주권자들의 나라와 다를 바가 없다. 자신들을 위한 나라이지 타인을 위한, 이웃을 위한, 비천한 사람들을 위한 나라가 아니다. 이처럼 제자들은 하나님의 나라와 그 의를 구하지 않고 자기들의 나라와 자기들의 의를 구하였다. 제자들이 구한 이러한 모습은 오늘날 한국 사회와 교회의 지도자들(정치인들)의 비극적 모습(싸움판)이기도 하다. 민주화의 투사들이 정권을 잡게 되면 세상이 좀 다를 줄 알았는데 전혀 그렇지 않다. 그동안 그들이 보였던 투쟁과 헌신이란 결국 자기들의 정권욕/기득권의 추구라는 것이 만천하에 드러났다. 민주화를 위해 헌신한 가신 그룹들이 결국 한 자리(주로 장관이나 큰 공공 단체의 장 내지는 대사)를 차지하는데 동분서주(東奔西走)하는 것을 우리는 잘 보아왔다. 4.19세대도 그러했고 문민정부나 국민의 정부에 와서도 마찬가지다. 정부와 통치자의 명칭만 다르지 별로 다른 것이 없다.

41절의 "열 제자가 듣고 야고보와 요한에 대하여 분히 여기거늘"의 언급은 제자들 모두가 이와 같은 생각(추구) 가운데 있었음을 잘 보여주고 있다. 다 똑같은 인간들이다. 고난에 대한 헌신의 요구에 제자들이 재빠르게 "할 수 있나이다."라는 고백(39절) 역시도 결국은 자기 성취와 자기 영광의 이기적인 목적을 위한 수단에 불과하다.

여기에 대한 주님의 지적은 의미심장하다: "예수께서 불러다가 이르시되 이방인의 소위 집권자들이 저희를 임의로 주관하고 그 대인들이 저희에게 권세를 부리는 줄을 너희가 알거니와"(42절). 예수님의 이 지적은 제자들의 모습이 외관만, 무늬만 주님을 따르지 그 본질은 이방인의 모습과 다를 바가 없음을 암시하고 있다.

3. 제자도의 교훈(막 10:42-45): "너희 중에는 그렇지 아니하니…"

그러나 예수께서 세우시는 새 시대의 새로운 공동체(신앙 공동체)의 사람들은 이와는 달라야 한다. 이 점에 있어 예수님의 "너희 중에는 그렇지 아니하니"(43절)란 말씀은 특별한 의미를 지닌다. 오늘날 교회의 문제는 교회 내 주님의 모델 대신에 이방 주권자들의 모델을 지도자의 모델로 취해 온 점이다. 42-45절의 예수님의 교훈은 바로 이 점을 잘 지적해 주고 있다.

> "예수께서 불러다가 이르시되 이방인의 소위 주관자들이 저희를 임의로 주관하고 그 대인들이 저희에게 권세를 부리는 줄을 너희가 알거니와 너희 중에는 그렇지 아니하니 너희 중에 누구든지 크고자 하는 자는 너희를 섬기는 자가 되고 너희 중에 누구든지 으뜸이 되고자 하는 자는 모든 사람의 종이 되어야 하리라 인자의 온 것은 섬김을 받으

려 함이 아니라 도리어 섬기려 하고 자기 목숨을 많은 사람의 대속물로 주려 함이라."

세상에서 교회의 모습은 섬김을 받으려는 사람들의 모임이 아니라 섬기려는 사람들의 모임이어야 한다. 예수님을 자신의 구주로 부르는 사람은 자기희생을 통한 섬김의 길로 오신 구주이신 주님의 삶이 그들의 삶 속에 잘 각인되어져야 한다. 군림의 삶, 자기 섬김의 삶에 사람들이 감격하지 않는다. 오히려 실망하며 더 나아가 배척한다. 여기에는 참된 복음의 능력이 없다. 오히려 미움과 증오만 남게 된다. 기독교에 대한 이슬람의 반응이 바로 그러하다.

미국에서 일어난 9.11 테러는 역사적으로 기독교가 저지른 잘못된 행동에 대한 반성을 요구하는지 모른다. 토니 캄팔로^{Campalo}가 자신의 책 『Power Delusion』에서, '참된 권위는 권력을 쥘 때 생기는 것이 아니고 권력을 놓고 섬길 때 온다.'고 하였다. 마쵸상이 아니라 섬김과 희생, 즉 사랑의 모습이다.

많은 사람의 대속물^{ransom}로 자신을 주신 예수님(사 53:10-12)이 우리의 구주시라면 우리는 과연 어떠한 삶을 살아야 할까? 교회 내에 권력과 기득권만을 추구하는 사람들로만 가득하다면 이것은 정말 비극이 아닐 수 없다. 예수님은 우리의 세상적인 요구들을 채워주시는 그러한 메시아가 아니시다. 주님의 지적처럼 우리는 교회 내에서 정말 우리가 구해야 할 것이 무엇인지 알지 못하고 행동하는 경우가 많다. "가라사대 너희 구하는 것을 너희가 알지 못하는도다"(38절). 영광의 자리, 특권의 자리, 지배의 자리가 아니라 복음을 위해, 잃은 자를 위해, 하나님의 나라와 의를 위해 가난하고 압제 당하고 고통당하고 있는 사람들, 소자 같은 사람들을 섬기기 위한 수난의 자리, 봉사의 자리가 우리가 구해야 할 것이다. 적어도 우리가 수난과 봉사와 자기희생의 길을 간 예수님(막 10:45)을 우리의 구주와 주님으로 부르며 따른다면, 우리는 어떤 삶을 살아야 할까? 세례를 받아들이고 성찬(잔)에 참여한 우리는 마땅히 주님이 가신 고난과 섬김의 길을 가야 한다.

예수만이 크리스천의 삶에 앞서 가시는 우리의 믿음의 주요 온전케 하시는 분이시다(히 12:2). 우리의 선생은 오직 한 분 예수 그리스도요 우리 모두는 이분을 따르는 형제요 자매다(마 23:8-12). 우리는 그분을 주님으로 삼고 그분의 삶을 우리의 삶에 각인하며 살아야 한다. 이 시대 주님께서 우리들에게 요구하는 삶과 기도 제목이 있다면 바로 이 정신과 교훈 위에서 살아야 한다는 것이다. 세상이 추구하는 위대함이 아니라 하나님이 추구하시는 위대함, 곧 그 아들 예수 그리스도가 이 땅에 오셔서 보이신 위대함을 따라 살아가는 우리가 되기를 기원한다.

"인자의 온 것은 섬김을 받으려 함이 아니라 도리어 섬기려 하고 자기 목숨을 많은 사람의 대속물로 주려 함이라"(10:45)는 이 말씀이 요즈음 더욱더 마음에 자꾸 저려오는 이유가 무엇일까? 추수의 계절과 함께 낙엽이 지고 단풍으로 물들어 가는 이 가을에 우리들의 마음속에 이 말씀이 우리의 교회와 사회에 물이 바다를 덮음처럼 그렇게 나타나지기를 기원해 본다. 특히 정쟁으로 물들어 가는 우리의 정치판에도 이 말씀이 소위 신자라고 자칭하는 정치인들의 마음속에 깊이 각인되어졌으면 하는 바램이다.

"너희 중에는 그렇지 아니하니 너희 중에 누구든지 크고자 하는 자는 너희를 섬기는 자가 되고 너희 중에 누구든지 으뜸이 되고자 하는 자는 모든 사람의 종이 되어야 하리라. 인자의 온 것은 섬김을 받으려 함이 아니라 도리어 섬기려 하고 자기 목숨을 많은 사람의 대속물로 주려 함이라."(43-45절)

40 마가복음 강해
길 위의 길
The Way on The Way

길에서 예수를 따른 바디매오 (막 10:46-52)

"46 그들이 여리고에 이르렀더니 예수께서 제자들과 허다한 무리와 함께 여리고에서 나가실 때에 디매오의 아들인 맹인 거지 바디매오가 길 가에 앉았다가 47 나사렛 예수시란 말을 듣고 소리 질러 이르되 다윗의 자손 예수여 나를 불쌍히 여기소서 하거늘 48 많은 사람이 꾸짖어 잠잠하라 하되 그가 더욱 크게 소리 질러 이르되 다윗의 자손이여 나를 불쌍히 여기소서 하는지라 49 예수께서 머물러 서서 그를 부르라 하시니 그들이 그 맹인을 부르며 이르되 안심하고 일어나라 그가 너를 부르신다 하매 50 맹인이 겉옷을 내버리고 뛰어 일어나 예수께 나아오거늘 51 예수께서 말씀하여 이르시되 네게 무엇을 하여 주기를 원하느냐 맹인이 이르되 선생님이여 보기를 원하나이다 52 예수께서 이르시되 가라 네 믿음이 너를 구원하였느니라 하시니 그가 곧 보게 되어 예수를 길에서 따르니라."

마가복음의 중심 구절인 막 10:45의 선언 후 나타나는 소경 바디매오의 사건(10:46-52)은 마가복음의 중심 단락인 '길'way 단락의 끝에서 참된 제자도true discipleship에 대한 탁월한 예증으로 제시되어진다. 이어 예루살렘 입성으로 시작되는 마지막 단락(11:1-16:8)은 예루살렘으로 올라가는 길이 섬김과 희생의 십자가의 길임을 보여준다. 무엇보다도 오늘 본문은 예루살렘으로 올라가는 여행길의 마지막 마을인 여리고에서 소경이며 걸인인 바디매오가 주님을 만나 "곧 보게 되어 길에서 예수를 따르는" 모습을 통해 참된 제자도의 전형을 잘 보여준다. 흥미로운 점은 앞에서 반복하여 언급한 '길'way 단락의 두 핵심 단어인 '길'(ὁδός)'과 '따르다'(ἀκολουθέω)가 마지막 구절(52절)에서 '예수를 길에서 따르다'(10:52)라고 언급함으로 그 주제를 확증한다. 특히 앞의 '따르라'는 부름에 제물이 많은 고로 슬픈 기색을 띠고 근심하며 돌아간 부자 관원 청년의 모습(10:17-22)과는 극명한 대조를 이루면서 참된 주님의 제자는 어떤 모습인지를 극적으로 보여준다.

스토리의 내용

제자들과 함께 여리고에 이르신 예수님은 이제 허다한 순례자들의 무리와 함께 예루살렘을 향해 여리고에서 나가실 때(46절) '길가에' 앉아 구걸하던 장님인 바디매오가 다윗의 지손인 나사렛 예수가 지나가신다는 말을 듣고는 예수께 자비를 구하며 소리 질러 애걸한다. 본문에 나타난 대로 그의 간청은 과히 필사적이었다. 주변의 많은 사람들의 책망과 경고에도 불구하고 그는 더욱 심히 소리 질러 자비를 구한다. 결국 주님은 더욱 크게 소리 질러대는 이 소경의 간절한 간청에 예루살렘을 향해 재촉하던 발걸음을 멈추고 그를 부르신다. 주님의 부름에 거지 소경 바디매오는 겉옷을 버려두고 뛰어 일어나 예수께 나아온다. 이에 예수님은 그에게 자신이 무엇을 하여주기를 원하느냐고 물으셨다. 소경인 그는 보기를 원한다고 하였다. 결과적으로 그의 이 놀라운 믿음이 인정되어 치유(구원)가 선언되고 자유롭게 돌아갈 것을 명하여졌지만("가라 네 믿음이 너를 구원하였느니라.") 바디매오는 "곧 보게 되어 예수를 길에서 따랐다(52절)"고 마가는 기술한다.

이 모습은 앞의 부자 청년의 이야기(10:17-22)와는 극적 대조를 이루면서 독자들에게 구원받는 믿음과 참된 제자도에 대하여 의미 있는 교훈을 준다. 두 사람의 모습을 비교해 보면 아래와 같다.

길에서의 한 부자 청년과 소경 거지 바디매오의 대조

앞의 부자 청년의 모습은 부자가 하나님 나라에 들어가는 것이 얼마나 어렵고 또 영생(구원)을 얻기 위해 지불해야 할 대가가 얼마나 큰가를 보여준다(10:23-25). 이런 까닭에 당혹한 제자들이 "그런즉 누가 구원을 얻을 수 있는가?"(26절)라고 질문하였다. 여기에 대해 나사렛 예수를 '다윗의 자손'(메시아)으로 인식하고 자비를 구하며 은혜로 구원받은 바디매오의 모습은 이 질문에 대한 적절한 대답으로 주어졌다고 할 수 있다.

- 부자/율법을 잘 아는 자	↔	소경/거지
- "선한 선생님이여"	↔	"다윗의 자손 예수여"
- 무엇을 하여야 영생을 얻으리이까?	↔	나를 불쌍히 여기소서.
- [책망으로 응답]	↔	[부름으로 응답]
- 내가 어려서부터 다 지켰나이다.	↔	보기를 원하나이다.

- "가서 네 소유를 다 팔아 가난한 자들을 주라. 그리하면 하늘에서 보화가 네게 있느니라. 그리고 와서 나를 따르라." 재물이 많은 고로 이 말씀을 인하여 슬픈 기색을 띠고 근심하며 간다. 그는 재물에 눈이 먼 채 가버리고 무명의 사람으로 기술된다.

- "가라 네 믿음이 너를 구원하였느니라." 겉옷을 버려둔 채 그 '길'로 예수를 따르기로 선택하고 시력을 회복하고 주님을 따르며 바디매오

로 기억된다.

바디매오의 모습은 마가복음의 중심 주제인 막 8:29의 "너희는 나를 누구라 하느냐?"(예수님에 대한 바른 이해[기독론]와 구원)는 질문과 막 1:17의 "나를 따르라"는 명령(제자도의 부름)에 가장 잘 반응한 예로 이 스토리는 구원 얻는 신앙과 제자도의 참된 모습을 가장 잘 보여주고 있다.

1. 소리 지르며 예수께 나아온 바디매오: "다윗의 자손 예수여 나를 불쌍히 여기소서"

예수께서 다시 재건될 수 없는 멸망의 도시인 여리고(수 6:26, "여호수아가 그때 맹세하여 이르되 누구든지 일어나서 이 여리고 성을 건축하는 자는 여호와 앞에서 저주를 받을 것이라 그 기초를 쌓을 때에 그의 맏아들을 잃을 것이요 그 문을 세울 때에 그의 막내아들을 잃으리라 하였느니라.")를 지나지만 이 도시에 있는 어느 누구도 주께 나아와 인생의 재건(치유/구원)을 간청하는 사람은 없었다. 그러나 '길 가에 주저앉아'(46절) 재건될 수 없는 삶을 살아가는 소경 거지 바디매오가 예수(복음)의 소문을 듣고, 주께서 멸망의 도시 여리고를 빠져나가는 상황에 주님께 소리 질러 자비를 간청한다. 나사렛 예수가 문둥병자를 고치시고 귀신을 쫓아내시고 귀머거리와 벙어리를 고치시며 자기와 같은 장님의 눈을 뜨게 하셨다는 소문이 예민한 그의 귓가로 찾아왔다. 들리는 말로는 그가 '다윗의 자손 메시아'라는 소문도 들려왔다. 아마도 그때부터 그는 메시아에 대한 이러한 소식을 희망으로 삼고 자신의 삶의 재건(치유)을 위해 그를 기다렸는지 모른다. 그런데 지금 메시아로 여겨지는 이 나사렛 예수가 여리고를 지나가신다는 것을 들었을 때 그의 마음은 어떠하였겠는가? 자신의 운명에 새로운 희망(재건)을 가져다 줄 수 있는 나사렛 예수가 지금 이 여리고를 떠나가신다는 것을 알았을 때 그는 그 길에서 필사적으로 외쳤다. "다윗의 자손 예수여 나를 불쌍히 여기소서."

1) 예수에 대한 바른 인식: "다윗의 자손 예수여"

본문을 보니 바디매오는 성한 두 눈을 가진 이전의 사람들보다 더 명확하게 예수님을 이해하였다. 민감한 귀에 의해 소문으로 파악된 소경의 '봄/깨달음'seeing과 '들음'hearing은 "눈이 있어도 보지 못하고 귀가 있어도 듣지 못하는"(막 8:18; cf. 4:12) 제자들과 그리고 율법에 능한 부자 관원 청년과는 달랐다. 자신의 눈먼 상태는 메시아 외에는 고칠 수 없었기 때문에 오직 그는 나사렛 예수에 모든 소망과 신뢰를 걸었던 것 같다. 왜냐하면 당시에 소경은 '죄의 벌'로서 해석되어졌고(요 9:2 참고), 거지의 상황은 저주로서 여겨졌기 때문에(시 109:10 참고) 이러한 그의 불행한 운명과 삶을 재건할 수 있는 자비의 사람은 오직 메시아밖에는 없었다(5:19 참고; 다윗의 자손인 메시아의 자비와 구원의 치유 사역은 구약에서 자주 언급됨[사 29:18; 32:1 이하; 35:5; 등등]). 그래서 그는 메시아에 대한 소문만으로도 자신의 소망의 닻을 넉넉히 내릴 수 있었다.

이 점은 오늘 우리의 삶에도 마찬가지다. 대체적으로 불행한 사람이 오히려 죄의식이 깊고 삶에 진지하다. 성전에서 가난한 과부의 헌물과 헌신(막 12:43-44)과 향유 부은 여인(막 14:3-9; 눅 7:36-50)의 종교성은 결코 피상적이거나 부분적이지 않다. 그들의 헌신은 전부의 헌신이며 깊은 참회의 헌신이었다. 눈물의 빵을 먹어보지 못한 사람, 슬픔의 삶을 체험하지 못한 사람은 인간의 본질에 대한 이해가 부족하고 종교성이 부족하다. 그(녀)가 종교를 가진다 하여도 대단히 피상적이고 물질적이다. 고상한 것처럼 가장해도 단지 외부 장식과 치장에 불과하지 내면적 깊이와 뿌리가 없다. 그(녀)의 종교는 온실의 종교며 자기중심적이며 이기적인 종교다. 누가복음의 어리석은 부자가 그렇고 나사로와 함께 나오는 부자가 그렇다. 그리고 우리가 보았던 부자 청년도 그렇다.

이런 까닭에 주님은 부자가 천국에 들어가는 것이 심히 어려운데 이것은 마치 낙타가 바늘구멍으로 들어가는 것보다 어렵다고 하였다(막 10:23-25). 그래서 성경은 외부적 번영을 가져주는 부(재물)를 유혹(속임)이라고 하였다(막 4:19). 이것은 종교성의 문제뿐 아니라 일상의 일에도 마찬가지다. 역사를 통해 훌륭한 작가나 음악가를 보더라도…. 여러분의 인간 이해나 삶의 깊이와 죄의식의 깊이는 어떠한가? 그리고 종교성은 어떠한가? 여러분은 풍부의 노리개(장난감)인가? 날라리 깨춤 추듯 인생을 사는가? 아니면 샘이 깊은 물처럼, 뿌리 깊은 나무처럼 인생을 사는가?

비록 소경이고 거지였지만 바디매오는 주님조차 함부로 지나칠 수 없는 신앙의 사람이었다. 예루살렘으로 향하던 주님의 발걸음을 멈추게 한 사람이었다(49절, "멈추어 서서"). 이런 까닭에 주님은 자신의 바쁜 대속의 행보를 멈추고 바디매오를 불렀다(49절). 오늘도 주님은 이런 사람의 간청에 멈추어 서서 구원해 주시기를 기뻐하신다. 이에 바디매오는 예수님의 부르심에 신속히 응답하여 예수께 달려 나간다. 주님은 바디매오에게 소원을 묻는다. "네게 무엇을 하여 주기를 원하느냐?(51절)"

2) 바디매오의 원함은?: "네게 무엇을 하여 주기를 원하느냐?(51절)"

앞서 제자들은 이 질문(10:37)에 메시아의 왕국을 권력과 서열에 의한 나라로 이해하여 영광(특권)의 자리, 군림의 자리인 좌-우편의 자리를 구하였다. 그러나 이것은 오는 세대의 하나님 나라의 모습이 아니라 세상의 나라의 모습이었다. 그들은 자신들이 정말 구해야 할 바를 몰랐다(10:38). 이 좌편, 우편의 자리는 수난의 자리였는데(막 15:27), 제자들은 그 자리를 영광의 자리로 이해하였다. 그러나 바디매오는 메시아의 왕국을 자비와 치유(구속)의 나라로, 메시아(다윗의 자손)는 '자비의 치유자'merciful healer로 이해하였다. 바디매오는 예수님을 자비의 치유자이신 다윗의 자손 메시아로 이해하여 오직 예수님의 자비만을 간구하였다. 과연 우리가 주님께 구하는 것이 무엇인가? 제자들처럼 영광의 자리인가? 아니면 헤로디아처럼 복수의 대상인 세례 요한의 머리인가? 아니면 백성들처럼 세속적 힘의 상징인 바라바인가? 바디매오는 오직 주님께 자비와 은혜를 구하였다. "나를 불쌍히 여기소서." 그리고 그는 주님의 질문에 눈뜨기를 구하였다. "내가 보기를 원하나이다." 바디매오가 구한 것은 영광의 자리도, 복수도, 권력도 아니었다. 그는 오직 자비와 은혜를 원하였고 눈뜨기를 구하였다. 우리가 정말 인생 가운데 참된 눈을 가질 수만 있다면, 무엇이 우리의 인생의 참된 보화인지를 알 수만 있다면 우리는 인생의 성공자이고 승리자이다. 부자 관원 청년은 이 눈을 갖지 못하고 근심하며 슬프게 주님을 떠났다. 그렇다. 우리가 인생의 나그네 길 가운데 주께 구할 것은 그의 자비며 은혜이다. 우리가 자주 부르는 찬송(279장)처럼, "인애하신 구세주여 내가 비오니 죄인 오라하실 때에 날 부르소서."

어떻게 구해야 하나? 바디매오처럼 필사적으로 간절히 집요하게 끝까지 구해야 한다. 바디매오에게는 이 기회가 마지막이었을 것이다. 그러므로 그는 다시 올 수 없는 기회를 놓치지 않고 그는 필사적으로 간절히 집요하게 구하였다. 마가복음의 믿음의 사람들은 모두 다 간절히 필사적으로 끝까지 포기하지 않고 구한 자들이다. 중풍병자의 친구들이 그러했고 문둥병자와 혈루증 여인이 그러했고 수로보니게 족속 여인이 그러하였으며 귀신 들린 아들을 가진 아버지가 그러하였다. 천국은 침노한 자들의 것이고(마 11:12) 지속적으로 구하고 찾고 두드리는 자에게 하나님은 만나 주시고 은혜와 자비를 베푸신다. 이러한 바디매오의 간구를 주님은 들으시고 가던 걸음을 멈추고 그를 부르셨다. 우리 주님은 예루살렘으로 올라가는 길에 무리의 영혼 없는 환호보다도 이런 자들의 간구(신음소리)를 들으신다. 우리의 작은 신음(애통하고 주리고 목마름)에도 응답하시는 분이 우리 주님이시다. 우리는 지금 어떠한가? 간절히 애타게 주님의 자비를 구하며 찬송하고 간구한 적이 있는가? "인애하신 구세주여 내가 비오니(279장)", "천부여 의지 없어서 손들고 옵니다(280장)." 이 같은 은혜가 이 가을에 넘쳐나기를 기원한다.

2. 겉옷을 버려둔 채 예수께 뛰어 일어나 나아온 바디매오

바디매오의 기사는 '우리가 어떻게 구원을 받을 수 있는가'("누가 구원을 받을 수 있는가?"[26절])를 보여 줄 뿐 아니라 또한 '구원받은 우리가 어떠한 삶을 살아야 되는가?' 즉 "주님을 따르는 자의 모습"이 무엇인지를 잘 보여준다. 신자의 삶은 단순히 믿음으로 구원받는 것에 그치지 아니하고 "구원 그 이후"의 삶 곧, 주님을 따르는 삶이 수반되어야 함을 보여준다. 이 점에 있어 바디매오는 나사렛 예수가 다윗의 자손(메시아)임을 알고 그에게 자비를 요청하며 담대히 믿음으로 나아옴으로 구원을 받았다. 그리고 구원의 선포 후 주님께서 "[네 믿음이 너를 구원하였으니] 가라"고 바디매오에게 명하였지만 그는 십자가를 지기 위해 예루살렘을 향해 가는 그 '길'에서 주님을 따를 것을 선택함으로 제자의 삶을 살고자 하였다(52절).

특히 주님의 부름('부르다'는 말이 3번 나옴)에 그가 겉옷을 내버리고 주님께 나아왔다는 50절의 언급은 예사롭지 않다. "맹인이 겉옷을 내버리고 뛰어 일어나 예수께 나아오거늘." 그는 자신의 절망의 자리에 그대로 주저앉아 있지 아니하고 부르심에 '뛰어 일어나' 예수께 나아왔다. 그는 더 이상 길가에 주저앉아 있는 사람이 아니었다. 부르신다는 말("그들이 그 맹인을 부르며 이르시되 안심하고 일어나라 그가 너를 부르신다 하매.")에 망설임 없이 뛰어 일어나 주님께 나아왔다. 축복의 사람은 바로 이런 사람들이다. 얼마나 많은 사람들이 축복의 시간에 축복의 부르심의 순간에 망설임으로 그 축복을 놓칠 때가 얼마나 많은가? 그럼에도 바디매오는 바로 이 순간 이 축복의 부르심임을 알고 즉시 응답하였다. 사람들이 그의 필사적 간구를 제지함에도 아랑곳없이 그는 더 크게 소리 지르며 주님께 나아왔다.

이미 마가복음의 다른 많은 '부름 기사들call stories에서 본 대로 제자들은 예수님의 따르라("나를 따르라")는 부름에 그물을 버려두고(시몬과 안드레[1:18]), 자신의 아버지[세베대]를 그의 삯꾼들과 함께 배에 버려두고(야고보와 요한[1:20]), 세리의 직업을 버리고(레위[2:14]) 주님을 좇았다. 바디매오도 주님이 부르실 때 자신의 생계와 삶을 유지하는 유일한 수단인 겉옷을 내어버렸다. 학자들에 의하면 당시 걸인들에게 겉옷은 그들이 구걸을 위해 길에 펼쳐두어 지나가는 사람들이 그 위에 돈을 던져두는데 사용하는 것으로 이 겉옷은 그의 직업 자체를 상징하며 그의 벌이의 수단이 되는 도구였다. 그러므로 바디매오가 예수님의 부름에 자신의 겉옷을 내어버린 행동은 그의 직업이며 생계의 수단을 버린 것을 의미한다. 이 점은 앞 단락의 부자 청년이 자신이 가진 모든 소유를 팔아 가난한 자들에게 나누어주고 주님을 따르라는 명령에 슬픈 기색을 하고 돌아선 모습과는 너무도 대조적인 행동이었다. 여기에 거지 소경 바디매오의 행동은 부자 청년이 주님을 따르기 위해 자신의 소유를 버리지 못한 것을 실행하고 있는 모범적 인물로 마가는 제시하고 있다.

이미 주님께서 제자도^{discipleship}에 대해 말씀하신 대로, "누구든지 주님을 따르려는 자는 자기를 부인하고 자기 십자가를 지고 주님을 좇아야 한다. 누구든지 제 목숨을 구원코자 하면 잃을 것이요 누구든지 나와 내 복음을 위하여 제 목숨을 잃으면 구원하리라. 사람이 만일 온 천하를 얻고도 제 목숨을 잃으면 무엇이 유익하리요 무엇을 주고 제 목숨을 바꾸겠느냐. 누구든지 이 음란하고 죄 많은 세대에서 나와 내 복음을 부끄러워하면 인자도 아버지의 영광으로 거룩한 천사들과 함께 올 때에 그 사람을 부끄러워하리라"(8:34-38). 이와 함께 부자 관원 청년의 따름의 실패에 대해 주님은 곧 이어 이렇게 말씀하셨다. "내가 진실로 너희에게 이르노니 나와 및 복음을 위하여 집이나 형제나 자매나 어미나 아비나 자식이나 전토를 버린 자는 금세에 있어 집과 형제와 자매와 모친과 자식과 전토를 백 배나 받되 핍박을 겸하여 받고 내세에 영생을 받지 못할 자가 없느니라. 그러나 먼저 된 자로서 나중 되고 나중 된 자로서 먼저 될 자가 있느니라"(막 10:29-31). 제자도^{discipleship}의 문제는 언제 복음을 듣고 구원받았느냐가 아니라 주님을 위해, 복음을 위해 무엇을 하느냐가 문제다.

3. 바디매오의 마지막 선택?: "곧 보게 되어 길에서 예수를 좇으니라 (52절)"

바디매오가 보게 되자마자 곧 그 '길'로 예수님을 따라간다는 언급(52절)은 의미심장한 결단이 아닐 수 없다. 인간(세상)적으로 무력했고 사회적으로도 버림받은 거지 바디매오가 구원을 받은 후 그가 택한 길이 번영과 부와 영광의 길이 아니라 전보다도 더 힘든 길, 곧 주님을 따르는 고난의 길로 가기로 선택하였다. 장애자(맹인)로서 구원(고침)받은 후 그는 더 나은 삶을 살 수 있었다. 그리고 주님도 그에게 '가라'고 명하였기 때문에 별 부담이 없었다. 그러나 바디매오는 자신의 삶의 기반이었고 소유였던 겉옷을 버린 채 복음을 위해 고난과 죽음으로 점철된 십자가의 길로 주님을 따르는 삶을 택하였다. 그가 택한 십자가의 길은 영광의 길이지만 오히려 전보다 더 힘든 삶이 될지도 모른다. 힘든 선택이었지만 멋진 선택이었다. 이러한 선택을 한 거지 소경에 대해 마가복음은 공관 복음서들 내 유일하게 그 이름을 언급한다(Edwards, 328). 전승에 의하면 그는 초대 교회의 훌륭한 일꾼이었다고 한다. 이처럼 주님은 당시에 사회에서 버림받은 거지 소경 바디매오를 위대한 주님의 제자로 만드셨다. 교회 역사 속에 이와 같은 예는 얼마든지 있다. 사실 바디매오가 택한 십자가의 길, 제자의 길은 우리 자신의 힘으로 성취하는 길이 아니고 성령에 의한 하나님의 통치의 능력만을 의지하는 신앙의 길이라고 말할 수 있다. 바로 주님이 우리를 위해 이 (수난의) 길을 갔고 사도 바울 역시도 이 길을 갔다. 우리 역시도 이 길로 주님을 따라가는 제자들(순례자들)이 되기를 진정으로 소원한다.

41

마가복음 강해
길 위의 길
The Way on The Way

예루살렘 입성 (11:1-11)

"1 그들이 예루살렘에 가까이 와서 감람 산 벳바게와 베다니에 이르렀을 때에 예수께서 제자 중 둘을 보내시며 2 이르시되 너희는 맞은편 마을로 가라 그리로 들어가면 곧 아직 아무도 타 보지 않은 나귀 새끼가 매여 있는 것을 보리니 풀어 끌고 오라 3 만일 누가 너희에게 왜 이렇게 하느냐 묻거든 주가 쓰시겠다 하라 그리하면 즉시 이리로 보내리라 하시니 4 제자들이 가서 본즉 나귀 새끼가 문 앞거리에 매여 있는지라 그것을 푸니 5 거기 서 있는 사람 중 어떤 이들이 이르되 나귀 새끼를 풀어 무엇 하려느냐 하매 6 제자들이 예수께서 이르신 대로 말한대 이에 허락하는지라 7 나귀 새끼를 예수께로 끌고 와서 자기들의 겉옷을 그 위에 얹어 놓으매 예수께서 타시니 8 많은 사람들은 자기들의 겉옷을, 또 다른 이들은 들에서 벤 나뭇가지를 길에 펴며 9 앞에서 가고 뒤에서 따르는 자들이 소리 지르되 호산나 찬송하리로다 주의 이름으로 오시는 이여 10 찬송하리로다 오는 우리 조상 다윗의 나라여 가장 높은 곳에서 호산나 하더라 11 예수께서 예루살렘에 이르러 성전에 들어 가사 모든 것을 둘러보시고 때가 이미 저물매 열두 제자를 데리시고 베다니에 나가시니라."

여리고를 떠난 마가복음의 여행길(순례길)은 이제 그 길의 목적지인 예루살렘에 이르렀다. 이어지는 마가복음의 단락은 예루살렘 입성에서부터 시작된 성전에서의 사역을 서술한다(11:1-13장). 예루살렘에 도착한 예수님은 예비된(?) 나귀 새끼를 타고 예루살렘에 입성하셨는데 이 입성은 백성의 놀라운 환대와 반응으로 이어졌다(11:1-11). 입성 후 예수님은 성전에 들어가셔서 성전을 둘러보시고 저녁이 되어 베다니로 물러가셨다. 다음 날 아침 예수님은 베다니에서 성전으로 다시 가시는 중에 길에서 무화과나무를 보시고 열매를 찾았으나 열매는 없고 잎사귀만 있음으로 무화과나무를 저주하시고는 성전에 들어가셨다. 들어간 성전에는 참된 기도와 믿음은 없었고 오히려 성전 예배를 빙자한 상행위들만 번창한 것을 보신 예수님은 참된 예배를 위해 성전을 청결하신다. 돌아오는 길에 저주한 무화과나무가 시들어버린 기사는 이 두 기사 사이의 묘한 연관성을 시사하고 있다. 그리고 이어지는 성전에서의 논쟁 기사(특히 논쟁 기사의 시작에 언급된 악한 포도원 농부의 비유[12:1-11])는 불경건과 불의와 적의가 가득한 성전이지만 그래도 이곳에는 가난한 과부의 아름다운 헌신된 봉사가 있음(12:41-44)을 마지막으로 보여줌으로써 앞으로 예수께서 자신의 생명을 많은 사람의 대속물로 주기 위한 헌신된(희생적) 모습을 간접적으로 시사해 준다. 결국 예수님은 자신의 몸을 통해 새로운 성전을 짓기 위해 옛 성전을 떠나신다. 13장에서 성전 멸망이 선언되고 종말에 대한 강화와 함께 깨어 있음이 촉구된다.

1. 나귀를 타고 입성하신 예수님과 호산나를 부르는 무리(11:1-10)

이제 장면은 바뀌고 예수님과 제자들이 여리고를 나와 예루살렘 가까이 감람 산 근처의 벳바게와 베다니에 이르렀다. 이미 바디매오에 의해 나사렛 예수는 '다윗의 자손'Son of David 메시아로 불려졌다. '다윗의 자손' 메시아의 나라와 그의 사역은 제자들과 무리의 이해와는 달리 세속적 권력과 서열에 의한 군림과 지배의 족벌 정치nepotism가 아니라 자비로운 구원(치유)의 사역임을 우리에게 제시해 주었다(10:35-44; 10:46-52. 특히 47-48, 51-52절 참고). 이와 같은 이해 속에 '다윗의 자손' 예수는 구약에 예시되었던 메시아적 왕 Messianic King 으로서 '다윗의 나라'를 세우기 위해 나귀 새끼를 타고 다윗의 성읍인 예루살렘으로 입성한다. 예수님의 예루살렘 입성의 모습은 마치 구약에서 다윗의 아들 솔로몬이 왕위를 계승하는 모습(왕상 1:32-40)을 연상케 한다(Jenson 1996:169-170). 그러나 아이러니컬하게도 예수님의 대관식은 세 번에 걸친 그의 수난 예언(8:31; 9:31; 10:32-34)에서 언급한 것처럼 십자가였다.

예수님의 예루살렘 입성은 우리가 통상적으로 이해하는 수난 주간(막 11-16장)의 첫째 날인 종려 주일 Palm Sunday 에 해당한다. 메시아의 언약의 왕은 사람들이 기대하던 그러한 세속적인 권력을 부리는 왕이 아니라 겸손과 평화를 상징하는 '나귀 새끼'를 타고 오시는 왕으로 예루살렘성에 입성(슥 9:9)하신 후, 거룩한 성전에서 종말론적인 메시아로서 심판(무화과나무의 저주와 성전 청결 그리고 종말론 강화)과 가르침(종교 지도자들과의 논쟁)과 속죄(수난과 죽음)의 행동을 취한다. 다윗의 성읍인 예루살렘에서의 예수님의 사역은 성전을 중심으로 하는 종교 시스템과 리더십의 형태와의 갈등을 야기하면서 과연 다윗의 자손 예수 그리스도가 세울 메시아의 나라는 어떤 나라인지를 입성부터 시작하여 그곳에서의 보낸 사역(갈등과 무관심과 반대와 죽음)을 통해 그 모습을 잘 보여준다.

1) 메시아로서 예루살렘 입성(막 11:1)

이제 '고난받는 하나님의 아들'로서 대속적인 십자가를 지시려고 예루살렘을 향해 올라가는 예수님의 운명적 여행이 마침내 종착지 가까이에 왔다. 예수님은 제자들과 함께 감람 산[38] 근처의 벳바게와 베다니에 이

---

[38] 구약에서 감람 산은 하나님의 영광의 종말론적 계시의 장소로 메시아의 도래와 관련되어

르렀다. 여기서 예수님은 제자 중 둘을 맞은 편 마을로 보내어 아무도 타 보지 않은 나귀 새끼를 끌고 오게 한다.

2) 준비된 '아직 아무도 타 보지 않은 나귀 새끼'(막 11:2)

'사용되지 않은 나귀 새끼'는 종교적인 거룩한 목적을 위해 구별된 짐승으로 제시된다(민 19:2; 신 21:3; 삼상 6:7 참고). 이것은 또한 창 49:8-12(특히 11절은 실로가 오실 때 그의 나귀 새끼가 매여 있는 것이 언급)의 말씀의 성취로 유다로부터 왕(메시아)이 나타났을 때 모습으로 해석되어진다. 결국 예수님의 이 요청은 자신이 이스라엘의 메시아로서 예루살렘을 입성함을 암시한다.

3) 나귀 새끼를 타고 예루살렘을 입성하는 메시아 예수(막 11:7)

나귀 새끼를 타시고 예루살렘을 입성하시는 예수님의 이러한 의도적 행동은 메시아가 임할 때 나귀 새끼를 타고 오는 슥 9:9의 예언의 성취로 보인다. "시온의 딸아 크게 기뻐할지어다. 예루살렘의 딸아 즐거이 부를 지어다. 보라 네 왕이 네게 임하시나니 그는 공의로우시며 구원을 베푸시며 겸손하여서 나귀를 타시나니 나귀의 작은 것 곧 나귀 새끼니라." 특히 구약에서는 왕의 대관식을 행할 때 이러한 관례를 가졌는데(왕상 1:32-39: "왕의 노래") 이 행동은 왕권을 나타내는 표시(삿 10:4; 삼하 13:29)로 제시되었다. 이 경우 예수는 다윗의 보위를 이은 '다윗의 자손' 메시아를 의미한다.

있다(cf. 슥 14:1-9[특히 4절]; 겔 43:2-9).

여기서 나귀 새끼는 겸손과 평화를 상징한다. 이것은 당시 마케도니아의 정복자들이 주로 타고 다니는 수려한 전쟁의 말을 타고 오는 것과는 너무도 대조적인 모습이다. 그의 입성은 그들처럼 전쟁 트로피들이나 포획물들을 끌고 화려하게 입성하는 개선 행렬이라기보다는 오히려 자신이 그들의 전쟁 포로가 되어 죽기 위해 끌려가는 자로서 지금 입성하고 있다. 자신은 대속물로 종교 지도자들의 손에 넘겨지고 멸시와 모욕과 저주를 당하는 수난(죽음)의 운명 가운데 성 밖으로 끌려나가 죽임을 당한다(막 8:31; 9:31; 10:32-34). 예수님의 왕 되심은 가시 면류관을 쓰시고 홍포를 입고 조롱을 당하고 마침내 십자가에 달려 이스라엘 왕(메시아)으로 등극하여 어리석은 자들의 두목으로 저주와 모욕 가운데 죽임을 당한다. 신약에서 이 모습은 제자(복음 전파자)의 삶의 한 모델로서 제시되었다(막 8:34). 사도 바울은 만물의 찌끼며 세상의 구경거리로서 모멸과 수난의 길로 나아가는 이러한 십자가의 삶 가운데 복음을 전했다(고전 4:9-13; 고후 2:14).

메시아로서 예루살렘에 입성하신 주님은 메시아-왕king-Messiah의 대관식으로 나아간다. 그의 대관식은 압제와 군림의 왕으로서의 대관식이 아니라 '고난받는 종'으로서 섬김과 희생(대속)의 대관식이다. 그러므로 주님은 '전쟁의 말'을 타지 아니하시고 한 번도 짐을 져보지 않은 성스러운 목적의 '나귀 새끼'를 타고 입성하신다. 그럼에도 불구하고 사람들은 그를 정치적 슈퍼스타로 생각하여 엄청난 환호를 보낸다. 그러나 그러한 열광적인 환호는 쓰라린 통곡으로 변하고, 승리의 환호는 슬픔의 두려움으로 변할 것이다.

4) 겉옷과 나뭇가지들을 길에 펴고 호산나를 부르는 사람들(막 11:8-10)

이 행동은 마치 구약에서 왕으로 기름 부음 받은 예후에게 주어진 왕적 인사와 유사한 모습(왕하 9:12-13)이다. 당시 역사적으로는 마카비 시몬이 예루살렘에 승리의 입성 시에 사람들이 나뭇가지를 길에 펴 환영한 것(마카비서 13:51) 같이 왕적 입성을 묘사한 모습이다. 그들은 소리를 지르며, "호산나! 찬송하리로다. 주의 이름으로 오시는 이여. 찬송하리로다. 오는 우리 조상 다윗의 나라여. 가장 높은 곳에서 호산나"(막 11:9-10; 시 118: 25-26 참고)하며 종말론적 다윗 왕국의 권세와 영광의 거짓된 회복(희망)을 노래하였지만, 예수께서 자기들이 원하는 정치적 왕(메시아)으로 나타나지 않을 때는 도리어 예수님을 "십자가에 못 박으소서"(막 15:14)라고 외쳤다.

민심이란 과연 항상 천심인가? 우리는 여기서 인간의 생각(세속의 길)과 하나님의 생각(주의 길)이 얼마나 다른지 알 수 있다. 그리고 이 길(생각)은 많은 경우에 서로 충돌하며 산다. 오늘의 교회는 어느 길로 달려가고 있는가? 세속적 권세와 영광의 나라인가? 아니면 섬김과 희생의 나라인가? 오늘 교회 역시도 그때의 군중들이 외친 것처럼 세속적 권세와 영광의 나라(구원)를 바라며 호산나(Hosanna, "우리를 구원하소서.")라고 찬양하며 외치며 세속의 길로 달려가지 않는가? 과연 오늘 우리의 교회가 추구하는 메시아의 나라는 어떤 나라인가? 제자들이 생각하고 탐닉하고 원하며 따랐던 그러한 세속적 나라(10:35-44)는 아닌가? 우리가 대강절의 주님의 오심(탄생)과 종려 주일에 대한 환호는 무엇보다도 우리를 대속하기 위해 섬기며 죽으러 오신 그 예수를 소리 높여 환호해야 할 것이다. "속죄함, 속죄함 주 예수 내 죄를 속했네 할렐루야 소리를 합하여 함께 찬송하세 그 피로 속죄함 얻었네(찬 257장)." 예수님은 십자가에서 참된 메시아로 등극하시고 자신의 왕 되심^{kingship}을 선언하신 우리의 구세주이시다.

이 같은 섬김과 희생의 예수 그리스도를 우리의 구주로 영접하였다. 그리고 우리는 예수님이 이 땅에 오셔서 몸소 보이셨던 그런 나라를 세우기에 꿈꾼다. 우리가 예배 시 주기도문에서 고백하고 소원하고 찬양하는 것처럼, "하늘에 계신 아버지 이름 거룩하사 주님 나라 임하시고 뜻이 이루어지이다(635장)." 그러나 불행스럽게도 이 땅의 정치인들이 추구하고 행동하는 나라는 예수님이 지적하셨던 그러한 이방 집권자들이 추구하였던 나라이고 또한 유대인들 역시도 역사를 통한 민족적 아픔 가운데 이런 나라에 대한 동경으로 메시아의 나라를 생각하였다. 그렇기 때문에 그들은 이사야서나 구약 다른 여러 곳에서 계시한 메시아의 나라와 그 사역을 이해할 수 없었다. 오늘 교회 역시도 세속에 빠져, 세상 권력에 기초한 메시아의 나라로 이해하여 사역하며 그런 나라를 꿈꾼다면 아무리 우리 입술로 '호산나'라고 외치지만 그것은 오히려 주님을 죽이는 행동과 다를 바 없다. 우리는 어떤 나라를 꿈꾸는가?

끝으로 오늘 본문의 말씀을 다시금 묵상해 보자.

주님은 다윗의 자손 메시아로서 예루살렘에 입성하셔서 사람들의 그릇된 희망 속에서 엄청난 환대를 받았지만 그가 다스리시는 나라는 세상 사람들이 꿈꾸는 그런 나라가 아니었다. 그는 멋진 전쟁의 말을 타시고 권세와 영광으로 입성하시기보다는 겸손한 나귀 새끼를 타시고 섬김과 평화의 왕으로 입성하셨다. 그가 다스리는 나라는 죄의 속박으로부터 해방되는 나라요. 심령이 가난한 자들이 복을 받고 애통하는 자들이 위로를 받고 온유한 자들이 땅을 기업으로 받고 의에 주리고 목마른 자들이 배부르며 긍휼이 여기는 자들이 복을 받고 마음이 청결한 자들이 하나님을 보며 화평케 하는 자들이 하나님의 자녀들이라 일컬음을 받는 나라이다. 이와 같은 천국의 복이 예수 그리스도를 통해 이 땅에 충만히 임하기를 꿈꾼다. 그의 몸된 교회를 통해 이루어지기를 소원한다. 한 해가 저물어 가며 곧 대강절이 다가온다. 힘과 권세로 우리를 다스리기 위해서가 아니라 우리의 아픔과 고통과 질고를 지시고 섬기고 구원하시기 위하여 이 땅에 오셔서 십자가를 지신 - 사망의 음침한 골짜기를 자신의 왕 되심의 길로 생각하며 걸어가신 - 주님을 깊이 묵상하며 주님의 오심을 감사함으로 맞이하는 우리 모두가 되었으면 한다.

42

마가복음 강해
길 위의 길
The Way on The Way

무화과나무의 저주와 성전 예배 (막 11:12-25)

"12 이튿날 그들이 베다니에서 나왔을 때에 예수께서 시장하신지라 13 멀리서 잎사귀[들] 있는 한 무화과나무를 보시고 혹 그 나무에 무엇이 있을까 하여 가셨더니 가서 보신즉 잎사귀 외에 아무 것도 없더라 이는 무화과의 때가 아님이라 14 예수께서 나무에게 말씀하여 이르시되 이제부터 영원토록 사람이 네게서 열매를 따 먹지 못하리라 하시니 제자들이 이를 듣더라 15 그들이 예루살렘에 들어가니라 예수께서 성전에 들어 가사 성전 안에서 매매하는 자들을 내쫓으시며 돈 바꾸는 자들의 상과 비둘기 파는 자들의 의자를 둘러 엎으시며 16 아무나 물건을 가지고 성전 안으로 지나다님을 허락하지 아니하시고 17 이에 가르쳐 이르시되 기록된 바 내 집은 만민이 기도하는 집이라 칭함을 받으리라고 하지 아니하였느냐 너희는 강도의 소굴을 만들었도다 하시매 18 대제사장들과 서기관들이 듣고 예수를 어떻게 죽일까 하고 꾀하니 이는 무리가 다 그의 교훈을 놀랍게 여기므로 그를 두려워함일러라 19 그리고 날이 저물매 그들이 성 밖으로 나가더라 20 그들이 아침에 지나갈 때에 무화과나무가 뿌리째 마른 것을 보고 21 베드로가 생각이 나서 여짜오되 랍비여 보소서 저주하신 무화과나무가 말랐나이다 22 예수께서 그들에게 대답하여 이르시되 하나님을 믿으라 23 내가 진실로 너희에게 이르노니 누구든지 이 산더러 들리어 바다에 던져지라 하며 그 말하는 것이 이루어질 줄 믿고 마음에 의심하지 아니하면 그대로 되리라 24 그러므로 내가 너희에게 말하노니 무엇이든지 기도하고 구하는 것은 받은 줄로 믿으라 그리하면 너희에게 그대로 되리라 25 서서 기도할 때에 아무에게나 혐의가 있거든 용서하라 그리하여야 하늘에 계신 너희 아버지께서도 너희 허물을 사하여 주시리라 하시니라."

하나님의 아들 나사렛 예수는 이제 참된 종말론적인 '다윗의 자손'인 메시아 즉 그리스도(왕)로서 '자비의 구원 사역'을 이루기 위해 (10:47-48)

겸손과 평화를 상징하는 나귀 새끼를 타고(슥 9:9) 무리들의 환호("호산나! 찬송하리로다. 주의 이름으로 오시는 이여. 찬송하리로다. 오는 우리 조상 다윗의 나라여. 가장 높은 곳에서 호산나"[11:9-10])를 받으면서 예루살렘을 입성하여 성전에 들어가 모든 것을 둘러보신 후 날이 저물자 제자들과 함께 베다니로 물러 나셨다(11절).

다음 날(수난 주간의 둘째 날 월요일) 예수께서 성전을 다시 방문하는 길에 시장한 가운데 '열매 없이 잎사귀들만 있는 무화과나무'를 보고 그 나무를 저주하였고 이어 예수님은 성전에 들어가셔서 형식적 예배와 타락한 교권과 종교적 상업주의만 번창한 성전의 모습을 보시고 성전 청결/심판(?)을 행하신 후 다시 성전을 떠나셨다. 그 다음 날(수난 주간 셋째 날) 예루살렘을 향해 나아가는 길에 저주하신 무화과나무가 뿌리로부터 마른 것을 보시고 참된 성전 예배의 본질인 기도와 믿음을 강론하셨다. 특히 성전에서의 사건(15-19절)이 무화과나무의 저주 사건(12-14절과 16-25절) 사이에 삽입된 채 묘사된 마가 특유의 샌드위치 문학 기법(Edwards 2002:338-339)은 이 사건에 대한 마가의 독특한 의미를 잘 전달해 준다.

때 이른 시기에 열매를 구했지만 열매 없는 무화과나무를 저주한 예수님의 행동(12-14절)은 주석가들을 당혹케 하였다. 과연 초자연적 능력을 투정처럼 성급히 이런데 사용해야 하나? 마치 배고파 성질부리는 비이성적인 행동처럼 여겨져서 예수님의 자비와 사랑의 행동과는 어울리지 않는다. 때 이른 무화과나무가 무슨 죄가 있나? 과연 예수님의 이와 같은 행동과 그것을 기술한 마가의 의도는 무엇일까?

1. 사건의 구성

```
                11:15   11:19("저물어")                    11:27        13:1
   베다니 —(길)→  (들어감)성전(나감) ⇒ 베다니 —(길)→ (들어감)성전(나감)
   (11:12) 무화과나무의 저주    성전 청결    (11:19) 저주받아 마른나무  '참된 예배=믿음과 기도'
         (11:13-14)         (11:15-18)         (11:20-21)       (제자도의 교훈)
```

위의 사건 묘사에서 보는 대로 예수님께서 길에서 시장한 가운데 비록 그 철은 아니지만 멀리서 잎사귀를 보고 다가가서 이른 열매paggim를 찾았지만(호 9:10; 미 7:1 참고) 결실치 않는 무화과나무를 보고 저주를 선언한 나무가 마침내 뿌리째 마른 사건(호 9:16)은 그가 성전에 들어가셔서 모든 것을 둘러보신 후(11절) 다시 성전에 들어가서 성전을 청결(심판)하며 성전의 멸망을 선언한 사건(막 13:2)과 구조에서뿐 아니라 그 의미에 있어서도 상호 밀접한 관련성을 가지고 있다. 때 이른 무화과나무에 대한 예수님의 저주는 주석가들을 당혹하게 하는 행동처럼 보이지만 예수님의 이런 행동은 구약의 선지자들의 특이한 행동(심판/저주를 선언)처럼 특별한 의미를 지닌 상징적/비유적 행동으로 이해되어진다. 여기서 우리는 무화과나무와 성전 예배(성전나무)가 갖는 의미의 관련성을 구약을 통해 잘 유추할 수 있다.

2. 성전에 들어가셔서 모든 것을 둘러보신 예수(막 11:11)

거룩한 성에 들어오셔서 예수님은 [곧장] 성전에 들어가 모든 것을 둘러보셨다. 예수님의 둘러보심은 단순한 성전 관람이 아니라 참된 성전의 모습을 보기 위함이었다(렘 7:11 참고). 형식화된 성전, 기득권의 전유물로 전락한 성전은 마치 도떼기시장 같고 시장 바닥과 같았다. 여기서 우리는 주님이 지적하신 것처럼 참된 믿음과 기도와 경배가 상실된 성전을 본다. 정치적인 사람들로 가득한 성전. 오늘 주님께서 우리의 교회를 찾아오셔서 모든 것을 둘러보신다면 어떻게 생각하고 어떻게 행동하실까?

낮에는 무리들과 함께 성전에 머무시고 '저물매' 무리들(외부인들/순례자들)이 성전을 빠져나오면서 예수님도 그 성을 나오셨다. 통상적으로 다윗의 성읍인 예루살렘 성은 오직 그곳 거주민만 거주할 수 있고 외지인들은 일몰과 함께 그 성을 나가야 한다. 갈릴리 사람으로서 예수님은 일몰로 인해 그 성을 나가 베다니에 머무신다.

3. 무화과나무와 성전

```
                / 무화과나무: 잎사귀들은 있지만 열매가 없는 모습
예수님 ⇒                                              ⇒ 심판/저주
                \ 성전나무: 형식적인 예배와 의식은 있지만 기도와 믿음이 없는 모습
```

1) 예수님의 주된 관심은 성전에 있다(11절; 15-19절; 11:27-13:1).

우리가 앞에서 잠깐 보았듯이 예수님의 예루살렘 입성은 그가 왕(메시아)으로서 오셨지만 그는 자비의 구원(치유) 사역을 이루기 위해 성전의 갱신을 친히 자신의 몸으로 이루시려는 의도('성전을 헐고 사흘에 짓는 자'[14:58; 15:29])를 가지고 성전에 큰 관심을 가지셨다. 그래서 예수님은 성전에 가셔서 모든 것을 '둘러보셨다($περιβλεψάμενος$).' 그리고 마가는

그가 성전에 들어오고 나가는 것을 또한 반복하여 언급함으로써 성전이 그의 관심사였음을 보여준다.

이 점에 있어 무화과나무와 성전(나무)은 그 의미에 있어 매우 유사한 관련성을 가지고 있다(Telford, 1980). 특히 본문에서 그들 사이의 유사성은 각각의 형편(열매 없는 상태)과 결과(저주/멸망 선언)에 있어서 잘 나타난다.

- 열매 없이 잎사귀만 있는 무화과나무 모습과 참된 예배(기도와 믿음) 없이 타락한 권력과 결탁해 상업적으로만 번창한 성전 모습: '만민이 기도하는 집'이 아니라 '강도의 소굴/굴혈'
- 저주받은 무화과나무(11:14)와 저주받은 성전(13:2)

구약에서 무화과나무는 에덴 동산과 약속된 땅의 주된 나무(창 3:7; 민 13:23; 20:5; 신 8:9)로 축복과 번영과 평안을 상징한다(왕상 4:25; 왕하 18:31=사 36:16; 미 4:4; 슥 3:10). 때론 이스라엘 자체를 상징하기도 한다(렘 29:17; 호 9:10; 욜 1:7). 특히 시들게 된 무화과나무는 하나님의 심판을 의미하며 종교적 부패(위선)와 밀접하게 관련되어 있다(렘 8:13; 호 2:11-13; 9:10-17; 암 4:4-13). 그러므로 무화과나무와 성전(예배)은 상호 깊은 연관성을 가진다.

2) 번창한 성전 의식(15-17절)

"15 그들이 예루살렘에 들어 가니라 예수께서 성전에 들어가사 성전 안에서 매매하는 자들을 내쫓으시며 돈 바꾸는 자들의 상과 비둘기 파는 자들의 의자를 둘러엎으시며 16 아무나 물건을 가지고 성전 안으로 지나다님을 허락하지 아니하시고 17 이에 가르쳐 이르시되 기록된 바 내 집은 만민이 기도하는 집이라 칭함을 받으리라고 하지 아니하였느냐 너희는 강도의 소굴을 만들었도다 하시매."

유월절 절기가 되면 수많은 순례자들로 예루살렘은 문전성시를 이루며 상인들에게는 일종의 명절 대목(성전 산업의 절정)과 같다. 이때 상인들은 성전 지도부와 결탁하여 성전 내 좋은 장소(이방인의 뜰?)를 허락받아 장사에 혈안이 된다. 이 같은 상황에 많은 상인들과 돈 바꾸는 자들과 제물들이 성전 내에 가득한 모습(사 1장 참고)은 비록 형식적 예배와 성전 의식은 번창한 것처럼 보여도 참된 경배가 없는 도떼기시장 바닥 같은 성전의 모습이다. '만민이 기도하는 집'(사 56:7)이 되어야 할 성전이 잘못된 형식적 예배와 부패로 '강도의 소굴'(렘 7:11)이 되었다. 이러한 모습은 이사야가 지적한 것이고 예레미야가 탄식한 것이다. 마치 잎사귀들로 나무의 헐벗은 모습을 감춘 무화과나무의 기망적인 모습과 같았다. 오늘의 우리의 교회의 모습은 어떠한가? 확실히 열매 없는 무화과나무에 대한 기이한 행동과 더불어 성전에서의 예수님의 급진적인 행동은 선지자적인 행동이었다.

3) 믿음과 기도와 용서(22-25절)

외관상의 껍데기 종교 의식이 아니라 믿음과 기도가 하나님께 나아가는 길이다. 믿음과 기도를 통해 드려진 예배는 용서와 치유가 만민에게 선언되고 경험되어져야 한다. 성전은 '만민이 기도하는 집'the house of prayer for all nations'이지 '강도의 소굴'den of robbers'이 아니다. 특히 성전의 이방인의 뜰은 모든 사람들이 기도 가운데 하나님의 은총을 경험하는 장소다.

성전은 세상 권력의 중심부로서 서열과 지배와 착취와 배척을 위한 기득권의 굴혈이 아니다. 이스라엘 역사상 중앙 성소$^{\text{central sanctuary}}$로서 성전은 권력화·정치화되어 강도들의 굴혈이 되었다. 결국 권력화·정치화되어 타락한 중앙 성소(성전)는 심판과 멸망의 길로 나아간다(23절). 그런고로 성전, 더 나아가 교회는 하나님 중심$^{\text{God-centered}}$이 되어야 한다. 그렇다면 당연히 권력적으로는 특정 계층(종교인들)으로부터 탈-중심화 되어야^{decentralized} 한다. 슬프게도 교회는 역사적으로 권력(이권)의 중심부가 되어 서열과 지배와 착취와 분리와 배척의 장소로 타락하였다.

4) 파괴당할 성전으로서의 예수 그리스도에 대한 암시(18절)

> "대제사장들과 서기관들이 듣고 예수를 어떻게 죽일까 하고 꾀하니 이는 무리가 다 그의 교훈을 놀랍게 여기므로 그를 두려워함일러라."

예루살렘 성전이 이스라엘의 죄로 말미암아 파멸된 것 같이, 인간의 죄로 인해 예수님은 대속적인 죽음을 당하게 된다(10:45). 그의 성전 청결과 갱신의 외침과 행동은 곧 자신의 멸하심으로 나타나고 이것은 앞으로 제시될 '성전을 헐고 사흘 만에 짓는 자'(15:29; 14:58 참고)로서의 운명으로 나아간다. 결국 성전 청결과 성전 갱신의 이 모습은 그의 죽음과 밀접하게 관련되어 있다. (대제사장이신) 예수님은 자신의 몸(제물/성전)을 우리를 위해 스스로 '헐고'(그의 죽음) 사흘 만에 우리를 위해 '다시 지음'(그의 부활)으로 우리로 하여금 참된 예배로 나아가게 하고 그를 통해 참다운 치유와 용서와 안식의 축복을 경험하게 해 준다. 이 놀라운 경험은 오직 우리의 참된 성전인 예수님을 통해 이루어진다(계 21:22). 우리는 이 예수를 통해 참된 그리스도의 몸을 이룬다.

결국 본문은 무화과나무와 성전 예배를 의미론적으로 구조적 병행을 둠으로써 우리 예배가 어떤 모습인지를 보여줄 뿐 아니라 참된 예배는 기도와 믿음과 용서로 나타나야 함을 잘 보여준다(22-25절). 더 나아가 본문은 성전(참된 예배)에 대한 주님의 열심과 함께 참된 예배를 성취하시기 위한 주님의 대속적인 죽음의 암시(18절)로 끝이 난다. 성전은 이스라엘 백성의 삶의 나침판이요 주춧돌이다. 이와 같은 성전(예배)이 타락할 때 이스라엘의 기초는 무너진다. 결국 하나님은 여러 번의 성전 재건(솔로몬-스룹바벨-헤롯 성전)이 있었지만 이제는 더 이상 성전 재건을 하지 않고 그 아들 예수를 이 땅에 보내셔서 그 아들의 몸을 통하여 새로운 성전을 지으신다. 보내신 자신의 아들의 몸을 헐고 영원한 성전, 거룩한 성전을 지으신다. 더 이상 인간의 손으로 지은 건물로서의 성전은 필요 없다. 예수가 우리의 참된 성전, 영원한 성전이시다. 확실히 주님은 우리 예배의 기초이시고 모범이시다. 예수가 진정한 만민의 기도하는 집(성전)이시다. 우리는 믿음 가운데 그의 이름을 부르며 하나님께 기도하면 하나님은 우리의 기도를 통하여 용서와 평안을 맛보게 하시고 하나님의 다스림을 경험하게 하신다. 그리고 우리는 이렇게 찬송한다.

"예수 우리 왕이여,
이곳에 오소서.
우리가 왕께 드리는 찬양을 받아 주소서(38장)."

43 길 위의 길
The Way on The Way
마가복음 강해

무슨 권위로?(막 11:27-33)

"27 그들이 다시 예루살렘에 들어가니라 예수께서 성전에서 거니실 때에 대제사장들과 서기관들과 장로들이 나아와 28 이르되 무슨 권위로 이런 일을 하느냐 누가 이런 일 할 권위를 주었느냐 29 예수께서 이르시되 나도 한 말을 너희에게 물으리니 대답하라 그리하면 나도 무슨 권위로 이런 일을 하는지 이르리라 30 요한의 세례가 하늘로부터냐 사람으로부터냐 내게 대답하라 31 그들이 서로 의논하여 이르되 만일 하늘로부터라 하면 어찌하여 그를 믿지 아니하였느냐 할 것이니 32 그러면 사람으로부터라 할까 하였으나 모든 사람이 요한을 참 선지자로 여기므로 그들이 백성을 두려워하는지라 33 이에 예수께 대답하여 이르되 우리가 알지 못하노라 하니 예수께서 이르시되 나도 무슨 권위로 이런 일을 하는지 너희에게 이르지 아니하리라 하시니라."

왕적 메시아(다윗의 자손)로서 나귀 새끼를 타고 예루살렘에 입성하신 예수는 성전에서 3일간을 보내시는 동안 불신과 외식으로 가득한 형식적 성전 예배와 그에 종사하는 종교 지도자들(강도들)의 타락을 보시면서 성전을 청결(심판?)하시며 가르치심으로 종말론적인 선지자와 제사장으로서의 메시아의 모습을 보여주셨다. 예수님의 보다 급진적인 성전에서의 활동은 종교 지도자들의 눈에 가시로 격렬한 마지막 논쟁의 시위가 당겨진다. 이어지는 논쟁은 종교 지도자들의 살해 의도(18절, "대제사장들과 서기관들이 듣고 예수를 어떻게 죽일까 하고 꾀하니")에 대한 반영이기도 하다.

이미 이전의 논쟁 기사(막 2:1-3:6)에서 보았던 대로 예수님은 성전의 제사 제도 없이도 '땅에서 죄를 사하여 주는 권세'(2:10)를 가졌다고 선언하심으로써 논쟁이 촉발되었던 것에 이어 이제는 부패한 성전(의 제사 제도)을 청결(심판)함으로써 최후의 논쟁에 휘말리게 된다(11:27-12장). 과연 예수는 어떠한 권세를 가졌기에 제사 제도 없이도 죄를 용서해 줄 수 있는가? 과연 예수가 누구이시기에 성전에서 이런 일들을 행하는가? 이러한 질문에 대한 답변으로 주님은 포도원의 악한 소작 농부의 비유(막 12:1-12)로 자신의 권세(신분)와 운명을 계시하셨다. 결국 악한 소작 농부의 포도원 비유 가운데 제시(12:8)된 대로 종교 지도자들의 사악함과 그에 따른 심판의 폭로와 함께 예수는 잡혀서 죽임을 당하고 버려진다. 이제 오늘 본문 27-33절은 예루살렘에서의 마지막 권세 논쟁이다.

1. '무슨 권세로(By what authority?)' 이런 일들을 행하나?(11:27-33)

산헤드린[39]에 속한 종교 지도자들(대제사장들과 서기관들과 장로들)은 이제는 더 이상 참을 수가 없었다. 그것은 예수님의 성전 청결의 행동이 성전 제도 전체에 대한 도전이었을 뿐 아니라 그들의 권세(권력과 권위)에 대한 도전이었기 때문이었다. 그러므로 그들은 예수를 살해하고자 꾀하며(11:18), 공개적으로 주님께 나아와 정면으로 논쟁을 시작한다.

---

39 산헤드린(Sanhedrin)은 71명의 대제사장들과 서기관들과 장로들의 세 그룹으로 구성된 이스라엘의 입법, 사법, 행정을 담당하는 국가 최고 기관이다. 산헤드린은 이스라엘과 로마와의 관계에서 완충 역할을 하면서 종교적으로는 완전한 자유를 가지지만 정치적으로는 제한된 권력을 가진다.

"과연 네가 무슨 권세를 가졌기에 이런 일들을 행하는가? 누가 이런 일들을 할 권세를 주었느뇨?" 어쩌면 예수님이 권세^{ἐξουσία}에 대한 이 질문은 공생애의 시작부터 유발된 마가복음 전체를 꿰는 질문으로 그의 신분과 밀접하게 연관되어 있다. 과연 '예수가 누구시기'에 이런 일들을 행하는가? 저자는 이 질문에 대하여 보다 확신에 찬 대답을 갖고 있다(막 1:1['하나님의 아들 예수 그리스도']; 1:9["너는 내 사랑하는 아들이요 내가 너를 기뻐하노라."]). 여기에 예수님은 지혜롭게 그들의 질문을 또 다른 질문으로 응수하였다.

"나도 한 말을 너희에게 물으리니 대답하라 그리하면 나도 무슨 권세로 이런 일[들]을 하는지 이르리라 요한의 세례가 하늘로서냐 사람에게로서냐 내게 대답하라."

예수께서 그들의 질문에 대한 답변으로 응수한 요한의 세례의 기원과 권세에 대한 질문("요한의 세례가 하늘로서냐 사람에게로서냐")은 자신의 권세 논쟁(죄 사함과 성전 청결에 대한 권세)에 대한 서막이며 정당성의 근거를 제공한다. 그 이유는 예수께서 세례 요한으로부터 세례를 받고 물 위로 올라오실 때 하늘로부터의 음성이 그의 아들 됨을 선언하였기 때문이다(1:9).

예수님의 하나님 아들 됨의 신적 기원에 대한 요한의 세례와의 관련성(1:9)만이 아니라 요한의 회개의 세례 사역은 오늘 본문이 다루는 성전의 제사 제도의 폐기와도 깊은 관계가 있다. 이미 백성으로부터 신망과 존경을 받고 있는 세례 요한과 그의 '죄 사함을 얻게 하는 회개의 세례'(1:4)는 성전의 희생 제도에 대한 폐기를 암시하였다. 세례 요한에 따르면 죄 사함, 즉, 죄의 용서는 성전의 제사 제도를 통해 얻어지는 것이 아니라 회개를 통해 얻어짐을 강조하였다. 종말론적인 새 시대는 회개와 믿음을 통해 죄 사함이 선포된다. 확실히 세례 요한의 세례와 성전(제사 제도)은 밀접하게 연관되어 있다.

이처럼 죄 사함의 일과 성전 사역은 세례 요한으로부터 시작하여 예수님을 통해 완성된다. 이미 앞에서 세례 요한의 세례 사역을 통해 성전 제도의 폐기가 암시되었고 이어 예수님의 치유 사역과 가르침으로 죄 사함의 사역이 선포되었으며(막 2:1-12), 마침내 타락한 성전의 청결을 통해 성전은 심판과 멸망의 대상이 되었다. 이제 예수님이 오신 새 시대는 죄 사함을 위해 더 이상 성전(제사 제도)이 필요 없다. 마침내 자신의 몸(속죄)을 통하여 새로운 성전을 지으실 예수님은 진실로 우리의 죄를 사해 주시는 속죄주^{redeemer}이시다. 예수께 회개와 믿음으로 나아가는 자는 죄 사함을 받는다. 확실히 예수는 참된 성전으로서 우리의 죄를 '깨끗케 하시는' 주시다(찬송가 270장).

그러므로 '회개의 세례'를 전하는 세례 요한의 신적 기원('하늘로부터')을 부인한다면 그들은 백성으로부터 신임을 잃게 되고 배척을 당하게 될 것이다. 그들은 백성으로부터 선지자로 여겨진 세례 요한과 더불어 예수님을 신임하는 백성을 두려워하였다(11:32). 그들의 두려움은 그들이 섬기는 하나님에 대한 두려움이 아니라 백성(군중)에 대한 두려움으로 이러한 두려움의 모습은 세상의 여느 정치인들과 다를 바가 없었다. 결국 그들의 답변은 이것도 저것도 아닌 애매한 답변("우리가 알지 못하노라.")

이었다(33절). 우리는 여기서 하나님을 두려워해야 할 유대 종교 지도자들의 위선을 본다. 이러한 모습은 오늘도 마찬가지이다. 종교 지도자들이나 세상의 권세자들은 자신들의 권세가 하늘로부터 부여된 권세임을 인지해야 할 것이다. 그럴 때 그들은 진정으로 하나님을 두려워하고 백성을 사랑하는 겸손과 섬김과 희생의 사람들이 되는 것이다. 그렇지 않다면 그들은 위선자가 되고 기회주의자가 되며 더 나아가 공복이 아니라 갑질의 기득권자나 권세자가 된다.

'무슨 권세로(by what authority)?'

이 질문은 오고 가는 세대의 지도자들에게 물어야 할 질문이기도 하다. 특히 '국민의 심복'이라는 국회 의원들을 포함한 정치인들을 보면 한심하기 짝이 없다. 국민의 대표자로 뽑힌 이들이 하는 작태를 보면 국민은 안중에 없는 듯하다. 안하무인이다. 국회나 소위원회에서 소리 지르고 욕하고 반말하면서도 국민을 대신하여 국민의 이름(권세/권위)으로 묻는단다. 이들이 '국민의 공복'으로서 국민 세금으로 살고 있다면 좀 더 낮은 자세와 섬기는 마음으로, 겸손하고 진지하게 행동해야 하지 않을까? 과연 그들이 가진 권세는 어떤 권세인가? 누구로부터 위임된 권세이며 어떻게 사용해야 하나? 여기에 대한 올바른 답변은 선지자로서 세례 요한과 주님의 모습을 보면 잘 알 수 있다. 그들은 하나님의 뜻을 따라 이 땅에 오셔서 자기의 유익을 구하지 아니하고 진리 편에 서서 말하고 행동하며 하나님의 뜻인 공의와 자비의 사역을 하셨다. 세례 요한은 죄 사함을 얻는 회개의 세례 사역을 행하시며 오실 주님의 길을 예비하셨고, 오신 주님은 죄를 사하시는 치유 사역과 대속적인 수난 사역을 감당하셨다.

그러나 산헤드린의 종교 지도자들은 그들의 종교적 권력과 권세를 이용하여 성전을 '만민이 기도하는 집'이 아니라 '강도의 소굴'로 만들었다. 그리고 그들은 산헤드린의 이름으로 참된 성전의 역할(죄 용서와 정결 유지)을 다하는 예수를 심문한다. 결국 그들은 포도원 비유에서 언급하는 것처럼 참된 성전의 주인이신 하나님의 아들을 배척하고 죽이고자 논쟁한다.

1) 성전 청결의 권세와 사죄의 권세

이미 막 2:1-12에서 본대로 예수님의 치유 사역("소자야 네 죄 사함을 받았느니라[2:5, 9]."와 "인자가 땅에서 죄를 사하는 권세가 있는 줄을 너희로 알게 하려 하노라[2:10]")은 제사 제도를 통한 성전의 죄 사함의 사역을 대신하고 있었다. 마찬가지로 예수님의 성전 청결의 행위들은 이제 더 이상 성전의 제사(속죄) 제도가 부패와 타락으로 인하여 제 기능을 하지 못하고 있음을 시사해 줄 뿐 아니라 그의 사역(치유와 수난)이 이러한 사역을 대치하고 있음을 알 수 있다.

확실히 예수는 '성전보다 더 크신 분'(마 12:6)이시다. 예수는 자신의 몸을 헐고(죽음) 다시 지음(부활)으로 새로운 성전과 예배를 건설하셨다. 예수는 염소와 송아지의 피보다 더 귀한 자신의 피로써 우리의 속죄를 담당하셨다. 친히 영원한 대제사장으로서 자신의 몸으로 속죄제를 드렸다("단번에 영원히"[once for all]). 예수는 우리의 구주Savior이시다. 그에게로 나아가 우리의 죄를 토설하면 그는 사죄의 은혜를 우리에게 주신다(요일 1:9). "만일 우리가 우리 죄를 자백하면 그는 미쁘시고 의로우사 우리 죄를 사하시고 우리를 모든 불의에서 깨끗하게 하실 것이요."

2) 종교 지도자들의 대답(33절): "우리가 알지 못하노라"

이 대답은 자신들에게 위임된 참된 권세와 그에 따른 역할을 포기하고 오직 세상적인 권세와 기득권에만 빠져 있는 타락한 지도자들의 모습을 적나라하게 보여주고 있다. 그들은 하나님께 대해서는 불신의 태도를 취하고 백성에 대해서는 두려움에 빠져 있음으로써 철저히 진리에 대해 무관심한 태도를 취한다. "우리가 알지 못하노라." 이것은 마가가 말하는 하나님의 일을 생각지 않고 사람의 일만 생각하는 모습이다 (8:33). 오늘의 지도자들은 어떠한가? 정권욕과 기득권에만 눈이 어두운 지도자들의 모습은 오늘도 변함이 없다. 그러나 주님은 전혀 그런 분이 아니시다.

3) 세례 요한과 예수님의 사역의 연계성

예수님은 직접적인 답변을 회피하시고 세례 요한의 세례의 기원과 권위의 문제로 접근하셨다(11:30). 이 점은 마가복음에서 예수님의 사역과 신분을 이해하는데 대단히 중요하다. 마가복음에서 예수와 세례 요한의 관계는 매우 밀접한 연관을 가지고 있다. 특히 마가복음의 서론에 해당되는 구절들은 세례 요한에 대한 기사를 소개함(1:1-13)으로써 시작하고, 예수님의 공 사역의 시작 또한 세례 요한의 수난에 대한 언급(1:14["요한이 잡힌 후"])으로 진행한다. 더 나아가 마가는 '열두 제자의 선교 파송' 기사(記事) 가운데 그의 복음 전파로 인한 수난과 죽음의 장면을 언급함과 함께(6:14-29) 그의 수난은 예수의 수난의 전주곡으로 제시하고 있다(9:11-13). 무엇보다도 죄 사함과 관련된 성전의 역할과 기능에 대한 모습은 이 두 사람의 사역을 통해 분명하게 제시된다.

성전의 가장 중요한 사역인 속죄(죄 사함)의 사역은 더 이상 그 역할을 못하는 타락한 성전으로는 불가능하다. 이미 세례 요한의 세례 사역과 예수님의 치유 사역을 통해 보여준 대로 이제 새 시대는 회개와 믿음을 통한 죄 사함의 사역이 참된 성전이신 예수 그리스도의 속죄 사역을 통해서만 가능하다. 그러므로 오실 메시아의 길을 예비하기 위한 세례 요한의 세례 사역과 예수님의 치유 사역과 성전 사역의 기원과 의미를 부인하는 자는 하나님의 뜻을 부인하는 자들이다. 결국 이들은 하나님의 뜻인 예수님의 대속적인 죽음에 관여한 살해 모의와 살해 행위의 주관자가 된다(8:31; 10:33; 11:27 이하; 12:1-12).

오늘의 종교 지도자들은 어떤 지도자가 되어야 할까? 예수님 시대의 산헤드린의 종교 지도자들의 모습을 따라야 하나? 아니면 세례 요한과 예수님의 모습을 따라야 하는가? 주님의 오심을 기념하는 대강절이 가까이 오고 있다. 하나님은 오늘도 다시 오실 주님을 기다리면서 그 주님을 맞이하며 그 길을 예비하는 참된 선지자로서의 주의 일꾼을 찾고 계신다. 오늘 교회는 그런 사명자가 되어야 할 것이다.

44 길 위의 길

마가복음 강해

The Way on The Way

포도원과 악한 농부에 대한 비유 (12:1-12)

"1 예수께서 비유로 그들에게 말씀하시되 한 사람이 포도원을 만들어 산울타리로 두르고 즙 짜는 틀을 만들고 망대를 지어서 농부들에게 세로 주고 타국에 갔더니 2 때가 이르매 농부들에게 포도원 소출 얼마를 받으려고 한 종을 보내니 3 그들이 종을 잡아 심히 때리고 거저 보내었거늘 4 다시 다른 종을 보내니 그의 머리에 상처를 내고 능욕하였거늘 5 또 다른 종을 보내니 그들이 그를 죽이고 또 그 외 많은 종들도 더러는 때리고 더러는 죽인지라 6 이제 한 사람이 남았으니 곧 그가 사랑하는 아들이라 최후로 이를 보내며 이르되 내 아들은 존대하리라 하였더니 7 그 농부들이 서로 말하되 이는 상속자니 자 죽이자 그러면 그 유산이 우리 것이 되리라 하고 8 이에 잡아 죽여 포도원 밖에 내던졌느니라 9 포도원 주인이 어떻게 하겠느냐 와서 그 농부들을 진멸하고 포도원을 다른 사람들에게 주리라 10 너희가 성경에 건축자들이 버린 돌이 모퉁이의 머릿돌이 되었나니 11 이것은 주로 말미암아 된 것이요 우리 눈에 놀랍도다 함을 읽어보지도 못하였느냐 하시니라 12 그들이 예수의 이 비유가 자기들을 가리켜 말씀하심인 줄 알고 잡고자 하되 무리를 두려워하여 예수를 두고 가니라."

예수님의 이 비유(12:1-12)는 예수님(또한 세례 요한)의 권세(ἐξουσία)에 대한 논쟁/질문(11:27-33)에 대한 결론적인 대답으로 주어졌다. 이 비유를 통해 예수님은 종교 지도자들의 심중을 간파하시고 자신을 멸하려고 하는 그들의 의도(11:28)를 비유를 통해 드러내고 있다. 결과적으로 이 비유는 구속사에 나타난 하나님의 이스라엘(이스라엘의 종교 지도자들)에 대한 모습을 제시함과 동시에 예수님의 수난의 여정에 대한 계시이며 종교 지도자들에게는 심판의 비유이기도 하다. 마가에 따르면 이 비유에는 서사의 층위(narrative levels)에 따라 두 종류의 청중을 유추할 수 있으며 비유의 요소들이 암시하는 의미는 다음과 같다.

비유 해석

1) 이중적 청중

- **종교 지도자들**(막 12:1, 12): 이미 "우리가 알지 못한다."(11:30)는 말로 세례 요한의 기원과 권세(하늘로부터의 기원과 권세)를 거부한(33절) 산헤드린 종교 지도자들에게 주님은 비유를 통해 자신의 신분에 대한 기원(권위)과 그들에 대한 심판을 선언하고 있다. 어느 누구도 하나님 앞에서는 회색 지대/중립 지대가 없다. 진리에 대한 반응은 오직 이것이냐(yes) 저것이냐(no)이다.
- **교회**: 제자들, 마가의 독자들, 그리고 오늘의 독자들에게 구속사의 모습을 개괄적으로 제시함과 함께 예수님의 죽음의 당위성(필연성)을 소개하고 있다.

2) 비유의 내용(cf. 사 5:1-2)

- **포도원 주인(하나님)**: 은혜로우시며(선택/보호/축복/참으심) 의로우신(심판) 하나님
- **포도원(이스라엘/약속의 땅[나라])**: 세상에 구원(하나님)을 알리기 위해 은혜로 택하신 민족
- **소작 농부들(종교 지도자들)**: 계약된 지도자들

- **종들(선지자들)**: 핍박과 배척과 죽음을 당함(선지자 세례 요한까지)
- **아들(예수 그리스도)**: 핍박과 배척과 죽임을 당함(살해당한 아들)
- **다른 사람들(이방인들)**

여기서 우리는 포도원 주인(하나님)이 소작농들을 통해 포도원의 열매(소출)를 원하시는 것을 볼 수 있다. 하나님께서 우리에게 구원/축복의 베풂은 우리(구원/축복의 도구)로 하여금 구원/축복의 선한 열매들을 맺어 하나님을 기쁘시게 하는데 있다. 하나님은 이스라엘을 포도원으로 세우시고 거기에 많은 것들(산울타리, 즙 짜는 틀, 망대)을 제공하시며 그들로 하여금 열매 맺는 역할과 책임을 다하도록 하셨다. 그것은 이스라엘(포도원)로 하여금 복의 통로이며 제사장 나라로 세우셨기 때문이다. 이 비유에서는 열매(소출)로 묘사하고 있다. 이 점에 있어 무화과나무의 열매를 찾으시는 예수님과 성전을 둘러보시며 참다운 성전 예배의 결실(믿음과 기도, 그리고 이방인 구원)을 구하는 것과 깊은 관계가 있다. 그러나 이스라엘의 지도자들은 포도원의 소작농들로서의 역할과 책임인 열매(소출)를 내기보다는 자기들의 소유권을 주장하고 오히려 포도원을 위해 보내신 종들(선지자들)을 핍박하고 조롱하고 죽이는 일을 하였다(렘 7:25-26). 그리고 마침내 사랑하는 자신의 아들까지 보내었지만 그 아들을 존중히 여기기보다는 그를 죽이고 그 유업까지도 차지하는 잘못을 범하였다. 확실히 그들은 소작농으로서의 역할과 책임을 다하지 못하였다. 이 경우 포도원 주인의 반응은 분명하다.

3) "포도원 주인이 어떻게 하겠느뇨?"(9절)

이것은 심판을 의미한다. 사실 일꾼(농부들)은 소작인에 불과하다. 성실한 봉사로 주인의 칭찬과 상급을 기다려야 한다. 그런데 이들은 주인 노릇을 하고 있다. 이들은 자신들의 신분과 역할을 망각하고 잘못된 야심(7절) 가운데 빠져 있다. 여기서 우리는 일꾼과 삯꾼을 구별한다.

4) 포도원 비유에서 건축의 비유로(10-11절): 시 118:22-23을 인용

'건축자의 버린 돌'이 ──────▶ '모퉁이의 머릿돌'로
옛 성전은 파괴되고   새로운 성전, 새로운 백성의 건축
옛 백성은 흩어지고   (엡 2:19-22; 벧전 2:4-10)

비유에서 언급된 '사랑하는 아들'이 '건축자의 버린 돌'로 묘사되고 결과적으로 이 돌은 '모퉁이의 머릿돌'로 전환된다. '아들'(בֵּן)이 '돌'(אֶבֶן)로 전환되는 절묘한 언어유희다. 결국 아들의 죽음('건축자의 버린 돌')은 성전의 '모퉁이 머릿돌'capstone or coner-stone이 되어서 단락의 주제인 성전 재건, 아니 새로운 성전 건설의 주제로 전환되고 있다.

5) 비유는 슬프게도 적의와 거절로 끝난다(12절): "예수를 두고 가니라"

참으로 슬픈 결말이다. 하나님은 끝없이 기대하시고 사랑하시는데 ("이제 한 사람이 남았으니 곧 그가 사랑하는 아들이라 최후로 이를 보내며 이르되 내 아들은 존대하리라 하였더니.") 그들은 끝없는 적의(敵意)와 거절로 살아간다 (3-5절). 마침내 보내신 그 아들까지도 적의와 거절로 죽음에 빠트린다 (6-8절). 이들의 적의는 한없고, 이들의 욕망은 끝이 없다. 마르지 않는 욕망의 활천(活川)이다. 이들의 마음에는 공경과 사랑은 없고 적의와 배반과 욕망으로 가득하다. 이것이 하나님을 떠난 인생들의 모습이다. 슬픈 이스라엘 역사의 비극적 모습이며, 하나님을 떠난 인생의 슬픈 이야기

다. 마치 인생에서 하나님을 제거하면 자신이 주인이 되리라고 생각하는 인생 스토리의 전형 혹은 축소판이다.

우리가 비유에서 보는 대로 이스라엘의 암울한 역사('흑역사')는 '죽은 선지자들의 역사며 사회'에 기인하였다(엘리야, 이사야, 스가랴, 세례 요한). 우리의 사회와 종교계도 '죽은 선지자들의 사회'가 된다면 그것은 어두운 시대임이 분명하다. 진리와 함께 기뻐하고 즐거워함이 없이 진리가 유린당하고 진리의 외침이 상실된 시대와 사회는 정녕 소망이 없는 사회다. 여기에 주님은 진리로 오셔서 진리를 말하시며 진리대로 사시다가 진리를 세우기 위하여 십자가의 길을 가셨다. 비록 수난(죽음)이 온다 할지라도 불의에 삼킨바 된 것처럼 보여도 진리는 결코 무너지는 것이 아니다. 오히려 진리는 어리석은 사랑을 통하여 완성되었음을 그의 십자가의 사랑이 보여준다.

우리는 이 비유를 통해 무엇을 교훈 받는가? 결실의 계절인 가을이 가고 있다. 오늘은 우리가 추수 감사절로 보낸다. 한 해를 돌아보고 인생을 돌아보며 우리는 어떤 모습으로 주님 앞에서 서야 할 것인가? 온 들판에는 마지막 가을걷이로 바쁜데 우리는 올해 어떤 자세로 이 한해를 마무리해야 하는가?

포도원 비유에서 보는 것처럼 포도원 주인이신 하나님은 우리들에게 인생의 포도원을 맡기시고 그에 필요한 많은 것들을 제공해 주셨다. 산 울타리며 포도즙 틀이며 망대를 제공해 주시면서 우리에게 열매(소출)를 원하셨다. 그리고 열매 맺기를 바라며 오래 참으시며 끈질긴 사랑으로 대하셨다. 이와 같은 사랑을 칼스톤^{Carlston}이란 신학자는 '복된 바보 같은 은혜[사랑]'라고 부른다(Carlston, 185). 지속적으로 거절당하시며 끝까지 배반당하시는 하나님의 한없이 어리석고 바보 같은 그 은혜와 사랑을 우리는 이 비유를 통해 만난다.

이 사랑은 호세아서가 삶으로 보여주는 하나님의 애타는 끈질긴 사랑(호 2:14-15)이며 예레미야가 애타게 소개하는 하나님의 긍휼하신 사랑(렘 3:11-14, 특히 12절)이다. "배역한 이스라엘아 돌아오라 나의 노한 얼굴을 너희에게로 향하지 아니하리라 나는 긍휼이 있는 자라 노를 한없이 품지 아니하리라 여호와의 말씀이니라." 결국 이 거절당한 사랑에 대한 하나님의 의분(9절, "포도원 주인이 어떻게 하겠느냐 와서 그 농부들을 진멸하고 포도원을 다른 사람들에게 주리라.")이 드러나지만 하나님은 비유대로 마침내 사랑하는 자기 아들을 보내심으로 그 사랑을 완성하신다. 그것이 주님이 가야 할 길 곧, 십자가의 길이다. 죄인을 향한 하나님의 끝없는 희망과 죄악된 백성들을 깨우치기 위한 지속적이며 극단적인 노력과 행동("그래도 내 아들은 존대하리라[6절]하여 그 아들을 그들 가운데 보내신다.")이 마침내 자신의 아들 예수 그리스도의 수난과 죽음을 통해 드러난다.

이 얼마나 어리석고 바보 같은 기대와 사랑인가? 그러나 바울이 말하는 것처럼 어리석게 보이는 하나님의 이러한 사랑의 행동이 도리어 우리의 구원을 이루시는 하나님의 지혜와 능력이시다(롬 1:18-25). 저와 여러분은 하나님의 이와 같은 바보(거지) 같은 사랑을 알고 있는가? 자기 아들을 아끼지 아니하시고 우리 모두를 위하여 바보같이 배반과 죽음 가운데 '내어주신'($\pi\alpha\rho\alpha\delta i\delta\omega\mu\iota$) 하나님의 사랑(롬 8:32) 말이다. 과연 우리를 향한 하나님의 사랑이 존재하지 않는다면 이게 가능한 일일까? 제가 좋아하는 복음송의 가사처럼, "사랑 없다면 가능했을까?"

이 하나님(주님)의 바보 같은 지극한 사랑을 스펄전은 "너희가 그를 거절하면 그는 눈물로 응답하며, 너희가 그를 상처 입히면 그는 피 흘리며 깨끗케 하실 것이요 너희가 그를 죽이면 그는 구속하기 위해 죽을 것이며 너희가 그를 매장하면 그는 부활을 주시기 위해 다시 살 것이다. 이것이 예수께서 너희에게 보이신 사랑이시다(If you reject me, he answers you with tears; if you wound him, he bleeds out cleansing; if you kill him, he dies to redeem; if you bury him, he rises again to bring resurrection. Jesus is love made manifest.)"라고 표현하였다(Spurgeon 1975:137 in Hughes vol.2, 97). 주님은 이렇게 바보같이 우리를 사랑하셨다. 예수는 진실로 하나님께서 우리를 위해 주신 '하나님의 어린 양'Lamb of God이시다. 건축자가 우리를 위해 버린 돌이신 주님은 마침내 '모퉁이의 머릿돌'coner-stone이 되셨다(10절, "너희가 성경에 건축자들이 버린 돌이 모퉁이의 머릿돌이 되었나니."). 오늘 우리가 이렇게 예배를 드릴 수 있는 참된 성전의 모퉁이 돌coner-stone이 되셨다. 사랑하는 그 아들을 '모퉁이 돌'이 되게 하신 그 하나님을 찬양한다. 마가는 이것을 11절에서 "이것은 주로 말미암아 된 것이요 우리 눈에 놀랍도다 함을 읽어 보지도 못하였느냐 하시니라."라고 기술한다.

말씀을 맺고자 한다.

한해가 저물어 가는 11월 마지막 주일, 감사절로 보내는 이 주일에 우리는 어떠한 삶으로 보답해야 할까? 이러한 사랑을 받은 대상이 저와 여러분이라면 우리는 하나님 앞에 어떠한 열매들로 바쳐야 할까? 어떤 열매를 올려드려야 할까?

전후 문맥을 고려한다면 하나님이 찾으시는 열매들은 우리의 교회가 '강도의 소굴'이 아니라 '만민이 기도하는 집'(11:17)이 되기를 원하며, '서로 용서하는 공동체'(11:25)가 되기를 원하며, '하나님 사랑과 이웃 사랑으로 헌신된 공동체'(12:30-31)가 되기를 원한다(Garland, 572-573). 이것이 하나님이 찾으시는 열매들이다.

우리는 이러한 포도원의 열매들과 함께 그동안 하나님께서 우리들에게 열매 맺으라고 주신 '산울타리'(보호하심)며 '즙 짜는 틀'(제공하심)이며 '망대들'(깨우쳐주심)에 대해서도 감사하는 우리들이 되기를 진심으로 축원한다. 그리고 무엇보다도 우리를 위해 자신의 사랑하는 아들을 아낌없이 내어주신 하나님, 그리고 무엇보다도 열매 맺는 삶을 위해 성령을 보내어주신 하나님께 감사하면서 오늘부터 시작되는 대강절(11.27-12.24)을 감사하는 마음으로 기쁘게 맞이하는 우리 모두가 되기를 진심으로 축원한다.

45

마가복음 강해
길 위의 길
The Way on The Way

조공 논쟁 (막 12:13-17)

"13 그들이 예수의 말씀을 책잡으려 하여 바리새인과 헤롯당 중에서 사람을 보내매 14 와서 이르되 선생님이여 우리가 아노니 당신은 참되시고 아무도 꺼리는 일이 없으시니 이는 사람을 외모로 보지 않고 오직 진리로써 하나님의 도를 가르치심이니이다 가이사에게 세금을 바치는 것이 옳으니이까 옳지 아니하니이까 15 우리가 바치리이까 말리이까 한대 예수께서 그 외식함을 아시고 이르시되 어찌하여 나를 시험하느냐 데나리온 하나를 가져다가 내게 보이라 하시니 16 가져왔거늘 예수께서 이르시되 이 형상과 이 글이 누구의 것이냐 이르되 가이사의 것이니이다 17 이에 예수께서 이르시되 가이사의 것은 가이사에게, 하나님의 것은 하나님께 바치라 하시니 그들이 예수께 대하여 매우 놀랍게 여기더라."

비유에서 '하나님의 사랑받는 아들'(9절)로 자신을 언급한 예수를 "버려두고 간"(ἀπῆλθεν [10:22 참고]) 산헤드린의 유대 종교 지도자들은 이제 초기(3:6)부터 적대적이었던 바리새인(율법 전문가)과 헤롯당(정치 전문가)의 사람들을 보내어 세금(조공) 문제를 질문함으로써 예수님을 정치적인 궁지로 몰아 죽이려고 한다. 앞의 권세 논쟁은 총론적 논쟁이라면 지금의 세금(조공?) 논쟁은 각론적 논쟁이다. 우리는 여기서 소위 권력과 기득권에 중독된 타락한 정치-종교 지도자들의 교활한 침 발린 진실, 곧 위선

(14절, "우리가 아노니 당신은 참되시고 아무도 꺼리는 일이 없으시니 이는 사람을 외모로 보지 않고 오직 진리로써 하나님의 도를 가르치심이니이다.")의 모습과 더불어 그것을 올바로 간파한 예수님의 모습(15절, "그 외식함[hypocrisy]을 아시고")을 동시에 본다. 성전 뜰에서 보인 율법과 정치 전문가의 위선의 모습과 참된 메시아(하나님의 아들)의 모습은 오늘 우리가 살고 있는 세상의 비극적 리더십(허의 정치학)임과 동시에 소망의 리더십(진리의 정치학)의 모습이다. 과연 누가 진정한 지도자인가? 이 단락의 의미를 이해하기 위해 장면(구조)을 분석해 보면:

〈구조 분석〉
A. (바리새인과 헤롯당 사람이 예수께 와서) 책잡으려 함(13)
  B. 그들의 질문: "가이사에게 세(조공)를 바치는 것이 가하니이까 불가하니이까?"(14-15a)
    C. (그들의 외식/시험을 알고) 데나리온에 대한 논의: 데나리온/가이사의 주상과 모양 (15b-16)
  B'. 예수의 답변: "가이사의 것은 가이사에게 (그러나) 하나님의 것은 하나님께 바치라"(17a)
A'. (저희[바리새인과 헤롯당 사람]가) 심히 기이히 여김(17b)

1. 세금(조공)에 대한 논쟁(참고. 마 22:15-22; 눅 20:19-26)

본문은 로마 정부에 대한 예수님의 태도를 알려주는 유일한 사건의 기록으로 예수님의 사회-정치적 모습을 잘 보여준다. 특히 17절의 "이에 예수께서 가라사대 가이사의 것은 가이사에게, [그러나] 하나님의 것은 하나님께 바치라 하시니 그들이 예수께 대하여 매우 놀랍게 여기더라"의 말씀은 대단히 중요한 의미를 지닌다. 이 답변은 단순히 예수께서 바리새인과 헤롯당이 자신을 책잡으려는 질문을 피하기 위한 수사학적 답변 정도로 이해해서는 안 된다. 이 답변은 그 의도가 로마 제국(세속 국가)에게 하나님의 통치를 떠난 그 자체의 독립된 영역이 있다는 것을 말하려는 것이 아니라 오히려 하나님의 질서와 기준에 대한 강조에 있다.

사실 기존 세속의 제도는 하나님이 원하시는 제도(뜻)와 일치해야 한다. 하나님은 온 만물과 역사의 주인이시다. 복음서에서 예수님(세례 요한)은 하나님 나라의 질서를 주장하는데 주저하지 않았고, 타락한 기존 지배 세력을 존경하거나 두둔하지 않았고, 그들을 비판하는 것을 망설이지 않았다(눅 22:24-27 참고). 제자들에게도 하나님의 나라의 복음을 전하고 이로 인해 고난이 와도 거기에 단호히 설 것을 말하였다(눅 12:11-12; 21:12-15). 이러한 점을 염두에 두면서 우리가 본문을 어떻게 이해해야 하는가를 논의할 것이다.

이 사건에서 예수님은 로마 제국에 대한 자신의 이념적(정치적) 입장을 최초로 밝히고 있기 때문에 기독교 안에서 예수님의 이 답변은 기독교(종교)와 정치의 관계에 대한 윤리적 방향을 제시하는데 결정적인 역할을 하였다. 특히 17절은 주로 정교분리의 원칙을 주장하는 성경적 근거로 이해되어 왔다. 타협적이고도 무관심한 모습(?)으로 보이는 예수님의 비정치성은 이 구절을 근거로 잘못 수립되어졌다. 정교분리의 원칙을 단순히 기독교가 정치 권력에 묵인(동조)하거나 그것에 복종(타협)하는 것으로 오해함으로써 사실은 '정교분리'가 아니라 실제적으로는 '정교 유착'의 결과를 초래하는 잘못을 범하게 되었다. 이런 까닭에 교회의 역사에 있어서 정치politics의 전 영역은 세속적 권위인 가이사에게만 돌려졌고 교회는 종교적인 일, 영적 일에만 전념하였다. 그러나 17절의 예수의 입장은 결코 그러한 의미가 아니다. 본문을 통해 몇 가지를 유의하여 간추려 해석해 보면 다음과 같이 논의될 수 있다.

1) 바리새인과 헤롯당의 의도와 질문(13-15a)

이미 13절에 언급된 대로 그들은 '예수의 말씀을 책잡기 위해' 조세(조공) 제도의 합법성에 대해 물었다. 교묘한 기획적인(표적적인) 질문이었다. 특히 14절의 예수님에 대한 그들의 표현은 아첨이 섞인 말(그러나 그 내용은 진실[verbal irony])로 그들의 의도가 내포되어 있다. "선생님이여 우리가 아노니 당신은 참되시고 아무라도 꺼리는 일이 없으시니 이는 사람을 외모로 보지 않고 오직 참으로서 하나님의 도를 가르치심이니이다." 칭찬과 아첨 뒤에 적의를 품고 있다. 그들은 예수님이 사람의 견해나 결과에 상관없이 진리(하나님의 도)를 말하는 '율법^{Torah}의 참된 교사'로 언급함으로써 은근히 조공에 대한 반대를 표명하게끔 유도한다. 그러므로 여기서 그들이 말한 '하나님의 도'란 로마에 세금을 바치지 않는 것이라고 대답하기를 기대하면서 가이사에게 세금(조공)을 바치는 것이 합당하느냐고 질문하였다(14-15절, "가이사에게 세금을 바치는 것이 옳으니이까 옳지 아니하니이까 우리가 바치리이까 말리이까."). 이들은 로마 정책에 동조하거나 적어도 묵인한 자들로서 자신들(의 부패한 행위)에게 도전하는(2:1-3:6; 11:15-18) 예수를 로마 제국에 대한 과격한 저항 세력으로 몰아넣기 위해 조세(조공) 문제로 예수를 곤경에 빠트려 잡아 죽이기로 작정한 것 같다. 당시 로마 제국에 가장 민감한 문제인 조세(조공) 제도에 대해 질문함으로써 예수를 정치적인 곤경에 빠트리려고 하였다.

2) 조세(조공) 제도

조세(조공) 제도, 특히 인두세([kênsos]tributum capitus)는 BCE 63년 폼페이우스가 로마를 점령하면서 실시한 것으로 주로 로마의 통치를 받는 유대 지역에 국한되어 적용되었다(France, 745). 이 조세 제도는 신정국의 이스라엘(유대) 사람들에게 아주 민감한 사회적-정치적-종교적 문제(정치·사회적으로는 로마의 지배와 예속을 의미하며, 종교적으로는 황제 숭배를 의미하는 우상 숭배)로 로마와의 갈등을 일으키게 하는 태풍의 눈과 같은 이슈였다.

이스라엘 백성은 이 조세(조공) 제도를 반대하여 자주 민중 봉기로 항거하였다. 예수님 당시에 두 가지 큰 사건이 발생하였는데 하나는 CE 6년의 갈릴리 유다가 조세(조공)를 위한 인구 조사에 반대하여 일으킨 봉기였고 다른 하나는 조세(조공) 제도에 반대하여 CE 66년에 일어난 절정의 무력 항거(혁명)였다. 조세(조공) 제도를 반대하면 갈릴리 유다와 같은 극단적 민족주의자로 고발되어 처형되기도 하며, 찬성하면 압제로 고통받는 백성들로부터 신임을 잃게 되어 그 영향력이 줄어든다. 한마디로 반대하면 로마로부터 어려움에 처하게 되고, 찬성하면 백성으로부터 배척을 받게 된다. 그러므로 그들의 질문에 대한 어떤 답변도 예수님을 곤경으로 몰아넣는다.

이러한 진퇴양란(進退洋亂)의 위기에 예수님은 그들에게 그 당시 인두세를 바치는데 사용하는 로마의 데나리온 동전 하나를 가져다가 내게 보이라고 말하며 답변한다(15절).

3) 데나리온의 화상과 글(15b-16절)

　조세(조공) 제도에 대한 예수님의 입장과 의도를 이해하는데 열쇠가 되는 것(장면[논쟁]의 중심에 위치[C])은 예수님의 데나리온에 대한 언급이다. 로마는 인두세의 조세(조공)를 로마의 주화를 통하여 거두어 들였는데 여기에 언급된 은전 주화인 데나리온은 로마의 황제 가이사^{Tiberius}의 신적인 통치를 말해 주는 화상과 글이 아래와 같이 새겨져 있다.

　주화의 앞면에는 황제의 화상과 함께 "TI[berius] CAESAR DIV[i] AUG[usti] F[ilius] AUGUSTUS"[티베리우스 [황제] 가이사 신적 아우구스투스의 아들 아우구스투스]라는 글이 새겨져 있고, 뒷면에는 티베리우스 황제의 어머니인 리비아가 왕관을 쓰고 오른 손에 올림피아의 홀[창?]을 거꾸로 쥐고 왼 손에는 감람나무 가지를 들고 신들의 보좌에 앉아 하늘의 평화를 주는 인물로 그려져 있고 또한 거기에 'Pontifex Maximus'[대제사장]라는 글이 새겨져 있다(Garland, 462). 이 주화는 그의 지배하에 있는 모든 사람들(나라들)에게 신적 권력을 가진 가이사의 현존과 그에 따른 경배를 요구하는 의미를 지닌 특별한 주화다. 그러므로 이 주화는 Pax Romana를 주창하는 로마 제국의 선전물로 하나님을 섬기는 이스라엘 백성들에게 로마의 경제적 수탈과 정치적 압제(예속)와 종교적 우상 숭배를 의미하는 것으로 백성들을 격노케 하는 요인이었다. 이런 까닭에 유대 종교 지도자들이 가져온 이 데나리온은 로마 제국 황제 가이사에 대한 그들의 정치적 입장을 잘 지적해 준다. 이 주화를 수용하고 사용함은 그들의 지배와 그 권세에 대한 인정이다.

결국 종교 지도자들은 자신들이 가지고 온 동전을 통해 그들이 정치적-종교적 타협을 하는 인물임을 보여주고 있다. 데나리온을 가져와 보이라는 예수님의 요구와 그들의 반응 그리고 예수님의 답변을 통해 그들은 논쟁에서 실패하였고(17절 후반, "그들이 예수께 대하여 매우 놀랍게 여기더라.") 흥미롭게도 이후 다시 이들에 대한 언급은 마가복음에 나타나지 않는다(van Iersel, 372). 문제는 17절의 예수님의 답변("가이사의 것은 가이사에게, [그러나] 하나님의 것은 하나님께 바치라.")의 의미이다.

4) 여기서 말하는 '가이사의 것'과 '하나님의 것'은 무엇인가?(17절)

'가이사의 것'은 정치/경제와 같은 '세속적인 일'이고 '하나님의 것'은 소위 '영적-종교적인 일' 즉 교회에 가서 기도하고 성경 읽고 전도(선교)하며 불쌍한 사람들을 돕는 일로 두 영역은 서로 다른 영역인가? 즉, 상호 인정되는 두 가지의 다른 독립된 주권의 영역을 말하는가?(대등한 관계) 아니면 양자택일을 하도록 촉구하는가? 이 대답을 통해 예수님은 정교 유착이 된(로마의 정책에 동조하고 묵인함으로써 특권[기득권]을 누리는) 바리새인과 헤롯당(로마의 꼭두각시)을 두둔하는 입장을 취하고 있는가? 달리 말하면 로마 제국의 정책과 타협하여 권력과 특권을 누리는 지배 특권층의 안보 이념을 두둔하는 말인가?

Tannehill(1975)은 예수님의 이 표현을 '대조적 경구'^{antithetical aphorism}로 이해하였고 Crossan(1983)은 이것을 '이중적 변증'^{double dialectic}(질문/대답-계책/탈출)의 한 부분으로 그들의 질문에 대응하는 또 다른 수사학^{counter rhetoric}으로 이해하였다. 위의 해석들을 종합하여 정리해 보면 다음과 같다.

(1) 좁은 의미의 성(聖)과 속(俗)의 구분이 아니다. 정치-경제의 문제는 세속적인 것(가이사의 것)으로 교회는 여기에 관여해서는 안 되고, 오직 종교적이고 영적인 일(하나님의 일)에만 전념해야 한다는 견해를 뒷받침해 주는 언급이 아니다('로메로 Romero'의 영화[1989]에서 보여주는 모습).

(2) 권위에 대한 맹목적 순종(권력과 부에 야합하는 행동)을 강조하는 단순한 정교분리의 의미로 이해하였다. 바리새인들, 특히 서기관들은 로마제국이 '토라'(율법)의 문제들에 대한 타협(어김?)을 강요하지 않는다면 그들의 지배와 통치에 대해 순종하고 협조할 수 있다고 생각하였고 그들은 이 돈을 로마에 바치는데 묵인-동조하였다.

(3) 이 표현을 좁게 세금에 대한 이슈로 이해하여 인두세(가이사의 것)와 성전세(하나님의 것)의 구분으로 이해하였다.

(4) 납세의 의무에 대한 원리를 제공해 주는 말씀으로 여기의 '가이사의 것'과 '하나님의 것'은 이 세상과 하나님의 나라의 공존하는 (재림 전까지의) 두 세계를 의미하는 것으로 신자는 이 세상에 살면서 이 세상의 법을 충실히 따라야 한다고 주장하는 구절로 이해하였다. 인두세를 납부하고자 데나리온을 사용하는 것이 가이사의 다스림의 대한 의무를 지칭하는 것으로 가이사에 대한 주장과 하나님에 대한 주장에는 충돌함이 없다는 견해이다(France, 747).

(5) 충돌/대립하는 두 세계로 예수님은 조공(조세) 문제를 주권[Lordship]의 이슈로 전환하여 하나님의 것은 이 세상 모든 것, 즉 땅과 지구와 거기에

속한 것들과 하늘과 거기에 충만한 모든 것이 다 하나님의 것인 것에 비해 가이사의 것은 자기의 형상과 글로 주조한 이 주화로 이것을 통해 이스라엘 온 땅이 우상 숭배의 더러움으로 물들었기 때문에 이것들을 가이사에게 되돌려져서 이 땅을 깨끗이 해야 한다고 생각하였다(Holberg 1994:349-50). 그러므로 이 구절은 세금(조공)을 바치라는 요청이 아니라 이 땅으로부터 우상 숭배의 더러운 주화를 축출해야 한다는 말로 이해하였다. 곧 저항과 거절에 대한 말로 이해하였다(눅 23:2 참고).

말씀을 맺고자 한다.

성경에 따르면, 하나님은 만물을 다스리시는 유일한 주이시다(막 12:29). 그러므로 신자는 마음을 다하고 목숨을 다하고 뜻을 다하고 힘을 다하여 주 하나님을 사랑(순종)하여야 한다(12:30, 33). 여기에는 여지가 없다. 그렇다고 하여 중세나 나치 독일 체제에서의 국가 교회처럼 교회(교황)가 국가(황제)를 물리적으로 지배하고 통치하는 것을 의미하지는 않는다. 국가는 국가로서 주권이 있지만 그 주권의 기원은 하나님으로부터 나오며 그 시행은 하나님의 뜻과 권세(다스림) 가운데 있는 것이다(롬 13:1-7). 믿음을 떠나 하나님의 우선적이면서도 최종적이고도 절대적인 주장과 무관한 가이사의 권세를 인정하는 것은 결코 아니다. 인두세의 데나리온 화상^{image}이 가이사의 이미지를 새긴 것이라면 그 주화들은 '가이사의 것'으로 가이사에게 바쳐져야 하지만, 하나님의 형상^{image}으로 새겨진 창조된 인간들(창 1:26)은 '하나님의 것'으로 하나님께 우선적으로 바쳐져야 한다. 무엇보다도 '하나님의 것[τὰ τοῦ θεοῦ]'(things of God)은 하나님 나라의 일로 예수님의 가르침과 사역을 통해 제시되어 왔다.

예수님은 가이사와 하나님을 날카롭게 대조(구별)함으로써 이 둘 사이의 완전히 독립된 분리를 의미하거나 지나친 과격한 반대(열심당)에 동조하지는 않는다. 그러나 예수님의 답변의 방점은 보다 후자에 있음을 본다. 그러므로 17절의 'καὶ'라는 헬라어의 의미는 '그리고(and) 보다는 그러나(but)'로 해석하는 것이 좋다.

모든 권세는 만물과 역사의 주인이신 하나님으로부터 기인한다(롬 13:1; 딤전 2:1-2; 딛 3:1-2; 벧전 2:13-14). 그러므로 국가 권세는 하나님의 뜻을 따라 선한 일 즉, 정의(공의)와 자비(사랑)와 질서와 평화를 유지하는데 힘써야 한다. 이러한 선한 일을 위해 교회는 국가 제도(조세 제도)에 순종하여야 한다(벧전 2:13-14). 그러나 교회가 국가 권력(제도)에 순종할 때는 경계심과 분별력을 가져야 한다. 그 이유는 하나님의 뜻과 요구와 권세가 더 크기 때문이다(Garland, 581). 국가가 하나님의 이러한 뜻에 반하여 행동한다면 교회는 그 권세에 저항할 수 있다(교회의 선지자적인 역할). 그러나 그 저항은 폭력적 저항이라기보다는 진리와 사랑의 저항이다. 교회는 세상에 살지만(in the world) 세상에 속하지 아니하고(not of the world) 세상 속에서 침투와 변혁의 삶을 살아야 한다(into the world). 세상 가운데 살면서 하나님의 뜻과 다스림을 드러내야 하지만, 불경건한 동거와 연합과 동행의 삶을 살아서는 안 된다. 결코 세속적 권력만으로 사회를 올바르게 만들 수 있다는 착각을 해서는 안 된다. 오직 하나님의 뜻(공의와 자비)과 다스림만이 세상에 진정한 살롬Shalom을 가져올 수 있는 것이다.

결론적으로 가이사의 것인 이 주화는 가이사의 우상(이념)임으로 가이사에게 돌려져야 한다. 그러므로 우리는 결코 이 문제가 오늘의 세금(정치) 문제를 합법화하는 구절로 지나치게 오용되어서는 안 된다. 기독교는 결코 무력으로 사회적 전복을 꾀하는 혁명적 그룹이 아니다. 하나님 나라의 백성으로 교회는 진리와 사랑과 질서를 위해 국가 제도(권세)에 순응하되 하나님의 나라와 의를 최우선적으로 두며 이 땅에 진정한 하나님의 나라를 세우기 위해 의와 진리와 사랑으로 그 나라를 세워가야 하는 일에 앞장서야 한다. "하나님 나라는 먹고 마시는데 있는 것이 아니고 의와 평강과 희락(의와 진리와 거룩)이다"(롬 14:17; 엡 3:24 참고).

46 길 위의 길
The Way on The Way
마가복음 강해

부활 논쟁 (막 12:18-27)

"18 부활이 없다 하는 사두개인들이 예수께 와서 물어 이르되 19 선생님이여 모세가 우리에게 써 주기를 어떤 사람의 형이 자식이 없이 아내를 두고 죽으면 그 동생이 그 아내를 취하여 형을 위하여 상속자를 세울지니라 하였나이다 20 칠 형제가 있었는데 맏이가 아내를 취하였다가 상속자가 없이 죽고 21 둘째도 그 여자를 취하였다가 상속자가 없이 죽고 셋째도 그렇게 하여 22 일곱이 다 상속자가 없었고 최후에 여자도 죽었나이다 23 일곱 사람이 다 그를 아내로 취하였으니 부활 때 곧 그들이 살아날 때에 그 중의 누구의 아내가 되리이까 24 예수께서 이르시되 너희가 성경도 하나님의 능력도 알지 못하므로 오해함이 아니냐 25 사람이 죽은 자 가운데서 살아날 때에는 장가도 아니 가고 시집도 아니 가고 하늘에 있는 천사들과 같으니라 26 죽은 자가 살아난다는 것을 말할진대 너희가 모세의 책 중 가시나무 떨기에 관한 글에 하나님께서 모세에게 이르시되 나는 아브라함의 하나님이요 이삭의 하나님이요 야곱의 하나님이로라 하신 말씀을 읽어보지 못하였느냐 27 하나님은 죽은 자의 하나님이 아니요 산 자의 하나님이시라 너희가 크게 오해하였도다 하시니라."

예루살렘 입성 후 예수님은 주로 성전에서 사역(모든 것을 둘러보시고 [11:11] 성전을 청결하시고 가르치시면서 종교 지도자들과 공개적으로 논쟁을 하신 후 성전을 떠나시면서 성전의 멸망을 선언[13:1-2])하셨다. 성전에서의 예수님의 과격한 행동을 본 산헤드린의 구성원들인 대제사장들과 서기관들과 장로들은 '무슨 권세로' 이런 일을 행하는지 예수와 논쟁한다(11:27-

33). 논쟁에 대한 답변으로 주어진 예수의 포도원 비유(12:1-12)에서 그들은 예수님의 신분과 권세를 알게 되지만, 오직 자신들의 기득권에만 혈안이 되어 진리를 외면하고 오히려 예수를 잡아 죽일 궁리만 한다(11:18; 12:12). 이제 그 계책으로 그들은 바리새인(법률 전문가)과 헤롯당(정치 전문가)을 보내어 세금(조공) 문제를 변론하지만 예수의 지혜로운 답변에 놀라 물러가고, 다시 산헤드린의 실세들인 사두개인들을 보내어 부활 논쟁을 하지만 여기서도 주님은 지혜로우신 답변을 통해 승리하시며, 마지막 논쟁인 서기관의 율법에 대한 질문에서도 완전한 승리로 더 이상 감히 묻는 자가 없게 된다(34절, "그 후에 감히 묻는 자가 없더라."). 예루살렘에서의 종교 지도자들과의 논쟁에서 그의 탁월한 지혜와 가르침의 신적 권세와 기원이 드러난 순간이다(막 1:22 참고). 끝으로 예수님은 자신의 메시아(主)로서의 왕적 신분과 권위를 최종적으로 확증하신다(12:35-37).

1. 부활 논쟁(막 12:18-27): 오해와 불신 ⇒ 성경은 오직 논쟁거리로?

1) 부활을 믿지 않는 사두개인들의 질문(19-23절)

두 번째 보내진 논쟁자인 사두개인들(마가복음에 처음 나옴)은 쿰란 공동체나 열심당과는 달리 개혁과 혁명 운동에는 공감하지 않고 헤롯 왕과 로마 정부와의 타협과 제휴(충성)를 통해 예루살렘에서의 자기들의 정치적 야심과 이익을 챙기는 부유한 기득권 집단으로 제사장 그룹과 깊은 연대감을 가진다. 이들 사두개인들은 정치-종교적으로 아주 보수적 성향을 띠는 현세주의자들(인간의 자유 의지)로 거만하고 무례한 자들이다. 이들은 주로 성전 중심으로 활동하였으며 오직 오경을 그들의 정경으로 간주하였고, 오경(특히 토라)을 토대로 부활 교리를 거부하였다(18절; 행

23:8[부활과 천사들과 영들을 부인]). 사후의 삶도, 심판도 상급도 형벌도 믿지 않는 자들이다.

아마도 여기에 출현한 사두개인들은 사두개파의 서기관들로 이들은 성경 해석의 전문가들로 추측된다(Lane 1974:427). 이들은 모세의 글인 신 25:5-10에서의 죽은 사람의 형제가 가족의 유업(씨와 자산)을 잇기 위해 그 미망인과 결혼하는 관례인 수혼법 혹은 계대법$^{levirate\ marriage\ law}$을 인용하여(19절) 아들 없이 죽었던 일곱 형제와 차례로 결혼한 한 미망인의 예를 들어 다음과 같은 질문을 통해 부활 신앙을 조롱하며 예수님께 논쟁을 시작하였다(23절). "일곱 사람이 다 그[녀]를 아내로 취하였으니 부활할 때 곧 그들이 살아날 때에 [그녀는] 그중에 누구의 아내가 되리이까?"

부활을 부인하는 자들의 논지에는 마치 두 가지 함의를 가지고 말하는 것처럼 들린다(Trick, 238). 자녀를 일으키는 수단(수혼법의 남자들)도 실패하는데 어떻게 부활을 일으키는 일이 가능한가? 토라가 제공하는 수단도 실패하는데 어떻게 토라가 명하지도 않는 '일으킴'(부활)이 가능하단 말인가? 여기에는 "자손도 일으키지 못하시는 하나님이 어떻게 죽은 자를 일으킬 수 있겠는가?"라는 의미(하나님 능력의 부인)가 내포되어 있다. 결국 예수님은 그들에게 "너희가 성경도 하나님의 능력도 알지 못하므로 오해함이 아니냐."라고 책망한다(24절).

1) 부활을 믿지 않는 보수적(?) 정치-종교 지도자들인 사두개인들

이들은 오경 외에 유래된 어떠한 신학적 혁신과 논의도 거절하는 자들이다. 이들은 모세의 전통에 뿌리박은 보수주의자들이었지만 정치에 있어서는 기회주의자로서 타협과 실리(實利)를 챙겨갔다. 이들은 종교적 보수주의와 정치적 기회주의의 두 얼굴을 가진 자들이다.

- 그들의 종교적 보수주의는 무엇(누구)을 위한 보수주의인가?
- 부활을 믿지 않는 보수주의란 지극한 현실(기회)주의가 아닌가?

2) 부활을 예언한 예수(막 8:31; 9:9; 9:31; 10:34) → 제자들의 오해

예수님은 이미 여러 번 앞에서 부활을 언급하셨다(8:31; 9:9; 9:31; 10:34). 부활의 소망은 현세적 삶을 역동적으로 살아가는 동기며 원동력이다. 부활의 소망으로 하나님 나라와 의를 위해 수난의 길을 간다. 하나님은 우리의 모든 환난과 핍박을 신원하시는 분으로 우리에게 부활의 소망을 주신다. 음란하고 죄 많은 패역한 세대에서 우리가 하나님 나라에 들어가기 위해, 진리와 의와 복음을 위해 많은 환난을 당하나 하나님은 우리를 버리지 아니하시고 반드시 일으켜 세우신다. 사실 부활의 소망이 우리로 하여금 오늘의 고난(아픔과 어려움)을 넉넉히 견디게 한다. 아니 고난 속으로 우리를 살게 한다("나는 날마다 죽노라."[고전 15:31]). 이것이 소망이 인내를 낳는 이유이다. 부활은 기독교 신앙의 중심 부분이다. 죽은 자의 부활이 없다면 우리의 믿음도 헛것이며 우리는 이 세상에서 가장 어리석고 불쌍한 사람이다(고전 15:15-17). 사두개인들의 도전은 곧, 우리 시대의 불신앙적인 세대의 도전이다. 오늘 세상은 이 땅에서의 현세적 유토피아를 건설하려고 하지만 우리의 삶은 이런 현세적인 소망과는 다르다.

3) 예수님의 답변(24-27절): "너희가 성경도 하나님의 능력도 알지 못하므로 오해함이 아니냐."

예수님의 답변은 이들이 믿는 모세의 글(출 3:6)에서 시작하여 그들이 성경(26절)도, 하나님의 능력(25절)도 바르게 알지 못하고 있음을 공격한다. 예수님의 답변을 구조적으로 분석하면 부활 교리에 대한 그들의 견해는 오해로 인한 것(24절과 27절)으로 그 오해는 성경(26절)도 하나님의 능력(25절)도 알지 못하는 오해(24절)였다. 성경을 알지만 깨닫지 못하고 믿지 못하고 있다.

> A. 너희가 오해하였도다(24a).
>   B. 너희가 성경도 알지 못하였도다(24b).
>   C. 너희가 하나님의 능력도 알지 못하였도다(24c).
>   C′. 하나님의 능력이 죽은 자들을 일으키시고 그들은 천사들과 같이 된다(25).
>   B′. [성경 인용] 가시나무떨기에 관한 모세의 글에 아브라함과 이삭과 야곱의 하나님은 산 자의 하나님이시다(26-27a).
> A′. 너희가 크게 오해하였도다(27b).

과연 부활 교리는 우리에게 어떤 교훈을 던져주는가? 부활은 인간이 이 세상에서 경험할 수 없는 새로운 차원의 삶이다. 마치 어머니 뱃속에서의 열 달의 삶(모체에서 모든 것을 어머니로부터 공급받지만 어머니를 보지 못하는 삶)과 출생 후의 삶(어머니를 보고 안기어 입맞춤을 받음)이 판이하게 다른 것처럼 부활 후의 삶(하나님을 대면) 역시도 지금의 삶(하나님의 돌보심 가운데 있지만 비대면)과 판이하게 다르다(Garland, 588). 부활에 대한 예수님과 사두개인의 충돌은 성경관과 세계관의 충돌이다.

- 부활의 삶의 상태(25절): 부활 후 우리의 모습과 우리의 인간관계는?

"사람이 죽은 자 가운데서 살아날 때에는 장가도 아니 가고 시집도 아니 가고 하늘에 있는 천사들과 같으니라."

이 땅에서의 얽힌 모든 인간관계는 그날이 되면 다 풀리고 그때의 모든 관계는 오직 하나님과의 관계(교제) 안에서와 그 관계를 통해서 이루어진다. 우리는 그 날에 '하늘에 있는 천사들과 같이 like angels in heaven' 살게 된다(25절. 부활한 신령한 몸을 가짐[고전 15:35-50 참고]). 그날에는 부자 관계도 풀리고, 부부 관계도 풀리고, 주종 관계도 풀리고, 오직 하나님과 우리와의 관계만 영원히 존재한다. 마침내 그날에는 하나님이 우리의 아버지가 되시고, 우리의 신랑이 되시며, 우리의 왕이 되신다. 오직 우리는 그의 백성이며 그의 신부며 그의 자녀들이다. 그러므로 지금의 우리의 인간관계와 제도와 기관은 그날의 하나님과의 관계의 그림자(모형)에 불과하다. 지금의 하나님과의 상징적/영적 관계가 실제가 되고, 우리의 모든 인간관계는 다 풀어진다. 그러나 우리의 전인적 존재의 개별성(나의 나됨[아브라함, 이삭, 야곱])은 영원하고 완벽하게 존재한다(26절). 그때에는 지상에서 가졌던 인간관계(부부/부자/친구 관계)에서 보다도 하나님의 백성으로서 서로를 더 잘 인식(이해)하고, 서로를 더 잘 사랑한다. 더 사랑스럽고 더 사랑할 수 있는 완벽한 존재가 된다. 이것이 바로 "사람이 죽은 자 가운데 살아날 때에" 가지는 부활한 영광스러운 완벽한 존재로서의 삶이다. 결혼과 출산은 지상에서의 삶이며 결혼에서의 독점과 질투는 부활 후의 천상의 삶에서는 불필요하다. 천상에서의 삶은 결혼의 상태를 초월한 삶으로 거기에는 결혼 제도가 아니라 사랑의 삶만 존재한다(France, 757). 성경 어디에도 부활 후에 결혼 상태가 계속된다는 언급이 없다(Evans, 464[255]).

부활 후 삶은 이생(지상)에서의 삶의 연장이 아니고 종결이다. 부활 후에는 결혼도 없고 결혼으로 야기되는 문제도 없으며 오직 하늘의 천사들처럼 하나님과의 관계 속에서만 유지되는 새로운 차원의 삶이 존재한다(25절, "하늘에 있는 천사들과 같이"). 이처럼 부활 후 삶은 지상에서의 삶(의 연장?)과는 완전히 다른 새로운 차원의 삶(고전 15:40-44, "죽은 자의 부활도 이와 같으니[42절]")이다. 모든 인간관계(특히 결혼 관계)는 죽음으로 단절(종결)되지만 그 이후 우리에게 남아 있는 영원한 관계는 하나님과의 관계(in and through God)이다. 그러므로 이 땅에서 사는 동안 하나님과의 관계를 맺지 않는다면 결국 우리는 영원한 미아(迷兒)이고 고아(孤兒)이다.

너무 현세(이생)의 삶에 집착하지 마라. 결혼의 언약 관계도 죽음이 갈라놓을 때까지이다(고전 7:38 참고). 이렇게 부활의 소망은 지나친 현세주의에 집착하는 것과 이기적인 가족주의(관계주의)에 집착하는 것을 막아준다. 보다 자유롭고 영원한 새로운 차원의 삶이다.

- **하나님은 '산 자의 하나님'(God of the living)이시다.**

모세에게 "나는 아브라함의 하나님이요 이삭의 하나님이요 야곱의 하나님이로다."(I am the God of Abraham.)라고 하신 말씀은 "하나님은 죽은 자의 하나님이 아니요 산 자의 하나님이시라"는 것을 의미한다는 예수님의 말씀은 우리의 신앙과 삶에 놀라운 의미를 던져준다. 과연 우리는 이러한 예수님의 말씀을 그대로 믿는가? 그렇다면 우리의 삶은 어떤 모습으로 나타나야 하는가? 진정 저와 여러분은 이러한 부활의 신앙을 가지고 있는가? 주님(하나님)만이 우리의 영원한 구주시며 친구시며 신랑이시며 왕이시다. 거기에는 지상의 인간관계나 결혼 관계에서 오는 질투와 미움과 갈등이 없고 오직 사랑만이 존재한다. 그러므로 우리는 이렇게 찬양한다. "후일에 생명 그칠 때 여전히 찬송 못하나 성부의 집에 깰 때에 내 기쁨 한량없겠네. 내 주 예수 뵈올 때에 그 은혜 찬송하겠네 내주 예수 뵈올 때에 그 은혜 찬송하겠네"(찬 608장). "구주를 생각만 해도"(찬 65장).

말씀을 맺고자 한다.

부활 사건은 마가복음에 완연히 드러난 중심 되는 사건이 아니지만 그 의미가 마가복음 내에서 결코 약화되지는 않는다. 특히 부활에 대한 바른 깨달음은 제자도와 밀접하게 관련되어 있다. 이미 우리가 아는 대로 베드로와 야고보와 요한은 예수님께서 야이로의 죽은 딸을 일으키심을 목도하였고(5:37-42), 엘리야와 모세가 다시 나타난 모습으로 예수와 대화하는 것을 보았지만, 그들은 죽은 자의 부활이 무엇을 의미하는 것인지를 깨닫지 못하였다(9:10). 헤롯도 예수가 죽은 세례 요한이 살아난 것으로 생각한 것(6:14, 16)을 볼 때 부활의 교리는 그 당시 보편적인 이해였음을 알 수 있다. 갈릴리에서의 이 같은 보편적 이해 가운데서도 제자들은 예수의 죽음과 부활이 무엇을 의미하는지 깨닫지 못함으로써 예수의 수난에 참여하지 못하고 모두 도망하고 부인하고 저주하는 길로 갔다. 그러나 부활 의미가 깨달아졌을 때(9:9) 그들은 세상이 감당치 못할 "예수와 복음을 부끄러워하지 않는(막 8:38)" 증인(순교자)이 되었다. 부활 소문이 무성하고 부활의 모습을 목도하였다 해도 문제는 '내가 정말 부활을 믿는가?' 하는 것이다. "네가 믿느냐?"는 질문에 우리의 대답은 마치 귀신 들린 아들을 가진 아버지처럼 "나의 믿음 없는 것을 도와주소서 (막 9:24)."라는 고백적 절규가 있어야 한다. 공의(정의)가 가려지고 거짓(뉴스들)이 난무하며 복음이 빛을 바랜 지금의 무거운/참혹한 현실 가운데서 죽어있는(잠자는) 우리의 믿음이 부활의 신앙 가운데 소생해야 한다. 적어도 우리의 신앙의 선진들은 일제의 수탈과 압제의 어두움 속에서도 부활의 소망을 가지고 있었다. 그 어두운 시대에 그들은 부활을 믿고 부활을 소망하며 이런 찬양을 불렀다. 남궁억 장로의 <삼천리 반도 금수강산(찬 580장)>을 기억하라.

> 삼천리 반도 금수강산. 하나님 주신 동산(2x).
> 이 세상에 할 일 많아. 사방에 일꾼을 부르네. 곧 이 날에 일 가려고 누구가 대답을 할까. 일하러 가세 일하러 가. 삼천리강산 위해. 하나님 명령 받았으니 반도 강산에 일하러 가세.

47 마가복음 강해

길 위의 길
The Way on The Way

가장 첫째 되는 계명 (막 12:28-34)

"28 서기관 중 한 사람이 그들이 변론하는 것을 듣고 예수께서 잘 대답하신 줄을 알고 나아와 묻되 모든 계명 중에 첫째가 무엇이니이까 29 예수께서 대답하시되 첫째는 이것이니 이스라엘아 들으라 주 곧 우리 하나님은 유일한 주시라 30 네 마음을 다하고 목숨을 다하고 뜻을 다하고 힘을 다하여 주 너의 하나님을 사랑하라 하신 것이요 31 둘째는 이것이니 네 이웃을 네 자신과 같이 사랑하라 하신 것이라 이보다 더 큰 계명이 없느니라 32 서기관이 이르되 선생님이여 옳소이다 하나님은 한 분이시요 그 외에 다른 이가 없다 하신 말씀이 참이니이다 33 또 마음을 다하고 지혜를 다하고 힘을 다하여 하나님을 사랑하는 것과 또 이웃을 자기 자신과 같이 사랑하는 것이 전체로 드리는 모든 번제물과 기타 제물보다 나으니이다 34 예수께서 그가 지혜 있게 대답함을 보시고 이르시되 네가 하나님의 나라에서 멀지 않도다 하시니 그 후에 감히 묻는 자가 없더라."

성전에서 장면은 바뀌고 종교 지도자들(사두개인들?)과의 부활 논쟁에서 예수님의 지혜로우신 답변을 들었던 한 서기관이 나아와 '모든 계명 중에 첫째가 무엇이니이까'를 묻는다(28절). 이에 주님은 구약의 신 6:4-5과 레 19:18을 인용하여 '하나님 사랑'과 '이웃 사랑'의 두 기둥 같은 계명을 가장 중요한 계명으로 제시한다. 하나의 계명(첫째의 가장 중요한 계명)을 물었던 서기관에게 주님은 두 개의 계명으로 답변하면서 이들 두 계명이 분리할 수 없는 일체(하나)를 이루는 계명임을 시사한다(요일 4:20). 당시 유대인들은 모세 오경의 계명들을 613개(365개는 금지이고 248개는 긍정적 명령)의 계명들로 정리하여 이들 계명들을 큰 것, 작은 것, 가벼운 것, 그리고 무거운 것으로 분류하였다고 한다. 여기에 예수님은 하나님 사랑과 이웃 사랑의 두 계명을 가장 중요한(첫째가는) 계명으로 제시한다. 이들 두 계명은 한 돌 판의 두 계명들로 상호 깊은 연관성을 가진다. 한 마디로 하나님 사랑은 이웃 사랑의 동기 혹은 선결 조건이며, 이웃 사랑은 하나님 사랑의 척도며 표현(요일 4:11, 19-20)이다.

- 하나님 사랑(신 6:4-5): 마음과 목숨과 뜻과 힘을 다해 하나님 사랑 → 이웃 사랑의 동기
- 이웃 사랑(레 19:18): 이웃을 네 몸 같이 사랑 → 하나님 사랑의 척도며 표현(cf. 막 9:37).

이 두 계명은 '하나님 앞에서'의 개인 윤리(동기)와 '사람들 가운데서'의 책임 있는 사회 윤리(척도)를 표현한 것으로 특히 후자의 이웃 사랑은 성육하신 하나님 사랑을 의미한다. 이것은 예수님의 십자가의 구속적 사랑을 통해 가장 잘 입증되었다. 여기에는 오직 유일하신 주the only Lord이신 하나님이 그 중심에 놓여 있으며(29절) 이 두 계명의 실행은 '다함'과 사랑과 마음과 관계성의 원리를 가진다. 이 두 계명은 선지자들이 찾는 율법의 중심된 계명이다. 계명에 대한 순종은 의식법에 대한 순종이나 의문(儀文)으로서의 계명 자체에 대한 순종이 아니라 계명을 주신 하나님에 대한 순종이 되어야 한다.

결국 예수님의 놀라우신 지혜와 가르침의 권세에 압도되어 누구도 더 이상 질문을 못한 채 논쟁은 끝났고(34절), 예수님은 시 110:1의 말씀을 인용하여 자신을 메시아(주)로 제시함으로써 권세에 대한 논쟁에 확정적 답변을 하신다(35-37절).

가장 큰/중요한 계명은?(12:28-34)

산헤드린에서 파송한 사두개인들과 예수님과의 부활 논쟁의 결말을 보았던 한 서기관이 예수께 나아와 질문을 한다(28절). "모든 계명 중에 첫째가 무엇이니이까?" 이에 예수님은 경건한 유대인들이 예배와 삶에서 매일 아침저녁으로 고백하는 쉐마^{Shema}구절(신 6:4)로 답변한 후 이어 레 19:18로 마무리 짓는다. 이 쉐마 구절은 기독교로 말하면 주기도문이나 사도신경과 같은 역할을 하는 성경 구절로 그들의 이마와 손에 그리고 집 문설주에 달기도 하는 성경 구절이다(29-30절). "첫째는 이것이니 이스라엘아 들으라 주 곧 우리 하나님은 유일한 주시라 네 마음을 다하고 목숨을 다하고 뜻을 다하고 힘을 다하여 주 너의 하나님을 사랑하라 하신 것이요." 첫 째로 언급한 계명은 '하나님 사랑'으로 하나님의 주 되심에 대한 전적인 사랑을 의미하는 것으로 이 사랑은 다함의 사랑이다. 이 다함의 사랑은 마음$^{heart/감정}$과 영혼$^{soul/영}$과 생각$^{mind/지성}$과 힘$^{strength/의지}$을 가진 전인적인$^{whole-personal}$ 헌신의 발로(撥路)이다('ἐκ'로 표현). 4번이나 '다하고'(ὅλης[all])를 언급하며 강조하고 있다. 이어 레 19:18의 구절로 답변한다(31절). "둘째는 이것이니 네 이웃을 네 자신과 같이 사랑하라 하신 것이라 이보다 더 큰 계명이 없느니라." 종합하면, '유일하신 하나님을 마음을 다하고 목숨을 다하고 뜻을 다하고 힘을 다하여 사랑하고 이어

네 이웃을 네 자신 같이 사랑하라'라는 말씀으로 답변한다. 물론 여기서 주께서 언급하는 '이웃'은 단지 유대인 동료만을 의미하기보다는 이방인을 포함하며 더 나아가 경멸받는 사마리아인들까지도 포함한다(눅 10:25-29). 선한 사마리아인 비유에서 율법교사는 이웃을 자기들에게 어울리는 대상("내 이웃이 누구이니이까?")으로 생각하지만 예수님은 주체로서의 이웃("누가 강도 만난 자의 이웃이었느냐?/네가 이웃이 되라")을 말한다.

하나님 사랑과 이웃 사랑의 이 두 계명을 절묘하게 합쳐서 말하는 것은 당시 랍비들에게도 매우 드문 일이었다. 예수께서 언급한 두 계명은 십계명을 요약한 것으로 첫 번째 부분은 십계명의 앞부분 4계명(출 20:2-11)의 요약이고, 두 번째 언급한 계명은 나머지 여섯 계명(출 20:12-17)의 요약이다. 이들 두 계명들은 결코 나누어 질 수 없다. 초대 교회는 이 부분을 강조해 왔다(요일 4:21; 롬 13:8-9; 갈 5:14; 약 2:8). 특히 사도 요한은 예수님의 이 답변의 의미를 잘 해석하고 있다(요일 4:20-21).

이 두 사랑은 예수님의 오심과 죽으심으로 합일되고 완성되었다. 그의 오심과 죽으심으로 하나님 사랑이 어떤 사랑인지를 알게 되었고(요일 4:9-10) 어떻게 합일되는지를 알게 되었다. 우리를 사랑하신 하나님 사랑은 그 아들을 보내신 사랑(요 3:6, "하나님이 세상을 이처럼 사랑하사 독생자를 주셨으니.")이며 그 아들을 우리를 위해 내어주신 사랑(롬 8:32, "자기 아들을 아끼지 아니하시고 우리 모두를 위해 내어주신 이가.") 곧, 십자가에 죽게 하신 사랑이다(롬 5:8, "우리가 아직 죄인 되었을 때 그리스도께서 우리를 위하여 죽으심으로 하나님께서 우리에 대한 자기의 사랑을 확증하셨느니라."). 이것이 대강절의 사랑인 크리스마스의 하나님 사랑이며, 수난절의 하나님 사랑이기도 하다. 구약에서 이 하나님 사랑(속죄와 용서의 사랑)은 번제와 제물로 표현되었지만 모든 번제와 제물보다도 더 본질적이고 더 귀하고 더 중요하다. 그것은 '염소와 송아지의 피보다 더 귀한' 자신의 사랑하는 아들의 피로 입증한 사랑이기 때문이다. 확실히 우리를 향한 하나님 사랑(하나님 사랑=이웃 사랑)은 모든 번제와 제사를 뛰어넘는 사랑임이 분명하다. 그러므로 모든 번제와 제사를 뛰어넘는 이 두 사랑은 예수님의 속죄를 통해 계시되고 완성되었다. 이것이 선한 사마리아인의 비유(눅 10:25-37)에서 보여주는 사랑이다. 이 점에서 33절의 서기관의 답변은 의미심장하다.

> "또 마음을 다하고 지혜를 다하고 힘을 다하여 하나님을 사랑하는 것과 또 이웃을 자기 자신과 같이 사랑하는 것이 전체로 드리는 모든 번제물과 기타 제물보다 나으니이다."

이 서기관은 앞의 종교 지도자들과는 달리 예수님의 말씀(답변)을 수용하고 거기에 근거하여 해석하고 적용해 간다. 확실히 그의 경건은 아침저녁으로 암송하는 쉐마의 의미를 잘 이해하고 있었다. 그리고 이 사람의 성전 예배는 단순히 의식적/제의적 경건으로 끝나지 아니하고 철저히 하나님 사랑 중심이며 이웃 사랑 중심의 마음과 몸과 삶의 예배였다. 그는 제의와 율법의 종교에서 사랑의 종교로 나아간 인물이기도 하다. 그러나 그의 신앙적 현주소는 단지 '하나님 나라에 근접해 있을' 뿐이다(34절). 그가 '가까이 있는 것 같지만 멀리 있는' so near, but so far 자인지 아니면 주님의 제자가 되었는지는 알 수 없지만 율법에 대한 깨우침(이해)과 실천만으로는 부족하다. 회개와 믿음만이 하나님 나라에 들어가는 선결 조건이다(막 1:14-15). 결과적으로 이 서기관의 태도와 반응을 보면서 우리는 이 같은 질문을 한다. 지금의 우리의 경건과 예배는 어떤 모습인지? 우리의 신앙의 현주소는?

예수께서 답변하시고 서기관이 인정하는 첫 번째 부분의 유일하신 하나님 사랑은 '다함의 사랑'이며 부분적인 사랑이 아니라 '전인적인/전인격적인 전체의 사랑'이다. 입술의 외적인 사랑, 영혼 없는 사랑이 아니라 마음의 내면적 사랑, 영혼 있는 사랑이고 목숨과 뜻과 힘을 다하는 절대적 사랑이다. 이 하나님 사랑은 한마음으로의 사랑(유일한 사랑)이고 온 마음으로의 사랑(전부의 사랑)이다. 우리를 향한 하나님의 사랑은 다함의 사랑이고 전부의 사랑이고 전체의 사랑이다. 하나뿐인 독생자 예수를 주신 사랑이 하나님 사랑이다. 이 다함의 사랑을 받은 우리는 다함의 사랑으로 하나님께 나아가야 한다. "마음을 다하고 목숨을 다하고 뜻을 다하고 힘을 다하여 주 너의 하나님을 사랑하라."

그리고 이 하나님 사랑은 성육의 사랑으로 표현되어야 하는데 그것이 이웃 사랑이다. 보이는 이웃을 사랑하지 않는데 어떻게 보이지 않는 하나님을 사랑할 수 있는가? 사도 요한은 '이웃 사랑이 없는 사랑은 하나님을 사랑하는 것이 아니다'라고 말한다(요일 3:14-18; 4:8, 10-12, 20-21). 사도 바울 역시도 "남을 사랑하는 자는 율법을 다 이루었느니라(롬 13:8)."고 말한다. 하나님을 향한 우리의 사랑은 우리를 향한 하나님 사랑에 대한 반응이다. 이와 같은 사랑이 성경 공부와 예배를 통해 활성화되고 삶을 통해 완성되어져야 한다. 하나님은 형식적인 제사보다는 인애를 원하시는 하나님이시다(호 6:6). 하나님은 제의적 경건^{cultic piety}보다는 삶의 경건^{life piety}, 사랑의 경건^{piety of love}을 원하신다. 그러므로 야고보 사도가 서술하는 것처럼 참된 경건(기독교)은 고아와 과부와 나그네를 돌보는 것임(약 1:27)이 분명하다.

대강절을 보내면서 그 아들을 보내신 크리스마스의 하나님 사랑이 우리의 삶을 통해 나타나기를 소원한다. 예수님을 대적하는 서기관 그룹의 한 서기관에게도 예수께서 인정하시고 칭찬하신 이 같은 깨달음이 나타난 것처럼 오늘 우리의 마음에도 이 같은 깨우침이 있기를 소원한다. 그 아들을 보내신 크리스마스의 하나님 사랑을 통해 '에벤에셀'$^{ebenezer,\ אבן\ העזר,\ 도움의\ 돌}$이라는 별명을 가진 스크루지^{Scrooge}의 변화("과거를 바꿀 수는 없지만 과거를 통해 배울 수는 있다.")가 우리 사회(공동체) 모두에게도 나타나는 즐거운 성탄절이 되기를 기원한다. Merry Christmas!

48

마가복음 강해
길 위의 길
The Way on The Way

성전에서의 마지막 가르침 (막 12:35-44)

"35 예수께서 성전에서 가르치실새 대답하여 이르시되 어찌하여 서기관들이 그리스도를 다윗의 자손이라 하느냐 36 다윗이 성령에 감동되어 친히 말하되 주께서 내 주께 이르시되 내가 네 원수를 네 발 아래에 둘 때까지 내 우편에 앉았으라 하셨도다 하였느니라 37 다윗이 그리스도를 주라 하였은즉 어찌 그의 자손이 되겠느냐 하시니 많은 사람들이 즐겁게 듣더라 38 예수께서 가르치실 때에 이르시되 긴 옷을 입고 다니는 것과 시장에서 문안 받는 것과 39 회당의 높은 자리와 잔치의 윗자리를 원하는 서기관들을 삼가라 40 그들은 과부의 가산을 삼키며 외식으로 길게 기도하는 자니 그 받는 판결이 더욱 중하리라 하시니라 41 예수께서 헌금함을 대하여 앉으사 무리가 어떻게 헌금함에 돈 넣는가를 보실새 여러 부자는 많이 넣는데 42 한 가난한 과부는 와서 두 렙돈 곧 한 고드란트를 넣는지라 43 예수께서 제자들을 불러다가 이르시되 내가 진실로 너희에게 이르노니 이 가난한 과부는 헌금함에 넣는 모든 사람보다 많이 넣었도다 44 그들은 다 그 풍족한 중에서 넣었거니와 이 과부는 그 가난한 중에서 자기의 모든 소유 곧 생활비 전부를 넣었느니라 하시니라."

한해를 보내고 새해를 맞이하면서 우리가 붙들어야 할 가장 중요한 신앙 고백은 무엇일까? 그리고 우리의 예배와 삶은 어떤 모습이어야 할까? 오늘 본문은 이 점을 잘 보여준다. 예수님은 성전에서의 사역(논쟁)의 마지막에서 자신이 누구신지에 대한 질문에 종지부를 찍을(35-37절) 뿐만 아니라 성전 예배는 어떤 모습이어야 하는지를 서기관들의 부정적인 모습(38-40절)과 한 가난한 과부의 헌신적 모습(41-44절)을 통해 설명한다.

'예수가 누구신가'라는 질문과 답변은 마가복음을 관통하는 주제이고 이 주제는 마가복음의 시작(1:1, "하나님의 아들 예수 그리스도의 복음의 시작")에서 언급하였다. 이는 마가복음의 주제이고 우리 인생의 중심 고백이다. 우리 인생의 AD와 BC는 '예수가 하나님의 아들이시고 메시아'라는 사실에 달려 있다. 우리가 믿고 따르는 그 예수는 누구신가?

성전에서 산헤드린의 다양한 집단들과의 논쟁에서 압도적 승리를 거둔 예수님(34절)은 복음서의 가장 근본적인 논쟁인 자신의 정체성과 권세 논쟁에 대한 자신의 입장을 언급한다(35-37절). 그것은 '다윗의 자손 예수'에 대한 문제였다. 이미 바디매오의 고백적 간구(10:47-48)를 통해 언급되었고 예루살렘 입성에서 백성들이 자신을 '다윗의 자손'으로 칭송(11:10)하였고 서기관들까지도 '메시아는 다윗의 자손'이라고 하였다(35절). 성전에서 예수님은 백성들(율법 학자들)이 기대하는 오실 메시아는 단순히 인간 혈통으로 이어지는 '다윗의 자손'이 아니라 그보다 더 높은 권세의 존재임을 드러낸다. 이는 다윗조차도 오실 메시아를 '주'라 부른 존재이다(36절, 시 110:1 인용). 메시아는 '다윗의 자손'이지만 '다윗보다 더 큰 권세를 가지신 분'이심을 설명한 것이다. 이것은 마가가 복음서를 통하여 지속적으로 소개하는 '예수가 하나님의 아들이신 메시아'이심을 보여준다. 결국 예수께서 성전을 떠난 후 이어지는 심문 기사에서도 이 논쟁은 계속되고 산헤드린 심문에서 가장 큰 질문은 "네가 찬송 받을 이의 아들 그리스도냐?"라는 것(14:61)이었다. 결국 예수님은 참람죄로 선고되어 십자가에 죽게 되고 마지막 백부장의 고백(15:39)은 마가복음의 신앙 고백의 절정을 이룬다.

새해를 시작하며 다시 한번 우리의 신앙 고백을 점검할 필요가 있다. 과연 우리가 믿고 배우고 따르고 닮으려는 예수는 누구신가? "사람들은 나를 누구라 하느냐? 너희는 나를 누구라 하느냐?(8:27-29)" 예수가 진정 하나님의 아들이시고 메시아라면 우리는 어떻게 살아야 할까?

여기서 예수님이 시 110:1을 인용하여 언급한 이 사실은 또한 백성들이 꿈꾸며 기대하였던 다윗의 나라("우리 조상 다윗의 나라") 역시도 다른 본질, 다른 의미를 가진다. 다윗의 자손으로 오실 메시아의 나라('하나님의 나라')는 단지 '힘에 의해 지배하는 세속적 나라'의 모습이 아니다. 그들을 지배하고 있는 로마 제국이나 거기에 빌붙어 사는 종교 지도자들(산헤드린과 헤롯당)이나 그런 지배 계층들을 무력으로 전복하여 새 나라를 꿈꾸는 열심당Zealots의 나라도 아니다. 이 나라는 공의(공평)와 자비와 사랑과 섬김의 나라인 샬롬Shalom의 나라이다. 이 땅에 살면서 우리를 위하여 피 흘려주신 하나님의 아들 메시아(막 10:45)를 믿고 사는 우리는 "이런 나라(샬롬의 나라)를 꿈꾼다." 이와 같은 하나님의 나라를 섬기는 우리 역시도 이런 종류의 나라의 일꾼들이 아니라 사랑과 섬김의 종들이다(10:42-44). "이방인의 소위 집권자들이 저희를 임의로 주관하고 그 대인들이 저희에게 권세를 부리는 줄을 너희가 알거니와 너희 중에는 그렇지 아니하니 너희 중에 누구든지 크고자 하는 자는 너희를 섬기는 자가 되고 너희 중에 누구든지 으뜸이 되고자 하는 자는 모든 사람의 종이 되어야 하리라."

이제 예수님은 성전을 떠나시기 전에 성전에서의 두 종류의 극단적인 종교적 실천의 모습을 소개하심으로써 성전에서의 그의 사역을 종결짓고 있다. 하나는 종교를 빙자한 서기관들의 그릇된 행동(중한 심판을 받을 행동)이라면 다른 하나는 무명의 가난한 과부의 헌신된 모습(칭찬 받는 기억될 행동)이다(Tolbert, 256). 여기서 마가는 그리스도의 신분에 대한 서기관들의 잘못된(인간적) 가르침(12:35-37)에 이어 그들의 잘못된 행동(12:38-40)을 지적함으로써 그들에 대한 하나님의 심판이 있을 수밖에 없음을 선언한다(12:40). 그리고 연이어 이들 종교 지도자들과는 달리 성전에서 자기 모든 소유 곧 생활비 전부를 바친 한 가난한 과부의 헌신된 모습을 소개함으로써 다가 올 수난 기사에서의 예수의 희생(죽음)의 참다운 의미를 예시해준다. 결과적으로 이 여인의 행동은 기독론의 예시임과 동시에 제자도의 모델로 나타나고 있다.

1. 서기관들의 그릇된 모습(막 12:38-40): "서기관들을 삼가라"

서기관들의 모습은 성전 제도의 타락한 모습(11-12장)과 관련되어 있다. 결과적으로 성전 멸망의 요인이 바로 이들의 거짓된 경건과 거짓된 예배의 모습 속에서 찾을 수 있다(40절; 13:1-2). 이들의 타락하고 거짓된 모습은 다음과 같다. 진정한 하나님 사랑과 이웃 사랑의 모습은 찾을 수가 없다. 특히 과부와 고아와 나그네를 돌보라는 주님의 명령과는 무관하다.

- 긴 옷을 입고 다니는 것(허영과 과시)
- 시장에서 문안 받는 것(대접과 존경)
- 회당의 상석과 잔치의 상좌를 원하는 것(권세와 권좌)
- 과부의 가산까지도 삼키는 것(착취/약탈)
- 외식으로 길게 기도하는 것(위선)

참다운 경건과 예배는 하나님 사랑과 이웃 사랑의 실천으로 나타나야 한다. 이 두 계명은 모든 계명 중의 첫째이며(28-30절) 이보다 더 큰 계명은 없다(31절). 이 두 계명의 실천은 "전체로 드리는 모든 번제물과 기타 제물보다 낫다(33절)." 그러므로 율법을 잘 안다고 하는 서기관들의 이와 같은 모습(38-40절)은 타락한 율법 학자들의 모습이고 타락한 예배자들의 모습이다. 이들은 성전에서 올바른 성전 예배의 시행과 함께 율법을 백성들에게 바르게 해석하고 설명함으로써 이 모든 것이 하나님 사랑과 이웃 사랑을 실천하는 도구로 나타나야 하는데 오히려 그들은 성전 예배와 율법을 자신들의 기득권을 확보하고 유지하며 확장하는 도구로 오용(남용)하였다. 확실히 이들의 모습은 경계의 대상(38절)일 뿐 아니라 심판받아야 할 대상(40절)임이 분명하다. 그러므로 이들 종교 지도자들이 섬기는 성전이나 성전 예배는 더 이상 그 기능(역할)을 다하지 못함으로 성전의 심판(멸망)은 자명한 일이다.

2. 가난한 과부의 헌신된 모습(막 12:41-44): 제자도의 본보기로

성전에서의 예수님의 사역 중 마지막으로 마가가 소개하는 가난한 과부의 모습은 막 11-12장에 나타난 종교 지도자들의 모습과는 너무도 대조적이다. 성전을 섬기는 이들 종교 지도자들은 오히려 성전(종교)을 이용하여 자신들의 기득권을 채우는데 혈안이 되어 있지만(과부의 가산까지 삼킴) 이 가난한 과부는 그들의 모습과는 달리 자신의 '모든 소유 곧 생활비 전부'를 연보궤에 넣어 구제에 힘썼다. 앞의 무명의 부자 청년(10:17-31)과는 판이하게 다른 행동이었다. 또한 지금까지 성전에서 보았던 모습들과는 너무도 대조적인 모습이었다. 사실 이 여인의 모습은 사람들의 눈에 띄지 않는 미천한 행동에 불과하였다. 그녀의 신분('과부')이나 경제적 형편('가난한') 그리고 연보궤에 넣은 돈('두 렙돈=한 고드란트')은 사람들의 관심을 끌만한 것들이 아니었다. 오히려 지나칠 수 있거나 무시해도 좋은 것들이었다. 그러나 앞의 서기관들의 성전에서의 모습은 오직 사람들의 관심이나 끌고 자신들의 이익에만 혈안이 되어 있었다.

이에 비해 예수님은 서기관들과 같은 사람들의 관심이나 행동(눈에 띠는 긴 옷; 시장에서의 문안; 회당에서의 상좌; 잔치의 상석)과는 판이하게 달리 이 가난한 과부의 헌신을 주목하셨다. 이러한 주님의 모습은 앞 단락의 종교 지도자들의 타락한 모습과는 정말 다른 모습으로 우리의 시선을 끌기에 충분히 신선한 모습임에 틀림이 없다. 예수께서 성전에서 연보궤에 마주앉아 지속적으로(미완료 시제) 지켜보시는(θεωρέω) 장면은 매우 의미심장하다(41-42절). "예수께서 헌금함을 대하여 앉으사 무리가 어떻게 헌금함에 돈 넣는가를 보실새(ἐθεώρει) 여러 부자는 많이 넣는데 한 가난한 과부는 와서 두 렙돈 곧 한 고드란트를 넣는지라." 예수님은 과연 어떤 모습을 보실까?

1) 종교 지도자들과 가난한 과부

여인의 행동은 지금까지 성전에서 보았든 종교 지도자들의 타락한 모습들과는 너무나 이례적이다. 과연 여인의 이 같은 행동이 '강도의 굴혈'과 같은 성전에서 벌어질 수 있는가?라고 모두 놀라지 않을 수 없다. 우리가 기억할 것은 타락한 성전 제도 속에서도 모두가 타락한 사람들이 아니라 그 가운데 정결하고 헌신된 사람은 있는 법이다. 사사기의 시대에도, 아합의 시대에도, 그리고 암흑기의 포로 후기 시대에서도 신실한 사람은 있다. 남은 그루터기는 있는 법이다. 오늘날도 마찬가지다. 어두운 시대에 살면서 어두움을 한탄하기보다는 한 자루 촛불이 되어 어두움을 밝히는 사람이 있다. 이런 사람이 필요하다. 희생을 각오한 빛의 사람이 필요하다.

2) 가난한 과부와 예수

성전을 떠나시기 전에 끝으로 예수님은 제자들을 불러 그들에게 이 가난한 과부의 행동을 언급하면서 그것의 참된 의미를 생각해 보도록 한 것(43-44절)은 과히 이례적이었다. 모든 사람들에게는 무가치하고 보잘 것 없이 보이는 이 가난한 과부의 놀라운(?) 행동 즉, 그녀의 헌신과 희생("자기 모든 소유"[ὅλον τὸν βίον αὐτῆς=her whole life])을 주지시킴으로 써 다가올 자신의 헌신과 희생(10:45)의 의미를 제자들에게 - 실은 저자가 독자들에게 - 알리고자 하였다. 사실 '자신의 모든 삶'(생계)을 연보궤에 던진 이 여인의 헌신적 희생의 행동은, 어느 학자(Wright, 1982)의 지적처럼, '과부의 가산을 삼키는'(40절) 타락한 성전 제도와 기득권자들의 희생물일 수 있는 것처럼 예수의 희생 역시도 역사의 지평 위에서는 성전의 기득권자들(종교 지도자들)의 희생물이었다. 그러나 예수의 죽음은 단순한 희생물이 아니라 모든 사람의 대속물로 자신을 주신 구원의 놀라운 행동이었다(10:45). 확실히 외관상으로 보기에는 이렇게 타락한 제도 속에 가난한 과부가 자신의 생계 모두를 바쳐야 하는 것(자발적이라 할지라도)은 결코 합리적인 행동일 수가 없다(불의한 제도의 결과물/희생물). 이 점은 예수의 죽음("많은 고난을 받고 [불의한/타락한] 장로들과 대제사장들과 서기관들에게 버린 바 되어 죽임을 당하고")에 대한 예언이 있었을 때 베드로가 반응한 것(말도 안 되는 행동으로 책망)과 동일하다고 할 수 있다(8:31-33). 그러나 성경은 예수님의 이 같은 죽음이 우리를 위한 놀라운 하나님의 계획이었으며, 예수님은 이 계획에 자발적으로 순종하셔서 희생의 길을 가셨다. 여기서 독자의 귀에 메아리쳐 남아 있는 것은 단락의 마지막에 언급된 [그녀의 마지막 남은 두 렙돈을 의미한] "ὅλον τὸν βίον αὐτῆς=her whole life"이란 표현이다.

3) 가난한 과부와 제자도: "예수께서 제자들을 불러다가 이르시되"(43절)

제자들을 불러 이 여인의 행동을 그들에게 주지한 것은 제자도의 특별한 교훈으로 취급되어야 한다. 이 여인의 행동(과 예수님의 행동)과는 달리 제자들은 어리석은 제도적 희생물이 되지 않기 위하여 오히려 그를 배반(가룟 유다)하거나 부인(베드로)하거나 도주(다른 제자들)함으로써 자기들의 살길을 찾았다. 그러나 사실 불의한 세상에서 예수님과 복음을 위하여 산다는 것은 제도적 희생물(부끄러움의 대상)이 되기 십상이다. 그럼에도 불구하고 주님을 따르는 자는 복음을 위한 희생의 길을 걸어가야 한다. "누구든 제 목숨을 구원코자 하면 잃을 것이요 누구든지 나와 복음을 위하여 제 목숨을 잃으면 구원하리라"(8:35). 가난한 과부는 이 불의한 제도 속에서도 자기의 생계 전부 곧 그녀의 모든 삶을 [다른 사람을 위하여] 거기다 던졌다. 이것은 과부들의 가산까지도 삼키는 그 당시의 기득권자들(종교 지도자들)의 행동과는 너무도 다른 행동이었다. 이 점은 앞에서 이미 언급한 예수님의 모습(막 10:45) 속에서도 나타났다.

이 과부의 아름다운 헌신의 행동은 앞으로 다룰 향유 부은 여인의 모습(14:3-9) 속에서도 찾아볼 수 있다. 물론 이 둘의 헌신에서 바친 것들의 외관적 가치는 너무도 다르지만 - 하나는 보잘 것 없는 두 렙돈이고 다른 하나는 300 데나리온 이상의 가치를 지닌 것이지만 - 그러나 그것은 모두 '자기-부인'self-denial의 행동이었다(Malbon 1991:599, 막 8:34 참고). 특히 마가복음에서 무명의 여인들의 모습들(혈루증 여인[5:24-34]이나 수로보니게 여인[7:24-34] 그리고 가난한 과부[12:41-44]와 향유 부은 여인[14:3-9])은 제자도의 아름다운 모습으로 소개하고 있다.

이들 여인들의 모습은 '예수님의 생명을 주시는 능력에 대한 담대한 믿음'에서부터 '예수님의 자기 부인의 희생적 죽음에 대한 자기 부인과 희생의 삶'을 보여주고 있다. 비록 그 당시에 천한 여인들이지만 그들의 '믿음'과 '헌신'은 정말 고귀한 것이 아닐 수 없다. 확실히 이들은 마가복음이 보여주고자 하는 옥토들임이 분명하다. 정말 이들의 제자도는 서기관들과 비교해 볼 때에 "나중 된 자가 먼저 된다."(10:31)는 말씀을 여실히 입증하였다.

말씀을 맺고자 한다.
오늘 주신 본문을 통해 우리는 무엇을 배울 수 있는가?
다시 한번 우리는 나사렛 예수는 다윗의 자손으로 오셨지만 단순히 혈통적 다윗의 자손(아들)만이 아니라 다윗조차도 그를 주라고 부른 '다윗보다도 더 크신 이'이신 하나님의 아들로 오셨다. 하나님의 아들이신 예수는 이 땅에 우리의 몸으로 오셔서 우리와 같이 되시고 자신을 필요로 하는 자들에겐 '자비의 메시아'이시다. 그는 우리의 죄를 속량하기 위하여 자신의 몸을 대속물로 주신 우리의 구주이시다. 그의 대속적 희생은 공의와 자비와 사랑과 섬김을 통해 우리에게 진정한 샬롬을 주심을 의미한다. 하나님의 아들 예수 그리스도의 자비와 섬김과 희생과 사랑을 통하여 세울 메시아의 나라는 세상적인 혈통이나 세상적인 가치와 권세를 통해 이루는 옛 다윗의 나라의 연장이 아니다. 그가 세울 나라는 하나님의 나라, 곧 샬롬의 나라이다. 우리의 몸으로 오시고 우리를 위해 죽으신 이 예수를 우리는 우리의 구주로 믿고 따르며 그가 세울 하나님의 나라 곧, 샬롬의 나라를 꿈꾼다. 이것이 새해에 다짐하고 기원하는 우리의 신앙 고백이며 기원이다.

이어 본문은 우리가 어떻게 살아야 할지를 두 부류의 사람들을 통해 교훈한다. 하나는 주님께서 보이신 섬김과 희생과 사랑의 모습과는 달리 '과시(길에서 긴 옷)와 대접(시장에서의 문안)과 권세와 권좌(상좌와 상석)와 착취(과부의 가산을 삼킴)와 위선(긴 기도)의 모습'으로 주님에 의해 책망 받고 심판 받은 반면교사로서 종교인의 모습이고, 또 다른 하나는 비록 가난한 과부이지만 자신의 전 생명(삶)을 하나님께 드린 이름 모를 한 무명의 여인의 온전한 헌신의 모습이다. 불의한 종교 체계 속에서도 그녀가 바친 희생적 헌신은 마치 불의한 종교 체계 속에서 자신의 목숨을 대속물로 주신 주님의 모습을 비추는 것 같다. 참된 종교적 삶의 헌신은 온 마음과 뜻과 정성을 다하여 주 하나님을 섬기는 것이고 이웃을 내 몸처럼 사랑하는 것이다. 새해에는 이러한 하나님 사랑과 이웃 사랑이 우리의 삶에도 이어지기를 소원한다. Happy New Year!

49

마가복음 강해
길 위의 길
The Way on The Way

감람 산 고별 강론 (막 13:1-23)

"1 예수께서 성전에서 나가실 때에 제자 중 하나가 이르되 선생님이여 보소서 이 돌들이 어떠하며 이 건물들이 어떠하니이까 2 예수께서 이르시되 네가 이 큰 건물들을 보느냐 돌 하나도 돌 위에 남지 않고 다 무너뜨려지리라 하시니라 3 예수께서 감람 산에서 성전을 마주 대하여 앉으셨을 때에 베드로와 야고보와 요한과 안드레가 조용히 묻되 4 우리에게 이르소서 어느 때에 이런 일이 있겠사오며 이 모든 일이 이루어지려 할 때에 무슨 징조가 있사오리이까 5 예수께서 이르시되 너희가 사람의 미혹을 받지 않도록 주의하라 6 많은 사람이 내 이름으로 와서 이르되 내가 그라 하여 많은 사람을 미혹하리라 7 난리와 난리의 소문을 들을 때에 두려워하지 말라 이런 일이 있어야 하되 아직 끝은 아니니라 8 민족이 민족을, 나라가 나라를 대적하여 일어나겠고 곳곳에 지진이 있으며 기근이 있으리니 이는 재난[산고]의 시작이니라 9 너희는 스스로 조심하라 사람들이 너희를 공회에 넘겨주겠고 너희를 회당에서 매질하겠으며 나로 말미암아 너희가 권력자들과 임금들 앞에 서리니 이는 그들에게 증거가 되려 함이라 10 또 복음이 먼저 만국에 전파되어야 할 것이니라 11 사람들이 너희를 끌어다가 넘겨 줄 때에 무슨 말을 할까 미리 염려하지 말고 무엇이든지 그 때에 너희에게 주시는 그 말을 하라 말하는 이는 너희가 아니요 성령이시니라 12 형제가 형제를, 아버지가 자식을 죽는 데에 내주며 자식들이 부모를 대적하여 죽게 하리라 13 또 너희가 내 이름으로 말미암아 모든 사람에게 미움을 받을 것이나 끝까지 견디는 자는 구원을 받으리라 14 멸망의 가증한 것이 서지 못할 곳에 선 것을 보거든 (읽는 자는 깨달을진저) 그 때에 유대에 있는 자들은 산으로 도망할지어다 15 지붕 위에 있는 자는 내려가지도 말고 집에 있는 무엇을 가지러 들어가지도 말며 16 밭에 있는 자는 겉옷을 가지러 뒤로 돌이키지 말지어다 17 그 날에는 아이 밴 자들과 젖먹이는 자들에게 화가 있으리로다 18 이 일이 겨울에 일어나지 않도록 기도하라 19 이는 그 날들이 환난의 날이 되겠음이라 하나님께서 창조하신 시초부터 지금까지 이런 환난이 없었고 후에도 없으리라 20 만일 주께서 그 날들을 감하지 아니하셨더라면 모든 육체가 구원을 얻지 못할 것이거늘 자기가 택하신 자들을 위하여 그 날들을 감하셨느니라 21 그 때에 어떤 사람이 너희에게 말하되 보라 그리스도가 여기 있다 보라 저기 있다 하여도 믿지 말라 22 거짓 그리스도들과 거짓 선지자들이 일어나서 이적과 기사를 행하여 할 수만 있으면 택하신 자들을 미혹하려 하리라 23 너희는 삼가라 내가 모든 일을 너희에게 미리 말하였노라."

예루살렘 입성 후 예수님은 먼저 성전의 '모든 것을 둘러보시고'(11:11) 베다니로 물러나셨다(첫째 날). 그 다음 날, 베다니에서 성전으로 가시는 길에 멀리서 잎사귀 있는 무화과나무를 보시고 열매를 얻기 위해 가까이 가서 무화과나무의 열매 없음을 보시고 저주(11:12-14)하신 후, 다시 성전에 들어가셔서 참된 예배(믿음과 기도)가 없는 외식으로 가득한 성전(나무)을 청결(심판)하셨다(둘째 날: 막 11:15-17). 셋째 날이 되어 다시 성전으로 가시는 길에 저주한 무화과나무가 말라 죽은 것을 보시고(11:20) 믿음과 기도와 용서에 대해 강론하셨다(11:22-26). 이어 성전에 가셔서 그곳에서 가르치시는 동안 성전 지도자들과 여러 가지로 논쟁(12장)하신 후 그들의 불신앙과 부패한 모습에 중한 심판이 따를 것임을 말하셨다(12:40; cf. 12:9). 마지막으로 심판의 상징적 행동으로 성전을 떠나시면서 성전 멸망을 선언하신다(13:1-2).

'성전 멸망의 필연성'(2절 후반)은 이미 성전 입성의 길에서 보인 '열매 없는 무화과나무'에 대한 저주 사건(11:12-14)과 함께 '강도의 소굴'로 타락한 성전 예배의 청결(심판)의 행동을 통해 암시한 바 있다. 또한 성전에서의 논쟁 후 종교 지도자들이 보인 부패한 모습을 통하여 심판이 선언되어짐(12:40)의 결과이기도 하다. 성전 입성에서의 심판의 행동(12:15-19)과 성전 떠남의 멸망의 선언(13:1-2)은 성전 멸망의 필연성을 보여주는 수미상관^inclusio의 모습이기도 하다(박윤만, 868).

> "1 예수께서 성전에서 나가실 때에 제자 중 하나가 이르되 선생님이여 보소서[ἴδε] 이 돌들이 어떠하며 이 건물들이 어떠하니이까[이 큰 돌들과 이 큰 건물들을] 2 예수께서 이르시되 네가 이 큰 건물들을 보느냐[βλέπεις] 돌 하나도 돌 위에 남지 않고 다 무너뜨려지리라 하시니라."

예수님은 감람 산에서 성전을 마주 대하며 앉아 소위 '종말에 대한 고별 강론'(13:3-37)을 하셨다. 이 강론은 예루살렘 성전의 멸망에 대한 제자들의 질문에 대한 답변으로 주어진 것으로 성전에 대한 멸망의 선언(13:2)으로 시작한다. 결국 고별 강론 후 성전 멸망은 예수님의 심문 기사의 핵심된 주제(14:48; 15:29, 39)로 예수님은 자신의 죽음과 부활을 통하여 손으로 짓지 아니한 새롭고 영구적 성전을 건설하기 위한 수난(죽음)의 길을 걷게 된다(14-15장). 흥미로운 점은 성전을 바라봄(1-2절[ἴδε와 βλέπεις])에 있어 당시 로마 세계의 위대한 건축물 중 하나인 예루살렘 성전 외관(크기와 장식)에 대한 한 제자의 탄성(1절)과 성전 멸망에 대한 예수님의 탄식(2절)은 운율적 대조뿐만 아니라 보는 관점(외관과 내면)에서도 극적 대조를 이루고 있다(박윤만, 869-870). 성전을 바라봄에 있어 제자는 그 거대함과 아름다움(외관)에 탄성을 지르며 의외의 반응을 하지만 예수님은 그 내면('강도의 소굴')을 보시고 탄식한다. 인간은 화려한 외모에 집중하지만 하나님은 외모보다는 내면(중심)을 보시는 분이시다. 과연 우리는 오늘날의 교회를 어떻게 보고 있는가(2절)? 건물의 외관인가? 내면의 영성인가?

1. 서론(13:3-4)

1) 장소(3절): 감람 산에서

이미 구약과 유대 문학에서 감람 산은 메시아 도래와 관련하여 자주 언급되었는데(슥 14:4; 욜 4:2; 삼하 15:30 참고) 이곳은 '멸망적인/종말적인 심판의 자리'로 암시되었다. 이제 예수님은 감람 산에서 성전을 마주 대하여 앉으사 멸망할 성전(자신을 암시)을 바라보시며 멸망(종말?)에 어떻게 대비하고 주의해야 할 것인지에 대한 강론을 주셨다. 이런 점에서 이 강화는 '종말 강론' 또는 '고별 강론'[40]이라고 불린다.

2) 제자들의 질문(4절): 베드로, 야고보, 요한, 그리고 안드레

> "우리에게 이르소서. 어느 때[πότε]에 이런 일[들]이 있겠사오며 이 모든 일[들]이 이루어지려 할 때에 무슨 징조[τὸ σημεῖον]가 있사오리이까?"

성전 멸망에 대한 예수님의 말씀(2절)에 제자들의 질문(4절)은 '언제' 성전이 멸망될 것인지 그리고 성전 멸망의 '징조'는 무엇인지를 알고 싶어 한다(France, 806). 그들의 질문은 두 겹으로 예루살렘 멸망의 시기('어느 때에')와 징조('무슨 징조')에 대한 것이다.

---

[40] 비록 이 강론이 일부 묵시적 특징들(우주적 재앙으로 표현된 모습, 절정의 사건과 임박한 심판 그리고 종말론적 권면)을 갖고 있지만 묵시 문학(예언자적 인물, 천상 여행과 천사의 계시, 수와 짐승의 상징과 세계 역사의 계시, 등등)과는 비교된다. 이 강론은 종말론적 흥분이 아니라 종말에 대한 대비와 그에 따른 권면의 목회적인 강론(제자도)에 초점을 두기 때문에(France, 796-797) '종말적 고별 강론(eschatological farewell discourse)'이라고 부르는 것이 적절하다.

2. 예수님의 답변(13:5-37)

　성전 멸망에 대한 제자들의 질문(때와 징조)의 답변으로 주어진 '멸망/종말 강론'(고별 강론)은 특히 그 시간 구조가 대단히 난해하다. 문제는 이 감람 산 멸망/종말 강화의 어떤 부분이 '예루살렘 멸망'에 대한 언급이고, 어떤 부분이 '시대의 종말'에 대한 언급인지 결정하기가 쉽지 않다. 사실 이 강화는 위의 두 가지 이슈들이 복합적으로 짜인 내용으로 되어 있다 (마 24:3 참고). 멸망과 종말은 같은 의미(예루살렘 멸망/종말)임과 동시에 다른 의미(시대의 종말)이기도 하지만 그 징조는 상호 유사하다. 특히 멸망의 시간은 세밀하고 명확하게 언급하지는 않지만 발전되어 30절에는 다소 분명한 시간으로 요약되는데 그것은 '이 세대 내에'("이 세대가 지나가기 전에") 그 시간이 일어날 것이라는 점이다(France, 806). 그러나 징조는 결정적인 것은 아니지만 일종의 산고^{birth pangs}의 시작과 같은 것들로 나타나며(5-8절) 이어 멸망(종말) 전 제자들에게 발생하는 박해에 대비(주의)하여 박해 가운데 복음 전파와 인내를 권면한다(9-13절). 그러므로 예수님의 강론의 핵심은 멸망이나 종말 자체에 있기보다는 멸망과 종말을 대비하기 위한 목회적인 권면(경계와 위로와 사명)에 있다. 사실 이런 징조들은 멸망 전의 모습임과 동시에 종말 전의 모습이기도 하다. 무엇보다도 예루살렘 멸망은 종말의 문맥 안에 있으며 그러므로 예루살렘 멸망과 종말은 아래에서 보는 것처럼 같은 시간대에 있으며 그 징조는 서로 유사하다.

<종말의 시간에 대한 성경적 이해>
　성경에서 일반적으로 '종말'(συντέλεια)이라고 할 때 그것은 초림부터 재림까지의 전 기간을 말하지만(히 9:26) 또한 종말의 전 기간 중 마지막 끝(종점[τέλος])을 의미하기도 한다(막 13:7). 이 경우 예루살렘 멸망(AD 70)은 종말 사이에 있는 중요한 사건을 의미하는 것으로 이것은 종말의 한 부분을 가리킨다. 그러나 이것이 세상 끝(종점)은 아니다. 이것을 도표로 이해하면 다음과 같다.

> 초림 ─────── (예루살렘 멸망) ─────── 재림
> 출산의 고통과 같이
> 환난; 배교; 미혹; 전쟁; 재난; 등등

위의 이해에 기초하여 본 강론('고별 강론')의 구조는 간단히 '예루살렘 성전의 임박한 멸망'에 대한 부분(5-23절)과 '주의 재림'에 관한 부분(24-37절)의 두 부분으로 요약되거나 더 세분화하여 5-23절은 예루살렘 멸망이고 24-27절은 주의 재림이며 28-31절은 다시 예루살렘 멸망이며 32-37절은 주의 재림의 A-B-A-B의 구조(Stein, 593-597)로 이해하기도 한다. 또는 더 단순화시켜서 5-23절은 예루살렘 멸망이고 24-27절은 주의 재림이고 나머지 부분(28-37절)은 임박한 예루살렘 멸망과 미지(味知)의 주의 재림에 관해 제자들을 권면함으로 요약하기도 한다(Schnabel, 314). 강론 전체는 '제자들을 위한 목회적인 권면'이 주된 관심이다. 특히 오늘 다룰 예수님의 강론 중 임박한 성전 멸망에 대한 경고 부분인 5-23절에서도 9-13절이 구조적으로 중심을 이루고 있다(Garland, 609).

> A. 미혹자들(13:5-6, "주의하라"[βλέπετε])
>   B. 국가 간 전쟁들(13:7-8, "너희가 듣거든")
>   C. 박해(13:9-13, "스스로 주의하라"[βλέπετε])
>   B′. 유대 전쟁(13:14-20, "너희가 보거든")
> A′. 미혹자들(13:21-23, "주의하라"[βλέπετε])

1) 종말의 징조들과 배교(13:5-23)

본문이 언급하는 이 모든 징조들은 예루살렘 멸망 전후에 나타나는 현상들이지만 이 또한 종말의 전 기간에 걸쳐 나타나는 징조들이기도 하다. 본문은 이러한 징조들에 대한 경계와 함께 미혹함과 배교에 대해 '주의할 것'(5절, 9절, 23절)을 강조하고 있다. 무엇보다도 성전 멸망(파괴)의 징조로 구체적으로 언급된 부분(14-23절)인 전쟁 중에 일어날 것과 전쟁 전후 많은 거짓 메시아(선지자?)가 일어난다는 것이 유대 문헌(요세푸스의 글) 속에도 나타난다. 예수님 역시도 이 같은 징조를 내다보셨다. 여기 성전 멸망의 전조로서 언급된 거짓 메시아(선지자)의 등장(5-6절)과 전쟁과 자연적 재앙(7-8절)은 다가오는 산고(종말)의 시작에 불과하지 끝은 아니다(7절 끝, "아직 끝은 아니니라."; 8절 끝, "이는 재난/산고(ὠδίνων[birth pains])의 시작이니라."). 여기 멸망의 징조를 주께서 '산고'(ὠδίνων[birth pains])의 이미지로 표현한 점은 매우 흥미롭다. 산고의 의미는 한편으로 멸망(종말)의 징조지만 또 다른 한편으로 해산(새 생명/구원)을 위한 과정으로 이것은 옛 성전의 멸망이면서 새 성전의 시작을 의미한다. 결국 이러한 '산고의 고통'을 견디는 자에게는 생명의 잉태(구원)를 낳는다. 주님은 제자들에게 멸망 전 이러한 미혹과 전쟁과 재앙과 더불어 핍박과 배반과 공동체의 내적 분열의 산고(징조)의 고통의 도래함을 알고 그 가운데 두려워하지 말고 산모처럼 인내하며 복음 전파의 길을 걷도록 권면한다(9-13절). 이러한 멸망(종말?)의 도래 전의 상황 속에서 복음 전파의 삶은 고별 강론의 핵심(Geddert, 146; Moloney, 257)이며 제자들(교회)이 가져야 할 '우선적이고도 필연적인'(πρῶτον δεῖ) 모습(10절, "또 복음이 먼저 만국에 전파되어야 할 것이니라.")이다(박윤만, 886). 이 같은 복음 전파의 모습이 사도행전에 자세히 언급되었다. 이것이 종말을 만난 우리가 취할 모습(경계와 견딤과 복음 전파)이기도 하다.

> **a. 멸망 전의 환난(재난)의 징조들**
> - 거짓 교사들과 거짓 선지자들의 출현(13:5b-6, 21, 22)
> - 전쟁과 전쟁 소문들(13:7-8)
> - 자연 재앙들: 지진과 기근(13:8)
> - 박해와 수난과 배반과 내적 분열과 순교(13:9-13)
> - 예루살렘 멸망 전후로 일어나는 환란(전쟁)과 미혹함(13:14-23; 눅 21:20을 참고).

미혹자(거짓 메시아와 거짓 선지자)의 등장이나 전쟁과 기근과 지진의 자연적 재앙, 그리고 신앙적 핍박과 박해와 공동체의 해체는 예루살렘 멸망 전의 모습만이 아니다. 종말의 우리 시대에도 메시아로 자처하는 미혹자들(사이비 종교)이 성행하고 전쟁과 자연 재앙(기근과 지진)이 나타난다. 무엇보다 신앙의 핍박과 박해는 물리적인 모습만이 아니라 사상적 풍조 속에서 그 형태를 가지며 가족과 공동체의 분열(해체?)은 종말이 가까울수록 가속화되어 신앙적 위기를 맞이한다(딤후 3:1-7). 이러한 종말론적 상황에서 주님의 제자들(교회)은 성령의 인도하심과 도우심 아래에서 경계(주의)와 견딤과 복음 전파의 길을 걸어가야 한다. 여기 삼중으로 반복하여 강조되는 '넘겨짐'(παραδίδωμι [9, 11, 12절])은 종말을 만난 제자들의 운명임과 동시에 예수님의 전령자인 세례 요한의 운명(1:14)과 예수님의 운명(8:31; 9:31; 10:33)이기도 하다. 세례 요한과 주께서 걸어가신 수난('넘겨짐')의 길은 제자들이 가야 할 길이다. 이것이 주님이 가신 길을 따라가야 하는 제자도의 길인 '길 위의 길'이다. 이러한 목회적 경고와 권면이 이 단락(5-23절)의 중심 부분인 막 13:9-13에 잘 서술되어 있다(Moloney, 251, 256 이하).

> b. 경고와 권면(9-13절): "스스로 주의하라"
> - 사람의 미혹을 받지 않도록 주의하라.
> - 신앙 가운데 확고히 서라. 인내하라. 복음 전파자가 되라.
> - 복음 전파에 고난과 핍박이 있지만 두려워 말고 성령님의 지혜를 의존하라.

성전 멸망 전의 징조에 대한 직접적이고도 구체적인 모습은 14-23절에 보다 더 자세하고도 생생하게 묘사되어 있다. 예수님의 이 예언에 대해 대부분 학자들은 역사적 증거들 - 유대 역사와 유대 전쟁(요세푸스의 Jewish Wars)에 비추어서 - 을 가지고 합리적으로 추론하고 설명한다. 특히 당시 이 사실을 알고 있는 낭독자와 청자들에게는 큰 문제가 없는 내용이다(14절, "읽는 자는 깨달을진저"[Let the reader understand]).

결국 미혹자들(거짓 메시아, 거짓 선지자들)에 미혹되지 않도록, 전쟁과 자연 재해에 마음이 빼앗기지 않도록 주의하고 주의해야 한다(5절 [βλέπετε], 9[βλέπετε], 23절[βλέπετε]). 이런 일들은 '재난(산고)의 시작'으로 산고(產苦) 과정 동안 그 수고와 견딤이 얼마나 오래 걸릴지 모르지만 '해산'(생명의 탄생과 구원)을 바라보고 인내하며 복음 전파의 사명을 다하여야한다. 산고의 고통을 통해 생명이 태어나는 것처럼 복음 전파 역시도 마찬가지다. 씨(복음)가 뿌려지면 그 씨는 하나님의 돌보심 아래 시련(사탄과 환란과 유혹)을 견디며 자라 결실(추수)하게 된다. 그러므로 이런 징조들에 관심을 빼앗길 것(우려함)이 아니라 경계(주의)하지만 소망으로 인내하며 복음 전파의 사명을 다하여야 한다. 그런데 이런 징조들은 종말의 시간에 필연적이지만 이 또한 하나님의 주권 가운데 있음을 알아야 한다(δεῖ[7절]의 신적 의미, "있어야 하되"[Garland, 613]).

다시 한번 오늘 주어진 말씀을 깊이 생각해보자.
'만민이 기도하는 집'이 '강도의 소굴'이 된 성전. 성전의 지도자들 역시도 부패와 타락으로 심판 받고(12:40) 성전은 멸망의 길로 간다(13:1-2). 결국 AD 70년에 예루살렘 성전은 멸망되었다. 이스라엘에게 성전 멸망은 종교(국가)의 최대의 위기였다. 사실 성전 멸망은 일종의 국가적 종말과 같았으며 선지자들은 자주 시대의 종말과 비교하기도 하였다. 제자들의 질문처럼 이러한 멸망 전의 징조들은 종말의 징조와 유사하다(마 24:3 참고). 주님은 제자들에게 멸망의 때와 징조를 말하면서 때와 징조를 경계하고 경계하여 견디면서 복음 전파에 힘쓸 것을 권면한다. 이것이 종말의 시간에 주님의 제자들이 해야 할 '우선적이고 필연적인'(πρῶτον δεῖ) 일이다(10절, "또 복음이 먼저 만국에 전파되어야 할 것이니라.")

산고의 고통 중에 생명이 태어나는 것처럼 종말을 앞둔/만난 교회는 이러한 산고의 시간과 고통들을 주의하면서 해산의 수고를 감당하며 믿음과 소망과 사랑으로 견뎌야 한다. 그럴 때 생명의 탄생(구원)을 갖게(얻게) 되는 것이다. 고통 중에도 씨를 뿌려라. 때를 얻든지 못 얻든지 씨를 뿌려라. 사탄의 유혹에도 아랑곳 하지 말고 씨를 뿌리고, 환란 중에도 씨를 뿌리고, 세상의 염려와 재리의 유혹이 찾아와도 말씀으로 견디며 씨를 뿌려라. 주님이 씨 뿌리는 자들과 뿌린 씨들을 돌보시며 수확(결실)을 거두게 하실 것이다.

　비록 고난과 박해와 배반 속에 '넘겨짐'(13:9, 11, 12)을 당해도 주님은 우리를 일으켜 세울 것이다. 주님 역시도 '넘겨짐'(8:31; 9:31; 10:33)을 당하셨지만 한 알의 밀알로 땅에 떨어져 죽어 많은 사람을 구원하신 것처럼 우리 역시도 복음을 전파하다 '넘겨짐'을 당하여도 주님은 우리를 통해 복음 전파의 결실을 거두게 될 것이며 마지막 날에 우리를 일으킬 것이다. 부활의 주님께서 우리를 다시 일으키시며, '추수의 주님'(Lord of Harvest)께서 마지막 날에 추수할 것이다. 마라타나 주 예수여 오시옵소서! 이것이 새해를 만난 우리의 소망이고 헌신이다.

50 길 위의 길
The Way on The Way

마가복음 강해

종말에 깨어 있으라 (막 13:24-37)

"24 그때에 그 환난 후 해가 어두워지며 달이 빛을 내지 아니하며 25 별들이 하늘에서 떨어지며 하늘에 있는 권능들이 흔들리리라 26 그때에 인자가 구름을 타고 큰 권능과 영광으로 오는 것을 사람들이 보리라 27 또 그때에 그가 천사들을 보내어 자기가 택하신 자들을 땅 끝으로부터 하늘 끝까지 사방에서 모으리라 28 무화과나무의 비유를 배우라 그 가지가 연하여지고 잎사귀를 내면 여름이 가까운 줄 아나니 29 이와 같이 너희가 이런 일이 일어나는 것을 보거든 인자가[그것이] 가까이 곧 문 앞에 이른 줄 알라 30 내가 진실로 너희에게 말하노니 이 세대가 지나가기 전에 이 일이 다 일어나리라 31 천지는 없어지겠으나 내 말은 없어지지 아니하리라 32 그러나 그 날과[이나] 그 때는 아무도 모르나니 하늘에 있는 천사들도, 아들도 모르고 아버지만 아시느니라 33 주의하라 깨어 있으라 그때가 언제인지 알지 못함이라 34 가령 사람이 집을 떠나 타국으로 갈 때에 그 종들에게 권한을 주어 각각 사무를 맡기며 문지기에게 깨어 있으라 명함과 같으니 35 그러므로 깨어 있으라 집 주인이 언제 올는지 혹 저물 때일는지, 밤중일는지, 닭 울 때일는지, 새벽일는지 너희가 알지 못함이라 36 그가 홀연히 와서 너희가 자는 것을 보지 않도록 하라 37 깨어 있으라 내가 너희에게 하는 이 말은 모든 사람에게 하는 말이니라 하시니라."

고별 강론의 이어지는 본문(24-37절)은 성전 멸망 후 오게 될 종말(재림)에 대한 문제를 다룬다. 특히 24-27절은 '인자의 오심'을 다루는데 그것은 곧 주의 재림 파루시아, παρουσία인 종말을 의미하는 것이다(Garland, Moloney; Schnabel). 그러나 이 부분에 대한 종말의 문제("그때에"[24, 26, 27절])를 성전 멸망(박윤만[Evans][41]; France)으로 볼 것인가 아니면 주의 재림으로 볼 것인가는 여전히 논란의 소지가 있다. 이미 앞에서 진술한 것처럼 막 13장의 시간 구조는 매우 복잡하다. 제자들의 질문(13:4)은 '예루살렘(성전) 멸망의 시기와 징조'에 대한 것이지만 당시 사람들에게 예루살렘(성전) 멸망은 국가적 종말 혹은 시대적 종말에 대한 이해와 맞물려 있었다. 유대인들이 가장 사랑하고 자랑하는 그들의 정체성(국가=종교)의 심장과 같은 성전의 멸망(파괴)의 문제는 곧 종말의 문제였다. 흥미롭게도 마태는 제자들이 이 부분을 예루살렘 멸망과 시대의 종말을 함께 질문함으로 기술한다(마 24:3, "어느 때에 이런 일이 있겠사오며 또 주의 임하심과 세상 끝에는 무슨 징조가 있사오리이까?"). 이에 대한 예수님의 답변(24-32절)은 멸망과 더불어/멸망을 보면서 종말은 분명히 오지만(필연성), 종말의 시간은 정확히 알지 못한다(모호성)는 것이다. 이것은 종말의 필연성과 함께 종말의 의도적 모호성을 의미하며 예수님의 강론에서 보다 중요한 것은 종말의 시간의 문제에 집착하기보다는 항상 종말에 깨어 준비된 사람이 되어야 한다는 것이다. 이 점이 종말을 만난 우리들이 가져야 할 태도며 입장이다. 우리에겐 '사이비 종말론자들'의 모습처럼 종말의 시간에만 매몰되고 미혹되어 낙망하고 두려워하여 불신과 배교의 길을 걷지 말고 믿음으로 인내하며 하나님의 복음을 전하는 복음 전파의 사명에 충실하도록 권면한다.

---

41   박윤만(:904 이하)은 Evans의 해석(2001:328)을 따라 이 부분을 "성전 멸망과 그에 따른 인자의 신원을 가리키는" '은유적 언어'로 간주하여 성전 멸망을 통해 세워질 새 성전의 권능과 영광의 모습인 인자의 신원(등극)으로 보고 이어지는 인자의 사역은 "택한 자들"을 모으는 일(27절)로 해석한다.

항상 종말을 대비(주의)하면서 어떤 상황에서도 복음을 전하는 자가 되기를 주님은 원하셨다. 종말(재림)의 징조는 있지만 종말의 시간은 모호하다. 그러나 종말(재림)의 도래는 비밀리에 나타나는 것이 아니라 명확하게(육체로 보이게) 나타나며 사람들은 종말(재림)의 사실을 분명히 알지만 그날과 그때는 알지 못한다. 종말을 재림과 함께 병행하여 사용(이해)할 때 종말은 좀 비관적으로 들린다면 재림은 보다 희망적으로 들리는 것은 사실이다. 이것이 예수님의 종말론적 고별 강론의 기승전 - '결'이다.

특히 본 단락(24-37절)은 주님의 재림에 대한 언급(24-27절)과 함께 두 개의 비유('무화과나무의 비유'[28-31절]와 '집주인의 비유'[32-37절])로 구성되어 있는데 앞의 비유에서는 소망적인 인자의 도래와 더불어 예루살렘(성전) 멸망의 필연성("보거든")이 '제자들이 살았던 세대'(이 세대) 안에 분명히 이루어짐을 말하며 후자의 비유에서는 '여호와의 날'("그 날이나 그때")인 재림(종말)은 그 시간의 정확성을 알 수 없지만 주님이 이 땅을 떠나시고(승천) 다시 오실 종말의 그 시간은 '밤(시험과 박해와 수난)의 시간'으로 그 시간 동안 우리는 시험에 빠지지 않도록 깨어 기도해야 함을 권면한다(37절).

1. 주님의 재림(13:24-27)

"24 그때에 그 환난 후 해가 어두워지며 달이 빛을 내지 아니하며 25 별들이 하늘에서 떨어지며 하늘에 있는 권능들이 흔들리리라 26 그때에 인자가 구름을 타고 큰 권능과 영광으로 오는 것을 사람들이 보리라 27 또 그때에 그가 천사들을 보내어 자기가 택하신 자들을 땅 끝으로부터 하늘 끝까지 사방에서 모으리라."

지금까지 예수님은 예루살렘(성전) 멸망의 징조들을 대해 말씀하셨다 (5-23절). 마치 종말이 도래한 것처럼 미혹자들(거짓 메시아와 거짓 선지자들) 이 나타나 너희를 미혹할 것이고 전쟁과 전쟁의 소문을 들을 것이며 지진과 기근과 같은 자연 재앙들이 나타나며 박해와 매 맞음과 배반과 공동체의 분열의 절망적 모습이 일어나지만 그것이 종말 도래의 모든 것이 아니라고 말한다. 전쟁이 일어나 성전은 더럽혀지고 사람들의 놀람과 도망침이 일어나지만 그것이 세상과 시대의 '끝이 아니다'(7절)라고 말한다. "이젠 끝이야, 우린 끝이야"라고 절망하거나 두려워하지 말라고 말한다. '산고의 시간'(8절)일 뿐이며 '환난의 시간'일 뿐이다(18절). 예루살렘 멸망에 의해 야기되는 시대의 종말에 대한 잘못된 견해로 종말적 혼란에 빠져 있는 그들에게 주님은 그러한 일이 일어나도 그것이 끝이 아니라고 말씀한다. 예루살렘 멸망은 확실히 '환난의 날'(19-20절)이지만 종말(재림)은 그러한 환난이 지난 후에 일어나는 것으로 예루살렘 멸망이 종말의 도래는 아니다. 마치 종말이 온 것처럼 그때 거짓 메시아가 나타나 사람들을 미혹케 하지만 "아직 끝(종말)은 아니다." 끝(종말)은 그러한 환란 후 언젠가 일어난다. 이게 24절 이하의 말씀이다.

그러나 그러한 예루살렘 멸망의 환난 후 "하늘의 해가 어두워지고 달이 빛을 내지 않고 별들이 떨어져 하늘의 권능이 흔들리는"(사 13:10과 34:4 참고) 그와 같은 종말론적-묵시적인 하늘 징조의 모습이 나타날 때('그때에') "인자가 구름을 타고 큰 권능과 영광으로" 주의 재림이 있으리라고 말한다(26절).

그리고 "그가 천사들을 보내어 자기가 택하신 자들을 땅 끝으로부터 하늘 끝까지 사방에서 모으리라"고 말씀하신다(27절). 사실 이 모습은 '주(여호와)의 날에 임할 하나님의 현현하심에 의해 인자의 도래를 언급할 때 보여주는 이미지(욜 2:10; 3:15; 사 13:10; 34:4; 겔 32:7-8; 암 8:9 참고)이기도 하다(Lane, 475). 주의 재림은 마침내 옛 시대가 끝나고 새 시대가 수립된 것(새 하늘과 새 땅의 도래=하나님 나라의 도래)으로 이는 하나님의 영광이 이제 더 이상 타락하여 멸망된 성전 안에 머물지 아니하고 성육하셔서 은혜와 진리로 이 땅에 거하시면서 자신의 몸을 헐어 참된 성전이 되어 하늘로 올라가셔서 다시 하늘로부터 내려오신 인자이신 예수 안에 머물게 된다(ibid). 이제 성전 멸망에 대한 예수님의 강론은 마침내 영광스러운 주의 재림에서 그 결말을 찾아 제자들에게 위로와 소망의 메시지를 던져준다(26-27절). 이런 점에서 예수님의 종말론적 멸망 강화는 끝장과 절망과 두려움의 메시지가 아니라 새로운 시작과 희망과 약속의 메시지이다. 오늘 본문이 그러하고 요한계시록의 말씀이 그러하다.

어느 설교자의 말처럼 "예수님은 고난(환난)이 자신에게 닥친다는 사실을 알았고, 고난(환난)이 예루살렘에 덮친다는 것을 알았고 또한 그 고난(환난)이 자신의 사랑하는 제자들에게 찾아온다는 것을 알았고, 더 나아가 고난(환난)이 이 세상에 계속된다는 것을 알았지만 언젠가 그러한 고난(환난)이 끝나고/지나고" 주님은 구름을 타고 큰 영광과 권능으로 오셔서 자기가 택한 사람들을 땅 끝으로부터 하늘 끝까지 사방에서 모으리라고 말씀하신다(26-27절). 흩어진 이스라엘 백성을 불러 다시 모으는 일이 유대인들의 종말론적인 소망(성전 재건의 소망?)이었던 것을 예수님은 이 소망을 자신의 재림으로 성취하고자 한다(Lane, 476). 이제 흩어진 자신의 택한 백성을 모으기 위한 예배 센터로 기능하였던 성전은 멸망되고 이 땅에 오셔서 자기 몸을 헐고 참된 성전이 되신 주님을 예배하는 자들(요 4:23-24)인 흩어진 자신의 택한 자들을 마지막 날 하늘로부터 구름타고 권능과 영광중에 다시 오실 인자를 통해 "땅 끝으로부터 하늘 끝까지 사방에서" 거룩한 하나님의 한 백성으로 모으실 것이다. 다시 오실 주님으로부터 이러한 주님의 재림에 대한 소망을 가진 신자들의 모습(초대 교회의 모습)을 어떤 주석가는 이렇게 서술한다(Schnabel, 333).

> "그들은 주의 재림과 그로 인한 새 하늘과 새 땅의 수립에 대한 소망 때문에 종말 전의 환난의 시간 동안 모욕을 당하지만 자신들의 죄를 위해 죽으시고 죽은 자들로부터 부활하신 주님께서 그들을 고난으로부터 구원하실(살후 2:6-7; 벧전 4:13) 뿐만 아니라 그들의 눈에서 모든 눈물을 씻기시고(계 7:17; 21:4) '그리스도 안에서 죽은 자들'을 일으키시고(고전 15:22-23; 살전 4:16) 자기 백성에게 멸하지 않는 영광스러운 몸을 주시며(고전 15:42-45, 51-54), 그리고 끝까지 견딘 자에게 주시기로 약속한 상급인 영원한 생명을 주심으로(마 16:27; 딤후 4:8; 히 9:28) 자신이 약속한 것을 이루시고 육체로 모두가 볼 수 있게 다시 오신다는 확신 가운데 지속적으로 그 주님을 기다린다."

확실히 이 재림에 대한 이러한 소망("마라나타 주 예수여 오시옵소서."[계 22:20])이 신자들로 하여금 박해와 고난(환난) 속에서도 끝까지 믿음으로 견디게 하며 복음 전파의 삶을 살아가는 힘을 준다. 이것이 예수님의 '종말론적 고별 강론'의 메시지이며 '요한계시록'의 메시지이기도 하다.

이제 강론의 끝에서 예수님은 예루살렘 멸망과 재림에 관련된 모든 멸망의 징조의 출현과 멸망의 시간은 마치 무화과나무가 그 가지가 연해지고 잎사귀를 내면 여름이 가까운 줄을 아는 것처럼, 인자(인자의 도래 혹은 예루살렘 멸망의 재앙[14절 이하])가 가까이 곧 문 앞에 이른 줄을 알게 되는 것이라고 재차 말씀하신다(28-29절). 특히 예루살렘 멸망에 대한 징조는 "이 세대가 지나가기 전에 일어나리라"고 말씀하신다(30절).

2. 무화과나무로부터의 배움(28-31절)

"28 무화과나무의 비유를 배우라 그 가지가 연하여지고 잎사귀를 내면 여름이 가까운 줄 아나니 29 이와 같이 너희가 이런 일(ταῦτα)이 일어나는 것을 보거든[14절 참고] 인자ʰᵉ가[그것이ⁱᵗ] 가까이 곧 문 앞에 이른 줄 알라 30 내가 진실로 너희에게 말하노니 이 세대가 지나가기 전에 이 일이 다(ταῦτα πάντα) 일어나리라 31 천지는 없어지겠으나 내 말은 없어지지 아니하리라 32 그러나 그 날과[이나] 그때는 아무도 모르나니 하늘에 있는 천사들도, 아들도 모르고 아버지만 아시느니라."

겨울이 지나 가지가 연해지고 잎사귀를 내는 무화과나무의 모습(28절)은 정확한 날은 몰라도 여름이 가까웠다는 것을 가리키는 것처럼, 결국 이러한 징조들("이런 일", "이 모든 일"[4절과 29-30절])이 일어나는 것을 보게 되면 '인자(그것[성전 멸망?])가 더 가까이 왔다'는 것을 알게 된다(29절, "이와 같이 너희가 이런 일이 일어나는 것을 보거든 인자의 도래가[그것 성전 멸망이?] 가까이 곧 문 앞에 이른 줄 알라.").[42] 흥미로운 점은 앞서 잎만 있고 열매 없어 저주받아 시들어 죽었던 무화과나무(11:12-25) - 마치 성전의 종교가 죽은 모습의 멸망의 성전 - 의 모습이 이제 여기서는 겨울이 지나 가지가 연해지고 새순을 내어 열매를 기다리는 살아 있는 무화과나무(예수 성전?)의 모습으로 소개된다. 성전의 접근(11:12-14[25])과 떠남(13:28-29)에서 묘사된 무화과나무의 이 두 이미지(시들어 죽은 무화과나무와 새순이 돋는 무화과나무)는 성전 멸망(옛 성전)과 재건(새 성전)의 의미로서 상호 대조contrast 혹은 패러독스paradox를 이루며 성전을 중심으로 수미상관inclusio 의 모습을 이룬다(Story, 87; Jenson, 187 참고). 이것은 성전 멸망(=예수 수난의 필연성)으로 인한 새 성전의 부활(재건?)과 인자의 도래(재림)로 인한 참된 성전 예배(메시아 예배)의 회복을 의미하는 희망의 이미지이다(Jenson, 187). 여기에 보다 희망적인 것은 이 희망을 확정해 주는 31절의 주님의 말씀이다. "천지는 없어지겠으나 내 말은 없어지지 아니하리라."

그런데 여기서 보다 분명한 것은 이 모든 성전 멸망의 징조들(5-23절)은 종말 전, 특히 예수님 시대의 세대("이 세대")가 지나가기 전에 반드시 일어날 것들(30절, "내가 진실로 너희에게 말하노니 이 세대가 지나가기 전에 이 [모든] 일이 다 일어나리라.")이기 때문에 이런 징조들을 볼 때 '종말이 도래했다'('종말의 시간'의 예측)는 주장에 미혹함을 받아 혼란과 낙망과 두려움에

---

42 Lane과 France는 29절의 헬라어 "ἐστιν"를 '인자'(he)라고 번역하기보다는 '그것'(it)으로 번역하여 제자들이 질문한 멸망의 징조에 대한 답변으로 주어진 것으로 해석하여 "성전 멸망이 더 가까이 왔다"라고 이해한다. 그러나 이것을 '인자'(he)로 해석하여 앞의 인자의 도래(재림)의 희망적 이미지(26-27절)와 싹이 난 무화과나무(28절)를 연결하여 이해한다면 문맥적 의미에도 큰 문제가 없기도 하다. 그러나 박윤만은 자신의 앞 단락의 해석처럼 '인자의 도래'를 은유적 의미(성전 멸망)로 해석하여 '인자'로 번역하기도 한다.

빠져서는 안 된다. 희망의 그날('여호와의 날')이 도래 하는 것은 필연적 사실이지만 멸망의 징조들은 이 세대가 지나가기 전에 일어난다. 그렇지만 그날이나 그때는 아무도 알지 못한다. 그러므로 너무 종말의 시간을 정확하게 계산하도록 애쓰지 말고 그 밤의 시간에 시험(미혹)에 빠지지 않도록 '깨어 기도할 것'을 촉구한다(37절). 종말의 시간에만 미혹되어 신앙적 혼란을 가져온 예는 역사적으로도 많이 나타났다. 그중 '시한부 종말론'은 우리 사회에 큰 혼란을 야기하였다.

지난 1990년대 한국 교회와 사회는 소위 '시한부 종말론(다미회)'에 의해 큰 혼란에 빠졌다. 시한부 종말론에 따라 성도들은 가정도 버리고 직장도 버리고 기존 교회를 떠나 주님의 재림을 맞이하기 위해 그러한 종말론을 주장하는 사람들을 따라 특정 지역(산?)에 모여 집단생활을 하는 일이 발생하여 큰 사회 문제를 일으켰다. 그들은 성경에서 "그 날^{day}과 그때^{hour}를 아무도 모른다."(32절)고 하였지 "그해^{year}와 그달^{month}을 모른다."고 한 것은 아니기 때문에 하나님은 우리에게 재림의 정확한 년(year)과 달^{month}을 계시해 주셨다는 것이다. 그래서 그들은 1999년 9월설 혹은 10월설이라고 주장하였다. 이런 '시한부 종말론'을 우리는 '사이비 종말론'이라고 부른다.

주님은 우리를 구원하시기 위해 확실히 오시며 우리는 오실 주님의 재림을 기다리며 위로와 소망과 사명의 삶을 살아야 한다. 이것이 변함없는 주님의 말씀이다(31절, "천지는 없어지겠으나 내 말은 없어지지 아니하리라."). 우리가 흔히 불변하다고 생각하여 증인으로 소환하여 맹세하는 천지도 없어지지만 주님의 말씀(재림의 약속)은 결코 없어지지 않는다고 말한다. 종말의 시간에 대한 비밀을 해독하려고 지나치게 애쓰기보다는 종말의 징조들에 주의하며 보다 근신하며 깨어 있는 삶을 살도록 촉구한다. 종말에 대한 지나친 열광주의적인 신앙('울트라' 종말론적 영성)도 문제이지만 종말을 무시하거나 무관심하여 자행자지(自行自知)하며 사는 회의론적인 신앙(탈-종말론적 영성)도 문제다.

사도행전을 보면 확실히 이러한 재림의 신앙을 가진 제자들은 그들이 심문을 당했을 때 증거 하였으며, 감옥에 갇혔을 때 찬양하였고, 지진이 발생하여 감방 문이 열렸을 때도 도망가기보다는 거기 머물러 간수장을 개종하였다. 박해와 고난의 상황에도 제자들은 두려워하거나 낙망하지 않고 복음을 전하였다. 이것이 종말에 처한 우리들이 가져야 할 모습이다. 종말에 처한 상황에 우리에게 위로가 되는 것은 무엇인가? 멸망(종말)의 징조들은 필연적으로 일어난다는 것이며 주님은 분명 다시 오신다는 것이 우리의 소망이지만 그러나 그날은 아무도 모르게 '밤에 홀연히[도적같이]' 올 것이다(살전 5:2; 계 16:15 참고) 그러나 주께서 다시 오실 때 '밤에 깨어 있는' - 낮처럼 깨어 살아가는(살전 5:4-6) - 우리는 가까이 옴을 알며(29절), 재림 시 더욱 분명 이 모든 것을 알게 될 것이다(계 1:7). 그 때까지 우리는 낙망하거나 두려워하지 않고 소망 가운데 깨어 기도하며 기다리는 것이다.

그러므로 본문을 읽는/듣는 독자는 종말의 징조들에 미혹되거나 함몰되어 낙망하거나 두려워하지 말고 말씀에 굳게 서서 믿음 가운데 '깨어 기도하는 일'이 요구된다. 이 점이 마가가 마지막 단락(32-37절)에서 권면하는 '종말에 처한 근신의 제자도'이다. 이 권면은 오고 가는 모든 신자들에게 주어진 권면이다(37절, "깨어 있어라 내가 너희에게 하는 이 말이 모든 사람에게 하는 말이니라.").

3. 종말에 처한 근신의 제자도(막 13:32-37)

수난 기사(14-15장) 바로 앞의 막 13장은 부활 후 있을 제자들의 상황에 대해 말씀하신 종말('끝')에 대한 준비를 위한 강론으로 '근신의 제자도'를 보여준다(Barton 1992:55). 막 13장은 "보다"/"주의하다"/"조심하다"(1, 2, 5, 9, 14, 21[2x], 23, 26, 29, 33절)라는 동사(see)와 "깨어 있다"(33, 34, 35, 37절)라는 동사(watch)가 반복해 나타나는데 이것은 종말에 처한 독자들에게 '근신의 삶'을 촉구하는 역할을 한다.

특히 막 13:32[33]-37은 종말론 강론의 결어로서 이 부분의 중심 되는 메시지는 "깨어 있어라"는 경고이다. 막 13:35의 주인(인자=예수님)이 다시 돌아 올 때까지 지속되는 종말론적인 (시험의) '밤'("저물 때"/"밤중"/"닭 울 때"/"새벽"의 표현에 유의)은 '깨어 있어라'는 권면에 실패했던 겟세마네의 (시험의) 밤과 비교될 수 있으며, 13장에서 3번의 "깨어 있어라"는 권면(33, 35, 37절)과 겟세마네에서 '깨어 있어라'는 기도의 권면(34, 38절)에 3번이나 실패한 제자들의 모습(37, 40, 41절)과 비교될 수 있다(Verhey 1984:76). 그리고 깨어 있지 못하고 잠든 제자들의 모습(14:37, 40-41)은 '자는' 상황에 대한 언급(13:36)과도 비교된다. 특히 주인이 와서 "자는 것을 보지 않도록" 유의해야 한다는 말씀(13:36)은 겟세마네에서의 제자들의 자는 모습과 비교해 볼 때 의미심장하다. 예수님은 깨어 기도하지만 제자들은 잠을 잤다. 엄청난 시험(종말)의 시간이 자신에게 임박하게 됨을 통보받은 베드로는 '깨어 있으라.'는 권면에 자만의 잠을 잤다.

말씀을 맺고자 한다.

근신(기도)의 삶을 사는 제자는 수난의 시험에도 승리하며 이 길을 걷는다. "누가 자신을 부인하고 자기 십자가를 지고 주님을 따를 수 있는 사람인가"라는 질문에 마가복음은 '깨어 기도하는 사람'이라고 말한다. '근신의 제자도', 이것은 종말(시험)을 만난 모든 주님의 제자들에게 주어진 명령이다(13:37). "깨어 있어라 내가 너희에게 하는 이 말이 모든 사람에게 하는 말이니라." 옥토와 같은 제자는 누구인가? 그것은 깨어 있는 제자일 것이다. 그는 말씀으로 인해 환난이나 핍박이 와도, 세상의 염려와 재리의 유혹과 기타 욕심이 찾아와도 흔들리지 아니하고 말씀을 지속적으로 듣고 받아 결실하는 사람이다(막 4:20). 과연 마가복음서에서 보여주는 참된 제자는 누구일까? 예수의 제자들인가? 마가복음은 예수를 참된 제자의 원형으로 제시한다(기도하시는 예수). 예수님은 하나님의 아들로서 친히 깨어 기도하는 삶으로서 '주의 길'(1:3)을 가신/보여주신 우리의 제자도의 원천(구원자)이시며 모델이시다. 우리가 그분을 믿고 순종하며 따를 때 우리는 참된 그의 제자, '사람 낚는 어부'가 될 수 있다.

51 길 위의 길

The Way on The Way

수난 기사 시작과 수난절 여인 (막 14:1-11)

"1 이틀이 지나면 유월절과 무교절이라 대제사장들과 서기관들이 예수를 흉계로 잡아 죽일 방도를 구하며 2 이르되 민란이 날까 하노니 명절에는 하지 말자 하더라 3 예수께서 베다니 나병환자 시몬의 집에서 식사하실 때에 한 여자가 매우 값진 향유 곧 순전한 나드 한 옥합을 가지고 와서 그 옥합을 깨뜨려 예수의 머리에 부으니 4 어떤 사람들이 화를 내어 서로 말하되 어찌하여 이 향유를 허비하는가 5 이 향유를 삼백 데나리온 이상에 팔아 가난한 자들에게 줄 수 있었겠도다 하며 그 여자를 책망하는지라 6 예수께서 이르시되 가만 두라(Let her alone) 너희가 어찌하여 그를 괴롭게 하느냐 그가 내게 좋은 일을 하였느니라 7 가난한 자들은 항상 너희와 함께 있으니 아무 때라도 원하는 대로 도울 수 있거니와 나는 너희와 항상 함께 있지 아니하리라 8 그는 힘을 다하여 내 몸에 향유를 부어 내 장례를 미리 준비하였느니라 9 내가 진실로 너희에게 이르노니 온 천하에 어디서든지 복음이 전파되는 곳에는 이 여자가 행한 일도 말하여 그를 기억하리라 하시니라 10 열둘 중의 하나인 가룟 유다가 예수를 넘겨주려고 대제사장들에게 가매 11 그들이 듣고 기뻐하여 돈을 주기로 약속하니 유다가 예수를 어떻게 넘겨 줄까 하고 그 기회를 찾더라."

마가복음의 마지막 부분은 수난 기사(14:1-16:8)로 이어지며 결국 마가복음은 수난의 어두운 긴 밤의 터널을 지나 부활의 이른 아침 태양이 떠오름을 맞이하는 것(16:2, "안식 후 첫 날 매우 일찍이 해 돋을 때에")으로 끝이 난다. 수난의 긴 어두움의 밤의 터널에서 우리는 무엇을 보며 무엇을 생각해야 하는가? 과연 '수난의 밤'(저물 때[14:14], 밤 중[14:30], 닭 울 때[14:72], 새벽[15:1])의 시간은 우리의 신앙의 길에 어떤 의미를 가지는가? 우리는 이 밤의 시간에 어떠한 태도와 행동을 취하여야 하는가?

마지막 수난 기사의 단락에서 우리는 '빛' 되신 주님이 긴 밤의 시간을 '깨어 기도하며' 지내는 모습(살전 5:4-6 참고) 속에서 많은 교훈을 받을 수 있다. 제자들과 함께 유월절 만찬의 밤을 보내며 찬미하며 가는 예수. 겟세마네 동산에서 밤 동안 기도의 씨름을 한 후 다가올 배반과 수난의 밤을 당당히 맞이하는 예수, 그리고 그 밤에 무서운 산헤드린의 법정 앞에서 당당히 자신(진리)을 계시("내가 그니라")하시며 죽음의 언도를 받으시고 조롱과 모멸 속에서 십자가를 지신 예수. 이 모든 예수님의 모습은 어두운 밤(시련, 환난, 배교, 산고)의 시간을 지내야 할 우리 모두의 삶에 커다란 도전이 되고 격려가 된다. 그러나 이러한 과정을 지켜 본 여인들은 부활의 메시지를 받고서는 "무서워서 아무에게 아무 말도 전하지 못하고" 있었다(16:8).

1. 종말의 시간을 맞이하여(막 13:35-37)

앞의 비유에서 언급된 종말의 밤의 시간(13:35-37)이 마침내 예수님과 그 제자들에게 찾아왔다.[43] 이 종말의 시간은 유혹과 환난과 시험(시련)과 수난의 시간이며 배교(부인)의 시간이기도 하다. 이러한 종말론적인 밤의 시간에 우리는 무엇을 하여야 하는가? 막 14장은 이러한 환난(수난)의

---

43 수난 기사에 언급된 밤의 시간들(저물 때[14:14], 밤 중[14:30], 닭 울 때[14:72], 새벽[15:1])과 비교해 보라.

시간이 예수님(과 제자들)에게 찾아옴을 보여주는데 여기에 예수님은 시험에 들지 않기 위해 겟세마네에서 깨어 기도하였고, 그 결과 예수님은 그러한 시간을 당당히 맞이하며 결코 '주의 길'에 부끄럽지 않는 모습을 보여준다. 그러나 베드로는 자신에게도 이 같은 종말의 시간, 배교의 시간, 시험과 환난의 시간 곧 밤의 시간이 찾아옴을 미리 알게 되었음에도 불구하고 그는 깨어있지 못하며 복음에 부끄럽게 행동한다. 우리는 이 길에 임한 밤(수난)의 시간이 이들 두 사람(예수와 베드로)에게 똑같이 찾아옴을 본다.

> "그러므로 깨어 있으라 집 주인이 언제 올는지 혹 저물 때 엘는지, 밤중 엘는지, 닭 울 때 엘는지, 새벽 엘는지 너희가 알지 못함이라 그가 홀연히 와서 너희의 자는 것을 보지 않도록 하라 깨어 있으라 내가 너희에게 하는 이 말이 모든 사람에게 하는 말이니라 하시니라"(막 13:35-37).

위의 비유에서 언급된 집주인(예수님)이 떠나고 다시 오실 때까지의 시간은 '종말의 시간'(막 13장)으로 이 시간이 '밤의 시간'('저물 때'; '밤중'; '닭 울 때'; '새벽')임을 잘 알 수 있다. 이러한 '밤의 시간'은 마가복음에서 예수님과 베드로에게는 개인적인 종말의 시간 곧, 수난(환난)의 밤의 시간을 의미하며, 마가의 청중(우리들)에게는 예수님께서 승천하시고 다시 오실 그 날까지의 시간("종말의 시간")을 말한다.

본문의 말씀은 수난 기사의 의미를 잘 보여주는 일종의 밑그림으로 겟세마네의 모습(깨어 있음과 자는 것)과 심문 기사의 모습(유사한 시간과 예수님과 제자들의 모습)을 중첩하여 보여준다. '밤의 시간'을 묘사하는 이 이 어두운 수난 기사 속에서도 빛나는 아름다운 모습들이 몇 개 있는데 그것은 막 14:3-9(향유 부은 여인)과 막 14:22-26(유월절 만찬: 잔과 떡)과 막 14:32-42(겟세마네), 그리고 막 14:38-39(휘장의 찢어짐과 백부장의 고백)이다.

2. 수난절의 향유 부은 여인(막 14:3-9)

이 사건은 마가복음의 '수난 기사(막 14-15장)의 서론'(14:1-11)에 해당하는 부분으로 예수님의 수난과 죽음에 대한 의미와 가치를 미리 보여주는 예시적 역할prefiguration을 한다. 특히 이 사건은 막 14:1-2과 14:10-11 사이에 기술된 사건으로 마가의 샌드위치 기법의 하나로 이해된다(France, 870; Edwards, 411). 즉, 향유를 부은 여인에 대한 사건은 대제사장들과 서기관들의 살해 모의(14:1-2)와 이 모의에 동조(가담)한 유다의 배반 계획(14:10-11) 사이에 삽입된 형식으로 기록함으로써 독자들로 하여금 이미 예언된 대로(8:31; 9:31; 10:33-34; 10:45), 다가올 예수님의 죽음의 참된 의미와 가치를 보다 생생하게 알려준다. 그것의 구조는 다음과 같다.

> 대제사장들의 살해 모의(1-2) - [향유 부은 여인] - 살해 모의에 가담한 유다(10-11)

1) 예수의 죽음의 참된 가치: 허비냐? 좋은 일이냐?

이 사건은 "유월절과 무교절이 있기 이틀 전"(막 14:1)에 일어난 사건으로 언급됨으로써 유월절과 무교절이 갖는 배경적 의미[44]와 함께 예수님

---

44 매년 열리는 이 두 절기는 애굽의 종살이로부터 이스라엘을 구원(구속)한 것을 8일 동안 기

의 수난이 임박하고 있음을 암시하고 있다. 특히 향유 부은 여인의 사건 (막 14:3-9) 이전의 대제사장들과 서기관들의 살해 계획에 대한 언급(14:1-2)은 독자들로 하여금 이미 마가복음의 앞부분에서 언급한 그들의 살해 계획(3:6)과 예수님의 수난 예언(8:31; 9:31; 10:33-34)이 하나님의 뜻에 따라 성취되고 있음을 미리 암시해 주고 있다. 비록 그들이 살해 모의에 따라 살해를 시도하지만 이 일의 성취는 전적으로 하나님의 뜻에 따라 이루어진 것이다. 이러한 암시 가운데 종교 지도자들의 살해 모의(14:1-2)와 가룟 유다의 배반 계획(14:10-11) 사이에 위치한 한 여인의 기름 부음의 사건은 예수님의 죽음의 참된 가치를 서론적으로/예시적으로 제시한다. 즉, 예수의 죽음은 행악자 중 하나로 여겨진 무가치한 허비/낭비(개죽음)냐? 아니면 고귀한 죽음(복음)이냐? 이 점은 여인의 행동에 대한 두 종류의 반응을 통해 그 의미를 극적으로 전달하고 있다. 즉 본문은 여인의 행동에 대한 사람들의 분개와 비난(4-5절)과 예수님의 칭찬과 해석(6-9절) 사이의 엇갈리는 두 반응들을 통해서 이 여인의 행동이 무분별한 충동적 행동에서 나온 무가치하고 무의미한 일이 아니라 다가 올 자신의 죽음에 대한 바른 가치와 의미를 부여한 행동(8절)으로 평가함으로써 독자들로 하여금 예수님이 당할 수난의 참된 의미/가치 christological meaning 와 그를 따르는 자들이 가져야 할 제자도 discipleship 의 모습을 보다 생생하게 일깨워 주고 있다.

예수의 머리에 값비싼 향유를 부은 이 사건은 분노하고 책망("어찌하

넘하는 이스라엘의 최대 절기로 갈릴리와 유대 전 지역으로부터 수많은 순례자들이 이 절기에 온다.

여 이 향유를 허비하는가? 이 향유를 삼백 데나리온 이상에 팔아 가난한 자들에게 줄 수 있었겠도다."(4-5절)할 정도의 무모하고 어리석은 낭비(허비[ἀπώλεια])가 아니라 자신의 죽음 후 매장을 미리 준비한 '좋은 일'(καλὸν ἔργον)이었고, 복음과 함께 기념될 사건임을 주님은 칭찬하셨다(6-9절).

- "저가 내게 좋은 일을 하였느니라."(14:6)
- "그가 힘을 다하여 내 몸에 향유를 부어 내 장사를 미리 준비(참예)하였느니라."(14:8)
  ⇒ 주님의 죽음(장사)을 미리 준비한 것
  ⇒ 고난받는 메시아로서 기름 부음(anointing of the Messiah)의 의미
  "온 천하에 어디서든지 복음이 전파되는 곳에는 이 여자가 행한 일도 말하여 그를 기억하리라."(14:9)

그러므로 앞으로 있을 예수님의 수난(죽음)은 낭비된/허비된 개죽음(심판 받은 죽음[허비])이 아니라 복음Good News으로서 '많은 사람들의 대속물로 자신을 주신 것'(10:45)이다. 여인의 행동은 가룟 유다가 예수님의 몸값으로 판 '은 삼십 냥'(마 26:15; 소에 받쳐 죽은 종의 몸값[출 21:32]; 선지자 사역에 대한 지도자들의 멸시의 표시[슥 11:12])과는 비교가 안 되는 고귀한 가치(매우 값진[삼백 데나리온 이상 가는] 향유 = 순전한 나드 한 옥합)이다. 그러나 결국 예수님은 행악자(범죄자)의 죽음[개죽음?]으로 선고되어 시체에 향유를 바르지 못하고 버려졌다(막 15:46; 16:1 참고). 이 점을 고려할 때 예수님의 평가(14:6-9)처럼 여인의 희생적 행동은 의미 있는 고귀한 행동이 아닐 수 없다.

특히 옥합을 깨트리며 값비싼 향유를 몽땅 머리에 부은 여인의 행동(3

절)은 그 부은 양과 가치를 고려할 때 잔치에 흔히 있는 영접의 행위 이상의 낭비처럼 보일 수 있다(박윤만, 943). 그러나 그녀의 행위는 단지 잔치에서의 영접 행위(눅 7:46)를 넘어서서 주님의 장례를 미리 예비한 것(머리 정도가 아니라 온 몸에 바르는 일)으로 이해해야 한다(8절, "그는 힘을 다해 내 몸에 향유를 부어 내 장례를 미리 준비하였느니라."). 그러므로 이 여인의 행동이 비난 받을 '허비'(ἀπώλεια)인지 아니면 칭찬 받을 '좋은 일'(καλὸν ἔργον)인지는 분명하다. 더욱이 여인의 이 모습은 "사랑(헌신)에는 과연 낭비가 존재하는가?"라는 물음을 던진다. "온 마음과 목숨과 뜻과 정성을 다하는 사랑"이 온전한 Total 사랑이다(막 12:30). 사랑에는 결코 낭비가 없다. 아니 참된 사랑이란 '아낌없이 주는' 낭비하는 사랑이다. "자기 아들을 아끼지 아니하시고 우리 모두를 위해 내어주신" 우리 하나님의 사랑(롬 8:32)이 참된 낭비(?)의 사랑이고, 자기 몸(옥합)을 깨트려서 그 고귀한 피(향유)를 아낌없이 우리를 위해 흘려주신(부어주신) 주님의 사랑이 바로 이 사랑이다. 옥합을 깨트려 값비싼 향유 전부를 한 번에 쏟아 부은 이 여인의 행동은 온전한 사랑이며 온전한 헌신이었다(Hooker, 329).

결과적으로 마가는 수난 기사의 서론에서 이 여인의 모습(3-9절)을 소개하면서 예수님의 죽음이 '무가치한 낭비'가 아니라 '고귀한 사랑의 죽음 곧, 낭비의 사랑(?)'으로 취급된 인류의 복된 소식 Good News 이 됨을 독자들에게 알려 준다(9절).

> "내가 진실로 너희에게 이르노니 온 천하에 어디서든지 복음이 전파되는 곳에는 이 여자의 행한 일도 말하여 저를 기념하리라."

그녀의 이 행동은 자신의 죽음의 가치와 의미를 알린 행동이기 때문에 복음Good News과 함께 그녀의 행동이 알려지고 기념될 것을 주님은 선언하셨다. 과연 여러분은 주님의 죽음을 어떻게 생각하는가? 한 평생 우리의 생을 드릴 복음으로 생각하는가? 아니면 가룟 유다처럼 자신의 유익을 위해 예수님을 싼값으로 팔아 치우는가? 이 점에 대해 바울의 말을 상고해 보자.

- "내가 복음을 부끄러워하지 아니하노니 이 복음은 모든 믿는 자에게 구원을 주시는 하나님의 능력이 됨이라."(롬 1:16)
- "형제들아 내가 너희에게 나아가 하나님의 증거를 전할 때에 말과 지혜의 아름다운 것으로 아니하였노니 내가 너희 중에서 예수 그리스도와 그의 십자가에 못 박히신 것 외에는 아무 것도 알지 아니하기로 작정하였음이라. [이로 인해] 내가 너희 가운데 거할 때에 약하고 두려워하며 심히 떨었노라."(고전 2:1-3)
- "내가 그리스도와 함께 십자가에 못 박혔나니 그런 즉 이제는 내가 산 것이 아니요 오직 내 안에 그리스도께서 사신 것이라 이제 내가 육체 가운데 사는 것은 나를 사랑하사 나를 위하여 자기 몸을 버리신 하나님의 아들을 믿는 믿음 안에서 사는 것이라."(갈 2:20)

2) 수난 주간에 제자들은 어디로 갔고 무엇을 하였나?

앞에서 본대로 유월절 직전에 벌어진 종교 지도자들의 살해 모의(1-2)와 가룟 유다의 배반 모의(10-11) 사이에 일어난 이름 모를 여인이 값비싼 향유를 예수님의 머리에 부은 이 사건은 다가올 예수님의 수난(죽음)의 참된 의미와 가치를 서론적으로 제시해 줄 뿐 아니라 수난절 기간 배반과 부인과 도망으로 얽어진 제자들의 모습 가운데 헌신된 제자도의 풋풋한 모습을 보여준다. 마가복음은 예수의 생애에 대한 이야기지만 예수의 교훈과 사역에 대한 사람들의 반응(제자도)을 기록한 이야기이다. 마가복음의 주역들main characters은 예수님, 종교 지도자들, 제자들로 구성되어 있는데 이들 주역들 외에도 마가복음에서는 조역들minor characters이 나타난다. 이들 조역들은 단순히 중심인물을 위한 하나의 배경setting 정도로 이해해서는 안 되며 오히려 마가복음의 중심 주제(특히 제자도[어떻게 주님을 따를 것인가?])를 반영해 주는 역할을 한다. 본문에 나오는 이름 모를 여인은 특히 수난 기사passion narrative 가운데서 예수님의 수난(죽음)에 대해 배반(가룟 유다), 부인(베드로), 도주(다른 제자들)의 반응을 하는 제자들과는 달리 깊은 헌신과 희생의 행동을 통해 참된 제자도의 모습을 그려 간다. 무엇보다도 이름 모를 여인의 모습은 대제사장을 포함한 종교 지도자들과 제자들, 특히 베드로와 가룟 유다의 모습과 비교해 볼 때 극한 아이러니와 역설의 메시지를 전해 준다.

1) **제자들**: 예수님의 수난과 죽음에 대하여 배반, 도주, 그리고 부인의 행동을 할 제자들의 모습과는 달리 300 데나리온 이상 가는 값비싼 향유를 예수님을 위해 드린 이 여인의 행동(헌신과 희생)은 너무나 대조적인 모습이다. 위의 사실은 제자들(특히 베드로[8:32])에게 부인되고 배척(배반까지[가룟 유다에 의해]) 되었던 점을 상기해 볼 때 그것의 메시지를 더욱 명확하게 해준다. 예수님의 죽음과 장사에 참예하고 미리 예비할 사람들은 제자들이어야 하지 않는가? 그런데 제자들은 어디에 있고 무엇을 하였는가? 제자들은 도망, 부인(베드로), 배반(가룟 유다)의 길을 걷는다.

2) **대제사장들**: '성전에' 있는 대제사장들과 '(성전 밖) 베다니 문둥이 시몬의 집의' 한 여인. 묘한 아이러니다. 이 여인의 행동은 마땅히 오신 메시아('유대인의 왕')에 대하여 기름 부어야 할 대제사장들과 극적 대조를 이룬다. 그들은 살해 모의(14:1-2)를 하지만 이 여인은 사랑의 헌신으로 값비싼 향유를 부어 예수님의 장사(매장 됨)를 예비한다.

3) **가룟 유다**("예수를 파는 자"[14:44]): 무명의 여인은 예수를 위해(때문에) 돈(비싼 향유)을 희생하지만 (유명의) 가룟 유다는 돈을 위해(때문에) 예수를 희생(배반)한다. 오늘날도 마찬가지이다. 누가 진정한 예수의 제자들인가? 돈과 권력과 명예를 위해 예수를 파는 자가 있는가 하면, 예수님과 복음과 교회를 위해 자신을 희생하는 사람들이 있다.

<암살[2015]> 이란 영화를 보면 극 중의 이정재(염석진 역)는 일본군에 잡혀 고문과 회유에 자신의 명예와 권력과 돈을 택하고 조국을 팔고 동지들을 팔아 암살 계획을 실패로 이끌고 임시 정부 경찰 고위직이 되어 호화로운 생활을 한다. 그러나 그가 해방되어 새 시대가 왔을 때 그는 동지들에 의해 마침내 살해 되는 순간 "왜 그랬냐."고 묻는 질문에 이런 말을 남긴다. "내가 해방 될 줄 알았냐."라고. 그렇다. 이 땅에 사는 동안 참된 제자의 길을 걷지 못하고 자신을 위해 주님을 팔거나 복음에 합당한 삶을 살지 못한다면 우리는 주님이 다시 오실 때 어떤 삶을 살게 될까? 막 8:38에서 보면 주님은 제자들에게 이렇게 말씀하셨다. "누구든지 이 음란하고 죄 많은 세대에서 나와 내 말을 부끄러워하면 인자도 아버지의 영광으로 거룩한 천사들과 함께 올 때에 그 사람을 부끄러워하리라."

말씀을 맺고자 한다.

수난 기사의 서론에 소개되는 이 여인의 행동의 의미는 무엇인가? 살해와 배반의 기회를 엿보는 대제사장들(2절)과 가룟 유다(11절)와 헌신의 기회를 찾아 값비싼 향유를 머리에 부은 여인(14:3절)은 수난 기사의 서론에서 극명한 대조를 이룬다. 메시아로 오신 예수님의 머리에 기름 부을 자는 과연 누구인가? 대제사장들인가? 여인인가? 그리고 자선을 빙자하여 이 여인의 행동을 말로 비난하는 제자들과 말없이 헌신하는 여인의 행동의 극명한 대조를 보라. 누가 진정한 제자인가? 누가 진정한 사랑과 충성과 헌신의 사람인가?

과연 그녀의 행동은 비난받을 낭비며 허비인가? 아니면 주님의 죽음의 가치를 올바로 알린 칭찬받을 행동인가? '은 삼십 냥'을 받고 주님을 판 가룟 유다의 행동과 행악자로 언도되어 기름도 바르지 못한 채 매장된 주님의 모습(16:1)을 기억하면서 300 데나리온 이상이나 되는 고귀한 향유를 주님의 머리에 부은 이 여인의 행동은 우리에게 어떤 메시지를 던져주는가? 우리 주님의 죽음은 개죽음이 아니라 고귀한 죽음임을 마가는 예시하고 있다. 예수님의 죽음은 많은 사람들을 위한 대속적인 죽음이라고 마가는 진술한다(10:45). "염소와 송아지의 피보다 더 귀한" 하나님 아들의 죽음이시다. 이 여인은 그 죽음을 예비하여 예수님의 머리에 값비싼 향유를 부은 아니 '머리로 흘러 내려 몸 전체에 향유를 부은' 행동(8절)이었다. 여인의 행동에 예수께서 부여한 의미를 생각해보아야 한다. 주님은 여인의 행동을 자신의 장사를 미리 준비한 행동, 아니 더 나아가 그의 죽음과 장사에 미리 참예한 행동이라고 말한다. 그러나 제자들은 그의 죽음과 장사의 자리에 없었다. "거기 너 있었는가? 그때에(찬 147장)"(Where you there, when they crucified My Lord?).

끝으로 오늘 본문은 이 여인의 모습과 행동에 대해 주님은 어떻게 말씀하고 계시는가? 9절에 "내가 진실로 너희에게 이르노니 온 천하에 어디서든지 복음이 전파되는 곳에는 이 여자가 행한 일도 말하여 그를 기억하리라." 복음이 전해지는 곳에 이 여인의 행동을 기억하고 기념하라고 말한다. 복음이 무엇인가? 하나님의 아들 예수는 우리 죄를 위해 십자가에 달리셨고 우리는 그의 죽음을 통해 우리의 죄가 용서함 받았다. 확실히 옥합을 깨트려 값비싼 향유를 예수님의 머리에 부어 그의 장사를 미리 예비한 이 여인의 행동은 예수님의 죽음이 낭비나 허비^{waste}가 아니라 우리의 죄를 속량(용서)하기 위해 죽으신 고귀한^{precious} 죽음이라는 사실을 전한다. 그러므로 우리는 이렇게 찬양한다. "속죄하신 구세주를 내가 찬송하리라(찬 298장)."

52

마가복음 강해
길 위의 길
The Way on The Way

최후 만찬과 제자들의 운명 (막 14:12-31)

"12 무교절의 첫날 곧 유월절 양 잡는 날에 제자들이 예수께 여짜오되 우리가 어디로 가서 선생님께서 유월절 음식을 잡수시게 준비하기를 원하시나이까 하매 13 예수께서 제자 중의 둘을 보내시며 이르시되 성내로 들어가라 그리하면 물 한 동이를 가지고 가는 사람을 만나리니 그를 따라가서 14 어디든지 그가 들어가는 그 집 주인에게 이르되 선생님의 말씀이 내가 내 제자들과 함께 유월절 음식을 먹을 나의 객실이 어디 있느냐 하시더라 하라 15 그리하면 자리를 펴고 준비한 큰 다락방을 보이리니 거기서 우리를 위하여 준비하라 하시니 16 제자들이 나가 성내로 들어가서 예수께서 하시던 말씀대로 만나 유월절 음식을 준비하니라 17 저물매 그 열둘을 데리시고 가서 18 다 앉아 먹을 때에 예수께서 이르시되 내가 진실로 너희에게 이르노니 너희 중의 한 사람 곧 나와 함께 먹는 자가 나를 팔리라 하신대 19 그들이 근심하며 하나씩 하나씩 나는 아니지요 하고 말하기 시작하니 20 그들에게 이르시되 열둘 중의 하나 곧 나와 함께 그릇에 손을 넣는 자니라 21 인자는 자기에 대하여 기록된 대로 가거니와 인자를 파는 그 사람에게는 화가 있으리로다 그 사람은 차라리 나지 아니하였더라면 자기에게 좋을 뻔하였느니라 하시니라 22 그들이 먹을 때에 예수께서 떡을 가지사 축복하시고 떼어 제자들에게 주시며 이르시되 받으라 이것은 내 몸이니라 하시고 23 또 잔을 가지사 감사 기도 하시고 그들에게 주시니 다 이를 마시매 24 이르시되 이것은 많은 사람을 위하여 흘리는 나의 피 곧 언약의 피니라 25 진실로 너희에게 이르노니 내가 포도나무에서 난 것을 하나님 나라에서 새 것으로 마시는 날까지 다시 마시지 아니하리라 하시니라 26 이에 그들이 찬미하고 감람 산으로 가니라 27 예수께서 제자들에게 이르시되 너희가 다 나를 버리리라 이는 기록된 바 내가 목자를 치리니 양들이 흩어지리라 하였음이니라 28 그러나 내가 살아난 후에 너희보다 먼저 갈릴리로 가리라 29 베드로가 여짜오되 다 버릴지라도 나는 그리하지 않겠나이다 30 예수께서 이르시되 내가 진실로 네게 이르노니 오늘 이 밤 닭이 두 번 울기 전에 네가 세 번 나를 부인하리라 31 베드로가 힘있게 말하되 내가 주와 함께 죽을지언정 주를 부인하지 않겠나이다 하고 모든 제자도 이와 같이 말하니라."

수난 기사(14-15장)가 시작되면서 앞장에서 살펴 본 향유 부은 여인의 행동은 예수의 수난(죽음)의 참된 의미와 가치를 서론적으로 잘 제시해 주었다. 이제 이스라엘이 기다리고 기다리던 유월절^{Passover} 어린양(예수)의 죽음이 가까웠다. 유월절 어린양이 희생되는 무교절 첫날(14:12, "무교절의 첫날 곧 유월절 양 잡는 날에")[45]이 되어 예수님과 제자들은 자신들의 유월절 만찬을 위해 예루살렘 경내에 예비된 방을 준비하고 저녁이 되어 그 곳에서 만찬을 드신다. 특히 이 만찬 석상에서 예수님은 자신을 팔 자에 대해 언급(17-21절)하시며 제자들과 함께 유월절 만찬을 드신 후(22-25절) 찬미하며 감람 산으로 나아간다(26절). 그리고 이어 자신의 수난(죽음)에 대한 언급과 함께 제자들의 흩어짐(버림)과 부인에 대한 슬픈/비극적 예언을 함과 동시에 그들의 미래의 회복을 선언하신다(27-31절). 그들의 슬픈 수난의 운명(시험)에 대해 제자들은 그 깊이를 깨닫지 못한 채 자만의 늪에 빠져 있다(29, 31절).

---

45 통상적으로 유월절 양 잡는 날은 니산월 14일 오후에 성전에서 도살되고 유월절 식사는 그 날 해진 저녁 15일에 이루어진다. 아마도 마가는 당시 사람들(요세푸스)이 유월절(1일)과 무교절(7일간)을 총칭하여 무교절로 부른 것으로 보아 유월절과 무교절을 구분 없이 이해하는 것처럼 보인다(France, 563; 박윤만, 956).

1. 유월절 만찬 준비(막 14:12-16)

이미 우리가 예수님의 예루살렘 입성에서 본 것처럼 여기서도 예수님과 제자들의 유월절 만찬 준비가 '예언과 성취'의 패턴을 통해서 정확하게 준비되어짐을 보게 된다. 결국 우리는 이 모든 것이 예수님의 대속적인 죽음(10:45)에 대한 하나님의 계획(뜻)에 의해서 진행되고 있음을 깨닫게 된다. 무엇보다도 "유월절 양(τὸ πάσχα) 잡는 날"(12절)과 "유월절 음식"(τὸ πάσχα)이란 반복된 표현(12, 14, 16절) 가운데 비록 '유월절 양을 먹었다'는 언급은 없다 할지라도 만찬의 중심은 '유월절 어린 양'(τὸ πάσχα)으로서의 예수님의 죽음에 집중되어 있다.[46] 이미 앞서 예수님의 살해 모의(1-2, 10-11절)가 진행되고 있고 '유월절 양 잡는 날'과 '유월절 음식'(τὸ πάσχα[paschal lamb])의 반복된 언급과 함께 치밀한 유월절 식사 준비는 유월절 어린양으로서 자신의 죽음을 예고하는 것을 암시한다.

2. 팔 자에 대한 예언과 유월절 만찬(막 14:17-21)

유월절 만찬 장소에 대한 준비가 끝나고 저녁이 되어 유월절 만찬이 시작되었다(17절). 슬프게도 예수님은 자신의 죽음(살해)과 관련하여 배반자에 대한 공개적인 언급으로 만찬을 시작한다(18절). "다 [누워]앉아 먹을 때에 예수께서 이르시되 내가 진실로 너희에게 이르노니 너희 중의 한 사람 곧 나와 함께 먹는 자가 나를 팔리라." 배반자는 3년을 함께

---

46   τὸ πάσχα의 의미는 '유월절'(Passover)을 가리키기도 하지만 '유월절 어린양'(Passover lamb) 혹은 '유월절 식사'를 의미하기도 한다(BDAG, 784).

한 '열둘 중 하나'며 '식탁 친구'(18, 20절)로 소개된다. 특히 선별되어 3년 간 함께 한 '열둘 중 하나'며 가장 가까운 사이라고 말하는 '식탁 친구/밥상 친구'("나와 함께 먹는 자")가 배반한다(시 41:9, "내가 신뢰하여 내 떡을 나눠 먹던 나의 가까운 친구도 나를 대적하여 그의 발꿈치를 들었나이다."). 가장 아픈 배반이며 가장 슬픈 배반이다. 이것이 인간의 '배반의 흑역사'이다. 주님이 가신 십자가의 길은 '꽃길'이 아니라 '배척과 배반의 길'을 사랑으로 걸어간 길이다. 그 길로 주님은 성경에 기록한 대로 가신다(21절, "인자는 자기에 대하여 기록된 대로 가거니와"). 우리의 인생길도 마찬가지이다. 때론 동료와 동역자가, 자식이, 남편과 아내가 나를 배반하고/팔고 떠난다. 이것이 인생길이다. 너무 슬퍼하거나 노여워하지 말라. 의로운 하나님의 아들이신 주님도 이 길을 가셨지만 주님은 이들을 위한 대속적인 사랑과 희생과 섬김의 길(10:45)을 가셨다.

1) 유월절과 무교절(14:12, 17): 출 12장; 레 23장; 민 9장 참고

이미 마가는 유월절과 무교절을 수난 기사의 서두에서 함께 언급(14:1)할 뿐 아니라 오늘 본문에서도 '무교절의 첫날 곧 유월절 양 잡는 날'(12절)로 언급하면서 두 절기를 분리하여 이해하기보다는 하나(무교절)로 총칭하여 부르는 것으로 여겨진다. 그러나 이 절기를 분리하여 이해하자면 유월절 예비일 → 유월절(니산월 14일 저녁에 시작) → 무교절(15일-21일)이다.

2) 유월절 만찬과 성만찬의 제정

주님이 제자들과 함께 보낸 유월절 만찬은 유월절 양(고기)과 무교병, 포도주, 그리고 쓴 나물로 준비된 식사를 가장(家長)의 축도로 시작하여 과거의 여호와 하나님의 은혜로우신 구속(해방)을 회상하고 미래의 메시아의 구속에 참여하기를 소망하면서 축배를 들고 찬양하며 유월절 식사를 나누는 것을 말한다. 그것의 절차는 다음과 같다.

- 家長의 축도
- 첫 잔을 나눔
- 음식을 진열: 무교병; 쓴 나물; 푸른 채소들; 찐 과일들과 구운 양고기
- 아들의 질문: 왜 이 밤(특별한 관행과 음식)이 다른 날의 밤들과 구별되는지에 대해 질문
- 역사를 회고: 출애굽의 구속 역사를 성경(신 26:5-9)을 통해 회고
- 찬양(시 113-115편): 구속의 새 노래를 부르며 감사
- 두 번째 잔을 나눔
- 家長이 떡을 취하고 축도
- 떡을 떼고 돌려 나누어 먹음: 쓴 나물과 찐 과일과 함께
- 유월절 양을 먹음: 자정 前에
- 家長의 감사 기도와 함께 세 번째 잔을 가지고 축복
- 할렐 시편의 두 번째 부분(116-118편)을 찬양
- 네 번째 잔으로 유월절 만찬을 마침

이러한 유월절 만찬의 끝에 예수님은 유월절의 참된 의미를 자신의 죽음에서 성취됨을 말한다(22-25절). 우리는 여기서 유월절 만찬과 성만찬 Lord's Supper과의 깊은 상호 관련성을 본다. "이것이 내 몸이니라"(22절); "이것은 많은 사람을 위하여 흘리는바 나의 피 곧 언약의 피니라"(24절). 특히 본문의 "떡을 가지사 축복하시고 떼어 제자들에게 주시며"와 "또 잔

을 가지사 사례하시고 저희에게 주시니"의 표현은 초대 교회의 성찬의 상황(고전 11:23-26)을 잘 묘사하고 있다. 떡집('베들레헴')에서 태어나 광야에서 이스라엘 백성(6:34-44)과 이방인들(8:1-10)을 이적적으로 먹이신 예수님은 이제 자신(몸과 피)을 주심으로써 그 백성을 배불리 먹이신다. 이제 십자가의 죽음을 통해 그 떡(몸)은 떼어지고 포도주(피)는 부어진다.

3) 팔 자에 대한 예언과 제자들의 반응(18-21절[시 41:9])

그러나 슬프게도 이 아름다운 성만찬(식탁 교제)의 자리에서 예수님은 자신을 팔 자(시 41:9)에 대해 언급하셨다. 배반자에 대한 예수님의 언급은 거기 함께한 제자들 모두를 흔들어 놓는 도전으로 다가와 그들의 제자도 discipleship를 원점으로 올려놓고 점검하도록 만드는 계기가 되었을 것이다(박윤만, 971). 여기에 제자들은 서로 돌아가며 "확실히 내가 아니지요?"라고 답변하면서 자기들은 절대로 배반하지 않을 것이다(막 10:28; 14:31)라고 자만한다. 사실 예수님의 죽음은 우리 모두의 죄책이다(우리의 죄를 위한 죽음[10:45]). 그러므로 "확실히 나는 아니지요?"(μήτι ἐγώ;[surely not I?])가 아니라 "내 죄로소이다" 혹은 "확실히 내니이다."Surely I am 라는 고백이 우리 모두의 고백이 되어야 한다. 성만찬은 자신의 죄인됨을 고백하고 주님의 은혜에 감사하는 예식이다.

함께 유월절 만찬을 먹을 때 주께서 제자들에게 하신 배반자에 대한 언급(18절, "다 앉아 먹을 때에 예수께서 이르시되 내가 진실로 너희에게 이르노니 너희 중의 한 사람 곧 나와 함께 먹는 자가 나를 팔리라.")은 제자들로 하여금 자신들의 제자도를 점검하는 계기가 될 뿐 아니라, 앞으로 주의 교회가 시행할 주의 만찬 전에 항상 자신들을 살펴야 할 점이 아닌가 생각한다(고전

11:28-29). 우리 모두는 언제나 주의 만찬 앞에 주님 따름$_{discipleship}$에 대한 성찰과 회개의 고백이 우선해야 할 것이다.

주의 만찬 전에 각 사람들은 자신의 삶을 돌아보고 그동안 주를 배반했던 크고 작은 모든 잘못들을 인정하고 고백하는 일을 먼저 해야 할 것이다(Garland, 665). 우리 자신의 모습을 먼저 분별하고/살피고 난 후 떡(주의 몸)과 잔(주의 피)을 받아야 할 것이다(고전 11:28-29, "사람이 자기를 살피고 그 후에야 이 떡을 먹고 이 잔을 마실지니 주의 몸을 분별하지 못하고 먹고 마시는 자는 자기의 죄를 먹고 마시는 것이니라."). 자랑과 교만(자만)은 주의 몸을 분열시키지만 성찰과 회개(분별)는 주의 몸을 하나 되게 한다. 이 은혜가 우리 모두(한국 교회)에게 있기를 바란다. 배반자에 대한 언급과 논란 후 주님은 제자들과 함께 마지막 유월절 만찬을 가진다(22-24절).

> "22 그들이 먹을 때에 예수께서 떡을 가지사 축복하시고 떼어 제자들에게 주시며 이르시되 받으라 이것은 내 몸이니라 하시고 23 또 잔을 가지사 감사 기도 하시고 그들에게 주시니 다 이를 마시매 24 이르시되 이것은 많은 사람을 위하여 흘리는 나의 피 곧 언약의 피니라."

3. 성만찬과 찬미하는 예수님(22-26절)

주님은 유월절 만찬(두 번째 잔 후 세 번째 잔까지)을 통해 자신의 죽음의 의미를 드러내신다. 유월절 만찬의 빵(무교병)과 포도주(잔)를 통해 주님은 자신의 몸과 피를 언급함으로 자신의 죽음의 대속적인 의미를 전하고 있다. 출애굽 유월절의 해방(구속)의 의미가 대속적인 의미로 전환된다. 잡은 양고기와 함께 먹고 마시는 떡과 잔이 어린양 예수의 죽음과 관련된 속죄적인 의미로 전환되고 있다. "떡을 떼어 주시며 이것은 내 몸이니라 … 잔을 주시고 함께 마시면서 이것은 많은 사람을 위하여 흘리는 나의 피 곧 언약의 피니라." 유월절 빵(무교병)을 먹음으로 출애굽 구원(해방)을 기념하는 것처럼, 예수의 몸을 상징하는 빵을 먹음으로 새 출애굽의 종말론적인 구원을 맛보게 된다. 이렇게 주님께서 유월절 만찬을 통해 보여주신 주의 만찬(떡과 잔)은 예수님의 속죄적인 죽음("이것은 많은 사람을 위하여 흘리는 나의 피 곧 언약의 피니라."[23절])을 통해 새로운 출애굽 백성 곧, '그리스도의 몸' 된 언약의 백성의 탄생을 알린다. 주의 성찬을 통해 주의 몸(떡)에 참여하고 주의 잔(피)에 참여함은 인종과 성별과 계층과 연령을 뛰어넘어 한 하나님의 백성이 되고 주의 몸이 되었음을 의미하며 여기에는 차별이 없다. 성찬에 참여함으로 차별 없이 서로를 있는 그대로 받아들이고 서로를 함께 나누는 참된 거룩한 식탁 교제(성찬)의 백성이 된다. 이제 주님은 마지막 유월절 만찬을 통해 자신의 죽음(떠남)의 의미와 함께 종말론적인 메시아 잔치의 도래를 알리며(25절, "진실로 너희에게 이르노니 내가 포도나무에서 난 것을 하나님 나라에서 새 것으로 마시는 날까지 다시 마시지 아니하리라 하시니라.") 함께 기쁘게 찬송하며 베다니로 돌아가지 않고 감람 산을 향해 나아간다(26절, "이에 그들이 찬미하고 감람 산으로 가니라.").

그들이 함께 부른 찬송은 유월절 만찬의 마지막에 부르는 할렐 시편 찬송(시 115-118편)으로 특히 이들 시편은 닥쳐 올 고난(시 116편)과 구원(시 118편; 특히 시 118:17)을 바라보며 부르는 찬송이다. 이 시편 찬송을 부르시는 주님을 따라 우리 역시도 고난 속에서 '찬미하는 백성'singing Christ=singing people in suffering으로서 삶을 살아야 함을 보여준다(시편의 백성). 왜냐하면 우리에게 닥치는 고난은 변장된 축복(구원)이기 때문이다. 그러므로 신자는 어떠한 상황에서도 구속의 새 노래를 부를 수 있다. 빌립보 감옥에서 바울과 실라의 찬양은 이 점을 잘 반영해 준다. 이어 예루살렘을 떠나 감람 산을 향해 나아가는 길인 기드론 골짜기를 지나 겟세마네를 향해 가는 길에서 주님은 베드로의 부인denial을 미리 알린다.

4. 베드로의 부인에 대한 예언(27-31절)

자신의 임박한 죽음 전에 예수님은 제자들의 충성을 점검하고 있다. 사실 제자들의 따름은 여기까지이다. 주님은 슥 13:7을 인용하며 지금 그들이 처할 상황을 설명한다(27절). "예수께서 제자들에게 이르시되 너희가 다 나를 버리리라/걸려 넘어지리라(σκανδαλισθήσεσθε) 이는 기록된 바 내가 목자를 치리니 양들이 흩어지리라 하였음이니라." 이미 열둘 중 하나가 주님을 배반하게 되고(18절) 이제 그 나머지도 흩어져 도망치기에 이른다(27절). 제자 그룹의 폭망이다. 그러나 주님의 부활을 통해 이들은 다시 일으킴(인도함)을 받지만(28절, "그러나 내가 살아난 후에 너희보다 먼저 갈릴리로 가리라[너희를 갈릴리로 인도하리라]47."), 주님의 수난과 죽음의 길에 제자 중 어느 누구도 함께 하는 사람은 없다. 그들 모두 배반과 도주와 부인의 길을 간다. 결국 그들의 따름은 여기까지이다. '함께 함'의 제자

---

47 28절의 'προάγω'의 헬라어의 의미는 '먼저 가다'(go before)라는 의미도 있지만 문맥(27절 [10:32 참고])상 부활 후 흩어진 그들을 모아 '인도하다'(lead)라는 의미가 더 적절해 보인다 (Moloney, 288).

훈련 과정은 어느 정도 이수하였는지 모르지만 수난의 따름(8:34)은 아직은 요원하며 수난 전 겨우 겟세마네까지가 그들의 따름의 전부다. 여기에 수제자인 베드로는 자신만은 다를 것(넘어지지 않을 것)이라고 천명하지만(29절, "베드로가 여짜오되 다 버릴지라도 나는 그리하지 않겠나이다."), 그 역시도 그 밤에 속절없이 무너진다. 베드로의 충성 서약/충성 맹세는 아무른 힘이 없다. 다른 제자들 역시도 베드로와 함께 모두가 죽기를 각오하고 충성을 맹세하지만(31절), 그것은 헛된 자만에 불과하다. 자만은 참된 따름의 걸림돌임이 분명하다. '성찰과 회개가 없는' 따름 곧, 자만의 따름은 넘어짐의 앞잡이("패망의 선봉이요 거만한 마음은 넘어짐의 앞잡이니라."[잠 16:18])이다. 그들의 넘어짐의 미래에 대한 예언(27절)에 제자들은 깊은 성찰과 회개로 나아가야 하지만 그들은 여전히 자만의 늪에 빠져 있다. 이것이 우리들의 어두운 민낯의 신앙 이야기이며 우리들의 슬픈 신앙의 자화상이며 현주소이다.

배반(17-21절)과 변절(27-31절) 사이에 예수님의 대속적인 죽음(희생)을 가리키는 그의 몸(떡)을 먹고 그의 피(잔)를 마시는 주의 성만찬(22-26절)이 존재함(Edwards, 421-422)도 아이러니이다. 이 모습은 확실히 바울 사도의 고백(롬 5:8)처럼, "우리가 아직 죄인 되었을 때에 그리스도께서 우리를 위하여 죽으심으로 하나님께서 우리에 대한 자기의 사랑을 확증하신 God demonstrates his own love for us in this: while we are still sinners, Christ died for us" 모습이기도 하다. 주님은 우리의 죄를 위하여 자신의 몸을 버려주시고 broken body 자신의 피를 흘려주셨다 pouring blood. 새해 시작에 우리는 '성례전의 백성'으로서 이 하나님의 놀라우신 사랑 awesome love of God 의 은혜의 식탁을 기억한다.

23년 새해의 태양이 떠오르며 모두들 밝은 소망을 가진다. 그러나 올해 전망은 결코 밝지만은 않다. 전쟁의 소문이 계속되며 경제는 더욱 어두울 전망이고 기후 또한 예전 같지 않다. 시련과 환난이 찾아올 때 우리는 어떻게 새해를 보내야 할까? 자만이 아니라 자성으로, 성찰과 회개의 마음으로 겸손히 하나님의 지혜와 은혜를 구하고 하나님을 의지하는 우리 모두가 되어야 할 것이다. 다짐도 좋지만 성찰과 회개의 자리인 겟세마네의 기도의 동산으로 나아가는 우리 모두가 되기를 간절히 소원한다. 마지막으로 찬송가 290장("우리는 주님을 늘 배반하나")을 함께 찬송 드리며 예배를 마치고자 한다.

53

마가복음 강해
길 위의 길
The Way on The Way

겟세마네의 기도의 밤(막 14:32-42)

"32 그들이 겟세마네라 하는 곳에 이르매 예수께서 제자들에게 이르시되 내가 기도할 동안에 너희는 여기 앉아 있으라 하시고 33 베드로와 야고보와 요한을 데리고 가실새 심히 놀라시며 슬퍼하사 34 말씀하시되 내 마음이 심히 고민하여 죽게 되었으니 너희는 여기 머물러 깨어 있으라 하시고 35 조금 나아가사 땅에 엎드리어 될 수 있는 대로 이 때가 자기에게서 지나가기를 구하여 36 이르시되 아빠 아버지여 아버지께서는 모든 것이 가능하오니 이 잔을 내게서 옮기시옵소서 그러나 나의 원대로 마시옵고 아버지의 원대로 하옵소서 하시고 37 돌아오사 제자들이 자는 것을 보시고 베드로에게 말씀하시되 시몬아 자느냐 네가 한 시간도 깨어 있을 수 없더냐 38 시험에 들지 않게 깨어 있어 기도하라 마음에는 원이로되 육신이 약하도다 하시고 39 다시 나아가 동일한 말씀으로 기도하시고 40 다시 오사 보신즉 그들이 자니 이는 그들의 눈이 심히 피곤함이라 그들이 예수께 무엇으로 대답할 줄을 알지 못하더라 41 세 번째 오사 그들에게 이르시되 이제는 자고 쉬라 그만 되었다 때가 왔도다 보라 인자가 죄인의 손에 팔리느니라 42 일어나라 함께 가자 보라 나를 파는 자가 가까이 왔느니라."

수난 기사(막 14-15장)는 이제 '수난의 긴 밤'의 시간을 맞이하고 있었다. 특히 30절에 언급된 '이 밤'(ταύτῃ τῇ νυκτί)은 막 14:17에서 언급된 해지는 때('저물매')로부터 시작된 유월절 만찬과 제자들의 배반과 흩어짐에 대한 예언과 함께 진행되면서 겟세마네 동산 안에서 점점 그 밤이 깊어져 갔다. 여기에 제자들은 '약한 육신' 가운데 자만으로 인한 안일의 잠에 빠져 있었지만 예수님은 '이 밤'을 기도로 씨름하며 준비한다. 기도로 준비된 예수님은 '이 밤'을 당당히 맞이할 준비가 되어 힘차게 일어나 이르시기를, "일어나라 함께 가자. 보라 나를 파는 자가 가까이 왔느니라."(42절)고 소리친다. 당당히 수난에 임하며 잡혀가는 예수님은 심문을 받기 위해 산헤드린의 법정에 서게 되고, 어두움의 긴 밤의 심문이 계속되면서 결국 예수님은 참람죄(신성모독죄)로 사형에 언도된다. 본문에서 보는 대로 흑암 속에서 진리가 가려진(무참하게 배반당하고 부인당한) '이 밤'(30절)의 시간은 '닭이 우는' 새벽까지 계속되었다. 물론 흑암의 시간의 절정은 십자가상에서 나타나는데 그것은 정오(제6시)로부터 오후 3시(제9시)까지 닥친 '백주에 흑암을 만난' 시간(막 15:33)이라고 할 수 있다.

1. 겟세마네의 기도

1). '겟세마네'(14:32): Γεθσημανί

이 이름은 '기름 짜는 틀'oil press이라는 의미의 히브리어/아람어 단어(gat šemaney)의 음역(Gethsēmani)으로 추정되는데 그 뜻은 감람 열매를 틀에 넣어 밟아 기름을 짜는 곳'인 '감람 산의 감람원'(요 18:1)으로 이해되기도 한다. 마가가 장소의 명칭으로 이 단어를 사용하는 것은 예수님의 비통한 탄원의 기도 모습의 배경으로 이해될 수 있다. 이것은 또한 겟세마네 동산이 '감람산Mount of Olives이라고 불리는 것과 관련되기도 한다. 아마도 예수님은 이곳에 제자들과 자주 간 것으로 추정된다(요 18:2).

2) 겟세마네의 기도

예수님의 수난은 겟세마네의 기도(밤중)로 시작한다. 기도 후 예수는 배반과 체포와 심문과 죽음의 길을 걷는다. 겟세마네는 수난 기사(막 14-15장)

의 중앙에 위치한 예수의 영성의 지성소와 같다. 이 지성소에서 당겨진 기도의 불로 인하여 예수님은 가장 큰 시험(배반과 수난과 죽음의 시험)을 감당한다. 이 사건은 '시험 중에 있는 우리가 어떻게 행동해야 하는가?'(38절)에 대한 가장 탁월한 모범을 제시한다. 시험과 유혹 가운데 있을 때 신자는 무엇을 해야 하는가? 주기도문(마 6:10-13)이 가르친 대로 하나님의 나라(통치)가 임하시오며 하나님의 뜻이 이루어지기를 기원할 뿐 아니라 시험에 들지 않고 악에서 건져 주시기를 기원한다. 그러기 위해 예수님처럼 우리도 하나님의 뜻을 좇고자 결단해야 한다(36절). "나의 원대로 마옵시고 아버지의 원대로 하옵소서." 주님은 자기 부인의 희생의 길을 통해서 메시아Messiah로서의 그의 사명을 성취하고자 결단한다. 자기 부인, 자기희생 없는 승리(구원)란 없다. 제자의 길에 닥치는 가장 무서운 시험과 싸움이 있다면 그것은 자기와의 싸움(막 8:34; 9:33-50)이다. 그러한 시험과 싸움은 기도를 통해 극복되고 기도를 통해 이기게 된다. 기도는 유혹과 고난을 이기는 마가복음의 영성의 원동력임이 분명하다.

가장 커다란 위기에 직면하신 예수님	→	기도하시는 예수님 진액을 짜며 기도	→	"일어나 함께 가자" 담대히 대면
"심히 고민하여 죽게 됨"		"힘쓰고 애써 간절히 기도"(눅 22:44 참고): 고독한 기도의 씨름		
lamenting/agonizing	→	surrendering/accepting(trusting)		
탄원/번민		양도/수락		

3) 예수님의 기도의 3단계(탄원-자기 변호와 영적 씨름-양도[신뢰와 헌신])

- 탄원의 모습(33-34절): 고뇌/비통/슬픔의 토로(연약한 자신을 인식)

> "심히 놀라시며 슬퍼하사 말씀하시되 내 마음이 심히 고민하여 죽게 되었으니."

자신 앞에 닥친 무서운 시련(배반과 수난과 죽음)에 직면하여 예수는 심히 비통함과 슬픔과 함께 깊은 고민과 근심에 사로잡혀 있다. 이 점은 시험 당하는 인간의 비통한 고뇌의 밑바닥의 모습을 잘 묘사해 주고 있다. 이러한 그의 고뇌(고통)는 심한 놀람과 비통과 절망이 죽음에까지 이른 모습으로 묘사되고 있다(34절). 비통한 주님의 모습은 시편의 탄원시 lament에서 반복하여 언급된 모습(시 42:6, 11과 43:5)이다. 예수님은 겟세마네 동산에서 임박한 괴로운 운명에 대해 하나님께 '탄원의 기도'를 드리고 있다. 이스라엘의 의로운 자들(신실한 자들)처럼, 친구에 의해 배반을 당하고, 원수들에게 붙잡혀 고통을 당하며, 마지막 비참한 죽음의 운명에 직면하게 될 예수님은 그의 존재에 궁극적 의미를 주고, 오직 한 가닥 희망이 되는 하나님께 자신의 비통한 감정을 토로한 채 탄원 가운데 매달리고 있다. 이러한 예수님의 모습은 구약의 시편 기자들의 탄원의 모습이며 고난에 처한 우리들의 모습이기도 하다.

우리는 앞으로 닥칠 예수님의 고난이 비현실적인 것이 아니라 매우 실제적인 것으로서 이해한다. 이런 까닭에 예수님은 히브리서 기자의 주장대로 비통 가운데 있는 우리들의 고통을 체휼하시는 분(4:15)이실 뿐 아니라 고난받는 자들을 능히 도우시는 분(2:17-18)이신 것을 또한 암시해 준다. 그렇기 때문에 우리는 긍휼하심을 받고 때를 따라 돕는 은혜를 얻기 위하여 은혜의 보좌 앞에 담대히 나아갈 수 있다(히 4:16, "그러므로 우리가 긍휼하심을 받고 때를 따라 돕는 은혜를 얻기 위하여 은혜의 보좌 앞에 담대히 나아갈 것이니라."). 예수님은 이러한 비통함 속에서 제자들을 떠나 하나님께 나아가 기도한다(35절, "조금 나아가사 땅에 엎드리어"). 여기 '땅에 엎드린'(마태는 "얼굴을 땅에 대시고 엎드려"로 묘사함[미 26:39]) 예수님의 기도 자세는 통상적으로 '서서 드리는 기도'(눅 18:11, 13)와는 달리 특히 곤경에 처했을 때 드리는 기도의 자세(삼하 12:16)로 하나님의 뜻에 경외심을 가지고 복종하는 의미(Schnable, 363)로 드리는 일종의 몸 기도였다. 그리고 이렇게 하나님께 기도한다.

- 인간적 기도(35-36절 전반): 자신과의 싸움이며 하나님과의 싸움

"될 수 있는 대로 이때가 자기에게 지나가기를 구하여 가라사대 아바 아버지여 아버지께서는 모든 것이 가능하오니 이 잔을 내게서 옮기시옵소서."

흔히 우리의 기도는 기도의 지성소에 나아가기까지 위의 예수님의 기도처럼 인간적 기도(자기와의 싸움)로 점철되어 있다. 하나님의 뜻보다는 자기의 뜻이 더 앞서 있고, 하나님 아버지의 능력까지도 자기중심적인 목적을 위해 사용되기를 간구한다. 하나님의 때보다는 자신의 때에 더 관심을 가지고 고난의 잔을 마시기보다는 영광의 자리를 더 탐한다. 이 모습은 앞의 제자들의 모습(막 10:35-40)에서 볼 수 있다. 이러한 자기중심의 찌꺼기들을 하나님 앞에 다 내려놓고 토로해야 한다. 그리고 그의 기도는 이제 매우 내밀한 교제("아바 아버지여.")로 나아간다. 시련의 거친 상황에서 내밀한 기도의 성소로 내려간다.

- 하나님 중심의 기도(36절 후반): 자기 비움(내려놓음)

"그러나 나의 원대로 마옵시고 아버지의 원대로 하옵소서."

겟세마네의 기도는 바로 이러한 단계적인 기도의 모습(탄원→신뢰→양도)을 통해 기도의 지성소에 이른다. 마치 감람 열매가 그 틀에 들어가 껍질이 짓눌려 터짐으로써 아름다운 감람유가 되는 것처럼, 우리의 기도가 힘든 상황과 자신의 아픔과 괴로움(감정)을 표현하는 탄원의 기도^{lament}로부터 내적 싸움을 통해 그 껍질이 눌러 터지면서 하나님 중심의 아름다운 기도(신뢰와 헌신과 감사와 찬양의 기도)로 드려진다. 기도의 지성소는 자기 부인의 이러한 결단과 고백으로 이루어진다. 오늘 한국 교회(사역자)가 자신을 부인하고 자기 십자가를 지기 위한 결단의 기도로 나아갈 때 놀라운 부흥의 역사가 일어날 것이다. 막 8:34의 자기 부인의 삶은 이 같은 겟세마네의 기도를 통해 이루어질 수 있다. 이것이 주기도문의 핵심(마 6:10[6:33, "먼저 그의 나라와 그의 의를 구함" 참고])이고, 히 5:7-9의 교훈이 기도 하다. "그는 육체에 계실 때에 자기를 죽음에서 능히 구원하실 이에게 심한 통곡과 눈물로 간구와 소원을 올렸고 그의 경외하심을 인하여 들으심을 얻었느니라. 그가 아들이시라도 고난으로 순종함을 배워서 온전하게 되었은즉."

기도 후 주님은 고난을 당당히 대면하며 십자가의 길로 나아간다(41-42절). 이처럼 기도는 자신을 이기고 시험을 이길 힘과 용기를 준다.

4) 주님의 결단과 십자가(수난)의 길로 나아감(41-42절)

> "때가 왔도다 보라 인자가 죄인의 손에 팔리느니라 일어나라 함께 가자 보라 나를 파는 자가 가까이 왔느니라."

기도의 승리는 자기 부인을 통한 승리이며 고난을 이기는 승리이다. 자기를 부인할 수 있는 자만이 참된 승리를 얻을 수 있다. 참된 희망은 자신의 죄성과 연약함에 대하여 절망하고 애통하면서 자신을 비우고 하나님을 의존할 때 일어난다. 확실히 '참된 희망은 거짓 희망인 자만을 버리는 것'이다. 시험을 이길 수 있는 비결은 오직 기도에 있음을 우리는 예수님의 말씀(38절, "시험에 들지 않게 깨어 기도하라.")과 겟세마네에서의 예수님의 모습을 통해서 배우게 된다.

5) 제자들을 위한 권면(34, 38절)

> "너희는 여기 머물러 지속적으로 깨어 있으라."(34절)
> "시험에 들지 않게 지속적으로 깨어 있어 기도하라 마음에는 원이로되 육신이 약하도다."(38절)

그러나 슬프게도 베드로를 포함한 제자들은 이 권면에 실패하였다. 40절, "다시 오사 보신즉 그들이 자니[48] 이는 그들의 눈이 심히 피곤

---

[48] 이 헬라어 단어는 'καθεύδω'로 이는 '잔다'라는 의미와 함께 '죽어 있음'과 '영적 무관심'을 의미하기도 한다.

함이라 그들이 예수께 무엇으로 대답할 줄을 알지 못하더라." 결국 그들은 수난의 시간이 다가왔을 때, "다 예수를 버리고 도망을 친다."(50절) "우리가 모든 것을 버리고 주를 좇았나이다"(9:28), "다 버릴지라도 (σκανδαλισθήσονται) 나는 그리하지 않겠나이다."(14:29), "내가 주와 함께 죽을지언정 주를 부인하지 않겠나이다."(14:31)라고 외쳤던 베드로는 대제사장의 계집종(비자) 앞에서 주님을 부인한다(14:66-72). 제자들의 실패는 깨어 있음이 없는 기도의 실패였다. "시험에 들지 않게 깨어 있어 기도하라."는 주님의 말씀에 깨어 기도하지 못하고 잠을 잔 제자들은 주님을 버리고 도망치고 부인하였다. 제자들에게 주신 예수님의 권면은 종말을 만난 우리에게도 동일한 권면이다.

여기서 우리는 예수님[반복적인 깨어 기도함]과 제자들[지속적인 잠]의 대조적 모습(32-36절[예수님]과 37-42절[제자들])을 본다. 시험 속에서 자신과 고투하는 예수님 agonizing Jesus과 안일의 잠에 빠져 있는 제자들 sleeping disciples[49]의 대조적 모습을 본다. 이처럼 예수님과 베드로의 모습은 극명한 대조를 이룬다. 감람 산으로 가는 중 무서운 시험(수난)의 시간이 임박하게 됨을 주님으로부터 미리 경고 받은(14:26-31) 베드로는 "깨어 있으라."는 반복된 권면(기회)에도 잠을 잤다. 결국 그는 주님을 세 번이나 부인하였다(14:66-71). 철저한 자만(안일) - 예수님의 경고(14:27-31)에도 불구하고 - 에 대한 철저한 실패였다. 이와는 달리 예수님은 겟세마네에서

---

49 겟세마네의 기사(14:32-42)는 번민과 고뇌 속에 탄원과 헌신의 기도를 드리는 예수님의 모습(32-36절)과 잠자는 제자들의 모습(37-42절)이 구조적으로 잘 구분되어 있다. Galand(1996:539 이하)는 이 기사를 두 구조로 나누어 32-36절을 '예수님의 겟세마네 [경험]'로 37-42절을 '제자들의 겟세마네 [경험]'로 명하여 다룬다.

자신의 시험(수난)의 시간을 깨어 기도로 준비한다. 3번이나 반복하여 기도한 후에 예수님은 시험을 당당하게 대면한다. "때가 왔도다. 보라 인자가 죄인의 손에 팔리느니라. 일어나라 함께 가자 나를 파는 자가 가까이 왔느니라."(막 14:41-42).

이 일 후 산헤드린 법정에서의 두 사람의 모습은 너무도 대조적이다. 베드로는 아래 뜰의 비자의 법정에서 예수님을 부인하고 자신을 걸고 저주하고 맹세까지 하지만, 예수님은 산헤드린에서 "내가 그니라"(ἐγώ εἰμι)고 담대히 선언하며 수난(죽음)의 길로 간다. 결론적으로 겟세마네의 기도(32-42절)는 '이 밤'의 시간의 중심(배반[18-21]과 목자의 맞음과 양들의 흩어짐[27]과 부인에 대한 예언[30] 그리고 유다의 배반[43-46]과 제자들의 도망[50]과 베드로의 부인[66-72])에 위치하여 자기를 부인하고 자기 십자가를 지고 담대히 나아가는 결단(막 8:34)을 함으로써 시험을 이기는 승리의 원동력으로 제시된다.

겟세마네의 "깨어 있으라."는 권면은 앞의 파루시아를 기다리며 복음을 위해 사는 교회를 위한 주님의 고별 강화의 권면(막 13:33-37)과 유사하다(Broadhead 1994:101-104).[50] 악하고 음란하고 죄 많은 세상에서 주님의 복음을 따라 살기 위해서는 우리의 연약한 육신으로는 불가능하다. 깨어 기도함이 없이는 곤란하다. 마음은 헌신되고 원함(열정)이 있어도 우리의 육신은 약하기 때문에 유혹과 고난에 늘 넘어지기 쉽다. 그러므로

---

50 특히 Broadhead는 겟세마네의 장면이 막 13장을 해석하는 틀을 제공하는 것으로 주장하며 이들 두 사이에 다양한 상호 관련성을 제시한다(1994:101 이하).

일상의 근신이 없이, 자기 포기의 결단이 없이, 단순한 열정만으로는 이 길을 끝까지 승리하며 걸어갈 수가 없다.

우리는 여기서 제자들의 깨어 있지 못하고 잠든 모습을 통하여 우리의 연약한 모습을 본다. 예수님은 세 번이나 그들에게 '깨어 있으라'고 권면(명령)하였음에도 그들은 3번이나 반복하여 잠자고 있었다(37, 40, 41절). 베드로(반석)로 불렸지만 실제로는 시몬(갈대)이었다(37절). 주님은 우리가 "육신이 약하기 때문에 깨어 기도하라"고 말씀하지만 우리는 "육신의 약함 때문에 기도하지 못한다."고 변명한다. 아이러니컬하게도 육신의 약함이 기도해야 할 이유인데 육신의 약함을 기도하지 못하는 핑계거리로 삼는다. 그러나 주님은 시험(시련)의 시간에 심한 통곡과 눈물로 간구와 소원을 하나님께 올렸다(히 5:7).

말씀을 맺고자 한다.
우리는 어떻게 시련(시험)을 맞이하는가? 시험(시련)을 만날 때 육신이 약하기 때문에 깨어 기도로 나아가는가? 아니면 육신이 약하기 때문에 기도를 하지 않는가? 육신의 약함은 기도하지 않는 핑계거리가 아니라 기도해야 할 이유이다. 하나님은 우리에게 감당치 못할 시험 당함을 허락하지 않으시고 시험 당할 즈음에 반드시 피할 길을 주신다고 말씀하셨다(고전 10:13). 그러므로 우리가 시험을 만날 때 하나님께 기도함으로써 시험을 감당할 뿐 아니라 피할 길을 얻는 우리가 되어야 할 것이다. 입춘(立春)이다. 긴 겨울이 지나고 봄이 찾아왔다. 성령의 단비(봄비)를 내려달라고, 우리 삶에 찾아오는 시련과 한국 교회에 찾아오는 시련을 이기게 해달라고 기도하는 우리가 되었으면 한다.

54

마가복음 강해
길 위의 길
The Way on The Way

깊은 밤의 배반과 체포와 심문 (막 14:43-72)

"43 예수께서 말씀하실 때에 곧 열둘 중의 하나인 유다가 왔는데 대제사장들과 서기관들과 장로들에게서 파송된 무리가 검과 몽치를 가지고 그와 함께 하였더라 44 예수를 파는 자가 이미 그들과 군호를 짜 이르되 내가 입 맞추는 자가 그이니 그를 잡아 단단히 끌어가라 하였는지라 45 이에 와서 곧 예수께 나아와 랍비여 하고 입을 맞추니 46 그들이 예수께 손을 대어 잡거늘 47 곁에 서 있는 자 중의 한 사람이 칼을 빼어 대제사장의 종을 쳐 그 귀를 떨어 뜨리니라 48 예수께서 무리에게 말씀하여 이르시되 너희가 강도를 잡는 것같이 검과 몽치를 가지고 나를 잡으러 나왔느냐 49 내가 날마다 너희와 함께 성전에 있으면서 가르쳤으되 너희가 나를 잡지 아니하였도다 그러나 이는 성경을 이루려 함이니라 하시더라 50 제자들이 다 예수를 버리고 도망하니라 51 한 청년이 벗은 몸에 베 홑이불을 두르고 예수를 따라가다가 무리에게 잡히매 52 베 홑이불을 버리고 벗은 몸으로 도망하니라 53 그들이 예수를 끌고 대제사장에게로 가니 대제사장들과 장로들과 서기관들이 다 모이더라 54 베드로가 예수를 멀찍이 따라 대제사장의 집 뜰 안까지 들어가서 아랫사람들과 함께 앉아 불을 쬐더라 55 대제사장들과 온 공회가 예수를 죽이려고 그를 칠 증거를 찾되 얻지 못하니 56 이는 예수를 쳐서 거짓 증언 하는 자가 많으나 그 증언이 서로 일치하지 못함이라 57 어떤 사람들이 일어나 예수를 쳐서 거짓 증언 하여 이르되 58 우리가 그의 말을 들으니 손으로 지은 이 성전을 내가 헐고 손으로 짓지 아니한 다른 성전을 사흘 동안에 지으리라 하더라 하되 59 그 증언도 서로 일치하지 않더라 60 대제사장이 가운데 일어서서 예수에게 물어 이르되 너는 아무 대답도 없느냐 이 사람들이 너를 치는 증거가 어떠하냐 하되 61 침묵하고 아무 대답도 아니하시거늘 대제사장이 다시 물어 이르되 네가 찬송 받을 이의 아들 그리스도냐 62 예수께서 이르시되 내가 그니라 인자가 권능자의 우편에 앉은 것과 하늘 구름을 타고 오는 것을 너희가 보리라 하시니 63 대제사장이 자기 옷을 찢으며 이르되 우리가 어찌 더 증인을 요구하리요 64 그 신성 모독 하는 말을 너희가 들었도다 너희는 어떻게 생각하느냐 하니 그들이 다 예수를 사형에 해당한 자로 정죄하고 65 어떤 사람은 그에게 침을 뱉으며 그의 얼굴을 가리고 주먹으로 치며 이르되 선지자 노릇을 하라 하고 하인들은 손바닥으로 치더라 66 베드로는 아랫뜰에 있더니 대제사장의 여종 하나가 와서 67 베드로가 불 쬐고 있는 것을 보고 주목하여 이르되 너도 나사렛 예수와 함께 있었도다 하거늘 68 베드로가 부인하여 이르되 나는 네가 말하는 것이 무엇인지 알지도 못하고 깨닫지도 못하겠노라 하며 앞뜰로 나갈새 69 여종이 그를 보고 곁에 서 있는 자들에게 다시 이르되 이 사람은 그 도당이라 하되 70 또 부인하더라 조금 후에 곁에 서 있는 사람들이 다시 베드로에게 말하되 너도 갈릴리 사람이니 참으로 그 도당이니라 71 그러나 베드로가 저주하며 맹세하되 나는 너희가 말하는 이 사람을 알지 못하노라 하니 72 닭이 곧 두 번째 울더라 이에 베드로가 예수께서 자기에게 하신 말씀 곧 닭이 두 번 울기 전에 네가 세 번 나를 부인하리라 하심이 기억되어 그 일을 생각하고 울었더라."

지금 우리가 살고 있는 세상의 시간은 밤(환난)의 시간임이 분명하다. 터키(튀르키예)와 시리아 지역에 닥친 지진(7.8)으로 벌써 사망자가 4만 명을 넘어섰다. 21세기 일어난 지진 중 7번째로 많은 희생자를 낳은 지진이란다. 곳곳에서 지진과 전쟁의 소문이 무성하다. 자연 재해나 전쟁의 환난만이 아니라 신앙적 시련과 배교(넘어짐)의 시간이기도 하다.

이럴 때("이와 같은 때에") 우리는 어떻게 해야 하나? 본문은 우리에게 이 밤의 시간에 우리가 취해야 할 모습을 잘 보여준다.

유월절 만찬으로 시작된 밤의 시간은 이제 정점에 이르렀다. 예언(14:18)대로 '열 둘 중 하나'인 가룟 유다("나를 파는 자"[ὁ παραδιδούς με])가 예수를 대제사장들과 서기관들과 장로들의 손에 넘겨준다/판다(9:31;

10:33). 겟세마네의 기도의 씨름을 통해 성부의 뜻을 따라 수난의 잔을 받기로 결단한 예수는 자발적으로 그들 손에 넘겨진다(41절, "인자가 죄인의 손에 팔리리라[παραδίδοται]."). 문맥적으로는 가롯 유다가 예수를 넘겨주지만/팔지만(42절, "나를 파는 자") 의미상으로는 하나님이 예수를 그들 손에 넘겨준다(8:31; 사 53:12). 이것은 우리(죄)를 위한 하나님의 구원의 뜻(14:36)이기도 하다. 이제부터 예수님은 죄인들의 손에 넘겨진 대로 우리 죄를 위한 대속물ransom로서의 십자가의 길(8:31; 9:31; 10:33-34; 10:45)을 간다. 죄인들의 손에 넘겨진 대로 그들은 예수를 그 밤에 곧장 날치기 심문에 들어가 신성모독죄blasphemy로 사형에 언도한다. 깊은 밤의 심문의 과정에서 흥미로운 점은 예수님과 베드로의 대조적 반응이다: 자기 부인의 기도의 씨름을 통해 예수님은 자신의 신분에 대한 질문(61절, "네가 찬송 받을 자의 아들 그리스도냐?")에 명확히 답변함(62절, "내가 그니라")으로써 사형에 언도되어 수난과 멸시 받음의 길을 가지만 베드로는 자만과 안일 가운데서 기도 없이 아래 뜰의 법정에서 자신의 신분("너도 그 도당이라")에 대해 질문을 받을 때 예수님을 부인하며 저주하는 반응("나는 너희의 말하는 이 사람을 알지 못하노라.")을 한다. 특히 베드로의 심문 기사(14:66-72)는 예수님의 심문 기사와 대비를 이루면서 마가의 의도인 주님을 따르는 제자들이 복음(주님)을 부끄러워하지 말아야 함(막 8:38)을 강조한다.

1. 가롯 유다의 배반과 예수님의 체포(막 14:43-52)

한밤중 기도가 끝날 무렵에 '열둘 제자 중 하나'인 가롯 유다의 밀고(배반)로 성전 경찰들(체포조)이 겟세마네 동산의 기도처로 검과 몽치들을 가지고 기습하였다. 3년간 주님과 함께 한 가롯 유다의 배반은 우발적인 행동이라기보다는 철저히 계획된 모의(14:10-11, 64; 눅 22:3-6)로 이루어진 행동일 뿐 아니라 헐값(은 삼십)에 넘긴 일(마 26:15)이기에 더욱 가슴 아프다. 무엇보다도 체포되기 전 그가 보인 위선적인 잠언 27:6절처럼 행한 계획적 행동(44-45절, 여전히 '랍비'라고 부르며 다정히 '입맞춤'[환대와 우정의 표시] 하는 모습)을 보면 '열두 제자 중 한 사람'으로서 그의 '뻔뻔하고 사악한' 배반에 전율을 느낀다(박윤만, 1046-1047). 이 일 후 유다는 스토리에서 사라진다.

이들은 마치 예수님이 민중 봉기나 혁명을 일으키는 폭도(행악자)인양 무장하여 군호를 짜 경계하며 그를 체포하러 왔다(43-44절). 우리가 알다시피 예수는 폭력에 의해 민중 봉기나 혁명을 추구하는 폭도가 아니었다. 그의 삶은 귀신 들린 자들과 병든 자들을 고치시고, 베고픈 자들을 먹이시고, 세리와 죄인들의 친구로 그들을 돌보고, 가르치시며, 그들과 함께 식탁 교제를 나누시면서 하늘나라의 복음을 전하신 참된 교사며 선자자시며 제사장의 모습으로 '목자 잃은 양같이 유리하며 방황하는 무리들을 자비와 사랑으로 돌보며 회개하고 믿는 자들에게 죄 용서를 전하신 분이셨다. 이러한 예수는 무장할 필요도 없었고, 감출 것도 없는 비폭력적 사랑과 자비의 사람이었다. 아마도 문제가 된다면 최근 성전에서 부패한 성전을 청결하신 과격한 행동 외에는 매일 그들의 코앞에서 백성들을 가르치신 일밖에는 없었다. 이러한 예수에 대해 그들이 검과 몽치를 가지고 강도(폭도)를 잡는 것(48절)처럼 기도처로 급습한 모습은 가관이었다. 여기에 예수님은 그들의 폭력적 모습과 그에 맞대응하는 행동을 책망하시면서(48절), 심지어는 그의 귀를 치유하시고(눅 22:51) 자발적으로 그들의 무장된 손에 끌려가셨다(delivered up[παραδίδωμι]).

예수님은 예언(8:31)대로 그들 손에 넘겨지게 된다. 마치 사랑이 배반 당하고 공의가 폭행을 당하며 진리가 유린당하는 모습이 바로 이 밤의 모습이었다. 그런데 여기에 주님은 이 패역한 세대를 구원하시기 위해 스스로 그들의 희생물이 되어 끌려가신다(사 53장["마치 도수장으로 끌려가는 어린양과 털 깎는 자 앞에서 잠잠한 양같이"]). 이것은 약함(사랑의 희생)을 통해서 보인 하나님의 놀라운 구원의 능력이셨다. "약할 때 강함이니라."(고후 12:10; 13;4). 오늘 우리의 세대(세상)는 그와는 달리 폭력(무력)으로 그 나라를 세우려고 한다. 하나님 나라는 온유한 자가 그 땅(기업)을 차지한다(마 5:5). 성경에서 말하는 온유함이란 '통제된 힘'controlled power 즉, 가진 힘을 사랑과 섬김과 희생으로 통제하는 것을 말한다. 이것이 바로 십자가의 길이다.

슬프게도 제자들은 모두 다 예수님을 버리고 도망친다(50절, "제자들이 다 예수를 버리고 도망하니라."). 스스로 죄인들의 손에 넘겨진 예수님을 본 제자들은 자신들이 추종하는 메시아(지도자)의 모습과 그 나라에 좌절하며 모두 다 예수를 버리고 도망친다. 그리고 한 청년이 무리에게 잡히자 벌거벗고 도망친 모습으로 소개되는 다음 장면(51-52절)은 제자들의 부끄러운 모습을 극명하게 보여주며(Lane, 527), 체포의 이야기를 슬프게 마무리 짓는다. 주님을 따르기 위하여 배와 그물을 버리고 아비를 버리고 (1:16-20), 세관직을 버리고(2:14), 모든 것을 버리고 따랐던(10:28) 그들이 이제 그 주님을 버리고 간다. 이 장면은 제자도의 가장 비극적이고도 아이러니컬한 장면이다. 어쩌면 이것이 제자도의 흑역사이며 현주소인지도 모른다. 우리 역시도 주님을 따르기 위해 버렸던 것들을 위해 다시 주님을 버리는 일은 없는가?

과연 그들이 추구하며 꿈꾸는 나라는 어떤 나라인가? 아직도 제자들은 "하나님의 일을 생각하기보다는 사람의 일을 생각하는" 자들(8:33)이다. 오늘 교회는 어떤 리더십을 추구하고 어떤 나라를 꿈꾸며 세우려고 하는가? 성경이 말하는 메시아의 모습(리더십)과 하나님 나라의 모습은 무엇일까? 과연 우리는 "성령이 오셔서 이루시고자 하는 그 나라 꿈꾸게 하소서"라는 찬양의 의미를 알고 있는가? 하나님께서 주님을 통해 세우시려는 나라는 사랑과 희생과 섬김의 나라이다(10:45). 제자들이 모두 다 버리고 도망친 그 수치스러운 밤에 예수님은 홀로 남겨져 그 나라의 길을 간다. 슬프게도 베드로는 '함께 해야 할' 제자의 자리(막 3:14)에서 예수님을 '멀찍이'(ἀπὸ μακρόθεν) 따른다(54절, "베드로가 예수를 멀찍이 따라").

2) 예수님의 심문과 베드로의 심문(막 14:53-72)

예수님의 심문은 당시 관례와는 달리 유월절 '밤'(사형에 해당하는 심문은 통상적으로는 낮에 행하며 그리고 어떤 법적 절차도 안식일이나 절기에는 이루어지지 않음)에 '날치기'(심문과 사형 언도가 그 밤에 동시에 이루어짐)로 그것도 '제사장의 집'(공적 집회 장소가 아님)에서 이루어진 일종의 불법적인 표적 수사(심문)였다(11:18; Donahue 1976:61).[51] 그들은 유월절 절기에는 이 일을 피하려 하였지만(14:2), 하나님의 때(구원의 시간표)는 그들을 그냥 둘 수가 없었다. 모든 것이 놀랍게도 유월절에 이루어진다.

불법(어두움)의 사람들은 법(원칙)보다는 그들의 어두움의 기득권 유

---

51 France(:951-953)는 이 주장에 대해 2가지로 반박하는데 그것은 미쉬나 규정의 적절성에 대한 문제와 이것이 정식 재판인지에 대한 문제이다.

지가 더 큰 관심이다. 그렇기 때문에 그들은 통상적인 법적 관례들을 무시하고 날치기식의 불법적 심문을 하였다. 이미 자신들의 권력과 기득권을 유지하기 위해 동원된 폭력의 모습은 이 점을 잘 반영한다. 오늘날도 정치의 어두운 현실을 보면 이와 유사한 모습을 자주 만난다. 예수님의 심문 기사(막 14:53-65)는 본문에서 베드로의 심문 기사(14:66-72)와 극적 대비를 이룬 형태로 나타난다. 특히 이 단락은 마가복음의 서사 기법 중 하나인 샌드위치 기법의 장면으로 되어 있으며 그 구조에는 '증거'(witness[55, 56(2x), 57, 59, 60, 63절에 7번 언급])의 주제가 강조된다(Edwards, 441).

| 하속들 앞의 베드로 - | 〈공회 앞의 예수/심문과 고백〉 - | 비자의 심문과 베드로의 부인 |
| (54절) | (55-65절) | (66-72절) |

예수님과 베드로의 두 심문 기사는 막 8:38을 비추어 볼 때 독자가 복음(주님)을 부끄러워하지 아니하고 담대히 전해야 하는 놀라운 예증이 된다(막 13:9, 11-13 참고). 본문에서 보는 대로 예수와 베드로는 둘 다 심문을 받고 있다. 예수님은 '대제사장의 집(위 뜰)'에 모인 온 공회(산헤드린) 앞에서 대제사장에 의해 심문을 받고, 베드로는 '아래 뜰'에서 하속들 앞의 비자에게 심문을 받고 있다. 각기 다른 두 심문 장소와 심문자에 의해 심문을 받고 있는 예수와 베드로의 대조적인 모습이 가관이다. 예수님은 이 추운 시련의 밤에 당당하게 서 있다면 베드로는 '불 앞에 몸을 녹이며' 시험/시련의 추위에 떨고(?) 있다. 예수님은 대제사장의 "네가 찬송받을 자의 아들 그리스도냐?"(61절)라는 질문에 "내가 그니라"(62절)고 당당하게 고백하지만 베드로는 대제사장의 한 비자(婢子)의 "너도 나사렛

예수와 함께 있었도다."(67절); "이 사람은 그 당이라"(69절)의 심문(증언)에 부인하며 "나는 네 말하는 것이 무엇인지 알지도 못하고 깨닫지도 못하겠노라"(68절); "나는 너희의 말하는 이 사람을 알지 못하노라"(71절)고 대답한다. 막 14:29("다 버릴지라도 나는 그렇지 않겠나이다.")과 14:31("내가 주와 함께 죽을지언정 주를 부인하지 않겠나이다.")의 자만의 베드로와는 정말 딴판이었다.

우리는 여기서 수난(시련)의 깊은(추운?) 밤이 왔을 때 "불을 쬐고 있는(불 앞에 몸을 녹이고 있는[warming himself at the fire])"(54절과 67절) 베드로의 모습을 보면서 정말 측은한 생각이 든다. 흥미롭게도 마가는 '불 앞에'(πρὸς τὸ φῶς)라는 표현에서 화로 불을 'τὸ φῶς'(빛[light])로 기술하면서 빛 앞에 서 있는 그의 어두운 모습(두려움과 비굴함)을 강조하고 있다(Cranfield, 441). 그리고 베드로의 이러한 부인과 저주와 맹세(하나님이 아니라 자신에 대한)의 모습은 앞에서 큰소리친 그의 자만의 모습을 생각할 때 정말 아이러니가 아닐 수 없다: "아니 너 베드로 이럴 수가 있어?" "어떻게 당신이 이럴 수가 있나? 당신이 주님의 수제자라고" 사실은 이것이 우리들의 모습인지도 모른다.

그러나 주님이 이 캄캄한 (추운?) 밤에 산헤드린 앞에서 조금도 움츠려 듦이 없이 당당하게 심문을 받는 모습은 우리에게 정말 큰 격려가 된다. 오직 우리의 구원을 이루시기 위해 그는 불법과 폭력의 희생물이 되면서도 이 수난과 죽음의 길로 당당히 자발적으로 나아가신다. 이들 두 심문에는 극적 대조를 이루는 3가지 모습들이 있다. (1) 심문 장소(공회 앞['위 뜰']과 하속들 앞['아래 뜰'])와 (2) 심문자(대제사장과 대제사장의 비자)와 (3) 대

조적 행동(확정과 침묵[예수님]과 부인과 저주[베드로])

예수님은 공회 앞에서 부끄럼 없이 담대하고 신실하게 답변("내가 그니라"[ἐγώ εἰμι])하지만 베드로는 하속들 앞에서 거짓 증언(나는 아니다'[눅 22:58])과 부인('모른다')을 통해 부끄러운 답변을 한다. 우리는 여기서 그들이 발설한 증거와 조롱들 속에서 놀라운 역설(아이러니)을 발견한다.

(1) "우리가 그의 말을 들으니 손으로 지은 이 성전을 내가 사흘에 헐고 손으로 짓지 아니한 다른 성전을 사흘에 지으리라 하더라."(58절[요 2:19; 히 9:11, 24 참고]) 주님은 그들의 기소(조롱)처럼 자신의 몸을 헐고 손으로 짓지 아니하는 참된 성전('그의 몸된 성전'[요 2:19-22])을 세우신다.

(2) "선지자 노릇을 하라"(65절). 유다의 배반과 베드로의 부인에 대한 예언이 바로 전 성취되었는데 또 다시 '예언하라'니 정말 아이러니다. 또한 그의 수난의 예언(8:31; 9:31; 10:33-34)은 이제 이루어져 가고 있다.

(3) "참람하다"(64절): 누가 진정으로 참람한 자들이냐? 마가복음에 비추어보면 하나님의 아들을 사형에 언도한 자들이 정말 참람한 자들이 아니냐?

결국 이 심문 기사들(trial narratives)에서 참된 증인으로서의 역할(8:38)에 대한 베드로의 실패는 기도의 실패였고 주님의 승리는 기도의 승리였다. "기도 외에 다른 것으로는 이런 종류가 나갈 수 없느니라."(9:29)라는 주님의 말씀은 이적적인 능력을 베풂만이 아니라, 고난 속에서의 신실한 증인의 삶에도 똑같이 적용된다.

말씀을 맺고자 한다.

우리는 하나님을 부인하고 대적하는 폐역한 세대에서 어떻게 주님과 복음을 전해야 할까? 증인^{witness}이란 헬라어 단어(μάρτυς)는 '순교자'(μαρτψρ)란 의미를 가지고 있다. 복음의 증인이 된다는 것은 "우리가 보고 들은 것을 말하지 아니할 수 없다."(행 4:20)라는 자세로 사실과 진리 앞에 당당하게 고백하고 전하는 것을 의미한다. 이것이 공회 앞에서 보인 예수님의 모습이었고 사도들의 모습(사도행전)이었으며 일제와 공산주의 앞에서 보인 우리들의 신앙의 선배들의 모습이었다. 오늘의 우리는 이러한 아름다운 전통의 계승자들이 되어야 한다. "하나님이 어디 있느냐"(시 42:3)고 소리 지르는 불신과 폐역의 세상 속에 우리는 참된 진리이며 길이요 생명이신 예수님과 그 복음을 증거 해야 한다. 영적으로 잘 무장하여("하나님의 전신갑주를 입고"[엡 6:10-20]) 증인의 삶에 앞장서는 우리 모두가 되기를 진심으로 소원한다. 때로 육신이 연약하여 제자의 길을 이탈하여도 '새벽 닭 우는 소리'를 들을 수 있는 - 듣고 가슴을 치며(ἐπιβαλὼν) 눈물로 회개하는 - 우리가 되어야 한다. 새벽의 이 모습(72절)이 베드로인 시몬의 희망이며, 우리(교회)의 희망이다.

예수님은 자신의 고백처럼 분명히 다시 오실 것이다. "예수께서 이르시되 내가 그니라 인자가 권능자의 우편에 앉은 것과 하늘 구름을 타고 오는 것을 너희가 보리라."(62절) 여기에 우리는 "아멘 주 예수여 오시옵소서."(계 22:20)라고 고백하며 충성된 증인으로서의 삶을 사는 우리 모두가 되기를 소원한다. "주 예수의 은혜가 모든 자들에게 있을지어다. 아멘"(계 22:21).

55

마가복음 강해

길 위의 길

The Way on The Way

빌라도의 재판과 십자가의 언도 (막 15:1-20)

"1 새벽에 대제사장들이 즉시 장로들과 서기관들 곧 온 공회와 더불어 의논하고 예수를 결박하여 끌고 가서 빌라도에게 넘겨주니 2 빌라도가 묻되 네가 유대인의 왕이냐 예수께서 대답하여 이르시되 네 말이 옳도다 하시매 3 대제사장들이 여러 가지로 고발하는지라 4 빌라도가 또 물어 이르되 아무 대답도 없느냐 그들이 얼마나 많은 것으로 너를 고발하는가 보라 하되 5 예수께서 다시 아무 말씀으로도 대답하지 아니하시니 빌라도가 놀랍게 여기더라 6 명절이 되면 백성들이 요구하는 대로 죄수 한 사람을 놓아 주는 전례가 있더니 7 민란을 꾸미고 그 민란중에 살인하고 체포된 자 중에 바라바 하는 자가 있는지라 8 무리가 나아가서 전례대로 하여 주기를 요구한대 9 빌라도가 대답하여 이르되 너희는 내가 유대인의 왕을 너희에게 놓아 주기를 원하느냐 하니 10 이는 그가 대제사장들이 시기로 예수를 넘겨 준 줄 앎이러라 11 그러나 대제사장들이 무리를 충동하여 도리어 바라바를 놓아 달라 하게 하니 12 빌라도가 또 대답하여 이르되 그러면 너희가 유대인의 왕이라 하는 이를 내가 어떻게 하랴 13 그들이 다시 소리 지르되 그를 십자가에 못 박게 하소서 14 빌라도가 이르되 어찜이냐 무슨 악한 일을 하였느냐 하니 더욱 소리 지르되 십자가에 못 박게 하소서 하는지라 15 빌라도가 무리에게 만족을 주고자 하여 바라바는 놓아 주고 예수는 채찍질하고 십자가에 못 박히게 넘겨 주니라 16 군인들이 예수를 끌고 브라이도리온이라는 뜰 안으로 들어가서 온 군대를 모으고 17 예수에게 자색 옷을 입히고 가시관을 엮어 씌우고 18 경례하여 이르되 유대인의 왕이여 평안할지어다 하고 19 갈대로 그의 머리를 치며 침을 뱉으며 꿇어 절하더라 20 희롱을 다 한 후 자색 옷을 벗기고 도로 그의 옷을 입히고 십자가에 못 박으려고 끌고 나가니라."

가장 희대의 세상 법정 심문이었다. 그것도 한밤중에 날치기로 벌어진 심문이었다. 절차나 증인 심문을 보아도 슬프고도 우스꽝스러운 모습이었다. 무엇보다도 하나님(의 아들)이신 예수님께서 세상 법정에 서셨다. 모든 모멸과 수치와 조롱을 받으시면서 고발과 무리의 선동적 외침과 모멸 가운데 심문 절차를 당하신다.

이제 예수님은 새벽까지 진행된 산헤드린 법정에서 신성모독죄와 내란선동죄(반역)로 엮어 당시 로마 총독인 본디오 빌라도가 주재하는 로마 법정(헤롯 궁전 내의 총독 관저[16절])으로 결박하여 넘겨진다(51절). 밀고(배반)로 인해 체포된 후 일어난 예수님의 심문 기사(14:53-15:15)는 법적으로 세 가지 국면에서 진행되었다. 하나는 대제사장의 집에서 날치기로 '한밤중'에 벌어진 '유대적 심문'(막 14:53-65)이었고, 두 번째는 새벽에 '빌라도 앞에서의 재판'(15:1-20)이었고, 마지막은 '십자가의 행진과 처형'(15:21-41)이었다. 그러나 놀랍게도 조롱과 모욕의 장면은 이들 절차상에 모두 나타났다(14:65; 15:16-20; 15:29-32).

하나님과 동등하시며 하늘 보좌 우편에 앉으신 하나님의 아들이신 예수님에 대한 인간(세상)의 심문은 과히 가관이었다. 그것도 말도 안 되는 모욕과 수치와 조롱 속에서 일어났다. 이사야 선지자의 진술(53:4-9)처럼 죄 없이 끌려가는 양처럼 갖은 고초와 모멸을 당하시는 하나님의 아들이신 예수님은 자신의 죄로 인해서가 아니라 우리의 죄를 위해 이 일을 친히 당하셨다.

"4 그는 실로 우리의 질고를 지고 우리의 슬픔을 당하였거늘 우리는 생각하기를 그는 징벌을 받아 하나님께 맞으며 고난을 당한다 하였노라 5 그가 찔림은 우리의 허물 때문이요 그가 상함은 우리의 죄악 때문이라 그가 징계를 받으므로 우리는 평화를 누리고 그가 채찍에 맞으므로 우리는 나음을 받았도다 6 우리는 다 양 같아서 그릇 행하여 각기 제 길로 갔거늘 여호와께서는 우리 모두의 죄악을 그에게 담당시키셨도다."

이렇게 진행된 심문의 장면들은 이미 마가에 의해서 여러 번 언급된 예수님 자신의 예언(막 8:31; 9:31; 10:33-34)을 따라 이루어진 하나님의 놀라우신 계획이었다. 그중에 막 10:34은 이방인에 넘겨진 후 "그들이 능욕하고 침 뱉으며 채찍질하고 죽일 것"을 언급한다. 특히 오늘 본문은 로마 총독 본디오 빌라도에게 "넘겨지신"(1절) 예수님이 로마의 법적 재판을 받으시는 과정에서 대제사장에 의해 선동된 무리들의 '십자가의 처형'에 대한 격렬한 요청("십자가에 못 박게 하소서")으로 이루어졌다. 이 과정에서 흉악한 폭도였든 바라바(Barabbas)는 사면이 되었고 무폭력의 자비와 사랑과 희생의 예수님은 폭도(행악자)처럼 십자가의 죽음에 언도된 후 군병들에 의한 희롱이 있었고 결국 예수님은 십자가에 처형되기 위해 끌려 나간다(15-20절).

1. 빌라도 앞에서의 심문(15:1-5)

유대 산헤드린 법정은 사형 언도를 집행할 수 없기 때문에, 한밤중의 시간(자정 이후에서 새벽까지)에 날치기로 진행된 유대 법정에서의 심문 과정에서 사형에 해당하는 신성모독죄로 결의(14:64)가 된 후 예수님은 새벽에 산헤드린의 최종 결정으로 빌라도에게 넘겨진다(15:1). 죄인들의 손에 '넘겨지신' 예수님(하나님의 아들 그리스도)의 모습은 예언(막 9:31; 10:33-34)을 따라 이루어졌다. 여기 '팔려지다'(14:41) 혹은 '넘겨지다'(15:1, 15)의 반복된 표현은 마가복음의 신학을 반영하는 중요한 헬라어 단어인 'παραδίδωμι' 동사(수동태형으로 쓰이면서 delivered up [to death]; arrested; betrayed의 의미로 사용된다)로 묘사되었다(8:31; 9:31; 10:33-34). 이 단어는 배반, 체포, 수난과 죽음의 의미를 반영하는 단어, 곧 예수님의 수난 기사나 제자도의 삶을 반영하는 핵심 단어로 이미 막 1:14에서 세례 요한의 사역의 결말인 수난의 모습으로 표현된 이래로 막 13:9-11의 제자들(교회)의 복음 전파에서의 수난의 사역을 묘사하는데 사용되었다[Perrin].

이렇게 예언을 따라 친구와 백성의 지도자들의 손에 의해 배반당하고 체포되어 많은 고초를 당한 후에 주님은 이방인들의 손에 넘기어져 마가복음의 핵심 메시지인 신분에 대한 질문이 이방 법정에서 다시 심문되어진다. "네가 유대인의 왕(메시아)이냐?"라는 빌라도의 심문에 예수님은 "네 말이 옳도다/네가 말한 대로다"[It is as you say]라고 이방인들 앞에서 확정하셨고, 이에 대해 대제사장들은 그를 격렬히 고소하였다(3절). 이에 예수님은 더 이상의 변론 없이 침묵 가운데 불법의 희생물로 남기로 결심한 것 같다(5절). "예수께서 다시 아무 말씀으로도 대답하지 아니하시니(οὐκέτι οὐδὲν ἀπεκρίθη)." 예수님의 침묵은 십자가의 길(메시아적 소명)에 대한 하나님의 뜻의 수락이기도 하다. 이 모습에는 마치 아버지(아브라함)의 뜻을 따라 희생 제물이 되어 순종하며 말없이 걸어가는 아들(이삭)의 모습(창 22:6-10)과 "도살장에 끌려가는 양과 털 깎는 자 앞에서 잠잠한 양 같이" 묘사된 여호와의 종의 침묵의 모습(사 53:7)이 중첩된다.

2. 백성들의 외침(15:6-15): "십자가에 못 박게 하소서"

특별한 절기에 죄인 하나를 사면하는 관례가 고대 근동에 있었는데 이 관례는 바벨론 포로 시에 유대인들에게 잘 알려진 관례로 특히 해방과 속량을 기념하는 유월절에 로마는 자신들의 식민지 정책을 정당화하려는 방책으로 이러한 관례를 시행함으로써 유대 민족의 환심을 사려하였다(요 18:39). 여기에 빌라도는 유대 백성이 이러한 전례를 요구하였을 때 누구를 사면하기를 원하는지 물었다. 여기에 대제사장들의 충동으로 백성들은 예수를 대신하여 바라바를 사면하고 예수를 십자가에 못 박아 처형하도록 요구한다. 처절할 정도로 역설적이고도 배반적인 민심이다. 한때는 그들이 예수님께 "호산나"(우리를 구원하소서)라고 소리 질렀던 그들이 이제는 "십자가에 못 박게 하소서"라고 외치고 있다. 여기서 우리는 사악한 집단 이기심의 결말과 선동 정치의 횡포를 본다. 더 나아가 민중의 선택의 아이러니컬한 면을 본다. 즉 이들 백성은 자신들의 야심(집단적/정치적 이기심)을 위해 다른 사람들을 죽이는 폭력적 사람(폭도며 행악자)은 사면하고 하나님의 뜻에 순종하여 다른 사람들을 위해 자신의 생명까지 주려는 사람(사랑과 섬김과 희생의 사람)은 정죄하고 있다. 빌라도의 물음(14절)에는 이러한 의미가 담겨 있다. "빌라도가 이르되 어찜이냐 무슨 악한 일을 하였느냐(τί γὰρ ἐποίησεν κακόν;) 하니."

결국 정치인 빌라도는 그들의 환심을 사려고 바라바 사면과 예수의 십자가 처형을 원하는 무리의 요구에 응답한다(15절, "빌라도가 무리에게 만

죽을 주고자 하여 바라바는 놓아 주고 예수는 채찍질하고 십자가에 못 박히게 넘겨 주니라."). 빌라도는 예수가 무죄하지만 (14절) 대제사장의 시기에 의해 체포되었음을 알고도 (10절) 그들의 사형 요구를 따른다. 그는 진리와 정의보다는 자신의 권력적 야망을 우선시한다. 결국 빌라도는 무죄한 희생물을 통해 무리(군중)의 환심을 사려고 노력하지만 참된 왕(메시아)이신 우리 주님은 오직 하나님의 뜻과 마음에 합당한 삶을 사신다. 이것이 하나님의 사람들의 모습이다.

흥미로운 점은 바라바$^{\text{Bar-abbas[son of father]}}$의 사면을 택하고 하나님의 아들$^{\text{Son of God Father}}$이신 예수님을 십자가형에 넘겨준 유대 백성의 선택에는 그들이 원하는 왕(메시아)이란 세상적인 힘을 가지고 폭력을 사용하는 왕$^{\text{power figure}}$이었지, 폭력으로 악을 대항하는 것을 거절한 섬김과 봉사와 희생의 왕$^{\text{servant figure}}$이 아니었음을 의미한다. 결국 이스라엘은 폭력의 방법으로 로마를 대항함으로써 폭력으로 멸망하게 된다. 그러나 기독교는 군대도 없이 예수 그리스도의 사랑과 용서의 복음을 통해 로마를 정복한다.

여기 민란을 꾸미고 이 민란에서 살인하고 포박된 폭도(행악자) 중 한 사람이었던 바라바$^{\text{Bar-abbas[son of father]}}$가 예수님 대신 특별 사면되는 일은 정말 역설(아이러니)이 아닐 수 없다. 성부 하나님의 사랑과 기쁨의 대상(막 1:11)이었던 '하나님의 아들'$^{\text{Son of God Father}}$이신 예수는 십자가의 죽음으로 넘겨져 처형되고 폭도(행악자)인 '바라바'$^{\text{son of father}}$가 사면되는 장면은 자기 아들을 "내어준/넘겨준" 하나님 아버지의 대속적인 사랑("자기 아들을 아끼지 아니하시고 우리 모든 사람을 위하여 내주신"[롬 8:32] 하나님의 사랑)의 극적 예증이 된다. 우리는 하나님 아버지의 이러한 사랑을 받은 자들이다. 성부의 사랑에 대한 바울의 넘치는 고백과 찬양(롬 8:32-38)은 이 점을 잘 보여준다.

3. 모멸의 나약한 왕 예수(15:16-20)

이미 언급한 대로 수난 기사에는 예수님에 대한 세 번의 모멸 장면이 나온다. 첫 번째는 '거짓 선지자'로 조롱한 것(14:65)이고 두 번째는 '거짓 왕'으로 조롱하는 것(15:16-21)이며 끝으로는 '거짓 구원자'(메시아)로서 조롱하는 것(15:29-32)이다. 오늘 본문은 두 번째의 모멸 장면으로서 예수는 로마 군병들에 끌려 브라이도리온(헤롯 왕의 옛 왕궁)의 뜰에 들어갔고 거기서 군병들은 예수님께 자색 옷을 입히고 가시 면류관을 엮어 씌우고 '유대인의 왕'으로 칭송(모멸)하며 그에게 평안을 빌었다.

그들이 하는 이 조롱은 헤롯 왕 이후에 왕이 없는 상황의 이스라엘에게는 굴욕적 조롱이었다. 이유는 굴욕적이며 연약한 이러한 왕의 모습이 바로 이스라엘의 처한 상황을 대변하는 것이기 때문이다. 예수는 예루살렘 입성 후에 곧장 헤롯의 궁전으로 가서 폭력으로 통치하는 왕이 되지 아니하시고 이렇게 수난과 모멸을 당하는 왕(섬김과 수난과 희생과 경멸의 왕)으로 나타나신 모습은 정말 역설이다. 과연 이런 왕(지도자), 이런 메시아가 이 세상에 있는가? 자기 목숨을 많은 사람의 대속물로 주기 위해 수난을 받으시며 구경거리(모멸과 조롱거리)가 되신 세상적으로 무력한 왕이 우리의 구주 예수 그리스도이시다. 세상을 구원(사랑과 용서)하기 위해 조롱을 당하시고 만물의 찌꺼기같이 구경거리처럼 되시면서(고전 4:9-

13 참고) 죽기까지 복종하신 예수 그리스도 그가 우리의 왕(메시아)이시다. 이 놀라운 수난과 모멸의 왕 즉 사랑과 섬김의 왕 앞에 모든 무릎이 꿇게 되고 모든 혀가 고백케 된다(빌 2:10-11).

헤롯 궁전 내의 총독 관저(브라이도리온)로 데려가 거기서 군병들이 자색 옷을 입히고 가시 면류관을 씌우며 조롱으로 경배(모멸)하며 시작된 그의 십자가의 길은 마치 로마의 개선 행렬을 보는 것^{Schmidt} 같고 왕의 대관식을 보는 것^{Marcus} 같다. 특히 여기 "끌려가다"(20절)란 헬라어 동사(ἐξάγω)는 14:53과 15:1에서도 반복하여 언급되고 있는데 위의 행렬^{parade}의 모멸적 이미지를 잘 반영한다. 이러한 일련의 과정에서 메시아에 대한 철저한 모멸적 패러디가 나타난다. 무엇보다도 군병들이 보인 모멸적 조롱의 행위(19절, "갈대로 그의 머리를 치며 침을 뱉으며 꿇어 절하더라.")는 예수님의 수난의 깊이를 더하게 할 뿐 아니라 하나님의 뜻(10:34)의 성취를 보여준다. 우리의 죄를 위해 모멸 당하신 예수가 우리의 구주이시며 목자이시며 왕이시다. 바울은 끌려가며 조롱을 당하시며 십자가로 나아가신 예수님의 이러한 모습을 이렇게 진술한다(빌 2:.6-8).

"그는 근본 하나님의 본체시나 하나님과 동등됨을 취할 것으로 여기지 아니하시고 오히려 자기를 비워 종의 형체를 가지사 사람들과 같이 되셨고 사람의 모양으로 나타나사 자기를 낮추시고 죽기까지 복종하셨으니 곧 십자가의 죽으심이라." 이 예수가 우리가 경배하는 메시아시고 주님이시며 참된 우리의 목자이시며 왕이시다. 이 주님을 우리는 예배시에 온 마음과 뜻과 정성을 다하여 이렇게 찬양한다.

"예수 우리 왕이여 이곳에 오소서
보좌로 주여 임하사 찬양을 받아주소서
주님을 찬양하오니 주님을 경배하오니
왕이신 예수여 오셔서 좌정하사 우리를 다스리소서."

그렇다. 이 모멸 받으신 왕 예수가 우리를 생명으로 인도하시는 목자이시며 우리의 참된^{real} 왕이시다. 우리도 이 주님을 따라 복음을 위해 이 길로 나아가기를 소원한다.

56 길 위의 길
The Way on The Way

능욕의 행진과 십자가 등극 (막 15:21-32)

"21 마침 알렉산더와 루포의 아버지인 구레네 사람 시몬이 시골로부터 와서 지나가는데 그들이 그를 억지로 같이 가게 하여 예수의 십자가를 지우고 22 예수를 끌고 골고다라 하는 곳(번역하면 해골의 곳)에 이르러 23 몰약을 탄 포도주를 주었으나 예수께서 받지 아니하시니라 24 십자가에 못 박고 그 옷을 나눌새 누가 어느 것을 가질까 하여 제비를 뽑더라 25 때가 제삼시가 되어 십자가에 못 박으니라 26 그 위에 있는 죄패에 유대인의 왕이라 썼고 27 강도 둘을 예수와 함께 십자가에 못 박으니 하나는 그의 우편에, 하나는 좌편에 있더라 28 (없음) 29 지나가는 자들은 자기 머리를 흔들며 예수를 모욕하여 이르되 아하 성전을 헐고 사흘에 짓는다는 자여 30 네가 너를 구원하여 십자가에서 내려오라 하고 31 그와 같이 대제사장들도 서기관들과 함께 희롱하며 서로 말하되 그가 남은 구원하였으되 자기는 구원할 수 없도다 32 이스라엘의 왕 그리스도가 지금 십자가에서 내려와 우리가 보고 믿게 할지어다 하며 함께 십자가에 못 박힌 자들도 예수를 욕하더라."

주님을 따라가는 길을 어떤 길인가? 영광의 길인가? 수난의 길인가? 예수님은 막 8:34에서 "누구든지 나를 따라오려거든 자기를 부인하고 자기 십자가를 지고 나를 따를 것이니라."라고 하셨다. 베드로(벧전 2:21)와 바울(고전 4:9-13)도 이 길을 따라 갔다. 역사적으로 수많은 신앙의 선진들이 이 길을 갔고 우리의 신앙의 선조들도 이 길을 따라갔다. 오늘 본문은 이 길이 어떤 길인지를 잘 보여준다.

빌라도에 의해 십자가 죽음으로 언도된 후 예수는 로마의 군병들에 의해 '브라이도리온'(Praetorium: 헤롯 왕의 옛 왕궁을 빌라도가 예루살렘 집무실로 삼음)으로 끌려갔다(ἀπήγαγον). 그 곳 뜰에서 그들은 온 군대를 모으고 힘없이 포로가 되어 처형될 예수에게 '유대인의 왕'(곧 '거짓 왕'[false king])으로서 모멸과 조롱의 예식("자색 옷을 입히고 가시 면류관을 엮어 씌우고 예하여 가로되 '유대인의 왕이여 평안할지어다' 하고 갈대로 그의 머리를 치며 침을 뱉으며 꿇어 절하더라.")을 베푼다. 그 백성 이스라엘에게 거절당한 왕에 대한 모멸로 이 또한 역설적으로는 하나님의 구원 계획의 성취였다(10:34). 모멸과 조롱의 예식이 끝나자 예수는 가시 면류관을 쓴 채 십자가에 처형되려고 끌려 나간다("ἐξάγουσιν"[15:20]).

1. 골고다를 향한 십자가의 행진(15:21-22): 수치의 구경거리

십자가의 죽음에 언도된 예수님은 이제 처형장인 '골고다'Golgotha를 향한 모멸의 행진을 시작한다. 당시 로마인들은 이러한 사형 집행의 과정을 공적 예식처럼 다룸으로써 모든 백성들에게 반역(민중 봉기)에 대한 일종의 경고와 방지책으로 사용하였다. 이런 까닭에 그들은 죄인인 사형수를 거리로 끌고 나와 '골고다'의 십자가의 처형 장소까지 수치스러운 행진(죄명을 알리는 죄 패와 함께 십자가를 지고 가게 함)을 하게 하였다. '반역(죄)에 대한 심판'의 상징(본보기)인 십자가를 지시고 가는 예수님의 모습은 인간 반역에 대한 하나님의 심판을 대신 받음으로써 구원을 제공하는 의미를 지니며 이제 예수는 죄에 대한 하나님의 심판의 짐을 지고 가는 사명을 성취하기 위해 십자가를 지고 골고다를 향해 나아가고 있다(Lane, 562).

당시 모든 사람은 거리에 나와서 반역에 대한 심판의 상징인 치욕의 구경거리로서 이러한 십자가의 행진을 지켜보았다. 과거 우리나라에서도 반역자(모반자)들을 달구지에 태워 끌고 가거나 걸어가게 하여 처형장(참수장)에 가는 동안 일종의 거리 행진을 통해 백성들에게 경고성 구경거리를 제공하는 모습과 비교될 수 있다. 참수된 목은 사대문 앞 장대에 높이 달아 반역의 본보기로 삼았다.

바울에 의하면 우리의 구원을 위해 친히 '구경거리'가 된 예수님의 치욕적인 행진의 모습은 복음 전파(세상의 구원)의 사명을 위해 기독교 일꾼이 걸어 가야 할 모습으로 제시되어졌고, 바울은 복음을 위해 자신은 이같은 고난의 삶을 살았다고 증거한다(고전 4:9-13; 고후 2:14). "우리는 세계 곧 천사와 사람에게 구경거리가 되었[으며] ... 우리가 지금까지 세상의 더러운 것과 만물의 찌꺼기같이 되었노라"(고전 4:9-13). 이것이 바울이 주님을 따랐던(본받은) 모습이었고 우리가 따라야 할 모범이다(고전 11:1). 이러한 모습은 이미 막 8:34에 언급된 대로 예수를 따르는 자들이 취해야 할 삶의 모습이었다. "누구든지 나를 따라 오는 자는 자기를 부인하고 자기 십자가를 질 것이니라."

1) 길에서 십자가를 대신 진 구레네 사람 시몬(15:21)

브라이도리온에서 시작하여 '골고다' 처형장으로 이어지는 이 능욕의 행진에서 마가는 유월절에 예루살렘으로 온 디아스포라 유대인으로 추정되는 구레네 사람 시몬^{Simon}이 '억지로'(ἀγγαρεύουσιν) 예수의 십자가를 대신 지고 가게 됨("멀찍이 따르고 예수를 부인한" 다른 시몬[베드로]의 모습과 대조적임)을 언급함으로써 막 8:34에 제시된 제자도의 모습을 생생하게 그

려준다. 특히 예수의 제자들이 도망치고 없는 가운데 "강제로 동원된/
징집된"(ἀγγαρεύουσιν)⁵² 시몬의 이와 같은 모습은 부재한 제자도의 모습
을 역설적으로 보여준다. 그리고 마가의 청중에게 잘 알려진 알렉산더
Alexander와 루포Rufus의 아버지로서 시몬의 모습을 언급함으로써 보다 생
생하고도 친숙한 실제적인 교훈을 제공한다.

2. 마침내 골고다(Golgotha)에서(15:23-24): 옷 벗겨진 채 십자가에 달리신 예수님

마침내 모멸의 행진은 '해골의 곳'이라고 불리는 골고다Golgotha에 이르
렀다(22절). 여기서 예수님은 몰약을 탄 포도주를 거절 - 막 14:25의 말씀
대로 - 하고(23절), 하나님이 주시는 수난의 잔cup을 받아들이며 십자가에
달리신다. 이제 십자가 아래에서는 벗겨진 그의 옷이 제비뽑기에 의해
나누어지고 있다(24절. 시 22:18 참고). 이 모습을 통해서 우리는 공 사역을
통해 그려진 그의 능력(5:27-31; 6:56)과 영광(9:3)의 옷이 벗겨지고⁵³ 예수는
거의 벌거벗겨진 채(요 19:23) 십자가에 무능력하게(수치스럽게) 달리셨다.
"왜 능력과 영광의 예수님이 이렇게 무능력하고 수치스럽게(즉 벌거벗겨
진 채) 십자가에 달려야 하였을까?"

---

52 BDAG(2000, 7)에 따르면, 이 헬라어 단어(ἀγγαρεύω)는 '징발하다'(requisition), '봉사하게 하
다'(press into service) 혹은 '억지로…하게 하다'(force, compel)의 의미를 가진다. 특히 이 단어
는 "강제 공적 봉사에 동원하는"(compulsory public service) 의미의 라틴어(angariare)에서 차
용한 단어이다.
53 이미 체포되면서 주님은 능력과 영광의 옷을 벗었다고 할 수 있다. 특히 자색 옷을 입히고
조롱한 모습은 이 점을 잘 반영한다.

무능력과 수치의 벌거벗겨진 이 모습은 마치 죄를 범한 아담의 수치스러운 모습(창 3:7)과 같다. 여기 우리를 위해 하나님의 아들 예수가 벌거벗겨진 채(무능하고도 수치스럽게) 저주의 십자가에 달려 있다. 이와 같은 모습은 이미 구약에 예언되어진 것으로서 십자가의 사건이 하나님의 뜻(구원)을 따라 진행되어지고 있음을 말하고 있다.

3. 십자가의 등극(enthronement on the cross): 예수의 다스림

  마침내 예수님은 십자가에 달리셨고(25절) 십자가 위에는 "유대인의 왕"이라는 죄패titulus가 달려 있었다(26절, "그 위에 있는 죄패에 유대인의 왕이라 썼고"). 이것은 예수가 "유대인의 왕"으로 십자가 위에 등극한enthroned 모습을 말하고 있다. 이 얼마나 역설적인paradoxical 모순의 모습인가? 죄목과 조롱으로서의 죄패가 실제의 명패이다. 헤롯 궁전에서가 아니라 십자가에서 그는 메시아로서의 대관식을 갖는다. 왕(메시아)으로서 십자가의 등극은 사랑과 섬김과 희생의 종의 메시아상을 극명하게 드러낸다. 이것이 '레알'real 기독교의 복음이다. 십자가 위에 달리신 거절당한/버림받은 "유대인의 왕" 예수. 그가 우리의 메시아(구원자)이시다. 이 모습은 기독교의 진리(삶의 스타일)를 함축한 것으로 예수를 통한 하나님의 통치는 섬김과 사랑과 비하의 겸손과 희생임을 보여주고 있다(10:42-45). 돈의 힘이나 무력적 통치를 앞세우는 세상적 모습과 얼마나 다른가? 희생의 봉사를 통한 사랑의 섬김이 참된 기독교의 모습이다. 이것이 우리를 울렸던/울게 하는 하나님의 다스림(통치)의 모습이다. 그렇지 아니한가? 여러분은 이러한 하나님의 다스림(사랑과 섬김)을 경험하고 있는가?

이 죄패와 함께 십자가에 달리신 예수님은 그 좌편, 우편에 또 다른 십자가를 가지고 있었다(15:27). 특히 여기에 언급된 예수의 좌편, 우편의 자리는 예수를 따르는 자들이 앉아야 할 자리임을 마가는 독자들에게 암시해 준다. 이미 우리가 막 10:37에서 보았던 대로 예수님의 제자들 중 요한과 야고보는 주님이 영광의 자리(십자가?)에 앉을 때 그들이 좌우편의 자리를 앉게 해 달라고 간청하였다. 이때 예수님은 이들이 구하는 자리들이 어떤 의미의 자리인지를 알지 못한다고 답변하셨다. 이제 이 답변의 의미가 독자들에게 제시되고 있다. 이들 제자들은 다 도망가고 예수님이 달린 십자가의 좌우편의 자리에는 강도들이 있었다. 사실 이 자리는 영광과 군림의 자리가 아니라 주님을 따르며 복음을 위해 살면서 억울하게 행악자처럼 오해(모독)되는 그러한 수난의 자리다(바울을 보라). 사랑과 자비를 베풀고 무폭력으로 살았던 예수님의 죄패는 "유대인의 왕" 곧 정치적 메시아였다. 결국 유대 지도자들은 예수를 죽이기 위해 그를 정치적 메시아로 몰아붙였고, 여기에 로마 사람들은 유대인들에게 너희의 왕이 얼마나 무능한(수치스러운) 왕임을 조롱하였다. 그리고 그들은 예수를 강도들과 함께 그를 십자가에 못 박음으로써 그를 행악자 중 하나로 취급하였다(사 53:12). 끝으로 제3시(9시에서 12시 사이의 시간)에 십자가에 달리신 예수님은 십자가 아래의 사람들에게 세 번째의 지독한 능욕(거짓 구원자로서)을 당하신다.

4. 최후의 조롱(막 15:28-32)

저주의 십자가 위에 달려 고통을 당하는 어리석고 무능한 구원자인 '이스라엘의 왕' 예수 그리스도. 이 예수에 대한 모멸과 조롱은 극에 달했다. 지나가는 자들이 경멸의 의미로 머리를 흔들고(왕하 19:21; 욥 16:4; 시 22:7; 109:25; 사 37:22; 렘 18:16; 애 2:15), 경멸의 소리를 지르며(시 35:21; 40:15; 70:3) 이르기를, "아하 [그래] 성전을 헐고 사흘에 짓는 자여. 네가 너를 구원하여 십자가에 내려오라"(29-30절)고 외칠 뿐 아니라 그들과 함께 한 종교 지도자들과 십자가에 못 박힌 자들까지도 "저가 남은 구원하였으되 자기는 구원할 수 없도다. 이스라엘 왕 그리스도가 지금 십자가에서 내려와 우리로 보고 믿게 할지어다."(31-32절)고 외쳤다. 이처럼 참을 수 없는 조롱과 모욕 가운데에서도 주님은 우리의 죄를 대속하기 위해 그 모든 것을 고스란히 참으시고 받아들이신다. 우리는 여기서 예수님의 극명한 '온유하심'(통제된 힘[controlled power])을 본다. 만약 예수님이 그들의 조롱과 모욕에 참지 못하고 십자가에서 내려오셔서 자신의 힘power을 보이신다면 우리의 구원은 '말짱 도루묵(헛일)'이 된다(민 20:2-13의 온유가 바닥이 난 모세의 모습을 보라).

이 시간은 진리가 상처를 입고, 섬김이 경멸당하고, 사랑이 짓밟히는 시간 곧, 대낮이지만 어두움이 활개치는 시간이었다. 시편 기자의 탄원처럼 "네 하나님이 어디 있느냐?"고 조롱하는 시간이다. 사랑(섬김)과 진리가 모독되고 처형당하고 있는 타락한 세상의 극한 모습이 여기에 있다. 사실 이 조롱은 이러한 방법을 통해 구원하시려는 하나님에 대한 조롱이다.

"웃기네. 자신도 구원하지 못하는 것이 어떻게 세상을 구원해. 이런 방법으로는 안 돼. 기독교는 '힘'(어떤 힘?)이 있어야 돼."

세상적인 방법(거짓말; 악; 돈; 권력; 비방)에 대해서는 어리석고 무능한 우리들의 모습에 대해 세상은 우리를 마음껏 조롱한다. 그래 가지고 어떻게 세상을 살아(출세해)? 결국 세상이 찾는 구원자의 모습은 '세속적 힘'을 가진 자의 모습이다. 이런 이유로 그들은 성전을 그들의 권력의 제단 power base 으로 삼았다. 복음(하나님의 능력)을 빙자하여 세상에서 자기를 구원하려는/세우려는/높이려는 노력이 아니라(14:36 참고), 복음을 위해 자기를 버리는(희생하는) 삶이 진정한 기독인의 모습이다. 참된 구원자의 모습은 십자가에서 뛰어내려 자기 힘을 보이는 방종의 삶이 아니다(광야의 사탄의 유혹). 도리어 십자가(섬김/사랑/용서)를 지고 가는 삶이 기독인의 삶이다. '자기를 버리고 남을 구원하는' 살신성인(殺身成仁)의 교훈은 곧 남을 살리고 자기도 사는 삶이다(막 8:35).

말씀을 맺고자 한다.

반역에 대한 심판과 모멸의 본보기인 십자가에 언도된 예수님의 모습은 기독교 복음의 심장이다. 하나님은 그의 아들 예수를 우리 대신 십자가에 달려 죽게 하심으로 우리의 죄의 짐을 지게 하셨다. 자신의 사랑하는 아들은 버리시고 불순종(반역)한 우리를 자신의 자녀로 영접하는 위대한 치환이 십자가의 사건 Moltmann 이다. 이제 그 아들은 능욕의 십자가를 지고 골고다를 향해 나아간다. 십자가를 지고 가는 고난과 모멸의 이 행진은 당시 사람들에게는 '구경거리'(고전 4:9)였지만 믿는 우리에게는 복음 전파의 길을 보여주는 제자도의 삶(고후 2:14-16)이다. 이와 같은 모멸과 고난의 복음 전파의 행진을 통하여 우리는 '각처에서 예수 그리스도의 복음을 드러내는' 구령의 일을 한다. 그러므로 능욕과 고난의 이 행진은 구원을 위한 승리의 행진이기도 하다. "누구든지 나를 따라 오는 자는 자기를 부인하고 자기 십자가를 질 것이니라."라는 주님의 말씀이 다시 한번 우리의 귀를 때린다.

57

마가복음 강해

길 위의 길
The Way on The Way

십자가의 절규와 백부장의 고백 (막 15:33-39)

"33 제육시가 되매 온 땅에 어둠이 임하여 제구시까지 계속하더니 34 제구시에 예수께서 크게 소리 지르시되 엘리 엘리 라마 사박다니 하시니 이를 번역하면 나의 하나님, 나의 하나님 어찌하여 나를 버리셨나이까 하는 뜻이라 35 곁에 섰던 자 중 어떤 이들이 듣고 이르되 보라 엘리야를 부른다 하고 36 한 사람이 달려가서 해면에 신 포도주를 적시어 갈대에 꿰어 마시게 하고 이르되 가만 두라 엘리야가 와서 그를 내려 주나 보자 하더라 37 예수께서 큰 소리를 지르시고 숨지시니 38 이에 성소 휘장이 위로부터 아래까지 찢어져 둘이 되니라 39 예수를 향하여 섰던 백부장이 그렇게 숨지심을 보고 이르되 이 사람은 진실로 하나님의 아들이었도다 하더라."

누가 작사, 작곡을 했는지 알 길이 없는 흑인 영가인 "거기 너 있었는가? 그때에(Were you there when they crucified my Lord?)"라는 찬송가 147장은 오늘날도 많은 사람들에게 떨림과 울림의 영감을 준다. 오늘 본문은 그 자리가 어떤 자리였는지를 극명하게 보여준다.

능욕의 십자가를 지고 주님은 마침내 골고다에 이르렀다. 그리고 예수님은 제3시에 십자가에 달리셨다. 십자가 주위에는 예수님을 '무능한 거짓 왕이며 구원자'라고 빈정대며 "지금 십자가에서 내려오면 우리가 보고 믿겠노라"는 모멸스러운 조롱의 외침들로 가득하였지만 끝내 성부 하나님은 그 아들을 버리시고 침묵하셨다(34절). 십자가에서 예수는 주위 사람들(그 백성)로부터 철저히 조롱을 받으며 버림받았을 뿐 아니라 그 아버지로부터 또한 버림을 받고 있다. 우리는 여기서 그 사랑하는 기쁨의 아들을 버리는 비련의 아버지, 아니 더 나아가 스스로 패륜이 된 아버지를 만난다. 철저히 아버지의 뜻에 순종하였던 '사랑하는 기쁨의 외아들'(1:11)에게 부어진 저주와 심판의 십자가만 백주에 우뚝 서 있다. 겉으로는 진리가 모멸되고 처형당하며, 사랑이 배반당하고 정죄되는 시간이지만 실제로 그 시간은 진리와 사랑이 승리하는 시간이었다. '부재'(不在) 속에 '현존'(現存)이 교차하는 역설의 시간 time of absence as presence이 바로 이 시간이다. 이제 십자가의 시간은 죽음의 정점인 백주(白晝)(제6시=12시)에 달하였다(33절). "제육시가 되매."

1. 백주에 흑암 속에서의 버림(심판)의 외마디(15:33-37)

환한 백주 대낮 정오 noon에 어두움이 온 땅에 임하였다(33절). "제육시가 되매 온 땅에 어둠이 임하여 제구시까지 계속하더니." 육시(12시)에서 구시(오후 3시)까지 어두움은 계속되었다. 이 어두움은 아모서 선지자가 외친 '주의 날'(유월절)에 임한 하나님의 심판이었다(암 8:9-10).

> "주 여호와께서 가라사대 그 날에 내가 해로 대낮에 지게 하여 백주에 땅을 캄캄케 하며 너희 절기를 애통으로, 너희 모든 노래를 애곡으로 변하여 모든 사람으로 굵은 베로 허리를 동이게 하며 모든 머리를 대머리 되게 하며 독자의 죽음을 인하여 애통하듯 하게 하며 그 결국으로 곤고한 날과 같게 하리라."

흑암의 시간은 어두움의 승리처럼 보였지만 그러나 그것은 온 땅('이스라엘')에 대한 하나님의 심판이었고, 그 아들 독자의 죽음에 대한 애통(라헬의 통곡)이었다. 출 10:21 이하에서는 애굽 온 땅에 흑암의 재앙이 있었고, 그 후에 곧 마지막 장자의 죽음의 재앙(11:1-10)이 따랐다. 그리고 이 일 후에 놀랍게도 유월절 절기가 제정된다(출 12장). 흑암의 재앙 → 장자의 죽음 → 유월절로 이어진다. 사실 십자가상에 나타난 이 하나님의 흑암의 심판(재앙)은 애굽에 내린 재앙과는 대조적으로 불의한 이 세상(과 세상 사람들)이 아니라 자신의 외아들에게 쏟아 부어졌다.

1) 제구시 기도 시간 독자의 절규(15:34): "엘리 엘리 라마 사박다니"

흑암이 계속된 그 마지막 시간인 제구시(기도 시간)에 버림(심판)받은 독자의 처절한 외침(탄원)이 나타나지만 그러나 하나님의 응답은 없다. 유대인들의 기도 시간인 제구시(행 3:1)에 사랑과 기쁨의 대상이었던 외아들이 "엘리 엘리 라마 사박다니 즉 나의 하나님, 나의 하나님, 어찌하여 나를 버리시나이까?"(시 22:1)라고 죽음(버림받음)의 고통으로부터 구원의 절규(막 4:38. "우리의 죽게 된 것을 돌아보지 아니하시나이까?")를 하여도 하나님의 응답(돌봄)은 없다. 사실 이 절규(탄원)는 죄로 인해 심판 당하는 그 백성(모든 사람들)의 탄식이 되어야 하지만 놀랍게도 의로운 그 아들이 대신하고 있다. 백주의 흑암(심판) 속에서 구원(버림/심판 받음)의 간구(절규)로 나타난 이 외침은 응답 없이 허공에 메아리치고 있다. 불러도 불러도 대답 없는 이름, 부르다가 내가 죽을 이름이 되었다. 김소월의 '초혼' 같은 시간이다. 친구들에 의해 버림을 받고, 원수들에 의해 조롱을 당하며, 악한 자들에 둘러싸여 모멸과 저주의 고통을 당하고 있는 의로운 하나님의 아들이 또한 성부 하나님으로부터 철저히 버림을 당하고 있다.

사랑하는 아버지로부터 버림 당하는 비련의 시간이다.

그러나 순간에 성부 하나님은 자신의 아들을 대신하여 그 아들을 구주로 믿는 우리를 하나님의 아들(자녀)로 받아들임으로써 응답 받는 기도의 길을 개설하고 있다. 이 기도의 길은 그 아들의 속죄를 통하여 주어지는 길이다. 그 아들의 속죄를 통해 이제 우리는 "긍휼하심을 받고 때를 따라 돕는 은혜를 얻기 위하여 은혜의 보좌 앞에 담대히 나아가는"(히 4:16) 길을 얻었다. 히브리서 기자의 권면처럼, 이제 우리는 확실히 "예수의 피를 힘입어 성소에 들어갈 담력을 얻었다"(히 10:19). 그렇다. 확실히 흑암과 절규와 침묵(무응답)의 이 시간은 '부재'(不在)와 '현존'(現存)이 극한으로 교차하는 시간이다. 사랑하는 그 아들 독자에게는 하나님이 '부재하는 시간'이라면, 이제 믿는 우리들에게는 하나님이 철저히(충만히) '현존하는 시간'이 바로 이 시간이다.

성경에 보면 하나님은 흑암 속에서도 현존하시며(출 20:21["하나님이 계신 암흑"]; 왕상 8:12; 대하 6:1) 흑암 속에서도 일(돌봄)하신다. 출애굽의 사건(4:23)과는 달리, 이제 하나님은 순종하는 그 아들 독자에게는 재앙(심판)을 부으시고(외인으로 취급), 불순종한 우리들을 자기 아들로 받아들이는(내인으로 취급) 심판과 구원의 시간이 곧 유월절이 시작되는 십자가의 이 시간이다.

2) 오해된 절규와 운명하심(35-37절)

그 아들의 이러한 절규는 주위의 사람들에 의해 오해되고 조롱되어졌다. 이들은, 막 4:11-12에서 말하는 것처럼, 외인들로서 이 절규(탄원)의 진정한 의미를 깨닫지 못하고 오해하고 있다. 그들은 예수가 자신을 구원해 주기를 바라며 엘리야를 부르는 줄로 생각했다(35-36절). 그러나 이와는 대조적으로 우리가 앞으로 볼 이방인 백부장은 예수의 운명하심을 보고 그가 '하나님의 아들'(15:39)이라고 고백한다. 이제 예수는 버림받음의 절규와 함께 엄청난 고통 속에서 운명하신다(37절).

2. 성전/성소 휘장이 찢어짐(15:38)

예수의 운명하심에 이어 '성전/성소 휘장의 찢어짐'에 대한 마가의 언급은 그의 죽음의 의미를 설명해 주는 것으로 성전의 멸망 곧 성전(의 속죄) 제도의 폐지를 알리는 상징적 사건으로 이해된다(14:58; 15:29). 예수의 죽음과 성전의 운명 사이의 관계를 암시함. 여기 "찢어짐"($\sigma\chi\iota\zeta\omega$)에 대한 언급은 마가복음에서 예수의 사역의 시작인 세례 받음(1:10)과 그것의 끝인 죽음(15:38)에서 각각 나타나고 있는데(일종의 inclusio에 해당) 이것은 예수의 공 사역이 하나님과 창조 세계(인간) 사이의 장벽(하늘 휘장)과 유대인과 이방인 사이의 장벽을 허무는 일(엡 2:14)로 새것의 계시와 옛것의 폐지를 동시에 말한다.

성전에는 휘장이 두 개 있는데 하나는 성전 입구에 걸려있는 80피트나 되는 '성전[외부] 휘장'이고 또 다른 하나는 지성소 앞에 있는 '성소[내부] 휘장'이다. 최근 학자들[Ulansey]은 15:38에 언급된 휘장은 전자에 해당하는 것이라고 주장한다. 그의 세례 받음과 죽음을 통해서 이러한 장벽들이 완전히 허물어졌다. 특히 그의 죽음은 이것을 완성하셨다고 할 수 있다. 이제 누구나 예수 그리스도의 피(속죄)를 통해서 확신 있게 하나님 앞에 나아갈 수 있다(히 10:19-20; cf. 히 6:19-20; 9:3, 7-8, 12, 24-28).

3. 백부장의 고백(15:39): "이는 진실로 하나님의 아들이었도다"

유대인은 예수의 수난과 죽음의 의미를 오해하고 거절한 대신 이방인은 수난과 죽음의 의미를 바로 깨닫고 복음을 받아들인다. 유대인들(특히 종교 지도자들)은 예수를 '하나님의 아들'로서 받아들이지 못하고 그를 도리어 살해하지만 그러나 여기 백부장 이방인은 예수가 '하나님의 아들'이심을 힘차게 천명하고 있다.

이 장면은 '어찌하여^{why} 하나님이 그 아들을 버렸는지'에 대한 절규의 답변으로 이해되는데 그것은 예수의 죽음(에 대한 참다운 깨달음)이 사람들을 변화시켜서 신앙으로 나아오게 한다. 특히 여기 백부장의 고백은 그 당시 개념 - 로마인들에 힘^{power}이 곧 신성^{diety}을 의미 - 으로 볼 때 과히 혁명적인 인식 전환이다. 우리가 아는 대로 '신(하나님)의 아들'$^{divi\ filius}$의 칭호는 세상의 권력과 영광을 가진 로마의 황제에게만 주어진 것인데 이 칭호가 저주의 십자가를 지고 처형된 예수("그렇게 숨지심을 보고")에게 고백된 것을 볼 때 신성이 더 이상 제국의 영광과 군사력과 관련된 것이 아니라 수난 받는 모습을 통해서 입증된 것이라면 정말 놀라운 일이었다.

백부장은 예수의 수난과 죽음을 통해서 세상과는 다른 힘의 모습을 보았다. 즉 예수의 무력한(?) 수난과 죽음의 모습이 그동안 그가 섬기고 휘둘러 왔던 힘과는 다른 힘을 발휘하고 있었다. 결국 십자가에 계시된 참된 힘은 다른 사람을 압제하거나 착취하거나 조종하는 그러한 힘 곧 물리적으로 부수고 파멸로 이끄는 힘이 아니라 다른 사람을 위해 자신을 주고 섬기고 사랑하고 용서하고 참으며 희생하는 생명력 있는 힘이었다. 백부장은 세속적인 권력power 때문이 아니라, 섬김과 사랑의 수난suffering 때문에 예수를 '하나님(신)의 아들'divi filius로 고백한다. 이제 수난(죽으심)을 통해 예수가 '하나님의 아들'이라는 계시(비밀)가 이방인에 의해 올바로 고백되어짐으로써 마가가 말하고자 하는 예수의 신분이 명확하게 입증되고 있다(1:1; 1:11; 9:7; 12:6; 14:61). 이것은 단순히 이적의 능력만 보고 고백된 것이 아니고 그의 죽음(운명)을 보고 "그가 진실로 하나님의 아들이었다."라는 사실을 고백하고 있다. 여기서 메시아의 비밀이 풀리며, 마가가 말하는 온전한 개안(開眼)이 나타난다.

말씀을 맺고자 한다.

오늘 본문의 장면을 통해 우리는 스스로 패륜이 된 비련의 아버지를 만난다. 그는 사랑하는 기쁨의 아들을 버리시고 우리 같은 죄인을 자기 자녀로 삼으시는 아버지이시다. 사랑하는 자기 아들은 아끼지 아니하시고 우리 모두를 위해 십자가에 내어버리신(롬 8:32) 하나님이 우리의 아버지 하나님이시다. 확실히 성부 하나님의 우리를 향한 그 사랑은 이렇게 지독하게 아픈 사랑이었다. "너무 아픈 사랑은 사랑이 아니다"라는 이 역설을 여러분은 아는가? 무엇보다도 백주(白晝)에 십자가에서 고통당하시는 그 외아들의 수난 과정을 모두 지켜보신 성부 하나님의 고통은 말로 다할 수 없었을 것이다. 어느 신학자는 이 모습을 "십자가에 달려 고통당하신 메시아의 배후에는 고통하시는 하나님이 계신다."라고 하였다. 성부 하나님은 십자가에 달리신 자신의 사랑스러운 순종의 외아들을 그냥 지켜보기가 어려워서 빽빽한 흑암의 구름 뒤에서 심장이 파열할 것 같은 고통 속에서 울고 계셨을 것이다. 게다가 그 외아들이 마지막으로 "엘리 엘리 라마 사박다니"(나의 하나님 나의 하나님 어찌하여 나를 버리셨나이까?)라는 절규의 외마디를 지를 때 그 모든 것을 지켜보시며 자신의 능하신 팔을 펼치지 않으시고 팔짱을 낀 채 아픈 마음을 갖고 지켜보셨던 성부 하나님의 모습은 우리 같이 못난 불순종한 죄인을 사랑하셔서 그 아들을 화목 제물로 주셨던 하나님 아버지의 지독한 사랑이셨다. 성부 하나님의 우리를 향한 사랑은 이렇게도 아픈 사랑이다. 여러분은 이 사랑을 알고 계시는가?

저의 영적 멘토이셨던 김준곤 목사님은 큰딸 신희가 말기 위암의 극한 고통 속에 있을 때 지켜보았던 것을 언젠가 간증하셨는데 밤이 되면 몰래 방에서 나와 극심한 고통 속에 있는 딸의 모습을 지켜보며 자신의 가슴앓이를 이야기한 적이 있다. 아마도 아버지로서 딸의 고통을 지켜본 이 고통은 공산당에 의해 학살당한 죽음의 무덤 더미에서 살아난 그때의 고통(자신의 생의 25시)보다 더 한 고통이었을 것이다.

"신희가 토할 때마다 나는 내 죄를 창자까지 토했고 자나 깨나, 앉으나 서나 주님과 신희를 번갈아 부르며 숨 쉬듯 기도했으나, 내 생애 가장 애절한 기도는 무참히 거절당했다."

이 사랑을 받은 우리, 이렇게 우리를 담대히 기도의 자리로 이끈 이 십자가를 우리는 진정으로 사랑한다. 그리고 우리는 이 십자가의 복음을 기꺼이 전한다.

58 The Way on The Way

마가복음 강해
길 위의 길

매장 주변의 여인들과 아리마대 요셉
(막 15:40-47)

"40 멀리서 바라보는 여자들도 있었는데 그중에 막달라 마리아와 또 작은 야고보와 요세의 어머니 마리아와 또 살로메가 있었으니 41 이들은 예수께서 갈릴리에 계실 때에 따르며 섬기던 자들이요 또 이 외에 예수와 함께 예루살렘에 올라온 여자들도 많이 있었더라 42 이 날은 준비일 곧 안식일 전날이므로 저물었을 때에 43 아리마대 사람 요셉이 와서 당돌히 빌라도에게 들어가 예수의 시체를 달라 하니 이 사람은 존경 받는 공회원이요 하나님의 나라를 기다리는 자라 44 빌라도는 예수께서 벌써 죽었을까 하고 이상히 여겨 백부장을 불러 죽은 지가 오래냐 묻고 45 백부장에게 알아 본 후에 요셉에게 시체를 내주는지라 46 요셉이 세마포를 사서 예수를 내려다가 그것으로 싸서 바위 속에 판 무덤에 넣어 두고 돌을 굴려 무덤 문에 놓으매 47 막달라 마리아와 요세의 어머니 마리아가 예수 둔 곳을 보더라."

예수의 십자가의 죽음은 종교 지도자들에게는 자신들의 이념과 기득권을 유지할 수 있는 승리의 시간이었고 제자들에게는 세상적인 기대의 메시아 됨에 대한 좌절과 자포자기의 시간이었다. 십자가는 그 아들(예수)에게는 저주와 버림과 심판을 의미하는 하나님의 철저한 '부재'absence의 시간이지만 우리들에게는 하나님의 사랑과 돌봄으로 충만한 '현존'presence의 시간이었다. 예수님은 깊은 흑암 가운데 우리의 죄의 짐을 지시고 십자가에 돌아가셨다. 십자가에 사랑과 기쁨의 독생자 아들을 우리를 위하여 내어주신 비통과 비련의 하나님의 침묵의 사랑은 이방인 백부장의 고백을 통하여 십자가의 복음으로 증거된다. 마침내 십자가의 복음의 신비가 드러나는 시간이었다. 아이러니컬하게도 십자가에서 그와 마주하여 지켜 서 있었던(완료) 이방인 백부장은 예수께서 그렇게 소리 지르며 운명하심을 보고서 "이 사람(예수)은 진실로 '하나님(신)의 아들'이었다"고 고백하였지만 주님을 따랐던 제자들은 모두 도망가고 그곳에 현존하지 않았다.

이러한 모습 속에 지금 마가는 독자들에게 예수를 따랐던 여인들의 현존(비록 '멀리서 목격자로서 바라보고 있었던')을 언급함으로써 제자들의 부재의 모습과 대조시키고 있다. 그리고 연이어 소개되고 있는 공회 회원 아리마대 요셉의 빌라도에게 예수님의 시체에 대한 매장의 당돌한 요청이 나타나고 예수님은 아리마대 요셉에 의해 돌무덤에 안장된다. 끝으로 막달라 마리아와 요세의 어머니 마리아의 예수의 매장(埋葬)에 대한 목격이 진술되고 있다.

1. 멀리서 바라보는 여인들(15:40-41)

예수의 제자들이 부재(不在)한 자리에 멀리서지만 예수의 죽음과 매장을 관망하는 여인들이 있었다(40절). "멀리서 바라보는 여자들도 있었는데." 이들은 갈릴리로부터 예수를 좇아 섬겼던 여인들로서 그중에는 막달라 마리아와 작은 야고보와 요세의 어머니 마리아와 살로메가 있었고 그 외에도 다른 많은 여인들이 있었다(41절). 이들은 큰 소리치고 도망간 제자들에 비해 십자가까지 따라왔던 사람들이다.

특히 마가는 이들 여인들이 갈릴리에서 예수를 좇았고(ἠκολούθουν) 섬겼던(διηκόνουν) 여인들(41절, "이들은 예수께서 갈릴리에 계실 때에 따르며 섬기던 자들이요.")로서 그들이 비록 멀리서 예수의 죽음을 관망하고 있지만, 이곳까지 따라왔음을 특별하게 주지시키면서 이미 부재한 제자들을 대신한(?) 여인들의 신실한 제자도를 상기시키고 있다. 결국 이 여인들은 예수의 죽음과 매장과 부활의 증인들로 나타난다.

여기 언급된 세 명의 여인들(막달라 마리아와 마리아 그리고 살로메)은 예수님의 세 제자들(베드로, 야고보, 그리고 요한)과 병행된다. '모든 것을 버려두고 예수님을 좇았던'(10:38) 제자들은 이미 수난 전에 도망을 치고 없는 이곳 십자가 주위에 비록 멀리서지만 여인들은 주님을 따라 이곳까지 와서 주님의 죽음과 매장을 관망하고 있다. 결국 이들은 나중에 보는 대로 부활의 목격자가 된다(16:1-8).

여기 마가가 언급하고 있는 '좇는다'follow 와 '섬기다'serve 는 단어(41절)는 제자도를 묘사하는 중요한 단어들로서 여인들의 제자도discipleship 의 모습을 잘 표현하고 있다. 마가복음에서 여인들이 주님을 따르는 모습(제자도)은 남성 제자들의 모습보다는 훨씬 긍정적으로 묘사되고 있다. 이미 앞에서 우리가 보았던 여인들의 제자도에 대한 모습은 두 가지로 정리할 수 있다. 첫째는 담대한 신앙의 여인들의 모습으로 혈류증 여인(5:24-34)과 수로보니게 여인(7:24-30)이 이에 속하고, 두 번째는 자기를 부인하는 철저한 섬김과 희생의 여인들의 모습으로 가난한 과부(12:42-44)와 향유 부은 여인(14:3-9)이 이에 속한다.

2. 매장(burial)과 아리마대 요셉(15:42-47)

이제 수난이 시작된 긴 하루의 시간(14:17에서 15:42까지)이 매장^{burial}으로 끝났다(15:42). 새롭게 시작되는 날은 거룩한 안식일이기 때문에 더러운 시체가 그냥 유기될 수가 없었다(요 19:31과 신 21:22-23 참고). 통상적으로 시체는 친족들이나 제자들에 의해 매장되는 것이 상례였다(6:29). 지금 제자들은 좌절과 두려움으로 모두 다 도망치고 없었다. 특히 요한의 제자들이 세례 요한을 장사지낸 것(6:29)을 고려한다면 주님의 제자들은 겁쟁이들이었다. 이런 상황에 안식일 전에 빌라도에게 가서 시체를 요구한 아리마대 요셉은 부재한 제자들을 대신하여 이 일을 하고 있다. 당시 로마 제국의 법에 따르면 사형에 처한 사람은 재산을 몰수당하고 매장도 금지되었다(Lane, 578). 그러므로 반역죄(참람죄)로 처형된 죄인인 예수의 시체를 매장하기 위해 시체를 달라고 요구하는 일은 대단히 위험스러운 행동이었다(France, 1048). 그것은 처형된 자와 동류로 취급되어 동일한 운명에 처할 수 있기 때문이다. 이런 까닭에 예수의 친척들이나 제자들도 감히 무서워서 하지 못한 일을 외인^{outsider}인 아리마대 요셉이 빌라도에게 찾아가서 '담대하게'^{boldly} 이 일을 행한 것은 믿음이 없이는 곤란하다. 이에 빌라도는 예수가 죽은지를 백부장을 통해 확인한 후 예수의 시체를 아리마대 요셉에게 넘겨준다. 예수의 제자들을 대신하여 아리마대 요셉은 예수를 세마포로 사서 자기의 새 무덤인 돌무덤에 넣어둔다(46절). "요셉이 세마포를 사서 예수를 내려다가 그것으로 싸서 바위 속에 판 무덤에 넣어 두고 돌을 굴려 무덤 문에 놓으매."

1) 아리마대 사람 요셉은 누구인가?(43절)

- 존귀한 공회원
- 하나님의 나라를 지속적으로 기다리는 자
- 선하고 의로운 자(눅 23:51)
- 예수의 제자(마 27:57; 요 19:38): 은밀한 제자(?)

예수를 죽이기로 결안하였던 산헤드린의 공회원인 사람이 이 일을 하는 것은 여간 어려운 일이 아니다. 누가의 증언(23:51)을 빌리면 그는 공회의 결의와 행사에 가타하지 아니한 자로서 묘사되고 있다. 그럼에도 아리마대 요셉은 담대히 이 일을 자청하였다. 우리는 여기서 그의 헌신과 충성을 볼 수 있다. 그는 열두 제자는 아니라 할지라도 잠재적 제자임이 분명하다.

3. 결론

제자들이 없는 자리에 여인들이 십자가까지 따라와 멀리서지만 예수의 죽음과 매장을 관망하였다. 그리고 아리마대 요셉은 제자들이 하여야 할 매장을 위험을 무릅쓰고 이 일을 감수하였다. 이방인인 백부장이 그렇고 여인들이 그렇고 여기 아리마대 요셉이 그러하다. 여기서 우리는 세례 요한의 제자들보다도 더 못한 제자들의 모습을 본다. 오늘 우리는 영광과 번영(치유와 축복)의 자리에는 수많은 사람들이 몰려들지만 수난과 봉사가 있는 곳에는 제자들처럼 다 도망치고 없다. 오직 여인들과 이방인과 산헤드린 공회원 중 한 사람인 아리마대 요셉만 의외로 이 자리에 있다. 여러분은 어떠한가? 하나님 나라를 위한 참된 주님의 제자는 오히려 우리의 생각 밖의 사람들이 헌신한다.

59

마가복음 강해
길 위의 길
The Way on The Way

부활의 이른 아침과 여인들(막 16:1-8)

"1 안식일이 지나매 막달라 마리아와 야고보의 어머니 마리아와 또 살로메가 가서 예수께 바르기 위하여 향품을 사다 두었다가 2 안식 후 첫날 매우 일찍이 해 돋을 때에 그 무덤으로 가며 3 서로 말하되 누가 우리를 위하여 무덤 문에서 돌을 굴려 주리요 하더니 4 눈을 들어본즉 벌써 돌이 굴려져 있는데 그 돌이 심히 크더라 5 무덤에 들어가서 흰 옷을 입은 한 청년이 우편에 앉은 것을 보고 놀라매 6 청년이 이르되 놀라지 말라 너희가 십자가에 못 박히신 나사렛 예수를 찾는구나 그가 살아나셨고 여기 계시지 아니하니라 보라 그를 두었던 곳이니라 7 가서 그의 제자들과 베드로에게 이르기를 예수께서 너희보다 먼저 갈릴리로 가시나니 전에 너희에게 말씀하신 대로 너희가 거기서 뵈오리라 하라 하는지라 8 여자들이 몹시 놀라 떨며 나와 무덤에서 도망하고 무서워하여 아무에게 아무 말도 하지 못하더라."

기나긴 밤의 수난의 시간이 지나고 제삼시부터 시작된 십자가의 형벌은 제육시부터 절정을 이루며 제구시까지 거의 온 종일 백주 대낮 동안 시행되었다. 마침내 예수님은 십자가에 달려서 고통을 당하시다가 마지막 절규와 함께 운명하셨다. 마가는 이 장면을 이렇게 기술한다(37절). "예수께서 큰 소리를 지르시고 숨지시니라." 그의 시체는 성경의 기록(사 53:9)대로 부자의 무덤에 안식일 바로 직전 해 질 녘에 매장되었다. 슬프게도 예수의 제자들은 수난과 십자가의 죽음의 시간에는 모두 도망치고 없었고 오히려 낯선 자들(구레네 사람 시몬; 아리마대 요셉)이나 여인들만이 현존하였다. 이들 여인들은 부재한 예수의 제자들을 대신하여 이곳까지 따라왔고, 예수님의 죽음과 매장과 부활의 목격자들로서 역할을 한다(고전 15:3-4). 그러나 이 여인들도 오늘 본문을 보니 그들의 신앙이 두려움(어두움) 속에 여전히 갇혀 있음을 본다(8절). 부활의 소식에도 불구하고, 부활의 아침, 일찍이 해가 돋았음에도 불구하고 마가의 스토리는 슬프게도 이렇게 끝내고 있다. "여자들이 몹시 놀라 떨며 나와 무덤에서 도망하고 무서워하여 아무에게 아무 말도 하지 못하더라." 여인들의 이 모습(8절)은 환난과 시련 속에 현존하는 마가의 청중들의 모습이며, 종말 앞에 있는 오늘의 교회의 민낯이기도 하다.

1. 부활의 아침 해 돋는 때(2절): "안식일 첫 날 매우 일찍이 해 돋은 때에"

2절에 언급된 시간은 긴 밤의 수난의 시간과 대조를 이룰 뿐 아니라, 대낮high noon에 처형된 흑암의 시간과도 대조를 이루는 시간이다. 이제 흑암의 시간은 지나고 부활의 아침이 밝았다. 흑암에 감추어진 태양이 언제 그랬는지 다시 떠올랐다. 이러한 소망의 모습("해 돋은 때에")과는 달리 여인들의 신앙은 아직도 과거의 어두움(슬픔과 두려움)에 사로잡혀 있음을 본다(8절). 아직도 그들에게는 어두움의 연장인 새벽이었다. 주님은 다시 살아나셨어도 그들의 신앙은 아직도 어두움이 깔려있는 "매우 이른"(very early[λίαν πρωΐ]) 시간이었다. 아직도 어두움이 지배하고 있는 여명의 시간. 비록 아침 해가 떠오름으로써 십자가의 처형 동안 온 땅을 덮었던 흑암이 물러가고 있었지만 여인들의 마음속에는 슬픔과 회한과 두려움이 아직도 그들 마음에 자리 잡고 있었다. 그래도 예수의 여인들은 남아 있는 사랑과 회한 때문에 무덤으로 찾아왔다(2절).

2. 무덤에 찾아온 여인들(16:1, 3)

안식일로 인해 여인들은 슬픔을 억누르고 아무 일도 하지 못한 채 있다가 "안식일이 지나자"(1절) 행악자(신성모독자며 반역자)로 처형됨으로 몸에 아무 것도 바르지 못하고 죽은 예수의 시체에 향유를 바르기 위하여 향품을 사서 밤을 보낸 후 아침이 되자 무덤으로 달려갔다. 이 여인들이 간 이유는 예수님의 부활에 참예한다거나 이미 말씀하신 부활에 대한 예수님의 예언(8:31; 9:9, 31; 10:33-34)을 확인하기 위함이 아니었다(6절). "너희가 십자가에 못 박히신[완료 분사] 나사렛 예수를 찾는구나(ζητεῖτε[ζητέω])." 미래의 약속에 대한 기대가 아니고 '과거에 일어난 일(십자가의 죽음)에 대한 부정할 수 없는 현실'(Schnabel, 437)에 대한 공감sympathy이나 회상recalling이 여인들의 마음을 채우고 있었다. 수난과 죽음의 시간에 짓눌려 부활의 약속에 대한 기대는 없었다.

이 점은 우리들의 삶에서도 마찬가지다. 고난과 환난의 태엽이 우리를 조아올 때 우리는 약속의 말씀을 붙들기보다는 슬픔과 좌절과 두려움에 빠져있기가 더욱 쉽다. 이것이 여인들의 모습이고 우리들의 모습이다. 그러나 찾아 간 무덤은 커다란 돌문이 굴러진 채 비워 있었고 예수님은 거기 없었다(4, 6절).

3. 놀랍게도 무덤은 비워 있고 예수님은 없었다(16:4-6)

여인들이 무덤에 찾아갔을 때에 무덤 문에 있는 큰 돌이 굴러 나갔고 무덤은 비어 있었다. 그들이 무덤에 들어가 보았을 때 흰옷을 입은 한 청년이 우편에 앉아 이르기를, "놀라지 말라. 너희가 십자가에 못 박히신 나사렛 예수를 찾는구나. 그가 살아나셨고 여기 계시지 아니하니라. 보라 그를 두었던 곳이니라(6절)." 예수의 죽음과 부활은 그의 예언(8:31; 9:31; 10:33-34)대로 성취되었고, 이 예언의 성취는 '가서 전해야 할 복음'으로 제시된다(7절). "십자가에 못 박히신 나사렛 예수 그가 살아나셨다"(cf. 행 2:36; 3:13-15; 4:10). 이 복음의 소식은 '안식 후 첫 날' 사자(使者)를 통해서 여인들에게 전해졌고 이 부활의 복음은 계속하여 제자들을 통해 그리고 오는 세대 가운데 부활의 날을 기념하는 주일 Lord's Day 강단을 통해 전파되어진다. "그가 살아나셨다"He has risen. 이것이 천사들이 전한 메시지며 우리가 전할 메시지이다.

4. 사자(使者)의 메시지(16:7)

> "가서 그의 제자들과 베드로에게 이르기를 '예수께서 너희보다 먼저 갈릴리로 가시나니 전에 너희에게 말씀하신 대로[14:28] 너희가 거기서 뵈오리라' 하라."

부활하신 예수님은 무덤에 머물러 있지 않으셨고 갈릴리로 가셨다. 사실 부활하신 예수님은 무덤을 지키거나 무덤을 보여주는 것이 그의 일이 아니었다. 그는 갈릴리로 가셔서 실의와 죄의식에 빠진 제자들을 회복하시고 다시 사명을 주시는 일이 우선이었다. '그(예수)가 갈릴리로 가리라'(I will go to Galilee)와 '너희가 거기서 뵈오리라'(There you will see Him)는 언급의 이유에 대해서는 많은 신학자들의 논의가 있었다. 부활의 상봉이냐(제자들에게)? 재림의 상봉이냐(마가의 청중에게)? 제자들에게 주어진 이 말씀은 역사적 지명인 '갈릴리'Galilee를 말하는 것으로 부활하신 주님께서 처음 제자들을 부르신 그 갈릴리(1:16-20)에서 제자들을 다시 상봉하셔서 거기서 그들을 회복(갱신)하시고 새로운 사명을 주심을 의미한다. 그러므로 우리는 여기서 예수의 죽음과 부활을 통한 제자도 discipleship의 새로운 시작을 본다.

갈릴리에서 예수를 [다시] '봄'(ὁράω)에 대한 강조는 예수에 대한 영적 깨달음을 의미하는 것으로 그것은 마가복음이 강조하는 예수의 신분인 "하나님의 아들 예수 그리스도"에 대한 이해를 말한다. 즉, 부활하신 주님은 갈릴리에서 제자들을 다시 상봉하여 그들의 눈멂blindness을 고치심으로써 그들은 '예수가 누구시며 그의 삶과 죽음의 의미가 무엇이며 그리고 그들이 어떻게 주님을 따라야 하는지'를 새롭게 깨닫게 된다 (Garland, 765). 이 회복의 모습은 사도행전을 통해 자세히 소개된다.

여기에 대해서는 요한복음 21장의 장면이 우리의 이해의 많은 틈새gap를 메워 준다. 결국 이러한 새로운 깨달음(부활을 통한 깨달음[9:9])을 통해 제자들의 초라한(?) 따름(고난이 없는 따름)이 힘을 얻어 '자신을 부인하고 자기의 십자가를 지고 따르는'(8:34) 참된 복음의 어부가 된다. 이제 예수님의 부활을 통해 제자들의 눈과 귀는 올바로 열리고 그들은 주님을 따르는 길way의 참된 의미를 깨닫게 된다.

그리고 제자들과 특히 베드로에 대한 언급("베드로에게")은 주님을 따르는 (연약한) 우리에게 큰 위로와 소망이 된다. 부인/저주하며 도망쳤는데도 주님은 그들을 다시 만나 주시며 그들을 회복케 하신다는 약속의 말씀. 여기에 마가복음의 메시지의 종결이 있다. 우리가 복음을 위해 십자가의 길을 가면서 때론 '환난이나 핍박'으로(돌밭[4:16-17]) '세상의 염려와 재리의 유혹과 기타 욕심'으로(가시떨기밭[4:18-19]) 실패의 길(부인; 저주; 도망)을 걸어가도 주님은 실패한 제자들을 다시 불러 그들을 회복하신 것처럼 우리의 '제자의 길'discipleship에서도 갱신과 회복의 약속을 주신다는 사실이다. 우리도 베드로처럼 때때로 복음을 위한 길에서 수난을 이기지 못하고 넘어졌을 때 주님은 우리를 포기하지 아니하시고 그때의 갈릴리(첫 사랑의 자리; 부름의 자리)로 우리를 부르신다. 그리고 다시 제자도의 새로운 각성을 주신다(1:17). "나를 따라오라 내가 너희로 사람 낚는 어부가 되게 하리라." 이 신실하신 사랑의 주님이 우리의 구주이시다. 정말 온 마음을 다하여 그를 따를 만하지 아니한가?

마가복음에서는 결코 수난이 그 끝이 아니다. 마가복음에서 수난의 부름이 아무리 크고 무겁다 할지라도 주님을 따르는 제자의 길은 십자가로 끝나지 아니한다. 아직은 어두움이 깔려있는 여명의 시간이지만 그래도 부활의 주님은 우리를 갈릴리로 부르신다. 결코 수난이 마가복음이 말하는 제자도의 끝이 아니다. 우리는 복음을 위해 주님을 위해, 의를 위해 수난의 길(긴 터널)을 통과하여 부활(의 영광)의 길로 나아간다. 그리고 이 길은 다시 우리보다 앞서가셔서 우리를 영광스럽게 맞이하러 오실 주님의 재림(종착지)을 향해 나아간다.

5. 그러나 여인들은 슬프게도(16:8)

"무덤에서 도망하고 무서워하여(ἐφοβοῦντο γάρ) 아무에게 아무 말도 하지 못하더라."

마가가 마지막에 기술하는 여인들의 이 모습(8절, "무서워서 아무에게 아무 말도 하지 못하더라.")[54]은 비록 부활의 메시지를 가졌지만("전해야 하지만") 환난과 핍박으로 인해 무서워 떠는 마가의 청중과 세상의 염려와 재리의 유혹과 기타 욕심으로 떨고 있는 오늘의 우리의 모습은 아닌가? 예수께서 죽으신 그 십자가의 자리에서 아직도 "무서워서 아무에게도 아무 말도 전하지 못하는" 여인들의 모습은 불신앙의 패역한 세상에서 믿음이 없음으로 복음을 담대히 전하지 못하는 오늘의 우리의 모습을 반영하고 있다. 여기에 우리는 산 아래에서 귀신 들린 아들을 가진 아버지가 예수께 나아와 "나의 믿음 없는 것을 도와주소서."(9:24)라고 외친 그러한 외침을 드려야 하지 않을까?

복음 전파의 가장 큰 걸림돌은 무엇인가? 마가는 그것을 '두려움fear'이라고 말한다. 예수님은 풍랑을 만난 제자들을 향해서도 "어찌하여 이렇게 무서워하느냐 너희가 어찌 믿음이 없느냐"(4:40)고 말씀하셨고, 딸의 죽음의 비보를 들은 회당장 야이로를 향해서도 "두려워 말고 믿기만 하라[두려움에 빠져 있지 말고 지속적으로 믿으라]"(5:36)고 말씀하셨다. 믿

---

[54] 비록 두려워 아무에게 아무 말도 전하지 못하는 여인의 이러한 모습이 마가복음에서는 '일시적'(temporary)이라 할지라도(마 28:8; 눅 24:5, 9; 요 20:2) 마가가 이런 모습으로 복음서를 종결하는 이유는 하나님 나라의 무력함을 드러내는 여인들의 실패의 의미(Kelber)나 천사가 나타나 전한 놀라운 부활의 계시 장면에 대한 긍정적/압도적 두려움(경외심?)의 의미(Lane)보다는 환난 가운데 두려움으로 복음을 전하지 못하는(8:38) 마가의 청중들의 모습을 아이러니컬하게 반영한 열린 종결의 의미(irony)로 해석해야 한다. 이제 수난과 죽음의 길을 가시고 부활하신 주님의 스토리를 들은 독자는 이 마지막 장면에서 과연 어떤 반응을 해야 하나? "우리의 믿음 없음을 도와주소서."(9:24[귀신 들린 아들을 가진 아버지]), "두려움에 빠져 있지 말고 지속적으로 믿으라."(5:36[야이로])는 주의 말씀에 응답하고/결단하여 갈릴리로 나아가는(14:28; 16:7) 독자가 되어야 할 것이다(Blount, Moloney, 353-354 참고).

음만이 두려움을 극복하고, 소망만이 두려움을 극복하며, 무엇보다도 사랑만이 두려움을 극복한다. "사랑 안에 두려움이 없고 온전한 사랑이 두려움을 내쫓나니 두려움에는 형벌이 있음이라. 두려워하는 자는 사랑 안에서 온전히 이루지 못하였느니라(요일 4:18)." 하나님의 아들 예수 그리스도가 지신 십자가를 통하여 보여주신 하나님의 사랑, 이것이 마가가 전하는 하나님의 아들 예수 그리스도의 복음(1:1)이다. 그 아들을 통하여 보여주신 하나님의 놀라운 십자가의 사랑이 우리의 두려움을 극복하고 우리를 참된 복음 전파자로 이끈다. 이렇게 주님이 가신 그 길을 따르는 자는 사람 낚는 어부가 되는 것이다(1:17).

참고 문헌

참고 문헌

강준만. 2007. 『한국 근대사 산책 3: 아관파천에서 하와이 이민까지』. 서울: 인물과사상사.
박윤만. 2017. 『마가복음: 길 위의 예수, 그가 전한 복음』. 용인: 킹덤북스.
심상법. 1996. "복음서의 역사적 본질에 대한 이해: 해석적 파라다임의 변천(특히 내러티브적 이해)을 중심으로." 「신학지남」 288, 190-220.
—— 1998. "논쟁 가운데 비친 수난의 그림자(막 2:13-3:6)." 「그말씀」 66, 178-186.
—— 2016. 『성경 해석학 서론』. 개정판. 용인: 예움출판사.
—— 2017. 『성경 해석 역사의 숲에서 해석의 길을 찾다』. 용인: 예움출판사.
—— 1999. "서사적 설교와 마가복음," 「신학지남」 258, 260-289.
—— 2008. "마지막 바다 항해 기사(막 8:14[13]-21): 누룩과 떡 논쟁", 「신약연구」 7/4, 585-618.
—— 2010. From Fear to Faith: The Two Healing Stories of Jairus' Daughter and the Hemorrhaging Woman, *Chongshin Theological Journal* 18, 83-112.
—— 2012. "수로보니게 여인의 믿음과 지혜(막 7:24-30[31a]): 하나님 나라의 외인에서 내인으로", 「성경과 신학」 64, 33-64.
—— 2014. A Study on the Spirituality of Jesus' Prayer in the Gospel of

Mark, *Chongshin Theological Journal* 22, 26-56.

―――― 2015. "마가복음에 나타난 베드로의 영성: 수난과 기도", 「신학지남」 325, 61-83.

이덕주. 2006. 『한국 교회 처음 이야기』. 서울: 홍성사.

BDAG. 2000. *A Greek-English Lexicon of the New Testament and other Early Christian Literature.* 3rd Edtion. Chicago and London: The University of Chicago Press.

Louw, J P & Nida, E A 1988. *Greek-English Lexicon of the New Testament based on Semantic Domains,* vol. 1 & 2, New York: United Bible Society.

Oxford English Dictionary. 1992. 2nd ed. CD Rom Version.

Bartelett, D L 1996. Preaching as Interpretation. *The Princeton Seminary Bullietin* 17/2:154-167.

Barton, S C 1992. *The Spirituality of the Gospels.* London: SPCK. 김재현 옮김. 사복음서의 영성. 2000. 서울: 솔로몬.

Bass, G M 1982. The Evolution of the Story Sermon. *Word and World* 2:183-188.

Beale, G K 2004. *The Temple and the Church's Mission: A Biblical theology of the Dwelling Place of God.* Leicester: Apolos.

Best, E 1970. Discipleship in Mark: Mark 8:22-10:52. *SJT* 23, 223-237.

Blount, B K & Charles, G W 2002. *Preaching Mark in Two Voices.* Louisville: Westminster John Knox Press.

Broadhead, Edwin K. 1994. *Prophet, Son, Messiah: narrative Form and Function in Mark 14-16*. JSNTSS 97. Sheffield: JSOT.

Campebell, C L 1997. Narrative Homiletics: A Postliberal Critique, in *Preaching Jesus: New Directions for Homiletics in Hans Frei's Postliberal Theology*, 115-186. Grand Rapids: Eerdmans.

Carlston, C E 1875. *The parables of the Triple Tradition*. Philadelphia: Fortress.

Craddock, F B 1978. *Overhearing the Gospel*. Nashville: Abingdon.

——— 1979. *As One Without Authority*, 3rd ed. Nashville: Abingdon.

——— 1985. *Preaching*. Nashville: Abingdon Press.

Crites, S 1971. The narrative Quality of Experience. *JAAR* 39/3:291-311.

Dewey, J 1973. The Literary Structure of the Controversy Stories in Mark 2:1-3:6. *JBL* 92, 394-401.

——— 1980. *Markan Public Debate: Literary Technique, Concentric structure, and Theology in Mark 2:1-3:6*. Chico, CA: Scholars Press.

Duel, D C [듀엘, 데이비드]. 19923[1992]. 구약 이야기와 강해 설교, in MacArther et al(eds). 『강해 설교의 재발견』 [김동완 역], 383-401. 서울: 생명의 말씀사.

Duling, D C, Perrin, N, et al. 1994. *The New Testament: Proclamation and Parenesis, Myth and History*. 3rd Ed. Belmont, CA: Wadsworth Publishing.

Edwards, J R 1991. The Baptism of Jesus according to the Gospel of Mark. *JETS* 34/1, 43-57.

——— 2002. *The Gospel according to Mark*. Grand Rapids/Cambridge:

Eerdmans/Apollos.

Eslinger, R L 1987. *A New Hearing: Living Options in Homiletic Method*. Nashville: Abingdon.

Evans, C A 2001. *Mark 8:27-16:20*. WBC 34B. Nashville: Thomas Nelson Publishers. 김철 옮김. 2002. 『마가복음 8:27-16:20』. 서울: 솔로몬.

Fackre, G 1983. Narrative Theology: An Overview. *Interpretation* 37:340-352.

Fleddermann, H 1983. 'And He Wanted to Pass by Them'(Mark 6:48c). *CBQ* 45, 389-95.

France, R T 2002. *The Gospel of Mark. A Commentary on the Greek Text*. Grand Rapids: Eerdmans. 이종만, 임요한, 정모세 옮김. 『마가복음』. NIGTC. 서울: 새물결플러스.

Garland, D E 1996. *The NIV Application Commentary: Mark*. Grand Rapids: Zondervan. 채천석 & 정일호 옮김. 2011. 『NIV. 적용주석: 마가복음』. 서울: 도서출판 솔로몬.

Geddert, T J 1989. *Watchwords: Mark 13 in Markan Eschatology*. JSNTSS 26. Sheffiels: Sheffield Academic Press.

Genette, G 1980. *Narrative Discourse: An Essay in Method*. Trans. J. Lewin. Ithaca, New York: Cornell University Press.

Gibson, J B 1994. Jesus' Wilderness Temptation according to Mark. *JSNT* 53, 3-34.

Greidanus, S 2021. Preaching Christ from the Old Testament: A Look Back after Thirty Years. *CTJ* 56.2, 321-328.

Guelich, R A 1989. *Mark 1-8:26*. Word Biblical Commentary 34A.

Dallas: Word.

Gundry, R H 1993. *Mark: A Commentary on His Apology for the Cross*. Grand Rapids: Eerdmans.

Jackson, H M 1987. The Death of Jesus in Mark and the Miracle from the Cross, *NTS* 33, 16-37.

Jensen, R A 1996. *Preaching Mark's Gospel: A Narrative Approach*. Lima: CSS Publishing Company.

Johnson, E S 1979. Mark viii. 22-26: The Blind Man from Bethsaida. *NTS* 25, 370-383.

Juel, D H 1994. *A Master of Surprise: Mark Interpreted*. Minneapolis: Fortress.

Holbert, J C 1992. Narrative Preaching: Possibilities and Perils. *Preaching* 7/6, 22-28.

Hooker, M D 1983. *The Message of Mark*. London: Epworth.

Hughs, K 1989. *Mark*. Volume One & Two. Westchester: Crossway Books.

Jenson, R A 1980. *Telling the Story*. Minneapolis: Augsburg.

------ 1995. *Thinking in Story: Preaching in a Post-literate Age*. Lima: The C. S. S. Publishing Company.

Kazmierski, C R 1992. Evangelist and Leper: A Socio-cultural Study of Mark 1.40-45. *NTS* 38, 37-50.

Keck, L F 1978. *The Bible in the Pulpit: The Renewal of Biblical Preaching*. Nashville: Abingdon Press.

Kelber, W H(ed). *The Passion in Mark: Studies on Mark 14-16*.

Philadelphia: Fortress Press.

Kuthirakkattel, S 1990. *The Beginning of Jesus' Ministry according to Mark's Gospel (1:14-3:6): A Redaction-Critical Study*. Rome: Editrice Pontificio Istituto Biblico.

Lane, W 1974. *The Gospel of Mark*. NICNT. Grand Rapids: Eerdmans.

Long, T 1989. *Preaching and the Literary Forms of the Bible*. Philadelphia: Fortress Press.

Longman III, T 1987. *Literary Approaches to the Biblical Interpretation*. Grand Rapids/Leicester: Zondervan/Apollos.

Lowry, E L 1980. *The Homiletical Plot: The Sermon as Narrative Art Form*. Atlanta: John Knox Press.

—— 1985. *Doing Time in the Pulpit: The Relationship Between Narrative and Preaching*. Nashville: Abingdon Press.

—— 1995. Narrative Preaching, in Concise Encyclopedia of Preaching, 342-344. Louisville: Westminster John Knox Press.

Neyrey, J H 1986. The Idea of Purity in Mark's Gospel. *Semeia* 35, 91-128.

Marguerat, D & Bourquin, Y 1999. *How to Read Bible Stories*. Trans. by John Bowden. London: SCM Press.

Malbon, E S 1984. The Jesus of Mark and the Sea of Galilee. *JBL* 103/3, 363-377.

—— 1985. Τε Οικια Αυτου: Mark 2. 15 in Context. *NTS* 31, 282-292.

—— 1993. Echoes and Foreshadowings in Mark 4-8: Reading and Rereading. *JBL* 112/2, 211-230.

―――― 1996. The Beginning of a Narrative Commentary on the Gospel of Mark. SBL 1996 Seminar Papers, 98-122.

Malina, B L & Neyrey, J H 1988. *Calling Jesus Names: The Social Value of Labels in Matthew*. Sonoma, CA: Polebridge Press.

Marcus, J 1992. *The Way of the Lord: Christological Exegesis of the Old testament in the Gospel of Mark*. Louisville: Westminster/John Xnox Press.

―――― 1994. Authority to Forgive Sins upon the Earth: The Shema in the Gospel of Mark, in Evans, C A & Stegner, W R(eds). *The Gospels and the Scriptures of Israel*, 196-211. Sheffield: JSOT Press.

Marshall, C D 1989. *Faith as a Theme in Mark's Narrative*. Cambridge: Cambridge University Press.

Matera, F J 1989. The Incomprehension of the Disciples and Peter's Confession. *Biblica* 70, 153-170.

―――― 1988. The prologue as the interpretative key to Mark's Gospel. *JSNT* 11/34, 3-20.

Mauser, U 1963. *Christ in the Wilderness: The Wilderness Theme in the Second Gospel and its Basis in the Biblical Tradition*. Naperville: Alec R Allenson INC.

Meye, R P 1968. *Jesus and the Twelve: Discipleship and Revelation in Mark's Gospel*. Grand Rapids: Eerdmans.

Moloney, F S 2002. *The Gospel of Mark: A Commentary*. Peabody: Hendrickson Publishers.

Morgan R M with Barton, J 1988. *Biblical Interpretation* Oxford: Oxford

University Press.

Motyer, S 1987. The Rending of the Veil: A Markan Pentecost, *NTS* 33, 155-57.

Neyrey, J H 1986. The Idea of Purity in Mark's Gospel. *Semeia* 35, 91-128.

Osborne, G R 1991. *The Hermeneutical Spiral: A Comprehensive Introduction to Biblical Introduction*. Downers Grove: IVP.

Perrin, N 1974. *A Modern Pilgrimage in New Testament Christology*. Philadelphia: Fortress.

Powell, M A 1990. *What is Narrative Criticism?* Minneapolis: Fortress.

Pilch, J J 1981. Biblical Leprosy and Body Symbolism. *BTB* 11/4, 108-113.

──── 1988. Understanding Biblical Healing: Selecting the Appropriate Model. *BTB* 18/2, 60-66.

Rice, C 1970. *Interpretation and Imagination*. Philadelphia: Fortress.

Rhoads, D M 1992. Social Criticism: Crossing Boundaries, in Anderson, J C & Moore, SD(eds). Mark & Method: *New Approaches in Biblical Studies*, 135-161. Minneapolis: Fortress.

Rhoads, D M, Dewey, J & Michie, M 2012. *Mark as Story: An Introduction to the Narrative of a Gospel*. 3rd Ed. Minneapolis: Fortress.

Robbins, V K 1982. Mark 1:14-20: An Interpretation at the Intersection of Jewish and Graeco-Roman Traditions. *NTS* 28, 220-236.

Robinson, W B(ed) 1990. *Journeys Toward Narrative Preaching*. New York: Pilgrim Press.

―― Introduction, in *Journey Toward Narrative Preaching*, 1-6.

Ryken, L & Longman III, T ed,. 1993. *A Complete Literary Guide to the Bible*. Grand Rapids: Zondervan.

Scholes, R & Kellogg, R 1966. *The Nature of Narrative*. New York: Oxford University Press.

Selvidge, M J 1984. Mark 5:25-34 and Leviticus 15:19-20: A Reaction to Restrictive Purity Regulations. *JBL* 103, 619-623.

Shepherd, T 1993. *Markan Sandwich Stories: Narration, Definition, and Function*. Berrien Springs: Andrews University Press.

Schnable, E J 2017. *Mark*. TNTC. Downers Grove: IVP.

Shim, E S B 1994a. A Suggestion about the Genre or Text-type of Mark. *Scriptura* 50, 69-89.

―― 1994b. *The Transfiguration of Jesus according to Mark: A Narrative Reading*. Unpublished D. Th dissertation, University of Stellenbosch, South Africa.

Shiner, W T 1995. *Follow Me!: Disciples in Markan Rhetoric*. Atlanta: Scholars Press.

Smith, S H 1996. *A Lion with Wings: A Narrative-Critical Approach to Mark's Gospel*. Sheffield: Sheffield Academic Press.

Steimle, E, Niedenthal, & Rice, C(eds). 1980. *Preaching the Story*. Philadelphia: Fortress.

Stock, A 1989. *The Method and Message of Mark*. Wilmington: Michael Glazier.

Sweetland, D M 1987. *Our Journey with Jesus: Discipleship according to Mark*. Wilmington: Michael Glazier.

Tannehill, R C 1979. The Gospel of Mark as Narrative Christology. *Semeia* 16, 57-95.

───── 1995. The Gospels and Narrative Literature, in *The New Interpreter's Bible*. Vol. VIII, 56-70. Nashville: Abingdon Press.

Telford, W R 1980. *The Barren Temple and the Withered Tree. A Redaction-critical Analysis of the Cursing of the Fig-tree Pericope in Mark's Gospel and its Relation to the Cleansing of the Temple Tradition*. Sheffield: JSOT Press.

Thulin, R L 1990. Retelling Biblical Narrative as the Foundation for Preaching, in Robinson, W B(ed), 7-23.

Tolbert, M A 1989. *Sowing the Gospel: Mark's World in Literary-Historical Perspective*. Minneapolis: Augsburg Press.

Trick, B R 2007. Death, Covenants, and the Proof of Resurrection in Mark 12:18-27. *NovT* 49, 232-256.

Ulansey, D 1991. Heavens Torn Open. *Bible Review* 7/4, 32-37.

───── 1991. The Heavenly Veil Torn: Mark's Cosmic Inclusion, *Journal of Biblical Literature* 110.1, 123-125.

Van Iersel, B 1989a. *Reading Mark*. Edinburgh: T & T Clark.

───── 1989b. *Mark: A Reader-Response Commentary*. JSNTSS 164. Sheffield: Sheffield Academic Press.

Verhey, Allen 1984. *The Great Reversal: Ethics and the New Testament*. Grand Rapids: Eerdmans.

Wilder, A N 1964. *Early Christian Rhetoric: The Language of the Gospel*.

London: SCM.

Williams, J F 1994. *Other Followers of Jesus: Minor Characters as Major Figures in Mark's Gospel*. JSNTSS 102. Sheffield: JSOT Press.

Wojciechowski, M 1989. The Touching of the Leper(Mk 1:40-45) as a Historical and Symbolic Act of Jesus. *Biblische Zeitschrift* 33/1, 114-119.

Wolters, A 2000. Confessional Criticism and the Night Vision of Zechariah, in *Renewing Biblical Interpretation*. ed. C Bartholomew, C Green and K. Moller, 90-117. Grand Rapids: Zondervan.

Wright, A G 1982. The widow's Mites: Praise or Lament? A Matter of Context, *CBQ* 44, 256-65.

Wright, G A 1985. *Markan Intercalations: A Study in the Plot of the Gospel*. The Southern Baptist Theological Seminary Unpublished Ph.D Dissertation. UM